CÓDIGO DAS SOCIEDADES COMERCIAIS EM COMENTÁRIO

CÓDIGO DAS SOCIEDADES COMERCIAIS EM COMENTÁRIO

VOLUME III (Artigos 175º a 245º)

Alexandre Mota Pinto | Alexandre de Soveral Martins | Ana Maria Gomes Rodrigues | Carolina Cunha | Elda Marques | Gabriela Figueiredo Dias | Hugo Duarte Fonseca | João Paulo Remédio Marques | Jorge M. Coutinho de Abreu | Margarida Costa Andrade | Maria Elisabete Ramos | Nuno Barbosa | Orlando Vogler Guiné | Paulo de Tarso Domingues | Ricardo Costa | Rui Pereira Dias | Susana Aires de Sousa

Jorge M. Coutinho de Abreu (Coord.)

2ª edição

CÓDIGO DAS SOCIEDADES COMERCIAIS EM COMENTÁRIO
2ª edição
COORDENADOR
Jorge M. Coutinho de Abreu
1ª edição: Outubro, 2011
EDITOR
EDIÇÕES ALMEDINA, S.A.
Rua Fernandes Tomás, nºs 76, 78, 80
3000-167 Coimbra
Tel.: 239 851 904 · Fax: 239 851 901
www.almedina.net · editora@almedina.net
DESIGN
FBA.
PRÉ-IMPRESSÃO
EDIÇÕES ALMEDINA, S.A.
IMPRESSÃO E ACABAMENTO
PAPELMUNDE

Maio, 2016
DEPÓSITO LEGAL
398549/15

Apesar do cuidado e rigor colocados na elaboração da presente obra, devem os diplomas legais dela constantes ser sempre objecto de confirmação com as publicações oficiais.
Toda a reprodução desta obra, por fotocópia ou outro qualquer processo, sem prévia autorização escrita do Editor, é ilícita e passível de procedimento judicial contra o infrator.

 GRUPOALMEDINA

BIBLIOTECA NACIONAL DE PORTUGAL – CATALOGAÇÃO NA PUBLICAÇÃO
PORTUGAL. Leis, decretos, etc.
CÓDIGO DAS SOCIEDADES COMERCIAIS EM COMENTÁRIO
coord. Jorge M. Coutinho de Abreu –2ª ed. – v.
3º v.: Artigos 175º a 245º – p
ISBN 978-972-40-6454-3
I – ABREU, Jorge M. Coutinho de, 1955-
CDU 347

OS COMENTARISTAS

ALEXANDRE MOTA PINTO
Doutor em Direito, Advogado

ALEXANDRE DE SOVERAL MARTINS
Professor Auxiliar da Faculdade de Direito da Universidade de Coimbra

ANA MARIA GOMES RODRIGUES
Professora Auxiliar da Faculdade de Economia da Universidade de Coimbra

CAROLINA CUNHA
Professora Auxiliar da Faculdade de Direito da Universidade de Coimbra

ELDA MARQUES
Assistente da Faculdade de Economia da Universidade do Porto

GABRIELA FIGUEIREDO DIAS
Assistente da Faculdade de Direito da Universidade de Coimbra

HUGO DUARTE FONSECA
Mestre em Direito, Advogado

JOÃO PAULO REMÉDIO MARQUES
Professor Auxiliar da Faculdade de Direito da Universidade de Coimbra

JORGE M. COUTINHO DE ABREU
Professor Catedrático da Faculdade de Direito da Universidade de Coimbra

MARGARIDA COSTA ANDRADE
Assistente da Faculdade de Direito da Universidade de Coimbra

MARIA ELISABETE RAMOS
Professora Auxiliar da Faculdade de Economia da Universidade de Coimbra

NUNO BARBOSA
Mestre em Direito, Advogado

ORLANDO VOGLER GUINÉ
Mestre em Direito, Advogado

PAULO DE TARSO DOMINGUES
Professor Auxiliar da Faculdade de Direito da Universidade do Porto

RICARDO COSTA
Professor Auxiliar da Faculdade de Direito da Universidade de Coimbra

RUI PEREIRA DIAS
Assistente da Faculdade de Direito da Universidade de Coimbra

SUSANA AIRES DE SOUSA
Professora Auxiliar da Faculdade de Direito da Universidade de Coimbra

SIGLAS E ABREVIATURAS

A./AA.	Autor(a)/Autores
AAFDL	Associação Académica da Faculdade de Direito de Lisboa
AAVV.	Autores Vários
Ac.	Acórdão
ACE	Agrupamento complementar de empresas
ADC	Anuario de Derecho Civil
ADCSL	Annuario di diritto comparato e di studi legislativi
AEIE	Agrupamento europeu de interesse económico
AG	Aktiengesellschaft
AJ	Actualidade Jurídica
AJUM	Actualidad Jurídica Uría Menéndez
AktG	Aktiengesetz
AnnDrComm.	Annales du Droit Commercial
al./als.	alínea/alíneas
anot.	anotação
AntLSC	Anteprojecto de Lei das Sociedades Comerciais
AntLSQ	Anteprojecto de Lei da Sociedade por Quotas de Responsabilidade Limitada
Art./Arts.	Artigo/Artigos
BADF	Bases para a Apresentação de Demonstrações Financeiras
BBTC	Banca, Borsa e Titoli di Credito
BFD	Boletim da Faculdade de Direito (Coimbra)
BGB	Bürgerlicher Gesetzbuch
BGBl	Bundesgesetzblatt
BGH	Bundesgerichtshof
BGHZ	Entscheidungen des Bundesgerichtshofs in Zivilsachen
BLR	Bond Law Review
BMJ	Boletim do Ministério da Justiça
BOA	Boletim da Ordem dos Advogados
BRN	Boletim dos Registos e Notariado
c/ colab.	com a colaboração
CA	Conselho de administração
CadMVM	Cadernos do Mercado de Valores Mobiliários
CadOD	Cadernos O Direito
cap./caps.	capítulo/capítulos
CCit	Código Civil italiano
CCiv.	Código Civil
CCom.	Código Comercial
CComfr	Código de Comércio francês

CCoop.	Código Cooperativo
CDE	Cahiers de Droit Européen
CDP	Cadernos de Direito Privado
CEE	Comunidade Económica Europeia
CEF/DGCI	Centro de Estudos Fiscais da Direcção-Geral das Contribuições e Impostos
Cfr.	Confira
Cgsupervisão	Conselho geral e de supervisão
CI	Contratto e Impresa
CIMT	Código do Imposto Municipal sobre Imóveis
CIRC	Código do Imposto sobre o Rendimento das Pessoas Colectivas
CIRE	Código da Insolvência e da Recuperação de Empresas
CIRS	Código do Imposto sobre o Rendimento das Pessoas Singulares
CIS	Código do Imposto de Selo
cit.	citado(a)
CJ	Colectânea de Jurisprudência
CJ-ASTJ	Colectânea de Jurisprudência-Acórdãos do Supremo Tribunal de Justiça
CLC	Certificação Legal de Contas
CMLR	Common Market Law Review
CMVM	Comissão do Mercado de Valores Mobiliários
CNCAP	Comissão de Normalização Contabilística da Administração Pública
CNot.	Código do Notariado
CNSA	Conselho Nacional de Supervisão de Auditoria
coord.	coordenação
CP	Código Penal
CPP	Código de Processo Penal
CPC	Código de Processo Civil (L 41/2013, de 26 de junho)
CPEREF	Código dos Processos Especiais de Recuperação da Empresa e de Falência
CPI	Código da Propriedade Industrial
CPPT	Código de Procedimento e de Processo Tributário
CR	Concorrência e Regulação
CRCom.	Código do Registo Comercial
CRP	Constituição da República Portuguesa
CRPred.	Código do Registo Predial
CSC	Código das Sociedades Comerciais
CT	Código do Trabalho
CVM	Código dos Valores Mobiliários
DAR	Diário da Assembleia da República
DC	Direito e Cidadania
DDC	Documentação e Direito Comparado
DF	Demonstrações Financeiras
DGCL	Delaware General Corporation Law
DGRN	Direcção-Geral dos Registos e do Notariado

Dir. fall.	Il diritto fallimentare e delle società commerciali
diss.	dissertação
DJ	Direito e Justiça
DL	Decreto-Lei
DR	Diário da República
DSR	Direito das Sociedades em Revista
EBF	Estatuto dos Benefícios Fiscais
EBLR	European Business Law Review
EC	Estrutura Conceptual
EBOR	European Business Organization Law Review
ed.	edição
e.g.	*exempli gratia* (p. ex.)
EGP	Estatuto do Gestor Público
EIRL	Estabelecimento individual de responsabilidade limitada
EP	Empresa pública
EPE	Entidade pública empresarial
EROC	Estatuto dos Revisores Oficiais de Contas
esp.	especial
FCPC	Ficheiro Central de Pessoas Colectivas
FDUC	Faculdade de Direito da Universidade de Coimbra
FDUL	Faculdade de Direito da Universidade de Lisboa
FI	Il Foro Italiano
Foro Pad.	Il Foro Padano
GDDC	Gabinete de Documentação e Direito Comparado
GiurCom	Giurisprudenza Commerciale
GmbH	Gesellschaft mit beschränkter Haftung
GmbHG	Gesetz betreffend die Gesellschaften mit beschränkter Haftung
GmbHR	GmbHRundschau
HGB	Handelsgesetzbuch
IASB-UE	Normas Internacionais de Relato Financeiro conforme recebidas pelo Direito da União Europeia
IDET	Instituto de Direito das Empresas e do Trabalho
i.e.	*id est*
IFRS	International Financial Reporting Standards
IPGC	Instituto Português de *Corporate Governance*
it.	itálico
JBE	Journal of Business Ethics
JC	Jurisprudência Constitucional
JCBCML	Journal of Comparative Business and Capital Market Law
JF	Jornal do Fôro
JFE	Journal of Financial Economics
JO/JOCE	Jornal Oficial das Comunidades Europeias
JOUE	Jornal Oficial da União Europeia
L	Lei

KGaA	Kommanditgesellschaften auf Aktien
LAS	Lei da Actividade Seguradora
LAV	Lei de Arbitragem Voluntária
LDC	Lei de Defesa da Concorrência
LeySA/LSA	Ley de Sociedades Anónimas
LGT	Lei Geral Tributária
LMESM	Ley 3/2009, de 3 de abril, sobre modificaciones estructurales de las sociedades mercantiles
LOSJ	Lei da Organização do Sistema Judiciário (Lei 62/2013, de 26 de Agosto)
LSA	Ley de Sociedades Anónimas (revogada)
LSAB	Leis das Sociedades por Ações (Brasil)
LSC	Ley de Sociedades de Capital (Real Decreto Legislativo 1/2010, de 2 de julio)
LSQ	Lei das Sociedades por Quotas
LSRL	Ley de las sociedades de responsabilidad limitada
MP	Ministério Público
NCRF	Normas Contabilísticas e de Relato Financeiro
NCRF-PE	Norma Contabilística e de Relato Financeiro para Pequenas Entidades
NIC/NIRF	Normas Internacionais de Contabilidade/Normas Internacionais de Relato Financeiro
NNDI	Novissimo Digesto Italiano
nt./nts.	nota/notas
nº	número
Ob.	Obra
OD	O Direito
OPA/OPAs	Oferta pública de aquisição/ofertas públicas de aquisição
OPD	Oferta pública de distribuição
OROC	Ordem dos Revisores Oficiais de Contas
p.	página(s)
par.	parágrafo
P. ex.	Por exemplo
PF	Prim@ Facie, Revista da Pós-Graduação em Ciências Jurídicas, Universidade Federal da Paraíba
PGR	Procuradoria Geral da República
PME	Pequena e Média Empresa
POC	Plano Oficial de Contabilidade
POCP	Plano Oficial de Contabilidade Pública
RAEL	Regime da atividade empresarial local e das participações locais (L 50/2012, de 31 de agosto)
RB	Revista da Banca
RC	Tribunal da Relação de Coimbra
RCC	Revista de Contabilidade e Comércio
RCEJ	Revista do Centro de Estudos Judiciários
RCEmp.Jur.	Revista de Ciências Empresariais e Jurídicas

RCP	Regulamento das Custas Processuais
RDBB	Revista de derecho bancário y bursátil
RDE	Revista de Direito e Economia
RDES	Revista de Direito e de Estudos Sociais
RDI	Revista de Direito Imobiliário
RDM	Revista de Derecho Mercantil
RDP	Revista de Derecho Privado
RdS	Revista de Derecho de Sociedades
RDS	Revista de Direito das Sociedades
RE	Tribunal da Relação de Évora
RES	Revista Española de Seguros
REI	Revista Electrónica INFOCONTAB
reimp.	reimpressão
RegCRCom.	Regulamento do Código do Registo Comercial
R&E	Revisores & Empresas
RGCO	Regime Geral de Contra-ordenações
RFDUL	Revista da Faculdade de Direito da Universidade de Lisboa
RFDUP	Revista da Faculdade de Direito da Universidade do Porto
RGICSF	Regime Geral das Instituições de Crédito e Sociedades Financeiras
RGIT	Regime Geral das Infracções Tributárias
RivDCom	Rivista del Diritto Commerciale
Riv.Dir.Civ.	Rivista di Diritto Civile
Riv. dott. comm.	Rivista dei dottori commercialisti
RJASegR	Regime das condições de acesso e de exercício da actividade seguradora e resseguradora
RJCS	Regime jurídico do contrato de seguro
RJDEAD	Regime jurídico dos documentos electrónicos e da assinatura digital
RJPADL	Regime jurídico dos procedimentos administrativos de dissolução e de liquidação de entidades comerciais
RJSEL	Regime jurídico do sector empresarial local
RL	Tribunal da Relação de Lisboa
RLJ	Revista de Legislação e de Jurisprudência
RMBCA	Revised Model Business Corporation Act
RMP	Revista do Ministério Público
RN	Revista do Notariado
RNPC	Registo Nacional de Pessoas Colectivas
ROA	Revista da Ordem dos Advogados
ROC	Revisor Oficial de Contas
ROIC	Regime dos Organismos de Investimento Coletivo
RP	Tribunal da Relação do Porto
RPCC	Revista Portuguesa de Ciência Criminal
RRC	Regulamento do Registo Comercial
RRNPC	Regime do Registo Nacional de Pessoas Colectivas
RS	Rivista delle Società

RSEE	Regime do Sector Empresarial do Estado
RSoc	Revue des Sociétés
RSPE	Regime do Sector Público Empresarial (DL 133/2013, de 3 de outubro)
RT	Revista dos Tribunais
s.	seguinte(s)
Sec.	Section
sep.	separata
SA	Sociedade(s) anónima(s)
SAD	Sociedade(s) anónima(s) desportiva(s)
SC	Sociedade(s) em comandita
SCD	Sociedade comercial desportiva
SCE	Sociedade Cooperativa Europeia
SE	Sociedade Anónima Europeia
SENC	Sociedade(s) em nome colectivo
SGPS	Sociedade(s) gestora(s) de participações sociais
SI	Scientia Iuridica – Revista de direito comparado português e brasileiro
SNC	Sistema de Normalização Contabilística
Società	Le Società
SPE	Societas Privata Europeae
SQ	Sociedade(s) por quotas
SQU	Sociedade por quotas unipessoal
SQUD	Sociedade por quotas unipessoal desportiva
SROC	Sociedade(s) de Revisores Oficiais de Contas
STJ	Supremo Tribunal de Justiça
t.	tomo
tb.	também
TC	Tribunal Constitucional
Temi rom.	Temi romana
t.u.f.	Testo unico della finanza
TFUE	Tratado sobre o Funcionamento da União Europeia
TI	Temas de Integração
TJCE	Tribunal de Justiça das Comunidades Europeias
trad.	tradução
UmwG	Umwandlungsgesetz
V.	Veja
v.g.	*verbi gratia* (p. ex.)
vs.	*versus*
vol.	volume
ZGR	Zeitschrift für Unternehmens-und Gesellschaftsrecht
ZHR	Zeitschrift für das gesamte Handelsrecht und Wirtschaftsrecht
ZIP	Zeitschrift für Wirtschaftsrecht

TÍTULO II
SOCIEDADES EM NOME COLETIVO
CAPÍTULO I
CARACTERÍSTICAS E CONTRATO

ARTIGO 175º
Características

1. Na sociedade em nome coletivo o sócio, além de responder individualmente pela sua entrada, responde pelas obrigações sociais subsidiariamente em relação à sociedade e solidariamente com os outros sócios.
2. O sócio não responde pelas obrigações da sociedade contraídas posteriormente à data em que dela sair, mas responde pelas obrigações contraídas anteriormente à data do seu ingresso.
3. O sócio que, por força do disposto nos números anteriores, satisfizer obrigações da sociedade tem direito de regresso contra os outros sócios, na medida em que o pagamento efetuado exceda a importância que lhe caberia suportar segundo as regras aplicáveis à sua participação nas perdas sociais.
4. O disposto no número anterior aplica-se também no caso de um sócio ter satisfeito obrigações da sociedade, a fim de evitar que contra ele seja intentada execução.

Índice
1. Generalidades
2. Responsabilidade pela entrada
    2.1. Responsabilidade individual

2.2. Aspetos não regulados
3. Responsabilidade do sócio pelas obrigações sociais
   3.1. Âmbito da responsabilidade do sócio
   3.2. Responsabilidade patrimonial subsidiária
   3.3. Solidariedade e direito de regresso
   3.4. Convenções modificadoras da responsabilidade dos sócios pelas obrigações sociais
4. Natureza subsidiária da responsabilidade dos sócios e questões jurídico-processuais
   4.1. Penhorabilidade subsidiária
     4.1.1. Execução movida contra a sociedade e o sócio
     4.1.2. Execução movida contra o sócio
     4.1.3. Execução movida exclusivamente contra a sociedade
   4.2. Responsabilidade subsidiária e insolvência da sociedade
5. Fundamento da responsabilidade dos sócios pelas obrigações sociais

Bibliografia

a) Citada:

ABREU, J. M. COUTINHO DE – *Curso de direito comercial*, vol. II – *Das sociedades*, 5ª ed., Almedina, Coimbra, 2015, "Artigo 1º", em *Código das Sociedades Comerciais em comentário*, coord. de Coutinho de Abreu, vol. I, Almedina, Coimbra, 2010, p. 27-53; CAEIRO, ANTÓNIO – *As sociedades de pessoas no Código das Sociedades Comerciais*, sep. dos Estudos em Homenagem ao Prof. Doutor Eduardo Correia, Coimbra, 1984, p. 2-82; CAPELO, M. JOSÉ – "Os pressupostos processuais gerais na acção executiva – a legitimidade e as regras de penhorabilidade", Themis, IV.7 (2003), p. 79-104; CORDEIRO, A. MENEZES – *Manual de direito das sociedades*, vol. II – *Das sociedades em especial*, 2ª ed., Almedina, Coimbra, 2007; CORREIA, A. FERRER – *Lições de direito comercial*, vol. II (c/ colab. de V. Lobo Xavier, M. Henrique Mesquita, J. M. Sampaio Cabral e António A. Caeiro), ed. copiogr., Coimbra, 1968; CORREIA, L. BRITO – *Direito comercial*, 2º vol. – *Sociedades comerciais*, AAFDL, 1989; COSTA, M. J. ALMEIDA – *Direito das obrigações*, 12ª ed., Almedina, Coimbra, 2009; CUNHA, CAROLINA – "Artigo 186º", em *Código das Sociedades Comerciais em comentário*, coord. de Coutinho de Abreu, vol. III, 2ª ed., Almedina, Coimbra, 2016, p. 103-110; CUNHA, PAULO OLAVO – *Direito das sociedades comerciais*, 5ª ed., Almedina, Coimbra, 2012; DOMINGUES, P. DE TARSO – *Variações sobre o capital social*, Almedina, Coimbra, 2009, "Artigo 20º", em *Código das Sociedades Comerciais em comentário*, coord. de Coutinho de Abreu, vol. I, Almedina, Coimbra, 2010, p. 338-351, "Artigo 26º", em *Código das Sociedades Comerciais em comentário*, coord. de Coutinho de Abreu, vol. I, Almedina, Coimbra, 2010ª, p. 441-447; "Artigo 27º", em *Código das Sociedades Comerciais em comentário*, coord. de Coutinho de Abreu, vol. I, Almedina, Coimbra, 2010ᵇ, p. 448-456; "Artigo 178º", em *Código das Sociedades Comerciais em comentário*, coord. de Coutinho de Abreu, vol. III, 2ª ed., Almedina, Coimbra, 2016, p. 39-44, "Artigo 201º", em *Código das Sociedades Comerciais em comentário*, coord. de Coutinho de Abreu, vol. III, 2ª ed., Almedina, Coimbra, 2016ª, p. 201-224; FERNANDES, LUÍS A. CARVALHO/LABAREDA, JOÃO – *Código da Insolvência e da Recuperação de Empresas anotado*, 3ª ed., Quid Juris, Lisboa, 2015; FRADA, M. CARNEIRO DA – "Artigo 175º", em *Código das Sociedades Comerciais anotado*, coord. de A. Menezes Cordeiro, 2ª ed., Almedina, Coimbra, 2011, p. 581-583; FREITAS, J. LEBRE DE – *A ação executiva. À luz do Código de Processo Civil de 2013*, 6ª ed., Coimbra Editora, Coimbra, 2014; FREITAS, J. LEBRE DE/MENDES, A. RIBEIRO – *Código de processo Civil anotado*, vol. 3º (Artigos 676º a 943º), Coimbra Editora, Coimbra, 2003; FURTADO, J. PINTO – *Código Comercial anotado*, vol. II – *Das sociedades em especial*, t. I (Artigos 171º a 178º), Almedina, Coimbra, 1986; GOMES, FÁTIMA – *O direito aos lucros e o dever de participar nas perdas nas sociedades anónimas*, Almedina, Coimbra, 2011; GOMES, M. JANUÁRIO DA COSTA – *Assunção fidejussória de dívida – Sobre o sentido e o âmbito da vinculação como fiador*, Almedina, Coimbra, 2000; GONÇALVES, L. DA CUNHA – *Comentário ao Código Comercial português*, vol. I, Empreza Editora J. B., Lisboa, 1914; LIMA, PIRES DE/VARELA, ANTUNES – *Código Civil anotado*, vol. II, 4ª ed., Coimbra Editora, Coimbra, 1997; MAIA, PEDRO – "Tipos de sociedades comerciais", em *Estudos de direito das sociedades*, coord. de Coutinho de Abreu, 12ª ed., Almedina, Coimbra, 2015, p. 13-39; MARTINS, ALEXANDRE SOVERAL DE – *Um curso de direito da insolvência*, 2ª ed., Almedina, Coimbra, 2016; MOUTINHO, JOSÉ LOBO – "A responsabilidade do sócio em nome colectivo em face do Código das Sociedades Comerciais", DJ, 1992, p. 171-250, 1993, p. 83-137; OLAVO, FERNANDO – "Sociedade em nome colectivo", BMJ, 179 (1968), p. 15-37; RAMOS, M. ELISABETE – "Artigo 9º", em *Código das Sociedades Comerciais em comentário*, coord. de Coutinho de Abreu, vol. I, Almedina, Coimbra, 2010, p. 161-174; SERRA, CATARINA – *Falências derivadas e âmbito subjectivo da falência*, Coimbra Editora, Coimbra, 1999, *A falência no quadro da tutela jurisdicional dos direitos de crédito – O problema da natureza do processo de liquidação aplicável à insolvência no direito português*, Coimbra Editora, Coimbra, 2009, *Direito comercial. Noções fundamentais*, Coimbra Editora, Coimbra, 2009ª; SILVA, PAULA COSTA E – *A reforma da acção executiva*, 3ª ed., Coimbra Editora, Coimbra, 2003; TAVARES, JOSÉ – *Sociedades e empresas comerciais*, 2ª ed., Coimbra Editora, Coimbra, 1924; VASCONCELOS, P. PAIS DE – *A participação social nas sociedades comerciais*, 2ª ed., Almedina, Coimbra, 2006; VENTURA, RAÚL – *Novos estudos sobre sociedades anónimas e sociedades em nome colectivo*, Almedina, Coimbra 1994; XAVIER, V. G. LOBO – "Sociedades por quotas; exclusão de sócios; deliberações sobre matéria estranha à ordem do dia; responsabilidade do sócio por perdas sociais", RLJ, 119 (1986-1987), p. 190-192, 221- 224, 277-288.

b) Outra:

AIELLO, MARCO – "La società in nome colletivo: nozione e costituzione", em *Le nuove società di persone*, opera diretta da Gastone Cottino/Oreste Cagnasso, Zanichelli Editore, Torino, 2014, p. 3-32; ANTUNES, J. ENGRÁCIA – "A fiança mercantil", em *Estudos em Memória do Prof. Doutor J. L. Saldanha Sanches*, org. Paulo Otero, Fernando Araújo, João Taborda da Gama, vol. II, Coimbra Editora, Coimbra, 2011, p. 397-411; CAEIRO, ANTÓNIO – "O Projecto de Código das Sociedades. Parte Geral. Sociedades em nome colectivo", RDE, 10/11 (1984/1985), p. 53-86; COELHO, MARIA ÂNGELA – "Sociedades em nome colectivo, sociedades em comandita, sociedades por quotas", em *Direito das empresas*, INA, 1990, p. 579-611; MORAIS, FERNANDO GRAVATO – "A solidariedade nas obrigações comerciais", em *Estudos em Homenagem ao Prof. Doutor Carlos Ferreira de Almeida*, vol. II, Almedina, Coimbra, 2011, p. 486-505.

1. Generalidades

A designação "sociedade em nome coletivo" foi forjada por Pothier e Savary. Segundo estes autores, os sócios da *société générale* (designação usada pela *ordonnance* de 1673) exerciam o comércio "sous leur nom collectif". Esta designação foi adotada pelo *Code* de 1807.

Tendo em conta o relevo da *pessoa* dos sócios neste tipo societário, não restam dúvidas de que as sociedades em nome coletivo são *sociedades de pessoas*[1]. Vários aspetos do regime jurídico concretizam o caráter *intuitus personae* deste tipo societário: *a)* os sócios respondem subsidiária e ilimitadamente pelas dívidas da sociedade (art. 175º, 1); *b)* é exigido o consentimento dos sócios para a transmissão de participações sociais (art. 182º); *c)* em regra, a participação social do sócio falecido não se transmite aos seus sucessores (art. 184º, 1); *d)* o valor da participação social é, em regra, irrelevante para a distribuição dos votos pelos sócios (art. 190º); *e)* os sócios são chamados a intervir pessoalmente na gestão da sociedade – não havendo estipulação em contrário, a gerência é assegurada pelos sócios (art. 191º); *f)* as deliberações de alteração dos estatutos devem ser adotadas por unanimidade (art. 194º); *g)* a admissão de novo sócio é deliberada por unanimidade (art. 194º, 2).

A "elasticidade"[2] do tipo de sociedade em nome coletivo permite *alguma despersonalização*: *a)* a gerência pode ser confiada a não sócios (art. 191º, 2); *b)* na

---

[1] ANTÓNIO CAEIRO (1984), p. 5, s., PEDRO MAIA (2015), p. 37, s., COUTINHO DE ABREU (2015), p. 70, s..
[2] Cfr. PAIS DE VASCONCELOS (2006), p. 48.

ausência de outro critério, as deliberações são tomadas por maioria simples (art. 189º, 2); *c)* o contrato de sociedade pode afastar a regra da unanimidade para a aprovação de alterações estatutárias (194º, 1); *d)* a regra um homem um voto pode ser alterada por via estatutária (190º, 1); *e)* a morte ou incapacidade do sócio não é causa legal de dissolução da sociedade (art. 184º).

As sociedades em nome coletivo têm vindo a perder importância económica na vida empresarial portuguesa. A circunstância de a lei não exigir um montante mínimo de capital social não é incentivo suficiente para travar o apagamento deste tipo societário. Acresce que desde o DL 33/2011, de 7 de março, é muito forte a "concorrência" da sociedade por quotas que, de acordo com o figurino legal, oferece a limitação da responsabilidade dos sócios e tão-só exige o capital social de 1 € por quota (arts. 219º, 3, 201º)[3].

A responsabilidade dos sócios pelas obrigações sociais torna a sociedade em nome coletivo menos apelativa. Além disso, há atividades económicas que não podem ser exercidas através deste tipo societário (por exemplo, a atividade bancária ou a atividade seguradora). Por fim, a sociedade em nome coletivo não é abrangida pelos regimes especiais de constituição de sociedades (constituição imediata de sociedade por quotas e anónimas[4] e constituição *online* de sociedades por quotas e anónimas[5]).

2. Responsabilidade pela entrada
2.1. Responsabilidade individual

O art. 175º, embora intitulado "Características", regula exclusivamente a *responsabilidade* do sócio de sociedade em nome coletivo[6]. E, por conseguinte, não dispensa a consideração das outras notas típicas desta sociedade[7].

Em particular, o preceito abrange a responsabilidade pela obrigação de entrada (dívida perante a sociedade) e a responsabilidade pelas obrigações sociais (responsabilidade perante terceiros).

A disciplina da obrigação de entrada resulta, por um lado, de normas inscritas na Parte Geral do CSC e, por outro, das normas específicas sobre a entrada em indústria (art. 178º) e sobre a entrada em espécie (art. 179º). Aos sócios é

---

[3] Sobre a "mudança de paradigma" subjacente a este regime legal, v. TARSO DOMINGUES (2016ª), p. 213.
[4] Cfr. art. 1º do DL 111/2005, de 8 de julho.
[5] Cfr. art. 1º do DL 125/2006, de 29 de junho.
[6] Que, na opinião de COUTINHO DE ABREU (2015), p. 59, não é suficiente para caracterizar a sociedade em nome coletivo.
[7] V. PEDRO MAIA (2015), p. 16, s., COUTINHO DE ABREU (2015), p. 58, s..

permitido escolher entre entradas em dinheiro, em espécie e em indústria. Nas sociedades em nome coletivo é lícito que todos os sócios entrem com indústria (art. 9º, 1, f)). Admite o CSC que as sociedades em nome coletivo sejam constituídas *sem capital social* (art. 9º, 1, f)[8].

Havendo entradas em dinheiro ou em espécie, a sociedade em nome coletivo terá capital social correspondente à soma do valor nominal de tais entradas[9]. A lei não fixa o capital social mínimo para as sociedades em nome coletivo[10]. Aos sócios das sociedades em nome coletivo não é exigido que reúnam dinheiro e/ou bens em espécie que atinjam um limiar legalmente determinado. Compreende-se esta solução, tendo em conta o regime legal da responsabilidade dos sócios pelas obrigações sociais.

O sócio responde "individualmente pela sua entrada" (art. 175º, 1). Surpreende-se neste segmento normativo uma diferença relativamente às sociedades por quotas onde os "sócios são solidariamente responsáveis por todas as entradas convencionadas no contrato social" (art. 197º, 1). O sócio da sociedade em nome coletivo não corre o risco de ter de responder pelo incumprimento da obrigação de entrada por parte de consócios. No entanto, esta aparente vantagem não pode ser vista isoladamente. Se a sociedade não tiver forças patrimoniais para satisfazer os seus compromissos perante terceiros, todos os sócios (incluindo os que cumpriram integralmente a obrigação de entrada) poderão ser chamados a responder pelas obrigações sociais.

2.2. Aspetos não regulados

O CSC não prevê o diferimento das *entradas em dinheiro*. Perante este silêncio legislativo, divide-se a doutrina quanto à questão de saber se tal diferimento é lícito ou proibido. A favor do diferimento são avançados os seguintes argu-

---

[8] TARSO DOMINGUES (2009), p. 37, M. ELISABETE RAMOS (2010), p. 168. CATARINA SERRA (2009ª), p. 136, considera que a sociedade sem capital social "não é, na prática, susceptível de configuração (não é concebível que uma sociedade exerça uma actividade económica sem o mínimo de fundo patrimonial)". O capital social não é a única fonte de financiamento da sociedade; ela pode constituir um fundo patrimonial a partir de outros recursos.

[9] TARSO DOMINGUES (2009), p. 37. No sentido de que a parte não tem valor nominal, v. PAULO OLAVO CUNHA (2015), p. 144, mas v. art. 25º, 1.

[10] A 2ª Diretiva sobre sociedades (Diretiva do Conselho nº 77/91/CEE, de 13 de Dezembro de 1976) abrange apenas as sociedades anónimas (art. 1º da 2ª Diretiva). O Estado português mantém a liberdade de regulação do regime do capital social da sociedade em nome colectivo. Sobre estas questões, v. TARSO DOMINGUES (2009), p. 121, s..

mentos[11]: *a)* o teor literal do art. 195º, 2, que parece pressupor a licitude do diferimento[12]; *b)* o típico regime de responsabilidade por dívidas sociais[13].

No sentido da *proibição* do diferimento são apresentados os seguintes argumentos: *a)* o teor literal do art. 26º – ("nos casos (...) em que a lei o permita")[14] – conjugado com o silêncio legal sobre o diferimento de entradas em dinheiro realizadas por sócio de sociedade em nome coletivo; *b)* a regulação da sociedade em nome coletivo não prevê a exclusão do sócio remisso por incumprimento da obrigação de entrada em dinheiro[15].

Parece-nos que deverá ser considerada *lícita* a cláusula estatutária que admita o diferimento de entradas em dinheiro. Não só esta hipótese é referida pelo art. 195º, 2, como a expansão da autonomia privada que ela pressupõe não compromete os interesses dos credores sociais. Estes estão acautelados pelo típico regime de responsabilidade por dívidas sociais. Reconhecemos que o diferimento das entradas em dinheiro fragiliza as funções de produção e de financiamento do capital social[16]. No entanto, é a própria lei que tolera tal fragilização quando permite que sejam constituídas sociedades em nome coletivo sem capital social (art. 9º, 1, f).

Ao contrário do que prevê para a sociedade anónima (art. 277º, 3), o CSC não exige que as entradas em dinheiro sejam depositadas em uma instituição bancária. Parece que tal exigência não se aplica à sociedade em nome coletivo[17].

Pelo crédito da entrada (perante a sociedade) responde o *sócio devedor* e não os restantes[18].

Aplica-se ao sócio da sociedade em nome coletivo o art. 27º destinado a assegurar o efetivo cumprimento da obrigação de entrada. Ao sócio de indús-

---

[11] TARSO DOMINGUES (2009), p. 203, nt. 764, testemunha que Lobo Xavier, no seu ensino oral, defendia a licitude do diferimento das entradas em dinheiro.
[12] PAIS DE VASCONCELOS (2006), p. 266, CARNEIRO DA FRADA (2011), p. 582.
[13] PAIS DE VASCONCELOS (2006), p. 266.
[14] BRITO CORREIA (1989), p. 293.
[15] TARSO DOMINGUES (2009), p. 203, nt. 764, (2010ª), p. 445, s., salienta este argumento. TARSO DOMINGUES (2009), p. 204, nt. 764, (2010ª), p. 446, considera que, havendo diferimento das entradas em dinheiro, não ficarão asseguradas as funções de financiamento e de produção do capital social.
[16] TARSO DOMINGUES (2009), p. 204, nt. 764.
[17] TARSO DOMINGUES (2009), p. 204, nt. 766.
[18] Neste sentido, CARNEIRO DA FRADA (2011), p. 582. Contra, PAIS DE VASCONCELOS (2006), p. 266, para quem "é lícito estipular no respectivo contrato o diferimento das entradas, cujo valor é da responsabilidade de todos os sócios".

tria aplica-se o disposto no art. 186º, 1, c)[19]. Menezes Cordeiro[20] e Carneiro da Frada[21] sustentam que o direito civil concorre para a construção do regime das entradas na sociedade em nome coletivo. Neste entendimento: *a*) para as entradas em dinheiro, valerá o regime das obrigações pecuniárias, com a possibilidade de execução; *b*) para as entradas em espécie, a sociedade pode recorrer à reivindicação (art. 1311º do CCiv.); *c*) para as entradas em indústria, subsiste a possibilidade de execução por terceiros à custa do sócio faltoso (art. 828º do CCiv.) ou a aplicação da sanção pecuniária compulsória.

3. Responsabilidade do sócio pelas obrigações sociais
3.1. Âmbito da responsabilidade do sócio

A responsabilidade subsidiária, solidária e ilimitada abrange as *obrigações da sociedade perante terceiros*[22]. Por conseguinte, tal responsabilidade não é extensiva às obrigações da sociedade perante os sócios (agindo eles nesta qualidade)[23].

Não releva a *fonte* da obrigação social. A responsabilidade do sócio abrange obrigações de fonte negocial ou não negocial[24]. O sócio responde tenha ou não intervindo na qualidade de representante da sociedade.

Quanto ao *objeto*, a responsabilidade do sócio abrange obrigações de prestação de coisa ou de prestação de facto[25]. No entanto, importa salientar que não é o sócio que fica vinculado a realizar a prestação de *dare, facere* ou *non facere*. Se a sociedade se obrigou perante o terceiro a fazer uma obra nova, não pode o terceiro exigir que essa prestação seja realizada pelo sócio. O que acontece é que o art. 175º, 1, ao prescrever que o sócio responde pelas obrigações sociais, quer significar que "todos os sócios respondem, subsidiariamente em relação à sociedade pelas consequências, legais ou contratuais, do incumprimento pela sociedade da sua obrigação. O sócio só responde por obrigações sociais cujo

---

[19] V. RAÚL VENTURA (1994), p. 299, que levanta algumas objeções ao preceito. CAROLINA CUNHA (2016), p. 108, parece considerar equilibrada a solução de excluir o sócio impossibilitado de realizar a entrada em indústria.

[20] CARNEIRO DA FRADA (2011), p. 581, s..

[21] MENEZES CORDEIRO (2007), p. 172.

[22] Distinguindo claramente a obrigação de participar nas perdas da responsabilidade pelas dívidas sociais, v. FÁTIMA GOMES (2011), p. 144, s.. Parte da doutrina entende a obrigação de participar nas perdas em sentido amplo (*v. últ. ob. cit. loc. cit.*).

[23] RAÚL VENTURA (1994), p. 214.

[24] RAÚL VENTURA (1994), p. 214, ss., MENEZES CORDEIRO (2007), p. 176, CARNEIRO DA FRADA (2011), p. 582. Sobre a distinção entre fontes negociais e não negociais, v. ALMEIDA COSTA (2009), p. 200.

[25] RAÚL VENTURA (1994), p. 215, MENEZES CORDEIRO (2007), p. 176.

objecto seja uma prestação pecuniária, quer assim aconteça desde o início da obrigação, quer assim se tenha tornado por dever de indemnizar"[26].

O CSC identifica o *início* e o *termo* da responsabilidade do sócio pelas obrigações sociais. Para as sociedades civis, inspirando-se no art. 2269 do *Codice Civile*, o art. 997º, 4, do CCiv. determina que o sócio que ingressa na sociedade é responsável pelas dívidas contraídas anteriormente. Fernando Olavo propôs que o sócio da sociedade em nome coletivo não respondesse por obrigações sociais contraídas anteriormente à data da entrada na sociedade[27]. O Projeto do CSC estabelecia que o sócio que ingressasse na sociedade por facto diferente da transmissão da parte social não respondia por obrigações sociais contraídas anteriormente à data da sua integração na sociedade[28]. A solução que hoje consta do art. 175º, 2, acompanha o art. 997º, 4, do CCiv.. O sócio que integra sociedade em nome coletivo já constituída (sócio ulterior) é responsável pelas dívidas sociais anteriores ao seu ingresso[29]. O ingresso de novo sócio pode dar-se seja porque lhe foi transmitida a parte social (182º), seja porque foi deliberada a admissão de novo sócio (art. 194º, 2). No primeiro caso, transmitente e transmissário são responsáveis pelas dívidas anteriores à transmissão[30].

O sócio que sai da sociedade – *v.g.* por motivos de exoneração (art. 185º) ou de exclusão (art. 186º) – mantém a responsabilidade pelas obrigações sociais anteriores à saída e torna-se irresponsável por dívidas posteriores (art. 175º, 2). Justifica-se a responsabilidade de ex-sócio porque os credores sociais, no momento em que contrataram com a sociedade, contaram com a garantia constituída pelo seu património.

Questão que a lei não resolve é a de saber em que momento deve ser considerada constituída a obrigação da sociedade, para efeitos da responsabilidade do ex-sócio. O momento relevante é o da *constituição da obrigação social*[31]. Pessoas que sejam sócias nesta data manter-se-ão responsáveis por tal dívida, ainda que saiam da sociedade.

O ex-sócio será responsável por dívidas que, tendo sido contraídas anteriormente à sua saída, foram depois modificadas? Admita-se que a dívida consti-

---

[26] RAÚL VENTURA (1994), p. 215.
[27] FERNANDO OLAVO (1968), p. 15. MENEZES CORDEIRO (2007), p. 177, manifesta preferência pela solução adotada por Fernando Olavo.
[28] Cfr. art. 174º, 2, do Projeto do CSC publicado em BMJ 327 (1983), p. 43, s..
[29] Solução que, segundo CARNEIRO DA FRADA (2011), p. 582, merece ser reexaminada.
[30] Neste sentido, v. RAÚL VENTURA (1994), p. 214.
[31] RAÚL VENTURA (1994), p. 215, MENEZES CORDEIRO (2007), p. 176, CARNEIRO DA FRADA (2011), p. 582.

tuída antes da saída do sócio não foi cumprida no prazo e, em data posterior à saída, venceram juros de mora. Neste caso, o ex-sócio ainda será responsável pelos juros de mora[32]. Considere-se, no entanto, o caso em que, posteriormente à saída do sócio, foi celebrado um acordo de novação objetiva da obrigação (mediante o qual é constituída uma nova obrigação em substituição da obrigação antiga). Neste caso, o ex-sócio já não é responsável pela *nova obrigação*, porque não é responsável pelas obrigações constituídas depois da saída da sociedade[33].

3.2. Responsabilidade patrimonial subsidiária

Tipicamente, *todos os sócios* respondem perante credores sociais pelas obrigações da sociedade. Clarifica o art. 175º, 1, que tal responsabilidade é *subsidiária* em relação à sociedade[34]. O que significa que o credor social só pode satisfazer o seu crédito pelo património pessoal do sócio depois de excutido/esgotado o património da sociedade. Dito de outro modo: "a prévia excussão dos bens sociais constitui requisito do direito do credor contra os sócios"[35].

Sendo assim, parece que a *insuficiência de bens* – o património da sociedade, embora tenha bens, *não é suficiente* para pagar as dívidas sociais – não basta para ativar a responsabilidade subsidiária dos sócios[36].

A responsabilidade é subsidiária, *mas não é acessória*. Januário Gomes traça a distinção dizendo que "o direito acessório (...) é aquele que é conformado por um direito principal, o direito subsidiário é aquele que só pode ser exercido depois de outro o ter sido. O direito acessório é, assim, um direito *conforme* um outro; o direito subsidiário é um direito de *exercício posterior* a um outro"[37].

---

[32] RAÚL VENTURA (1994), p. 216.

[33] RAÚL VENTURA (1994), p. 216.

[34] Pese embora o teor literal do art. 105º, § 1º, do CCom. de 1888 – que caracterizava a responsabilidade dos sócios das sociedades em nome coletivo como "solidária e ilimitada" – a doutrina referia que se tratava de subsidiariedade. V. CUNHA GONÇALVES (1914), p. 207, JOSÉ TAVARES (1924), p. 273, FERRER CORREIA (1968), p. 65, PINTO FURTADO (1986), p. 36.

[35] RAÚL VENTURA (1994), p. 217. Concordantemente, v. JANUÁRIO GOMES (2000), p. 965. A doutrina assinala as diferenças entre a posição do sócio da sociedade civil (art. 997º, 1 e 2, do CCiv.) e a do sócio da sociedade em nome coletivo. No primeiro caso, o sócio goza de um benefício verdadeiro e próprio que deve invocar; no segundo caso, o esgotamento do património da sociedade é "requisito do direito do credor" (RAÚL VENTURA (1994), p. 217). Marcam esta distinção LOBO MOUTINHO (1992), p. 186, (1993), p. 84, JANUÁRIO GOMES (2000), p. 965. Opinião aparentemente diversa é sustentada por PIRES DE LIMA /ANTUNES VARELA (1997), p. 309.

[36] Neste sentido, v. LOBO MOUTINHO (1992), p. 191, nt. 141.

[37] JANUÁRIO GOMES (2000), p. 112.

Pode questionar-se o *efeito útil* de fiança constituída por sócio de sociedade em nome coletivo. Não se desconhece que normalmente a fiança prestada às obrigações da sociedade em nome coletivo é assumida por quem não é sócio[38]. Objetar-se-á, por outro lado, que, tendo em conta o regime da responsabilidade pelas obrigações sociais, a fiança do sócio não é necessária[39] para a captação de crédito para a sociedade. Contudo, não deverá ser esquecido que "o interesse do credor na fiança de sócio visa "remover" a subsidiariedade, passando o sócio a responder como "fiador solidário", não tendo, portanto, o credor de excutir primeiro o património da sociedade devedora"[40].

3.3. Solidariedade e direito de regresso

A responsabilidade dos sócios é *solidária* (art. 175º, 1). Trata-se de solidariedade passiva, de fonte legal (art. 513º do CCiv.) que abrange também os *sócios de indústria*[41] (v. art. 178º, 2).

Havendo contitularidade de participação social, os diversos contitulares "respondem perante os credores sociais como se fossem um sócio único"[42]. Dito isto, questiona Raúl Ventura se o credor deve fazer valer os seus direitos contra esse conjunto ou se pode fazê-lo apenas contra um dos contitulares (sem prejuízo de o demandado ser reintegrado pelos contitulares e depois todos eles pelos outros sócios)[43].

Esgotado o património social, os credores sociais têm o direito de exigir de qualquer sócio o pagamento da totalidade do montante em dívida, sendo que ao sócio demando "não é lícito opor o benefício da divisão" (art. 518º do CCiv.)[44]. O cumprimento por um dos sócios a todos libera (art. 512º, 1, do CCiv.).

O sócio que satisfizer os credores sociais para além da parte que lhe competir tem *direito de regresso* (art. 175º, 3). O que vale por dizer que o sócio que pagou

---

[38] JANUÁRIO GOMES (2000), p. 1110.
[39] CATARINA SERRA (1999), p. 109, nt. 261.
[40] JANUÁRIO GOMES (2000), p. 1110. Subsistem, ainda, duas questões: *a)* a de saber se o fiador da sociedade em nome coletivo (não sócio) que invocou eficazmente o benefício da excussão, pode exigir a excussão prévia do património dos sócios; *b)* inversamente, também se pode questionar se o sócio pode excecionar com a existência da fiança. Sobre estas questões, v. JANUÁRIO GOMES (2000), p. 1110.
[41] V. LOBO XAVIER (1986-1987), p. 282, nt. 30.
[42] RAÚL VENTURA (1994), p. 225.
[43] RAÚL VENTURA (1994), p. 225. Raúl Ventura prefere a primeira solução.
[44] V. tb. LOBO MOUTINHO (1992), p. 192, s..

tem o direito de exigir de *cada um*[45] dos consócios a *parte que lhe cabe na dívida social* (v. art. 524º do CCiv.). Cada sócio (de capital) responde, nas relações internas, segundo as regras (legais ou convencionais) aplicáveis à sua participação nas perdas sociais (arts. 22º, 1, 175º, 3).

Nos termos do art. 178º, 2, os sócios de indústria não respondem, nas relações internas, pelas perdas sociais. Por conseguinte, o sócio de indústria não é abrangido pelo direito de regresso exercido pelo sócio que satisfez, perante terceiros, as obrigações da sociedade; se foi o sócio de indústria que respondeu perante terceiro, pode exigir dos restantes sócios (de capital) a *totalidade* do que pagou[46].

Pode acontecer que o sócio cumpra *espontaneamente* obrigações sociais e, deste modo, evita que seja efetivada execução contra a sociedade. A circunstância de o sócio prescindir da prévia excussão do património social[47], não o impede de exercer o direito de regresso contra os restantes sócios, nos termos do art. 175º, 4[48].

A questão que se levanta é a de saber se o sócio que cumpriu as obrigações sociais tem o direito de ser reintegrado *à custa do património social*. A questão tem mais interesse jurídico do que prático, na medida que, em geral, o sócio é chamado a pagar as dívidas sociais depois de o património social ter sido completamente excutido e, por isso, a sociedade já não dispõe de forças patrimoniais.

A doutrina portuguesa convoca dois mecanismos distintos: *a*) o *direito de regresso* contra a sociedade e *b*) a *sub-rogação* do sócio que pagou nos direitos do credor da sociedade[49]. Quanto ao direito de regresso, divide-se a doutrina sobre se o sócio o pode invocar contra a sociedade. Raúl Ventura defende que o sócio que cumpriu as dívidas sociais "terá direito de regresso contra a sociedade, sujeito principal da dívida"[50]. Lobo Moutinho sustenta, estabelecendo o confronto com o teor do art. 198º, 3, que o sócio que pagou as dívidas sociais não tem direito de regresso contra a sociedade (art. 175º, 3)[51].

---

[45] Sobre o direito de regresso em geral, v. por todos ALMEIDA COSTA (2009), p. 676, s..
[46] V. LOBO MOUTINHO (1992), p. 195. V. tb. TARSO DOMINGUES (2016), p. 42.
[47] Neste sentido, v. RAÚL VENTURA (1994), p. 220, MENEZES CORDEIRO (2007), p. 178. Sobre as razões que podem motivar a renúncia ao benefício da excussão, v. JANUÁRIO GOMES (2000), p. 1141, ss..
[48] Neste sentido, RAÚL VENTURA (1994), p. 220, COUTINHO DE ABREU (2015), p. 66, nt. 119, PAIS DE VASCONCELOS (2006), p. 288.
[49] Sobre a distinção no nosso ordenamento jurídico entre sub-rogação e direito de regresso, v. ALMEIDA COSTA (2009), p. 826.
[50] Cfr. RAÚL VENTURA (1994), p. 221.
[51] V. LOBO MOUTINHO (1992), p. 193, s..

Menezes Cordeiro e Carneiro da Frada defendem que o sócio que satisfez as obrigações da sociedade pode ficar, nos termos gerais, sub-rogado na posição do credor da sociedade (art. 592º, 1, do CCiv.)[52].

Vários argumentos podem ser invocados no sentido de que o sócio *não beneficia do direito de regresso contra a sociedade*. Na verdade: *a)* o teor literal do art. 175º, 3, é claro no sentido de que o direito de regresso é exercido contra consócios; *b)* em situação paralela prevista no art. 198º, 3 – em que o sócio cumpre dívidas sociais –, há previsão expressa do direito de regresso do sócio contra a sociedade.

Parece que as normas sobre a responsabilidade pelas perdas nas sociedades em nome coletivo *impedem a aplicação de instrumentos civilísticos vocacionados para a reintegração do património da pessoa que pagou dívidas alheias*. O típico regime da responsabilidade pelas perdas nas sociedades em nome coletivo determina que, em definitivo, sejam os patrimónios dos sócios a absorver as perdas empresariais. Porque neste caso "as perdas dos sócios envolvem não só o valor das entradas respectivas, mas também, ao cabo e ao resto, o quantitativo correspondente à totalidade das *perdas sociais* propriamente ditas, na medida em que eles respondem por todas as dívidas contraídas pela sociedade"[53]. A participação social, nas sociedades em nome coletivo, integra tipicamente a responsabilidade pessoal, solidária e ilimitada pelas obrigações sociais[54].

3.4. Convenções modificadoras da responsabilidade dos sócios pelas obrigações sociais

Deverá ser considerada *nula* a cláusula do ato constituinte mediante a qual seja estipulado que, perante terceiros, a responsabilidade de cada sócio é proporcional à respetiva participação social[55].

Também deverá ser considerada *nula* a cláusula do contrato de sociedade que, perante os credores da sociedade, afaste a responsabilidade dos sócios de indústria pelas obrigações sociais[56].

Deverá ser considerada *lícita* a cláusula mediante a qual, determinado sócio, nas relações internas, só responde até ao valor da sua entrada[57]. Cunha Gonçalves sublinhou que "a ilimitação da responsabilidade (...) posto que seja carac-

---

[52] MENEZES CORDEIRO (2007), p. 178, s., CARNEIRO DA FRADA (2011), p. 583.
[53] LOBO XAVIER (1986-1987), p. 282, nt. 30.
[54] Tb. neste sentido RAÚL VENTURA (1994), p. 224. PAIS DE VASCONCELOS (2006), p. 289, considera que "este regime de responsabilidade do sócio assume um estatuto qualificante".
[55] Já neste sentido, v. CUNHA GONÇALVES (1914), p. 208.
[56] TARSO DOMINGUES (2010), p. 350, nt. 48.
[57] Neste sentido, v. CUNHA GONÇALVES (1914), p. 207, s., 343, s., PINTO FURTADO (1986), p. 58.

terística e essencial da sociedade em nome colectivo, só existe como tal em relação aos terceiros"[58].

Também é *lícita* a cláusula pela qual os sócios de indústria respondem nas relações internas pelas obrigações sociais (v. art. 178º, 2).

Raúl Ventura admite a validade de cláusula estatutária que, nas relações internas, exclua a responsabilidade do novo sócio por dívidas anteriores ao seu ingresso[59].

4. Natureza subsidiária da responsabilidade dos sócios e questões jurídico-processuais
4.1. Penhorabilidade subsidiária

Ainda que haja quem defenda a "plena relevância e eficácia do *benefitium excussionis* fora do processo[60]", é aqui que, em regra, ele adquire toda a atualidade.

A questão que se levanta é a de saber como se articula o regime substantivo da responsabilidade subsidiária do sócio em nome coletivo com o regime jurídico-processual da ação executiva.

Hoje, o art. 745º do CPC regula a "penhorabilidade subsidiária"[61].

4.1.1. Execução movida contra a sociedade e o sócio

De acordo com o art. 745º, 1, do CPC, em execução movida contra a *sociedade e o sócio*, não podem penhorar-se bens deste, enquanto não estiverem excutidos os bens da sociedade, "desde que o devedor subsidiário fundadamente invoque o benefício da excussão". Neste caso, a execução começa pelos bens da sociedade[62]. Efetuada a venda dos bens da sociedade e apurada a insuficiência destes[63], será admitida a penhora dos bens do sócio.

Em regra, o *devedor subsidiário* (e, por conseguinte, o sócio em nome coletivo) é citado antes da penhora dos seus bens (art. 726º, 6, do CPC)[64]. No entanto,

---

[58] CUNHA GONÇALVES (1914), p. 207, considerou que esta cláusula só é lícita se disser respeito a um só ou a uma parte dos sócios.
[59] RAÚL VENTURA (1994), p. 213.
[60] JANUÁRIO GOMES (2000), p. 1136.
[61] Considerando que não se justificava "a regulamentação separada dos casos do fiador e do sócio", v. LEBRE DE FREITAS/RIBEIRO MENDES (2003), p. 376. Manifestando algumas reservas quanto à solução unificadora, v. JANUÁRIO GOMES (2000), p. 1139, nt. 236.
[62] LEBRE DE FREITAS (2014), p. 262.
[63] Para o pagamento das custas da execução, do crédito exequendo e dos credores reclamantes que tenham sido graduados antes daquele, como refere LEBRE DE FREITAS (2009), p. 230.
[64] Sobre as regras da citação do executado, de acordo com o CPC de 2013, v. LEBRE DE FREITAS (2014), p. 191, s. Sobre o sentido da citação prévia, para efeitos do (revogado) art. 828º, 1, do CPC, suscitou-se alguma divergência na doutrina. PAULA COSTA E SILVA (2003), p. 230, refere-a à citação anterior à penhora

nos termos do art. 727º do CPC, "o exequente pode requerer que a penhora seja efetuada sem a citação prévia do executado, desde que alegue factos que justifiquem o receio de perda da garantia patrimonial do seu crédito e ofereça de imediato os meios de prova"[65]. Segundo Lebre de Freitas, "a dispensa da citação prévia pode ser requerida relativamente a qualquer executado, incluindo o devedor subsidiário com benefício da excussão prévia"[66].

Dispensada a citação prévia do executado, nos termos dos arts. 727º, 4, e 856º, 1 e 3, do CPC, este é citado depois da penhora. No prazo dos 20 dias subsequentes, pode opor-se à penhora ou à execução ou a ambas (arts. 727º, 4, e 856º, 1 e 3). Sendo a citação posterior à penhora dos bens do executado, levanta-se a questão de conciliar, por um lado, a tutela do credor e, por outro, o regime substantivo da responsabilidade subsidiária do sócio-executado.

4.1.2. Execução movida contra o sócio

Nos termos do art. 745º, 2, do CPC, "Instaurada a execução apenas contra o devedor subsidiário e invocando este o benefício da excussão prévia, pode o exequente requerer, no próprio processo, execução contra o devedor principal, que será citado para integral pagamento"[67]. Como se vê, pela invocação do benefício da excussão prévia, o sócio obtém a suspensão da execução, até que o exequente requeira a citação da sociedade (devedora principal). No entanto, para que assim seja é necessário que o título executivo seja também contra o devedor principal. Pode acontecer que o título executivo seja uma sentença proferida tão-só contra o devedor subsidiário. Não tendo o devedor principal tido intervenção na ação principal, "o benefício da excussão prévia não é já invocável, por o réu, na ação declarativa, não ter chamado a intervir o devedor principal, nos termos do art. 316-3-*a*, a menos que então tenha expressamente declarado que não pretendia renunciar ao benefício da excussão (art. 641-2 CC)"[68].

---

dos bens do devedor principal. M. JOSÉ CAPELO (2003), p. 96, esclarece que é prévia por preceder a penhora dos bens do devedor subsidiário e por preceder a venda dos bens do devedor principal.

[65] LEBRE DE FREITAS (2014), p. 191, considera que se trata "como que do enxerto duma providência cautelar na fase liminar da ação executiva".

[66] LEBRE DE FREITAS (2014), p. 192. No processo executivo sumário (art. 550º CPC) não há citação prévia (arts 855º, nº 3, e 856º do CPC).

[67] No processo sumário de execução, a penhora tem lugar antes da citação. A invocação do benefício da excussão prévia não obsta à penhora. Para uma apreciação crítica a esta solução, v. LEBRE DE FREITAS (2014), p. 264, nt. 48

[68] LEBRE DE FREITAS (2014), p. 263.

4.1.3. Execução movida exclusivamente contra a sociedade

Em execução movida exclusivamente contra a sociedade, não podem ser executados bens do sócio porque contra ele não foi proposta a execução. No entanto, revelando-se os bens da sociedade insuficientes, pode o exequente (que tenha título executivo contra o sócio) fazer prosseguir a execução contra o devedor subsidiário[69] (art. 745º, 3, do CPC)[70].

4.2. Responsabilidade subsidiária e insolvência da sociedade

Abandonada a "falência derivada" dos sócios de responsabilidade ilimitada[71], estes são, nos termos do art. 6º, 2, do CIRE, incluídos no rol dos "responsáveis legais".

Os sócios da sociedade em nome coletivo têm, verificados os requisitos do art. 20º, 1, do CIRE, *legitimidade* para requerer a declaração de insolvência da sociedade[72].

Os sócios, em tal qualidade e na de *responsáveis legais* pelas dívidas da sociedade insolvente, podem opor embargos à sentença declaratória de insolvência (art. 40º, 1, e), f), do CIRE)[73]. Têm também legitimidade para interpor recurso da sentença declaratória de insolvência (art. 42º, 1, do CIRE). Os embargos são fundados em razões de facto (art. 40º, 2, do CIRE) e o recurso deve ser motivado em razões de direito (art. 42º, 1, do CIRE)[74].

Outras normas do CIRE referem os responsáveis legais. Segundo o art. 82º, 3, c), do CIRE, o administrador da insolvência tem exclusiva legitimidade para propor e fazer seguir as ações contra os responsáveis legais. Prescreve o art. 197º, c), do CIRE que, na ausência de estatuição expressa em sentido diverso constante do plano de insolvência, "o cumprimento do plano exonera o devedor e os responsáveis legais da totalidade das dívidas da insolvência remanescentes". E, por fim, o art. 233º, 2, c), do CIRE dispõe que o encerramento do processo de insolvência antes do rateio final determina a extinção da instância das ações pendentes contra os responsáveis legais pelas dívidas do insolvente[75].

---

[69] LEBRE DE FREITAS (2014), p. 262, fala em "litisconsórcio sucessivo".
[70] LEBRE DE FREITAS (2014), p. 262.
[71] V. art. 126º, 1, do CPEREF. Sobre a falência derivada dos sócios em nome coletivo, v. CATARINA SERRA (1999), p. 74, s.. Para o confronto entre o revogado regime da falência derivada e a vigente disciplina dos responsáveis legais, v. CATARINA SERRA (2009), p. 406.
[72] SOVERAL MARTINS (2016), p. 75.
[73] CARVALHO FERNANDES/JOÃO LABAREDA (2015), p. 288, s.; SOVERAL MARTINS (2016), p. 131, s..
[74] CARVALHO FERNANDES/JOÃO LABAREDA (2015), p. 209.
[75] CARVALHO FERNANDES/JOÃO LABAREDA (2015), p. 882, s.

O requerimento da insolvência da sociedade não liberta os sócios em nome coletivo da sua responsabilidade pelas dívidas sociais. O administrador da insolvência, como já vimos, tem legitimidade ativa para propor as ações contra os sócios da sociedade em nome coletivo (art. 82º, 3, c), do CIRE).

O requerimento da insolvência da sociedade apresentado pelos sócios (responsáveis legais) justifica-se por razões de autoproteção, na medida em que evita que aquela continue a sua espiral ascendente de endividamento[76].

Simultaneamente ao pedido de insolvência da sociedade, podem os credores também requerer a insolvência dos sócios de responsabilidade ilimitada, se relativamente a estes se verificarem os respetivos pressupostos.

5. Fundamento da responsabilidade dos sócios pelas obrigações sociais

Na vigência das disposições do CCom., José Tavares defendeu a opinião do mandato recíproco, de modo que a atuação de cada sócio obrigava ilimitadamente todos os outros[77]. Esse entendimento está ultrapassado.

O que parece ajustado, em face do regime vigente, é radicar na *participação social* a disciplina da responsabilidade dos sócios em nome coletivo pelas obrigações sociais. Na sociedade em nome coletivo, a participação social inclui tipicamente a responsabilidade subsidiária, solidária e ilimitada dos sócios pelas obrigações sociais[78]. E assim é porque, justamente, o contraponto de um aligeirada disciplina de formação do capital social é constituído pela ampla responsabilidade dos sócios perante os credores sociais[79].

---

[76] CARVALHO FERNANDES/JOÃO LABAREDA (2015), p. 197; CATARINA SERRA (2009), p. 408; SOVERAL MARTINS (2016), p. 75.
[77] JOSÉ TAVARES (1924), p. 275.
[78] Tb. neste sentido, v. RAÚL VENTURA (1994), p. 224.
[79] Cfr. PAIS DE VASCONCELOS (2006), p. 290, s.. CATARINA SERRA (1999), p. 109, embora sublinhe a "*essência fidejussória* da responsabilidade dos sócios pelas dívidas da sociedade", ressalva que a responsabilidade destes "advém de uma especial qualidade ou posição (de sócio da sociedade) que o fiador, como terceiro, em relação ao afiançado, não assume". LOBO MOUTINHO (1993), p. 129, também considera que a responsabilidade dos sócios pelas dívidas sociais é uma situação jurídica que integra a "qualidade de sócio". No entanto, segundo este Autor, esta responsabilidade é assumida no pacto social perante a sociedade e "mediante a qual eles se vinculam a prestar a esta as somas necessárias para total ressarcimento dos credores sociais uma vez esgotados os bens da sociedade".

ARTIGO 176º
Conteúdo do contrato

1. No contrato de sociedade em nome coletivo devem especialmente figurar:
a) A espécie e a caracterização da entrada de cada sócio, em indústria ou bens, assim como o valor atribuído aos bens;
b) O valor atribuído à indústria com que os sócios contribuam, para o efeito da repartição de lucros e perdas;
c) A parte de capital correspondente à entrada com bens de cada sócio.
2. Não podem ser emitidos títulos representativos de partes sociais.

Índice
1. Menções específicas
2. Proibição de representação da parte social
   2.1. Âmbito
   2.2. Justificação
3. Proibição de emissão de obrigações

Bibliografia
a) Citada:
ABREU, J. M. COUTINHO DE – *Curso de direito comercial*, vol. II – *Das sociedades*, 5ª ed., Almedina, Coimbra, 2015; CÂMARA, PAULO – *Manual de direito dos valores mobiliários*, 2ª ed., Almedina, Coimbra, 2011; CORDEIRO, A. MENEZES – *Manual de direito das sociedades*, vol. II – *Das sociedades em especial*, 2ª ed., Almedina, Coimbra, 2007; COSTA, RICARDO – "Unipessoalidade societária" em IDET, Miscelâneas, nº 1, Almedina, Coimbra, 2003, p. 39-142; CUNHA, CAROLINA – "Artigo 43º", em *Código das Sociedades Comerciais em comentário*, coord. de Coutinho de Abreu, vol. I, Almedina, Coimbra, 2010, p. 607-608; FRADA, M. CARNEIRO DA – "Artigo 176º", em *Código das Sociedades Comerciais anotado*, coord. de A. Menezes Cordeiro, 2ª ed., Almedina, Coimbra, 2011, p. 583; MAIA, PEDRO – "Tipos de sociedades comerciais", em *Estudos de direito das sociedades*, coord. de Coutinho de Abreu, 12ª ed., Almedina, Coimbra, 2015, p. 13-39; MARQUES, J. P. REMÉDIO – "Artigo 8º", em *Código das Sociedades Comerciais em comentário*, coord. de Coutinho de Abreu, vol. I, Almedina, Coimbra, 2010, p. 135-160; MARTINS, ALEXANDRE DE SOVERAL – *Cláusulas do contrato de sociedade que limitam a transmissibilidade das acções – Sobre os arts. 328.º e 329.º do CSC*, Almedina, Coimbra, 2006, "Empresas na hora", em IDET, *Temas societários*, Almedina, Coimbra, 2006ª, p. 79-105; "Artigo 4º-A", em *Código das Sociedades Comerciais em comentário*, coord. de Coutinho de Abreu, vol. I, Almedina, Coimbra, 2010, p. 89-93; "Artigo 11º", em *Código das Sociedades Comerciais em comentário*, coord.

de Coutinho de Abreu, vol. I, Almedina, Coimbra, 2010ª, p. 223-234, "Artigo 166º", em *Código das Sociedades Comerciais em comentário*, coord. de Coutinho de Abreu, vol. II, 2ª ed., Almedina, Coimbra, 2015, p. 768-777; MATOS, ALBINO – *Constituição de sociedades*, 5ª ed., Almedina, Coimbra, 2001; RAMOS, MARIA ELISABETE – "Constituição das sociedades comerciais", em *Estudos de direito das sociedades*, coord. de Coutinho de Abreu, 12ª ed., Almedina, Coimbra, 2015, p. 41-84, "Artigo 9º" em *Código das Sociedades Comerciais em comentário*, coord. de Coutinho de Abreu, vol. I, Almedina, Coimbra, 2010, p. 161-174, "Sociedades unipessoais – perspetivas da experiência portuguesa", em *Questões de direito societário em Portugal e no Brasil*, coord. de Maria de Fátima Ribeiro e Fábio Ulhoa Coelho, Almedina, Coimbra, 2012, p. 365-396; VASCONCELOS, P. PAIS DE – *A participação social nas sociedades comerciais*, 2ª ed., Almedina, Coimbra, 2006; VENTURA, RAÚL – *Novos estudos sobre sociedades anónimas e sociedades em nome colectivo*, Almedina, Coimbra, 1994.

b) Outra:

CAEIRO, ANTÓNIO – *As sociedades de pessoas no Código das Sociedades Comerciais*, sep. dos Estudos em Homenagem ao Prof. Doutor Eduardo Correia, Coimbra, 1984, p. 2-82; COELHO, MARIA ÂNGELA – "Sociedades em nome colectivo, sociedades em comandita, sociedades por quotas", em AAVV., *Direito das empresas*, INA, 1990, p. 579-611.

1. Menções específicas

O CSC adotou a técnica legislativa de incluir na Parte Geral as menções genéricas que devem constar do ato constituinte da sociedade, complementadas com menções específicas dedicadas a cada tipo societário.

Observa-se que o art. 176º, 1, replica o que já consta do art. 9º[1]. Vejamos: as alíneas a) e c) são inúteis[2] porque o seu conteúdo já resultava das alíneas g) e h) do art. 9.º [3]. Quanto à menção do "valor atribuído à indústria com que os sócios contribuam" (art. 178º, 1, b)), há que a confrontar com o art. 9º, 1, h). Deste último preceito já resulta que, havendo sócios de indústria, deverá o contrato de sociedade mencionar o valor atribuído à indústria[4].

---

[1] V. M. ELISABETE RAMOS (2010), p. 165, s..
[2] ALBINO DE MATOS (2001), p. 27; RAÚL VENTURA (1994), p. 227, COUTINHO DE ABREU (2015), p. 111, MENEZES CORDEIRO (2007), p. 151.
[3] Sobre o sentido destas menções, v. COUTINHO DE ABREU (2015), p. 109, s., M. ELISABETE RAMOS (2010), p. 161, s..
[4] Tb. neste sentido, v. COUTINHO DE ABREU (2015), p. 111.

Também a segunda parte do art. 176º, 1, b), é objecto de análise crítica. Na opinião de Coutinho de Abreu a menção de que o valor da entrada em indústria releva "para o efeito da repartição de lucros e perdas" "não tem de constar do contrato (atribuindo-se neste um certo valor a entrada em indústria, já se sabe que esse valor será referência para efeitos de repartição de lucros e de perdas)"[5]. Em outra avaliação, é reconhecida a utilidade da prescrição do art. 176º, 1, b) (globalmente considerado), mas criticada a sua inserção sistemática, considerando-se que a matéria melhor estaria se estivesse regulada no art. 178º[6].

O art. 176º, relativo ao conteúdo do contrato, trata um dos momentos da constituição de sociedades em nome coletivo. Outros aspetos desse processo estão dispersos pelo sistema jurídico e merecem ser aqui recenseados: *a*) não é lícita a constituição de sociedade em nome coletivo entre cônjuges ou em que ambos os cônjuges participem (art. 8º, 1)[7]; *b*) a participação de menores representados está dependente de autorização do Ministério Público (arts. 1889º, 1, d), do CCiv. e 2º, 1, b), do DL 272/2001, de 13 de outubro)[8]; *c*) a aquisição de participação em sociedade em nome coletivo por outra sociedade necessita de ser autorizada no contrato de sociedade (art. 11º, 5)[9]; *c*) não é lícita a constituição de uma sociedade em nome coletivo por um único sócio (arts. 7º, 2, 270º-A e 488.º)[10]; *d*) o regime de invalidade do contrato de sociedade em nome coletivo registado é menos restritivo do que o das sociedades por quotas, anónimas e em comandita por ações registadas (art. 43º)[11]; *e*) o contrato de sociedade em nome coletivo não está sujeito a publicação (arts. 166º CSC, 3º, 1, a), 70º, 1, a), do CRCom.)[12]; *f*) a sociedade em nome coletivo não pode ser constituída por intermédio dos processos especiais de constituição imediata[13] e *online* de

---

[5] COUTINHO DE ABREU (2015), p. 112.
[6] MENEZES CORDEIRO (2007), p. 152. V. tb. CARNEIRO DA FRADA (2011), p. 583.
[7] Para a análise crítica desta proibição, v. MENEZES CORDEIRO (2007), p. 147. Sobre o art. 8º, v. REMÉDIO MARQUES (2010), p. 135, s..
[8] V. COUTINHO DE ABREU (2015), p. 97.
[9] SOVERAL MARTINS (2010ª), p. 233, sustenta que faltando a autorização estatutária, o ato em causa deve seguir o regime dos que não respeitam o objeto social.
[10] A unipessoalidade superveniente é tolerada, se não ultrapassar um ano (art. 142º, 1, a)), RICARDO COSTA (2003), p. 39, s.; ELISABETE RAMOS (2013), p. 356, s..
[11] V. CAROLINA CUNHA (2010), p. 607, s..
[12] SOVERAL MARTINS (2015), p. 769, s..
[13] Analisando criticamente esta restrição, v. MENEZES CORDEIRO (2007), p. 150.

sociedades (v. art. 1º do DL 111/2005, de 8 de julho, art. 1º do DL 125/2006, de 29 de junho)[14].

2. Proibição de representação da parte social
2.1. Âmbito

O art. 176º, 2, determina que não podem ser emitidos títulos representativos das partes sociais[15]. Por título entende-se o *documento em papel* que incorpora a posição de sócio[16]. E, por conseguinte, não restam dúvidas de que não é lícita a cláusula estatutária que prescrevesse a emissão de títulos representativos de partes sociais.

Os títulos não esgotam o rol das formas de representação da posição do sócio. Com a designada "desmaterialização"[17], o registo informático tende a substituir integralmente a documentação em papel. Surge, por conseguinte, a *representação escritural*, ou seja a que é realizada através de *registos em conta*. Entre nós, o art. 46º do CVM admite (não impõe) que as ações-participações sociais possam seguir a representação escritural, sendo, em regra, indiferente (princípio da neutralidade) a forma adotada.

Neste cenário de progressiva substituição do papel por suporte informático, não será, porventura, descabido questionar a validade de hipotética cláusula estatutária que determine a representação da parte social através de registo em conta.

Pese embora o teor literal do art. 176º, 2, a proibição também abrange a hipotética *representação escritural* de partes sociais. A proibição do art. 176º, 2, conjugada com o "princípio da neutralidade do suporte utilizado"[18] (art. 4º-A) convergem no sentido da proibição de representação da parte social, seja qual for o suporte escolhido.

O que está em causa *não é o suporte da representação* (papel ou registo em conta), mas sim a *proibição de representação* seja qual for o suporte escolhido.

---

[14] V. SOVERAL MARTINS (2006ª) p. 75, ss., ELISABETE RAMOS (2015) p. 71, s..
[15] Idêntica proibição vale para as sociedades por quotas (v. art. 219º, 7). No entanto, nas sociedades por quotas a proibição está integrada sistematicamente não na disposição sobre o "Conteúdo do contrato" (art. 199º), mas sim no preceito relativo à "Unidade e montante da quota" (art. 219º, 7). As partes sociais e quotas, por não serem suscetíveis de representação em títulos, estão afastados do universo dos valores mobiliários. Sobre este aspecto, v. PAULO CÂMARA (2011), p. 101, s..
[16] Sobre o título de ação, v. SOVERAL MARTINS (2006), p. 124, s..
[17] Sobre as fragilidades desta designação, v. SOVERAL MARTINS (2006), p. 184.
[18] SOVERAL MARTINS (2010), p. 90.

2.2. Justificação

Conhecido o âmbito da proibição, há que desvendar as razões que suportam tal limitação à autonomia privada.

Quando admitida, a representação da participação social (em papel ou em outro suporte) serve, entre outros propósitos, a *função de negociação/transmissão da participação social*[19].

Nas sociedades em nome coletivo não está proibida a transmissão de partes sociais, mas está – em razão do *carácter pessoal* deste tipo societário – severamente limitada. Na transmissão entre vivos, a transmissão da parte social está dependente do consentimento expresso dos restantes sócios (art. 182º, 1)[20]. E, por conseguinte, querendo um sócio transmitir a sua parte social, cada um dos consócios é chamado a consentir/vetar tal transmissão, porque a recomposição[21] da base pessoal da sociedade tem sérias e importantes consequências.

A proibição de representação da parte social radica ainda no relevo e valorização da *pessoa do sócio* e visa cortar cerce a possibilidade de, através da representação da parte social, ser subvertida a disciplina de transmissão de partes sociais. Disciplina essa que privilegia o "interesse dos sócios subsistentes na sociedade em não passarem a ter, sem o seu expresso consentimento, um novo consócio"[22]. Tal disciplina é uma das notas características do tipo sociedade em nome coletivo[23].

3. Proibição de emissão de obrigações

As sociedades em nome coletivo não podem obter financiamento através da emissão de obrigações (v. art. 348º, 1, do CSC e art. único do DL 160/87, de 3 de abril[24]). Por conseguinte, não é lícita a cláusula estatutária que, replicando a disposição do art. 350º, 1, permitisse à gerência decidir a emissão de obrigações. Na verdade, a sociedade em nome coletivo não dispõe de órgão fiscalizador a

---

[19] Sobre a função de transmissão dos títulos de ação, v. SOVERAL MARTINS (2006), p. 157, s.. Nas sociedades anónimas, a não representação das ações em títulos é uma das formas de "dificultar a transmissão das participações sociais" (SOVERAL MARTINS (2006), p. 126.

[20] Em caso de morte de um sócio, a disciplina legal (supletiva) aponta no sentido de que a parte social não se transmite aos herdeiros. Estes terão o direito a receber o valor correspondente aos direitos do falecido (art. 184º).

[21] PAIS DE VASCONCELOS (2006), p. 39, fala em "quase refundação da sociedade".

[22] PEDRO MAIA (2015), p. 21.

[23] PEDRO MAIA (2015), p. 21, COUTINHO DE ABREU (2015), p. 67.

[24] Às sociedades por quotas (DL 160/87, de 3 de abril) é reconhecida capacidade para emitir obrigações. Para a análise crítica desta solução, v. PAULO CÂMARA (2011), p. 134.

quem compita realizar a fiscalização dos documentos de prestação de contas. E também não são previstos mecanismos que garantam o acesso à informação por parte dos credores obrigacionistas. Razões de tutela dos credores obrigacionistas e do mercado em geral parecem justificar este afastamento das sociedades em nome coletivo do financiamento proporcionado pelas obrigações.

ARTIGO 177º
Firma

1. A firma da sociedade em nome colectivo deve, quando não individualizar todos os sócios, conter, pelo menos, o nome ou firma de um deles, com o aditamento, abreviado ou por extenso, "e companhia" ou qualquer outro que indique a existência de outros sócios.
2. Se alguém que não for sócio da sociedade incluir o seu nome ou firma na firma social, fiará sujeito à responsabilidade imposta aos sócios no artigo 175º.

Índice
1. O regime jurídico da composição da firma das sociedades em nome colectivo
2. O relevo acrescido do princípio da verdade e tutela da confiança

Bibliografia
Citada:
ABREU, JORGE MANUEL COUTINHO DE – *Curso de Direito Comercial*, vol. I, *Introdução, Actos de Comércio, Comerciantes, Empresas, Sinais Distintivos*, 9ª ed., Coimbra, Almedina, 2013; CORREIA, ANTÓNIO DE ARRUDA FERRER – *Lições de Direito Comercial*, vol. I, edição copiografada (com a colaboração de M. HENRIQUE MESQUITA e ANTÓNIO CAEIRO), Coimbra, 1973; CORREIA, LUÍS BRITO – *Direito Comercial*, 1º volume, Lisboa, Associação Académica da Faculdade de Direito de Lisboa, 1987/1988; FRADA, MANUEL A. CARNEIRO DA – "Artigo 177º", em MENEZES CORDEIRO, ANTÓNIO, *Código das Sociedades Comerciais Anotado*, Coimbra, Almedina, 2009, p. 518; OLAVO, FERNANDO – *Direito Comercial*, 1º vol., 2.ª ed., Coimbra, Coimbra Editora, 1970; VENTURA, RAÚL – *Novos Estudos sobre Sociedades Anónimas e em Nome Colectivo*, 1º volume, 2ª ed., Coimbra, Almedina, 1994.

1. O regime jurídico da composição da firma das sociedades em nome colectivo
A firma das *sociedades em nome coletivo* é composta, como vimos (*supra*, anotação nº 4.3. ao art. 10º), pelo nome[1] dos sócios ou, pelo menos, pelo nome (completo ou abreviado) ou a firma de um deles, fazendo-se necessário, no

---

[1] Parece, inclusivamente, que não pode conter o *apelido* em vez do *nome* (e o nome atual, mesmo que tenha sido alterado o nome através do processo especial previsto no Código do Registo Civil (arts. 278º e 279º)), exceto se for entendido que a referência ao nome é efetuada em *sentido amplo* enquanto *nome completo* desdobrável em *nome próprio* e apelido(s): cfr. o art. 103º do Código do Registo Civil.

final, aditar, abreviadamente ou por extenso, a expressão "e Companhia"[2] ou outra que indique a existência de outros sócios (p. ex., "e Irmão", "e Filhos", "e Cunhado")[3].

Nada obsta a que também contenha uma alusão ao objeto social, bem como siglas ou expressões de fantasia, ao abrigo do disposto no art. 38º, 1, e 42º, 1, do RRNPC[4].

Mas o *elemento típico* da firma das sociedades em nome coletivo é todo e qualquer elemento que revele a existência de uma pluralidade de sócios[5]. A adjunção ou o aditamento "e Companhia" constitui um mero *afloramento* desse regime geral.

É, inclusivamente, válida a cláusula constante de contrato de sociedade em nome coletivo em que se designam dois ou mais administradores, reservando--se para um deles o uso exclusivo da firma.

2. O relevo acrescido do princípio da verdade e tutela da confiança

A relevância do *princípio da verdade* (cfr., *supra*, o nº 5.2. da anotação ao art. 10º) é de tal modo intensa nas sociedades em nome coletivo que a circunstância de ser incluída na forma destas sociedades o nome de uma *pessoa que não seja sócia* implica a sua *responsabilidade solidária* pelas dívidas da sociedade, a par dos outros sócios[6].

Nestes casos, criou-se a *aparência* de que aquele cujo nome integra a firma da sociedade em nome coletivo é um dos sócios, motivo que leva o legislador, *para este efeito da imputação subjetiva e da responsabilidade patrimonial por dívidas da sociedade*, a tratá-lo como sócio.

Daí que deva ser tutelada a *confiança* daqueles que confiaram na inclusão do nome de terceiro não sócio na composição da firma, embora a responsabili-

---

[2] No domínio do CCom., BARBOSA DE MAGALHÃES, *Lições de Direito Comercial*, publicadas por JOSÉ LOURENÇO JÚNIOR, Lisboa, 1932-1933, p. 369, condenava o uso da expressão "e Companhia" na composição da firma das SENC, por importar alguma confusão sobre a assunção de responsabilidade limitada (e sobre o tipo de sociedade). Por exemplo a menção "& C.ª" podia ser usada para designar uma pluralidade de sócios de uma SQ com uma SENC, sócia da SQ. Aliás, no Brasil, a palavra "Companhia" era entendida como sinónimo de SA.
[3] Foi o DL 19.638, de 20 de abril de 1931, que esclareceu a admissibilidade da possibilidade de, em vez do aditamento "e Companhia", a firma das sociedades em nome coletivo poder incluir qualquer outro termo que indicasse a presença de outros sócios.
[4] FERRER CORREIA (1973), p. 266, nt. 2; COUTINHO DE ABREU (2013), p. 160-161; CARNEIRO DA FRADA (2009), p. 518, anotação 1 ao art. 177º.
[5] RAÚL VENTURA (1994), p. 228; FERNANDO OLAVO (1970), p. 299.
[6] BRITO CORREIA (1987/1988), p. 249.

dade solidária, em relação aos demais sócios, e a responsabilidade subsidiária, em relação à sociedade, somente devam atuar quando a inclusão na firma do nome ou da firma de alguém que não seja o sócio for devida a uma *conduta voluntária* deste sujeito[7].

Todavia, a responsabilidade deste *não sócio* (cujo nome integrou a firma) pelas dívidas da sociedade é, tal como a responsabilidade dos demais sócios, uma *responsabilidade subsidiária*, no sentido em que os *credores da sociedade* apenas podem atingir os bens dessa pessoa na falta ou insuficiência de bens integrados no património da sociedade em nome coletivo.

---

[7] CARNEIRO DA FRADA (2009), p. 518, anotação nº 3 ao art. 177º.

ARTIGO 178º *
Sócios de indústria

1. O valor da contribuição em indústria do sócio não é computado no capital social.
2. Os sócios de indústria não respondem, nas relações internas, pelas perdas sociais, salvo cláusula em contrário do contrato de sociedade.
3. Quando, nos termos da parte final do número anterior, o sócio de indústria responder pelas perdas sociais e por esse motivo contribuir com capital, ser-lhe-á composta, por redução proporcional das outras partes sociais, uma parte de capital correspondente àquela contribuição.
4. (Revogado)

* O nº 4 foi revogado pelo DL 76-A/2006, de 29 de março.

Índice
1. A proibição da contabilização no capital social das entradas em indústria. Fundamentos
2. O regime particular da responsabilidade do sócio de indústria
3. A assunção, nas relações internas, das perdas sociais pelo sócio de indústria

Bibliografia
a) Citada:
ABREU, J. M. COUTINHO DE – *Curso de direito comercial*, vol. I – *Introdução, actos de comércio, comerciantes, empresas, sinais distintivos*, 9ª ed., Almedina, Coimbra, 2013; DOMINGUES, PAULO DE TARSO – *Variações sobre o capital social*, Almedina, Coimbra, 2009; FRADA, M. CARNEIRO DA – "Artigo 178º", em *Código das Sociedades Comerciais anotado*, Almedina, Coimbra, 2011, p. 584-585; FURTADO, JORGE HENRIQUE PINTO – *Curso de direito das sociedades*, 5ª ed., com a colaboração de Nelson Rocha, Coimbra, Almedina, 2004; MOUTINHO, JOSÉ LOBO – "A responsabilidade do sócio em nome colectivo em face do Código das Sociedades Comerciais", DJ, 1992 (p. 171-250) e 1993 (p. 83-137); RAMOS, MARIA ELISABETE – "Artigo 175º", em *Código das Sociedades Comerciais em comentário* (coord. de J. M. Coutinho de Abreu), vol. III (Artigos 175º a 245º), Almedina, Coimbra, 2011; VENTURA, RAÚL – *Novos estudos sobre sociedades anónimas e sociedades em nome colectivo*, Almedina, Coimbra, 1994, p. 229-237; XAVIER, V. G. LOBO – "Anotação ao Acórdão da relação de Lisboa, de 2 de Fevereiro de 1984", RLJ, ano 119º (1986/87), nºs 3747 (p. 186-192), 3478 (p. 221-224) e 3450 (p. 277-288).

b) Outra:

GOMES, M. JANUÁRIO DA COSTA – *Assunção fidejussória de dívida – Sobre o sentido e o âmbito da vinculação como fiador*, Almedina, Coimbra, 2000; GONÇALVES, L. DA CUNHA – *Comentário ao Código Comercial português*, vol. I, Empreza Editora J. B., Lisboa, 1914; LIMA, PIRES DE/ VARELA, ANTUNES – *Código Civil anotado*, vol. II (Artigos 762º a 1250º), 4ª ed., Coimbra Editora, Coimbra, 1997.

1. A proibição da contabilização no capital social das entradas em indústria. Fundamentos

Nas hipóteses em que são admissíveis as entradas em indústria[1] – que consistem em entradas com trabalho ou serviços por parte dos sócios[2] –, elas deverão ser valoradas para efeitos de repartição de lucros e de perdas (art. 176º, 1, b)), mas não são computadas no capital social (art. 178º, 1).

As razões justificativas da exclusão destas entradas do capital social têm a ver, desde logo, com o facto de elas serem extremamente difíceis de avaliar (quer devido à sua própria natureza quer devido à duração de tal tipo de entrada ser incerta[3]); por outro lado, com o facto de não ser possível garantir e assegurar o cumprimento das mesmas, em virtude do seu carácter futuro e sucessivo[4], o que, dada a impossibilidade da sua execução forçada[5], determina que elas não sejam adequadas ao pretendido desempenho da função de garantia que se assinala ao capital social. Por isso, de forma a obviar a que no activo da sociedade seja considerado um valor referente aos serviços prestados por um sócio, que pode, de todo, não corresponder àquilo que efetiva e realmente o serviço vale (seja porque foi mal avaliado seja porque, tendo-se comprometido a realizar determinado trabalho, esse sócio não o presta), e que, por outro lado, não se apresenta como um meio de garantia para os terceiros credores, a lei veda a possibilidade de se computarem no capital social as entradas de indústria,

---

[1] As entradas em indústria apenas podem, como é sabido, ser realizadas pelos sócios das SENC e pelos sócios comanditados das SC (arts. 176º e 468º *a contrario*).
[2] "Indústria" que, etimologicamente, tem precisamente o significado de trabalho ou atividade.
[3] Vide *infra* nota 5.
[4] Na verdade, ao contrário do que sucede com as entradas em bens que deverão ser realizadas, em princípio, no momento da celebração do contrato de sociedade (cfr. art. 26º), as de indústria serão, em regra, realizadas ao longo da vida da sociedade, não sendo, por isso, possível que fiquem integralmente liberadas naquele momento.
[5] Desde logo, porque ninguém pode, hoje, ser forçado a trabalhar contra a sua vontade. Por outro lado, porque a entrada de indústria de um sócio consubstanciará uma prestação de facto infungível – dado o *intuitus personae* que, em menor ou maior grau, sempre lhe estará subjacente – o que impossibilita que a prestação seja efetuada por outrem à custa do sócio (cfr. art. 828º CCiv.).

pretendendo-se assim evitar a transmissão de uma errónea informação aos terceiros que lidam com a sociedade.

2. O regime particular da responsabilidade do sócio de indústria

Nas SENC, os sócios – todos os sócios, sejam eles de indústria ou de capital – têm uma responsabilidade pessoal, solidária e ilimitada, embora subsidiária em relação à sociedade, pelas dívidas sociais (cfr. art. 175º, 1)[6].

O n.º 2 do artigo 178º vem acrescentar que os sócios de indústria não respondem, nas relações internas, pelas perdas sociais. O ponto merece alguns esclarecimentos:

Resulta *a contrario* desta norma que os sócios de indústria, nas relações externas – ou seja, perante terceiros credores – respondem como qualquer outro sócio de capital. Por isso, o credor poderá exigir, uma vez excutido o património social, o pagamento da totalidade do seu crédito a qualquer sócio de indústria. Já nas relações internas – entre sócios –, e uma vez que neste âmbito ele não é responsável, o sócio de indústria terá direito, em via de regresso[7], a reaver dos demais sócios de capital tudo quanto pagou e não terá que despender qualquer quantia em favor do sócio que haja pago dívidas a credores sociais[8].

Tome-se um exemplo muito simples para explicitar o que acaba de ser dito. Suponha-se que uma dada SENC tem seis sócios: três deles (A, B e C) são sócios de capital com uma parte social com o valor nominal de 10.000€ cada; os outros três (D, E e F) são sócios de indústria, a cuja parte social foi atribuído também – para efeitos do art. 176º, 1, b) – um valor de 10.000€. Se A pagar uma dívida social no valor de 6.000€ terá direito a reaver de cada um dos outros sócios de capital (e só destes, já não dos sócios de indústria, uma vez que estamos aqui no âmbito das relações internas) a parte que lhe compete na dívida social (cfr. art. 524º CCiv.); ou seja, e uma vez que, tendo partes sociais de valor igual, a participação nas perdas dos três sócios de capital é – a menos que se tenha estabelecido contratualmente critério diferente – idêntica (cfr. arts. 22º, 1 e 175º, 3), A poderá exigir de B e C, o montante de 2.000€ a cada um deles (o que, somado aos 2.000€ que lhe cabe suportar, perfaz o total da dívida paga), não podendo exigir qualquer montante de D, E e F.

---

[6] Sobre este regime, veja-se ELISABETE RAMOS, "Artigo 175º", neste volume, ponto 3., p. 20, s..
[7] É controvertido na doutrina se o sócio tem também direito de regresso contra a própria sociedade. Em sentido afirmativo, RAÚL VENTURA (1994), p. 221; contra LOBO MOUTINHO (1992), p. 193, s.. Vide também ELISABETE RAMOS, "Artigo 175º", neste volume, ponto 3.3., p. 23, s..
[8] Cfr. LOBO XAVIER (1986/87), p. 282, nt. 30, e LOBO MOUTINHO (1992), p. 195.

Diferentemente, se for um sócio de indústria (p. ex., D) a pagar a dívida social ao credor, ele não poderá exigir qualquer montante aos outros sócios de indústria (no caso, a E e F), podendo, porém, exigir a totalidade do que pagou aos sócios de capital.

3. A assunção, nas relações internas, das perdas sociais pelo sócio de indústria

A regra da irresponsabilidade do sócio de indústria pelas perdas sociais nas relações internas pode, no entanto, conforme resulta expressamente da parte final do nº 2 do art. 178º, ser contratualmente afastada. No contrato de sociedade pode, por isso, estabelecer-se que os sócios de indústria respondem, também nas relações internas, pelas perdas sociais.

Significa isto que, no exemplo mencionado no nº anterior, o sócio (seja A ou D) que tenha pago os 6.000€ ao credor social poderá exigir a todos os outros sócios (sejam eles de capital ou de indústria) a parte que lhes compete suportar na dívida; i.é, poderia, no caso, reclamar de cada um deles o montante de 1.000€, suportando ele os restantes 1.000€.

Já se vê que, nesta hipótese, o sócio de indústria – ao suportar aquela perda social – deixará de estar a contribuir apenas com os seus serviços para a sociedade, passando a contribuir também com bens[9], *hoc sensu*, com capital para a mesma.

Quando tal suceda – quando, por força da cláusula contratual, um sócio de indústria responda por uma dívida social[10], sem possibilidade de, em via de regresso, exigir dos outros sócios a totalidade daquilo que pagou – ele terá direito a que lhe seja atribuída uma participação no capital social correspondente ao valor da contribuição que efetuou[11], a qual resultará da "redução proporcional das outras partes sociais" (cfr. art. 178º, 3).

É, uma vez mais, uma regra que necessita de aclarações.

Pense-se, por facilidade de exposição, numa SENC com um sócio de capital (com uma parte social com o valor nominal de 10.000€) e um sócio de indústria (a cuja parte social foi atribuído também – para efeitos do artigo art. 176º,

---

[9] Embora tenhamos presente que as entradas em serviços não deixam de ser também, juridicamente, entradas em bens (bens não coisificáveis – cfr. COUTINHO DE ABREU (2013), p. 225-226), é a própria lei que estabelece a distinção, a propósito das entradas, entre entradas em bens e em indústria (ou serviços) – cfr. art. 980º CCiv. e art. 20º CSC.

[10] Tenha-se presente o regime do art. 175º, 4 que permite a um sócio pagar uma dívida social, quando com isso vise "evitar que contra ele seja intentada execução".

[11] Assim também, RAÚL VENTURA (1994), p. 236, e CARNEIRO DA FRADA (2011), p. 585. Em sentido diferente, vide PINTO FURTADO (2004), p. 104, s..

1, b) – um valor de 10.000€). Se estiver contratualmente clausulado que o sócio de indústria responde também nas relações internas pelas perdas sociais e este vier a pagar uma dívida social no valor de 6.000€, ele terá direito a receber uma parte social correspondente ao valor daquela sua contribuição, ou seja uma parte social com o valor nominal de 6.000€.

Esta participação social atribuída ao sócio de indústria – conforme resulta expressamente do art. 178º, 3 – não advirá, porém, de um aumento do valor do capital social[12], mas da redução proporcional da parte social do sócio de capital. I.é, o montante do capital social manter-se-á inalterado nos 10.000€[13], sendo reduzida a parte social do sócio de capital para 4.000€ e passando o sócio de indústria a ter uma participação no capital de 6.000€.

Trata-se, *il va sans dire*, de uma solução que pode ser – como resulta inequivocamente do exemplo apresentado – extremamente penalizadora para o sócio de capital, que poderá ver drasticamente reduzida, por via deste regime, a sua posição relativa na sociedade[14]. Deve, por isso, entender-se que o sócio de indústria que suporte (internamente) perdas sociais, apenas deverá ter direito a receber uma participação no capital, se e na medida em que o(s) sócio(s) de capital não pretenda(m) ele(s) assumir e suportar o valor pago pelo(s) sócio(s) de indústria.

Se, por via deste regime, for atribuída ao sócio de indústria uma participação no capital social, deve entender-se que nem por isso ele fica exonerado da obrigação de prestar à sociedade os seus serviços, que consubstanciaram inicialmente a sua entrada[15].

Finalmente, o nº 4 do art. 178º[16] estabelecia que – na hipótese prevista no nº 3, em que ao sócio de indústria deve ser atribuída uma parte no capital – qualquer gerente deveria proceder à "escritura de alteração do contrato de sociedade", dispensando-se a deliberação dos sócios para esse efeito[17]. A revogação

---

[12] O legislador manifesta, pois, com este regime e a propósito das SENC, uma clara desconfiança sobre a possibilidade de créditos sobre a sociedade poderem ser levados ao capital social. Sobre a realização da entrada do sócio através de créditos, vide TARSO DOMINGUES (2009), p. 223, s..

[13] Correspondente ao valor inicial da entrada do sócio de capital, uma vez que, nos termos do art. 178º, 1, o valor da indústria não é, como vimos, contabilizada no capital social.

[14] Ou até eliminada a sua parte social: pense-se, p. ex., na hipótese de a dívida suportada pelo sócio de indústria ser no montante de 10.000€.

[15] Assim também, RAÚL VENTURA (1994), p. 236, s., passando, por isso, aquele sócio a ser um "sócio de indústria capitalista".

[16] Norma entretanto revogada pelo DL 76-A/2006, de 29 de Março.

[17] Assim, RAÚL VENTURA (1994), p. 236.

desta norma do nº 4 do art. 178º pelo DL 76-A/2006 teve sobretudo em vista a eliminação da necessidade de outorga da escritura[18] para alteração do contrato de sociedade. Em todo o caso, deve entender-se que – e uma vez que se trata de uma consequência que resulta diretamente da lei – continuará, para este efeito, a não ser necessária uma deliberação dos sócios[19].

---

[18] A simplificação e desformalização dos atos societários foram, para além das alterações em matéria de estruturação orgânica, efetivamente das principais finalidades daquela reforma de 2006.
[19] O gerente ou gerentes que procedam ao registo deverão, no entanto, assegurar-se de que foi dada a possibilidade aos sócios de capital de suportar o montante liquidado pelo sócio de indústria, nos termos acima referidos em texto.

ARTIGO 179º
Responsabilidade pelo valor das entradas

A verificação das entradas em espécie, determinada no artigo 28º, pode ser substituída por expressa assunção pelos sócios, no contrato de sociedade, de responsabilidade solidária, mas não subsidiária, pelo valor atribuído aos bens.

Índice
1. A duplicidade de regimes aplicáveis à avaliação das entradas em espécie nas SENC
2. A exclusão das entradas em indústria
3. O regime do art. 179º

Bibliografia
Citada:
DOMINGUES, PAULO DE TARSO – "Artigo 28º", em *Código das Sociedades Comerciais em comentário* (coord. de J. M. Coutinho de Abreu), vol. I, Almedina, Coimbra, 2010, p. 457-464; FRADA, M. CARNEIRO DA – "Artigo 179º", em *Código das Sociedades Comerciais anotado*, Almedina, Coimbra, 2011, p. 586; VENTURA, RAÚL – *Novos estudos sobre sociedades anónimas e sociedades em nome colectivo*, Almedina, Coimbra, 1994, p. 237-240.

1. A duplicidade de regimes aplicáveis à avaliação das entradas em espécie nas SENC

O CSC consagra um regime particularmente rigoroso – previsto no art. 28º – para as entradas em espécie, com o qual se visa fundamentalmente assegurar o cumprimento do chamado princípio da exata formação do capital social[1], e que passa essencialmente pela avaliação daquele tipo de entradas por parte de um perito independente.

Trata-se de um regime que resulta do art. 7º da "Diretiva do Capital"[2] sobre sociedades, que o nosso legislador – apesar de a referida Diretiva se aplicar

---

[1] Vide TARSO DOMINGUES (2010), p. 457, s..
[2] A Segunda Directiva sobre sociedades (Diretiva 77/91/CEE, publicada no JO L 026, de 30/01/77) veio pioneiramente regular, relativamente às sociedades anónimas, "a conservação e as modificações do capital social" e, por isso, foi também designada por Diretiva do Capital. Esta Diretiva foi, no entanto, recentemente revogada e substituída pela Diretiva 2012/30/UE do Parlamento Europeu e do Conselho, de 25 de outubro de 2012, publicada no JO L 315/74, de 14 de novembro de 2012, que passou, deste modo, a constituir a nova Diretiva do Capital. Aquela revogação insere-se na política, que está a ser seguida a nível comunitário, de consolidação oficial dos atos normativos que tenham sido objeto, no passado, de diversas alterações, como ocorreu com a Segunda Diretiva.

apenas às sociedades anónimas – entendeu por bem aplicar a todo o tipo de sociedades comerciais portuguesas, incluindo, portanto, as SENC.

Para as SENC, contudo, o CSC estabelece neste art. 179º um regime alternativo ao previsto na Parte Geral, permitindo aos sócios escolher qual o regime que pretendem ver aplicado às entradas em espécie na sua sociedade.

2. A exclusão das entradas em indústria

Importa referir preliminarmente que as entradas em indústria não ficam sujeitas ao regime das entradas em espécie. A questão merece ser esclarecida, porquanto o art. 28º, que se refere ao regime aplicável às entradas em espécie[3], define-as como "entradas em bens diferentes de dinheiro" – o que as entradas em indústria inquestionavelmente são! –, pelo que aparentemente também estas ficariam sujeitas ao regime aplicável às entradas em espécie.

A verdade, porém, é que aplicação do regime previsto para as entradas em espécie não está pensado nem se justifica – seja pela tutela dos interesses de credores, seja pela tutela dos interesses dos sócios – para as entradas de indústria.

Relativamente à proteção de credores, o regime particularmente rigoroso previsto para as entradas em espécie[4] só se justifica para as entradas imputadas ao capital social. Com efeito, é o valor deste que pode induzir em erro os credores, levando-os a acreditar na existência de um património da sociedade (pelo menos, inicial) de idêntico montante. Ora, as entradas em indústria não são computadas no capital social (art. 178º, 1), pelo que não há, desta perspetiva, fundamento para que elas fiquem sujeitas ao regime das entradas em espécie.

O art. 176º estabelece, porém, a necessidade de estas entradas serem avaliadas para efeitos meramente internos, ou seja, para efeitos de repartição de lucros e de perdas (art. 176º, 1, b)). Poder-se-ia, por isso, pensar que tal avaliação devesse obrigatoriamente ser efetuada pelo tal perito independente. Acontece que, resultando aquela avaliação do consenso unânime dos sócios[5], não faz qualquer sentido fazer intervir para este efeito um terceiro, pois que, estando apenas em causa os interesses dos sócios, são eles próprios que consentem e anuem no valor atribuído às entradas em indústria.

---

[3] Cfr. epígrafe do artigo.
[4] Vide art. 28º.
[5] Tenha-se presente que a alteração do pacto – que a realização de uma entrada em espécie sempre implica (cfr. art. 176º, 1, al. c) – depende, em princípio, do consentimento unânime dos sócios (cfr. art. 194º, 1) e que o ingresso de um sócio na sociedade – e, portanto, a realização da correspondente entrada – tem de passar necessariamente pelo consentimento de todos os sócios (cfr. art. 194º, 2).

3. O regime do art. 179º

O art. 179º expressamente autoriza que, nas SENC, os sócios possam dispensar a avaliação do ROC relativamente às entradas em espécie, conquanto assumam uma responsabilidade solidária, mas não subsidiária, pelo valor atribuído aos bens[6].

Com esta norma visa-se simplificar, neste tipo societário, o regime das entradas em espécie – dispensando-as da avaliação por parte daquele perito –, sem que, no entanto, se desacautelem os credores, uma vez que é imposta aos sócios a referida assunção da responsabilidade pelo valor que é atribuído aos bens.

São vários os traços deste regime que importa sublinhar:

a) Os sócios querendo optar pelo regime do art. 179º têm que manifestar essa opção no contrato de sociedade. Se nada for convencionado no pacto a este propósito, é aplicável o regime geral (cfr. art. 28º);

b) A responsabilidade pelo valor atribuído aos bens incumbe a todos os sócios. É o que resulta, desde logo, da letra da lei[7], mas também do facto de se tratar de uma responsabilidade solidária[8]. É obviamente uma característica que pode ser desencorajadora da opção por este regime, uma vez que os demais sócios assumem a responsabilidade pelo valor de um bem que não constituiu a sua entrada[9];

c) A responsabilidade assumida pelos sócios é necessariamente, por força da lei, uma responsabilidade solidária entre eles, não podendo ser subsidiária em relação à sociedade[10];

d) Trata-se, por outro lado, de uma responsabilidade assumida perante a sociedade (e não diretamente perante credores), a qual a poderá exigir independentemente da concreta situação patrimonial em que se encontre;

---

[6] Trata-se de um regime semelhante ao que, antes do CSC, era consagrado no art. 118º, § 3 CCom. e no art. 5º, § 2 LSQ. Cfr. RAÚL VENTURA (1994), p. 239, s..
[7] Cfr. art. 179º: "expressa assunção pelos sócios" – utiliza-se o plural, não se fazendo referência apenas ao sócio que realiza a entrada.
[8] Não faria sentido falar em responsabilidade solidária entre os sócios, se apenas o sócio que realiza a entrada em espécie assumisse aquele encargo.
[9] Tenha-se presente que, no regime geral das entradas em espécie, apenas sobre o sócio que realiza a entrada em espécie recai a chamada responsabilidade pela diferença (entre o valor real do bem e o valor que lhe foi atribuído). Cfr. art. 25º, 3.
[10] São, pois, distintas a responsabilidade dos sócios relativa ao valor das entradas em espécie e a responsabilidade por perdas sociais (uma vez que aqui a responsabilidade dos sócios é subsidiária em relação à da sociedade – cfr. art. 175º, 1). De resto, a referência à não subsidiariedade daquela obrigação faz pouco sentido, dado que o credor da mesma é a própria sociedade.

e) Os credores apenas poderão aproveitar desta responsabilidade assumida pelos sócios, subrogando-se, nos termos gerais de direito civil, à sociedade (cfr. arts. 606º, s. CCiv.)[11].

---

[11] Cfr. RAÚL VENTURA (1994), p. 240, e CARNEIRO DA FRADA (2011), p. 586, mencionando este A. também a possibilidade de os credores penhorarem o crédito da sociedade relativamente àquela obrigação assumida pelos sócios.

ARTIGO 180º
Proibição de concorrência e de participação noutras sociedades

1. Nenhum sócio pode exercer, por conta própria ou alheia, atividade concorrente com a da sociedade nem ser sócio de responsabilidade ilimitada noutra sociedade, salvo expresso consentimento de todos os outros sócios.

2. O sócio que violar o disposto no número antecedente fica responsável pelos danos que causar à sociedade; em vez de indemnização por aquela responsabilidade, a sociedade pode exigir que os negócios efetuados pelo sócio, de conta própria, sejam considerados como efetuados por conta da sociedade e que o sócio lhe entregue os proventos próprios resultantes dos negócios efetuados por ele, de conta alheia, ou lhe ceda os seus direitos a tais proventos.

3. Entende-se como concorrente qualquer atividade abrangida no objeto da sociedade, embora de facto não esteja a ser exercida por ela.

4. No exercício por conta própria inclui-se a participação de, pelo menos, 20% no capital ou nos lucros de sociedade em que o sócio assuma responsabilidade limitada.

5. O consentimento presume-se no caso de o exercício da atividade ou a participação noutra sociedade serem anteriores à entrada do sócio e todos os outros sócios terem conhecimento desses factos.

Índice

1. A proibição de exercício, por conta própria ou alheia, de atividade concorrente com a da sociedade
   1.1. A proibição recai sobre qualquer sócio
   1.2. A proibição diz respeito ao exercício de atividade concorrente com a da sociedade
   1.3. A proibição diz respeito ao exercício de atividade concorrente por conta própria ou alheia
2. A participação de, pelo menos, 20% no capital ou nos lucros de sociedade em que o sócio assuma responsabilidade *limitada*
3. A participação em sociedade em que o sócio assuma responsabilidade *ilimitada*
4. O consentimento dos outros sócios
5. Consequências da violação da proibição

Bibliografia:

a) Citada:
ABREU, COUTINHO DE – *Da empresarialidade (As empresas no direito)*, Almedina, Coimbra, 1996, Curso de direito comercial, II, 5ª ed., Almedina, Coimbra, 2015; CORDEIRO, MENEZES – *Manual de Direito das Sociedades. II. Das sociedades em especial*, 2ª ed., Almedina, Coim-

bra, 2007; CORREIA, FERRER/XAVIER, V.G. LOBO/COELHO, MARIA ÂNGELA/CAEIRO, ANTÓNIO – "Sociedade por quotas de responsabilidade limitada. Anteprojecto de lei – 2ª redacção e exposição de motivos", *RDE*, III, 1977, p. 153-224, 349-423 e 1979, p. 111-200; FRADA, CARNEIRO DA – "Artigo 180º", in MENEZES CORDEIRO (coord.), *Código das Sociedades Comerciais Anotado*, 2ª ed., Almedina, Coimbra, 2011, p. 586-587; FURTADO, PINTO – *Código das Sociedades Comerciais anotado*, 5ª ed., Petrony, Lisboa, 2007; MATOS, ALBINO – *Constituição de sociedades*, 5ª ed., Almedina, Coimbra, 2001; NUNES, AVELÃS – *O direito de exclusão de sócios nas sociedades comerciais*, Almedina, Coimbra, 2004 (reimpressão da edição de 1968); VASCONCELOS, PAIS DE – *A participação social nas sociedades comerciais*, 2ª ed., Almedina, Coimbra, 2006; VENTURA, RAÚL – *Sociedades por quotas*, III, Almedina, Coimbra, 1991, *Novos estudos sobre sociedades anónimas e sociedades em nome colectivo*, Almedina, Coimbra, 1994; XAVIER, V.G. LOBO – *Sociedades comerciais. Lições aos alunos de Direito comercial do 4º ano jurídico*, João Abrantes, Coimbra, 1987.

b) Outra:

CAEIRO, ANTÓNIO – "O Projecto de Código das Sociedades. Parte Geral. Sociedade em nome colectivo", *RDE*, 10º/11º, 1984/1985, p. 53-86, *As sociedades de pessoas no Código das Sociedades Comerciais*, Separata do número especial do *BFD* – Estudos em Homenagem ao Prof. Doutor Eduardo Correia – 1984, Coimbra, 1988; FRADA, CARNEIRO DA – "Sobre a obrigação de restituir dos administradores", *I Congresso. Direito das Sociedades em Revista*, Almedina, Coimbra, 2011, p. 353-358.

1. A proibição de exercício, por conta própria ou alheia, de atividade concorrente com a da sociedade

1.1. A proibição recai sobre qualquer sócio

O art. 180º, 1, proíbe duas coisas ao sócio de sociedade em nome coletivo: o exercício, por conta própria ou alheia, de atividade concorrente com a da sociedade[1] e a participação como sócio de responsabilidade ilimitada noutra sociedade[2].

No que diz respeito à primeira das proibições, é claro que quem está sujeito à proibição de exercício de atividade concorrente é qualquer um dos sócios da sociedade em nome coletivo. Estão abrangidos os sócios gerentes e os que

---

[1] O art. 990º CCiv. tem redação ligeiramente diferente, pois ali se dispõe sobre o exercício por conta própria ou alheia de "atividade igual à da sociedade".
[2] A redação do nº 1 é muito próxima da que tem o art. 2301, I, do *Codice Civile*: "Il sócio non può, senza il consenso degli altri soci, esercitare per conto próprio o altrui un'attività concorrente com quella della società né partecipare come sócio illimitatamente responsabile ad altra società concorrente".

o não são, os sócios pessoas singulares e os sócios pessoas coletivas, os sócios que adquiriram essa qualidade com a constituição da sociedade e os que se tornaram sócios posteriormente. A proibição também não depende do valor da participação social ou da sua importância relativa.

1.2. A proibição diz respeito ao exercício de atividade concorrente com a da sociedade

O art. 180º, 1, proíbe ao sócio o exercício de atividade concorrente com a da sociedade. Esclarece o nº 3 que a atividade concorrente com a da sociedade será "qualquer actividade abrangida no objeto da sociedade, embora de facto não esteja a ser exercida por ela".

Com efeito, no contrato de sociedade deve constar a cláusula relativa ao objeto social[3]: a cláusula em que são indicadas "as atividades que os sócios propõem que a sociedade venha a exercer"[4]. A proibição de exercício de atividades concorrentes abrange todas as atividades contidas na cláusula do contrato de sociedade, ainda que a sociedade em nome coletivo não tenha deliberado exercê-las nem as esteja a exercer efetivamente[5].

A proibição de exercício de atividade concorrente diz respeito não só à que é exercida directamente pelo sócio, como também à que é exercida através de sociedade de responsabilidade limitada em que o sócio tenha uma participação de pelo menos 20% no capital ou nos lucros respetivos.

Em causa não está tanto o interesse da sociedade em receber toda a atenção dos sócios, visto que a proibição não diz respeito à atividade não concorrente. Nem seria razoável exigir que os sócios da sociedade em nome coletivo dedicassem toda a sua atenção à sociedade, uma vez que normalmente não é este tipo de sociedades que é utilizado para desenvolver atividades complexas ou de grande dimensão[6].

Também não se trata, em primeira linha, de impedir uma concorrência particularmente perigosa por parte do sócio, pois a lei não proíbe o sócio de par-

---

[3] Art. 9º, 1, *d*).
[4] Art. 11º, 2.
[5] Art. 11º, 3. Encontramos solução diferente no art. 254º, 2. Para este último preceito, a atividade concorrente é que, estando abrangida no objeto social, é efetivamente exercida pela sociedade por quotas ou cujo exercício foi deliberado pelos sócios. A diferença justifica-se facilmente. Como dizia RAÚL VENTURA (1994), p. 244, "o sócio vinculou-se, pelo contrato de sociedade ao exercício em comum de todas as actividades abrangidas pelo objecto da sociedade".
[6] Com argumento semelhante mas a propósito da obrigação de não concorrência que recai sobre os gerentes de sociedades por quotas, FERRER CORREIA/V. G. LOBO XAVIER/MARIA ÂNGELA COELHO/ ANTÓNIO CAEIRO (1977), p. 387.

ticipar em sociedades concorrentes em que tenha uma participação inferior a 20% no capital ou nos lucros[7].

Na verdade, parece preferível afirmar que os sócios da sociedade em nome colectivo estão proibidos de exercer atividade concorrente com a da sociedade porque dessa forma se evita um potencial conflito de interesses[8]. Este raciocínio vale mesmo quanto a atividades contidas no objeto social da sociedade em nome coletivo que esta não esteja a exercer ou cujo exercício ainda não tenha sido deliberado. A partir do momento em que a atividade é incluída na cláusula relativa ao objeto social, deve ser vista como uma das que os sócios propõem que a sociedade venha a exercer.

Nem sempre será fácil saber se uma atividade está ou não abrangida pelo objeto social da sociedade em nome coletivo. Se, por exemplo, a sociedade em nome coletivo tiver por objeto a atividade hoteleira e explorar uma pequena pensão, estará o sócio impedido de explorar um hotel de luxo? Embora as atividades de uma e de outro não tenham como destinatária a mesma categoria de consumidores nem contactem normalmente os mesmos fornecedores, o critério legal levaria a considerar que as atividades eram concorrentes[9].

Pode ainda dar-se o caso de a sociedade em nome coletivo desenvolver de facto uma atividade não abrangida no seu objeto social. Estarão, também aí, os sócios respetivos impedidos de concorrer com a sociedade? Julgamos que não.

Com efeito, o n.º 3 parece ser claro: será concorrente "qualquer atividade abrangida no objeto da sociedade, embora de facto não esteja a ser exercida por ela". As hipóteses que cabem aqui são: atividade abrangida no objeto e exercida de facto; actividade abrangida no objeto e não exercida de facto. Já a atividade não abrangida no objeto mas exercida de facto pela sociedade em nome coletivo não cabe na proibição[10]. Aliás, tal atividade não deveria sequer ser exercida: o art. 6.º, 4, determina que a cláusula relativa ao objeto constitui

---

[7] Art. 180.º, 4.
[8] Cfr. MENEZES CORDEIRO (2007), p. 183, e, mais uma vez a propósito da obrigação de não concorrência que recai sobre os gerentes de sociedades por quotas, FERRER CORREIA/V. G. LOBO XAVIER/MARIA ÂNGELA COELHO/ANTÓNIO CAEIRO (1977), p. 387. Para MENEZES LEITÃO (2004), p. 50, o art. 180.º, 1, contém um "dever acessório de lealdade imposto pela boa fé"; falando do dever de não concorrência do art. 180.º como tipificação legal de um dever de lealdade, PAIS DE VASCONCELOS (2006), p. 332.
[9] Tendo em conta os arts. 157.º e 158.º do CCom. AVELÃS NUNES (2002), p. 156 (de quem retirámos o exemplo) defendia que a atividade concorrente proibida seria aquela em que "existe o perigo de o sócio usurpar a clientela da sociedade, em proveito dele ou de terceiro".
[10] Com diferente opinião, RAÚL VENTURA (1994), p. 245, MENEZES CORDEIRO (2007), p. 184 (mas não "se o sócio já exercia a actividade questionada antes de a sociedade se abalançar a ela e se não houve intenção de transferir, para o ente societário, tal actividade"), CARNEIRO DA FRADA (2011), p. 587.

"os órgãos da sociedade no dever de não excederem esse objeto". Não teria sentido que a atuação ilícita fosse protegida através da imposição de uma proibição de não concorrência. Isso conduziria a que quanto maior fosse a violação do dever de não exercer um objeto de facto, maior seria a proteção conferida à sociedade: estaríamos perante o benefício do grande infrator. A necessidade de garantir a liberdade de iniciativa económica dá também apoio à nossa conclusão. Tudo, obviamente, sem impedir o funcionamento dos institutos gerais, como o da proibição do abuso de direito.

O que a proibição abrange é o exercício de atividade concorrente com a da sociedade e não a prática de um ato isolado. Foram aqueles os casos que a lei considerou como envolvendo um conflito de interesses relevante. A comparação entre o nº 1 e o nº 2 remete-nos na mesma direção, pois no primeiro não foi usado o termo "negócios", mas sim "atividade". Ora, uma atividade é "uma série de atos ordenados a um fim"[11]. Um só acto não é uma atividade. Mas isso não significa que o sócio possa praticar um ato isolado que cause um dano à sociedade.

Se a sociedade em nome coletivo não indica no seu objeto que limita a sua actividade a uma certa zona de Portugal, deve entender-se que a proibição de concorrência abrange todo o território nacional. Isto porque ao nº 3 não interessa se a sociedade está ou não a exercer de facto a atividade nesta ou naquela área[12]. Mas pode dar-se o caso de a própria cláusula relativa ao objeto conter uma restrição quanto ao âmbito territorial de atuação da sociedade.

Uma outra hipótese merece a nossa atenção. Suponhamos que a sociedade em nome coletivo *altera o contrato de sociedade* e inclui na cláusula sobre o objeto social uma atividade concorrente com outra que o sócio exerce ou que é exercida por sociedade em que o sócio tenha responsabilidade limitada e uma participação de pelo menos 20% no capital ou nos lucros. Suponhamos também que todos os outros sócios têm disso conhecimento na altura em que é deliberada a alteração do contrato de sociedade.

Não parece possível aplicar por analogia o disposto no art. 254º, 4, pois neste preceito é dado relevo ao facto de o gerente continuar a exercer as suas funções por um certo período após a deliberação quanto ao exercício de nova atividade.

---

[11] V. G. LOBO XAVIER (1987), p. 46.
[12] Com outra leitura, MENEZES CORDEIRO (2007), p. 185; CARNEIRO DA FRADA (2011), p. 587, também parece ter opinião diferente.

Teremos, então, que considerar que a alteração do contrato de sociedade referida tornará ilícito o exercício da atividade concorrente ou a participação do sócio na sociedade em que tenha a mencionada responsabilidade limitada[13].

A proibição contida no art. 180º, 1, diz respeito, sem dúvida, a factos que ocorram *posteriormente* à *constituição* da sociedade em nome coletivo: atividade concorrente ou aquisição de participação como sócio de responsabilidade ilimitada noutra sociedade. Mas também abrange os casos em que tais factos eram *anteriores* à *constituição* da sociedade. Para esses, se os outros sócios tinham conhecimento de tais factos, o consentimento presume-se (nº 5). Contudo, se os outros sócios não tinham conhecimento do exercício da atividade concorrente ou da aquisição de participação como sócio de responsabilidade limitada anteriores à constituição da sociedade, será necessário o consentimento de todos os outros sócios, nos termos do nº 1[14].

1.3. A proibição diz respeito ao exercício de atividade concorrente por conta própria ou alheia

O art. 180º, 1, começa por proibir ao sócio de sociedade em nome coletivo o exercício de atividade concorrente por *conta própria*. A proibição diz respeito não só à atuação pessoal do sócio, mas também àquela em que ele se serve da *colaboração de outrem* (assalariados, representantes) para o exercício dessa mesma atividade.

Não diz a lei se está abrangido na proibição o exercício da atividade concorrente por *interposta pessoa*[15]. Essa hipótese surge referida no art. 254º, 3. Contudo, julgamos possível aplicar por analogia esse preceito no caso de exercício de atividade concorrente pelo sócio de sociedade em nome coletivo, quanto tal exercício tem lugar através de interposta pessoa. Pelo menos, se não aceitarmos que a proibição de exercício de atividade concorrente por conta própria já abrange tais casos. Com efeito, a lei não distingue entre o exercício directo de atividade concorrente e o exercício dessa atividade por interposta pessoa.

O nº 1 proíbe ainda o exercício por conta alheia de atividade concorrente com a da sociedade. Nesse exercício está compreendido não só o exercício por conta alheia em nome próprio, como o exercício em nome e por conta de outrem. Essa atuação pode ter lugar, por exemplo, como trabalhador subor-

---

[13] Cfr., em sentido próximo, RAÚL VENTURA (1994), p. 248-249, e MENEZES CORDEIRO (2007), p. 186 (mas apenas em certos casos).
[14] Com diferente opinião, PINTO FURTADO (2007), p. 163.
[15] Em sentido afirmativo, RAÚL VENTURA (1994), p. 246.

dinado ou mero representante voluntário de terceiro, e bem assim quando o sócio atua como representante legal ou necessário.

Não basta, porém, que o terceiro por conta de quem o sócio atua tenha uma atividade concorrente com a da sociedade tutelada. É preciso que a atuação por conta do terceiro seja *no âmbito* da atividade concorrente.

O exercício por conta alheia pode consistir na atuação como administrador de sociedade anónima ou gerente de uma outra sociedade em nome coletivo ou por quotas[16]. O que é necessário é que essa outra sociedade exerça atividades compreendidas no objeto da sociedade em nome coletivo tutelada.

2. A participação de, pelo menos, 20% no capital ou nos lucros de sociedade em que o sócio assuma responsabilidade *limitada*

Como vimos, o art. 180º, 1, proíbe que o sócio exerça atividade concorrente com a da sociedade e esclarece que está abrangido pela proibição tanto o exercício por conta própria, como o exercício por conta alheia. O nº 4 vem acrescentar que no exercício por conta própria de atividade concorrente está incluída a "participação de, pelo menos, 20% no capital ou nos lucros de sociedade em que o sócio assuma responsabilidade limitada"[17].

Mas, se a lei está preocupada com a identificação de casos em que se pode dizer que tem lugar o exercício de atividade concorrente por conta própria, então a sociedade em que o sócio tem essa outra participação deve ser uma sociedade concorrente. Essa outra sociedade será concorrente se estiver a exercer uma atividade abrangida no objeto da sociedade em nome coletivo ou se, pelo menos, os sócios deliberaram esse exercício. Não bastará, quer-nos parecer, que essa outra sociedade apenas contenha no seu objeto uma referência à atividade concorrente[18].

Como está em causa a participação em sociedade em que o sócio assuma responsabilidade limitada, podemos incluir aqui pelo menos a participação em sociedades por quotas, anónimas e como comanditário nas sociedades em comandita.

---

[16] Nesse sentido, RAÚL VENTURA (1994), p. 246.
[17] Vendo no art. 180º, 4, uma norma legal que acolhe solução "desconsiderante", COUTINHO DE ABREU (1996), p. 210, nt. 541, MENEZES LEITÃO (2004), p. 52.
[18] Com igual opinião quanto ao art. 254º, RAÚL VENTURA (1991), p. 59. Em sentido diverso a propósito do art. 180º, CARNEIRO DA FRADA (2011), p. 587, afirmando que devem estar em causa "sociedades cujo objecto social coincida, total ou parcialmente, com o da considerada".

3. A participação em sociedade em que o sócio assuma responsabilidade *ilimitada*

O sócio de sociedade em nome coletivo está em princípio impedido de ser sócio de responsabilidade ilimitada noutra sociedade. Esta proibição, contida também no art. 180º, 1, já não depende da atividade que essa outra sociedade desenvolva. A atividade dessa outra sociedade é irrelevante: a proibição aplica-se, quer essa outra sociedade desenvolva uma atividade concorrente, quer não. A razão de ser da proibição é agora outra. Como o sócio da sociedade em nome coletivo responde pelas dívidas da sociedade e é com essa responsabilidade que também contam os credores daquela, se o sócio adquire uma participação social noutra sociedade em que também assume responsabilidade ilimitada "enfraquece o crédito da primeira sociedade"[19].

A proibição abrange a participação como sócio noutra sociedade em nome coletivo ou como sócio comanditado de uma sociedade em comandita. Não é sequer necessário que se trate de uma sociedade comercial.

4. O consentimento dos outros sócios

As proibições de que trata o art. 180º, 1, podem ser afastadas através de "expresso consentimento de todos os outros sócios". O consentimento tem, pois, que ser expresso e não pode ser tácito[20]. Para ser eficaz, tem que ser dado por todos os outros sócios[21] e, de acordo com o art. 189º, 3, é "necessariamente objeto de deliberação dos sócios"[22].

Perguntar-se-á o leitor se o consentimento necessário é o dos outros sócios individualmente considerados ou o da sociedade. À primeira vista, o consentimento exigido é o dos outros sócios: de cada um dos outros sócios[23]. Tendo em conta, porém, que os direitos previstos no nº 2 são conferidos à sociedade em nome coletivo e não aos outros sócios, consideramos que se trata de consen-

---

[19] RAÚL VENTURA (1994), p. 247.
[20] Afirmando o contrário, embora com dúvidas, ALBINO MATOS (2001), p. 174.
[21] Defendendo que "os restantes sócios estarão obrigados a dar o seu consentimento, nos casos em que a concorrência não seja susceptível de lesar o interesse social", MENEZES LEITÃO (2004), p. 51.
[22] RAÚL VENTURA (1994), p. 247, afirma, por seu lado, quanto ao consentimento dos outros sócios: "é indiferente que o façam na forma de deliberação unânime ou por declarações separadas; essencial é apenas que não falte o consentimento de nenhum. Lícito será também o consentimento dado a algum sócio, no contrato de sociedade[...]". No mesmo sentido vai MENEZES CORDEIRO (2007), p. 185-186.
[23] É diferente a redação do art. 254º, 1: aí se exige o "consentimento dos sócios". Para além disso, no art. 251º, 1, *e*), vemos que a lei considera existir conflito de interesses entre o sócio e a sociedade "quando se tratar de deliberação que recaia sobre: [...] Consentimento previsto no artigo 254º, nº 1".

timento da sociedade, a prestar por todos os outros sócios enquanto coletividade de sócios[24].

O art. 180º, 5, prevê um caso de consentimento presumido[25]. Se o sócio já exercia a atividade concorrente ou já tinha a sua participação como sócio de responsabilidade ilimitada noutra sociedade quando se tornou sócio da sociedade em nome coletivo tutelada, o consentimento dos outros sócios presume--se se todos eles tinham conhecimento daqueles factos. No entanto, não é dispensada a prova de que os outros sócios tinham esse conhecimento. Não basta que o sócio já exercesse aquela atividade concorrente ou que já tivesse aquela participação. O consentimento só se presume em relação às atividades exercidas de que os outros sócios tivessem conhecimento. De qualquer forma, a presunção admite prova em contrário: isto é, apesar de se provar que todos os outros sócios tinham conhecimento dos factos relevantes, também se provou que algum deles não deu o consentimento.

O que temos no nº 5 é uma presunção legal: a lei parte de um facto conhecido para firmar um facto desconhecido, mas sem que se dê esse facto por efetivamente ocorrido. Trata-se de algo que não se confunde com o consentimento tácito, retirado de factos concludentes (de factos que, com toda a probabilidade, o revelem) e que é considerado como tendo efetivamente ocorrido.

5. Consequências da violação da proibição

Quando o sócio viola a proibição do art. 180º, 1, a sociedade em nome coletivo pode desde logo optar por exigir dele uma indemnização pelos danos que tenha sofrido. Em certos casos, porém, a sociedade pode escolher uma outra via[26].

Com efeito, se o sócio exerceu uma atividade concorrente por conta própria, a sociedade, em vez de escolher a indemnização pelos danos que lhe foram cau-

---

[24] Solução que era defendida por AVELÃS NUNES (2004), p. 160-161, tendo em conta os arts. 157º e 158º do CCom.
[25] Com redação muito próxima da que encontramos no art. 2301, II, do *Codice Civile*: "Il consenso si presume, se l'esercizio dell'attività o la partecipazione ad altra società preesisteva al contratto sociale, e gli altri soci ne erano a conoscenza".
[26] Prevendo sanções cumulativas, dizia o art. 157º CCom.: "Os sócios de uma sociedade em nome collectivo, para a qual se não haja determinado espécie alguma de negocio, não poderão praticar actos commerciaes sem prévio consentimento da sociedade, sob pena de perderem para esta os benefícios realisados, e responderem individualmente pelos prejuízos soffridos". MENEZES CORDEIRO (2007), p. 187, também admite que a escolha do "subingresso" pode ter que ser completada "eventualmente, com a indemnização adequada".

sados, pode antes exigir que os negócios realizados pelo sócio "sejam considerados como efetuados por conta da sociedade"[27].

Quando a violação do art. 180º, 1, ocorre porque o sócio exerceu a atividade concorrente por conta de outrem, a sociedade pode exigir que "o sócio lhe entregue os proventos próprios resultantes dos negócios efetuados por ele" ou "lhe ceda os seus direitos a tais proventos".

Além disso, o art. 186º, 1, *a*), também prevê como causa de exclusão de sócio a "violação grave das suas obrigações para com a sociedade, designadamente da proibição de concorrência prescrita pelo artigo 180º [...]"[28].

Embora a lei apenas mencione a violação da proibição de concorrência, vimos que o art. 180º, 1, também contém uma proibição de ser sócio de responsabilidade ilimitada noutra sociedade. A violação grave dessa proibição deve ser vista como causa de exclusão[29].

---

[27] Para alguns lugares paralelos, cfr. o art. 449º, 1, CSC, e o art. 253º, § único, CCom..

[28] Considerando que "dificilmente poderá constituir pressuposto de exclusão o facto de o sócio exercer por conta própria uma actividade prevista no objecto social, mas que a sociedade não exercesse, nem estivesse na sua intenção nos tempos mais próximos exercer", MENEZES LEITÃO (2004), p. 52; com igual exemplo, COUTINHO DE ABREU (2015), p. 391.

[29] RAÚL VENTURA (1994), p. 249. Para mais desenvolvimentos, vejam-se os comentários ao art. 186º.

ARTIGO 181º
Direito dos sócios à informação

1. Os gerentes devem prestar a qualquer sócio que o requeira informação verdadeira, completa e elucidativa sobre a gestão da sociedade, e bem assim facultar-lhe na sede social a consulta da respetiva escrituração, livros e documentos. A informação será dada por escrito, se assim for solicitado.
2. Podem ser pedidas informações sobre atos já praticados ou sobre atos cuja prática seja esperada, quando estes sejam suscetíveis de fazerem incorrer o seu autor em responsabilidade, nos termos da lei.
3. A consulta da escrituração, livros ou documentos deve ser feita pessoalmente pelo sócio, que pode fazer-se assistir de um revisor oficial de contas ou de outro perito, bem como usar da faculdade reconhecida pelo artigo 576º do Código Civil.
4. O sócio pode inspecionar os bens sociais nas condições referidas nos números anteriores.
5. O sócio que utilize as informações obtidas de modo a prejudicar injustamente a sociedade ou outros sócios é responsável, nos termos gerais, pelos prejuízos que lhes causar e fica sujeito a exclusão.
6. No caso de ao sócio ser recusado o exercício dos direitos atribuídos nos números anteriores, pode requerer inquérito judicial nos termos previstos no artigo 450º.

Índice
1. O direito geral à informação
2. O sócio gerente
3. A regulamentação do direito à informação no contrato de sociedade
4. Informações sobre atos praticados e sobre atos cuja prática seja esperada
5. A consulta da escrituração, livros ou documentos
6. O sócio pode inspecionar os bens sociais
7. A recusa do exercício dos direitos de informação, consulta e inspeção
8. Informações em assembleia geral e fora de assembleia geral
9. A utilização de informações de modo a prejudicar injustamente a sociedade ou outros sócios
10. A posição do usufrutuário de parte social e do credor pignoratício

Bibliografia:
Citada:
ABREU, COUTINHO DE – *Curso de direito comercial*, II, 5ª ed., Almedina, Coimbra, 2015;
ALMEIDA, PEREIRA DE – *Sociedades Comerciais, valores mobiliários, instrumentos financei-*

ros e mercados, 7ª ed., Coimbra Editora, Coimbra, 2013; ANDRADE, MARGARIDA COSTA – "Artigo 21º", *Código das Sociedades Comerciais em Comentário* (coord. de Coutinho de Abreu), IDET/Almedina, Coimbra, 2010, p. 352-363; ANTUNES, JOSÉ ENGRÁCIA – "O direito à informação nas sociedades de capitais", *Os quinze anos de vigência do Código das Sociedades Comerciais*, Fundação Bissaya Barreto, Coimbra, 2003, p. 45-55; BRANCO, SOFIA RIBEIRO – *O direito dos accionistas à informação*, Almedina, Coimbra, 2008; CAEIRO, ANTÓNIO – *As sociedades de pessoas no Código das Sociedades* Comerciais, Separata do número especial do *BFD* – Estudos em Homenagem ao Prof. Doutor Eduardo Correia – 1984, Coimbra, 1988; CORDEIRO, MENEZES – *Manual de Direito das Sociedades. II. Das sociedades em especial*, 2ª ed., Almedina, Coimbra, 2007, *Código das Sociedades Comerciais Anotado*, (coord.), 2ª ed., Almedina, Coimbra, 2011; CUNHA, PAULO OLAVO – *Direito das sociedades comerciais*, 5ª ed., Coimbra, Almedina, 2012; DRAGO, DIOGO – *O poder de informação dos sócios nas sociedades comerciais*, Almedina, Coimbra, 2009; LABAREDA, JOÃO – "Notícias sobre os processos destinados ao exercício de direitos sociais", *DJ*, XIII, 1999, p. 64 e ss.; MARTINS, ALEXANDRE DE SOVERAL/RAMOS, MARIA ELISABETE – "As participações sociais", AAVV. (coord. Coutinho de Abreu), *Estudos de direito das sociedades*, 12ª ed., Almedina, Coimbra, 2015, p. 113-150; NETO, ABÍLIO, *Notas práticas ao Código das Sociedades Comerciais*, Petrony, Lisboa, 1989; TORRES, CARLOS MARIA PINHEIRO – *O direito à informação nas sociedades comerciais*, Almedina, Coimbra, 1998; VASCONCELOS, PEDRO PAIS DE – *A participação social nas sociedades comerciais*, 2ª ed., Almedina, Coimbra, 2006; VENTURA, RAÚL – *Sociedades por quotas*, I, 2ª ed., Almedina, Coimbra, 1989, *Novos estudos sobre sociedades anónimas e sociedades em nome colectivo*, Almedina, Coimbra, 1994.

1. O direito geral à informação

De acordo com a al. *c*) do nº 1 do art. 21º, todos os sócios têm direito a obter informações sobre a vida da sociedade, nos termos da lei e do contrato de sociedade[1]. No art. 181º, 1, pode ler-se que todos os sócios das sociedades em nome coletivo têm um direito à informação, que se subdivide num direito a *obter informações* sobre a gestão da sociedade (inclusivamente por escrito, quando solicitado), num direito de *consulta* da escrituração, livros e documentos e num direito de *inspeção* dos bens sociais (cfr. nºˢ 1 e 4 do art. 181º do CSC). Estes direitos devem permitir ao sócio conhecer a vida da sociedade, designadamente quanto ao património da mesma e respetiva administração, ficando

---

[1] Para uma breve análise da relação entre o direito dos sócios à informação e a informação ao público investidor (regulada fundamentalmente no CVM), cfr. ENGRÁCIA ANTUNES (2003), p. 53, s..

assim melhor posicionado para decidir (por exemplo, quanto à sua permanência na sociedade ou quanto ao sentido do seu voto relativamente a um vasto conjunto de matérias – cfr., em especial, os arts. 189º, 1 e 3, e 246º) – ainda que decida nada decidir[2].

Aqueles direitos cabem a qualquer sócio[3]. São direitos que integram a sua participação e que o sócio não pode dela retirar. Nessa medida, são irrenunciáveis. Por outro lado, são igualmente inderrogáveis, visto que a sociedade não os pode eliminar[4].

Parece possível atribuir no contrato de sociedade direitos *especiais* à informação[5]. Não tanto em relação ao âmbito da informação, tendo em conta a amplitude do direito à informação dos sócios de sociedades em nome coletivo, mas sobretudo no que diz respeito ao procedimento.

São os gerentes que têm, em princípio, o dever de prestar as informações, de facultar a consulta da escrituração, livros e documentos e a inspeção dos bens sociais[6]. Os gerentes prestam essas informações enquanto membros do órgão de gerência da sociedade.

A informação prestada deve ser verdadeira, completa e elucidativa[7]. Mas, se lhe é recusada informação ou é prestada informação presumivelmente falsa, incompleta ou não elucidativa, se não lhe é facultada a consulta da escrituração, livros e documentos ou se não lhe é permitida a inspeção de bens sociais, o sócio pode requerer inquérito judicial à sociedade (nº 6 do art. 181º). Esse inquérito é regulado pelo disposto no art. 450º do CSC e para aí se remete o leitor[8].

---

[2] Nessa medida, ainda será um direito instrumental. Considerando que "não é inteiramente exacto" dizer que o direito à informação dos sócios é instrumental ou acessório *de outros direitos sociais*, COUTINHO DE ABREU (2015), p. 234, MARGARIDA COSTA ANDRADE (2010), p. 360.

[3] Como dizia ABÍLIO NETO (1989), p. 267, "o assaz amplo direito à informação, consagrado neste art. 181º, tem a sua razão de ser no tipo de responsabilidade que todos e cada um dos sócios assumem: se os sócios respondem, a título pessoal, pelas dívidas sociais, bem se compreende que lhes seja reconhecido o direito de se manterem plenamente informados acerca dos negócios da sociedade".

[4] No sentido da irrenunciabilidade e inderrogabilidade do direito à informação, JOÃO LABAREDA (2002), p. 133-134.

[5] Para uma leitura de argumentos a favor da possibilidade de criação de um direito especial à informação, veja-se CARLOS MARIA PINHEIRO TORRES (1998), p. 119. Contra, JOÃO LABAREDA (2002), p. 134. Sobre o tema, cfr. tb. DIOGO DRAGO (2009), p. 260-261.

[6] ALEXANDRE DE SOVERAL MARTINS/MARIA ELISABETE RAMOS (2015), p. 131, nt. 52.

[7] Sobre o que deve entender-se por informação completa e elucidativa, cfr. o Ac. do STJ de 16/03/2011, www.dgsi.pt.

[8] Curiosamente, para as sociedades por quotas o art. 216º, 2, remete para o "disposto nos nºs 2 e seguintes do artigo 292º". Não se vê a razão para esta falta de uniformidade.

Nesta altura, pode perguntar-se se nas sociedades em nome coletivo o sócio também pode *provocar deliberação dos sócios* para que a informação lhe seja prestada ou seja corrigida (cfr. o disposto no nº 2 do art. 215º). Embora seja estranho que essa hipótese não venha prevista no art. 181º, sempre se poderá dizer que ainda estamos perante uma questão que é relativa às deliberações dos sócios e à convocação e funcionamento das assembleias gerais, a que se aplica o regime das sociedades por quotas, nos termos do art. 189º, 1. Ainda que assim se não entenda, não vemos razões para afastar a aplicação do art. 215º, 2, por analogia.

2. O sócio gerente

Mesmo o sócio gerente tem o direito à informação[9]. O art. 181º, 1, é explícito: o direito à informação ali regulado cabe a "qualquer sócio". Pelo facto de ser gerente não deixa de ser sócio. Nada justifica que o gerente sócio sofra, por ser gerente, uma compressão do seu direito à informação enquanto sócio. A conclusão exposta retira-se também do facto de o art. 181º, 1, ter a mesma redação que foi dada ao art. 214º, 1. E, quanto a este, basta comparar com o que se lia no art. 235º, 1 do Projeto de Código das Sociedades[10] para se ver que também o sócio gerente de uma sociedade por quotas tem direito à informação. É que no art. 235º,1, do Projeto lia-se, precisamente, que os gerentes deviam "prestar a qualquer sócio não gerente que o requeira informação [...]". O facto de não se exigir na actual redacção do art. 214º, 1, que se trate de sócio não gerente só pode significar que tal restrição não foi aceite[11].

Nem se diga que, enquanto gerente, sempre teria a possibilidade de aceder à informação através da investidura no cargo. É que uma coisa não se confunde com a outra. E, sobretudo, a investidura em cargos sociais, tal como prevista nos arts. 1070º e 1071º do CPC, não parece a via adequada para obter informações de outros gerentes, por exemplo. Basta ver em que consiste a execução

---

[9] Cfr. tb. ANTÓNIO CAEIRO (1988), p. 47 (para as sociedades por quotas), DANIEL DE ANDRADE (2003), p. 108 (para as sociedades por quotas), PEDRO PAIS DE VASCONCELOS (2006), p. 208, para o poder de informação (e pelo menos na medida em que, depois de afirmar que os sócios têm acesso à informação, lembra que, em regra, todos eles participam na gerência), MENEZES CORDEIRO (2007), p. 189, DIOGO DRAGO (2009), p. 265-270; contra, considerando que o sujeito ativo é apenas o sócio não gerente, CARLOS MARIA PINHEIRO TORRES (1998), p. 174-175; COUTINHO DE ABREU (2015), p. 240, s., RAÚL VENTURA (1989), p. 290, para as sociedades por quotas, defendia que também só o sócio gerente tinha direito à informação, e em (1994), p. 252, remeteu para aquela outra obra. Veja-se, também, para as sociedades por quotas, a jurisprudência citada nos comentários ao art. 214º.

[10] *BMJ*, 327º, p. 181.

[11] Com esse argumento, SOFIA RIBEIRO BRANCO (2008), p. 318.

da decisão proferida no processo de investidura e efetuar a comparação com todas as possibilidades que se abrem no inquérito judicial regulado nos arts. 450º do CSC e 1048º e ss. do CPC.

3. A regulamentação do direito à informação no contrato de sociedade

Ao contrário do que se lê no art. 214º, 2, o art. 181º não prevê a possibilidade de o contrato de sociedade regulamentar o direito à informação. Há que perguntar, por isso, se se justifica a aplicação por analogia nas sociedades em nome coletivo daquele último preceito[12].

Dir-se-á que não há razões para, paternalisticamente, a lei afastar a possibilidade de os próprios sócios, no contrato de sociedade, procederem à regulamentação do seu direito à informação. Isto, naturalmente, sem prejuízo da eventual ilicitude de certas cláusulas.

Contudo, julgamos que a extensão da responsabilidade assumida pelos sócios de uma sociedade em nome coletivo pode ser vista como uma razão para defender que a analogia não cabe aqui. A lacuna não existe, pois a comparação com o art. 214º mostra que, onde a lei quis que o regime fosse igual, assim ficou.

4. Informações sobre atos praticados e sobre atos cuja prática seja esperada

No nº 2 a lei distingue entre o exercício do direito à informação relativamente a atos *já praticados*, por um lado, e a atos *cuja prática seja esperada*, por outro. Se, quanto aos primeiros, apenas se lê que as informações podem incidir sobre eles, quanto aos segundos é acrescentado um requisito adicional: é necessário que os atos cuja prática seja esperada "sejam suscetíveis de fazerem incorrer o seu autor em responsabilidade, nos termos da lei". Esta última parte do preceito já foi considerada "excessivamente restritiva"[13].

5. A consulta da escrituração, livros ou documentos

A consulta da escrituração, livros ou documentos da sociedade deve ter lugar na sede desta. O art. 181º, 3, exige que essa consulta seja "feita pessoalmente pelo sócio, que pode fazer-se assistir de um revisor oficial de contas ou de outro perito, bem como usar da faculdade reconhecida pelo artigo 576º do Código Civil".

---

[12] Cfr., em sentido afirmativo, RAÚL VENTURA (1994), p. 252, COUTINHO DE ABREU (2015), p. 240, e em sentido negativo, PAIS DE VASCONCELOS (2006), p. 207, bem como, pelo menos aparentemente, MENEZES CORDEIRO (2011), p. 522, e PEREIRA DE ALMEIDA (2013), p. 144.
[13] COUTINHO DE ABREU (2015), p. 235, nt. 542. Cfr., tb., os comentários ao art. 214º.

Significa isto, portanto, e em primeiro lugar, que em princípio *o sócio não se pode fazer representar* no exercício deste direito ("pessoalmente", diz a lei). Marca-se, também aqui, o caráter personalístico das sociedades em nome colectivo. No entanto, o sócio pode ser assistido por um revisor oficial de contas ou por outro perito. Ainda assim, a solução não deixa de ser estranha, visto que para as sociedades anónimas ficou prevista a possibilidade de a consulta ter lugar através de representante, nos termos do art. 288º, 3[14].

Justifica-se então perguntar: poderá o contrato de sociedade regular a matéria abrindo a possibilidade de a consulta da escrituração, livros ou documentos ter lugar através de representante? Ou será que a exigência de consulta pessoal consta de norma imperativa? Também nós não vemos razões para sustentar a imperatividade da regra. E, por isso, o contrato de sociedade poderá conter uma cláusula atribuindo a possibilidade de exercer o direito de consulta da escrituração, livros ou documentos através de representante[15]. No caso, porém, de representante legal ou orgânico nem sequer será necessária essa cláusula[16].

Ao remeter para o art. 576º do CCiv., o nº 3 vem permitir que sejam tiradas cópias, fotografias ou usados "outros meios destinados a obter a reprodução da coisa ou documento, desde que a reprodução se mostre necessária e se lhe não oponha motivo grave" (neste caso, alegado pela sociedade)[17].

6. O sócio pode inspecionar os bens sociais

Como vimos acima, o direito à informação em sentido lato decompõe-se também num direito de inspecionar os bens sociais. Ao remeter para os números anteriores, o nº 4 indica, designadamente, que:

a) os gerentes devem facultar essa inspeção;

b) a inspeção pode ser pedida para obter informações sobre atos já praticados ou sobre atos cuja prática seja esperada, quando estes sejam susceptíveis de fazerem incorrer o seu autor em responsabilidade, nos termos da lei;

c) no exercício do direito de inspeção, o sócio pode fazer-se assistir de um revisor oficial de contas ou de outro perito, e usar da faculdade reconhecida pelo art. 576º CCiv., que permite designadamente tirar fotografias.

---

[14] Chamando a atenção para isto mesmo, COUTINHO DE ABREU (2015), p. 237.
[15] É o que defendem RAÚL VENTURA (1989), p. 295, COUTINHO DE ABREU (2015), p. 237.
[16] MENEZES CORDEIRO (2007), p. 190, nt. 460.
[17] A remissão para o art. 576º do CCiv. não confere o direito de exigir à sociedade que esta entregue cópias dos documentos de que dispõe: Ac. RL de 02/10/2008, *RDS*, 2009, 2, p. 427 e ss. (para uma sociedade por quotas).

E poderá o sócio fazer-se representar no exercício do direito de inspeção? Tal como o direito de consulta pode ter lugar através de representante se o contrato de sociedade o previr, também o direito de inspecionar bens sociais através de representante pode resultar do contrato de sociedade[18].

7. A recusa do exercício dos direitos de informação, consulta e inspeção

O art. 181º, 6, permite que o sócio que veja recusado o exercício dos direitos de informação, consulta e inspeção, tal como regulados nos restantes números do artigo, requeira "inquérito judicial nos termos previstos no artigo 450º". A remissão é estranha, atendendo a que para as sociedades por quotas o art. 216º, 2, manda aplicar o disposto no art. 292º, 2 e ss.[19].

Mais uma vez, encontramos uma falta de articulação entre os regimes previstos para os diversos tipos de sociedades comerciais. É que o art. 181º não contém uma norma como a que lemos no art. 215º, 2. Este vem dispor sobre os casos em que existe uma recusa de informação que o sócio considere ilícita ou a prestação de informação "presumivelmente falsa, incompleta ou não elucidativa". Quando assim seja, o sócio pode "provocar" uma deliberação dos sócios. Justifica-se, porém, aplicar por analogia o art. 215º, 2, às sociedades em nome coletivo[20]. Sobretudo atendendo à responsabilidade que assumem os respetivos sócios, justificando um papel acentuado dos mesmos na vida da sociedade.

Se a recusa de informação é ilícita ou se tem lugar a prestação de informação falsa, incompleta ou não elucidativa, tal atuação pode implicar responsabilidade penal, nos termos dos arts. 518º e 519º. Para além disso, pode surgir fundamento para responsabilizar civilmente quem estava obrigado a dar a informação[21]. E, naturalmente, há que não esquecer a causa de anulabilidade das deliberações dos sócios prevista no art. 58º, 1, c)[22].

8. Informações em assembleia geral e fora de assembleia geral

Ao contrário do que vemos escrito no nº 7 do art. 214º, o art. 181º não esclarece se o direito à prestação de informações em assembleia geral está ou não sujeito ao disposto no art. 290º do CSC.

---

[18] COUTINHO DE ABREU (2015), p. 239, nt. 553.
[19] Sobre o inquérito judicial à sociedade, cfr. JOÃO LABAREDA (1999), p. 64, s., MENEZES CORDEIRO (2007), p. 682, s..
[20] COUTINHO DE ABREU (2015), p. 244. Remetemos por isso para o correspondente comentário.
[21] COUTINHO DE ABREU (2015), p. 245.
[22] Lembrando isso mesmo, COUTINHO DE ABREU (2015), p. 245.

Contudo, a questão parece ficar resolvida pelo art. 189º, 1[23]. Este, como já lembrámos antes, manda aplicar às deliberações dos sócios e à convocação e funcionamento das assembleias gerais o que está disposto para as sociedades por quotas "em tudo quanto a lei ou o contrato de sociedade não dispuserem diferentemente". Ora, a prestação de informações em assembleia geral é matéria que se integra claramente no funcionamento desta[24].

9. A utilização de informações de modo a prejudicar injustamente a sociedade ou outros sócios

Embora o CSC reconheça ao sócio de uma sociedade em nome coletivo um amplo direito à informação, procura também impedir que aquele sócio utilize essa informação de forma incorreta. Por isso, e de acordo com o disposto no art. 181º, 5, se o sócio utiliza a informação obtida "de modo a prejudicar injustamente a sociedade ou outros sócios", pode ser responsabilizado pelos prejuízos que causar a uma e a outros e fica sujeito a exclusão[25]. O prejuízo relevante é o que foi já causado, e não o apenas receado[26]. Por outro lado, o prejuízo pode ou não ser grave[27]. Além disso, interessa aqui tanto o prejuízo causado à sociedade como aos outros sócios. Mais estranha é a exigência de que o prejuízo causado seja injusto[28].

Não diz a lei se os gerentes de uma sociedade em nome coletivo podem recusar a prestação de informação, a consulta ou a inspeção "quando for de recear que o sócio as utilize para fins estranhos à sociedade e com prejuízo desta e, bem assim, quando a prestação ocasionar violação de segredo imposto por lei no interesse de terceiros" (art. 215º, 1). No entanto, a aplicação por analogia do art. 215º, 1, parece ser justificada[29]. Desde logo, por causa da responsabilidade assumida pelos sócios deste tipo de sociedades.

Quanto às informações pedidas em assembleia geral, tendo em conta o que se disse antes sobre a aplicabilidade do art. 290º (e portanto também do seu nº 2) às sociedades em nome coletivo, podem elas ser recusadas "se a sua presta-

---

[23] Invocando no mesmo sentido o art. 189º, 1, COUTINHO DE ABREU (2015), p. 236.
[24] Seguindo caminho diferente porque invoca o art. 2º do CSC, RAÚL VENTURA (1994), p. 252.
[25] Cfr., com redação idêntica, o art. 214º, 6.
[26] Cfr., nesse outro sentido, os arts. 215º, 1, e 291º, 4, a).
[27] Exigindo a gravidade do prejuízo, cfr. o art. 290º, 2.
[28] No mesmo sentido, cfr. o art. 291º, 6.
[29] COUTINHO DE ABREU (2015), p. 244. Remetemos o leitor para os comentários ao art. 215º.

ção puder ocasionar grave prejuízo à sociedade ou a outra sociedade com ela coligada ou violação de segredo imposto por lei".

E, como qualquer direito, o direito à informação não pode ser exercido abusivamente[30].

10. A posição do usufrutuário de parte social e do credor pignoratício

O art. 181º não esclarece se o direito à informação de que trata compete "também" ao usufrutuário quando a este, por lei ou convenção, couber o exercício do direito de voto, ao contrário do que ficou estabelecido no art. 214º, 8. E nada é dito no preceito aqui comentado quanto à posição do credor pignoratício, ao contrário do que acontece no art. 293º, pois neste último lê-se que o direito à informação compete também ao credor pignoratício de ações quando "por lei ou convenção" lhe caiba exercer o direito de voto.

Contudo, as partes sociais nas sociedades em nome coletivo podem ser objeto de usufruto e de penhor, nos termos do art. 23º[31]. Justifica-se, por isso, a aplicação por analogia das soluções consagradas nos arts. 214º, 8, e 293º.

---

[30] Cfr. DIOGO DRAGO (2009), p. 212, s.. Cfr. também o comentário ao art. 214º.
[31] Sobre a posição do usufrutuário de participações sociais e do credor pignoratício, cfr. o art. 23º do CSC e respectivos comentários.

ARTIGO 182º *
Transmissão entre vivos de parte social

1. A parte de um sócio só pode ser transmitida, por ato entre vivos, com o expresso consentimento dos restantes sócios.
2. A transmissão da parte de um sócio deve ser reduzida a escrito.
3. O disposto nos números anteriores aplica-se à constituição dos direitos reais de gozo sobre a parte do sócio.
4. A transmissão da parte do sócio torna-se eficaz para com a sociedade logo que lhe for comunicada por escrito ou por ela reconhecida expressa ou tacitamente.

* A redação do nº 2 foi dada pelo DL 76-A/2006, de 29 de março; a redação do nº 3 foi dada pelo DL 237/2001, de 30 de agosto.

Índice
1. A exigência de consentimento dos outros sócios para a transmissão entre vivos da parte de um sócio
2. A forma exigida
3. A constituição de direitos reais de gozo. O problema quanto aos direitos reais de garantia
4. A necessidade de comunicação ou reconhecimento

Bibliografia
a) Citada:
ABREU, COUTINHO DE – *Curso de direito comercial*, II, 5ª ed., Almedina, Coimbra, 2015; ANDRADE, MARGARIDA COSTA – "Artigo 23º", in COUTINHO DE ABREU (coord.), *Código das Sociedades Comerciais em Comentário*, vol. I, IDET/Almedina, Coimbra, 2010, p. 372--409; ASCENSÃO, OLIVEIRA – *Direito Comercial. IV. Sociedades Comerciais. Parte geral*, Lisboa, 2000; CORDEIRO, MENEZES – *Manual de Direito das Sociedades. I. Das sociedades em geral*, 2ª ed., Almedina, Coimbra, 2007, "Artigo 23º", in *Código das Sociedades Comerciais Anotado*, (coord. de Menezes Cordeiro), Almedina, Coimbra, 2009; FRADA, CARNEIRO DA – "Artigo 182º", in *Código das Sociedades Comerciais Anotado*, (coord. de Menezes Cordeiro), Almedina, Coimbra, 2011, p. 589-590; FURTADO, PINTO – *Código Comercial anotado. Volume II. Das sociedades em especial*, t. I, Almedina, Coimbra, 1986, *Código das Sociedades Comerciais anotado*, 5ª ed., Petrony, Lisboa, 2007; GONÇALVES, CUNHA – *Comentário ao Código Comercial Português*, Empreza Editora J.B., Lisboa, 1914; LIMA, PIRES DE/VARELA, ANTUNES – *Código Civil anotado*, vol. II, 3ª ed., Coimbra Editora, Coimbra, 1986; MAIA,

PEDRO – «Tipos de sociedades comerciais», *Estudos de direito das sociedades*, (coord. de Coutinho de Abreu) 12ª ed., Almedina, Coimbra, 2015, p. 13-39; MARTINS, ALEXANDRE DE SOVERAL – *Cláusulas do contrato de sociedade que limitam a transmissibilidade das acções*, Almedina, Coimbra, 2006; MATOS, ALBINO – *Constituição de sociedades*, 5ª ed., Almedina, Coimbra, 2001; VASCONCELOS, PEDRO PAIS DE – *A participação social nas sociedades comerciais*, 2ª ed., Almedina, Coimbra, 2006; VENTURA, RAÚL – *Novos estudos sobre sociedades anónimas e sociedades em nome colectivo*, Almedina, Coimbra, 1994.

b) Outra:
CAEIRO, ANTÓNIO – "O Projecto de Código das Sociedades. Parte Geral. Sociedade em nome colectivo", *RDE*, 10º/11º, 1984/1985, p. 53-86, *As sociedades de pessoas no Código das Sociedades Comerciais*, Separata do número especial do *BFD* – Estudos em Homenagem ao Prof. Doutor Eduardo Correia – 1984, Coimbra, 1988.

1. A exigência de consentimento dos outros sócios para a transmissão entre vivos da parte de um sócio

Nas sociedades em nome coletivo, a transmissão entre vivos das partes sociais só pode ter lugar com o consentimento *expresso* dos restantes sócios[1]. Esta exigência articula-se com outros aspetos do regime da sociedade em nome coletivo. Basta pensar na responsabilidade pessoal e solidária, embora subsidiária, assumida por todos os sócios, na atribuição, em princípio, de um voto a cada sócio, no reconhecimento da qualidade de gerente a todos os sócios, ou nos poderes iguais e independentes que cada gerente tem para administrar e representar a sociedade. Por último, acrescente-se a possibilidade de haver entradas em indústria, cuja importância pode justificar o regime de transmissão das partes sociais.

Atendendo ao exposto, facilmente se compreende por que razão é que a transmissão entre vivos das partes dos sócios necessita de consentimento expresso de todos os restantes sócios. Como a responsabilidade dos sócios por dívidas da sociedade é solidária, qualquer um dos sócios tem um claro e inequívoco interesse em que a lei lhe reconheça uma palavra a dizer acerca da pessoa que pretende adquirir uma parte social. Tanto mais que, em regra, esse novo

---

[1] Também o art. 161º do CCom. exigia a autorização de "todos os demais sócios" para a cessão da parte. Já o art. 995º, 1, CCiv. torna necessário o consentimento dos outros sócios para a cessão de quota a terceiro.

sócio poderá tornar-se gerente e, tendo poderes independentes para representar a sociedade, é possível que ele sozinho vincule a sociedade e assuma obrigações em nome desta. Como qualquer sócio tem interesse em poder dizer uma palavra quando um sócio quer "abandonar a nau".

Por tudo isso, tendemos para considerar que o consentimento dos restantes sócios exigido pelo art. 182º, 1, é um consentimento *individual* de cada um deles, e não um consentimento da sociedade[2]. Aliás, tal conclusão também se poderia extrair da comparação entre aquela norma e o art. 228º, 2, que, para a cessão de quotas, exige antes o consentimento da sociedade.

A exigência de consentimento abrange as transmissões entre vivos das partes sociais. Mas, como no art. 183º surge tratada a execução da parte social, a transmissão de que se ocupa o art. 182º deve ser a que ocorre *voluntariamente*[3], quer seja gratuita ou onerosa.

Ao contrário do que se encontra estabelecido no art. 228º, 2, nem mesmo a transmissão a favor de outro sócio, de cônjuge, ascendente ou descendente fica dispensada da exigência de consentimento.

Recusado o consentimento, a lei não indica expressamente o que pode fazer o sócio da sociedade em nome coletivo que pretendia transmitir a sua parte social. Não vemos previsto um regime como o que se encontra no art. 231º, 1, para a cessão de quotas não consentida, ou no art. 329º, 3, *c*), para a recusa de consentimento relativamente à transmissão de ações nominativas.

Contudo, como lembra Pedro Maia[4], o art. 185º, 1, *a*), prevê a possibilidade de *exoneração* "se não estiver fixada no contrato a duração da sociedade ou se esta tiver sido constituída por toda a vida de um sócio ou por período superior a 30 anos, desde que aquele que se exonerar seja sócio há, pelo menos, 10 anos". E, como é óbvio, os sócios que recusam o consentimento devem ponderar nas consequências dessa exoneração.

A transmissão não consentida será inválida? Ou será antes ineficaz? Infelizmente, a lei não o diz.

Para Raúl Ventura, deverá aplicar-se "o princípio consignado no art. 55º CSC", pelo que a transmissão não consentida por todos os sócios será "ineficaz não só para com o sócio cujo consentimento falta, mas para com todos"[5].

---

[2] Parece ser essa também a interpretação de RAÚL VENTURA (1994), p. 255.
[3] RAÚL VENTURA (1994), p. 254.
[4] PEDRO MAIA (2015), p. 21.
[5] RAÚL VENTURA (1994), p. 254.

Coutinho de Abreu tem posição ligeiramente diferente. Para este Professor, a falta de consentimento de qualquer um dos restantes sócios torna a transmissão ineficaz não apenas em relação a todos os sócios, mas também à sociedade[6]. O art. 55º é considerado diretamente aplicável quando o consentimento é prestado através de deliberação dos sócios e "analogicamente nos outros casos"[7].

Como o consentimento dos outros sócios é um *requisito externo* ao próprio acto, a melhor solução parece ser a de considerar que a sanção para a transmissão não consentida é a da ineficácia.

Ineficácia, antes de mais, *relativamente à própria sociedade*. Essa solução está expressamente prevista no art. 228º, 2, para a cessão de quotas não consentida. É certo que neste último caso está em causa o consentimento da sociedade, enquanto o art. 182º, 1, trata do consentimento dos outros sócios. Contudo, o art. 228º, 2, estabelece a consequência para a falta de um consentimento, e nessa medida julgamos que o preceito é aplicável por analogia à hipótese que nos preocupa agora. Além do mais, a exigência de consentimento de todos os outros sócios satisfaz interesses da própria sociedade em nome coletivo: *a entrada de um novo sócio pode afetar o crédito da sociedade*[8].

Mas a ineficácia é ainda *relativa a todos os sócios*: agora sim, por analogia com o disposto no art. 55º. Não parece possível a aplicação direta do preceito quando o consentimento é dado através de deliberação dos sócios, uma vez que na norma está apenas em causa a deliberação, não o ato de transmissão do que quer que seja. Além do mais, o nº 1 estabelece que a transmissão entre vivos "só pode" ser transmitida com o consentimento expresso dos restantes sócios.

O art. 182º também não esclarece se serão ou não admissíveis cláusulas do contrato de sociedade que *dispensem a exigência de consentimento* dos outros sócios para a transmissão entre vivos das partes sociais. Essa possibilidade surge prevista para as sociedades por quotas no art. 229º, 2.

---

[6] No mesmo sentido, MENEZES CORDEIRO (2007), p. 210, e CARNEIRO DA FRADA (2011), p. 590.
[7] COUTINHO DE ABREU (2015), p. 67, nt. 119. A falta da autorização exigida pelo art. 161º CCom. implicava, para CUNHA GONÇALVES (1914), p. 347, que a cessão não produzia efeitos "nem para com a sociedade ou os sócios, nem para com terceiros", e para PINTO FURTADO (1986), p. 115, determinava a ineficácia da cessão relativamente aos sócios. Quanto ao consentimento dos outros sócios exigido pelo art. 995º, 1, do CCiv., PIRES DE LIMA/ANTUNES VARELA (1986), p. 329, defendiam que a falta do mesmo tornava o negócio ineficaz em relação aos sócios que não deram o consentimento.
[8] Pelo menos "quando o cessionario fôr menos rico do que o cedente": CUNHA GONÇALVES (1914), p. 346.

No que diz respeito às sociedades em nome coletivo, parece-nos que não deve ser aceite igual solução[9]. Isto porque a exigência de consentimento dos outros sócios surge como verdadeiramente *configuradora do tipo social*. E a letra do preceito vai nesse sentido: "só pode".

Igualmente nada é dito no art. 182º acerca da licitude de cláusulas do contrato de sociedade que *proíbam* a transmissão entre vivos de partes sociais. A hipótese está, no entanto, prevista para as sociedades por quotas no art. 229º, 1, atribuindo-se então aos sócios um direito de exoneração "uma vez decorridos 10 anos sobre o seu ingresso na sociedade". Justifica-se aplicar esta solução por analogia às sociedades em nome coletivo, pois não conflitua com a configuração dada ao tipo[10].

2. A forma exigida

A versão originária do CSC tornava necessária a escritura pública para a transmissão entre vivos da parte social. Na redação dada pelo DL 237/2001, de 30 de agosto, o nº 2 já só exigia a escritura pública se a sociedade tivesse bens imóveis. Atualmente, basta a forma escrita para a realização da transmissão entre vivos da parte social em sociedade em nome coletivo[11]. Também aqui se fez sentir o movimento de desformalização.

O mencionado regime não seria muito grave se houvesse um controlo público de legalidade para se realizar o registo da transmissão. É certo que essa transmissão continua sujeita a registo[12] e que esse registo é obrigatório[13]. Contudo, tal registo, a que se aplica o disposto quanto ao registo de quotas[14], tem lugar

---

[9] ALBINO MATOS (2001), p. 175, admite as cláusulas de dispensa de consentimento e PAIS DE VASCONCELOS (2006), p. 228, considera que "o regime legal restritivo da transmissão entre vivos e por morte da participação social na sociedade em nome colectivo não é injuntivo e pode ser derrogado por cláusulas estatutárias que regulem de um modo mais permissivo quer a cessão entre vivos – cláusulas de cessão [...]". Já RAÚL VENTURA (1994), p. 256, entendia que "a cláusula de dispensa de consentimento não pode considerar-se válida perante o art. 182º, nº 1", no que é acompanhado por MENEZES CORDEIRO (2007), p. 209, e CARNEIRO DA FRADA (2011), p. 590. Tendo em conta o art. 161º CCom., PINTO FURTADO (1986), p. 161, admitia que o contrato de sociedade dispensasse a autorização.

[10] Considerando que "por maioria de razão, a cessão pode ser proibida nas sociedades em nome colectivo" e que "também por maioria de razão (porque a sujeição nestas sociedades é muito maior), é igualmente aplicável a segunda parte do art. 229/1: o sócio tem direito à exoneração, decorridos dez anos sobre o seu ingresso na sociedade", OLIVEIRA ASCENSÃO (2000), p. 366-367.

[11] Cfr. o art. 4º-A e respetivos comentários.

[12] Art. 3º, 1, *e*), CRCom..

[13] Art. 15º, 1, CRCom..

[14] Art. 188º-A CSC (cfr. os respetivos comentários).

por depósito[15], o que significa que não haverá então o controlo da legalidade previsto no art. 47º do CRCom..

3. A constituição de direitos reais de gozo. O problema quanto aos direitos reais de garantia

O nº 3 manda aplicar o disposto nos preceitos anteriores do art. 182º à constituição de *direitos reais de gozo* sobre a parte social. Essa constituição fica assim sujeita ao consentimento dos restantes sócios e à forma escrita.

Sucede, porém, que no art. 23º, 1, também surge dito o seguinte: "A constituição de usufruto sobre participações sociais, após o contrato de sociedade, está sujeita à forma exigida e às limitações estabelecidos [sic] para a transmissão destas". Só é assim "após o contrato de sociedade" porque *tal regime não tem sentido quando a constituição do usufruto tenha lugar no contrato de sociedade*[16]: não tem sentido, desde logo, porque a forma exigida para a constituição da sociedade é a prevista no art. 7º.

Impõe-se, por isso, uma *interpretação restritiva* do art. 182º, 3: o mesmo só vale para a constituição de usufruto que não tenha lugar no contrato de sociedade.

O art. 182º, 3, tem especial interesse porque dele também decorre que a lei considera que as partes sociais *podem ser objeto de direitos reais* (ou, pelo menos, como objeto de direitos reais de gozo[17]). Claro está, deverão ser direitos reais compatíveis com o objeto em causa.

Não deixa de ser estranho que no nº 3 apenas se faça menção à constituição de direitos reais de *gozo*. É que a parte social pode também ser objeto de *penhor*.

Na redação anterior às alterações introduzidas pelo DL 237/2001, de 30 de agosto, o nº 3 mandava aplicar o disposto nos nºs 1 e 2 não só à constituição de direitos reais de gozo sobre as partes sociais, como também à constituição de direitos reais de *garantia*. Porém, aquele DL 237/2001 veio eliminar a referência a estes últimos. Qual a razão para que isso tenha sucedido?

É simples. O DL 237/2001 alterou também o art. 182º, 2. Fê-lo passando a exigir a transmissão entre vivos de partes sociais por escritura pública (apenas) para os casos em que a sociedade tivesse bens imóveis. Mas, ao mesmo tempo,

---

[15] Art. 53º-A, 5, *a*), CRCom..
[16] Com tal entendimento, MENEZES CORDEIRO (2011), p. 148. Sobre o art. 23º, cfr. MARGARIDA COSTA ANDRADE (2010), p. 372-409.
[17] Mas o art. 269º, 4, admite a propriedade plena da quota e o art. 462º, 4, a propriedade plena da ação. O art. 3º, 1, *e*), do CRCom., também permite demonstrar, em conjunto com o art. 23º, 3, CSC, que a lei aceita a constituição de direitos reais de garantia sobre partes sociais de sociedades em nome coletivo. Para mais desenvolvimentos sobre a natureza jurídica da participação social e a natureza do direito do titular sobre a participação, ALEXANDRE DE SOVERAL MARTINS (2006), p. 81-97.

foi também alterado o art. 23º, 3, que ficou então com a seguinte redação: "O penhor de participações sociais só pode ser constituído dentro das limitações estabelecidas para a transmissão entre vivos de tais participações e deve constar de escrito particular".

Logo, o art. 182º, 3, não podia remeter para os nºs 1 e 2 quanto à constituição de direitos reais de garantia sobre as partes sociais. É que no art. 182º, 2, ainda se exigia, para certos casos, a escritura pública, enquanto pelo art. 23º, 3, o escrito particular bastava. A eliminação da referência aos direitos reais de garantia no art. 182º, 3, ficou a dever-se à necessidade de evitar uma óbvia contradição.

Atualmente, para o penhor de participações sociais estabelece o art. 23º, 3, que o mesmo "só pode ser constituído na forma exigida e dentro das limitações estabelecidas para a transmissão entre vivos de tais participações". E é esta a regra que vale também para as sociedades em nome coletivo[18].

Mas, hoje, para a transmissão de partes sociais nas sociedades em nome coletivo basta o mero escrito. E o art. 23º, 1, manda aplicar à constituição de usufruto sobre participações sociais ("após o contrato de sociedade") a forma exigida e as limitações estabelecidas para a respetiva transmissão. O que leva a perguntar pela necessidade de manter a redação vigente do art. 182º, 3.

4. A necessidade de comunicação ou reconhecimento

Para que a transmissão entre vivos da parte social seja eficaz perante a sociedade, não basta que seja consentida por todos os outros sócios. O nº 4 exige que aquela transmissão seja "comunicada por escrito à sociedade ou por ela reconhecida expressa ou tacitamente"[19]. Parece evidente que a comunicação só tornará a transmissão eficaz para com a sociedade *se aquela transmissão foi antes consentida* pelos outros sócios[20].

O art. 188º-A levanta aqui um problema. É que este preceito manda aplicar ao registo de partes sociais "o disposto quanto ao registo de quotas". Se assim é, então, de acordo com o art. 242º-A, a transmissão voluntária de partes sociais será ineficaz perante a sociedade "enquanto não for solicitada, quando necessária, a promoção do respetivo registo"[21]. Isto apesar de o art. 182º, 4, estabelecer que a transmissão será eficaz para com a sociedade "logo que" lhe

---

[18] Com opinião diferente, CARNEIRO DA FRADA (2011), p. 590.
[19] Cfr. o art. 4º-A e respectivo comentário.
[20] Assim também, RAÚL VENTURA (1994), p. 257.
[21] Cfr. o art. 188º-A e respetivos comentários.

seja comunicada. O elemento sistemático da interpretação obriga à leitura que preferimos.

Quanto à eficácia em relação a terceiros, lembre-se apenas que a transmissão de partes sociais de sociedades em nome coletivo está sujeita a registo[22], que é obrigatório[23]. Ora, de acordo com o art. 168º, 4, a sociedade não pode opor a terceiros atos sujeitos a registo que não devam ser obrigatoriamente publicados enquanto o registo não for efetuado[24].

---

[22] Art. 3º, 1, *e*), CRCom..
[23] Art. 15º, 1, CRCom..
[24] Art. 14º, 1, CRCom..

ARTIGO 183º
Execução sobre a parte do sócio

1. O credor do sócio não pode executar a parte deste na sociedade, mas apenas o direito aos lucros e à quota de liquidação.
2. Efetuada a penhora dos direitos referidos no número anterior, o credor, nos quinze dias seguintes à notificação desse facto, pode requerer que a sociedade seja notificada para, em prazo razoável, não excedente a 180 dias, proceder à liquidação da parte.
3. Se a sociedade demonstrar que o sócio devedor possui outros bens suficientes para a satisfação da dívida exequenda, a execução continuará sobre esses bens.
4. Se a sociedade provar que a parte do sócio não pode ser liquidada, por força do disposto no artigo 188º, prosseguirá a execução sobre o direito aos lucros e à quota de liquidação, mas o credor pode requerer que a sociedade seja dissolvida.
5. Na venda ou adjudicação dos direitos referidos no número anterior gozam do direito de preferência os outros sócios e, quando mais de um o desejar exercer, ser-lhe-ão atribuídos na proporção do valor das respetivas partes sociais.

Índice:
1. Nótula histórica.
2. Impossibilidade de o credor do sócio executar a participação social do sócio; razão de ser da proibição
3. A penhorabilidade subsidiária da quota de liquidação e do direito aos lucros
4. Outras vias possíveis: o pagamento da sociedade ao credor do sócio; a dissolução da sociedade em nome coletivo
5. Trâmite da penhora e transmissão do direito aos lucros e da quota de liquidação

Bibliografia
a) Citada:
ABREU, JORGE MANUEL COUTINHO DE – *Curso de direito comercial*, vol. II, *Das Sociedades Comerciais*, 5ª edição, Almedina, Coimbra, 2015, "Artigo 53º" – em ABREU, JORGE COUTINHO DE (coord.), *Código das Sociedades Comerciais em comentário*, Vol. I, Almedina, Coimbra, 2010, p. 636-641; ADRIANO ANTHERO – *Comentário ao Código Commercial Portuguez*, vol. I, Typographia "Artes & Letras", Porto, 1913; LOPES-CARDOSO, EURICO – *Manual da acção executiva*, 3ª ed., reimp., Almedina, Coimbra, 1992; CASTRO, ARTUR ANSELMO DE – *A acção executiva singular comum e especial*, 2ª ed., Almedina, Coimbra, 1973; CORDEIRO, ANTÓNIO MENEZES – *Direito das sociedades*, Vol. I, *Parte geral*, 3ª ed., ampliada e actualizada, Almedina, Coimbra, 2011; CUNHA, CAROLINA – "A exclusão de sócios (Em particular nas sociedades por quotas)", *Problemas de direito das sociedades*, IDET, Almedina, Coimbra,

2002, p. 201 s.; DOMINGUES, PAULO DE TARSO – "Artigo 25º", em ABREU, JORGE MANUEL COUTINHO DE (coord.), *Código das Sociedades Comerciais em Comentário*, vol. I, Almedina, Coimbra, 2010, p. 423 -440; GALGANO, FRANCESCO – *Diritto civile e commerciale*, 3ª ed., vol. III, Tomo I, Cedam, Padova, 1999; FRADA, ANTÓNIO CARNEIRO DA – "Artigo 183º", em MENEZES CORDEIRO, ANTÓNIO (coord.), *Código das Sociedades Comerciais anotado*, Almedina, Coimbra, 2009, p. 524-525; FREITAS, JOSÉ LEBRE DE – *A acção executiva à luz do código de processo civil de 2013*, 6ª ed., Coimbra Editora, Coimbra, 2014; GRALHEIRO, JOÃO C. – "Da usucapião das quotas sociais", ROA, 1999, p. 1141 s.; LEITÃO, LUÍS MANUEL TELES DE MENESES – *Pressupostos da exclusão de sócio nas sociedades comerciais*, Associação Académica da Faculdade de Direito da Universidade de Lisboa, Lisboa, 1989; MAIA, PEDRO – "Deliberações sociais", em ABREU, JORGE MANUEL COUTINHO DE (coord.), *Estudos de direito das sociedades*, 10ª ed., Almedina, Coimbra, 2010, p. 261-301; MARQUES, J. P. REMÉDIO – *Curso de processo executivo comum à face do código revisto*, Almedina, Coimbra, 2000; NUNES, ANTÓNIO AVELÃS – *O direito de exclusão dos sócios nas sociedades comerciais*, Coimbra, 1968, reimp., Almedina, Coimbra, 2002; PINTO, RUI – "Penhora e alienação de outros direitos – Execução especializada sobre créditos e execução sobre direitos não creditícios na reforma da acção executiva", *Themis, Revista da Faculdade de Direito da Universidade Nova de Lisboa*, ano IV, 2003, nº 7, p. 133 s.; REIS, JOSÉ ALBERTO DOS – *Processo de execução*, vol. I, 3ª ed., reimpressão, Coimbra Editora, Coimbra, 1985, *Processo de execução*, vol. II, Coimbra Editora, Coimbra, 1954; SÁ, FERNANDO OLIVEIRA E – "A transformação de créditos em capital e o problema das entradas em espécie ocultas", *Nos 20 Anos do Código das Sociedades Comerciais, Homenagem aos Profs. Doutores Ferrer Correia, Orlando de Carvalho e Vasco Lobo Xavier*, Vol. II, *Vária*, Coimbra Editora, Coimbra, 2007, p. 671 s.; SERRA, ADRIANO VAZ – "Realização coactiva da prestação", BMJ, nº 73; SOUSA, MIGUEL TEIXEIRA DE – *Acção executiva singular*, Lex, Lisboa, 1998; VENTURA, RAÚL – *Novos estudos sobre sociedades anónimas e sociedades em nome colectivo*, Almedina, Coimbra, 1994.

b) Outra:
DOMINGUES, PAULO DE TARSO – "O regime das entradas dos sócios com créditos", *Nos 20 anos do Código das Sociedades Comerciais, Homenagem aos Profs. Doutores A. Ferrer Correia, Orlando de Carvalho e Vasco Lobo Xavier*, Vol. I, *Congresso empresas e sociedades*, Coimbra Editora, Coimbra, 2007, p. 785 s..

1. Nótula histórica
No domínio do CCom. (ou seja, neste particular, desde 1888 até 1986), sustentava-se, maioritariamente, que os credores particulares do sócio de SENC

não podiam penhorar a *parte do sócio nesta sociedade*, estando apenas autorizados a penhorar o *direito do sócio à parte dos lucros que lhe fossem atribuídos*, bem como o direito à respectiva *quota de liquidação*; mas, quanto ao exercício deste último direito, deveriam aguardar a dissolução da sociedade[1].

De facto, o artigo 161º do CCom. determinava que *"para que um sócio possa ceder a outrem a sua parte na sociedade em nome collectivo, é necessário que todos os demais sócios o auctorizem a isso"*.

Uma vez que a penhora é um acto (preparatório) conducente à venda ou à adjudicação executiva, entendia-se, já então[2], que não podiam ser penhorados os bens que, relativa ou absolutamente, não pudessem ser transmitidos[3].

O art. 129º do CCom. oferecia, então, aos credores particulares deste sócio o *direito de oposição à prorrogação do prazo de duração da sociedade*[4], se essa prorrogação fosse decidida ao abrigo do art. 128º do mesmo Código.

Consumada a oposição à prorrogação do prazo da SENC contra a vontade do credor particular do sócio – oposição, esta, deduzida em tribunal, e não através de mera notificação à SENC –, poderia, apesar disso, ser evitada a dissolução da sociedade se o sócio executado se dispusesse a sair voluntariamente[5]. Caso contrário, a sociedade podia deliberar a exclusão desse sócio devedor, por maioria dos sócios que representassem dois terços do capital social[6].

---

[1] Já ADRIANO ANTHERO (1913), p. 233-234. O Ac. STJ, de 8/07/1947, BMJ, nº 2, p. 207, autorizou a penhora de quota de parte de sócio de SENC, em execução movida por credor particular de sócio, com base na ideia de que o art. 822º, nº 5, do CPC de 1939 não se aplicava ou não atingia a parte de sócio de sociedade em nome coletivo. Este art. 822º, 5, excetuava da penhora os *bens ou direitos que a lei declarasse inalienáveis*, correspondendo ao regime do atual art. 736º, *a)*, do CPC, o qual determina a *impenhorabilidade absoluta* dos *bens inalienáveis*.
[2] Veremos, adiante, a propósito da penhora de *quota de sócio em SQ*, que, pelo contrário, essa penhora (ou a apreensão para a massa da insolvência) não pode ser impedida ou limitada, por também não poder ser impedida ou limitada a subsequente transmissão desse direito (e posição contratual) em ação executiva ou em outro processo de liquidação de patrimónios (insolvência, inventário). Isto apesar de a transmissão *voluntária* dessa mesma quota já poder ser impedida ou limitada.
[3] ALBERTO DOS REIS (1985), p. 345-346, pois o A. entendia que a penhora não poderia "recair sobre bens ou direitos cuja transmissão, por meio de venda ou de adjudicação, está vedada em absoluto ou depende de condições que não se verificam no momento".
[4] O art. 114º, § 4, do CCom. exigia que do contrato de sociedade constasse a duração da sociedade.
[5] AVELÃS NUNES (1968), p. 118-119.
[6] AVELÃS NUNES (1968), p. 119-120, e nt. 37 (ainda que a sociedade tivesse apenas dois sócios; a decisão era pedida e proferida pelo tribunal, continuando a sociedade com um sócio, embora ficando em condições para ser dissolvida judicialmente, a requerimento de qualquer interessado); contra RAÚL VENTURA (1999), p. 226.

2. Impossibilidade de o credor do sócio executar a participação social do sócio devedor; razão de ser da proibição

O *credor particular do sócio* está impedido de executar a participação social do seu devedor – tanto por ocasião de ação executiva, quanto nos processos de insolvência –, atenta a natureza *intuitus personae* em que se alicerça este tipo de sociedades[7]. Isto, apesar de as participações sociais serem *objeto de direitos*, e de *direitos reais* (art. 140º do CSC) – podendo, inclusivamente, falar-se de um *direito de propriedade sobre as participações sociais*[8], embora, quanto a nós, sempre sujeito a um regime especial relativamente à propriedade sobre as *coisas corpóreas* –; o CSC fá-las, porém, exorbitar do objeto da *penhora, et, pour cause*, da subsequente transmissão na ação executiva[9]. Quem, na execução, vier a adquirir o direito aos lucros e/ou à quota de liquidação não pode interferir na vida da SENC.

A lei atribui apenas a este *credor do sócio* a faculdade de executar o *direito aos lucros* e à *quota de liquidação*. Se assim não fosse, um estranho a esta sociedade de pessoas poderia tornar-se sócio e, *uno actu*, integrar a gerência, já que o nº 1 do art. 191º do CSC determina que, salvo estipulação em contrário, "são gerentes todos os sócios, quer tenham constituído a sociedade, *quer tenham adquirido essa qualidade posteriormente*" – o itálico é nosso –, dispondo nessa gerência de poderes iguais e independentes para administrar e representar a sociedade. De modo completamente diverso, no art. 239º do CSC, o objeto da penhora é a quota da SQ, provida dos seus direitos, patrimoniais e não patrimoniais[10]. Nas SENC visa-se impedir que os sócios se vejam forçados a aceitar um novo sócio adquirente da parte social, por venda executiva, remição ou adjudicação.

Note-se, ainda, que os credores do sócio da SENC não podem penhorar diretamente os bens com que o sócio entrara para esta sociedade.

O *dever de colaboração* e de *lealdade* é, como se sabe, mais intenso neste tipo de sociedades[11]. Ademais, a admissibilidade da penhora da parte social aumentaria o risco da insolvência da sociedade, já que haveria também um maior risco

---

[7] Já AVELÃS NUNES (1968), p. 131.
[8] COUTINHO DE ABREU (2009), p. 348; JOÃO GRALHEIRO (1999), p. 1141, s..
[9] De igual sorte, se as partes sociais das SENC não podem ser objeto de *penhora*, por maioria de razão também não podem ser objeto de *arresto*, visto que jamais esse *arresto* se poderia converter em *penhora* (art. 762º do CPC), no caso de haver necessidade de fazer operar efetivamente a *responsabilidade patrimonial do sócio* devedor requerido (art. 735º, 1, do CPC), pois, como vimos, o legislador não as faz responder pelas dívidas exequendas dos sócios.
[10] RAÚL VENTURA (1994), p. 259.
[11] CAROLINA CUNHA (2002), p. 209.

de esse credor do sócio, ao tornar-se sócio, não cumprir a sua obrigação de pagamento das dívidas sociais.

Este regime jurídico está em consonância com a *indisponibilidade subjetiva* de coisas ou *direitos inalienáveis* que pode atingir a faculdade de requerer e efetuar a penhora dessas coisas ou direitos.

Dado que o art. 182º, 1, do CSC, estipula que "a parte de um sócio somente pode ser transmitida, por ato entre vivos, com o expresso consentimento dos restantes sócios", surpreendemos aqui uma *limitação intrínseca ao poder de disposição prevista no interesse da pessoa legitimada para conceder a autorização ou o consentimento* (*in casu*, a pessoa dos restantes sócios), uma vez que a transmissão (voluntária ou coerciva) de partes sociais implica uma transmissão de direitos e de deveres; cura-se de uma limitação não dependente ou não inserida num esquema de cumprimento contratual, já que os direitos do sócio devedor, pese embora tenham como referência o pacto social, dele se destacam nas relações duradouras de que podem nascer obrigações pecuniárias, as quais *abstraem do pacto constitutivo* da sociedade[12].

Todavia, nas *sociedades de* pessoas[13] – como são as sociedades em nome coletivo –, o legislador optou por impedir a alienação (*et*, *pour cause*, a *penhora* ou a *apreensão* da parte deste sócio para a *massa da insolvência*), pois, uma vez realizadas as entradas contratualmente estipuladas, os deveres dos sócios não se esbatem num ponto nodal: nestas sociedades mantém-se a *responsabilidade pessoal do sócio pelas obrigações sociais contraídas*.

Sendo assim, a identidade da pessoa do sócio nunca é indiferente. Como se afirmou, a transmissão forçada da parte social do sócio devedor para o terceiro importaria a assunção, por este, de importantes deveres de prestar e de responsabilidades patrimoniais, independentemente do consentimento da sociedade ou dos restantes sócios.

Tanto assim vale dizer que este credor do sócio pode desencadear a exclusão do sócio seu devedor, pois pode exigir que a participação social na sociedade em nome coletivo seja liquidada para a satisfação dos seus créditos.

---

[12] LEBRE DE FREITAS (2014), p. 239-240.
[13] Ou seja, para as sociedades civis (art. 999º, 1, do CCiv.), sociedades em comandita simples (sociedades em comandita por ações: embora, neste caso, a lei admita erroneamente a penhora da posição de sócio: art. 478º do CSC, já que a posição dos sócios é em tudo idêntica à do sócio comanditado da sociedade em comandita simples) e para as sociedades em nome coletivo.

O *credor do sócio* está, no entanto, impedido de se tornar sócio, já que a SENC está livre de proibir a entrada daquele credor[14], liquidando a parte social do seu sócio devedor.

Com esta liquidação, a parte deste sócio extingue-se e o credor do sócio é pago pela contrapartida do valor dessa parte.

A extinção desta parte social do sócio executado será normalmente acompanhada da correspondente *redução do capital social* da SENC; caso contrário, caberá aos gerentes outorgar o documento de alteração do contrato de sociedade (art. 187º, 1, do CSC).

Em alternativa, é lícito criar uma ou mais partes sociais com o mesmo valor da parte extinta por motivo da execução contra o sócio. Esta(s) parte(s) será(ão) transmitida(s) aos sócios ou a terceiros, contanto que assim esteja estipulado no contrato de sociedade ou os sócios o deliberem *por unanimidade*[15].

3. A penhorabilidade subsidiária da quota de liquidação e do direito aos lucros

A liquidação da parte social deste sócio devedor deve-se à circunstância de se haver constatado a *insuficiência* de outros bens na esfera jurídica patrimonial do

---

[14] Embora a hipótese seja, no mínimo, insólita, nada obsta, porém, que, nos limites previstos no art. 6.º do CSC, o *credor do sócio* possa ser admitido na sociedade em nome coletivo como novo sócio, mediante *deliberação unânime* (art. 194º, 2, CSC), constituindo a sua entrada uma *dação em pagamento* da obrigação exequenda desse sócio.

Não se esqueça, igualmente, que as *obrigações podem ser cumpridas por terceiro*, não podendo o credor recusar a prestação, exceto quando se tenha acordado expressamente em que esta deve ser efectuada pelo devedor, ou quando a substituição o prejudique (art. 767º, 2, do CCiv.). Outra possibilidade consiste em o *credor do sócio* realizar a sua entrada (p. ex., num aumento de capital) com o crédito de que seja titular sobre esse sócio, mediante a *cessão desse crédito à sociedade em nome coletivo*, ficando tal entrada sujeita ao regime das *entradas em espécie*, devendo tal crédito ser sujeito a uma avaliação por parte de um revisor oficial de contas, pois o valor de mercado do crédito (sobre o sócio) pode não corresponder ao valor nominal – cfr., sobre as entradas com créditos, PAULO DE TARSO DOMINGUES (2010), p. 434-435; OLIVEIRA E SÁ (2007), p. 674-676. O novo sócio já não poderá, doravante, executar o sócio devedor por aquele crédito, ficando a sociedade liberta da obrigação de liquidar a parte do sócio devedor. E este novo sócio da sociedade em nome coletivo não ficará economicamente beneficiado, visto que o valor da sua participação corresponde efetivamente ao valor que realizou.

[15] Aliás, esta eventualidade poderá, desde logo, achar-se prevista no contrato de sociedade: extinguindo-se uma parte social, sem a correspondente redução do capital, serão criadas uma ou mais partes, cujo valor nominal total seja igual ao valor da parte extinta, a fim de ser imediatamente transmitida aos sócios remanescentes ou a terceiros.

sócio devedor[16] para satisfazer a obrigação exequenda[17], uma vez que o *direito aos lucros* e à *quota de liquidação* são sempre bens *subsidiariamente penhoráveis*.

Mas é a sociedade em nome coletivo que, como *terceira atingida pela execução movida contra o seu sócio*, deverá indicar os bens do sócio devedor suficientes para a satisfação da obrigação exequenda[18], não tendo que, para o efeito, deduzir *embargos de terceiro*[19]. O que não obsta a que o próprio sócio devedor, em sede de incidente (declarativo) de *oposição à penhora* (art. 784º, 1, *b*), do CPC), requeira o *levantamento da penhora* sobre esses direitos, alegando que é titular de outros suficientes para a satisfação da obrigação exequenda.

De todo o modo, o sócio executado deverá requerer a substituição dos direitos penhorados por outros bens suficientes para assegurar os fins da execução. Se, neste caso, o exequente, notificado pelo agente de execução, se opuser à substituição destes direitos penhorados, o agente de execução deverá remeter o requerimento de substituição e a oposição do exequente ao juiz, para decisão (art. 751º, 3, *a)*, e nº 5, do CPC).

4. Outras vias possíveis: o pagamento da sociedade ao credor do sócio; a dissolução da sociedade em nome coletivo

Mas a sociedade não está necessariamente obrigada a deliberar sobre a oportunidade de exclusão do seu sócio, já que parece poder atribuir-se-lhe a faculdade de evitar a liquidação da participação social se pagar ao credor particular a parte do débito não coberta pelos restantes bens do sócio devedor.

---

[16] Não se faz necessário aguardar a venda destes bens para efectuar a penhora do direito aos lucros e à quota de liquidação. Basta que, após a penhora de outros bens do sócio devedor, o agente de execução constate que, em função do valor que lhes seja atribuído no *auto de penhora* (art. 766º, 1, do CPC, aplicável à penhora de direitos por força do art. 783º do mesmo Código), tais bens são insuficientes para satisfazer a obrigação exequenda.

[17] Parece-nos claro que, como referimos na nota anterior, não é necessário aguardar a alienação dos bens penhorados do sócio devedor, a fim de se poder proceder à *penhora da quota de liquidação* e do *direito aos lucros*: será suficiente, por ocasião da penhora dos restantes bens do sócio devedor, que agente de execução forme a convicção acerca da falta ou insuficiência destes outros bens do sócio devedor – atenta a *avaliação* que, no acto de penhora, esses bens são objecto (art. 766º, 2, do CPC aplicável à penhora de direitos por força da remissão prevista no art. 783.º do mesmo Código).

[18] Já que estamos perante uma situação (entre muitas outras) de *penhorabilidade subsidiária* de um bens ou de um património.

[19] Crê-se que esta pretensão de a sociedade não ver atingidos pela penhora o direito aos lucros e à quota de liquidação deverá ser deduzida no quadro de um *incidente de natureza declarativa*, que não poderá ser o *incidente de oposição à penhora*, visto que a sociedade não é executada, isto é, não é parte passiva (parte passiva é, isso sim, o seu sócio).

Seja como for, a SENC, uma vez notificada nos termos do n.º 2 do artigo em comentário pode *proceder à liquidação da parte social*, tal como fora requerido pelo credor exequente; *demonstrar que o sócio possui outros bens suficientes* para a satisfação da obrigação exequenda, continuando a ação executiva sobre tais bens; *demonstrar que a parte do sócio é insuscetível de ser liquidada*, por insuficiência de reservas livres (art. 188.º do CSC), eventualidade, esta, em que o credor exequente está livre de requerer a dissolução da SENC[20].

O credor do sócio[21] pode, com efeito, pedir a *dissolução da sociedade* se esta demonstrar que a liquidação da parte social deste sócio torna a situação líquida da sociedade inferior ao montante do capital (art. 183.º, 4, do CSC)[22]. Mas esta dissolução já não parece poder ser processada por *apenso à ação executiva*[23]: hoje, tanto a dissolução da SENC, quanto a sua subsequente liquidação devem ser tramitadas por *via administrativa* junto das Conservatórias.

Também parece que esta sociedade pode, nestes casos, *deliberar a sua própria dissolução*, aí onde o credor particular do sócio terá que aguardar pela *liquidação total*[24]. Isto, no pressuposto de que, estando *já penhorada* (ou apreendida para a massa da insolvência) a quota de liquidação (ou o direito aos lucros desse sócio), os direitos inerentes a essa parte social devem ser exercidos pelo sócio com a intervenção do exequente (ou do administrador da massa da insolvência), ou com o seu consentimento. Pois, doutro modo, a *deliberação de dissolução*, em que o executado tenha tido intervenção e a ulterior liquidação da sociedade, parecem ser *ineficazes* ou *inoponíveis* (art. 819.º do CCiv.) relativamente ao tribunal e ao exequente (ou aos eventuais credores reclamantes), não devendo ser admitida, sem mais, a *sub-rogação real direta* da quota de liquidação nos bens que vierem a caber ao executado (ex-sócio devedor)[25].

---

[20] RAÚL VENTURA (1994), p. 260.
[21] Que não tem que ser, necessariamente, o exequente: deve conceber-se que um outro *credor reclamante* provido de garantia real (*maxime*, penhor ou consignação de rendimentos) sobre o direito aos lucros ou à quota de liquidação, e cujo crédito tenha sido admitido e reconhecido (mesmo que este reconhecimento seja logo efetuado no despacho saneador da ação declarativa apensada à execução, destinada a verificar e a graduar os créditos reclamados: art. 791.º, n.ºs 1 e 2, do CPC), peticione, na ação executiva, a dissolução da SENC.
[22] Cfr. GALGANO (1999), p. 383.
[23] Como defendia RAÚL VENTURA (1994), p.261.
[24] AVELÃS NUNES (1968), p. 116-117.
[25] VAZ SERRA (1961), p. 299-300; LEBRE DE FREITAS (2014), p. 306, nt. 13; TEIXEIRA DE SOUSA (1998), p. 246; mitigadamente, ANSELMO DE CASTRO (1973), p. 159-160. Contra, no regime anterior à reforma da ação executiva de 2003, ALBERTO DOS REIS (1954), p. 225; LOPES CARDOSO, (1992), p. 407; REMÉDIO MARQUES (2000), p. 215-217 (com base na ideia de que o art. 819.º do CCiv. apenas se refere à *ineficácia*

Não se esqueça, ainda, que tal deliberação de dissolução deve ser aprovada por *unanimidade*, exceto se o contrato autorizar a deliberação por maioria qualificada de três quartos dos votos de todos os sócios.

Ocorre, no mais, a possibilidade de o sócio executado poder permanecer como *sócio de indústria*[26].

5. Trâmite da penhora e transmissão do direito aos lucros e da quota de liquidação

A *penhora do direito aos lucros*, ou bem que é uma *penhora de créditos futuros* – se a SENC, no momento desta, ainda não deliberou[27] distribuir os lucros anuais de acordo com o balanço –, ou bem que se manifesta como uma *penhora de créditos atuais*, se a SENC já deliberou distribuí-los. Neste último caso, são *inoponíveis* à execução (*id est*, são *inoponíveis* ao tribunal, ao exequente ou a eventuais credores reclamantes) quaisquer deliberações *posteriores* que revoguem, total ou parcialmente – direta ou indiretamente – a deliberação que decidira distribuir os lucros aos sócios (art. 820º do CCiv.[28]-[29]).

Efetuada a penhora do direito aos lucros e à quota de liquidação, a sociedade será *notificada* pelo agente de execução – o que traduz a solução do art. 781º, nº 1, do CPC –, a fim de proceder à liquidação da parte, no *prazo máximo de seis meses*. A liquidação é realizada nos termos do artigo 1021º do CCiv., *ex vi* do art. 188º, 2, do CSC.

---

dos atos de *disposição* ou *oneração* dos bens penhorados – e agora também o *arrendamento* dos bens penhorados –, sendo que a liquidação efetuada por mera *partilha* dos bens da sociedade não constitui, nesta hipótese, um *ato de disposição* do direito penhorado, mas, pelo contrário, *concretiza* esse direito em bens concretos e determinados: cfr. os arts. 147º, 148º, 156º e 159º do CSC).

[26] Tb. CARNEIRO DA FRADA (2009), p. 525.

[27] As deliberações dos sócios providas de *substância jurídica* (que não os meros votos de pesar ou de louvor) devem ser vistas como *atos jurídicos negociais* (da sociedade e não dos seus sócios) constituídos por uma ou mais declarações de vontade, tendo em vista a produção de efeitos jurídicos (extintivos, constitutivos, modificativos), às quais é aplicável o regime do negócio jurídico previsto no CCiv., com as especialidades constantes dos arts. 55º a 62º do CSC – por todos, cfr. COUTINHO DE ABREU (2010), p. 638, s.; PEDRO MAIA (2010), p. 263-264; MENEZES CORDEIRO (2011), p. 741-743.

[28] A vontade do *devedor do sócio* executado (bem como a do próprio sócio traduzida na formação da deliberação) são aqui determinantes na extinção do crédito penhorado, motivo por que a sanção prescrita no art. 820º do CCiv. é a *inoponibilidade* de tais deliberações perante o tribunal.

[29] Se a deliberação pela qual se procede à *suspensão* ou à *limitação* da distribuição de lucros aos sócios da SENC for *anterior* à penhora do direito aos lucros, o credor particular do sócio apenas poderá reagir mediante a demonstração das circunstâncias subjacentes a uma *ação pauliana* (art. 610º s. do CCiv.) – em sentido próximo, AVELÃS NUNES (1968), p. 116-117, nt. 31 – ou mediante a declaração de *nulidade* dessa deliberação destinada a suprimir ou a modificar unilateralmente direitos de terceiro (art. 56º, 1, *d*), do CSC): nestes casos haverá, provavelmente, uma deliberação ferida de *simulação* – cfr., para estes (e outros) exemplos de deliberações nulas, COUTINHO DE ABREU (2010), p. 663-664.

Esta *penhora da quota de liquidação* deve ser encarada, para efeitos estritamente executivos, como *penhora de um quinhão sobre um património indiviso*[30].

Isto significa que a penhora realiza-se mediante *notificação* aos restantes sócios do executado, nos termos do nº 1 do art. 781º do CPC[31]. Por isso, se diz, no nº 2 do art. 183º do CSC, que o exequente pode requerer que a sociedade seja notificada para proceder à liquidação de parte. Melhor seria que – acaso fosse vulgar e normal a constituição destas sociedades de responsabilidade ilimitada – a SENC fosse imediatamente notificada da penhora.

Seja como for, deve entender-se que a penhora tem-se por realizada "desde a data da primeira notificação" (art. 781º, 1, *in fine*, do CPC)[32], o que permite *antecipar* a produção dos efeitos da penhora para um momento anterior à notificação de *todos* os interessados (incluindo a SENC).

Esta SENC, note-se, *não se torna parte passiva* na execução: este ente constitui apenas um *terceiro que é atingido pela execução*, devendo cumprir um conjunto de deveres de prestar para com o tribunal, na pessoa do *agente de execução*.

O pagamento do *valor da liquidação*[33] deve assim ser feito dentro do prazo de seis meses, a contar do dia em que tiver ocorrido ou produzido efeitos o facto determinante da liquidação (art. 1021º, 3, do CCiv., *ex vi* do art. 188º, 2, do CSC), o qual consiste, no caso, na *notificação da sociedade* por parte do agente de execução.

Na venda ou adjudicação judiciais do direito aos lucros e à quota de liquidação, os outros sócios gozam do *direito de preferência*, o qual deverá ser respeitado na venda executiva (art. 823º do CPC), independentemente da modalidade que seja utilizada, sob pena de essa venda ou adjudicação ficarem *sem efeito* (art. 839º, 2, do CPC).

Se mais do que um dos restantes sócios desejar exercer preferência, tais direitos ser-lhe-ão atribuídos na proporção do valor das respetivas partes sociais.

---

[30] TEIXEIRA DE SOUSA (1998), p. 277; RUI PINTO (2003), p. 156.
[31] Sujeitos que deverão ter sido identificados pelo exequente no requerimento executivo (art. 810º, 5, *d)*, do CPC).
[32] Tb. RUI PINTO (2003), p. 155.
[33] Este valor será o *valor real* da participação social. Vale dizer: o valor apurado em função do património líquido da sociedade na data da notificação da sociedade da penhora da quota de liquidação. Neste sentido, COUTINHO DE ABREU (2015), p. 414, podendo, eventualmente, ser computado o valor do *aviamento da empresa* – neste último sentido, AVELÃS NUNES (1968), p. 328, s.

ARTIGO 184º *
Falecimento de um sócio

1. Ocorrendo o falecimento de um sócio, se o contrato de sociedade nada estipular em contrário, os restantes sócios ou a sociedade devem satisfazer ao sucessor a quem couberem os direitos do falecido o respetivo valor, a não ser que optem pela dissolução da sociedade e o comuniquem ao sucessor, dentro de 90 dias a contar da data em que tomaram conhecimento daquele facto.

2. Os sócios sobrevivos podem também continuar a sociedade com o sucessor do falecido, se ele prestar para tanto o seu expresso consentimento, o qual não pode ser dispensado no contrato de sociedade.

3. Sendo vários os sucessores da parte do falecido, podem livremente dividi-la entre si ou encabeçá-la nalgum ou nalguns deles.

4. Se algum dos sucessores da parte do falecido for incapaz para assumir a qualidade de sócio, podem os restantes sócios deliberar, nos 90 dias seguintes ao conhecimento do facto, a transformação da sociedade, de modo que o incapaz se torne sócio de responsabilidade limitada.

5. Na falta da deliberação prevista no número anterior os restantes sócios devem tomar nova deliberação nos 90 dias seguintes, optando entre a dissolução da sociedade e a liquidação da parte do sócio falecido.

6. Se os sócios não tomarem nenhuma das deliberações previstas no número anterior, deve o representante do incapaz requerer judicialmente a exoneração do seu representado ou, se esta não for legalmente possível, a dissolução da sociedade por via administrativa.

7. Dissolvida a sociedade ou devendo a parte do sócio falecido ser liquidada, entende-se que a partir da data da morte do sócio se extinguem todos os direitos e obrigações inerentes à parte social, operando-se a sucessão apenas quanto ao direito ao produto de liquidação da referida parte, reportado àquela data e determinado nos termos previstos no artigo 1021.º do Código Civil.

8. O disposto neste artigo é aplicável ao caso de a parte do sócio falecido compor a meação do seu cônjuge.

* A redação do n.º 6 foi introduzida pelo art. 2º do DL 76-A/2006, de 29 de março.

Índice
1. Nótula histórica
2. O regime jurídico supletivo
3. O regime convencionado

4. Continuação da sociedade com os sucessores do falecido
5. Incapacidade do sucessor
6. Composição da meação do cônjuge do sócio falecido; incomunicabilidade da parte social

Bibliografia

a) Citada:

ASCENSÃO, JOSÉ DE OLIVEIRA – *Direito comercial*, Vol. IV, *Sociedades comerciais*, Associação Académica da Faculdade de Direito da Universidade de Lisboa, Lisboa, 2000; CAEIRO, ANTÓNIO – *As sociedades de pessoas no Código das Sociedades Comerciais*, Coimbra, 1988; CORDEIRO, ANTÓNIO MENEZES – *Manual de direito das sociedades*, II, *Das sociedades em especial*, Almedina, Coimbra, 2007; FRADA, MANUEL CARNEIRO DA – "Artigo 184º", em CORDEIRO, ANTÓNIO MENEZES (coord.) – *Código das Sociedades Comerciais anotado*, Almedina, Coimbra, 2009, p. 526-527; MATOS, ALBINO, *Constituição de sociedades*, 5ª ed., Coimbra, Almedina, 2001; SOUSA, RABINDRANATH CAPELO DE – *Lições de direito das sucessões*, Vol. II, 3ª ed., Coimbra Editora, Coimbra, 2002; VASCONCELOS, PEDRO PAIS DE – *A participação social nas sociedades comerciais*, 2ª ed., Almedina, Coimbra, 2006; VENTURA, RAÚL – *Novos estudos sobre sociedades anónimas e sociedades em nome colectivo*, Almedina, Coimbra, 1994; *Dissolução e liquidação de sociedades*, 2ª reimp. da edição de 1987, Almedina, Coimbra, 1999.

b) Outra:

SERRA, ADRIANO VAZ – in: RLJ, Ano 103º, p. 522-525; SILVA, NUNO ESPINOSA GOMES DA – "Breve história da cláusula de continuação da sociedade com os herdeiros dos sócios", in: RDFUL, Vol. XV (1961/1962), p. 293-312.

1. Nótula história

À luz da extrema pessoalidade destas sociedades, os §§ 1º, 2º e 5º, do art. 120º do CCom. determinavam, enquanto *princípio regra*, que a morte de sócio de SENC era *causa legal de dissolução* da sociedade. A dissolução da sociedade podia, porém, ser evitada se o pacto previsse a continuação da sociedade com os sucessores do sócio falecido ou somente com os sócios supérstites[1].

O DL nº 363/77, de 2 de setembro, revogou estas disposições, deixando o óbito do sócio de SENC ser causa de dissolução automática. No mais, este DL

---

[1] RAÚL VENTURA (1994), p. 265.

alterou os arts. 12º, § 1, e 156º do CCom., tornando aplicável às SENC o preceituado no art. 1001.º do CCiv., para o caso de morte de sócio.

Abriu-se, pois, a possibilidade de, no quadro de um *regime supletivo*, ocorrer a *dissolução parcial* da sociedade, mediante a *liquidação da parte do sócio falecido em benefício dos seus sucessores*.

2. O regime jurídico supletivo

Após a morte de um sócio de uma SENC, a solução oferecida *supletivamente* pela lei é *parcialmente* semelhante à da *execução* por dívidas de sócio de sociedades deste jaez. Ou seja, a parte social desse sócio, agora *de cuius*, pode ter um destino fatal: a *liquidação* da parte do sócio e o pagamento aos sucessores desse sócio do respetivo valor, uma vez que essa parte é avaliável em moeda com curso legal[2]. Com esta liquidação extingue-se o vínculo do sócio falecido e liquida-se a respectiva parte[3]. E, para isso, os sócios supérstites não carecem de efetuar qualquer comunicação aos sucessores, pois esse é o regime supletivo básico.

Mas esta solução supletiva não é atuável quando a parte do falecido não pode ser liquidada em virtude de se verificar a situação prevista no art. 188º do CSC, ou seja, se a situação líquida se tornar inferior ao montante do capital social. Neste caso, se os sócios supérstites não optarem pela continuação da SENC com os sucessores do sócio falecido ou, optando, estes não derem o seu consentimento para essa continuação, parece que apenas resta a dissolução da SENC[4], a qual é, agora, uma *dissolução administrativa*, requerida na Conservatória.

Em *alternativa*, o regime supletivo oferece-nos outras *duas vias* de solução, a saber:

(a) Os sócios supérstites podem deliberar dissolver a SENC, comunicando essa deliberação aos sucessores no prazo de 90 dias subsequentes ao conhecimento da morte do sócio[5]; neste caso, a opção deve ser comunicada aos sucessores nos 90 dias subsequentes a contar da data em que os sócios tomaram conhecimento do falecimento. Uma vez que esta opção é de exercício coletivo, o *dies a quo* inicia-se com o conhecimento do óbito por parte do último dos

---

[2] Se, por morte do sócio, a SENC ficar reduzida a um único sócio, tal facto não extingue, *ipso iure*, a sociedade. Essa circunstância fá-la apenas entrar em liquidação, continuando ela a existir com uma capacidade mais restrita – Ac. STJ, de 2/12/1966, proc. 061457, in http://www.dgsi.pt. (é lícito o endosso de uma letra pela sociedade). Aplicar-se-á então o disposto no art. 143º do CSC.
[3] RAÚL VENTURA (1999), p. 153.
[4] RAÚL VENTURA (1994), p. 269.
[5] O que imporá que a convocação da Assembleia Geral e a reunião dos sócios sejam efetuadas num curto espaço de tempo: 90 dias a contar do conhecimento do óbito, que não da sua cognoscibilidade.

sócios, exceto se esse conhecimento for simultâneo a todos eles. Além disso, dado que a opção de dissolução da SENC é incompatível com a liquidação da parte do falecido ou com a continuação da sociedade com os sucessores deste, ela terá que ser tomada antes de as outras se poderem concretizar, isto é, antes dos 90 dias mencionados no n.º 1 do artigo em comentário[6].

(b) Os sócios sobrevivos podem continuar a sociedade com os sucessores do *de cuius*.

No caso de a SENC ser dissolvida, extinguem-se todos os direitos e deveres inerentes à parte social[7].

A sucessão opera no que tange apenas ao *direito ao produto de liquidação* desta parte social, reportado à data da dissolução. O produto da liquidação da parte é determinado nos termos do artigo 1021.º do CCiv., de modo que o valor da parte social é determinado com base no estado da sociedade à data em que ocorreu a deliberação de dissolução ou, apenas, de liquidação da parte de sócio (continuando a SENC com os sócios supérstites).

Limitou-se no tempo (90 dias) a possibilidade de os sócios deliberarem a dissolução da sociedade, enquanto faculdade alternativa do direito dos sucessores do sócio falecido à liquidação da parte deste. Mas a opção oferecida, *ex vi legis*, aos sócios da via da dissolução da SENC não parece constituir uma causa especial de dissolução por morte de sócio, mas antes se deve reconduzir à *causa geral* prevista no n.º 1 alínea *b*), do art. 141.º do CSC (dissolução por deliberação dos sócios).

Se for deliberada a dissolução da SENC, nesta deliberação não podem votar os sucessores do sócio falecido[8], precisamente porque o legislador quis ir mais além da possibilidade mencionada no referido n.º 1, alínea *b)* do citado art. 141.º, ao estatuir expressamente tal possibilidade na segunda parte do n.º 1 do artigo em anotação.

Se não houver transmissão da parte social, mas apenas a liquidação dessa parte, o n.º 7 do artigo em comentário determina a "extinção de todos os direitos e obrigações inerentes à parte social"[9], o que traduz uma solução bem dife-

---

[6] RAÚL VENTURA (1994), pp. 268-269.
[7] Nesta hipótese, a morte do sócio da SENC fá-la entrar em dissolução; a sociedade não se extingue imediatamente. A SENC continua a existir. Durante a fase da dissolução, os sócios supéstites e os sucessores do falecido já não podem acordar na continuação da sociedade.
[8] RAÚL VENTURA (1999), p. 153.
[9] Vale isto por dizer que o sucessor não é responsável pelas obrigações sociais que vierem, *após o óbito*, a ser contraídas, nem pode, tão pouco, exercer o direito de voto. As obrigações contraídas antes da morte do sócio são dívidas da herança, mas apenas respondem *subsidiariamente após a excussão* do património da sociedade (art. 175.º, n.ºs 1 e 2 do CSC).

rente da prevista no art. 227º, nºˢ 1 e 2, do CSC, aí onde tais direitos apenas se suspendem e – havendo *amortização da quota* ou, pelo contrário, a *transmissão* desta – esses efeitos *retroagem* à data do óbito do sócio.

3. O regime convencionado

Dado que, nestas eventualidades, preponderará a *autonomia da vontade* e a *liberdade de conformação das vicissitudes societárias no respetivo pacto social*[10], este instrumento pode prever tanto a *dissolução da sociedade*[11], quanto a *continuação da sociedade com os sucessores* do sócio falecido (*cláusula de transmissão* ou *de continuação*)[12]; quanto, enfim, qualquer outra situação, designadamente, a *extinção pura e simples da parte social sem haver lugar à respetiva liquidação* (*cláusula de estabilização* sem liquidação) e sem, obviamente, ocorrer a redução do capital[13].

É lícito, também e por exemplo, convencionar-se que a transmissão da parte do sócio fique dependente da vontade da SENC e, simultaneamente, da vontade dos sucessores; outrossim, pode pactuar-se que a faculdade de a SENC amortizar a parte social e aos sucessores o direito de exigir essa extinção. Aliás, pode surpreender-se a vontade convencionada de se extinguir a parte social do falecido, a despeito de os sucessores deste preferirem continuar com a participação dos sucessores e vice-versa.

Tal como veremos, no quadro das SQ, a transmissão da parte para os sucessores do sócio falecido opera segundo os princípios e as normas do fenómeno sucessório e no momento da morte daquele, embora seja uma *transmissão precária* sujeita à *condição resolutiva da vontade negativa dos sucessores*, cujos efeitos, como veremos, são *retroativos* (cfr., *infra*, anotação ao art. 227º).

4. Continuação da sociedade com os sucessores do sócio falecido

Pode prever-se no pacto (*regime convencionado*) que a SENC continue com participação do sucessor do sócio falecido: dado, porém, que esse sucessor não está vinculado pelas estipulações do pacto (*res inter alios*), há de, por conseguinte, ter que ser obtido, como já notámos, o *consentimento expresso* deste[14], não podendo

---

[10] MENEZES CORDEIRO (2007), p. 311-312.
[11] Comunicando os sócios supéstites tal facto aos sucessores do *de cuius*, no prazo de 90 dias subsequentes ao conhecimento do óbito.
[12] A operatividade desta cláusula depende, obviamente, do *consentimento expresso* do(s) sucessor(es) do sócio falecido.
[13] ALBINO MATOS (2001), p. 176, nt. 324.
[14] Já, neste sentido, RAÚL VENTURA (1994), p. 268.

ser atendíveis quaisquer comportamentos que, com toda a probabilidade, revelem esse consentimento. O que mais se compreende, na medida em que este sucessor irá assumir a *responsabilidade pessoal pelas obrigações da sociedade*. O contrato de sociedade nunca pode dispensar este *consentimento expresso*.

Assim se vê que em todas estas vicissitudes (quer dirigidas à *estabilização*, quer predispostas à *continuação*) comuns a este tipo de sociedade comercial com uma pessoalidade acentuada ocorre, maioritariamente, um relacionamento jurídico entre os sócios ou entre estes e os sucessores do sócio falecido, e não entre aqueles e estes e a sociedade[15].

Se os sócios tiverem *optado pela liquidação da parte do falecido*, a SENC continua entre eles e não ocorre qualquer sucessão *mortis causa* na parte social. O que não exclui que, em momento posterior, o sucessor do *de cuius* seja admitido como sócio.

Havendo *pluralidade de sucessores*, estes escolhem entre si aquele (ou aqueles) que irão substituir o sócio falecido, independentemente do consentimento ou da interferência da SENC (ou dos sócios supérstites) nestas operações de partilha do acervo hereditário daquele sócio. Essa parte social pode ser adjudicada a um só dos sucessores ou a dois ou mais *em comum* (em regime de contitularidade), para preenchimento dos respectivos quinhões, na proporção que for indicada[16].

5. Incapacidade do sucessor

Pode suceder que algum dos sucessores do sócio falecido seja incapaz para assumir a qualidade de sócio. Nestas eventualidades, colocam-se três alternativas aos sócios supérstites[17]:

– Deliberar, no prazo de 90 dias após o conhecimento dos factos subjacentes[18], a transformação da sociedade em outra sociedade (*maxime*, uma SQ, a fim

---

[15] Em sentido análogo PEDRO PAIS DE VASCONCELOS (2006), p. 59.
[16] Se o falecido tiver *legado o direito à parte social* (repare-se que a lei, no nº 1 desta norma, refere-se "ao sucessor a quem couberem os direitos do falecido", o que inclui o *herdeiro* e os *legatário*), na eventualidade de os sócios supérstites deliberarem a continuação com o seu sucessor não há partilha, mas sim um *legado sob condição suspensiva*; já na hipótese de o pacto prever esta continuação, também não há partilha, mas agora um normal *legado que carece da aceitação do instituído*, já que se faz sempre mister obter o consentimento do sucessor. Nem o *de cuius*, nem os sócios falecidos podem, obviamente, impor ao legatário a transmissão da parte social. Não existe *legado de crédito*, pois a posição ativa resultante da liquidação da parte social não existia no património da herança no momento da morte do sócio: a morte é que desencadeia as várias vicissitudes, tanto de *estabilização* quanto de *continuação* na pessoa do sucessor.
[17] ANTÓNIO CAEIRO (1988), p. 23.
[18] Os factos subjacentes são, que não os da morte do sócio, mas de que à sucessão foi chamado um incapaz aceitante.

de manter a *pessoalidade* na condução dos negócios sociais[19]) onde esse sucessor seja sócio de responsabilidade limitada[20] (nº 4 do artigo em anotação). Nesta deliberação não participa, obviamente, o sucessor incapaz, nem o seu representante[21]. Não se prevê uma transformação societária *imposta pela lei*.

– Dissolver a SENC (nº 5 da norma em anotação). Isto também na eventualidade de a deliberação de transformação não ter sido tempestivamente tomada. Mas a lei não força, neste caso, a dissolução da SENC.

– Liquidar a parte do sócio falecido (nº 5, *idem*).

É claro que esta hipótese somente se coloca quando, por força do nº 1 do artigo em comentário, a SENC não tenha sido total ou parcialmente dissolvida[22].

Se os sócios supérstites não tomarem qualquer uma destas deliberações, o representante legal do incapaz deve requerer judicialmente a exoneração do representado ou, não sendo esta possível, a dissolução da sociedade. Perante a passividade dos sócios supérstites (ou a negação destes mesmos sócios), esta circunstância constitui uma *causa especial de dissolução da sociedade*. Antes disso, o representante legal do incapaz requer a exoneração do seu representado; e se esta exoneração não for legalmente possível – por motivo de a situação líquida da sociedade se tornar por esse facto inferior ao montante do capital social –, poderá requerer a *dissolução administrativa* da sociedade.

O representante do incapaz desfruta, assim, de legitimidade activa para, ao abrigo deste nº 6 e do art. 4º, nº 1, do Anexo III ao DL nº 176-A/2006, de 29 de março, requerer a *dissolução administrativa* da SENC, sendo que a subsequente liquidação é feita, igualmente, por via administrativa (art. 4º, nº 4, do referido Anexo III).

6. Composição da meação do cônjuge do sócio falecido; incomunicabilidade da parte social

O nº 8 do artigo em comentário faz aplicar ao cônjuge sobrevivo as regras que permitem a amortização da parte social do *de cuius*.

Está em causa o problema da sucessão na qualidade de sócio nestas sociedades em que a *pessoalidade* é muito acentuada. Põe-se então o problema da parti-

---

[19] Ou transformá-la em uma SC, reservando-se para o incapaz a qualidade de *sócio comanditário*, ou seja, sócio de responsabilidade limitada.
[20] O que traduz uma medida de proteção dos interesses patrimoniais do próprio sócio incapaz.
[21] Analogamente RAÚL VENTURA (1994), p. 274 ("Literalmente, não participa na deliberação o herdeiro do sócio").
[22] RAÚL VENTURA (1999), p. 154.

lha. E a norma não distingue o motivo da partilha a que faz tornar extensivo o disposto nos números anteriores do artigo em comentário.

O seu sector normativo é, pois, grande: abrange a dissolução do casamento por *morte*, o *divórcio*, a *separação de pessoas e bens* ou a *simples separação de bens* (com a manutenção do vínculo conjugal, nos dois últimos casos)[23], bem como as hipóteses de *anulação do casamento civil, nulidade do casamento católico* ou *anulação do casamento celebrado sob um outro culto religioso reconhecido em Portugal*[24], contanto que o requerente da partilha dos bens comuns esteja de *boa fé* (requisito co-constitutivo do denominado *casamento putativo*: arts. 1647º e 1648º do CCiv.).

Todavia, dado que a parte social é incomunicável ao cônjuge (ou a qualquer outra pessoa), por negócio *inter vivos*, salvo se houver consentimento da sociedade, nos termos do art. 182º do CSC, a mesma regra vale para a transmissão *mortis causa*[25], sempre que haja que efetuar a *separação de meações*[26]. Mas a *concretização da meação do cônjuge sobrevivo em bens ou direitos concretos* (p. ex., a parte social do *de cuius* na SENC) não envolve qualquer transmissão, nem mesmo fiscalmente relevante.

O direito à *meação do falecido nos bens comuns* é abrangido pela herança (art. 2087º, nº 1, do CCiv.)[27]. Pressupõe-se neste nº 8 que a parte social – titulada pelo sócio casado ora falecido – integrava os *bens comuns*, de tal forma que, designadamente, na *partilha hereditária*, essa parte venha a caber ao seu cônjuge, *não por força da sua quota hereditária na herança, mas sim por motivo da separação*

---

[23] Tantos nos casos previstos no artigo 1767º do CCiv., quanto nas hipóteses de *separação de meações* no decurso de *acções executivas* e *processos de insolvência* (arts. 740º, nºˢ 1 e 2 e art. 81º da L 23/2013, de 5 de março), uma vez que a lei civil prevê, nessas eventualidades, a alteração dos regimes de bens na constância do casamento (art. 1715º, nº 1, *b*) e *d*), do CCiv.).

[24] Trata-se do *casamento civil celebrado sob forma religiosa*, cuja autorização de celebração e passagem de certificado de capacidade matrimonial (certificado para casamento) cabe ao Conservador (artº 19º da L 16/2001, de 22 de junho); pese embora este casamento seja celebrado pelo ministro do culto de uma igreja ou comunidade religiosa radicada em Portugal, cujo reconhecimento é efetuado pelo membro do Governo competente, depois de ouvir a Comissão da Liberdade Religiosa e após a verificação dos demais requisitos previstos no art. 37º da citada L 16/2001, de 22 de junho.

[25] Ac. STJ, de 24/10/1969, BMJ, nº 190, p. 344, s., p. 348.

[26] Embora o cônjuge sobrevivo, *além de meeiro*, tenha passado a ser *herdeiro legitimário*, desde 1/04/1978 (data da entrada em vigor do DL nº 496/77, de 25 de novembro, que operou uma alteração substancial a estes preceitos do Direito das Sucessões), nada impede que o primeiro e o segundo mapas se completem, quanto ao cônjuge sobrevivo, para efeitos de preenchimento conjunto da meação e da quota hereditária – CAPELO DE SOUSA (2002), p. 121.

[27] Embora se deva calcular o valor dessa meação e, em caso de inventário, se comece por compor, em mapa autónomo, o valor da referida meação, nada obsta a que quaisquer bens concretos da herança possam preencher indiferente e complementarmente o valor da meação e da quota hereditária do cônjuge do sócio falecido.

de meações entre os ex-cônjuges e do preenchimento de cada meação com referência aos números de verbas dos bens descritos (art. 1381º, nº 1, do CPC), aí onde se componha o *mapa autónomo* desta meação com a referida parte social[28].

Daí a necessidade da expressa afirmação do regime deste nº 8: não se coloca um problema de eventual sucessão *mortis causa* da parte social quando se separam as meações entre os ex-cônjuges e se preenche a meação do sobrevivo com bens ou direitos concretos. Assim, se, por exemplo, os sócios supérstites optarem por satisfazer ao cônjuge sobrevivo o direito ao produto da liquidação da parte social, o montante apurado nos termos do art. 1021º do CCiv. pode compor a meação do cônjuge sobrevivo.

Se houver uma estipulação no pacto que seja derrogatória do regime supletivo previsto nos nºˢ 1 e 2 do artigo em comentário, *para o caso de morte do sócio*, essa cláusula não deverá abranger a situação do *cônjuge meeiro* em caso de separação de meações *por motivos diversos da morte* do sócio da SENC (divórcio, separação de pessoas e bens, separação de meações e anulação do casamento civil ou nulidade do casamento canónico, em caso de boa fé do requerente da separação dos bens comuns). Ao invés, a extensão prevista neste nº 8 deve ser aplicável ao cônjuge incapaz[29].

---

[28] Isto porque a herança do sócio de SENC falecido no estado de casado abrange o direito à meação dos bens comuns do ex-casal (art. 2087º, n. 1, do CCiv.). Embora deva ser calculado o valor dessa meação – aliás, em caso de inventário, deve começar-se por compor em *mapa autónomo* o valor dessa meação (art. 65º da L 23/2013, de 5 de março) – qualquer dos bens concretos da herança pode servir para preencher o valor da meação (e/ou o da quota hereditária do cônjuge sobrevivo). Ora um destes bens pode ser precisamente a referida parte social na SENC.

[29] RAÚL VENTURA (1994), p. 278.

ARTIGO 185º
Exoneração do sócio

1. Todo o sócio tem o direito de se exonerar da sociedade nos casos previstos na lei ou no contrato e ainda:

a) Se não estiver fixada no contrato a duração da sociedade ou se esta tiver sido constituída por toda a vida de um sócio ou por período superior a 30 anos, desde que aquele que se exonerar seja sócio há, pelo menos, 10 anos;

b) Quando ocorra justa causa.

2. Entende-se que há justa causa de exoneração de um sócio quando, contra o seu voto expresso:

a) A sociedade não delibere destituir um gerente, havendo justa causa para tanto;

b) A sociedade não delibere excluir um sócio, ocorrendo justa causa de exclusão;

c) O referido sócio for destituído da gerência da sociedade.

3. Quando o sócio pretenda exonerar-se com fundamento na ocorrência de justa causa, deve exercer o seu direito no prazo de 90 dias a contar daquele em que tomou conhecimento do facto que permite a exoneração.

4. A exoneração só se torna efetiva no fim do ano social em que é feita a comunicação respetiva, mas nunca antes de decorridos três meses sobre esta comunicação.

5. O sócio exonerado tem direito ao valor da sua parte social, calculado nos termos previstos no artigo 105º, nº 2, com referência ao momento em que a exoneração se torna efetiva.

Índice

1. Caracterização geral e fundamento do instituto da exoneração de sócio
2. Casos previstos na lei
3. Casos previstos no contrato de sociedade
4. Declaração de vontade do sócio e momento em que a exoneração se efetiva
5. Cálculo da contrapartida a pagar ao sócio
6. Tutela da posição jurídica do sócio

Bibliografia:

ABREU, J. M. COUTINHO DE – *Curso de direito comercial*, vol. II, "Das sociedades", 5ª ed., Almedina, Coimbra, 2015; CORREIA, LUÍS BRITO – *Direito comercial*, 2º vol., "Sociedades Comerciais", AAFDL, Lisboa, 1989; FONSECA, TIAGO SOARES DA – *O direito de exoneração do sócio no Código das Sociedades Comerciais*, Almedina, Coimbra, 2008; FRANÇA, MARIA AUGUSTA – "Direito à exoneração", *Novas perspectivas do direito comercial*, Almedina, Coimbra, 1988, p. 205-227; HENRIQUES, PAULO – *A desvinculação unilateral* **ad nutum** *nos contratos civis de sociedade e de mandato*, Coimbra Editora, Coimbra, 2001; PINTO, CARLOS A. MOTA – *Teoria geral do direito civil*, 4ª ed. por A. PINTO MONTEIRO/PAULO MOTA PINTO, Coimbra Editora, Coimbra, 2005; VENTURA, RAÚL – *Novos estudos sobre sociedades anónimas e sociedades em nome colectivo*, Almedina, Coimbra, 1994.

1. Caracterização geral e fundamento do instituto da exoneração de sócio

A exoneração de sócio é a *saída ou desvinculação* deste da sociedade, mediante *exercício de direito atribuído pela lei ou pelo contrato*, recebendo uma *contrapartida* pelo valor da sua participação social[1].

Nas sociedades em nome coletivo (e ao contrário do que sucede nas sociedades por quotas[2]), o direito à exoneração configura-se como um *direito potestativo extintivo*[3], já que o seu exercício, mediante declaração do sócio, é suficiente para produzir a desvinculação pretendida.

A *ratio* do reconhecimento deste poder radica numa ideia de *inexigibilidade* da manutenção do *status* de sócio, devido à superveniência de *circunstâncias* assim valoradas pela lei ou pelo contrato[4]. Todavia, e também diferentemente do que sucede com os poderes de auto-desvinculação no comum dos contratos, no quadro de uma sociedade comercial (cujo ato constitutivo nem sequer é, necessariamente, um contrato[5]) a saída de um sócio *deixa intocada a pessoa coletiva*, permanecendo as vinculações dos outros sócios[6].

2. Casos previstos na lei

Prevê o art. 185º, 1, que o direito à exoneração possa ser atribuído por *disposição legal*. Isso acontece, desde logo, com algumas normas da parte geral, aplicáveis às sociedades em nome coletivo.

Logo no art. 3º, 5, 2ª parte, encontramos a previsão de um direito à exoneração para o sócio *que não haja votado a favor da deliberação de transferência de sede social efetiva para o estrangeiro*. Dificilmente, contudo, este preceito se aplicará

---

[1] COUTINHO DE ABREU (2015), p. 381; MARIA AUGUSTA FRANÇA (1988), p. 207; RAÚL VENTURA (1994), p. 281; BRITO CORREIA (1989), p. 453.
[2] Cfr. *infra*, o n.º 1 do comentário ao art. 240º.
[3] Sobre esta noção, por todos, ver MOTA PINTO/PINTO MONTEIRO/PAULO MOTA PINTO (2005), p. 178, ss.
[4] MENEZES CORDEIRO (2007), p. 322; COUTINHO DE ABREU (2015), p. 381. Para maiores desenvolvimentos, cfr. *infra*, o n.º 1 do comentário ao art. 240º.
[5] Cfr. COUTINHO DE ABREU (2009), p. 94, s..
[6] MARIA AUGUSTA FRANÇA (1988), p. 207.

às sociedades em nome coletivo[7]: a deliberação em causa deve obedecer aos requisitos exigidos para as alterações do contrato de sociedade (1ª parte do art. 3º, 5) e estas requererem, nas sociedades em nome coletivo, a *unanimidade* – assim determina o art. 194º, 1, embora o estatuto possa dispor diferentemente, desde que fique assegurada a maioria de três quartos dos votos emissíveis. Portanto, em regra, ao ser a deliberação de transferência de sede adoptada por unanimidade, não existe sócio que preencha a condição negativa necessária à constituição do direito à exoneração: todos terão votado a favor.

Depois, sempre que os sócios deliberam o regresso à atividade de uma sociedade que entrou em *liquidação* depois de a fase da *partilha já se ter iniciado*, o art. 161º, 5 atribui um direito à exoneração ao sócio cuja *participação social fique relevantemente reduzida* em relação à que, no conjunto, anteriormente detinha[8].

Já os art. 105º, 1, e 137º, 1, respectivamente aplicáveis aos casos de *fusão* (e *cisão*, pela remissão ordenada pelo art. 120º) e de *transformação* de sociedade (adoção de um tipo societário diverso), não atribuem, verdadeiramente, um direito à exoneração: apenas preveem e, em certa medida, regulam, a eventual atribuição desse direito por uma disposição estatutária ou por (outra) norma legal ao *sócio que tenha votado contra o projecto de fusão (ou cisão) ou contra a deliberação de transformação da sociedade*[9].

Mas a disciplina especial da sociedade em nome coletivo contém *particulares fundamentos* de exoneração, nos nºs 1 e 2 do art. 185º.

Na al. a) do art. 185º, 1, atribui-se a quem seja sócio há, pelo menos, *dez anos*, o direito de se exonerar sempre que não esteja fixada no contrato a duração da sociedade ou esta tenha sido constituída por toda a vida de um sócio ou por período superior a trinta anos. Trazendo à colação a geral proibição de vinculações perpétuas, esta faculdade concedida ao sócio de "fazer cessar as limitações inerentes à relação societária recuperando a plenitude dos seus poderes sobre o seu património"[10] é de sobremaneira importante no tipo societário em questão, onde os sócios respondem (subsidiária mas) ilimitadamente por dívidas sociais e a transmissão de partes sociais exige, em princípio, o consentimento

---

[7] Como alerta COUTINHO DE ABREU (2015), p. 381, nt. 930.
[8] Sobre este preceito, cfr. as observações que fizemos no vol. II deste Comentário.
[9] COUTINHO DE ABREU (2015), p. 382-383 (notando a alteração introduzida em 2006 ao art. 137º, 1, que na redacção anterior atribuía directamente um direito à exoneração); MARIA AUGUSTA FRANÇA (1988), p. 209.
[10] PAULO HENRIQUES (2001), p. 29.

de todos os sócios. É, portanto, o simples decurso de um período de tempo julgado razoável (dez anos)[11] que atribui, sem mais, a faculdade de exoneração[12].

Na al. b do art. 185º, 1, prevê-se, como fundamento legal da atribuição de um direito à exoneração, a *ocorrência de uma justa causa*. A dificuldade colocada pela interpretação deste conceito indeterminado advém, sobretudo, da sua articulação com a enumeração contida no preceito seguinte: é *taxativa* (esgotando o conceito de justa causa legalmente relevante) ou meramente *exemplificativa*? Para Raul Ventura e Coutinho de Abreu, trata-se de uma enumeração *taxativa*, sobretudo atendendo ao relevo que a exoneração pode ter para os credores sociais (o sócio responde, embora subsidiariamente, pelas dívidas da sociedade) e para os restantes sócios (a referida responsabilidade é solidária)[13]. Seja como for, ambos realçam a desnecessidade de alargamento do elenco legal de justas causas em face da liberdade que ao estatuto se deve reconhecer na respectiva fixação. Já Maria Augusta França, apoiando-se sobretudo no argumento de que uma conceção ampla de justa causa não afecta interesses dos outros sócios, da sociedade ou dos credores sociais e na dificuldade de transmissão das partes sociais, sustenta que a enumeração do art. 185º, 2 é meramente *exemplificativa*[14]; a mesma opinião perfilha Tiago Fonseca[15].

Todos casos enumerados pelo art. 185º, 2 supõem que tenha sido adoptada uma *deliberação* pela sociedade – *negativa*, nas als a) e b); *positiva*, na al. c)[16]. Nos dois primeiros casos, trata-se de permitir ao sócio que, desligando-se da sociedade, *deixe de suportar* um gerente ou um sócio que os outros preferem manter, não obstante existir *justa causa* para a respectiva destituição ou exoneração[17]. Na última hipótese, o legislador concede ao sócio que, contra a sua vontade, *deixou de ser gerente*, a faculdade de se afastar da sociedade – não distinguindo

---

[11] Na óptica do legislador, coincidindo, aliás, com a valoração adoptada para as sociedades por quotas em que vigore uma proibição estatutária de cessão da participação social (art. 229º1). Segundo RAÚL VENTURA (1994), p. 286, os dez anos contar-se-ão da data de entrada (originária ou superveniente) do sócio na sociedade; para as transmissões *mortis causa* (mas apenas para elas) somar-se-á "o tempo de sociedade do transmitente e do transmissário". Em geral, sobre os critérios de fixação de período de tempo razoável, PAULO HENRIQUES (2001), p. 230, ss.

[12] RAÚL VENTURA (1994), p. 284, ss.; MARIA AUGUSTA FRANÇA (1988), p. 212.

[13] RAÚL VENTURA (1994), p. 289-290; COUTINHO DE ABREU (2015), p. 384-385.

[14] MARIA AUGUSTA FRANÇA (1988), p. 210-211.

[15] TIAGO FONSECA (2008), p. 221-224, ensaiando, em seguida, uma noção operativa de justa causa para efeitos do art. 185º, 1, b).

[16] RAÚL VENTURA (1994), p. 288-289: "o sócio interessado terá, portanto, de conseguir pelos meios legais ao seu alcance, a convocação da assembleia e nesta propor a destituição ou a exclusão".

[17] RAÚL VENTURA (1994), p. 288.

se o sócio foi destituído da gerência com ou sem justa causa[18]. No quadro legal de uma sociedade em nome coletivo, subsumir-se-ão, portanto, à hipótese da norma sobretudo os casos em que o sócio seja destituído da gerência sem justa causa e não queira ou não possa impugnar a deliberação, bem como os casos em que seja destituído da gerência com justa causa mas sem posterior exclusão da sociedade[19].

3. Casos previstos no contrato de sociedade

Ao contrário do que sucede no regime da sociedade por quotas (cfr. o art. 240º, 8), a disciplina das sociedades em nome coletivo não contém qualquer preceito que restrinja a faculdade de fixação estatutária de cláusulas de exoneração de sócio. Daqui retira a doutrina a total ausência de limites à liberdade de conformação estatutária destas cláusulas, aceitando, inclusive, que "a simples vontade do sócio determine a sua exoneração"[20].

Não concordamos com tal interpretação. As cláusulas de exoneração têm, em nosso entender e para poderem valer como tais, que se conformar minimamente com a *teleologia imanente do instituto jurídico onde se filiam*. Ainda que ténue, *sui generis* ou filtrada pelas particulares mundividências dos sócios que as estabelecem, devem tais cláusulas alicerçar-se numa ideia de *inexigibilidade de permanência do sócio na sociedade*.

Portanto, não é *sequer* imprescindível uma norma como a do art. 240º, 8 para afastar a admissibilidade de exonerações fundadas num puro querer, num mero arbítrio. E, quanto a nós, tão-pouco é exato o argumento de que, nas sociedades em nome coletivo, é a própria lei que admite a exoneração nesses moldes através do art. 185º, 1, a)[21]: ainda aqui, a saída do sócio assenta numa ideia de inexigibilidade – é-lhe inexigível que permaneça amarrado a uma vinculação societária tendencialmente perpétua, pelo que o legislador lhe atribui a faculdade de se libertar transcorrido de um período de tempo reputado suficiente para a razoável consecução dos interesses que terão levado os sócios a constituir a sociedade.

---

[18] Como sublinha RAÚL VENTURA (1994), p. 288
[19] Assim COUTINHO DE ABREU (2015), p. 384, nt. 936, observando com pertinência que, em regra, os sócios-gerentes só com justa causa podem ser destituídos (art. 191º, 4, 5, 7) e que os sócios destituídos da gerência com fundamento em justa causa que consista em facto culposo suscetível de causar prejuízo à sociedade podem ser excluídos desta (art. 186º, 1, a)).
[20] Assim RAÚL VENTURA (1994), p. 284; e também MARIA AUGUSTA FRANÇA (1988), p. 208.
[21] Argumento aduzido por RAÚL VENTURA (1994), p. 284-285.

4. Declaração de vontade do sócio e momento em que a exoneração se efetiva

Nas sociedades em nome coletivo – e ao invés do que sucede nas sociedades por quotas[22]– basta *a declaração do sócio à sociedade* para que se desencadeie o resultado prático-jurídico da exoneração[23].

Contudo, para que a sociedade possa *adaptar-se* à situação adveniente da saída sócio[24], evitando-se perturbações inesperadas, e para possibilitar a *certeza de terceiros* quanto à data em que cessa a responsabilidade subsidiária do sócio[25], *a lei difere o momento da eficácia da declaração de exoneração* para fim do ano social em que é realizada; se, no entanto, faltarem menos de três meses para o fim do ano social, a declaração de exoneração só produz efeitos decorridos três meses sobre a sua comunicação à sociedade – art. 185º, 4.

O destino da *parte social extinta* – ou as consequências da extinção da parte social – está previsto e regulado no art. 187º[26].

Se o direito de exoneração se fundar em justa causa, dispõe o sócio de *noventa dias* para comunicar à sociedade a sua intenção de se desvincular, a partir do momento em que *toma conhecimento* do facto relevante – art. 185º, 3. A letra da lei restringe este *prazo de caducidade* às situações de justa causa, e alguns autores mostram-se renitentes em estendê-lo por analogia a outras hipóteses de exoneração[27]. Nas situações previstas no art. 185º, 1, a), na verdade, não faz sentido a imposição de um prazo de caducidade: o objetivo é que, transcorridos dez anos, o sócio adquira a liberdade de se desvincular do projeto societário quando (e apenas quando) o julgar conveniente. E nos casos estatutariamente previstos, a questão do prazo para o exercício do direito de exoneração também pode e deve ser regulada nas cláusulas que o consagrem. Mas em todos os outros casos – legais ou estatutários – em que nada se disponha quanto ao prazo, não nos choca a aplicação – analógica ou pela via da interpretação e inte-

---

[22] Cfr. *infra*, comentário ao art. 240º.
[23] Nas sociedades em nome coletivo não é exigido documento escrito; a vontade do sócio apenas tem de "ser exteriorizada por um comportamento declarativo cujo conteúdo tenha o sentido unívoco de realizar tal intenção [de se exonerar]" – PAULO HENRIQUES (2001), p. 68; também COUTINHO DE ABREU (2015), p. 385, salientando que a comunicação deve ser dirigida a gerente(s) da sociedade. Convém, naturalmente, que a comunicação indique qual o fundamento de exoneração concretamente invocado – até para efeitos de uma eventual mobilização do art. 195º, 1, b).
[24] COUTINHO DE ABREU (2009), p. 421.
[25] RAÚL VENTURA (1994), p. 292.
[26] Para cujo comentário *infra* remetemos.
[27] Assim RAÚL VENTURA (1994), p. 290-291.

gração do pacto, respectivamente – do limite dos noventa dias estatuído pelo art. 185º, 3.

5. Cálculo da contrapartida a pagar ao sócio

Com a efectivação da exoneração, o sócio perde essa sua qualidade e passa a ter apenas *direito ao valor da sua participação social*[28].

Por força da remissão operada pelo art. 185º, 5, a contrapartida a pagar ao sócio exonerado – de modo a que, pela sua decisão de se desvincular da sociedade, *não resulte espoliado* do valor patrimonial da sua parte social – é calculada nos termos do art. 105º, 2, embora tomando como referência *o momento em que a exoneração se torna efectiva* (nos termos do art. 185º, 4). O sócio tem, portanto, direito ao valor que resulta da subsequente remissão para o art. 1021º do CCiv. – o vulgarmente chamado *valor contabilístico* da participação social[29].

6. Tutela da posição jurídica do sócio

Exonerado o sócio, a sociedade fica vinculada a liquidar e pagar, nos termos do art. 185º, 5, a respectiva parte social. Mas só poderá levar por diante o cumprimento dessa obrigação se a sua situação líquida *não se tornar, por esse facto, inferior ao montante do capital social*. Caso contrário, o art. 188º, 1 coloca um *obstáculo imperativo* a que o sócio exonerado receba o valor da sua parte social.

Ora, ao contrário do que acontece nas sociedades por quotas (cfr. o art. 240º, 6 e 7), nas sociedades em nome colectivo a densidade tutela do sócio exonerado depende do fundamento mobilizado para a sua exoneração. Assim, se o direito for exercido ao abrigo da previsão das als. a) e b) do art. 185º, 2, a impossibilidade de liquidar a parte social atribui ao sócio exonerado *o direito a requerer a dissolução da sociedade* – é o que prevê o art. 195º, 1, b).

Mas para todos os outros casos a lei é omissa, variando as soluções avançadas pela doutrina. Caso o exonerado não perdoe à sociedade a dívida, propõe-se que, até ser satisfeito o seu crédito, retome o direito aos lucros e à quota de liquidação (por aplicação analógica do art. 186º, 5)[30]; ou que satisfaça paulatinamente o seu crédito, executando os bens na estrita medida em que a situa-

---

[28] MARIA AUGUSTA FRANÇA (1988), p. 223.
[29] COUTINHO DE ABREU (2015), p. 210: consoante o estado do património social, assim o valor contabilístico da parte social será igual, superior ou inferior ao respectivo valor nominal.
[30] COUTINHO DE ABREU (2015), p. 385 – parece-nos ser esta a melhor solução; contra, todavia, RAÚL VENTURA (1994), p. 292.

ção líquida da sociedade for permitindo[31]. Mais radicalmente, advoga-se que o sócio fica com um autêntico "direito a voltar à sociedade", pois o exercício do direito à exoneração não pode colocar o sócio numa posição muito pior do que a que anteriormente detinha: "o sócio não pode ficar sem a sua participação e sem o seu valor"[32].

---

[31] PAULO HENRIQUES (2001), p. 92.
[32] MARIA AUGUSTA FRANÇA (1988), p. 223.

ARTIGO 186º
Exclusão do sócio

1. A sociedade pode excluir um sócio nos casos previstos na lei e no contrato e ainda:
a) Quando lhe seja imputável violação grave das suas obrigações para com a sociedade, designadamente da proibição de concorrência prescrita pelo artigo 180º, ou quando for destituído da gerência com fundamento em justa causa que consiste em facto culposo suscetível de causar prejuízo à sociedade;
b) Em caso de interdição, inabilitação, declaração de falência ou de insolvência;
c) Quando, sendo o sócio de indústria, se impossibilite de prestar à sociedade os serviços a que ficou obrigado.
2. A exclusão deve ser deliberada por três quartos dos votos dos restantes sócios, se o contrato não exigir maioria mais elevada, nos 90 dias seguintes àquele em que algum dos gerentes tomou conhecimento do facto que permite a exclusão.
3. Se a sociedade tiver apenas dois sócios, a exclusão de qualquer deles, com fundamento nalgum dos factos previstos nas alíneas a) e c) do nº 1, só pode ser decretada pelo tribunal.
4. O sócio excluído tem direito ao valor da sua parte social, calculado nos termos previstos no artigo 105º, nº 2, com referência ao momento da deliberação de exclusão.
5 – Se por força do disposto no artigo 188º não puder a parte social ser liquidada, o sócio retoma o direito aos lucros e à quota de liquidação até lhe ser efetuado o pagamento.

Índice

1. O direito de excluir um sócio
2. Fundamentos da exclusão de sócio
    2.1. Violação grave das obrigações para com a sociedade
    2.2. Interdição, inabilitação ou declaração de insolvência
    2.3. Impossibilidade de prestação do sócio de indústria
    2.4. Utilização indevida de informações societárias
    2.5. Cláusula estatutária
3. Exercício do direito de exclusão de sócio

Bibliografia:

a) Citada:
ABREU, J. M. COUTINHO DE – *Curso de direito comercial*, vol. II, "Das sociedades", 5ª ed., Almedina, Coimbra, 2015; CORREIA, LUÍS BRITO – *Direito comercial*, vol. II, "Sociedades Comerciais", A.A.F.D.L., Lisboa, 1989; LEITÃO, LUÍS MENEZES – *Pressupostos da exclusão de sócio nas sociedades comerciais*, Lisboa, 1988; NUNES, ANTÓNIO J. AVELÃS – *O direito de exclusão de sócios nas sociedades comerciais*, Coimbra, 1968.

b) Outra:

CUNHA, CAROLINA – "A exclusão de sócios (em particular, nas sociedades por quotas)", *Problemas do direito das sociedades*, IDET, Almedina, Coimbra, 2002, p. 201-233.

1. O direito de excluir um sócio

O direito de exclusão de sócio apresenta-se como um direito potestativo extintivo do qual é titular a sociedade. O seu exercício supõe um ato livre de vontade – vontade formada no seio do órgão deliberativo-interno que é a colectividade de sócios e expressa através de uma deliberação que, só de *per si* (art. 186º, 2) ou integrada por uma decisão judicial (186º, 3), produz um efeito jurídico que inelutavelmente se impõe ao sujeito passivo, isto é, ao sócio excluído. O efeito desencadeado traduz-se na perda da qualidade de sócio, quer dizer, na extinção daquela relação jurídica que permanentemente liga o sócio à sociedade[1].

A aquisição, pela sociedade, do direito de excluir um sócio pressupõe, em termos gerais, a *superveniência* de um facto, relativo à *pessoa do sócio* (ao seu comportamento ou à situação em que se encontra), que vem tornar *inexigível* à sociedade que o continue a suportar no seu seio. Ora, quanto às espécies de factos concretamente relevantes, faz-se sentir a marca decisiva das características de cada tipo societário. Assim, nas sociedades em nome coletivo deparamo-nos com circunstâncias que contendem com a índole personalística, tributárias da importância da pessoa e património dos sócios na construção e condução da vida societária.

2. Fundamentos da exclusão de sócio

Nas sociedades em nome coletivo, as hipóteses que determinam, segundo a lei, a constituição de um direito de exclusão implicam a superveniência de factos que contendam com o relevo conferido à pessoa ou ao património dos sócios na construção e condução da vida societária[2]. Aliás, se quisermos retomar o quadro dogmático da clássica querela entre o contratualismo e o institucionalismo para a explicação do(s) fenómeno(s) societário(s), o sentido global da opção legislativa adversa ao interesse do sócio em manter tal qualidade, no âmbito de uma sociedade em nome coletivo, filia-se, predominantemente, nas

---

[1] Para maiores desenvolvimentos sobre o sentido e função do direito de exclusão de sócio, cfr. *infra*, n.º 1 e 2 do comentário ao art. 241º.

[2] Quanto ao fundamento previsto no 181º, n.º 5, ver *infra*, ponto 2.4.

hostes do contratualismo – ao contrário do que sucede na disciplina nas sociedades por quotas.

O art. 186º, 1, depois de ressalvar quer a previsão contratual de fundamentos de exclusão de sócio, quer a previsão desses fundamentos por outra norma legal (e veja-se, por exemplo, o art. 181º, 5, ou o art. 196º, 2), procede a uma agregação das causas de exclusão em múltiplas hipóteses normativas.

2.1. Violação grave das obrigações para com a sociedade

Nas sociedades de pessoas, é particularmente vivo o laço que congrega os sócios, bem como a respectiva ligação à sociedade – o que se traduz, nomeadamente, na maior intensidade do chamado dever de colaboração e lealdade, assim como na regra de que todos os sócios são, por inerência, gerentes (art. 191º, 1) ou que todos eles dispõem de igual número de votos (art. 190º, 1).

Assim se entende, em consonância com a primeira característica, que apenas releve como fundamento de exclusão a *violação grave* e *juridicamente imputável* das obrigações do sócio para com a sociedade (art. 186º, 1, al. a)[3] – pois só um inadimplemento que revista estes traços pode, à luz do *intuitus personae* que cimenta as sociedades em nome coletivo, conduzir à formulação de um juízo de desvalor (objetivo e subjetivo) sobre a conduta do sócio suficiente para justificar que, à sociedade, se torne inexigível suportar a sua presença.

2.2. Interdição, inabilitação ou declaração de insolvência

Por outro lado, regras como as que vigoram em sede de gerência e de atribuição de votos também legitimam o reconhecimento de um direito de exclusão nos casos em que o sócio haja sido declarado *interdito* ou *inabilitado* (art. 186º, 2, 1.ª parte). Isto será assim não tanto pelos *fundamentos materiais* que subjazem à interdição ou inabilitação – referimo-nos à anomalia psíquica, surdez-mudez, cegueira, habitual prodigalidade ou consumo de bebidas alcoólicas (arts. 138º e 152º do CCiv), os quais podem existir independentemente da declaração judicial de incapacidade que configura o pressuposto da exclusão –, como, sobretudo, pelo alcance, no plano societário, da *avaliação que a sentença encerra quanto à consequente incapacidade do sócio* para governar a sua própria pessoa e os

---

[3] Para exemplos de concretização deste fundamento de exclusão, cfr. AVELÃS NUNES (1968), p. 169, s., e MENEZES LEITÃO (1988), p. 54, s., ou, mais recentemente, COUTINHO DE ABREU (2015), p. 392, com hipóteses como a utilização de bens sociais para fins estranhos aos da sociedade, a provocação de discórdias entre os sócios que impeçam o regular funcionamento social, ou, ainda, a publicitação de opiniões desabonatórias para a sociedade.

seus próprios bens (e, *a pari*, para intervir no governo da vida e dos negócios da sociedade), ou para reger convenientemente o seu próprio património (e, *a pari*, para intervir na regência do património da sociedade).

Saliente-se, naturalmente, que, enquanto o fundamento do resultado desta avaliação no plano civil (a subtracção da capacidade de exercício) reside na tutela do próprio interdito ou inabilitado, no plano societário o que avulta é a *proteção da própria sociedade* contra as consequências nefastas da permanência no seu seio de alguém judicialmente reputado inepto para a gestão da sua própria esfera pessoal e patrimonial. Daí que, no plano societário, a *concretização* da exclusão fique na disponibilidade do órgão deliberativo-interno, consoante a livre ponderação que faça do carácter nocivo dessa permanência, uma vez que, à partida, *volenti non fit injuria*. Por último, dentro da mesma ordem de considerações, importa atender ao modo de participação na vida social que a declaração de interdição ou de inabilitação determina: deixará tal participação de se fazer, na esmagadora maioria dos casos[4], por ato pessoal e autónomo do sócio, passando a depender, respetivamente, da intervenção ou do consentimento do representante legal ou do curador cuja actuação lhe supre a incapacidade de exercício – sujeitos que são estranhos à sociedade e ao substrato pessoal em que assenta e cuja (de outro modo, forçosa) ingerência na vida societária também explica que o legislador repute inexigível que a aquela tenha de arcar com a continuidade do sócio.

No que diz respeito à exclusão com base na declaração judicial de insolvência (embora o art. 186º, 2, 2.ª parte, mantenha uma menção obsoleta à falência), a sua justificação no contexto particular da sociedade em nome colectivo atende ao *alcance da regra da responsabilidade* (subsidiária mas solidária) dos sócios pelas dívidas da sociedade (art.175º, 1), em conjugação com os efeitos da declaração de insolvência sobre o património do sócio – a situação de indisponibilidade que se passa a verificar em relação à massa insolvente[5] – arts. 81º, ss., do CIRE.

2.3. Impossibilidade de prestação do sócio de indústria

Prevê, enfim, o art. 186º, 1, c), a faculdade de excluir o sócio de indústria que se impossibilite de prestar à sociedade os serviços a que ficou obrigado. Trata-

---

[4] Ficando apenas de fora os atos jurídicos não negociais – art. 295º.
[5] MENEZES LEITÃO (1988), p. 71, s., reconduz mesmo este fundamento legal de exclusão ao incumprimento da prestação de crédito que sócio fazia à sociedade e que consistia na sua boa situação patrimonial.

-se da impossibilidade definitiva de cumprir a obrigação de entrada em indústria, modalidade admitida unicamente no quadro normativo da sociedade em nome coletivo[6]. E são, uma vez mais, os traços peculiares desse quadro que vão explicar porque se *prescinde*, aqui, de qualquer juízo sobre a imputabilidade ou gravidade do inadimplemento – ao contrário do que sucede com as restantes modalidades de obrigação de entrada, cujo incumprimento é sindicado, para efeitos de exclusão, através do art. 186º, 1, al. a).

Na verdade, o sócio de indústria encontra-se numa posição especial em face dos restantes – além de não haver contribuído com dinheiro ou outros bens susceptíveis de penhora para a primitiva constituição do património da sociedade (que satisfará, em primeira linha, as dívidas sociais, aumentando, portanto, a utilidade económica do benefício da excussão prévia dos sócios na razão direta da sua consistência), a regra é que, nas relações internas, o sócio de indústria não responde pelas perdas sociais (art. 178º, 2, e art. 20º, b). Dentro da lógica peculiar que preside à organização da sociedade em nome coletivo, semelhante disciplina de (algum) favor parece acentuar a importância da contribuição de indústria para a vida societária, importância que explicará, igualmente, que o legislador haja reputado inexigível à sociedade a manutenção no seu seio do sócio doravante impossibilitado (mesmo que sem culpa) de prestar os serviços a que estava obrigado.

2.4. Utilização indevida de informações societárias

No âmbito de uma sociedade em nome colectivo a resposta à questão de saber se e em que termos a utilização de informações sociais é susceptível de conduzir à exclusão do sócio é fornecida pelo art. 181º, 5. A norma atende, sobretudo, ao carácter *injusto* do prejuízo causado à sociedade ou aos outros sócios – por outras palavras, ao desvalor da conduta do sócio em face do fundamental *intuitu personae* que cimenta a corporação –, e não tanto à dimensão ou gravidade que o prejuízo ostente[7].

---

[6] Queremos com isto dizer que as entradas em indústria, admitidas tanto nas sociedades em nome coletivo (arts. 176º, 1, b), e 178º) como nas sociedades em comandita para os sócios comanditados (art. 468º), acabam, em virtude das remissões efectuadas pelos arts.465º, ss., para a disciplina das sociedades em nome coletivo, por ficar, no essencial, sujeitas ao mesmo regime jurídico.

[7] São, portanto, nítidas as diferenças face ao preceito (aparentemente) simétrico integrado na disciplina das sociedades por quotas – o art. 214º, 6. Sobre este específico fundamento de exclusão, cfr. *infra*, n.º 3 do comentário ao art. 241º.

2.5. Cláusula estatutária

Nas sociedades em nome coletivo, não existe qualquer tipo de restrição explícita à inclusão no pacto de específicas causas de exclusão de sócios (art. 186º, 1), mas nem por isso deixam de valer alguns dos limites geralmente apontados a este tipo de estipulações[8]. Assim, não serão, desde logo, admissíveis cláusulas de exclusão imotivada, discricionária ou *ad nutum*[9]. Por outro lado, há que atender ao próprio sentido e função do instituto da exclusão de sócio: numa sociedade em nome coletivo, a situação prevista nos estatutos tem que ser de molde a tornar *inexigível* à sociedade suportar a presença daquele sócio em virtude das consequências do *peso do elemento pessoal* na organização e funcionamento societários

3. Exercício do direito de exclusão de sócio

O exercício do direito de exclusão de sócio pode processar-se mediante simples deliberação ou exigir, além disso, o concurso de uma sentença judicial. Por via de regra, bastará a decisão da sociedade no sentido de exercer o direito, tomada no seio do órgão deliberativo-interno – como claramente resulta do art. 186º, 2. A lei fixa um prazo de 90 dias (sob pena de caducidade do direito de exclusão) a contar do conhecimento, por algum dos gerentes, do facto relevante e exige, para que a deliberação se considere aprovada, maioria de três quartos dos votos dos restantes sócios (sem contar, portanto, com o sócio excluendo), salvo se o contrato elevar ainda mais a fasquia do quórum deliberativo. Se o sócio excluendo (devidamente convocado) não compareceu à assembleia, a deliberação de exclusão deverá ser-lhe comunicada para que os respectivos efeitos se produzam[10].

A intervenção do tribunal no *iter* da exclusão é imposta pelo art. 186º, º 3, unicamente nos casos em que a sociedade em nome coletivo é *composta por apenas dois sócios* e se pretende decretar a exclusão de um deles com fundamento *em violação grave e imputável das obrigações sociais* (art. 186º, 1, a) *ou em impossibilidade de continuar a prestar os serviços a que ficou obrigado* (art. 186º, 1, c). *A contrario*, e mesmo que a sociedade tenha apenas dois sócios, *dispensa-se a decisão judicial* nos casos de exclusão com base em declaração de interdição, de

---

[8] Para maiores desenvolvimentos, cfr. *infra*, n.º 4 do comentário ao art. 241º.
[9] AVELÃS NUNES (1968) p. 239, s.; MENEZES LEITÃO (1988)p. 109, ss.; ou BRITO CORREIA (1989), p. 475.
[10] No mesmo sentido, AVELÃS NUNES, (1968), p. 319. Sobre a justificação desta comunicação, cfr. *infra* o n.º 6.2 do comentário ao art. 241º.

inabilitação ou de insolvência, e nas situações de exclusão fundadas em cláusula estatutária.

No que toca ao fundamento contemplado no art. 186º, 1, a), o legislador terá sido sensível ao melindre inerente à densificação de uma cláusula geral, mas de modo diferente do que sucede no contexto da sociedade por quotas. Aí, a tarefa é *sempre* cometida ao tribunal (art. 242º, 1). Aqui, apenas o é quando a sociedade seja composta unicamente por dois sócios. Pensamos que tanto a circunstância de se *dispensar* a mediação do tribunal quando a deliberação de exclusão dependa de mais do que um sócio, como a circunstância de se *exigir* essa mesma mediação sempre que a deliberação dependa do voto de um único sócio[11], se explicam pela mesma ordem de considerações. Só um inadimplemento que revista as características prescritas pelo art. 186º, 1, a) pode, à luz do *intuitus personae* que cimenta a sociedade em nome colectivo, conduzir à formulação de um juízo de desvalor (objetivo e subjetivo) sobre a conduta do sócio de intensidade suficiente para justificar que, à sociedade, se torne inexigível suportar a sua presença. Ora, atendendo ao *elemento pessoal* envolvido, terá o legislador reputado, em geral, preferível cometer, *prima facie*[12], aos próprios sócios a formulação de um tal juízo, dado estarem especialmente habilitados para o fazer. Do mesmo modo, terá também preferido acautelar, *ab initio*, uma mediação judicial que previna situações menos claras a coberto da ampla capa do *intuitus personae*, quando em condições de votar se encontre *um único sócio*.

No que respeita ao fundamento previsto no art. 186º, 1, al. c), julgamos que a exigência de uma sentença nos casos de *sociedade bipessoal* se prende com o melindre análogo da determinação, pelo outro sócio, da superveniência de uma autêntica impossibilidade definitiva da prestação de indústria.

Em suma, em ambas as hipóteses, a opção legislativa pela interposição do tribunal exprime a preocupação com a tutela do sócio excluendo *contra o potencial arbítrio* do outro. Melhor se deveria dizer: exprime a opção legislativa pela *imperatividade* desse controlo judicial – porque, na realidade, em todos os outros casos (*i.e.*, naqueles em que basta uma simples deliberação para excluir), o sócio excluído tem a ineludível *faculdade* de defender a sua posição pelo recurso à via judicial, fazendo sindicar a conformidade da deliberação com os pressupostos (legais e/ou contratuais) em que se alicerça.

---

[11] Pois os votos do excluendo não se contam – art. 186º, 2.
[12] *Prima facie*, uma vez que ao sócio excluído resta sempre a possibilidade de recorrer à via judicial para impugnar a deliberação.

O valor da contrapartida a pagar ao sócio excluído pela privação patrimonial da sua parte social é o previsto no art. 186º, 4, por remissão para o art. 105º, 2: o *valor contabilístico*, apurado em função do património líquido da sociedade à data da deliberação de exclusão. Dispõe o art. 186º, 5 que, caso a parte social não possa ser liquidada por obstáculo decorrente das regras de tutela do capital social, o sócio excluído mantém uma espécie de titularidade mitigada, reduzida ao direito aos lucros e à quota de liquidação, mas apenas até lhe ser efectuado (por essa ou por outra via) o pagamento da quantia a que tem direito pela perda da participação social.

Ao contrário do que sucede no regime das sociedades por quotas, o art. 186º não contempla expressamente a hipótese de o estatuto prever, na veste de pena convencional, uma *diminuição ou privação da quantia a receber* como contrapartida pela perda da participação social. Essa possibilidade – todavia genericamente prevista no art. 105º, 2, para o qual o art. 186º, 4, remete ("salvo estipulação diversa do contrato de sociedade") –parece ser de admitir em casos como os do art. 186º, 1, a) ou 181º, 5, mas temos dúvidas que se justifique (à luz dos próprios pressupostos que legitimam a fixação de penas convencionais) nas hipóteses das als. b) ou c) do art. 186º, 1.

ARTIGO 187º *
Destino da parte social extinta

1. Se a extinção da parte social não for acompanhada da correspondente redução do capital, o respetivo valor nominal acresce às restantes partes, segundo a proporção entre elas existente, devendo ser alterado, em conformidade, o contrato de sociedade.

2. Pode, porém, estipular-se no contrato de sociedade ou podem os sócios deliberar por unanimidade que seja criada uma ou mais partes sociais, cujo valor nominal total seja igual ao da que foi extinta, mas sempre para imediata transmissão a sócios ou a terceiros.

* A atual redação da norma do nº 1 foi dada pelo art. 2º do DL 76-A/2006, de 29 de março.

Índice
1. A exclusão do regime das partes sociais de indústria. A exclusiva aplicação às partes sociais de capital
2. Destino da parte social extinta
3. Desnecessidade de deliberação

Bibliografia
Citada:
CANNU, PAUL LE – "Les apports à une SARL et la libération du capital des sociétés à capital variable", RSoc, 2001, p. 633-643; LABAREDA, JOÃO – "Sobre a deliberação de amortização de quotas", in *Direito societário português – algumas questões*, Quid juris, Lisboa, 1998, p. 231-268; VENTURA, RAÚL – *Novos estudos sobre sociedades anónimas e sociedades em nome colectivo*, Almedina, Coimbra, 1994.

1. A exclusão do regime das partes sociais de indústria. A exclusiva aplicação às partes sociais de capital

O art. 187º vem regular o destino da parte social que tenha sido extinta na sequência da respetiva liquidação.

A primeira observação que importa fazer é a de que o regime desta norma não está pensado nem se aplica às participações sociais de indústria. Na verdade, se uma parte social de indústria for liquidada, ela é pura e simplesmente extinta sem que nomeadamente o respetivo valor acresça às partes dos restantes sócios[1].

---

[1] Outra solução careceria, aliás, de sentido. E isto é, de resto, o que resulta do próprio teor da norma do art. 187º, 1, que alude ao "valor nominal" da parte extinta – e, como é sabido, as partes de indústria

O regime do art. 187º é, pois, exclusivamente aplicável à extinção das partes sociais de capital.

2. Destino da parte social extinta

Liquidada a parte social de um sócio, poderá o capital social da sociedade[2] ser correspondentemente reduzido. Se não o for, prescreve o art. 187º, 1 que o valor nominal da parte social extinta deve acrescer proporcionalmente às partes sociais restantes.

Aparentemente clara, a norma suscita um problema de não fácil resposta que é o de saber se, havendo sócios de indústria, também estes participarão naquela destinação da parte extinta.

Considerando-se que os sócios de indústria podem participar num aumento de capital por incorporação de reservas[3] – por ser a forma de lhes assegurar que quinhoam, também nesta operação, nos lucros da sociedade – deve igualmente entender-se que eles têm direito a receber uma parcela do valor nominal da parte de capital extinta. Com efeito, a contrapartida devida ao sócio será paga pelo património social, pelo que é justo que a todos os sócios seja atribuído proporcionalmente o valor nominal da parte social extinta[4]. E esta é, de resto, a solução que resulta do texto da nossa lei, na medida em que se estatui que o valor nominal da parte extinta "acrescerá às restantes partes", sem distinguir entre partes de capital e de indústria.

O regime do art. 187º, 1 é, no entanto, um regime supletivo. O art. 187º, 2 expressamente admite que, no contrato de sociedade ou por deliberação unânime dos sócios[5], se possa estabelecer, em alternativa, a criação de uma ou

---

não têm propriamente valor nominal, embora lhes deva ser atribuído um valor para efeitos internos (cfr. art. 176º, 1, al. b)). É isso ainda o que resulta do texto do n.º 2 da referida norma que limita ao valor nominal da parte extinta o valor das novas partes sociais que eventualmente sejam criadas na sequência da operação. Com esta limitação o que se pretende é assegurar a neutralidade da operação relativamente à cifra do capital social (vide, com esta argumentação, RAÚL VENTURA (1994), p. 308). Ora, para este efeito, tal limitação seria absolutamente desnecessária – e, consequentemente, a norma supérflua – no caso de a participação liquidada ser uma parte de indústria, uma vez que estas não são contabilizadas no capital social (cfr. art. 178º, 1). Donde, aquela disposição legal só cobra sentido quando estão em causa partes sociais de capital.

[2] Já sabemos que estamos a tratar de uma parte de capital.

[3] Os sócios de indústria são, nesta medida, sócios de capital em potência. Vide PAUL LE CANNU (2001), p. 638, s..

[4] Não tendo as partes de indústria valor nominal, têm no entanto um valor que lhes é atribuído, nomeadamente para efeito de repartição dos lucros (cfr. art. 176º, 1, al. b)), que deverá ser o referente a tomar em consideração para este efeito de distribuição proporcional do valor nominal da parte social extinta.

[5] Nas SQ apenas se admite que o regime supletivo legal – de atribuição proporcional do valor nominal

mais partes sociais (cujo valor nominal global não pode exceder o valor da participação social extinta[6]) destinada(s) à imediata transmissão[7] a sócios ou terceiros. Raúl Ventura entende que esta disposição legal impõe, caso a sociedade opte por criar novas partes sociais, a obrigação de, na própria deliberação que cria a parte social se especificar o sócio ou terceiro a quem a mesma será transmitida, sob pena de tal deliberação ser inválida[8].

3. Desnecessidade de deliberação

Antes da reforma de 2006, estabelecia-se, para a hipótese prevista no nº 1 do art. 187º[9], a obrigação de os gerentes outorgarem a escritura pública de alteração do contrato, tendo-se por isso defendido, neste caso, a dispensa da necessidade de deliberação dos sócios para o efeito[10]. A referência àquela obrigação dos gerentes foi eliminada pelo DL 76-A/2006, pelo que se poderia pensar que se procedeu, nesta matéria, a uma alteração de regime. Não é, porém, assim. A referida alteração, para o aspeto de que agora cuidamos, é absolutamente irrelevante, porquanto com ela o que se pretendeu foi precipuamente eliminar a referência à escritura pública que constava da redação inicial da norma[11].

Ora, a lei estabelece – embora supletivamente – o destino que deve ser dado à parte extinta. Com efeito, nesta hipótese, os sócios poderão deliberar a correspondente redução do capital social ou a criação de uma ou mais partes sociais para imediata transmissão a sócios ou a terceiros (cfr. art. 187º, 1 e 2). Na ausência de uma destas deliberações, deverão os gerentes – sem necessidade de qualquer deliberação habilitante para o efeito – promover a alteração do pacto, por forma a que o valor nominal da parte extinta acresça proporcionalmente às restantes partes sociais[12].

---

da quota pelos restantes sócios – seja afastado por cláusula contratual (cfr. art. 237º, 3).
[6] Vide, a este propósito, o que ficou dito *supra* na nota 1.
[7] Não se admite, pois, nas SENC solução idêntica à prevista para as SQ, de a quota figurar no balanço como quota amortizada (cfr. art. 237º, 3).
[8] Cfr. RAÚL VENTURA (1994), p. 308, A. que defende ainda a invalidade da deliberação se a mesma não contiver a justificação para aquela opção.
[9] A hipótese de a extinção da parte social não ser acompanhada da correspondente redução do capital social e o valor nominal da parte extinta acrescer proporcionalmente às restantes partes sociais.
[10] Cfr. RAÚL VENTURA (1994), p. 307.
[11] Como é sabido, para além das alterações em matéria de estruturação orgânica, uma das principais finalidades daquela reforma de 2006 foi a desformalização dos atos societários.
[12] Vide *supra* anotação 2 a este artigo.

ARTIGO 188º
Liquidação da parte

1. Em caso algum é lícita a liquidação da parte em sociedade ainda não dissolvida se a situação líquida da sociedade se tornasse por esse facto inferior ao montante do capital social.
2. A liquidação da parte efetua-se nos termos previstos no artigo 1021º do Código Civil, sendo a parte avaliada nos termos do artigo 105º, nº 2, com referência ao momento da ocorrência ou eficácia do facto determinante da liquidação.

Índice
1. Casos de liquidação da parte social
2. O princípio da intangibilidade do capital social
3. Contrapartida devida ao sócio

Bibliografia
Citada:
ABREU, J. M. COUTINHO DE – *Curso de direito comercial*, vol. II., *Das sociedades*, 5ª ed., Almedina, Coimbra, 2015; FRADA, M. CARNEIRO DA – "Artigo 188º", em *Código das Sociedades Comerciais anotado*, Almedina, Coimbra, 2011, p. 597; DOMINGUES, PAULO DE TARSO – *Variações sobre o capital social*, Almedina, Coimbra, 2009; LABAREDA, JOÃO – "Sobre a deliberação de amortização de quotas, in *Direito societário português – algumas questões*, Quid juris, Lisboa, 1998, p. 231-268; VENTURA, RAÚL – *Sociedades por quotas*, vol. 1, Almedina, Coimbra, 1989, *Novos estudos sobre sociedades anónimas e sociedades em nome colectivo*, Almedina, Coimbra, 1994, p. 308-311.

1. Casos de liquidação da parte social
A liquidação da parte social – que se traduz na extinção da participação social – está legalmente prevista nos casos de falecimento (art. 184º), exoneração (art. 185º) e exclusão de sócio (art. 186º) e ainda na hipótese em que o credor do sócio a requer (art. 183º, 2).

No contrato de sociedade[1] podem estabelecer-se outros fundamentos, para além dos legalmente previstos, nada impedindo que, ao abrigo da autonomia

---
[1] Cfr. arts. 185º e 186º.

privada, a liquidação da parte possa ainda resultar do acordo entre a sociedade e o sócio titular da parte social que se pretende extinguir[2].

2. O princípio da intangibilidade do capital social

Embora o regime de tutela do capital social não assuma, nas SENC, a mesma intensidade que nas sociedades de capitais (SA e SQ), uma vez que nas sociedades de pessoas, a primordial função que tradicionalmente é atribuída ao capital social – de garantia de credores – se encontra em grande medida assegurada pela responsabilidade pessoal e ilimitada dos sócios[3], a verdade é que o nosso legislador estabeleceu, também para as SENC, a proibição de liquidação da parte social, caso a mesma ponha em causa o princípio da intangibilidade ou da conservação do capital social. Com efeito, estabelece o art. 188º, 1 que "em caso algum é lícita a liquidação da parte (...) se a situação líquida da sociedade se tornasse por esse facto inferior ao montante do capital social"[4].

A norma esclarece que este regime não será, no entanto, aplicável se a sociedade se encontrar dissolvida. É uma solução que sem dificuldade se compreende: estando a sociedade dissolvida, não há, neste caso, que assegurar qualquer valor mínimo para o património social, uma vez que ela irá ser liquidada[5].

Se for deliberada uma liquidação da parte social[6], em violação do princípio da intangibilidade, tal deliberação – uma vez que o seu conteúdo viola normas injuntivas – será nula, nos termos do art. 56º, 1, d)[7].

A norma do art. 188º é, contudo, extremamente parcimoniosa no que toca ao regime aplicável à liquidação da parte social. Haverá, por isso, que buscar grande parte do respetivo regime ao paralelo caso da amortização de quotas[8].

Assim, deve entender-se que a situação de integridade do capital social se deve verificar não só na data na deliberação, mas também na data do vencimento da obrigação de pagamento, sob pena de a liquidação da parte ficar sem efeito. Na verdade, justifica-se que o resultado que se visa prevenir (a diminui-

---

[2] É essa, p. ex., também a solução prevista para o caso paralelo da amortização de quotas nas SQ (cfr. art. 233º, 1).
[3] Sobre a questão, vide TARSO DOMINGUES (2009), p. 65, s..
[4] É solução idêntica à prevista no art. 236º para a amortização de quotas, com a diferença de no art. 188º não se fazer a ressalva da reserva legal, uma vez que esta não está prevista para as SENC.
[5] Cfr. RAÚL VENTURA (1994), p. 309.
[6] Sobre a necessidade de deliberação para este efeito, vide anotação 3. ao art. 187º, neste volume.
[7] Assim também, para o caso da amortização de quotas, COUTINHO DE ABREU (2015), p. 375; RAÚL VENTURA (1989), p. 736; e LABAREDA (1998), p. 267.
[8] Cfr. arts. 232º, s..

ção do património social abaixo do capital social) seja acautelado em qualquer momento da vida societária. Esta é a solução que para a amortização das quotas resulta expressamente do art. 236, 3[9] e que, de alguma forma, também se extrai da letra da norma deste art. 188º, ao prescrever a ilicitude da operação quando "a situação líquida da sociedade se tornasse por esse facto inferior ao montante do capital social"[10].

No artigo 236º, 2 exige-se – para a amortização da quota – que a deliberação mencione expressamente que o princípio da intangibilidade do capital social não é posto em causa com a operação, solução que Raúl Ventura considera igualmente aplicável à liquidação da parte social[11].

Finalmente, deve igualmente considerar-se que na operação de liquidação da parte social é possível proceder à redução do capital social, de forma a que, sem violação do princípio da intangibilidade, se possam libertar os meios necessários ao pagamento da contrapartida devida ao sócio[12].

3. Contrapartida devida ao sócio

Sendo liquidada a parte social, o sócio tem direito ao recebimento do seu valor[13], o qual deve corresponder – nos termos do art. 188º, 2 – ao valor real da participação social. Com efeito, esta norma determina que a avaliação da parte social seja efetuada nos termos do art. 1021º CCiv. e 105º, 2[14], pelo que a mesma deve ser realizada por um ROC – designado por mútuo acordo ou, na falta deste, por um ROC independente designado pela respetiva Ordem –, tendo em conta a situação patrimonial da sociedade[15].

---

[9] Nesta hipótese, o interessado poderá optar pela amortização/liquidação parcial da participação social ou esperar pelo pagamento da contrapartida (cfr. art. 236º, 4 e 5); se, pelo contrário, pretender que a amortização/liquidação fique sem efeito, deverá devolver à sociedade as quantias já recebidas (cfr. art. 236º, 3, *in fine*).

[10] Não se referindo, portanto, a lei apenas ao momento da deliberação.

[11] Cfr. RAÚL VENTURA (1994), p. 309-310. Este A. considera que a falta desta menção determinará a nulidade da deliberação – vide RAÚL VENTURA (1989), p. 736; em sentido diferente, considerando que aquela omissão consubstancia um vício de procedimento que determina a mera anulabilidade da deliberação, veja-se TARSO DOMINGUES (2009), p. 527, nt. 2150.

[12] É o regime expressamente admitido, para a amortização de quota, no art. 236º, 1, *in fine*. No mesmo sentido, vide RAÚL VENTURA (1994), p. 309.

[13] Outra solução seria, de resto, inconstitucional. Assim também, CARNEIRO DA FRADA (2011), p. 597.

[14] O que consubstancia uma redundância, dado que o art. 105º, 2, por sua vez, já determina a aplicação do regime do art. 1021º CCiv.. Cfr. RAÚL VENTURA (1994), p. 310.

[15] As regras para a determinação da contrapartida a pagar ao sócio estão previstas nos arts. 1021º e 1118º CCiv..

Quanto ao momento relevante para a determinação do valor da parte social é ele o "da ocorrência ou eficácia do facto determinante da liquidação" (art. 188º, 2, *in fine*). Isto significa que esse momento será, consoante os casos, o do falecimento do sócio (art. 184º, 1), o da produção de efeitos da comunicação por parte do sócio da vontade de se exonerar (nos termos do art. 185º, 4), o da deliberação de exclusão (art. 186º, 2) ou o da notificação à sociedade do requerimento do credor para que proceda à liquidação da parte social (art. 183º, 2).

ARTIGO 188º-A
Registo de partes sociais

Ao registo de partes sociais aplica-se, com as necessárias adaptações, o disposto quanto ao registo de quotas.

Redacção aditada pelo Decreto-Lei nº 76-A/2006, de 29 de março.

O art. 188º-A foi mais um dos preceitos introduzidos pelo DL 76-A/2006, de 29 de Março, responsável por uma extensíssima reforma do direito societário, sem que lhe tenha escapado o regime jurídico do registo de factos relativos a partes sociais e quotas.

Não cremos que este seja um preceito que dê lugar a dúvidas de interpretação na medida em que funciona como uma norma remissiva – o registo de factos relativos a partes sociais far-se-á segundo o regime constante dos arts. 242º-A a 242º-F, com as necessárias adaptações.

Os factos relativos a partes sociais sujeitos a registo estão elencados no art. 3º CRCom.: "*c)* a unificação, divisão e transmissão (...) de partes sociais"; "*d)* a promessa de alienação ou de oneração de partes de capital de sociedades em nome coletivo (...), bem como os pactos de preferência, se tiver sido convencionado atribuir-lhes eficácia real, e a obrigação de preferência a que, em disposição de última vontade, o testador tenha atribuído igual eficácia"; "*e)* a transmissão de partes sociais de sociedades em nome coletivo, (...) a constituição de direitos reais de gozo ou de garantia sobre elas e a sua transmissão, modificação e extinção, bem como a penhora dos direitos aos lucros e à quota de liquidação"; "*g)* a exoneração e exclusão de sócios de sociedades em nome coletivo e de sociedades em comandita, bem como a extinção de parte social por falecimento do sócio e a admissão de novos sócios de responsabilidade ilimitada".

Estão estes factos sujeitos a um registo *por depósito*, que é *obrigatório* (à excepção do que se lê naquela al. *d)*, o que se compreende dado que não pode atribuir-se obrigatoriedade à vontade de conceder eficácia real a um direito obrigacional), sendo o prazo para a sua promoção de dois meses – art. 15º, 1, 2 CRCom.. Estando embora desprovido de presunção de verdade (o art. 11º CRCom. vale apenas para o registo por transcrição), está este registo dotado dos efeitos da oponibilidade (art. 14º CRCom.) e da prioridade (art. 12º CRCom.).

É à sociedade que pertence a legitimidade para promover o registo dos factos relativos a partes sociais, estando apenas dependente de um pedido de promoção do registo – condição de eficácia perante ela (art. 242º-A) – para os factos em que não teve qualquer forma de intervenção (art. 242º-B, 1, 2). Além de que o legislador a incumbiu de assegurar o cumprimento do princípio da legalidade, por análise do título e da situação registal da parte, antes de promover o depósito dos documentos (arts. 242º-C, 242º-D e 242º-E). Atuará, assim, simultaneamente, como intermediária entre os titulares de direitos sobre as partes sociais e o Registo Comercial e como fiscalizadora da legalidade. Finalmente, ainda será tarefa da sociedade assegurar o cumprimento dos encargos de natureza fiscal (art. 242º-D). Para completar o círculo, a sociedade em nome colectivo, como a sociedade por quotas, será responsável pelos danos causados aos titulares de direitos sobre as partes ou a terceiros, por ação ou por omissão, salvo prova da culpa do lesado (art. 242º-F).

São estes, pois, os traços gerais do novo regime do registo de partes sociais. Permitimo-nos remeter, para mais desenvolvimentos, para os comentários aos arts. 242º-A, s., sendo certo que os problemas de certeza e de segurança jurídica que já se identificaram sobejamente quanto às quotas se repetem para as partes sociais.

CAPÍTULO II
DELIBERAÇÕES DOS SÓCIOS E GERÊNCIA

ARTIGO 189º
Deliberações dos sócios

1. Às deliberações dos sócios e à convocação e funcionamento das assembleias gerais aplica-se o disposto para as sociedades por quotas em tudo quanto a lei ou o contrato de sociedade não dispuserem diferentemente.
2. As deliberações são tomadas por maioria simples dos votos expressos, quando a lei ou o contrato não dispuserem diversamente.
3. Além de outros assuntos mencionados na lei ou no contrato, são necessariamente objeto de deliberação dos sócios a apreciação do relatório de gestão e dos documentos de prestação de contas, a aplicação dos resultados, a resolução sobre a proposição, transação ou desistência de ações da sociedade contra sócios ou gerentes, a nomeação de gerentes de comércio e o consentimento referido no artigo 180º, nº 1.
4. Nas assembleias gerais o sócio só pode fazer-se representar pelo seu cônjuge, por ascendente ou descendente ou por outro sócio, bastando para o efeito uma carta dirigida à sociedade.
5. As atas das reuniões das assembleias gerais devem ser assinadas por todos os sócios, ou seus representantes, que nelas participaram.

Índice
1. Competência deliberativa dos sócios
2. Formas de deliberação
    2.1. Enunciado
    2.2. Assembleias gerais
    2.3. Representação voluntária de sócios
    2.4. Maiorias e unanimidade
3. Atas

Bibliografia
a) Citada:
ABREU, J. M. COUTINHO DE – *Governação das sociedades comerciais*, 2ª ed., Almedina, Coimbra, 2010, "Artigo 53º", "Artigo 54º", e "Artigo 63º", em *Código das Sociedades Comerciais em comentário* (coord. de Coutinho de Abreu), vol. I, Almedina, Coimbra, 2010ª, p. 636--641, 642-647, 711-720; VENTURA, RAÚL – *Novos estudos sobre sociedades anónimas e sociedades em nome colectivo*, Almedina, Coimbra, 1994.

b) Outra:

CAEIRO, ANTÓNIO – "As sociedades de pessoas no Código das Sociedades Comerciais", Coimbra, 1988 (separata do n.º especial do BFD – *Estudos em homenagem ao Prof. Doutor Eduardo Correia*); OLAVO, FERNANDO – "Sociedade em nome colectivo – Ensaio de anteprojecto", BMJ, n.º 179 (1968), p. 15-37.

1. Competência deliberativa dos sócios

Segundo o n.º 3 do art. 189º, certos assuntos mencionados na lei são necessariamente objeto de deliberação dos sócios.

O mesmo n.º 3 indica alguns: apreciação do relatório de gestão e dos documentos de prestação de contas (elaborados e apresentados, normalmente, pela gerência – cfr. arts. 65º, s.), aplicação dos resultados (proposta de aplicação deve constar do relatório de gestão: art. 66º, 5, f))[1], propositura, transação ou desistência de ações da sociedade contra sócios ou gerentes, nomeação de gerentes de comércio (cfr. arts. 248º, s. do CCom.), consentimento para que sócio possa exercer atividade concorrente ou ser sócio de responsabilidade ilimitada em outra sociedade.

A lei menciona em outros locais assuntos que devem ser submetidos a deliberação dos sócios. Para não sair do título do CSC dedicado às sociedades em nome coletivo, e de modo exemplificativo: arts. 186º, 1 e 2 (exclusão de sócio)[2], 191º, 2 (designação de gerentes não sócios), 5 e 6 (destituição de gerentes)[3], 192º, 3 (ratificação de negócios celebrados pelos gerentes mas com falta de poderes) e 5 (fixação das remunerações dos gerentes), 194º, 1 (alterações estatutárias, fusão, cisão, transformação).

Se um ou mais gerentes desrespeitarem a competência deliberativa necessária dos sócios, sanções várias, consoante os casos, são aplicáveis. Por exemplo, nulidade de atos, ineficácia ou não vinculação, possibilidade de destituição com justa causa.

---

[1] Quando todos os sócios sejam gerentes (como é normal que sejam: art. 191º, 1) e todos assinem sem reservas o relatório de gestão e demais documentos de prestação de contas, são desnecessárias deliberações de aprovação dos sócios (enquanto tais, somente nessa qualidade). Aplicar-se-á, por analogia, o n.º 2 do art. 263º. Substancialmente, temos deliberações (dos sócios, também) unânimes por escrito.
[2] Mas v. n.º 3 (exclusão decretada pelo tribunal, quando a sociedade tenha apenas dois sócios).
[3] Mas v. n.ºs 4 e 7 (destituição judicial).

Ainda segundo o n.º 3 do art. 189º, também o estatuto da sociedade pode atribuir competência deliberativa aos sócios. Designadamente em matérias de gestão[4]. O estatuto pode prever a possibilidade de os sócios deliberarem orientações sobre a política empresarial geral da sociedade ou sobre políticas setoriais, bem como a necessidade de prévio consentimento dos sócios para a prática, pelos gerentes, de determinadas categorias de atos[5].[6]

Tal como se reconhece para as sociedades por quotas (cfr. art. 259º), também os sócios de sociedade em nome coletivo (tipo societário mais personalístico) têm o direito de – *por sua iniciativa e independentemente de previsão estatutária*[7] – dar instruções genéricas ou específicas aos gerentes em assuntos de gestão da atividade social[8].

2. Formas de deliberação
2.1. Enunciado

Aplicando-se em geral às deliberações dos sócios de sociedade em nome coletivo o disposto para as sociedades por quotas (art. 189º, 1), são possíveis *as quatro formas* previstas no Código: deliberações em assembleia geral convocada, deliberações em assembleia universal, deliberações unânimes por escrito e deliberações tomadas por voto escrito (cfr. art. 247º, 1)[9].

2.2. Assembleias gerais

Também "à convocação e funcionamento das assembleias gerais aplica-se o disposto para as sociedades por quotas [art. 248º (que remete ainda para normas respeitantes às sociedades anónimas) e seguintes] em tudo quanto a lei [arts. 189º, 2, 4, 5, 190º] ou o contrato de sociedade não dispuserem diversamente": art. 189º, 1.

Assim, *a convocação* das assembleias gerais compete, em regra, a qualquer gerente (art. 248º, 3); em casos especiais, compete ao tribunal (arts. 248º, 1, 2,

---

[4] Ressalvados, claro, os poderes imperativa e especificadamente atribuídos por lei aos gerentes.
[5] As limitações estatutárias aos poderes dos gerentes decorrentes da necessidade de prévio consentimento ou autorização dos sócios são oponíveis a terceiros – cfr. art. 192º, 2.
[6] Contudo, não será lícita a cláusula estatutária que atribua aos sócios praticamente todo o poder decisório em assuntos de gestão, fazendo da gerência um órgão crassamente executivo – cfr. COUTINHO DE ABREU (2010), p. 56 (embora especificadamente para as sociedades por quotas).
[7] Sempre com ressalva dos poderes atribuídos por lei aos gerentes.
[8] Neste sentido, RAÚL VENTURA (1994), p. 316 . Note-se que estas limitações aos poderes dos gerentes já não são oponíveis a terceiros (cfr. art. 192º, 2).
[9] Cfr. tb. COUTINHO DE ABREU (2010ª), p. 639, 643, s..

375º, 6, 377º, 1, 378º, 4); a *convocatória* consiste, pelo menos, em carta registada, expedida com antecedência mínima de quinze dias (art. 248º, 3); *qualquer sócio* tem direito de requerer (a gerente(s)) a convocação de assembleia e a inclusão de assuntos na ordem do dia de assembleia já convocada ou a convocar (arts. 248º, 2, 375º, 2 e s., 378º); a convocatória deve conter *certas menções*, designadamente elementos de identificação da sociedade, indicação do lugar, dia e hora da reunião e a ordem do dia (arts. 248º, 1, 377º, 5, a), b), e), 6, 8); salvo disposição diversa do estatuto social, a *presidência* de cada assembleia pertence ao sócio nela presente que possuir ou representar maior participação social, preferindo-se, em igualdade de circunstâncias, o mais velho (art. 248º, 4); *nenhum sócio pode ser privado do direito de participar* em assembleia geral, ainda que esteja impedido de exercer o direito de voto (art. 248º, 5); um sócio *não pode votar* nem por si, nem por representante, nem em representação de outrem quando, relativamente à matéria da deliberação, se encontrar em situação de *conflito de interesses* com a sociedade (art. 251º)[10].

2.3. Representação voluntária de sócios

A representação não é permitida em deliberações por voto escrito (art. 249º, 1). É permitida nas demais.

Nas *assembleias gerais*, o sócio só pode fazer-se representar pelo cônjuge, por ascendente ou descendente ou por outro sócio, bastando como instrumento de representação "uma carta dirigida à sociedade" (art. 189º, 4), isto é, parece, dirigida a gerente(s) – a sociedade é representada, ativa e passivamente, pelos gerentes, em regra por qualquer gerente (arts. 192º, 1, 2 193º, 1)[11].[12]

Nas deliberações *unânimes por escrito*, os representantes possíveis serão os indicados no art. 189º, 4. E têm de ser expressamente autorizados para participar em tais deliberações (art. 54º, 3).

2.4. Maiorias e unanimidade

"As deliberações são tomadas por maioria simples dos votos expressos, quando a lei ou o contrato não dispuserem diversamente" (nº 2 do art. 189º).

---

[10] Para mais, v. nºs seguintes.
[11] Seria preferível a solução do art. 249º, 4: carta dirigida ao presidente da assembleia.
[12] V. ainda o art. 54º, 3.

A regra, portanto, é a da *maioria simples* dos votos "expressos" ou emitidos, não se considerando como expressos as abstenções (cfr. art. 250º, 3). Mas há excepções legais (e é possível havê-las nos estatutos).

A lei exige *unanimidade* para deliberações de: consentimento para sócio poder concorrer ou participar com responsabilidade ilimitada em outra sociedade (arts. 180º, 1, 189º, 3); criação de uma ou mais partes sociais em vez de parte social extinta (art. 187º, 2); designação de não-sócios como gerentes (art. 191º, 2); ratificação de negócios celebrados com falta de poderes (art. 192º, 3); admissão de novo sócio (art. 194º, 2).

A exclusão de sócio deve ser deliberada por *três quartos* dos votos dos restantes sócios, se o estatuto não exigir maioria mais elevada (art. 186º, 2).

Alterações estatutárias, fusão, cisão, transformação e dissolução devem ser deliberadas por unanimidade, salvo se o estatuto permitir maioria, que não pode ser inferior a três quartos dos votos emissíveis (art. 194º, 1).[13]

3. Atas

O nº 5 do art. 189º refere-se somente às atas "das reuniões das assembleias gerais" – e só às atas particulares[14]. É um preceito supérfluo. Pois repete outro preceito para que o art. 189º, 1, já remeteria: o do art. 248º, 6.

Não são apenas as deliberações adoptadas em assembleia geral que devem ser registadas em ata. Também as deliberações por voto escrito (arts. 247º, 6, 59º, 2, b)). Somente as deliberações unânimes por escrito não têm de ser exaradas em ata.[15]

---

[13] À ineficácia, nulidade e anulabilidade das deliberações são aplicáveis, está bem de ver, os arts. 55º, s..
[14] São possíveis também as atas notariais – v. COUTINHO DE ABREU (2010ª), p. 713, s..
[15] Sobre isto, e mais, v. *últ. ob. e loc. cits.*.

ARTIGO 190º
Direito de voto
1. A cada sócio pertence um voto, salvo se outro critério for determinado no contrato de sociedade, sem, contudo, o direito de voto poder ser suprimido.
2. O sócio de indústria disporá sempre, pelo menos, de votos em número igual ao menor número de votos atribuídos a sócios de capital.

Índice
1. Regra
2. Critérios estatutários
3. Mínimos garantidos aos sócios de indústria

Bibliografia
a) Citada:
ABREU, J. M. COUTINHO DE – *Curso de direito comercial*, vol. II – *Das sociedades*, 5ª ed., Almedina, Coimbra, 2015.

b) Outra:
CAEIRO, ANTÓNIO – "As sociedades de pessoas no Código das Sociedades Comerciais", Coimbra, 1988 (separata do nº especial do BFD – *Estudos em homenagem ao Prof. Doutor Eduardo Correia*); OLAVO, FERNANDO – "Sociedade em nome colectivo – Ensaio de anteprojecto", BMJ, nº 179 (1968), p. 15-37.

1. Regra
Todo o sócio de sociedade em nome coletivo *tem direito de voto*: poder de participar na adoção de deliberações emitindo votos – declarações de vontade que formam ou contribuem para formar as deliberações.

Cada sócio tem *pelo menos um voto*. E se o estatuto social não dispuser diferentemente, a cada sócio, seja de capital ou de indústria, e seja qual for o valor da parte de capital ou da indústria ou trabalho, pertence um voto. Rege aqui, portanto, o *princípio personalístico ou democrático*[1], contraposto ao princípio capitalístico ou proporcional, que vigora nos demais tipos societários (arts. 250º, 1, 384º, 1, 472º, 2)[2].

---
[1] Tal como nas cooperativas de primeiro grau, em regra (arts. 40º, 1, e 41º, do CCoop.).
[2] Cfr. COUTINHO DE ABREU (2015), p. 223.

2. Critérios estatutários

O estatuto social pode, no entanto, estabelecer outros critérios de atribuição dos votos.

Pode, por exemplo, atribuir um voto por cada cêntimo ou euro do valor nominal da parte de capital e/ou do valor atribuído à indústria ou trabalho com que os sócios contribuam. E não está vedada a possibilidade de atribuição, a título de direito especial (art. 24º, 1, 2, 5), de voto duplo a um ou mais sócios[3].

3. Mínimos garantidos aos sócios de indústria

Vigorando a regra (um sócio/um voto), cada sócio de indústria terá, como cada sócio de capital, direito a um voto. Se o estatuto social derrogar a regra, estabelecendo outro ou outros critérios, terá de obedecer ao comando do nº 2 do art. 190º: cada sócio de indústria terá, pelo menos, número de votos igual ao menor número de votos atribuídos a sócio(s) de capital.

---

[3] Cfr. art. 250º, 2.

ARTIGO 191º *
Composição da gerência

1. Não havendo estipulação em contrário e salvo o disposto no nº 3, são gerentes todos os sócios, quer tenham constituído a sociedade, quer tenham adquirido essa qualidade posteriormente.
2. Por deliberação unânime dos sócios podem ser designadas gerentes pessoas estranhas à sociedade.
3. Uma pessoa coletiva sócia não pode ser gerente, mas, salvo proibição contratual, pode nomear uma pessoa singular para, em nome próprio, exercer esse cargo.
4. O sócio que tiver sido designado gerente por cláusula especial do contrato de sociedade só pode ser destituído da gerência em ação intentada pela sociedade ou por outro sócio, contra ele e contra a sociedade, com fundamento em justa causa.
5. O sócio que exercer a gerência por força do disposto no nº 1 ou que tiver sido designado gerente por deliberação dos sócios só pode ser destituído da gerência por deliberação dos sócios, com fundamento em justa causa, salvo quando o contrato de sociedade dispuser diferentemente.
6. Os gerentes não sócios podem ser destituídos da gerência por deliberação dos sócios, independentemente de justa causa.
7. Se a sociedade tiver apenas dois sócios, a destituição de qualquer deles da gerência, com fundamento em justa causa, só pelo tribunal pode ser decidida, em ação intentada pelo outro contra a sociedade.

* A epígrafe e a redação deste artigo foram alteradas pelo DL 280/87, de 8 de julho.

Índice

1. O órgão de administração e representação das sociedades em nome coletivo é a gerência
2. Todos os sócios são em princípio gerentes se não houver estipulação em contrário
3. As pessoas coletivas sócias não podem ser gerentes
4. Os gerentes estranhos à sociedade
5. A destituição de gerente
   5.1. O gerente sócio
   5.2. O gerente sócio designado por cláusula especial do contrato de sociedade
   5.3. A sociedade com apenas dois sócios
   5.4. O gerente não sócio

Bibliografia
Citada:
ABREU, COUTINHO DE – *Curso de direito comercial*, II, 5ª ed., Almedina, Coimbra, 2015; *Governação das sociedades comerciais*, 2ª ed., Almedina, Coimbra, 2010; ANDRADE

MANUEL DE – *Teoria geral da relação jurídica*, vol. I, Almedina, Coimbra, 1983; ANTHERO, ADRIANO – *Comentario ao Codigo Commercial Portuguez*, Artes & Letras, Porto, 1913; CAEIRO, ANTÓNIO – "O projecto de Código das Sociedades. Parte Geral. Sociedade em nome colectivo", *RDE*, 10º/11º, 1984/1985, p. 53-86, *As sociedades de pessoas no Código das Sociedades Comerciais*, Separata do número especial do *BFD* – Estudos em Homenagem ao Prof. Doutor Eduardo Correia – 1984, Coimbra, 1988; CORDEIRO, MENEZES – *Da responsabilidade civil dos administradores das sociedades comerciais*, Lex, Lisboa, 1997, *Manual de direito das sociedades. II. Das sociedades em especial*, 2ª ed., Almedina, Coimbra, 2007; CORREIA, FERRER – *Lições de direito comercial*, vol. II, João Abrantes, Coimbra, 1968; CUNHA, PAULO DE PITTA E – "Pessoas colectivas designadas administradores de sociedades anónimas", O Direito, 125º, I-II, 1993, p. 221-227; CUNHA, PAULO OLAVO – "Designação de pessoas colectivas para os órgãos de sociedades anónimas e por quotas", *DSR*, 2009, 1, p. 165-213; FRADA, CARNEIRO DA – "Artigo 191º", *Código das Sociedades Comerciais anotado*, (coord. de Menezes Cordeiro), 2ª ed., Almedina, Coimbra, 2011, p. 600-601; FURTADO, PINTO – *Código Comercial anotado. Vol. II. Das sociedades em especial. Tomo I. Artigos 151º a 178º*, Almedina, Coimbra, 1986, *Código das Sociedades Comerciais anotado*, 5ª ed., Petrony, Lisboa, 2007; GONÇALVES, CUNHA – *Comentário ao Código Comercial Português*, vol. I, Empreza Editora J. B., Lisboa, 1914; LABAREDA, JOÃO – "Da designação de pessoas colectivas para cargos sociais em sociedades comerciais", *Direito societário português – algumas questões*, Quid Iuris?, Lisboa, 1998, p. 9-59, "Adenda", *Direito societário português – algumas questões*, Quid Iuris?, Lisboa, 1998, p. 61-63; LEITÃO, MENEZES – "Contrato de sociedade civil", in CORDEIRO, MENEZES (coord.), *Direito das obrigações*, 3º. vol., AAFDL, Lisboa, 1991, p. 97-184; LIMA, PIRES DE/VARELA, ANTUNES – *Código Civil anotado*, II, 3ª ed., Coimbra Editora, Coimbra, 1986; MARTINS, ALEXANDRE DE SOVERAL – *Os poderes de representação dos administradores de sociedades anónimas*, Coimbra Editora, Coimbra, 1998, "Da personalidade e capacidade jurídicas das sociedades", in J. M. COUTINHO DE ABREU (coord.), *Estudos de direito das sociedades*, 12ª ed., Almedina, Coimbra, 2015, p. 85-112; SERENS, NOGUEIRA – "Pessoas colectivas – administradores de sociedades anónimas?", *RB*, nº 30, 1994, p. 75-91; VENTURA, RAÚL – *Estudos sobre sociedades anónimas e sociedades em nome colectivo*, Almedina, Coimbra, 1994.

1. O órgão de administração e representação das sociedades em nome coletivo é a gerência

As sociedades comerciais não possuem um organismo "fisio-psíquico"[1], pelo que necessitam de alguém que intervenha por elas e no seu interesse, for-

---
[1] MANUEL DE ANDRADE (1983), p 114.

mando e manifestando a vontade social[2]. Nas sociedades em nome coletivo, a administração e representação compete à gerência. Esse órgão necessário da sociedade pode ser singular ou plural. Contudo, como a sociedade em nome coletivo deve ter pelo menos dois sócios[3], em regra a gerência tem uma composição plural. Isto porque, como se lê no art. 191º, 1, em princípio serão gerentes todos os sócios.

Órgão de administração e representação é a gerência e não os seus membros. Isto, pelo menos, se entendermos que órgãos são "centros institucionalizados de poderes funcionais a exercer por pessoa ou pessoas com o objectivo de formar e/ou exprimir vontade juridicamente imputável às sociedades"[4].

Tem sido discutida a natureza da relação que se estabelece entre a sociedade e os membros do seu órgão de administração. Existe ou não um contrato entre a sociedade o seu gerente? Se existe, que contrato é esse? E se não existe, o que temos então? Um negócio unilateral e uma condição de eficácia? A relação tem natureza diferente consoante a modalidade da designação[5]?

Pela nossa parte julgamos que, se a designação do gerente de sociedade em nome coletivo tem lugar através de deliberação dos sócios, a relação que surge tem na base simultaneamente um negócio unilateral (a designação pela deliberação) e um contrato[6]. A comunicação da designação ao designado contém, pelo menos tacitamente, uma proposta contratual, que o designado aceita ou não. E nada impede que mesmo antes da designação tenha lugar a celebração do contrato entre a sociedade e a pessoa a designar, embora sujeito a condição suspensiva[7]. Tal contrato será um contrato de emprego de direito comum, enquanto modalidade do contrato de prestação de serviços[8], a que não repugna chamar contrato de administração. Naturalmente que, se o sócio é gerente por

---

[2] ALEXANDRE DE SOVERAL MARTINS (2015), p. 103.
[3] Art. 7º, 2.
[4] COUTINHO DE ABREU (2015), p. 62. Para a distinção entre *Organ* e *Organträger*, ALEXANDRE DE SOVERAL MARTINS (1997), p. 48, nt. 84.
[5] Sobre o tema, e com referência às várias possibilidades discutidas pela doutrina, cfr., por todos, ALEXANDRE DE SOVERAL MARTINS (1998), p. 55-59, COUTINHO DE ABREU (2015), p. 534-537 (2010), p. 72 e ss., e bibliografia aí citada. Para uma outra leitura quanto às sociedades anónimas, v. o comentário ao art. 391º.
[6] FERRER CORREIA (1968), p. 330, s..
[7] Parecendo estar a pensar nesta solução, COUTINHO DE ABREU (2015), p. 536.
[8] Sobre as influências germânicas desta leitura, ALEXANDRE DE SOVERAL MARTINS (1998), p. 58-59.

força da lei (art. 191º, 1), não se pode falar em negócio unilateral de designação e é difícil sustentar a existência de um contrato de administração[9].

2. Todos os sócios são em princípio gerentes se não houver estipulação em contrário

Nas sociedades em nome coletivo todos os sócios podem vir a responder pelas obrigações sociais. Por isso, é do interesse dos mesmos que fique a seu cargo a gerência da sociedade. Dessa forma estarão em condições de controlar melhor a evolução da vida societária e poderão impedir atos que sejam ameaçadores para o seu próprio património. A lei inclusivamente aceita como solução supletiva a de considerar que cada sócio, apenas por o ser, também é gerente. Não é para isso necessária cláusula do contrato de sociedade nem deliberação dos sócios.

Os sócios serão gerentes tanto nos casos em que adquirem essa qualidade na constituição da sociedade, como naqueles em que se tornam sócios através de transmissão, entre vivos ou por morte, de uma parte social, ou porque adquirem uma parte social através de aumento de capital[10]. É o que resulta do nº 1.

No entanto, o contrato de sociedade pode conter uma "estipulação em contrário". Quer isto dizer, antes de mais, que o contrato de sociedade pode dispor que os sócios apenas serão gerentes se forem designados por deliberação dos sócios ou por estipulação do contrato de sociedade. Mas é também possível afastar no contrato de sociedade apenas a aquisição automática da qualidade de gerente por parte de quem adquire posteriormente a qualidade de sócio, de quem adquire posteriormente por transmissão ou em aumento de capital.

Os sócios que são gerentes por força do estabelecido no nº 1 adquirem aquela qualidade por tempo indeterminado. Serão gerentes enquanto forem sócios. Mas o contrato de sociedade pode estabelecer limites temporais[11]. Nesse caso, será melhor que estipule alguma coisa sobre quem deverá ser o sucessor ou sucessores.

3. As pessoas coletivas sócias não podem ser gerentes

Se o sócio da sociedade em nome coletivo é uma pessoa coletiva, a regra do nº 1 já não se aplica. De acordo com o nº 3, a pessoa coletiva sócia não pode ser

---

[9] Sobre o art. 191º, escrevia MENEZES CORDEIRO (1997), p. 361, o seguinte: "O facto constitutivo essencial e, supletivamente, predominante é, assim, o contrato de sociedade: a lei não prevê um contrato de «gerência» autónomo".
[10] Para uma solução diferente, cfr. o art. 252º, 3.
[11] RAÚL VENTURA (1994), p. 322.

gerente. Veja-se que a proibição do nº 3 vale com caráter geral. Não se aplica apenas aos casos em que está em causa a regra do nº 1: não se aplica apenas aos casos em que os gerentes têm essa qualidade porque são sócios. A pessoa coletiva sócia não pode ser gerente mesmo que os gerentes devam ser designados pelos sócios. Daí que não nos pareça ser necessário invocar o argumento de identidade de razão quanto à designação de pessoa coletiva como gerente no contrato de sociedade ou por deliberação dos sócios[12].

Mas, embora a pessoa coletiva sócia não possa ser gerente, "pode nomear uma pessoa singular para, em nome próprio, exercer esse cargo". E se essa pessoa singular exerce o cargo em nome próprio é porque será ela o gerente, não a pessoa coletiva. Se exerce o cargo em nome próprio, fá-lo como gerente da sociedade em nome colectivo de que é gerente, com os inerentes direitos e deveres. Aquela pessoa singular não irá actuar como representante da pessoa colectiva que a nomeou.

Parece-nos, contudo, que o art. 191º, 3, não é muito claro quanto à possibilidade de a pessoa coletiva ser *designada* gerente. A redacção do art. 390º, 4, é mais acessível: "se uma pessoa coletiva for designada administrador, deve nomear uma pessoa singular para exercer o cargo em nome próprio [...]".

Ainda assim, julgamos que a redação do art. 191º, 3, ao abranger tanto os casos em que os gerentes o são apenas por serem sócios, como aqueles em que é outra a forma de designar os gerentes, permite dizer que a designação como gerente do sócio pessoa coletiva é possível[13]. Contudo, a pessoa coletiva designada deverá nomear a pessoa singular que vai exercer o cargo em nome próprio. A leitura que defendemos é ainda mais credível se pensarmos que mesmo quando uma pessoa coletiva é designada administradora de uma sociedade anónima aquela não adquire a qualidade de administradora[14].

O contrato de sociedade pode, é certo, proibir que a pessoa coletiva sócia nomeie uma pessoa singular não sócia para exercer o cargo de gerente. Isso pode ser útil na medida em que se pretenda evitar que uma pessoa singular estranha à sociedade seja introduzida na gerência desta[15]. Até porque o art. 191º, 2, exige deliberação unânime dos sócios para que sejam designadas como gerentes pessoas estranhas à sociedade. Para evitar que um único sócio, só por

---

[12] Com diferente opinião, RAÚL VENTURA (1994), p. 321.
[13] Com outra leitura, PAULO OLAVO CUNHA (2009), p. 196.
[14] Defendendo isso mesmo para a sociedade anónima, NOGUEIRA SERENS (1994), p. 90.
[15] Chamando a atenção para este aspeto, RAÚL VENTURA (1994), p. 320.

ser pessoa coletiva, possa obrigar a sociedade a suportar um gerente que não é sócio, haverá que proibir essa possibilidade no contrato de sociedade.

A nomeação da pessoa singular que vai exercer o cargo de gerente é realizada pela pessoa coletiva sócia (ou que foi designada gerente, se aceitarmos essa leitura). Porém, não está previsto qualquer prazo para que essa nomeação ocorra[16]. Quanto à destituição, cabe ela à sociedade em nome coletivo, não à pessoa coletiva que nomeou a pessoa singular[17]. Tanto mais que a pessoa singular exerce o cargo em nome próprio. Faltando definitivamente a pessoa singular nomeada, a substituição da mesma deve caber à pessoa coletiva que a tinha nomeado[18]. Claro que, se a pessoa coletiva que nomeou o gerente o fez porque era sócia, deixa de poder nomear se entretanto também deixou de ser sócia.

Nomeada a pessoa singular pela pessoa colectiva, esta responderá solidariamente com aquela pelos atos da mesma. Embora nada se diga sobre isso no art. 191º, a verdade é que parece aplicável o disposto no art. 83º, 2[19]. Não será assim necessário recorrer à parte final do art. 390º, 4.

4. Os gerentes estranhos à sociedade

A lei admite que os sócios designem como gerentes pessoas estranhas à sociedade: pessoas que não sejam sócias. É certo que, dessa forma, os sócios aceitam correr um risco acrescido: o de terem na gerência quem não é responsável pelas obrigações sociais. Mas esse risco tem que ser aceite por todos, uma vez que, nos termos do nº 2, tais gerentes não sócios têm que ser designados por deliberação unânime dos sócios.

Uma pessoa coletiva não sócia não poderá exercer a gerência. É a solução que se extrai do art. 191º, 3, por maioria de razão[20]. Porém, este preceito não exclui, julgamos nós, a possibilidade de designação de uma pessoa coletiva não sócia como gerente. O que afasta, isso sim, é o exercício do cargo pela pessoa coletiva[21]. A possibilidade de designação de gerentes que não são sócios está prevista no nº 2, que não discrimina entre "pessoas estranhas" singulares e "pessoas estranhas" coletivas.

---

[16] JOÃO LABAREDA (1998), p. 42, nt. 34.
[17] RAÚL VENTURA (1994), p. 182 s., JOÃO LABAREDA (1998), p. 43, nt. 36. Contra, PAULO DE PITTA E CUNHA (1993), p. 224.
[18] RAÚL VENTURA (1994), p. 186; contra, JOÃO LABAREDA (1998), p. 44-45.
[19] Sobre a articulação entre este preceito e o art. 390º, 4, JOÃO LABAREDA (1998), p. 23, s..
[20] JOÃO LABAREDA (1998), p. 13.
[21] Tendendo para a solução exposta, JOÃO LABAREDA (1998), p. 13.

5. A destituição de gerente
5.1. O gerente sócio
O sócio que é gerente porque é sócio, nos termos do art. 191º, 1, ou porque foi designado por deliberação dos sócios quando o contrato de sociedade o permita, só pode ser destituído da gerência por deliberação dos sócios, em regra, se houver justa causa de destituição[22]. Nesse caso, justifica-se aplicar por analogia o disposto no art. 257º, 6: "Constituem justa causa de destituição, designadamente, a violação grave dos deveres do gerente e a sua incapacidade para o exercício normal das respetivas funções"[23]. Contudo, o contrato de sociedade pode prever a possibilidade de destituição sem justa causa.

A solução consagrada para as sociedades em nome coletivo diverge claramente daquela que encontramos prevista no art. 257º para as sociedades por quotas. Quanto a estas, os gerentes podem ser destituídos a todo o tempo e mesmo sem justa causa (ainda que, neste último caso, o gerente possa ter direito a uma indemnização pelos prejuízos sofridos, nos termos no art. 257º, 7). Solução semelhante está prevista para os administradores de sociedades anónimas no art. 403º, 1 e 5.

A razão de ser do regime contido no art. 191º, 5, parece óbvia. Trata-se de garantir que um sócio gerente, que arrisca o seu património pessoal na aventura que é a atividade da sociedade, possa continuar a participar na gestão e assim controlar o risco que assume, só sendo em regra possível afastá-lo da gerência se existir justa causa.

5.2. O gerente sócio designado por cláusula especial do contrato de sociedade
O art. 191º, 4, aplica-se aos casos em que o sócio da sociedade em nome coletivo foi "designado gerente por cláusula especial do contrato de sociedade". Quando assim seja, esse sócio gerente "só pode ser destituído da gerência em ação intentada pela sociedade ou por outro sócio, contra ele e contra a sociedade, com fundamento em justa causa".

---

[22] Cfr. o nº 5, que admite cláusula do contrato de sociedade que disponha diferentemente. Estranhamente, surgem neste art. 191º vários números sobre a destituição dos gerentes mas nada é dito sobre outras formas de cessação de funções. Para as sociedades por quotas e anónimas, vejam-se especialmente os arts. 257º e 403º (destituição), 258º e 404º (renúncia), e 401º (incapacidade superveniente). Sobre as diversas causas extintivas da relação de administração, COUTINHO DE ABREU (2015), p. 565, s..
[23] Sobre o que deve entender-se por justa causa, cfr., por todos e com referências bibliográficas, COUTINHO DE ABREU (2015), p. 577-581. No sentido de que é suficiente um "motivo bastante, subjectivo ou objectivo (dispensando culpa)", CARNEIRO DA FRADA (2011), p. 601.

O primeiro problema que o preceito coloca é o de saber o que devemos entender por "cláusula especial do contrato de sociedade". Bastará que o sócio seja designado gerente no contrato de sociedade, com ou sem direito especial? Ou é necessário que se esteja perante uma cláusula que atribua um direito especial à gerência?

Em favor desta última solução, sempre se poderia dizer que não se vê qual é a "especialidade" de uma simples designação no contrato de sociedade. Cada sócio é, em regra, gerente só por ser sócio, como vimos resultar do art. 191º, 1. Mas este preceito não exclui a possibilidade de os sócios serem designados gerentes no contrato de sociedade. Até seria invocável o disposto no art. 252º, 2, 1ª parte, por analogia. Seria muito estranho falar em "cláusula especial" para abranger um caso em que nada de especial existe. Veja-se, também, que uma das críticas formuladas ao Projecto de Código das Sociedades era precisamente a de que não tomava "na devida conta os interesses do sócio-gerente, mormente quando lhe tiver sido concedido um direito especial à gerência"[24]. Assim, concluir-se-ia que a "cláusula especial" de que trata o nº 4 é a que atribui um direito especial à gerência[25].

No entanto, pensamos que a primeira alternativa tem a seu favor alguns argumentos mais poderosos. Em primeiro lugar, sendo a regra a que resulta do nº 1, também é verdade que essa regra admite cláusula do contrato que disponha de forma contrária. Uma cláusula que apenas designe gerente um sócio é uma cláusula que dispõe de forma contrária à regra contida no nº 1. É uma cláusula que dispõe de forma contrária à regra segundo a qual basta a mera condição de sócio. Na medida em que afasta a regra que resulta do nº 1, é uma cláusula especial. Também se pode acrescentar que, nos casos em que a lei pretende abranger apenas os direitos especiais à gerência, fá-lo claramente: é ver o que resulta do art. 257º, 3[26]. Por fim, há que não esquecer que o corpo do art. 155º do CCom. utilizava precisamente a expressão "cláusula especial": "A administração social concedida a um sócio por clausula especial do contrato não póde

---

[24] ANTÓNIO CAEIRO (1984/1985), p. 83.
[25] Parece ir nesse sentido MENEZES CORDEIRO (2007), p. 201. De forma inequívoca, PINTO FURTADO (2007), p. 172.
[26] RAÚL VENTURA (1994), p. 326, afirmava que, uma vez que do art. 191º, 1, resulta a regra segundo a qual todos os sócios são gerentes, uma cláusula do contrato de sociedade a designar sócios como gerentes só teria sentido quando nem todos os sócios são aí designados. Não nos parece que seja essa a melhor leitura, como se comprova no texto.

ser revogada"[27]. Em tais casos a nomeação tem lugar através de "uma cláusula contratual, que só pode ser modificada pelo unânime consenso dos sócios"[28]. Aquela cláusula especial não era mais do que uma cláusula que nomeava o administrador da sociedade em nome coletivo[29]. Até porque a administração concedida a um sócio por cláusula especial do contrato surgia contraposta à "faculdade de administrar [...] concedida por acto posterior ao primordial contrato de sociedade em nome collectivo" de que se ocupava o art. 156º CCom.. E, se não podia ser revogada, os sócios podiam, designadamente e em certos casos, "promover judicialmente a rescisão do contrato"[30]. A "cláusula especial" do art. 191º, 4, não é mais do que essa outra "cláusula especial" que já encontrávamos no corpo do art. 155º do CCom.: uma cláusula a designar o gerente (o administrador do CCom.). Até porque, como se vê no art. 194º, 1, do CSC, a alteração do contrato de sociedade carece, em regra, de uma deliberação tomada por unanimidade.

5.3. A sociedade com apenas dois sócios

Se a sociedade em nome coletivo tem apenas dois sócios, a destituição de qualquer um deles do cargo de gerente com fundamento em justa causa não pode ser decidida através de deliberação. Terá, isso sim, que ser decidida pelo tribunal. A ação deve ser proposta pelo outro sócio e não pela sociedade. Essa ação deve, inclusivamente, ser proposta contra a sociedade. É o que se pode extrair do art. 192º, 7.

Para se compreender melhor o regime acabado de descrever, é necessário ter em conta que, de acordo com o art. 189º, 1, as deliberações dos sócios e a convocação e funcionamento das assembleias gerais das sociedades em nome

---

[27] Sobre o art. 155º e seu § único dizia ADRIANO ANTHERO (1913), p. 286: "A razão é que essa clausula da concessão faz parte do contracto social, e obriga todos os socios, emquanto a sociedade não for dissolvida; de modo que, para revogar tal clausula, é preciso rescindir a sociedade".
[28] CUNHA GONÇALVES (1914), p. 338.
[29] Também no art. 986º, 1, CCiv. surge dito: "A cláusula do contrato que atribuir a administração ao sócio pode ser judicialmente revogada, a requerimento de qualquer outro, ocorrendo justa causa". A cláusula referida não tem que atribuir um direito especial à administração. Também aqui, a alteração do contrato de sociedade necessita, em regra, de acordo de todos os sócios (art. 982º CCiv.). Aliás, a prova de que não é necessário que exista um direito especial para se falar de cláusula que atribui a administração está também na redação do art. 986º, 3: à cláusula do contrato de sociedade surge contraposta a designação em acto posterior. Aparentemente no sentido que preferimos, MENEZES LEITÃO (1991), p. 154; falando antes de "direito especial", PIRES DE LIMA/ANTUNES VARELA 1986, p. 320, PINTO FURTADO (1986), p. 67.
[30] Art. 155º, § único, CCom..

coletivo ficam sujeitos ao disposto para as sociedades por quotas desde que a lei ou o contrato não disponham diferentemente. E na verdade resulta do art. 251º, 1, *f*), que existe impedimento de voto quando a deliberação recai sobre a "destituição, por justa causa, da gerência"[31].

Poderá o contrato de sociedade da sociedade em nome coletivo afastar este regime? É um facto que o art. 251º, 2, determina que o conteúdo do nº 1 não pode ser preterido no contrato de sociedade. Porém, o próprio art. 189º, 1, remete para o regime das sociedades por quotas "em tudo quanto a lei ou o contrato de sociedade não dispuserem diferentemente".

5.4. O gerente não sócio

Como vimos, as sociedades em nome coletivo podem ter gerentes que não sejam sócios se aqueles forem designados por deliberação unânime dos sócios. Esses gerentes também podem ser destituídos por deliberação dos sócios. E, agora, essa destituição pode ter lugar com ou sem justa causa. Isso é dito de forma inequívoca no art. 191º, 6.

Porém, se a destituição tem lugar sem justa causa, deve aplicar-se por analogia o art. 257º, 7[32].

---

[31] Daí que nas sociedades por quotas com dois sócios também o art. 257º, 5, preveja a necessidade de a destituição com justa causa de um dos sócios da gerência ser decidida pelo tribunal, em ação intentada pelo outro sócio.

[32] Invocando também o art. 403º, 5, CARNEIRO DA FRADA (2011), p. 601.

ARTIGO 192º *
Competência dos gerentes

1. A administração e a representação da sociedade competem aos gerentes.
2. A competência dos gerentes, tanto para administrar como para representar a sociedade, deve ser sempre exercida dentro dos limites do objeto social e, pelo contrato, pode ficar sujeita a outras limitações ou condicionamentos.
3. A sociedade não pode impugnar negócios celebrados em seu nome, mas com falta de poderes, pelos gerentes, no caso de tais negócios terem sido confirmados, expressa ou tacitamente, por deliberação unânime dos sócios.
4. Os negócios referidos no número anterior, quando não confirmados, são insusceptíveis de impugnação pelos terceiros neles intervenientes que tinham conhecimento da infração cometida pelo gerente; o registo ou a publicação do contrato não fazem presumir este conhecimento.
5. A gerência presume-se remunerada; o montante da remuneração de cada gerente, quando não excluída pelo contrato, é fixado por deliberação dos sócios.

* A redação do artigo foi dada pelo DL 280/87, de 8 de julho.

Índice

1. A titularidade dos poderes de administração e representação
2. Os limites aos poderes dos gerentes
    2.1. Limites legais
    2.2. Limites resultantes do objeto social
    2.3. Limites resultantes de outras limitações ou condicionamentos constantes do contrato de sociedade
3. A impugnação pela sociedade de negócios celebrados em seu nome mas com falta de poderes
4. A "impugnação" pelos terceiros de negócios celebrados em nome da sociedade mas com falta de poderes
5. A remuneração dos gerentes

Bibliografia:

a) Citada:

ALBUQUERQUE, PEDRO DE – *A representação voluntária em direito civil (ensaio de uma reconstrução dogmática)*, Almedina, Coimbra, 2004; CAEIRO, ANTÓNIO – *As sociedades de pessoas no Código das Sociedades Comerciais*, Separata do número especial do *BFD* – Estudos em

Homenagem ao Prof. Doutor Eduardo Correia – 1984, Coimbra, 1988; COELHO, PINTO – *Lições de direito comercial. Obrigações mercantis em geral. Obrigações mercantis em especial (sociedades comerciais)*, fasc. I e II, ed. do autor, Lisboa, 1966; CORREIA, FERRER – *Lições de direito comercial*, II, (com a colaboração de Vasco Lobo Xavier, Manuel Henrique Mesquita, José Manuel Sampaio Cabral e António A. Caeiro), João Abrantes, Coimbra, 1968; DOMINGUES, PAULO DE TARSO – "A vinculação das sociedades por quotas no Código das Sociedades Comerciais", *RFDUP*, I, 2004, p. 277-307; FRADA, CARNEIRO DA – "Artigo 192º", in *Código das Sociedades Comerciais anotado*, (coord. de Menezes Cordeiro), 2ª ed., Almedina, Coimbra, 2011, p. 601-602; GONÇALVES, CUNHA – *Tratado de direito civil*, IV, Coimbra Editora, Coimbra, 1931; MARTINS, ALEXANDRE DE SOVERAL – *Os poderes de representação dos administradores de sociedades anónimas*, Coimbra Editora, Coimbra, 1998, "Competência dos sócios vs. competência dos gerentes (nas sociedades por quotas): sobre o nº 2 do art. 246º do CSC", *Ars Iudicandi. Estudos em Homenagem ao Prof. Doutor António Castanheira Neves*, II, Coimbra Editora, Coimbra, 2008, p. 404-411, "Da personalidade e capacidade jurídicas das sociedades comerciais", in *Estudos de direito das sociedades*, (coord. de Coutinho de Abreu), 12ª ed., Almedina, Coimbra, 2015, p. 85-112; VASCONCELOS, PEDRO PAIS DE – "Vinculação das sociedades comerciais", *DSR*, outubro 2014, p. 55-93; VENTURA, RAÚL – *Alterações ao contrato de sociedade*, Almedina, Coimbra, 1986, *Novos estudos sobre sociedades anónimas e sociedades em nome colectivo*, Almedina, Coimbra, 1994, *Sociedades por quotas*, III, Almedina, Coimbra, 1991; XAVIER, V. G. LOBO – *Anulação de deliberação social e deliberações conexas*, Almedina, Coimbra, 1998 (reimp.).

b) Outra:
CAEIRO, ANTÓNIO – "O Projecto de Código das Sociedades. Parte Geral. Sociedade em nome colectivo", *RDE*, 10º/11º, 1984/1985, p. 53-86; OLAVO, FERNANDO – "Sociedade em nome colectivo. Ensaio de Anteprojecto", *BMJ*, 179º, p. 15-37.

1. A titularidade dos poderes de administração e representação

A administração e representação da sociedade em nome coletivo está a cargo dos gerentes. O art. 192º, 1, confere aquela competência aos gerentes. Melhor teria sido que afirmasse a competência da gerência, enquanto órgão da sociedade. Não parece sustentável a tese segundo a qual os próprios gerentes é que são o órgão ou órgãos de administração e representação. Os gerentes, membros do órgão, exercem os poderes da gerência: os poderes de administração e representação. Isso, aliás, é o que se extrai da epígrafe do capítulo em que se integra o art. 192º ("Deliberações dos sócios e gerência"), da epígrafe do art. 191º ("Composição da gerência"), do art. 191º, 5 ("O sócio que exercer a gerência [...]"), 6 ("destituídos da gerência") e 7 ("destituição de qualquer deles da gerência"). A leitura que preferimos foi inclusivamente adotada no art. 405º ("Competência do conselho de administração", e não dos administradores).

A competência para administrar e representar a sociedade não pode ser retirada à gerência. Nesta medida, o art. 192º, 1, é imperativo. E é-o porque a distribuição de competências entre os órgãos da sociedade protege também interesses de terceiros e em particular dos credores da sociedade. Desde logo, para responsabilizar é necessário identificar quem tem competência para fazer o quê. Quanto à representação da sociedade, é evidente que os terceiros ficam mais protegidos se souberem com quem devem tratar para que a sociedade se vincule.

As limitações ou condicionamentos referidos no art. 192º, 2, não podem retirar aos gerentes a competência para administrar e representar a sociedade. Assim, a representação pelos gerentes é uma representação necessária na medida em que a sociedade não pode escolher não ter esses representantes[1].

A administração surge contraposta à representação. Mas a separação nem sempre é clara. Administração em sentido estrito e representação podem ser abrangidas na atividade de administração em sentido lato.

A administração em sentido estrito não engloba a atuação perante terceiros em nome da sociedade. No entanto, a administração em sentido estrito pode carecer da representação. A atividade de administração prepara muitas vezes a atividade de representação.

Na administração em sentido estrito está abrangido o processo interno de tomada de decisão imputável à sociedade e a atuação sobre o património social que não envolva atos externos. A administração em sentido estrito não abrange apenas os atos de conservação: em causa pode estar a tomada de decisão sobre a prática de atos dispositivos[2]. E a administração em sentido estrito também não abrange apenas os atos de administração ordinária. Contudo, nas sociedades em nome coletivo muitas decisões sobre matérias de administração estão entregues à coletividade de sócios. Quando assim seja, caberá à gerência dar execução a essas decisões. E mesmo aí estamos perante atos de administração em sentido estrito.

---

[1] Falando de uma representação necessária a propósito da representação orgânica, PINTO COELHO (1966), p. 243.
[2] Sobre isto, FERRER CORREIA (1968), p. 334.

A representação traduz-se em atividade em nome da sociedade perante outrem. Não abrange apenas a celebração de negócios jurídicos, mas também outro tipo de atos: representação judicial, prática de simples atos jurídicos, etc.. Em atos escritos, os gerentes vincularão a sociedade "apondo a sua assinatura, com indicação dessa qualidade"[3].

A representação pode ser ativa ou passiva. Quanto à representação passiva, ainda é possível falar de atividade em nome da sociedade perante outrem quando um comportamento de terceiro é dirigido à sociedade através do gerente. Este, mesmo quando se limita a ouvir o que lhe dizem e que tem como destinatário a sociedade, ainda está a atuar[4].

A representação de que se trata no art. 192º, 1, é a representação orgânica. A vontade do gerente é tida como a vontade da própria sociedade, não existindo uma dualidade representante/representado. O art. 192º não exclui a possibilidade de recurso à representação voluntária da sociedade, desde que tal representação tenha lugar nos termos do disposto no art. 252º, 6 (aplicável por analogia): os mandatários ou procuradores da sociedade devem ser nomeados pela gerência e apenas para a prática de determinados atos ou categorias de atos.

2. Os limites aos poderes dos gerentes
2.1. Limites legais

Os gerentes da sociedade em nome coletivo têm poderes para administrar e representar a sociedade. Contudo, esses poderes enfrentam, desde logo, os limites que resultem da lei.

Em primeiro lugar, os gerentes não têm poderes para decidir e praticar atos relativamente aos quais falta a capacidade de gozo da própria sociedade, tal como a mesma surge limitada pelo art. 6º do CSC.

Além disso, os gerentes não podem decidir e praticar atos para que a lei atribui competência a outro órgão. Os gerentes não podem, por exemplo, decidir praticar um ato cuja prática só pode ser deliberada pelos sócios. Como não devem praticar um ato que deveria ser deliberado pelos sócios quando falta essa deliberação.

---

[3] Art. 260º, 4, aplicável por analogia. Com diferente opinião, RAÚL VENTURA (1994), p. 332, para quem continua "lícito o velho uso de o gerente, quando representa a sociedade em actos escritos assinar com a firma social".

[4] Para mais desenvolvimentos sobre a distinção entre administração em sentido estrito e representação, ALEXANDRE DE SOVERAL MARTINS (1998), p. 23, s.. Nem todos aceitam que a representação passiva seja verdadeira representação: sobre o tema, cfr. PEDRO DE ALBUQUERQUE (2004), p. 778, nt 939.

Vejamos um exemplo. O art. 189º, 3, exige que seja "necessariamente objeto de deliberação dos sócios [...] a nomeação de gerentes de comércio [...]". Se os gerentes da sociedade nomearem um gerente de comércio sem prévia deliberação dos sócios, tal ato será ineficaz em relação à sociedade: ineficaz, porque faltam aos gerentes poderes de representação. É certo que não encontramos aqui dito que os atos praticados pelos gerentes "em nome da sociedade e dentro dos poderes que a lei lhes confere, vinculam-na para com terceiros [...]"[5]. Mas essa solução é defensável para as sociedades em nome coletivo, por analogia[6] (sem prejuízo, obviamente, do regime aplicável a outros limites).

2.2. Limites resultantes do objeto social

Os poderes de administração e representação dos gerentes da sociedade em nome coletivo devem ser exercidos dentro dos limites do objeto social. O objeto social consta de cláusula do contrato de sociedade e consiste na atividade ou atividades que os sócios pretendem que a sociedade desenvolva.

Os gerentes não podem assim deliberar ou praticar atos que não respeitem esse objeto social. Também o art. 6º, 4, estabelece que as cláusulas do contrato de sociedade que fixam o objeto social "constituem os órgãos da sociedade no dever de não excederem esse objeto", embora não limitem a capacidade de gozo da sociedade.

Se os gerentes praticam um ato em nome da sociedade perante terceiros mas que não respeita o objeto social, praticam um ato ineficaz: um ato para o qual não têm poderes de representação[7]. Parece ser essa a solução que decorre dos n.os 2, 3 e 4. Os poderes de representação dos gerentes devem ser sempre exercidos dentro dos limites do objeto social e, quando esses limites são ultrapassados, os atos são praticados com falta de poderes[8]. Por isso serão "impugnáveis" pela

---

[5] Art. 260º, 1. Do preceito extrai-se que os atos praticados fora dos poderes que a lei confere aos gerentes não a vinculam.

[6] Como sabemos, o art. 189º, 1, remete para o regime das sociedades por quotas quanto às deliberações dos sócios. Nessa medida, será aplicável o disposto no art. 246º, 1 e 2, pelo que se remete para os respetivos comentários. No entanto, sempre se dirá que a distinção é clara entre os referidos n.os. 1 e 2 e tem consequências também no que diz respeito à vinculação da sociedade. Sobre isso, ALEXANDRE DE SOVERAL MARTINS (2008), p. 404-411.

[7] A mesma solução é defendida por RAÚL VENTURA (1994), p. 331, embora com justificação diferente.

[8] Embora o art. 192º, 3, apenas faça menção a "negócios", julgamos que a lei diz menos do que queria dizer. A interpretação extensiva de forma a abranger toda a atuação juridicamente relevante em nome da sociedade perante terceiros parece fazer todo o sentido. RAÚL VENTURA (1991), p. 191, afirmava, a propósito do art. 261º, 1, que a referência aí contida a negócios jurídicos "deve ser tomada como «acto jurídico», pois não pode ser outro o método, quando se trate de ato que não seja negócio jurídico".

sociedade se os não tiver confirmado "expressa ou tacitamente, por deliberação unânime dos sócios". Como serão igualmente "impugnáveis" por terceiros. A isto voltamos adiante.

A solução que foi acolhida no art. 192º, 2, é bastante diferente da que vale para as sociedades por quotas, anónimas e em comandita por ações. Quanto a estas, não podem elas, em regra, opor a terceiros as limitações resultantes do objeto social. Essa oponibilidade só se verifica se a sociedade por quotas, anónima ou em comandita por ações provar que o terceiro sabia que o ato não respeitava a cláusula do objeto social ou se provar que o terceiro não podia ignorar, tendo em conta as circunstâncias, que o ato não respeitava essa cláusula[9].

A divergência de regimes fica a dever-se ao facto de a Primeira Diretiva sobre sociedades (Diretiva 68/151/CEE, de 9 de março de 1968), apenas dizer respeito, quanto a Portugal, às sociedades por quotas, anónimas e em comandita por ações. Segundo o art. 9º, 1, da Primeira Diretiva[10], "a sociedade vincula-se perante terceiros pelos atos realizados pelos seus órgãos, mesmo se tais atos forem alheios ao seu objeto social, a não ser que esses actos excedam os poderes que a lei atribui ou permite atribuir a esses órgãos. Todavia, os Estados--membros podem prever que a sociedade não fica vinculada, quando aqueles atos ultrapassem os limites do objeto social, se ela provar que o terceiro sabia, ou não o podia ignorar, tendo em conta as circunstâncias, que o ato ultrapassava esse objeto; a simples publicação dos estatutos não constitui, para este efeito, prova bastante".

No entanto, o legislador não estava obrigado a estabelecer um regime diferente para as sociedades em nome coletivo (e em comandita simples). Esta é, aliás, uma daquelas matérias em que se justificaria proteger os interesses de terceiros em detrimento dos interesses dos sócios.

2.3. Limites resultantes de outras limitações ou condicionamentos constantes do contrato de sociedade

O contrato de sociedade pode sujeitar os poderes dos gerentes da sociedade em nome coletivo a limitações ou condicionamentos para além do que já

---

[9] Cfr. os arts. 260º, 2, e 409º, 2. Sobre a interpretação destes preceitos, cfr. ALEXANDRE DE SOVERAL MARTINS (1998), p. 281, s., (2015), p. 100-101, e bibliografia aí indicada.

[10] Cfr., hoje, o art. 10º, 1, da. Diretiva 2009/101/CE do Parlamento Europeu e do Conselho, de 16 de setembro de 2009, que revogou a Diretiva 68/151/CEE.

resulta da cláusula relativa ao objeto social[11]. Aquelas limitações ou condicionamentos podem por exemplo dizer respeito à importância do ato a praticar, à sua natureza ou à necessidade de prévia deliberação dos sócios.

Mais uma vez, verifica-se a falta de poderes dos gerentes para a prática de atos que não respeitam aquelas limitações ou condicionamentos. O contrato de sociedade pode limitar os poderes da gerência quanto a certo tipo de atos, estabelecendo que os mesmos só podem ser praticados se tiverem menos do que um determinado valor. Se os gerentes da sociedade celebram um desses negócios com valor superior ao que consta do limite referido, tal negócio será ineficaz relativamente à sociedade. Os gerentes atuarão com falta de poderes de representação.

3. A impugnação pela sociedade de negócios celebrados em seu nome mas com falta de poderes

Como vimos, tanto a cláusula relativa ao objeto como as que contenham outras limitações ou condicionamentos implicam a falta de poderes dos gerentes[12]. As cláusulas do contrato de sociedade serão oponíveis a terceiros nos termos do art. 168º. Tratando-se de um negócio celebrado em nome da sociedade, decorre do art. 192º, 3, *a contrario*, que a sociedade o pode impugnar.

Algo estranhamente, o preceito preocupa-se apenas em dizer que em certos casos a sociedade não pode impugnar negócios realizados em seu nome. Esses casos são aqueles em que os negócios foram confirmados, expressa ou tacitamente, por deliberação unânime dos sócios. Daí decorre que, quando não tenha sido tomada essa deliberação, a falta de poderes permite à sociedade impugnar o ato praticado pelos gerentes.

A impugnação do negócio que é referida no art. 192º, 3, traduz-se, pensamos nós, na invocação da ineficácia relativa do negócio. A falta de poderes que está em causa é a falta de poderes de representação. E a sanção para esses casos será a da ineficácia relativa: ineficácia em relação ao representado, ineficácia em relação à sociedade em nome coletivo. Pelo menos, se aceitarmos que vale aqui o regime geral da representação sem poderes que encontramos previsto no art. 268º CCiv..

---

[11] Parece correto dizer, com RAÚL VENTURA (1994), p. 332, que a competência dos gerentes não poderá ser limitada ou condicionada por deliberações dos sócios (pelo menos, com eficácia perante terceiros).
[12] "O que bem se compreende, dada a responsabilidade pessoal dos sócios": ANTÓNIO CAEIRO (1988), p. 24.

A invocação dessa ineficácia pela sociedade não será possível se a própria sociedade em nome coletivo confirmou o negócio, expressa ou tacitamente, por deliberação unânime dos sócios. A confirmação é, na verdade, uma ratificação de um negócio celebrado com falta de poderes. O termo "ratificar" tem origem no "latim *ratus facere, fazer válido, confirmar* [...]"[13].

Sobre aquela deliberação, algumas coisas mais podem ser ditas. Como estamos a falar de um negócio que não respeitou a cláusula relativa ao objeto social ou que contém outras limitações ou condicionamentos, tal deliberação pode estar também a violar o contrato de sociedade. Não será assim, certamente, nos casos em que o contrato de sociedade se limitava a exigir deliberação dos sócios para a prática do ato. Mas noutros casos existirá violação do contrato de sociedade, uma vez que a deliberação vem confirmar um ato que o contrato de sociedade não permitia praticar. Por exemplo, quando se trate de um acto que não respeita o objeto social.

Se viola o contrato de sociedade, a deliberação que confirma o ato será anulável[14]. Essa conclusão extrai-se do disposto no art. 58º, 1, *a*). Mas, como é necessária uma deliberação unânime dos sócios (uma deliberação com voto favorável de todos os sócios), nenhum deles poderá impugná-la. Todos os sócios votaram no sentido que fez vencimento.

A deliberação que confirma o negócio realizado sem poderes pode ser expressa ou tácita. A deliberação tácita resultará de uma outra deliberação expressa que contenha factos concludentes quanto à vontade de confirmar[15].

Refira-se, ainda, que só tem sentido dizer que a confirmação afasta a possibilidade de impugnar o negócio quando a falta de poderes resulta dos limites ou condicionamentos visados pelo art. 192º: os limites ou condicionamentos que resultam do contrato de sociedade.

---

[13] CUNHA GONÇALVES (1931), p. 197. Considerando que em lugar de confirmação "deveria falar-se antes de uma ratificação", CARNEIRO DA FRADA (2011), p. 602, e PEDRO PAIS DE VASCONCELOS (2014), p. 72, em texto e nt. 16.

[14] Veja-se, porém, o que escreve RAÚL VENTURA (1986), p. 26, sobre as alterações do contrato de sociedade "para o caso concreto". Contra a anulabilidade referida no texto mas a propósito das sociedades por quotas, PAULO DE TARSO DOMINGUES (2004), p. 290.

[15] "Só deliberações *expressas* são susceptíveis de constituir *facta concludentia* em que assente uma deliberação tácita ou implícita": V.G. LOBO XAVIER (1998), p. 471.

4. A "impugnação" pelos terceiros de negócios celebrados em nome da sociedade mas com falta de poderes

O art. 192º, 4, tem em vista, mais uma vez, negócios praticados sem poderes pelos gerentes das sociedades em nome coletivo. Novamente, aborda a questão a propósito dos casos em que tais negócios não podem ser "impugnados": isso acontece quando os "terceiros neles intervenientes [...] tinham conhecimento da infracção cometida pelo gerente" ou quando a sociedade não confirmou o negócio.

Mas de que "impugnação" se está a tratar no art. 192º, 4? Como é que se pode imaginar que o terceiro vá impugnar um ato que é ineficaz em relação à sociedade em nome coletivo? Julgamos que os poderes que o terceiro terá serão aqueles que o CCiv. lhe atribui: poderá revogar ou rejeitar o negócio, nos termos do art. 268º, 4 daquele último Código.

Para que o terceiro interveniente no negócio não possa "impugná-lo", é preciso que ele tenha "conhecimento da infração cometida pelo gerente"[16]. O registo ou publicação do contrato de sociedade não fazem presumir esse conhecimento. Embora o conteúdo do contrato de sociedade seja oponível a terceiros nos termos gerais do art. 168º, a verdade é que isso, só por si, não chega para se afirmar que o terceiro tinha conhecimento da infração: que tinha conhecimento de que o negócio foi praticado sem poderes[17]. A solução justifica-se na medida em que muitas vezes será difícil ao terceiro interpretar o contrato de sociedade e compará-lo com o negócio que está a ser praticado para determinar se faltam ou não poderes aos gerentes.

Mais uma vez, a insusceptibilidade de impugnação está relacionada com a falta de poderes que é consequência de limite ou condicionamento constante do contrato de sociedade. O elemento sistemático da interpretação impõe essa conclusão.

5. A remuneração dos gerentes

À mistura com a competência dos gerentes, surge-nos um nº 5 estabelecendo uma presunção: a de que a gerência é exercida com remuneração. O preceito dá inclusivamente a entender que o afastamento dessa presunção deverá ter

---

[16] Curiosamente, nada se diz sobre isto no art. 192º, 3, quanto à invocação da falta de poderes pela própria sociedade em nome coletivo.
[17] Com solução diferente, sustentando que o terceiro deve provar a "ignorância da limitação contratual da competência do gerente", RAÚL VENTURA (1994), p. 331.

lugar através de cláusula do contrato de sociedade[18]. Se assim não suceder, o montante da remuneração deve ser fixado por deliberação dos sócios.

Contudo, quando as remunerações fixadas "forem gravemente desproporcionadas quer ao trabalho prestado quer à situação da sociedade", justificar-se-á aplicar, por analogia, o preceituado no art. 255º, 2.

---

[18] Nesse sentido, RAÚL VENTURA (1994), p. 333.

ARTIGO 193º *
Funcionamento da gerência

1. Salvo convenção em contrário, havendo mais de um gerente, todos têm poderes iguais e independentes para administrar e representar a sociedade, mas qualquer deles pode opor-se aos atos que outro pretenda realizar, cabendo à maioria dos gerentes decidir sobre o mérito da oposição.
2. A oposição referida no número anterior é ineficaz para com terceiros, a não ser que estes tenham tido conhecimento dela.

* A epígrafe e a redação deste artigo foram dadas pelo DL 280/87, de 8 de julho.

Índice
1. Modo de atuação dos gerentes previsto na lei
2. A convenção em contrário
3. A oposição por qualquer um dos gerentes aos atos que outro pretenda realizar
4. A oponibilidade da oposição a terceiros

Bibliografia
a) Citada:
ABREU, COUTINHO DE – *Curso de direito comercial*, II, 5ª ed., Almedina, Coimbra, 2015; VENTURA, RAÚL – *Novos estudos sobre sociedades anónimas e sociedades em nome colectivo*, Almedina, Coimbra, 1994.

b) Outra:
CAEIRO, ANTÓNIO – "O Projecto de Código das Sociedades. Parte Geral. Sociedade em nome colectivo", *RDE*, 10º/11º, 1984/1985, p. 53-86, *As sociedades de pessoas no Código das Sociedades Comerciais*, Separata do número especial do *BFD* – Estudos em Homenagem ao Prof. Doutor Eduardo Correia – 1984, Coimbra, 1988; FRADA, CARNEIRO DA – "Artigo 193º", in *Código das Sociedades Comerciais anotado*, Almedina (coord. de Menezes Cordeiro), Coimbra, 2011, p. 602-603; MARTINS, ALEXANDRE DE SOVERAL – *Cláusulas do contrato de sociedade que limitam a transmissibilidade das acções*, Almedina, Coimbra, 2006; OLAVO, FERNANDO – "Sociedade em nome colectivo. Ensaio de Anteprojecto", *BMJ*, 179º, p. 15-37.

1. Modo de atuação dos gerentes previsto na lei

Nas sociedades em nome coletivo, os gerentes atuam, em regra (supletiva), de modo disjunto. Na ausência de cláusula do contrato de sociedade que disponha em contrário, qualquer um dos gerentes tem poderes "iguais e independentes para administrar e representar a sociedade".

Isto significa que não só cada gerente pode decidir a prática de um ato, como pode efetivamente praticá-lo, ainda que o mesmo implique atuar em nome da sociedade. É, sem dúvida, um regime arriscado para os restantes sócios. Da prática desse ato podem resultar obrigações sociais, pelas quais todos os sócios respondem (subsidiariamente em relação à sociedade e solidariamente entre eles).

O que parece estar subjacente à solução adotada na lei é a ideia de que neste tipo de sociedades os laços pessoais entre os sócios serão mais fortes e mais forte será a confiança de uns nos outros. Onde falhe esse pressuposto, deverão os sócios redigir o contrato de sociedade de forma a limitar os poderes de cada gerente.

2. A convenção em contrário

O art. 193º, 1, permite que o contrato de sociedade retire aos gerentes os poderes iguais e independentes para administrar e representar a sociedade.

O contrato de sociedade pode: a) conferir poderes desiguais a cada gerente, embora ainda independentes; b) conferir poderes não independentes, embora iguais; c) conferir poderes desiguais e não independentes.

Além disso, o contrato de sociedade pode regular de forma diferente os poderes para administrar e os poderes para representar a sociedade.

Os poderes dos gerentes, tal como resultam do contrato de sociedade, podem ser desiguais. Um gerente pode ter mais ou menos poderes do que outro ou outros.

Esses poderes também podem não ser independentes. O contrato de sociedade pode estabelecer a necessidade do método colegial quanto à administração da sociedade, por exemplo. Pode também exigir que a representação seja conjunta: por maioria ou por número superior ou inferior à maioria. Ou pode estabelecer que alguns gerentes deverão atuar de uma forma e outros de outra. É ainda possível estabelecer no contrato de sociedade modos diferentes de exercício dos poderes de representação consoante a natureza dos atos a praticar.

Tudo isto cabe, julgamos nós, no âmbito das convenções em contrário admitidas pelo art. 193º, 1.

As cláusulas relativas aos poderes de representação dos gerentes (estabelecendo poderes desiguais e/ou não independentes) são oponíveis a terceiros, nos termos gerais (art. 168º). As próprias cláusulas relativas aos poderes de administração serão oponíveis a terceiros pelo menos na medida em que resulte do contrato de sociedade que afetam os poderes de representação dos gerentes.

A oponibilidade a terceiros de tais cláusulas resulta dos nºs 2 e 3 do art. 192º. Estaremos então perante cláusulas que limitam ou condicionam os poderes dos gerentes. Se não respeitar essas cláusulas, o gerente atua sem poderes. Se atuar sem poderes de representação, a sociedade não fica vinculada.

Não havendo distinção feita no art. 193º, surge a questão de saber se o contrato de sociedade pode estabelecer regime diferente para a representação passiva. É certo que o art. 261º, 3, prevê, para as sociedades por quotas, a regra (imperativa) da representação passiva segundo o método disjunto: "As notificações ou declarações de terceiros à sociedade podem ser dirigidas a qualquer dos gerentes, sendo nula toda a disposição em contrário do contrato de sociedade"[1]. Será este preceito aplicável por analogia às sociedades em nome coletivo[2]?

Poderia argumentar-se, em sentido contrário, que os interesses dos sócios da sociedade em nome coletivo, tendo em conta o risco que correm neste tipo societário, justificariam a possibilidade de estabelecer um regime mais pesado.

No entanto, é opinião que não nos convence. Com efeito, os interesses de terceiros seriam afetados de forma profunda se fosse possível exigir no contrato de sociedade que aqueles tivessem que contactar mais do que um gerente para que uma qualquer comunicação dirigida à sociedade fosse eficaz para com esta. Qualquer gerente que receba uma notificação ou declaração de terceiro dirigida à sociedade deve dar conhecimento da mesma aos restantes gerentes. Isso não é exigência excessiva.

3. A oposição por qualquer um dos gerentes aos atos que outro pretenda realizar

De acordo com o regime previsto supletivamente no art. 193º, 1, todos os gerentes têm poderes iguais e independentes para administrar e representar a

---

[1] Por sua vez, o art. 260º, 5, tem o seguinte conteúdo: "As notificações ou declarações de um gerente cujo destinatário seja a sociedade devem ser dirigidas a outro gerente, ou, se não houver outro gerente, ao órgão de fiscalização, ou, não o havendo, a qualquer sócio". Para as sociedades anónimas, cfr. o art. 408º, 3 e 4.
[2] Nesse sentido, COUTINHO DE ABREU (2015), p. 541, nt. 1457.

sociedade. Contudo, se qualquer um dos gerentes tiver conhecimento de que um deles pretende realizar um ato com que não concorda, pode opor-se ao mesmo. E isto quer seja sócio, quer não seja[3].

Quando isso aconteça, e para superar o impasse ou evitar atuações contraditórias (um gerente quer praticar o ato, o outro não quer, sendo os poderes de cada um iguais e independentes), será necessária uma decisão tomada pela maioria dos gerentes. Isto, naturalmente, se o gerente que pretendia praticar o ato não desistir dessa intenção. Aqui pode revelar-se a utilidade de uma oposição motivada, que a lei não parece exigir[4]. Os motivos indicados na oposição podem convencer o gerente que pretendia praticar o ato.

De qualquer modo, uma coisa parece evidente: se a oposição de um dos gerentes chega ao conhecimento do outro que pretende realizar um ato, este último não deve em princípio praticá-lo até que a maioria dos gerentes decida sobre a oposição[5].

A lei não dispõe sobre o procedimento a adotar para a tomada de decisão pela maioria dos gerentes. A decisão não tem que ser tomada por deliberação segundo o método colegial[6]. Mas seria bom que o contrato de sociedade regulasse a matéria. Desde logo, estabelecendo como se inicia o procedimento tendente à tomada da decisão e como deve desenvolver-se.

Ao exigir uma decisão da maioria dos gerentes, a lei parece pressupor que tanto o gerente que pretendia praticar o ato como aquele que se opôs também participam na decisão[7]. Não haverá aí um impedimento, pois não se pode dizer sequer que aqueles gerentes têm interesses conflituantes com os da sociedade.

Para que seja tomada a decisão pela maioria dos gerentes é necessário... que seja possível formar uma maioria. Por isso, não é desejável que a sociedade só tenha dois gerentes. Se um quer praticar o ato e o outro se opõe, como resolver a situação se cada um mantiver a sua posição?[8]

4. A oponibilidade da oposição a terceiros

Segundo o art. 193º, 2, a oposição de um dos gerentes relativamente aos atos que outro gerente pretenda realizar é em princípio ineficaz para com terceiros:

---

[3] RAÚL VENTURA 1994), p. 336.
[4] RAÚL VENTURA (1994), p. 337.
[5] RAÚL VENTURA (1994), p. 337.
[6] Dispensando uma "reunião formal", RAÚL VENTURA (1994), p. 338.
[7] RAÚL VENTURA (1994), p. 339.
[8] Chamando a atenção para isto, RAÚL VENTURA (1994), p. 339.

vale por dizer, é inoponível a terceiros. Não será assim quando o terceiro tem conhecimento da oposição. Conhecimento efetivo, não bastando assim que seja cognoscível. A necessidade de garantir certeza e segurança no comércio jurídico levam a essa solução.

Claro que a ineficácia da oposição só interessa aos terceiros quando o gerente que pretendia praticar o ato acabou por o fazer, sem atender à oposição e sem esperar pela decisão da maioria dos gerentes.

Mas, se o gerente pratica o ato (supondo que tem poderes para sozinho vincular a sociedade) e o terceiro tem conhecimento da oposição apresentada por outro gerente, então essa oposição já é eficaz em relação ao terceiro. Isto só tem sentido se entendermos que nesse caso o ato praticado pelo gerente não vinculará a sociedade. Pelo menos deve ser assim quando a maioria dos gerentes decidiu depois apoiar a oposição apresentada[9]. Estamos, então, perante um caso em que os poderes de representação do gerente que pratica o ato acabam por ser afetados por atos de outros gerentes.

Poderá falar-se aqui de representação sem poderes? Parece mais correto considerar que estamos perante um abuso de poderes de representação, uma vez que o ato não vinculará a sociedade apenas quando se fizer a prova de que o terceiro tinha conhecimento da oposição[10].

O art. 193º não se preocupa com os casos em que a maioria dos gerentes decidiu a favor da posição do gerente que se opôs à prática do ato. Que dizer? Julgamos correto afirmar que, sendo a oposição eficaz para com terceiros quando estes tenham conhecimento dela, por maioria de razão será eficaz para com terceiros a decisão da maioria dos gerentes quando os terceiros dela tenham também conhecimento.

---

[9] Até lá, talvez se possa dizer que a eficácia do ato praticado estará em situação de pendência.
[10] RAÚL VENTURA (1994), p. 338, diz apenas que há "perda do poder da representação da sociedade", mas isso não parece significar que entenda tratar-se de falta de poderes de representação.

CAPÍTULO III
ALTERAÇÕES DO CONTRATO

ARTIGO 194º
Alterações do contrato

1. Só por unanimidade podem ser introduzidas quaisquer alterações no contrato de sociedade ou pode ser deliberada a fusão, a cisão, a transformação e a dissolução da sociedade, a não ser que o contrato autorize a deliberação por maioria, que não pode ser inferior a três quartos dos votos de todos os sócios.
2. Também só por unanimidade pode ser deliberada a admissão de novo sócio.

Índice
1. O regime supletivo da lei relativo a modificações estruturantes da sociedade
2. A delimitação da liberdade contratual neste âmbito
3. A admissão de novos sócios

Bibliografia
Citada:
ABREU, J. M. COUTINHO DE – *Curso de direito comercial*, vol. II., *Das sociedades*, 5ª ed., Almedina, Coimbra, 2015; FURTADO, JORGE HENRIQUE PINTO – *Deliberações de sociedades comerciais*, Almedina, Coimbra, 2005; MAIA, PEDRO – "Deliberações dos sócios", em AAVV. (coord. de Coutinho de Abreu), *Estudos de direito das sociedades*, 12ª ed., Almedina, Coimbra, 2015, p. 223-254; XAVIER, VASCO LOBO – "O regime das deliberações sociais no projecto do código das sociedades", *Temas de direito comercial*, Almedina, Coimbra, 1986, p. 1-25, *Anulação de deliberação social e deliberações conexas*, Almedina, Coimbra, 1988 (reimpressão da tese, de 1975); VENTURA, RAÚL – *Novos estudos sobre sociedades anónimas e sociedades em nome colectivo*, Almedina, Coimbra, 1994.

1. O regime supletivo da lei relativo a modificações estruturantes da sociedade

A exigência da unanimidade, postulada por este art. 194º para as modificações estruturantes da sociedade, é um corolário do cariz personalístico deste tipo societário. De facto, releva inequivocamente daqui a importância que pela lei é dispensada à pessoa dos sócios nestas sociedades, exigindo-se o consentimento individual de cada um para que tais alterações possam ser levadas a cabo.

Assim, se nada se dispuser no contrato de sociedade sobre estas matérias[1], as alterações do pacto social, bem como a fusão, cisão, transformação e dissolução da sociedade têm de ser aprovadas por todos os sócios.

Se tal não ocorrer, se uma deliberação destas não obtiver tal votação – e caso o presidente da assembleia, de forma irregular, a venha a considerar aprovada[2] – deve entender-se que a mesma é ineficaz. É o regime que resulta do disposto no art. 55º que se deve considerar aplicável neste caso. É sabido que esta norma apenas se refere à deliberação sobre assunto "para o qual a lei exija o consentimento de determinado sócio", sancionando-a com a ineficácia, enquanto este não der o seu acordo. Deve, porém, estender-se este regime às situações em que a lei não exige apenas o consentimento de determinado sócio, mas a anuência de todos eles[3].

Por isso, uma tal deliberação está ferida de ineficácia absoluta – a deliberação não produz efeitos relativamente a todos! –, enquanto não for obtido o consentimento unânime dos sócios[4].

2. A delimitação da liberdade contratual neste âmbito

A exigência da unanimidade estatuída por lei para as modificações societárias estruturais não é, contudo, imperativa.

Os sócios poderão, no contrato, estabelecer solução menos exigente, conquanto seja observado um limite mínimo: estas deliberações devem ser aprovadas, pelo menos, por uma maioria correspondente a três quartos do total dos votos (cfr. art. 194º, 1, *in fine*).

Se for esse o caso, e não for obtido o quórum contratualmente exigido[5], estar-se-á, nessa hipótese, perante um vício de procedimento[6] violador de

---

[1] A exigência da unanimidade prevista na lei tem carácter supletivo. Vide *infra* anotação 2 a este artigo.
[2] A questão, obviamente, já não se colocará se o presidente da assembleia, acertadamente, declarar que a pretendida modificação não foi aprovada.
[3] Assim também, PEDRO MAIA (2015), p. 235, s., que considera abrangido pelo regime de ineficácia do art. 55º o caso paralelo (a este do art. 194º) previsto no art. 233º, 2, *in fine*. Era esta também, em face do texto do Projeto de Código, a posição por V. Lobo Xavier. Cfr. LOBO XAVIER (1986), p. 24.
[4] Cfr. art. 55º. Sobre as vantagens do regime da ineficácia – que não obriga os sócios a ter de reagir, judicialmente ou por qualquer outra forma, contra a deliberação – relativamente ao da invalidade, pode ver-se COUTINHO DE ABREU (2015), p. 447, s.; e PEDRO MAIA (2015), p. 235, s..
[5] Pense-se, p. ex., na hipótese em que no pacto social se conveciona que as alterações contratuais necessitam de ser aprovadas por uma maioria de três quartos dos votos e uma tal deliberação obtém apenas 51% do total dos votos.
[6] E, como é sabido, os vícios de procedimento apenas determinam a nulidade das deliberações nas hipóteses das als. a) e b) do art. 56º, nas quais se não subsume a situação em análise.

uma cláusula contratual que determinará a mera anulabilidade da deliberação (cfr. art. 58º, 1, a)).

Por isso, se os sócios contratualmente alterarem a exigência da unanimidade que resulta supletivamente da lei, para a aprovação de uma qualquer destas deliberações, aquela que não obtenha tal quórum será agora meramente anulável (e já não ineficaz)[7], o que obrigará o sócio discordante a ter de, num prazo curto, contra ela reagir judicialmente[8], caso pretenda evitar que a mesma não venha a produzir definitivamente os seus efeitos (cfr. art. 59º)[9].

3. A admissão de novos sócios

O cariz personalístico das SENC manifesta-se ainda no disposto no nº 2 desta norma, que expressamente estatui a necessidade da unanimidade para que seja possível a admissão de novos sócios (sejam eles de capital ou de indústria).

A não observância desta regra determinará a ineficácia (absoluta) de uma tal deliberação[10].

Note-se que neste nº 2 – ao contrário do que sucede com a norma do nº 1 – não se prevê a possibilidade de a regra nele estatuída ser afastada por via contratual, pelo que se deve considerar que este regime é imperativo, não podendo, por isso, ser afastado pelos sócios[11].

---

[7] É uma solução que se aceita, uma vez que os sócios – com aquela cláusula contratual, que afasta a exigência da unanimidade – manifestam claramente dar menos relevo, do que aquele que é dispensado pela lei, a tais alterações estruturais.
[8] Estamos obviamente a supor que a deliberação em causa foi considerada aprovada pelo presidente da assembleia. Se não for esse o caso – se o presidente da assembleia declarar como não aprovada a proposta de alteração submetida à apreciação dos sócios –, já não será necessário, *ça va de soit*, reagir contra tal deliberação negativa.
[9] É essa também a solução aplicável, nas sociedades de capitais, para as deliberações que tenham por objeto modificações estruturais (*v.g.*, de alteração do contrato), que sejam aprovadas por quórum inferior ao legalmente exigido. Cfr. COUTINHO DE ABREU (2015), p. 490, s.; e PINTO FURTADO (2005), p. 642, s.. Era essa também a posição defendida por Lobo Xavier, em face do nosso direito pregresso – cfr. v. LOBO XAVIER (1988), p. 213, s., e 588, s., esp. p. 593. Na jurisprudência, vejam-se o Ac. RC, de 2 de Dezembro de 1992, in CJ, 1992, tomo 5, p. 69, e Ac. STJ, de 26 de Novembro de 1996, in CJ-ASTJ, 1996, tomo 3, p. 114, s..
[10] Vide o que ficou dito *supra* na anotação 1 a este artigo.
[11] Em sentido idêntico, vide RAÚL VENTURA (1994), p. 345.

CAPÍTULO IV
DISSOLUÇÃO E LIQUIDAÇÃO DA SOCIEDADE

ARTIGO 195º *
Dissolução e liquidação

1. Além dos casos previstos na lei, a sociedade pode ser dissolvida:
a) A requerimento do sucessor do sócio falecido, se a liquidação da parte social não puder efetuar-se por força do disposto no artigo 188º, nº 1;
b) A requerimento do sócio que pretenda exonerar-se com fundamento no artigo 185º, nº 2, alíneas a) e b), se a parte social não puder ser liquidada por força do disposto no artigo 188º, nº 1.
2. Nos termos e para os fins do artigo 153º, nº 3, os liquidatários devem reclamar dos sócios, além das dívidas de entradas, as quantias necessárias para satisfação das dívidas sociais, em proporção da parte de cada um nas perdas; se, porém, algum sócio se encontrar insolvente, será a sua parte dividida pelos demais, na mesma proporção.

* O nº 2 foi objeto de retificação pelo art. 13º do DL 257/96, de 31 de dezembro.
A actual redação do corpo do nº 1 foi introduzida pelo art. 2º do DL 76-A/2006, de 29 de março.

Índice
1. Casos especiais de dissolução voluntária ou facultativa: nº 1
2. Um regime especial na liquidação: nº 2

Bibliografia
Citada:
ABREU, J. M. COUTINHO DE – *Curso de direito comercial*, vol. I, *Introdução, actos de comércio, comerciantes, empresas, sinais distintivos*, 9ª ed., Almedina, Coimbra, 2013, *Curso de direito comercial*, vol. II, *Das sociedades*, 5ª ed., Almedina, Coimbra, 2015; CORREIA, LUÍS BRITO – *Direito comercial*, 2º volume, *Sociedades comerciais*, AAFDL, Lisboa, 1989; COSTA, RICARDO – "Artigo 141º", p. 630-646, 2015, "Artigo 142º", p. 647-665, 2015ª, *Código das Sociedades Comerciais em comentário* (coord. de J. M. Coutinho de Abreu), Volume II (Arts. 85º a 174º), 2ª ed., Almedina, Coimbra; CORDEIRO, MENEZES – *Manual de direito das sociedades*, II volume, *Das sociedades em especial*, 2ª ed., Almedina, Coimbra, 2007; COTTINO, GASTONE, *Diritto societario*, volume I, tomo 2, 5ª ed. (c/ colab. de Oreste Cagnasso/Alessandro Monteverde/Luciano Quattrocchio), CEDAM, Padova, 2006; CUNHA, CAROLINA

– "Artigo 153º", *Código das Sociedades Comerciais em comentário* (coord. de J. M. Coutinho de Abreu), Volume II (Arts. 85º a 174º), 2ª ed., Almedina, Coimbra, 2015, p. 733-735; DOMINGUES, PAULO DE TARSO – *Do capital social. Noção, princípios e funções*, 2ª ed., Studia Iuridica 33, Coimbra Editora, Coimbra, 2004, *Variações sobre o capital social*, Almedina, Coimbra, 2009; FERRARA Jr., FRANCESCO/CORSI, FRANCESCO – *Gli imprenditori e le società*, 13ª ed., Giuffrè Editore, Milano, 2006; FERRI, GIUSEPPE – *Le società*, 3ª ed., Trattato di diritto civile italiano fondato da Filippo Vassalli, volume X, tomo 3, UTET, Torino, 1987; FRADA, MANUEL CARNEIRO DA – "Artigo 175º", p. 581-583, 2011, "Artigo 195º", p. 604--605, 2011ª, *Código das Sociedades Comerciais anotado* (coord. de A. Menezes Cordeiro), 2ª ed., Almedina, Coimbra; FURTADO, JORGE PINTO – *Código Comercial anotado*, vol. II, *Das sociedades em especial*, tomo I (Artigos 151º a 178º), Almedina, Coimbra, 1986; GALGANO, FRANCESCO – *Diritto commerciale, 2, Le società. Contratto si società. Società di persone. Società per azioni. Altre società di capitali. Società cooperative*, 17ª ed., Zanichelli Editore, Bologna, 2009; PRESTI, GAETANO/RESCIGNO, MATTEO – *Corso di diritto commerciale*, volume II, *Società*, Zanichelli Editore, Bologna, 2005; VASCONCELOS, PEDRO PAIS DE – *A participação social nas sociedades comerciais*, 2ª ed., Almedina, Coimbra, 2006; VENTURA, RAÚL – *Dissolução e liquidação de sociedades. Comentário ao Código das Sociedades Comerciais*, Almedina, Coimbra, 1993.

1. Casos especiais de dissolução voluntária ou facultativa: nº 1

O art. 195º, 1, enuncia "particularidades"[1] ou "especificidades"[2] na dissolução das sociedades em nome coletivo. A asserção é tributária, desde logo, da arquitetura literal do preceito, que salvaguarda os casos de dissolução "previstos na lei" – ou seja, o regime previsto nos arts. 141º e s. e no RJPADL.

Como se referiu na anotação ao art. 141º, estamos perante causas *legais* e *especiais* de dissolução[3]: na al. *a)*, a impossibilidade legal, à luz do art. 188º, 1[4], de liquidação de parte social do sócio falecido em SENC, desde que o sucessor tenha direito à liquidação da parte (ou seja, desde que a morte de sócio tenha como consequência uma dissolução *parcial* da sociedade[5], mediante a liquida-

---

[1] MENEZES CORDEIRO (2007), p. 220.
[2] CARNEIRO DA FRADA (2011ª), p. 604.
[3] RICARDO COSTA (2015), p. 636.
[4] "Em caso algum é lícita a liquidação da parte em sociedade ainda não dissolvida *se a situação líquida da sociedade se tornasse por esse facto inferior ao montante do capital social*."
[5] No sentido de isso denotar uma "dissolução limitada a um sócio": RAÚL VENTURA (1993), p. 151.

ção da parte do sócio falecido em benefício dos seus sucessores)[6-7]; na al. *b)*, a impossibilidade legal, ainda à luz do art. 188º, 1, de liquidação de parte social de SENC em que sócio se pretenda exonerar com "justa causa" nos termos do art. 185º, 2[8].

Estas são causas que se juntam, na *especialidade* da SENC, às causas previstas pelos arts. 183º, 4[9], e 184º, 1, 5 e 6[10].

Utilizando ainda a arquitetura literal do CSC, não podemos dissociar as duas alíneas do art. 195º, 1, do art. 142º, 1 (e ainda do art. 4º, 1, este do RJPADL): estes últimos não esgotam o leque de causas legais de dissolução voluntária ou facultativa (*"quando a lei o permita* e ainda quando..."); as als. *a)* e *b)* referem-se a factos que não se bastam por si só para a operatividade jusconstitutiva da dissolução; as als. *a)* e *b)* referem-se a factos previstos na lei para operar essa forma de dissolução, seja ela administrativa (por intermédio de decisão do conservador do registo comercial, em procedimento não oficioso, a requerimento dos sujeitos elencados no art. 195º, 1), seja ela deliberada nos termos do art. 142º, 3 (pois este remete para os casos previstos no art. 142º, 1, onde, para além das suas alíneas, o seu corpo prevê justamente "facto previsto na lei"[11])[12]; logo, não estamos perante causas de dissolução automática ou imediata.

Se a via seguida for a dissolução administrativa, o art. 195º, 1, tem a particularidade de determinar os sujeitos com legitimidade ativa para requerer junto da conservatória o procedimento de dissolução administrativa: "isto é, [as als. do art. 195º, 1] *condicionam* a aplicação do art. 4º, 1, do RJPADL aos sujeitos neles mencionados"[13]. Na hipótese da al. *a)*, é o sucessor do sócio falecido; na hipótese da al. *b)*, é o sócio que pretende exonerar-se.

Se a via seguida for a deliberação dos sócios, mantém-se o fundamento e uma forma de dissolução diferida, em que o ato deliberativo dos sócios assume o valor constitutivo da dissolução; enquanto tal, o segmento de atribuição de

---

[6] "A dissolução parcial (...) pode ocorrer ou por ser determinada directamente no contrato de sociedade ou por ser aplicada a norma contida na primeira parte do art. 184º, nº 1": RAÚL VENTURA (1993), p. 151.
[7] À convocação do art. 195º, 1, *a)*, não obsta a circunstância de a impossibilidade legal de liquidação ser verificada aquando do pagamento ao sucessor: neste sentido, RAÚL VENTURA (1993), p. 152.
[8] RAÚL VENTURA (1993), p. 152, RICARDO COSTA (2015ª), p. 652, e anotação ao art. 185º, ponto 2..
[9] V. RAÚL VENTURA (1993), p. 150, RICARDO COSTA (2015ª), p. 652, e anotação ao art. 183º, ponto 4..
[10] V. RAÚL VENTURA (1993), p. 152, s., RICARDO COSTA (2015), p. 643-644, (2015ª), p. 652, e anotação ao art. 184º, ponto 2..
[11] RICARDO COSTA (2015), p. 636.
[12] RICARDO COSTA (2015ª), p. 652.
[13] RICARDO COSTA (2015ª), p. 652, nt. 12.

legitimidade não releva[14]. Esse ato segue o regime do art. 142º, 3: "podem os sócios, por maioria absoluta dos votos expressos na assembleia, dissolver a sociedade". O critério não entra em colisão com a regra geral de quórum deliberativo consignado no art. 189º, 2.

2. Um regime especial na liquidação: nº 2

O art. 153º, 3, indica o regime a seguir na liquidação das sociedades no que toca aos créditos sociais que correspondam a entradas dos sócios ainda não realizadas: as cláusulas de diferimento da prestação de entradas caducam imperativamente (1.ª parte); os liquidatários só podem exigir aos sócios o pagamento desse débito em caso de insuficiência do ativo social para a satisfação do passivo da sociedade e das despesas inerentes à liquidação (2.ª parte).

Quando o art. 195º, 2, prevê um dever para os liquidatários de SENC "nos termos e para os fins do artigo 153º, nº 3", a disposição especial aplica-se somente à 2.ª parte do art. 153º, 3: a) não se devem admitir convenções de diferimento de entradas (em dinheiro) nas SENC[15]-[16], pelo que é irrelevante determinar a caducidade dessas convenções neste tipo de sociedade; b) o que se trata é de estabelecer o *procedimento* e o *quantum* exigível aos sócios pelos liquidatários "para satisfação das dívidas sociais", se os fundos sociais disponíveis são insuficientes – precisamente o *quid* de regulação do art. 195º, 2.

Assim, em primeiro lugar e prioritariamente, os liquidatários devem reclamar dos sócios as dívidas de entradas, no caso de ter havido pagamentos parciais ou inadimplemento total de algum ou alguns dos sócios, ainda que apenas

---

[14] A não ser que se entenda fazer depender a tomada da deliberação de uma manifestação de vontade prévia dos sujeitos referidos nas als. do art. 195º, 1.

[15] V. BRITO CORREIA (1989), p. 293, PAULO TARSO DOMINGUES (2004), p. 94-95, (2009), nt. 764 – p. 203-204, COUTINHO DE ABREU (2015), nt. 612 – p. 257. Em sentido contrário: PAIS DE VASCONCELOS (2006), p. 266, CARNEIRO DA FRADA (2011), p. 581-582; v. também a anotação ao art. 175º, 2.2..

[16] Nem parece que este art. 195º, 2, forneça argumento nesse sentido, pois é tudo menos líquido que a reclamação pelos liquidatários das dívidas de entradas implique a existência de entradas diferidas – como entendem PAIS DE VASCONCELOS (2006), p. 266, e CARNEIRO DA FRADA (2011), p. 582; ainda a anotação ao art. 175º, 2.2.. Acima de tudo, vista a regulação expressa, o fim essencial do art. 153º, 3, tido em conta pelo art. 195º, 2, consiste no pagamento integral das dívidas sociais (nelas incluindo as despesas de liquidação), independentemente de haver ou não haver cláusulas de diferimento das entradas e, havendo, elas caducarem *ex vi legis* com a dissolução e vencerem-se de imediato as prestações de entradas não realizadas; se a lei as não prevê expressamente (como exige o art. 26º), não seria por esta via oblíqua que se veria a sua licitude, já que a sua subsistência é irrelevante para a especialidade disposta pelo art. 195º, 2.

até ao montante necessário para essa satisfação.¹⁷ A prioridade ancora-se na responsabilidade *interna* individual de cada um dos sócios pela sua entrada (art. 175º, 1), que é, enquanto direito de crédito da sociedade, património existente – ainda que, na hipótese, não *disponível por falta de realização da entrada*.

Em segundo lugar, se essa cobrança não chegar, efectiva-se a responsabilidade ilimitada dos sócios, "em proporção da parte de cada um nas perdas", para ir buscar as somas ulteriormente necessárias para extinguir o passivo social.¹⁸ Agora, são chamados todos os sócios a responder pelo passivo ainda por satisfazer, mesmo aqueles que tinham cumprido na íntegra a obrigação de entrada e que não foram chamados na *primeira fase do procedimento* a cargo dos liquidatários.

Em rigor, o art. 195º, 2, não limita o art. 153º, 3, pois não afasta a regra de que as entradas não realizadas não são exigíveis se isso consistir num desembolso desnecessário para o pagamento das dívidas sociais¹⁹. O preceito confronta-se, para além disso, com a insuficiência do património social, *mesmo se já nele estiverem incluídas as entradas realizadas no tempo certo* ou *mesmo depois de entregue todo o montante de entradas em dívida ao tempo da dissolução*. Se isso acontecer, os liquidatários têm o *dever* – e não uma mera faculdade²⁰ – de exigir aos sócios que se responsabilizem pelo *surplus* de passivo em falta, na medida da proporção de cada um no que respeite às perdas quinhoadas²¹. Seja como for, tanto para uma

---

[17] Para a articulação com o art. 153º, 3, v. RAÚL VENTURA (1993), p. 365, s., CAROLINA CUNHA (2015), p. 734-738.
[18] Expondo esta prioridade para o art. 2280 do CCIt., FRANCESCO GALGANO (2009), p. 93, GAETANO PRESTI/MATTEO RESCIGNO (2005), p. 50-51; no mesmo sentido, ainda que a par da formulação simultânea das duas exigências (mas nunca a ordem inversa), v. RAÚL VENTURA (1993), p. 372.
[19] RAÚL VENTURA (1993), p. 371, 373-374. Em sentido contrário – "os liquidatários não estão sujeitos às limitações do regime do 153º/3" –, CARNEIRO DA FRADA (2011ᵃ), p. 604.
[20] Como acontece para as sociedades civis simples: art. 1016º, 2, CCiv. (que teve a sua inspiração no art. 2280, § 2º, do CCIt.).
[21] Este mesmo critério – cobrança em proporção da parte de cada um dos sócios devedores nas perdas – era sustentado por RAÚL VENTURA (1993), p. 372, s., para a reclamação das dívidas de entradas. O Autor não deixava de reconhecer, porém, as dificuldades da aplicação do critério. "Seguro é que a nenhum sócio pode ser reclamada, a este título, mais do que a importância da entrada ainda não paga (...)"; o critério "aplica-se enquanto houver que *repartir* entre os sócios a importância total necessária; quando houver ainda passivo a satisfazer depois de totalmente cobrada a dívida de um sócio, já não há que repartir, quanto a esse, e assim sucessivamente, até que eventualmente reste um único sócio devedor, cuja dívida deverá ser totalmente cobrada, se necessário".

como para outra hipótese, têm os sócios a possibilidade de demonstrar que o ativo disponível na sociedade é bastante[22].

Esta é uma solução radicada ainda no regime de responsabilidade subsidiária e ilimitada dos sócios da SENC em relação aos créditos da sociedade em face de terceiros – art. 175º, 1. Com vantagens para a sociedade, para os sócios e para os credores: a sociedade satisfaz os seus compromissos e evita a insolvência, sendo mais razoável (ou "ideal") que na fase da liquidação se extingam as relações entre os credores e a sociedade, os credores e os sócios e entre os sócios na participação nas perdas; os sócios seriam mais tarde acionados(-executados), mas em piores circunstâncias, uma vez que poderiam ser chamados no processo de insolvência e, aí, responderiam solidariamente (cada um responderia pela totalidade das dívidas) como responsáveis *legais* (arts. 6º, 2, 82º, 2, *c*), CIRE)[23]; os credores escusam de excutir o património da sociedade e depois intentar ações contra os sócios.[24]

Ao invés, não é uma solução que corresponda à solidariedade-regra na responsabilidade para com os credores sociais, tal como a encontramos no art. 175º, 1. Aqui não está qualquer sócio sujeito ao pagamento da totalidade do montante em dívida na s*egunda fase (eventual) do procedimento*. Os liquidatários não podem demandar os sócios *para além da sua esfera de risco*, determinada pelo regime da sujeição a perdas (art. 22º, 1).

A outra grande diferença é que a sociedade, ao exercer através dos liquidatários a cobrança prevista no art. 195º, 2, só o pode fazer desde que reclame previamente as dívidas de entradas – "condicionamento a que os credores não estão sujeitos" na ação a que podem recorrer nos termos do art. 175º, 1[25].[26]

Em aberto fica a possibilidade de se considerar lícita a cláusula do pacto que atribui a algum ou alguns dos sócios (mas não todos) o privilégio de só responderem, nas relações internas, até ao montante da entrada. Em caso afirma-

---

[22] Neste sentido, FRANCESCO FERRARA JR./FRANCESCO CORSI (2006), p. 305-306. Em geral, para o art. 153º, 3, v. RAÚL VENTURA (1993), p. 369, louvando-se no art. 342º, 2, do CCiv..
[23] Sublinhando este ponto, GASTONE COTTINO (2006), p. 180. V. a anotação ao art. 175º, ponto 4..
[24] GIUSEPPE FERRI (1987), p. 335-336, RAÚL VENTURA (1993), p. 364, 370-371.
[25] RAÚL VENTURA (1993), p. 375.
[26] Em nota conclusiva, RAÚL VENTURA (1993), p. 375-376, afirmou que as características enumeradas no art. 175º, 1, estão incompletas, pois o art. 195º, 2, acrescentaria responsabilidade aos sócios da SENC: respondem para com a sociedade pelas suas contribuições (entradas) e pelas importâncias necessárias para a satisfação do passivo social e das despesas de liquidação, nos termos do art. 195º, 2; respondem para com os credores sociais, subsidiariamente em relação à sociedade e solidariamente com os outros sócios.

tivo[27], o sócio ou os sócios não podem excecionar com essa cláusula em face da reclamação dos liquidatários, uma vez que estes, ainda que representando a sociedade, são portadores dos interesses de terceiros e a cláusula só tem valor *inter partes*; os liquidatários exprimem a pretensão dos terceiros e é-lhes inoponível a cláusula; o que tal ou tais sócios responderem a mais consignará um direito de regresso contra o ou os outros sócios, na medida em que o pagamento excedeu o montante que lhe(s) caberia(m)[28].[29]

Por fim, a lei desenha uma disciplina de exceção para o sócio que se *encontre* em *situação de insolvência* (lançando mão dos pressupostos do art. 3º[30] e dos "factos indiciários" do art. 20º, 1, do CIRE, e, parece, independentemente de ter sido instaurado processo de insolvência): se assim for, os seus débitos serão pagos pelos demais sócios, segundo o mesmo critério legal de proporção nas perdas.

---

[27] Como era a opinião de PINTO FURTADO (1986), p. 58-59; v. igualmente a anotação ao art. 175º, 3.4.. Em termos de direito positivo, cfr. os arts. 512º, 2, e 516º do CCiv..
[28] Cfr. art. 524º do CCiv..
[29] O ponto não é consensual na doutrina italiana: favoráveis (e com diálogo), FRANCESCO FERRARA Jr./ /FRANCESCO CORSI (2006), p. 306, nt. 1.
[30] V. por todos COUTINHO DE ABREU (2013), p. 134, s..

ARTIGO 196º
Regresso à atividade. Oposição de credores

1. O credor de sócio pode opor-se ao regresso à atividade de sociedade em liquidação, contanto que o faça nos 30 dias seguintes à publicação da respetiva deliberação.

2. A oposição efetua-se por notificação judicial avulsa, requerido no prazo fixado no número anterior; recebida a notificação, pode a sociedade, nos 60 dias seguintes, excluir o sócio ou deliberar a continuação da liquidação.

3. Se a sociedade não tomar nenhuma das deliberações previstas na parte final do número anterior, pode o credor exigir judicialmente a liquidação da parte do seu devedor.

Índice

1. A oposição do credor de sócio no caso de regresso à atividade da sociedade em liquidação
2. O "procedimento" de oposição do credor de sócio
   2.1. A manifestação de vontade através de notificação judicial avulsa
   2.2. A reação da sociedade e os respetivos cenários

Bibliografia

Citada:

FRADA, MANUEL CARNEIRO DA – "Artigo 196º", *Código das Sociedades Comerciais anotado* (coord. de A. Menezes Cordeiro), 2ª ed., Almedina, Coimbra, 2011, p. 605; GALGANO, FRANCESCO – *Diritto commerciale, 2, Le società. Contratto si società. Società di persone. Società per azioni. Altre società di capitali. Società cooperative*, 17ª ed., Zanichelli Editore, Bologna, 2009; VENTURA, RAÚL – *Dissolução e liquidação de sociedades. Comentário ao Código das Sociedades Comerciais*, Almedina, Coimbra, 1993.

1. A oposição do credor de sócio no caso de regresso à atividade da sociedade em liquidação

Em geral, a SNEC que esteja em processo de liquidação pode, através de deliberação dos sócios tomada nos termos do art. 161º, determinar o fim da liquidação e o concomitante regresso à atividade desenvolvida pela sociedade. Não obstante, a lei faculta que o credor particular de sócio obstaculize essa deliberação, através de uma declaração de oposição.

Para compreendermos a *ratio* da norma, temos que apreender a estatuição de *feição personalística* de uma outra norma: o art. 183º, 1. Por esta via, não se permite que o credor de sócio tenha a possibilidade de executar a participação social do seu devedor (seja na ação executiva, seja no âmbito de um processo de insolvência); ali atribui-se somente ao credor de sócio a faculdade de executar o *direito aos lucros* e à *quota de liquidação*.[1] Assim, percebemos que o credor particular tenha interesse em que a liquidação termine se já executou a respetiva quota do sócio devedor. Se assim não tenha sido, o credor particular tem obviamente interesse em que a partilha inerente à liquidação acarrete a atribuição de bens para a esfera jurídica do sócio devedor.[2] Além do mais, o credor particular pode suspeitar que a retoma da atividade social possa gerar dívidas que, em face da disciplina da responsabilidade ilimitada dos sócios da SENC, diminua ou faça perigar as possibilidades de satisfação do seu crédito.[3]

2. O "procedimento" de oposição do credor de sócio
2.1. A manifestação de vontade através de notificação judicial avulsa

O art. 196º, 2, oferece a notificação judicial avulsa como meio de manifestação da vontade do credor, como tal regulada nos arts. 256º e 257º do CPC. A oposição tem que demonstrar a condição de credor *insatisfeito* daquele sócio ou daqueles sócios e, aparentemente, deve ser instruída com a *justificação* da iniciativa do credor: o prejuízo concreto ou previsível para a realização do crédito que a retoma da atividade implica, a impossibilidade de satisfação do crédito a não ser através dos bens recebidos depois da partilha do património social, etc.[4]. A este entendimento abona a avaliação sobre a pretensão do credor que é deferida ao *despacho judicial prévio que ordene – ou não –* a notificação judicial avulsa, tal como previsto pelo art. 256º, 1, do CPC. E ainda avulta o facto de não se admitir, depois, oposição pela sociedade no que toca ao ordenado judicialmente (art. 257º, 1, CPC).

Não obstante, a faculdade do credor caduca no prazo de 30 dias após a deliberação, sobrelevando-se "a necessidade de definir a situação da sociedade"[5]. O n.º 1 do art. 196º faz contar esse prazo a partir da "publicação" do registo. Deve sustentar-se, no entanto, que o facto a ter em conta é o *registo* dessa deliberação, uma vez que a deliberação de regresso à atividade está sujeita a registo

---

[1] Dando conta desta conexão de regimes no direito italiano, FRANCESCO GALGANO (2009), pág. 104. Sobre o fundamento daquela limitação, v. ainda a anotação ao art. 183º, 2..
[2] RAÚL VENTURA (1993), p. 451-452.
[3] CARNEIRO DA FRADA (2011), p. 605.
[4] Neste sentido, para o art. 2307 do CCit., FRANCESCO GALGANO (2009), p. 104.
[5] RAÚL VENTURA (1993), p. 452.

(arts. 3º, 1, *t*), CRCom.) mas, por estarmos perante uma SENC, não está submetida a publicação obrigatória (cfr. art. 70º, 1, *a*), CRCom.).

2.2. A reação da sociedade e os respetivos cenários

Confrontada com a notificação judicial, a sociedade tem 60 dias para reagir ao pedido do credor. Pode fazê-lo de três formas:

– deliberar a exclusão do sócio devedor (nos termos do art. 196º, 2, 2ª parte, e 186º, 2, 1ª parte, e, se constituída a sociedade por apenas dois sócios, sem necessidade de decisão judicial[6]), constituindo esse prazo de 60 dias um prazo especial de caducidade desta causa legal de exclusão;

– deliberar a continuação da liquidação (nos termos do art. 196º, 2, 2ª parte);

– nada deliberar, tal como prevê o art. 196º, 3 – confirmação *tácita* do regresso à atividade.

No primeiro caso, o sócio excluído tem direito ao valor da sua parte social, de acordo com o art. 186º, 4. No segundo caso, a liquidação implicará a operação de partilha. Em ambos os casos se predispõem cenários para o exercício ulterior do direito do credor oponente. Em ambos os casos a sociedade terá que averiguar previamente se a dívida ao credor notificante se mantém à data da prevista tomada dessas deliberações.

No terceiro caso – logo, mantendo-se *tacitamente* os efeitos da deliberação de regresso à atividade –, o art. 196º, 3, atribui ao credor o poder e a legitimidade para exigir a liquidação judicial da participação do sócio devedor[7], privilegiando os seus interesses (perceção pelo sócio do valor-contrapartida da sua parte e respetivo ingresso no seu património[8]) em face da indiferença dos sócios em relação à sua medida.[9] E, nessa linha, parece que não devemos sequer atender ao condicionalismo relativo à intangibilidade do capital social previsto no art. 188º, 1[10].

De tal sorte, a possível extinção dessa participação social acaba por consubstanciar uma espécie de *liquidação restrita ao sócio devedor*, para quem acaba por ser ineficaz a deliberação de retorno à atividade explorada pela sociedade[11].

---

[6] *A contrario*, v. art. 186º, 4, e, em apoio, a anotação ao art. 186º, ponto 3..
[7] V. arts. 1021º do CCiv. e 105º, 2, *ex vi* art. 188º, 2.
[8] V. a anotação ao art. 188º, ponto 3..
[9] Cfr., a este propósito, o regime predisposto pelo art. 183º, 2.
[10] Neste sentido, CARNEIRO DA FRADA (2011), p. 605.
[11] RAÚL VENTURA (1993), p. 453.

TÍTULO III
SOCIEDADES POR QUOTAS
CAPÍTULO I
CARACTERÍSTICAS E CONTRATO

ARTIGO 197º
Características da sociedade

1. *Na sociedade por quotas o capital está dividido em quotas e os sócios são solidariamente responsáveis por todas as entradas convencionadas no contrato social, conforme o disposto no artigo 207º.*
2. *Os sócios apenas são obrigados a outras prestações quando a lei ou o contrato, autorizado por lei, assim o estabeleçam.*
3. *Só o património social responde para com os credores pelas dívidas da sociedade, salvo o disposto no artigo seguinte.*

Índice

1. A invenção da sociedade por quotas
2. Responsabilidade patrimonial dos quotistas
    2.1. Responsabilidade perante a sociedade
    2.2. Responsabilidade perante credores sociais
    2.3. Outras prestações
3. Participação social
4. Sociedade de pessoas ou sociedade de capitais?

Bibliografia

a) Citada:

ABREU, J. M. COUTINHO DE – *Curso de direito comercial*, vol. II – *Das sociedades*, 5ª ed., Almedina, Coimbra, 2015, "Diálogos com a jurisprudência, II – Responsabilidade dos administradores para com credores sociais e desconsideração da personalidade jurídica", DSR 3 (2010), p. 49-64; ALMEIDA, ANTÓNIO PEREIRA DE – *Sociedades comerciais, valores mobiliários, instrumentos financeiros e mercados*, vol. I. *As sociedades comerciais*, 7ª ed., Coimbra Editora, Coimbra, 2013; ASCENSÃO, J. OLIVEIRA – *Direito comercial*, vol. IV – *Sociedades comerciais*, Lisboa, 2000; CAEIRO, ANTÓNIO – *As sociedades de pessoas no Código das Sociedades Comerciais*, sep. dos Estudos em Homenagem ao Prof. Doutor Eduardo Correia, Coimbra, 1984, p. 2-82; CÂMARA, PAULO – *Manual de direito dos valores mobiliários*, 2ª ed., Almedina, Coimbra, 2011; CORDEIRO, ANTÓNIO MENEZES – *Manual de direito das sociedades*, II – *Das sociedades em especial*, 2ª ed., Almedina, Coimbra, 2007; CORREIA, A. FERRER – *Lições de direito comercial*, vol. II (c/ colab. de V. Lobo Xavier, M. Henrique Mesquita, J. M. Sampaio Cabral e António A. Caeiro), ed. copiogr., Coimbra, 1968, "A sociedade por quotas de responsabilidade limitada segundo o Código das Sociedades Comerciais", ROA 47 (1987), p. 659-700; CORREIA, L. BRITO – *Direito comercial*, 2º vol. – *Sociedades comerciais*, AAFDL, Lisboa, 1989; CUNHA, CAROLINA – "Artigo 207º" em *Código das Sociedades Comerciais em comentário*, coord. de Coutinho de Abreu, vol. III, 2ª ed., Almedina, Coimbra, 2016, p. 257-261; CUNHA, PAULO OLAVO – *Direito das sociedades comerciais*, 5ª ed., Almedina, Coimbra, 2012; DOMINGUES, PAULO DE TARSO – *Variações sobre o capital social*, Almedina, Coimbra, 2009, "Artigo 22º" em *Código das Sociedades Comerciais em comentário*, coord. de Coutinho de Abreu, vol. I, Almedina, Coimbra, 2010, p. 364-365 , "Artigo 25º" em *Código das Sociedades Comerciais em comentário*, coord. de Coutinho de Abreu, vol. I, Almedina, Coimbra, 2010ª, p. 423-440, "Artigo 35º" em *Código das Sociedades Comerciais em comentário*, coord. de Coutinho de Abreu, vol. I, Almedina, Coimbra, 2010[b], p. 511-542, "Artigo 201º" em *Código das Sociedades Comerciais em comentário*, coord. de Coutinho de Abreu, vol. III, 2ª ed., Almedina, Coimbra, 2016, p. 201-224, "Artigo 202º" em *Código das Sociedades Comerciais em comentário*, coord. de Coutinho de Abreu, vol. III, 2ª ed., Almedina, Coimbra, 2016ª, p. 225-234; GOMES, FÁTIMA – *O direito aos lucros e o dever de participar nas perdas nas sociedades anónimas*, Almedina, Coimbra, 2011; GOMES, MANUEL JANUÁRIO DA COSTA – *Assunção fidejussória de dívida – sobre o sentido e o âmbito da vinculação como fiador*, Almedina, Coimbra, 2000; MAIA, PEDRO – "Tipos de sociedades comerciais", em *Estudos de direito das sociedades*, coord. de Coutinho de Abreu, 12ª ed., Almedina, Coimbra, 2015, p. 13-39; MARCOS, RUI MANUEL DE FIGUEIREDO – *As companhias pombalinas – contributo para a história das sociedades por acções em Portugal*, Almedina, Coimbra, 1997; MARTINS, ALEXANDRE DE SOVERAL – "Da personalidade e capacidade jurídicas das sociedades comerciais", em *Estudos de direito das sociedades*, coord. de Coutinho de Abreu, 12ª ed., Almedina, Coimbra, 2015, p. 85-112, "Artigo 219º" em *Código das Sociedades Comerciais em comentário*, coord. de Coutinho de Abreu, vol. III, 2ª ed., Almedina, Coimbra, 2016, p. 352-361 , "Artigo 228º" em *Código das Sociedades Comerciais em comentário*, coord. de Coutinho de Abreu, vol. III, 2ª ed., Almedina, Coimbra, 2016ª, p. 458-469, "Artigo 229º" em *Código das Sociedades Comerciais em comentário*, coord. de Coutinho de Abreu, vol. III, 2ª ed., Almedina, Coimbra, 2016[b], p. 470-486; MARTINS, ALEXANDRE DE SOVERAL/RAMOS, MARIA ELISABETE – "As participações sociais", em *Estudos de direito das sociedades*, coord. de Coutinho de Abreu, 12ª ed., Almedina, Coimbra, 2015, p. 113-150; PINTO, ALEXANDRE MOTA – "Capital social e tutela dos credores – Para acabar de vez com o capital social mínimo nas sociedades por quotas", em *Nos 20 anos do Código das Sociedades Comerciais. Homenagem aos Profs. Doutores A. Ferrer Correia,*

Orlando de Carvalho e Vasco Lobo Xavier, vol. I – *Congresso Empresas e Sociedades*, Coimbra Editora, Coimbra, 2007, p. 837-861, "Artigo 209º" em *Código das Sociedades Comerciais em comentário*, coord. de Coutinho de Abreu, vol. III, 2ª ed., Almedina, Coimbra, 2016, p. 265-275, "Artigo 210º" em *Código das Sociedades Comerciais em comentário*, coord. de Coutinho de Abreu, vol. III, 2ª ed., Almedina, Coimbra, 2016ª, p. 276-282; RIBEIRO, MARIA DE FÁTIMA – *A tutela dos credores da sociedade por quotas e a "desconsideração da personalidade jurídica"*, Almedina, Coimbra, 2009, *Sociedades comerciais (responsabilidade). Relatório sobre o programa, o conteúdo e os métodos de ensino da disciplina*, Universidade Católica Editora, Porto, 2015; SERENS, MANUEL NOGUEIRA – "O (verdadeiro) leitmotiv da criação pelo legislador alemão das "sociedades com responsabilidade limitada" (Gesellschaften mit beschränkter Haftung)", DSR 2 (2009), p. 137-174; VASCONCELOS, PEDRO PAIS DE – *A participação social nas sociedades comerciais*, 2ª ed., Almedina, Coimbra, 2006, "Avales de sócios de sociedades comerciais", DSR 11 (2014), p. 13-34; VENTURA, RAÚL – *Sociedades por quotas*, vol. I, 2ª ed., Almedina, Coimbra, 1989; XAVIER, V. G. LOBO – "Relatório sobre o programa, os conteúdos e os métodos de ensino de uma disciplina de Direito Comercial", BFD 42 (1986), p. 437-490, "Sociedades por quotas; exclusão de sócios; deliberações sobre matéria estranha à ordem do dia; responsabilidade do sócio por perdas sociais", RLJ 119 (1986-1987), p. 190-192, 221- 224, 277-288.

b) Outra:

ABREU, J. M. COUTINHO – "Subcapitalização de sociedade e desconsideração da personalidade jurídica", em *Capital social livre e acções sem valor nominal*, coord. de Maria Miguel Carvalho e Paulo de Tarso Domingues, Almedina, Coimbra, 2011, p. 37-41; ANTUNES, J. ENGRÁCIA – "Enterprise forms and enterprise liability: is there a paradox in modern corporation law?", RFDUP, 2005, p. 187-255; BARTOLACELLI, ALESSIO – "À procura de simplificação. Notas comparativas entre as recentes alterações da disciplina das SQ portuguesas e SRL italianas", DSR 12 (2014), p. 153-195; CAEIRO, ANTÓNIO – "A sociedade por quotas no Projecto de Código das Sociedades", RN 3-4 (1985), p. 327- -341; COELHO, M. ÂNGELA – "Sociedades em nome colectivo, sociedades em comandita, sociedades por quotas", em *Direito das empresas*, INA, 1990, p. 579-611; CORREIA, A. FERRER/XAVIER, V. LOBO/CAEIRO, ANTÓNIO A./COELHO, M. ÂNGELA – "Sociedade por quotas de responsabilidade limitada. Anteprojecto de lei – 2ª redacção e exposição de motivos", RDE 3 (1977), p. 153-224; DIAS, RUI – "A reforma de 2008 do direito das GmbH (desenvolvimentos recentes do direito das sociedades na Alemanha)", DSR 1 (2009), p. 243-251; GALGANO, FRANCESCO – *História do direito comercial*, Edições Signo, Lisboa, s/d; RIBEIRO, MARIA DE FÁTIMA – "O capital social das sociedades por quotas e o problema da subcapitalização material", em *Capital social livre e acções sem valor nominal*, coord. de Maria Miguel Carvalho e Paulo de Tarso Domingues, Almedina, Coimbra, 2011, p. 43-84; SANTOS, FILIPE CASSIANO DOS – *Estrutura associativa e participação societária capitalística. Contrato de sociedade, estrutura societária e participação do sócio nas sociedades capitalísticas*, Coimbra Editora, Coimbra, 2006; VENTURA, RAÚL – "Apontamentos para a reforma das sociedades por quotas de responsabilidade limitada", BMJ 182 (1969), p. 25-196; XAVIER, V. G. LOBO – " Sociedade por quotas", em *Polis – Enciclopédia Verbo da Sociedade e do Estado*, vol. 5, p. 942-946.

1. A invenção da sociedade por quotas

A "sociedade por quotas de responsabilidade limitada", introduzida em Portugal pela LSQ de 1901, não emanou da prática jurídica nem se filiou em qualquer tradição que tivesse impulsionado a sua aparição[1]. Trata-se, ao invés, de um tipo societário criado de raiz pelo legislador português, inspirado na *Gesetz betreffend die Gesellschaften mit beschränker Haftung* de 20 de Abril de 1892[2].

Esta nova forma de sociedade procurou uma "espécie de transição entre as sociedades de pessoas e as de capital"[3]. Associa o benefício da limitação da responsabilidade dos sócios (característica que partilha com a sociedade anónima) a uma estrutura de organização e de fiscalização menos complexa (nota que a aproxima das sociedades de pessoas). Apropriada pelos agentes económicos, a sociedade por quotas mostra ser o tipo societário ajustado para iniciativas empresariais de pequena e média dimensão. A flexibilidade do regime legal permite que as concretas sociedades sejam moldadas de acordo com os interesses em presença, ora tendo um cunho personalístico ora assumindo um perfil mais capitalístico.

A sociedade por quotas chega ao CSC dotada de um sedimentado catálogo de características típicas. À imagem do que acontece com os restantes tipos societários, o CSC inicia a regulação da sociedade por quotas com a disposição intitulada "características da sociedade" (art. 197º). Epígrafe que poderia sugerir que a disposição abrange todas as características da sociedade por quotas. Assim não é. A disposição anotada elege duas características: *a)* a espécie de *participação social* e *b)* a *responsabilidade dos quotistas*. Notas que não afastam nem diminuem a importância da estrutura organizatória, da transmissão de partici-

---

[1] Sobre a criação da sociedade por quotas em Portugal, v. RAÚL VENTURA (1989), p. 8, s., MENEZES CORDEIRO (2007), p. 231, s..
[2] V. NOGUEIRA SERENS (2009), p. 139, s..
[3] Cfr. Relatório da Proposta de Lei n.º 9-A, assinada pelo Ministro dos Negócios Eclesiásticos e de Justiça, Artur Alberto de Campos Henriques, citado por RAÚL VENTURA (1989), p. 10.

pações sociais, do número mínimo de sócios e do capital social[4] para a caracterização da sociedade por quotas.

2. Responsabilidade patrimonial dos quotistas

Dizia o art. 1º da Lei de 1901 que a sociedade por quotas era de "responsabilidade limitada"[5]. Embora muito divulgada e cunhada em forma de lei em outros ordenamentos jurídicos[6], esta designação não é tecnicamente correta[7]. E não é porque a sociedade responde com todo o seu património pelas suas obrigações (art. 601.º do CCiv.)[8]. Neste preciso sentido, todas as sociedades são sociedades de responsabilidade ilimitada. Afigura-se mais conseguida a designação escolhida pelo CSC, porque é isenta quanto à responsabilidade da sociedade[9].

Em rigor, a *responsabilidade limitada* refere-se aos quotistas. Para a compreender, é necessário analisar a responsabilidade patrimonial dos sócios perante os credores sociais e perante a sociedade. Como veremos, nas sociedades por quotas a responsabilidade limitada também significa "não responsabilidade dos sócios pelas dívidas sociais"[10], mas não se esgota nesta vertente.

2.1. Responsabilidade perante a sociedade

Característico das sociedades por quotas (pluripessoais) é o facto de os sócios responderem não só pela sua entrada, mas também solidariamente "por todas as entradas convencionadas no contrato social" (art. 197º, 1)[11].

Não é completamente ajustado dizer-se que o sócio responde pela realização do "capital social"[12]. Assim é nos casos em que há equivalência entre o valor da entrada e o valor nominal da quota. Nas situações em que o valor da entrada

---

[4] Para este rol de características das sociedades por quotas, v. PEDRO MAIA (2015), p. 16, s., COUTINHO DE ABREU (2015), p. 57, s..
[5] Para a perspectiva histórica da responsabilidade limitada, v. RUI MARCOS (1997), p. 555, s..
[6] V., a título de exemplo, o art. L 223-1, s. do *Code de Commerce* ou os arts. 2642 e s. do *Codice Civile*.
[7] MENEZES CORDEIRO (2007), p. 227, considera justificada a designação sociedades de responsabilidade limitada porque a responsabilidade dos sócios é "limitada às entradas".
[8] Salientam este aspecto PEREIRA DE ALMEIDA (2013), p. 45, TARSO DOMINGUES (2009), p. 39.
[9] Sobre os argumentos a favor e contra a alteração de sociedade por quotas de responsabilidade limitada para sociedade por quotas, v. RAÚL VENTURA (1989), p. 27.
[10] COUTINHO DE ABREU (2015), p. 71.
[11] Esta solução remonta ao § 24 da *GmbHG* e foi retomada pelos arts. 15º e 16º da LSQ. Sobre estes antecedentes, v. FERRER CORREIA (1968), p. 35. LOBO XAVIER (1986-1987), p. 281, nt. 28, acrescenta ainda a referência ao art. 47º da LSQ. Sócios de outros tipos societários não estão sujeitos à responsabilidade solidária pelas entradas convencionadas no contrato de sociedade (arts. 175º, 1, 271º, 474º, 478º).
[12] No sentido de que a responsabilidade dos sócios é pela integração do capital social, v. LOBO XAVIER (1986-1987), p. 281, nt. 28, BRITO CORREIA (1989), p. 97, OLIVEIRA ASCENSÃO (2000), p. 46. MENEZES

seja *superior* ao valor nominal da quota (art. 25º, 1), os sócios são solidariamente responsáveis por todas as entradas convencionadas. Por conseguinte, a responsabilidade solidária abrange todas as entradas convencionadas, ainda que parte desse valor não seja computado no capital social[13]. Por força do art. 197º, 1, subsiste o risco de o sócio que já cumpriu integralmente a sua entrada ser chamado pela sociedade a pagar dívida(s) de entrada(s) alheia(s).

A efetivação da responsabilidade solidária dos sócios está dependente da exclusão do sócio remisso ou da deliberação de perda a favor da sociedade de parte da quota do sócio inadimplente correspondente à prestação não efetuada (art. 207º)[14]. Aspetos que levam a doutrina[15] a questionar o alcance prático desta solução. Como bem se vê, a deliberação de exclusão (total ou parcial) do sócio remisso implica que os restantes sócios se tornem solidariamente responsáveis pelo(s) montante(s) em dívida.

O art. 207º, 1, concretiza que são sujeitos passivos da responsabilidade solidária os "outros sócios" [16].

Acionada a responsabilidade solidária, o sócio demandado responde pela prestação integral da dívida de entrada reclamada e a satisfação da dívida a todos libera (art. 512º, 1, do CCiv.). Ao sócio (devedor solidário da entrada em dívida) "não é lícito opor o benefício da divisão" (art. 518º do CCiv.). Nas relações internas cada sócio responde proporcionalmente à sua quota (art. 207º, 1).

O DL 33/2011, de 7 de março – que torna o capital social livre e permite a realização das entradas até ao final do primeiro exercício económico – cria condições de intensificação do risco de responsabilização solidária dos quotistas[17-18]. Para tanto, basta que os sócios distanciem a realização das entradas em dinheiro da celebração do ato constituinte. A nova redação do art. 202º eliminou os anteriores limites ao diferimento das entradas em dinheiro e acres-

---

CORDEIRO (2007), p. 279, considera que a responsabilidade dos restantes sócios é "pela realização do capital diferido".
[13] TARSO DOMINGUES (2010ª), p. 425, s..
[14] RAÚL VENTURA (1989), p. 188. Sobre o regime do art. 207º, v. CAROLINA CUNHA (2016), p. 256, s..
[15] RAÚL VENTURA (1989), p. 189, com a concordância de MENEZES CORDEIRO (2007), p. 280.
[16] Sobre o sentido deste segmento normativo, v. RAÚL VENTURA (1989), p. 191, MENEZES CORDEIRO (2007), p. 281, CAROLINA CUNHA (2016), p. 258.
[17] TARSO DOMINGUES (2016), p. 201, s..
[18] SOVERAL MARTINS/M. ELISABETE RAMOS (2015), p. 142, s..

centou a possibilidade de as entradas serem realizadas até ao final do primeiro exercício económico (art. 202º, 4).[19]

Na perspetiva interna – vale por dizer, perante a sociedade – a responsabilidade do sócio está limitada, não só ao valor da sua entrada (ou se se quiser ao valor do capital investido), mas mais vastamente ao valor das entradas convencionadas (art. 197º, 1)[20]. Esta responsabilidade solidária de fonte legal não contradiz o carácter limitado da responsabilidade dos quotistas. A responsabilidade patrimonial limitada do sócio (seja ele quotista, accionista ou sócio comanditário) significa a circunscrição das obrigações por que responde e do valor por que responde. Para lá destes confins, não há agressão do património do sócio[21].

Tal responsabilidade limitada *não equivale* a uma isenção na participação das perdas (art. 22º, 3)[22]. A sujeição às perdas – já o frisou Lobo Xavier – "nunca significará que, relativamente ao montante das perdas, os sócios respondam necessariamente em *face de terceiros*, credores sociais"[23]. Mas também não significa que, apuradas perdas pelas contas do exercício, o sócio seja, perante a sociedade, obrigado a realizar entradas adicionais para cobrir as perdas[24]. Para os quotistas, a *perda* traduzir-se-á na não recuperação ou não recuperação na totalidade do montante investido através da contribuição de entrada[25].

2.2. Responsabilidade perante credores sociais

Perante os *credores sociais*, os quotistas *não respondem* pelas obrigações sociais (art. 197º, 3)[26]. Os credores sociais "não têm acção para exigir destes [os sócios]

---

[19] V. TARSO DOMINGUES (2016ª), p. 229, s..
[20] Não devemos esquecer que todo o património do(s) sócio(s) (art. 601º do CCiv.) responde pelo cumprimento das suas obrigações perante a sociedade. FERRER CORREIA (1968), p. 34, salienta este aspeto.
[21] Obviamente estamos a considerar que os estatutos não obrigam sócio(s) a outras prestações (art. 198º, 2).
[22] Para a distinção entre participação nas perdas e responsabilidade por dívidas sociais, v. FÁTIMA GOMES (2011), p. 142, s.. Sobre a participação nas perdas, v. TARSO DOMINGUES (2010), p. 364 s..
[23] LOBO XAVIER (1986-1987), p. 279, s..
[24] LOBO XAVIER (1986-1987), p. 280. A perda grave de capital social (art. 35º) não autoriza o órgão de administração a exigir a realização de novas entradas que cubram as perdas. O que o art. 35º, 1, prevê é o dever legal específico de o órgão de administração "convocar imediatamente a assembleia geral". Sobre esta questão, v. TARSO DOMINGUES (2010ᵇ), p. 520, s..
[25] LOBO XAVIER (1986-1987), p. 281, TARSO DOMINGUES (2009), p. 39, nt. 81.
[26] Corresponde ao § 13, 2, da *GmbHG*. Conforme frisa TARSO DOMINGUES (2009), p. 39, nt. 81, responsabilidade limitada não significa que os sócios devam responder perante os credores, pelas dívidas sociais, até ao valor da respetiva entrada.

o pagamento do que pela sociedade lhes seja devido"[27]. Neste sentido, é ajustado afirmar a *irresponsabilidade* dos quotistas pelas dívidas da sociedade. A irresponsabilidade dos sócios pelas dívidas da sociedade tem como efeito transferir para os credores sociais parte do risco empresarial[28].

Certamente que já não poderá ser afirmada tal irresponsabilidade nos casos em que os estatutos estipulam a responsabilidade direta dos sócios para com os credores sociais (art. 198º)[29]. No entanto, esta específica responsabilidade pelas dívidas sociais não compromete a responsabilidade limitada dos quotistas abrangidos. E isto porque, nos termos do art. 198º, 1, os estatutos devem necessariamente fixar o *montante até ao qual o(s) sócio(s) responde(m) perante credores sociais*.

Assim, ao contrário dos sócios da sociedade em nome coletivo ou dos sócios comanditados, os quotistas não respondem *"in infinitum"*[30], mas sim por um *quantum* circunscrito. Seja porque respondem diretamente perante os credores sociais "até determinado montante" (art. 198º, 1), seja porque, perante a sociedade, respondem *exclusivamente* pelo montante das entradas convencionadas.

O exato alcance da responsabilidade limitada (em particular na sua vertente de "não responsabilidade (...) pelas dívidas sociais"[31]) não pode ser desligado da prática empresarial portuguesa. Observa-se que as necessidades de financiamento de pequenas e médias empresas detidas pelas sociedades por quotas são satisfeitas junto dos bancos[32]. Estes fazem depender a concessão de crédito à sociedade da prestação de *garantias pessoais* (aval, fiança) por parte dos sócios ou, pelo menos, dos sócios gerentes[33]. Aparentemente, o mecanismo previsto no art. 198º não tem merecido a adesão da *praxis* empresarial. Têm sido usadas as garantias pessoais prestadas pelos sócios[34] que se consolidaram

---

[27] FERRER CORREIA (1968), p. 66.
[28] Neste sentido, v. TARSO DOMINGUES (2009), p. 161. V. tb. MOTA PINTO (2007), p. 838.
[29] V. infra anotação ao art. 198º.
[30] RUI MARCOS (1997), p. 556.
[31] COUTINHO DE ABREU (2015), p. 71.
[32] Entidades que, sem dificuldade, são integradas no lote dos "credores fortes", tendo em conta que dispõem de suficiente força negocial para impor as condições em que o crédito é concedido. MOTA PINTO (2007), p. 840, integra (tendencialmente) nos "credores fortes" os bancos, os grandes fornecedores e o Estado e no universo dos "credores fracos" estão os trabalhadores, pequenos fornecedores, prestadores de serviços e os que detenham o crédito indemnizatório resultante de responsabilidade civil da empresa.
[33] MENEZES CORDEIRO (2007), p. 281, MOTA PINTO (2007), p. 839, PAIS DE VASCONCELOS (2014), p. 13, s..
[34] MENEZES CORDEIRO (2007), p. 281.

em prática "socialmente típica"[35]. Surgiram, designadamente, as fianças *omnibus*[36] com o objectivo de sócios, ou pelo menos de sócios gerentes, assumirem a responsabilidade ilimitada por todas as dívidas, presentes e futuras, perante certo credor (em regra, banco). Tais contratos já foram considerados nulos por indeterminabilidade do conteúdo ou por contrariedade aos bons costumes[37].

Ainda que sejam afastadas as fianças *omnibus*, a experiência societária mostra que os quotistas, pela via das garantias pessoais prestadas às dívidas sociais, envolvem todo o seu património no giro empresarial. E se o tipo societário, no abstrato modelo legal, é caracterizado por reconhecer aos sócios a limitação da responsabilidade, em muitos casos, as circunstâncias empresariais pressionam os sócios a, de facto, prescindirem de tal limitação.

2.3. Outras prestações

O art. 197º, 2, permite que a *lei*[38] – seja diretamente seja mediante cláusula estatutária autorizada por lei – alargue as obrigações dos quotistas. Raúl Ventura considerava que "outras prestações" determinadas por lei "são as respeitantes à responsabilidade dos sócios, como tais, quer na altura da fundação da sociedade quer posteriormente, e a restituição à sociedade de bens indevidamente recebidos desta, pois não se encontram na lei preceitos que, por outros motivos, obriguem os sócios a efectuar prestações em benefício da sociedade"[39].

Consideremos, pois, alguns casos em que resulta *diretamente da lei* a obrigação de realizar outras prestações (umas vezes perante a sociedade, outras vezes perante terceiros): *a)* a hipótese prevista no art. 16º, 2; *b)* responsabilidade pela diferença entre o valor da participação fundada em entrada em espécie e o valor nominal da sua participação (art. 25º, 3); *c)* a realização da entrada em dinheiro, nas hipóteses do art. 25º, 4; *d)* a restituição de bens indevidamente recebidos, nos termos do art. 34º; *e)* a responsabilidade subsidiária pelas dívidas contraídas por uma sociedade antes de celebrado o ato constituinte (arts. 36º, 2, do CSC, 997º do CCiv.); *f)* a responsabilidade solidária e ilimitada de todos os sócios que agiram ou representaram a sociedade não registada com terceiros (art. 40º, 1); *g)* a responsabilidade, até ao montante das entradas, de quotistas que não agiram nem autorizaram os negócios da sociedade não regis-

---

[35] PAIS DE VASCONCELOS (2006), p. 274.
[36] JANUÁRIO GOMES (2000), p. 621, s..
[37] MENEZES CORDEIRO (2007), p. 284.
[38] RAÚL VENTURA (1989), p. 47.
[39] RAÚL VENTURA (1989), p. 48.

tada (art. 40º, 1); *h*) a responsabilidade solidária do sócio, prevista no art. 83º; *i*) a responsabilidade do sócio único, prevista no art. 84º.

Mediante *cláusula estatutária autorizada por lei*, podem ser previstas as obrigações de prestações acessórias (art. 209º)[40] e as prestações suplementares (arts. 210º, s.)[41].

A propósito do art. 209º, questionou Lobo Xavier a licitude/ilicitude de cláusula estatutária que impusesse aos sócios a obrigação de prestar à sociedade uma fração do montante das perdas registadas em cada exercício. Admitidas que estão na lei as obrigações de prestações acessórias, a dificuldade em aceitar a referida cláusula "resulta apenas do carácter indeterminado e potencialmente muito amplo, além de ilimitado no tempo, que reveste essa obrigação de cobertura das perdas"[42]. São, precisamente estes argumentos que, na opinião de Lobo Xavier, comprometem a validade da cláusula de cobertura de perdas por parte dos sócios[43].

De *fonte negocial* (porque resultante de deliberação social), é a obrigação de os sócios realizarem "entradas para reforço da cobertura do capital" (art. 35º, 3, c))[44] no caso de perda grave de capital social.

Além destas prestações, há que considerar os casos em que os sócios são responsáveis por força da *desconsideração da personalidade coletiva*, na tipologia conhecida como "casos de responsabilidade"[45]. Trata-se de situações em que a responsabilidade limitada é removida e, pela via da desconsideração da personalidade coletiva, os *sócios* são chamados a responder ilimitadamente perante os credores sociais.

3. Participação social

Uma das notas características da sociedade por quotas consiste em o capital social estar *dividido em quotas* (art. 197º, 1).

---

[40] V. MOTA PINTO (2016), p. 265, s..
[41] V. MOTA PINTO (2016ª), p. 275, s..
[42] LOBO XAVIER (1986-1987), 285.
[43] LOBO XAVIER (1986-1987), p. 286.
[44] TARSO DOMINGUES (2010ᵇ), p. 533, defende que as "novas entradas", nas sociedades por quotas, podem assumir a qualidade de obrigações acessórias ou de obrigação de prestação suplementar.
[45] Para a tipologia destes casos, v. SOVERAL MARTINS (2015), p. 93, s., COUTINHO DE ABREU (2015), p. 170, s., (2010), p. 55, s.. Sobre a não aplicação do art. 197º, v. FÁTIMA RIBEIRO (2009), p. 325, s., (2015), p. 50, s..

Neste contexto, o *nomen* quota refere uma "fracção do capital da sociedade"[46] e a *participação social* dos quotistas[47]. E por participação social entender-se-á "o conjunto unitário de direitos e obrigações actuais e potenciais do sócio (enquanto tal)"[48]. Em regra, a medida em que o sócio participa no capital social determina a medida dos respetivos direitos e deveres sociais.

As quotas são insuscetíveis de serem representadas em títulos, como prescreve o art. 219º, 7[49]. Justamente, por serem insuscetíveis de representação documental, as quotas não assumem a qualidade de valores mobiliários[50].

A transmissão entre vivos de quotas (também designada "cessão") é, em regra, livre quando, nos termos do art. 228º, 2, 2ª parte, é realizada entre cônjuges, entre ascendentes e descendentes ou entre sócios. Fora destes casos, e também em regra, a cessão de quotas necessita de ser consentida pela sociedade. Este consentimento é dado por deliberação dos sócios, não sendo, em regra, exigida unanimidade[51].

Regras estatutárias podem facilitar o ingresso de sócios ou, ao invés, dificultá-lo. É lícito que o estatuto de uma sociedade por quotas: *a)* proíba a cessão quotas (art. 229º, 1); *b)* exija o consentimento da sociedade para todas ou algumas das cessões, em regra, livres (art. 229º, 3, 5); *c)* dispense o consentimento da sociedade para todas ou determinadas cessões (art. 229º, 2)[52].

4. Sociedade de pessoas ou sociedade de capitais?

É controvertida a resposta à questão de saber se o modelo das sociedades por quotas oferecido pelo CSC se integra no tipo doutrinário das sociedades de pessoas ou se, ao invés, é mais adequada a sua inserção entre as sociedades de capitais. A dificuldade está, facilmente se compreende, no facto de a regulação acolhida no CSC conjugar notas de entono personalístico (*v.g.* a cessão de quotas exige o consentimento da sociedade, conforme o art. 228º, 2) com soluções de cariz capitalístico (*v.g.* em regra, só o património da sociedade responde pelas dívidas sociais)[53]. Aliás, esta convivência de características é uma das notas históricas deste tipo societário: quis-se construir um tipo societário

---

[46] FERRER CORREIA (1987), p. 667.
[47] Cfr. SOVERAL MARTINS/M. ELISABETE RAMOS (2015), p. 116.
[48] COUTINHO DE ABREU (2015), p. 195, SOVERAL MARTINS/M. ELISABETE RAMOS (2015), p. 113.
[49] Sobre as razões que justificam esta proibição, v. SOVERAL MARTINS (2016), p. 359.
[50] PAULO CÂMARA (2011), p. 102.
[51] Sobre estas questões, v. SOVERAL MARTINS (2016ª), p. 458, s..
[52] Sobre estas questões, v. SOVERAL MARTINS (2016ᵇ), p. 470, s..
[53] Para mais informações, v. COUTINHO DE ABREU (2015), p. 70, s..

que oferecesse a limitação da responsabilidade pelas dívidas sociedade (como as sociedades anónimas), mas que, simultaneamente, preservasse algumas das características das sociedades de pessoas[54].

Acresce, ainda, o facto de os tipos doutrinais que são mobilizados para a classificação não terem limites rigorosamente traçados.

A questão, para além do interesse científico, não é desprovida de sentido prático, pois a distinção entre sociedades de pessoas e sociedades de capitais releva para a interpretação e integração da lei[55] e "dos estatutos sociais (sobretudo no domínio das regras respeitantes às relações entre sócios e entre sócios e sociedade)"[56].

A análise faz-se em dois planos: por um lado, o modelo abstrato oferecido pelo legislador e, por outro lado, a modelação de cada concreta sociedade.

Perspetivadas as sociedades por quotas a partir do modelo legal supletivo previsto no CSC, divide-se a doutrina entre os que as integram no elenco das sociedades de pessoas[57] e quem as reconduz às sociedades de capitais[58].

O que se pode questionar é se a recente evolução para o "capital social livre" (art. 201º) potencia uma maior personalização das concretas sociedades por quotas. A circunstância de o capital social ser livre não significa que os sócios deixem de ter de providenciar os meios necessários ao funcionamento da sociedade[59]. Ao devolver aos sócios a livre decisão sobre o capital social, a lei permite, por exemplo, que para determinadas iniciativas económicas se mostre adequada a prestação de serviços pelos sócios[60] (enquanto obrigação de prestações acessórias) ou sejam reforçadas as garantias dos sócios às dívidas da sociedade. Também não será de estranhar que, em tais circunstâncias, a gerência seja reservada a sócios que investem na sociedade o seu trabalho e arriscam o seu património pessoal ao prestar garantias às dívidas da sociedade. Em tais circunstâncias também poderá fazer sentido dificultar a mudança do substrato pessoal, tendo em conta o relevo da pessoa dos sócios.

---

[54] RAÚL VENTURA (1989), p. 11.
[55] ANTÓNIO CAEIRO (1984), p. 7.
[56] COUTINHO DE ABREU (2015), p. 74. V. tb. PEDRO MAIA (2015), p. 38.
[57] V. neste sentido ANTÓNIO CAEIRO (1984), p. 9, PEDRO MAIA (2015), p. 38. LOBO XAVIER (1986), p. 458, considera que o CSC partiu de um "modelo personalístico, estabelecendo o princípio da necessidade de consentimento da sociedade para as cessões de quotas (art. 228º, nº 2)". RAÚL VENTURA (1989), p. 37, s., OLAVO CUNHA (2012), p. 65, salientam a aproximação da sociedade por quotas às sociedades de pessoas.
[58] BRITO CORREIA (1989), p. 95; TARSO DOMINGUES (2009), p. 38, nt. 81.
[59] TARSO DOMINGUES (2016), p. 213, s..
[60] TARSO DOMINGUES (2009), p. 168, nt. 634 (2016), p. 213.

ARTIGO 198º
Responsabilidade direta dos sócios para com os credores sociais

1. É lícito estipular no contrato que um ou mais sócios, além de responderem para com a sociedade nos termos definidos no nº 1 do artigo anterior, respondem também perante os credores sociais até determinado montante; essa responsabilidade tanto pode ser solidária com a da sociedade, como subsidiária em relação a esta e a efetivar apenas na fase da liquidação.
2. A responsabilidade regulada no número precedente abrange apenas as obrigações assumidas pela sociedade enquanto o sócio a ela pertencer e não se transmite por morte deste, sem prejuízo da transmissão das obrigações a que o sócio estava anteriormente vinculado.
3. Salvo disposição contratual em contrário, o sócio que pagar dívidas sociais, nos termos deste artigo, tem direito de regresso contra a sociedade pela totalidade do que houver pago, mas não contra os outros sócios.

Índice
1. Antecedentes normativos
2. Responsabilidade de quotista(s) para com os credores sociais
    2.1. Sentido de "responsabilidade direta"
    2.2. Modalidades de responsabilidade
    2.2.1. Responsabilidade solidária
    2.2.2. Responsabilidade subsidiária
    2.3. Cláusulas estatutárias
3. Âmbito da responsabilidade
3.1. Âmbito material
3.2. Âmbito temporal
4. Direito de regresso

Bibliografia
a) Citada:
ABREU, J. M. COUTINHO DE – *Curso de direito comercial*, vol. I – *Introdução, actos de comércio, comerciantes, empresas, sinais distintivos*, 9ª ed., Almedina, Coimbra, 2013, *Curso de direito comercial*, vol. II – *Das sociedades*, 5ª ed., Almedina, Coimbra, 2015, *Responsabilidade civil dos administradores de sociedades*, 2ª ed., Almedina, Coimbra, 2010; ABREU, J. M. COUTINHO DE/RAMOS, M. ELISABETE – "Artigo 78º", em *Código das Sociedades Comerciais em comentário*, coord. de Coutinho de Abreu, vol. I, Almedina, Coimbra, 2010, p. 892--903; CORDEIRO, ANTÓNIO MENEZES – *Manual de direito das sociedades*, II – *Das sociedades em especial*, 2ª ed., Almedina, Coimbra, 2007; CORREIA, A. FERRER – "A sociedade por quotas

de responsabilidade limitada segundo o Código das Sociedades Comerciais", ROA 47 (1987), p. 659-700; CORREIA, A. FERRER/XAVIER, V. LOBO/CAEIRO, ANTÓNIO A./COELHO, M. ÂNGELA – "Sociedade por quotas de responsabilidade limitada. Anteprojecto de lei", RDE 2 (1976), p. 187-224, "Sociedade por quotas de responsabilidade limitada. Anteprojecto de lei – 2ª redacção e exposição de motivos", RDE 3 (1977), p. 153-224; CORREIA, L. BRITO – *Direito comercial*, 2º vol. – *Sociedades comerciais*, AAFDL, Lisboa, 1989; COSTA, MÁRIO JÚLIO DE ALMEIDA – *Direito das obrigações*, 12ª ed., Almedina, Coimbra, 2009; CUNHA, CAROLINA – "Artigo 146º", em *Código das Sociedades Comerciais em comentário*, coord. de Coutinho de Abreu, vol. II, 2ª ed., Almedina, Coimbra, 2015, p. 687-694; DOMINGUES, PAULO DE TARSO – "A vinculação das sociedades por quotas no Código das Sociedades Comerciais", RFDUP 1 (2004), p. 277-307, "Artigo 20º" em *Código das Sociedades Comerciais em comentário*, coord. de Coutinho de Abreu, vol. I, Almedina, Coimbra, 2010, p. 338-351; FERNANDES, LUÍS A. CARVALHO/LABAREDA, JOÃO – *Código da Insolvência e da Recuperação de Empresas anotado*, 3ª ed., Quid Juris, Lisboa, 2015; GOMES, MANUEL JANUÁRIO DA COSTA – *Assunção fidejussória de dívida – sobre o sentido e o âmbito da vinculação como fiador*, Almedina, Coimbra, 2000; LEITÃO, LUÍS MENEZES – *Garantias das obrigações*, 4ª ed., Almedina, Coimbra, 2012; MAIA, PEDRO – "Tipos de sociedades comerciais", em *Estudos de direito das sociedades*, coord. de Coutinho de Abreu, 12ª ed, Almedina, Coimbra, 2015, p. 13-39; MARTINS, ALEXANDRE DE SOVERAL – *Os poderes de representação dos administradores de sociedades anónimas*, Coimbra Editora, Coimbra, 1998, *Um curso de direito da insolvência*, 2ª ed., Almedina, Coimbra, 2016; PINTO, ALEXANDE DA MOTA – "Artigo 210º", em *Código das Sociedades Comerciais em comentário*, coord. de Coutinho de Abreu, vol. III, 2ª ed., Almedina, Coimbra, 2016, p. 276-282; RAMOS, M. ELISABETE – *Responsabilidade civil dos administradores e directores de sociedades anónimas perante os credores sociais*, Coimbra Editora, Coimbra, 2002, "Artigo 175º", em *Código das Sociedades Comerciais em comentário*, coord. de Coutinho de Abreu, vol. III, 2ª ed., Almedina, Coimbra, 2016, p. 13-29 , "Artigo 465º", em *Código das Sociedades Comerciais em comentário*, coord. de Coutinho de Abreu, vol. VI, Almedina, Coimbra, 2013, p. 1037--1047; "Artigo 197º", em *Código das Sociedades Comerciais em comentário*, coord. de Coutinho de Abreu, vol. III, 2ª ed., Almedina, Coimbra, 2016ª, p. 165-176; SERRA, CATARINA – *A falência no quadro da tutela jurisdicional dos direitos de crédito – O problema da natureza do processo de liquidação aplicável à insolvência no direito português*, Coimbra Editora, Coimbra, 2009; VASCONCELOS, PEDRO PAIS DE – *A participação social nas sociedades comerciais*, 2ª ed., Almedina, Coimbra, 2006; VENTURA, RAÚL – "Sociedade por quotas de responsabilidade limitada. Anteprojecto – Primeira redacção", BMJ, 160 (1966), p. 75-113,"Apontamentos para a reforma das sociedades por quotas de responsabilidade limitada", BMJ, 182 (1969), p. 25-196, "Sociedade por quotas de responsabilidade limitada – Anteprojecto – segunda redacção", BMJ 182 (1969ª), p. 197-247; *Dissolução e liquidação de sociedades*, Almedina, Coimbra, 1987, *Sociedade por quotas*, vol. I, 2ª ed., Almedina, Coimbra, 1989; XAVIER, V. G. LOBO – "Sociedades por quotas; exclusão de sócios; deliberações sobre matéria estranha à ordem do dia; responsabilidade do sócio por perdas sociais", RLJ, 119 (1986-1987), p. 190-192, 221- 224, 277-288.

b) Outra:
ABREU, J. M. COUTINHO – "Subcapitalização de sociedade e desconsideração da personalidade jurídica", em *Capital social livre e acções sem valor nominal*, coord. de Maria Miguel Carvalho e Paulo de Tarso Domingues, Almedina, Coimbra, 2011, p. 37-41; ANTUNES, J. ENGRÁCIA – "Enterprise forms and enterprise liability: is there a paradox in modern corporation law?", RFDUP, 2005, p. 187-255; CAEIRO, ANTÓNIO – "A sociedade por quotas no Projecto de Código das Sociedades", RN 3-4 (1985), p. 327-341; COELHO, M. ÂNGELA – "Sociedades em nome colectivo, sociedades em comandita, sociedades por quotas", em *Direito das empresas*, INA, 1990, p. 579-611; DIAS, RUI – "A reforma de 2008 do direito das GmbH (desenvolvimentos recentes do direito das sociedades na Alemanha)", DSR 1 (2009), p. 243-251; MORAIS, FERNANDO GRAVATO – "A solidariedade nas obrigações comerciais", em *Estudos em Homenagem ao Prof. Doutor Carlos Ferreira de Almeida*, vol. II, Almedina, Coimbra, 2011, p. 486-505; RIBEIRO, MARIA DE FÁTIMA – "O capital social das sociedades por quotas e o problema da subcapitalização material", em *Capital social livre e acções sem valor nominal*, coord. de Maria Miguel Carvalho e Paulo de Tarso Domingues, Almedina, Coimbra, 2011, p. 43-84, *Sociedades comerciais (responsabilidade). Relatório sobre o programa, o conteúdo e os métodos de ensino da disciplina*, Universidade Católica Editora, Porto, 2015; XAVIER, V. G. LOBO – "Sociedade por quotas", em *Polis – Enciclopédia Verbo da Sociedade e do Estado*, vol. 5, Editorial Verbo, Lisboa/São Paulo, 1990, p. 942-946.

1. Antecedentes normativos

A presente disposição, que não tem norma correspondente na LSQ, tem como antecedente direto o art. 2º do Anteprojeto de Raúl Ventura sobre "sociedade por quotas de responsabilidade limitada" (1ª redação)[1]. Nesta disposição, intitulada "responsabilidade suplementar do sócio", permitia-se estipular no contrato de sociedade que um ou mais sócios respondessem *solidariamente* com a sociedade, para com os credores sociais, até determinado montante. Na

---

[1] RAÚL VENTURA (1966), p. 75.

segunda redação do Anteprojecto, Raúl Ventura manteve a "responsabilidade suplementar do sócio", mas cingida às "sociedades limitadas pelo capital"[2].

No Anteprojeto de Vaz Serra e, posteriormente, no Anteprojeto de Coimbra[3], desapareceram as sociedades limitadas por garantia[4]. Vaz Serra – que manteve a epígrafe "responsabilidade suplementar dos sócios" – acrescentou a *responsabilidade subsidiária* dos quotistas para com os credores sociais, a "efectivar na fase de liquidação"[5]. O Anteprojeto de Coimbra cunhou a epígrafe "responsabilidade directa dos sócios perante os credores sociais"[6] e acolheu a responsabilidade solidária e subsidiária dos quotistas para com os credores sociais.

O *direito de regresso* dos quotistas surge regulado no art. 198º, 3, do Projeto de CSC[7].

No Anteprojeto de Coimbra lê-se que, através da estipulação da responsabilidade direta para com os credores sociais, "os contraentes podem atribuir à sociedade características que a situam a meio caminho entre a sociedade por quotas e a sociedade em nome colectivo"[8].

Esta inovação do CSC não tem obtido relevante aplicação prática[9]. Tem prevalecido a prática "socialmente típica"[10] de os sócios garantirem pessoalmente certas dívidas da sociedade.

2. Responsabilidade de quotista(s) para com os credores sociais
2.1. Sentido de "responsabilidade direta"

A epígrafe do art. 198º designa a *responsabilidade* dos quotistas como "direta". Recorde-se que, segundo o tipo legal de sociedades por quotas, os sócios não respondem pelas dívidas da sociedade (art. 197º, 3). Ou, dito de um outro modo, o tipo sociedade por quotas impede que os credores sociais agridam os bens dos sócios.

---

[2] Cfr. RAÚL VENTURA (1969ª), p. 198. Neste Anteprojeto eram criados dois subtipos de sociedades por quotas: as "limitadas pelo capital" (correspondentes à LSQ) e as "limitadas por garantia". Sobre o sentido destas últimas (que não chegaram a vingar no direito português), v. RAÚL VENTURA (1969), p. 141, s..
[3] Cfr. FERRER CORREIA /LOBO XAVIER/M. ÂNGELA COELHO/ANTÓNIO CAEIRO (1976), p. 187, s..
[4] Cfr. RAÚL VENTURA (1989), p. 56, MENEZES CORDEIRO (2007), p. 282.
[5] Cfr. RAÚL VENTURA (1989), p. 54. RAÚL VENTURA (1989), p. 57, considera que a responsabilidade subsidiária, a efetivar apenas na fase de liquidação, constitui uma garantia semelhante à ideia básica das sociedades limitadas por garantia.
[6] Cfr. FERRER CORREIA /LOBO XAVIER/M. ÂNGELA COELHO/ANTÓNIO CAEIRO (1976), p. 190, (1977), p. 157.
[7] O Projeto do CSC encontra-se publicado no BMJ 327 (1983).
[8] Cfr. FERRER CORREIA/LOBO XAVIER/M. ÂNGELA COELHO/ANTÓNIO CAEIRO (1977), p. 157.
[9] MENEZES CORDEIRO (2007), p. 284.
[10] PAIS DE VASCONCELOS (2006), p. 274.

"Responsabilidade direta", para este efeito, significa a *responsabilidade patrimonial*[11] *dos quotistas para com os credores sociais*. Certamente que o adjetivo "direta" pode causar alguma estranheza quando referido à responsabilidade subsidiária porque esta impõe aos credores a prévia excussão do património social.

Na responsabilidade subsidiária, tal natureza "direta" significa que só os credores sociais podem exigir a efetivação desta responsabilidade[12] aos sócios, estando o liquidatário privado de tal faculdade.

Resulta do art. 198º, 1, que a sujeição do sócio a esta responsabilidade não afeta a responsabilidade, prevista no art. 197º, por todas as entradas convencionadas, antes lhe acresce.

Também não devem restar dúvidas de que a "responsabilidade direta" distingue-se das prestações suplementares (arts. 210º, s.)[13] porque, entre outros aspetos, a primeira é efetivada pelos credores sociais e estas últimas são devidas à sociedade.

A responsabilidade prevista no art. 198º, 1, distingue-se da responsabilidade típica dos sócios de responsabilidade ilimitada (sócios de sociedades em nome coletivo e sócios comanditados)[14], porque: *a)* a responsabilidade direta dos quotistas constitui numa opção dos sócios, não uma imposição do tipo societário (art. 198º, 1); os sócios de responsabilidade ilimitada estão necessariamente expostos ao risco de responder pelas dívidas sociais (arts. 175º, 465º); *b)* a responsabilidade dos quotistas, além de eventual, é sempre cingida a um montante-limite oponível aos credores sociais (art. 198º, 1); os sócios de responsabilidade ilimitada respondem por todas as dívidas da sociedade, sendo *nula* a cláusula que fixe um montante-limite perante os credores sociais (arts. 175º, 1, 465º)[15]; *c)* cabe aos quotistas escolher entre responsabilidade solidária ou subsidiária (arts. 198º, 1); aos sócios de responsabilidade ilimitada não assiste a faculdade de escolher a modalidade de responsabilidade perante os credores sociais (arts. 175º, 465º)[16].

---

[11] Sobre o sentido de responsabilidade patrimonial, v. JANUÁRIO GOMES (2000), p. 14.
[12] RAÚL VENTURA (1989), p. 65, s..
[13] Para a caraterização das prestações suplementares, v. MOTA PINTO (2016), p. 276, s..
[14] V. M. ELISABETE RAMOS (2016), p. 20, s..
[15] V. M. ELISABETE RAMOS (2013), p. 1042, (2016), p. 25..
[16] V. M. ELISABETE RAMOS (2016), p. 13, s..

Estas diferenças (relevantes) não infirmam que a assunção da responsabilidade direta perante os credores sociais constitui uma opção que introduzirá um cunho pessoalístico na concreta sociedades por quotas[17].

2.2. Modalidades de responsabilidade
2.2.1. Responsabilidade solidária

O art. 198º, 1, oferece duas vias de funcionamento da responsabilidade direta dos quotistas: *a*) *responsabilidade solidária* com a sociedade e *b*) *responsabilidade subsidiária*[18].

Sendo convencionada a *solidariedade* entre o quotista e a sociedade pelas dívidas sociais, é alargada a base patrimonial garante das obrigações sociais.

Mediante a consagração estatutária da responsabilidade solidária de quotista(s) pelas obrigação sociais, cada um dos responsáveis solidários responde "pela prestação integral e esta a todos libera" (art. 512º, 1, do CCiv.). Por conseguinte, o credor social pode exigir a satisfação do seu crédito à sociedade ou ao(s) sócio(s). "Ao devedor solidário demandado não é lícito opor o benefício da divisão; e, ainda que chame os outros devedores à demanda, nem por isso se libera da obrigação de efetuar a prestação por inteiro" (art. 518º do CCiv.).

Do ponto de vista dos credores sociais, o regime do art. 198º, na modalidade de responsabilidade solidária, é mais favorável do que o do art. 175º, pois não exige prévia a excussão do património social[19].

2.2.2. Responsabilidade subsidiária

Outra alternativa prevista no art. 198º, 1, é a *responsabilidade subsidiária* "a efectivar apenas na fase da liquidação"[20].

O incumprimento da sociedade e a insuficiência patrimonial não habilitam, em si mesmos, os credores a efetivarem a responsabilidade subsidiária dos quotistas. É necessário que: *a*) a sociedade se encontre "na fase de liquidação"; *b*) seja excutido o património social.

---

[17] Sobre as sociedades por quotas e os tipos doutrinais sociedades de pessoas/sociedades de capitais, v. M. ELISABETE RAMOS (2016ª), p. 175.
[18] Para a distinção entre solidariedade e subsidiariedade, v. JANUÁRIO GOMES (2000), p. 967.
[19] M. ELISABETE RAMOS (2016), p. 22.
[20] BRITO CORREIA (1989), p. 302, escreve que parece "que o CSC admite também que o contrato preveja a efectivação dessa responsabilidade ainda antes da liquidação".

A "fase da liquidação" relevante para efeitos do art. 198º, 1, consiste na *situação jurídica da sociedade*[21] ou "fase da vida social"[22] que, nos termos do art. 146º, se inicia com a dissolução da sociedade[23]. Este sentido de liquidação não deve ser confundido com aqueloutro que referencia o processo – "isto é, série de actos a praticar durante aquela fase"[24].

A mudança de estatuto da sociedade torna-se cognoscível dos credores sociais, porquanto à firma da sociedade deve ser aditada a menção "sociedade em liquidação" ou "em liquidação" (art. 146º, 3).

O art. 198º não refere expressamente o requisito da *excussão prévia do património social*. No entanto, há de ser esse o alcance hermenêutico a emprestar à "responsabilidade subsidiária". Esta, tipicamente, refere a *"responsabilidade patrimonial* de um sujeito diverso do devedor primário, que só pode ser *actuada* após o esgotamento da actuação da responsabilidade patrimonial deste, ou seja, após a excussão do património do devedor primário"[25]. Também é esse o sentido que se retira de várias normas jurídico-societárias que a prevêem. Considerem--se, a este propósito, os arts. 997º, 2, do CCiv. e 175º, 1, do CSC[26].

A *insolvência* não constitui requisito específico da responsabilidade subsidiária dos quotistas para com os credores sociais[27]. Não podemos ignorar, porém, que a insuficiência do património social para satisfação dos credores sociais – facto suscetível de conduzir à responsabilidade subsidiária dos quotistas – pode igualmente indiciar a situação de insolvência da sociedade[28].

O carácter necessariamente *limitado* da sua responsabilidade determina que os quotistas subsidiariamente responsáveis não sejam considerados "responsáveis legais" para efeitos do art. 6º, 2, do CIRE[29].

---

[21] RAÚL VENTURA (1987), p. 210, CAROLINA CUNHA (2015), p. 688.
[22] RAÚL VENTURA (1987), p. 210.
[23] Sobre as modalidades de liquidação, v. CAROLINA CUNHA (2015), p. 691, s..
[24] RAÚL VENTURA (1987), p. 210, que alerta para a não coincidência entre situação e processo. V. tb. CAROLINA CUNHA (2015), p. 691, s..
[25] JANUÁRIO GOMES (2000), p. 964, s..
[26] RAÚL VENTURA (1989), p. 66, aplica analogicamente as regras do art. 175º sobre a responsabilidade subsidiária à hipótese do art. 198º.
[27] Sobre o conceito de insolvência, v. COUTINHO DE ABREU (2013), p. 134, s., CATARINA SERRA (2009), p. 235, s.. SOVERAL MARTINS (2016), p. 47, s..
[28] V. art. 3º, 2, do CIRE. Sobre esta disposição, v. COUTINHO DE ABREU (2013), p. 134, s.; SOVERAL MARTINS (2016), p. 50, s..
[29] Neste sentido, v. CARVALHO FERNANDES/JOÃO LABAREDA (2015), p. 102, CATARINA SERRA (2009), p. 404. Para uma primeira apreciação jurisprudencial dos "responsáveis legais", v. o Ac. do RP de 16/6/2005, em http://www.dgsi.pt.

O art. 20º do CIRE reconhece aos credores da sociedade devedora, sob determinados requisitos, *legitimidade* para requerer a declaração de insolvência da sociedade.

A declaração de insolvência da sociedade provoca a "dissolução imediata" da sociedade (art. 141º, 1, e)) e abre caminho a que, no momento processual próprio, seja liquidada a massa insolvente (arts. 156º, s. do CIRE).

Ao remeter a efetivação da responsabilidade subsidiária para "fase da liquidação", o CSC interpõe potencialmente uma relevante distância temporal entre a constituição da obrigação social e a efetivação da responsabilidade dos quotistas para com os credores sociais.

Do ponto de vista dos sócios, esta modalidade é penalizadora porque potencialmente não conseguirão recuperar da sociedade os montantes que entregaram aos credores sociais.

2.3. Cláusulas estatutárias

É de *fonte estatutária* a responsabilidade patrimonial de quotista(s) pelas dívidas sociais. Na ausência de cláusula estatutária, os quotistas não são responsáveis pelas dívidas da sociedade (art. 197º, 3).

Os estatutos devem: *a*) identificar o(s) sócio(s) que assume(m) a responsabilidade para com os credores sociais (art. 198º, 1); *b*) determinar o montante-limite individual[30] por que cada um do(s) sócio(s) responde; *c*) escolher a modalidade de responsabilidade de quotista(s) para com os credores sociais.

O CSC não exige que todos os sócios assumam a responsabilidade perante credores sociais; ao invés, admite que só algum ou alguns deles assumam tal responsabilidade. O consequente desequilíbrio poderá ser corrigido, designadamente, através de cláusula estatutária de majoração na distribuição dos lucros a favor dos quotistas responsáveis para com os credores.

A responsabilidade dos credores é necessariamente fixada em um limite (determinado ou determinável)[31].

Trata-se de um *limite individual*[32] que vigorará enquanto o contrato de sociedade não for alterado. O que significa que, consumido o montante previsto no

---

[30] RAÚL VENTURA (1989), p. 60.
[31] Cfr. RAÚL VENTURA (1989), p. 60.
[32] Cfr. RAÚL VENTURA (1989), p. 60.

contrato na satisfação de obrigações sociais[33], cessa a responsabilidade do quotista para com os credores sociais.

A lei não manifesta qualquer preferência por uma das modalidades nem apresenta um regime supletivo (que funcionasse, por exemplo, quando os sócios assumissem a responsabilidade direta, mas não escolhessem uma determinada modalidade). Cabe aos sócios escolher qual das *modalidades* de responsabilidade para com os credores sociais é adotada. Admitindo que vários quotistas aceitam responder pelas obrigações sociais, não será de excluir que uns assumam responsabilidade solidária e outras responsabilidade subsidiária. O que é imperioso é que a escolha esteja patente no contrato de sociedade. Raúl Ventura defende que será *nula* a cláusula que apenas refira a responsabilidade direta do sócio, sem precisar qual das modalidades é eleita[34].

Outras cláusulas estatutárias são *lícitas*: *a)* cláusula que restringe a responsabilidade dos quotista(s) a determinada(s) dívida(s) social(ais) (definida(s) pela natureza, fonte, ou circunstâncias específicas do credor[35]); *b)* cláusula que restrinja o período temporal relevante para a responsabilidade para com os credores sociais[36].

Será *nula* a cláusula que estipule a responsabilidade ilimitada dos quotistas pelas obrigações sociais. Tal "cláusula atípica"[37] contraria uma das notas características da sociedade por quotas[38].

3. Âmbito da responsabilidade
3.1. Âmbito material

Nos termos do art. 198º, 2, a responsabilidade direta do quotista cobre as "obrigações assumidas pela sociedade". A lei não discrimina as obrigações sociais suscetíveis de serem assumidas pelos sócios; não as diferencia em razão da natureza nem da fonte. O que releva é que se possa afirmar que *obrigação* ou *obrigações sociais* estão constituídas[39]. Por conseguinte, a responsabilidade

---

[33] Constituindo-se o direito de regresso a favor do quotista que respondeu pelas obrigações sociais. V. *infra*.
[34] RAÚL VENTURA (1989), p. 65.
[35] RAÚL VENTURA (1989), p. 61.
[36] RAÚL VENTURA (1989), p. 63.
[37] COUTINHO DE ABREU (2015), p. 77.
[38] V. COUTINHO DE ABREU (2015), p. 77.
[39] RAÚL VENTURA (1989), p. 61. Para as questões de representação e vinculação das sociedades, v. SOVERAL MARTINS (1998), p. 83, s., COUTINHO DE ABREU (2015), p. 537, s.. Especificamente quanto à vinculação de sociedades por quotas, v. TARSO DOMINGUES (2004), p. 277, s..

direta dos quotistas não abrange, por exemplo, a obrigação de indemnizar em que o sócio-gerente tenha sido condenado em ação intentada por credor social (art. 78º, 1)[40].

Apesar de não resultar do teor literal do art. 198º, parece ser de admitir que a responsabilidade direta abrange apenas obrigações da sociedade cujo *objecto seja pecuniário*[41]. Pode acontecer que no momento da constituição a obrigação tenha objecto pecuniário (*v.g.* mútuo) ou pode converter-se em obrigação de objecto pecuniário (*v.g.* a obrigação de indemnizar em dinheiro os danos provocados pelo incumprimento da sociedade)[42]. Certamente que se a sociedade se vinculou a realizar obra nova e não cumpriu o contrato de empreitada, não será exigível ao sócio que responde diretamente perante credores sociais que realize ele própria a obra nova. Mas já será responsável (solidária ou subsidiariamente, consoante esteja estipulado nos estatutos) pela indemnização em dinheiro devida pela sociedade[43].

3.2. Âmbito temporal

O art. 198º, 2, delimita temporalmente a responsabilidade direta do sócio, dizendo que ela "abrange apenas as obrigações assumidas pela sociedade enquanto o sócio a ela pertencer".

O funcionamento desta regra pressupõe que: *a*) seja determinado o momento em que é constituída a obrigação; *b*) sejam fixados o *início da pertença à sociedade e da cessação de tal pertença*. Questões que devem ser resolvidas por intermédio de princípios gerais[44].

A responsabilidade direta para com credores sociais não abrange obrigações sociais anteriores ao ingresso do quotista na sociedade[45]. Portanto, parece que o preceito pressupõe que a dívida relevante para a responsabilidade direta perante os credores sociais é constituída depois do ingresso na sociedade.

Põe-se a questão de saber se o período de constituição da responsabilidade direta pode ser alargado ou minguado. No caso de alargamento, o que está em

---

[40] Sobre esta disposição v. M. ELISABETE RAMOS (2002), p. 138, s., COUTINHO DE ABREU (2010), p. 71, s., COUTINHO DE ABREU/M. ELISABETE RAMOS (2010), p. 892, s..
[41] Cfr. RAÚL VENTURA (1989), p. 61.
[42] Sobre a distinção entre dívidas de dinheiro e dívidas de valor (exemplo destas últimas é a obrigação de indemnizar por equivalente), v. ALMEIDA COSTA (2009), p. 736.
[43] RAÚL VENTURA (1989), p. 62, considera que talvez se chegue à mesma conclusão através das palavras "responder" e "até determinado montante" (art. 198º, 1).
[44] Cfr. RAÚL VENTURA (1989), p. 62.
[45] RAÚL VENTURA (1989), p. 63.

causa é incluir na responsabilidade direta as obrigações da sociedade constituídas em momento anterior ao ingresso do sócio (hipótese que acontece nos casos em que ele não é sócio fundador). Raúl Ventura pronuncia-se no sentido de que este alargamento não é concebível. Porque o art. 198º trata a responsabilidade direta de uma pessoa que é sócia e não de uma pessoa que ainda não é ou já não é sócia[46]. Repare-se que os sócios das sociedades em nome coletivo respondem, sempre subsidiariamente com a sociedade, pelas dívidas "contraídas anteriormente à data do seu ingresso". Também em razão do âmbito temporal da responsabilidade se distingue a responsabilidade direta de quotistas da responsabilidade assumida pelos sócios em nome coletivo.

Não se suscitarão particulares dificuldades quanto à delimitação do âmbito temporal de responsabilidade do quotista, se a cláusula estatutária de responsabilidade direta for contemporânea do ingresso do sócio na sociedade e deixar de vigorar no momento em que cessa a pertença do sócio à sociedade.

Não devemos, no entanto, ignorar a possível dissociação entre, por um lado, o tempo em que o sócio pertence à sociedade e, por outro, a vigência da cláusula estatutária. Considerem-se as seguintes hipóteses: *a)* morte de quotista que assumiu a responsabilidade direta e a "sobrevivência" da sociedade; *b)* cessão de quota por parte do quotista que assumiu a responsabilidade direta; *c)* alteração dos estatutos com introdução/supressão de cláusula estatutária de responsabilidade direta.

O art. 198º, 2, preceitua que a responsabilidade direta "não se transmite por morte". Deste modo, cessa a responsabilidade (dos herdeiros que sucedam em participação social que integre a responsabilidade direta para com credores sociais) por obrigações sociais constituídas em momento posterior à morte. Para os herdeiros transmitem-se, porém, as obrigações que vinculavam o *de cujus*[47]. Um dos problemas que se suscita é o de saber para quem são transmitidas as obrigações já constituídas: se para o sucessor a quem couber a quota na partilha ou se para todos os sucessores. Raúl Ventura prefere esta última alternativa[48].

Consideremos, agora, a hipótese em que o quotista diretamente responsável para com os credores sociais *cede a sua quota*. Embora a questão não esteja direta e expressamente regulada no art. 198º, 2, é de considerar que o cedente conti-

---

[46] RAÚL VENTURA (1989), p. 63.
[47] RAÚL VENTURA (1989), p. 63.
[48] RAÚL VENTURA (1989), p. 64.

nua responsável pelas obrigações já constituídas. Por força da cessão da quota, o cessionário da quota não fica sujeito ao regime do art. 198º[49].

A responsabilidade direta perante os credores sociais tem de ser estipulada em cláusula estatutária, mas não necessariamente em cláusula inserta no ato constituinte da sociedade. Pode ser introduzida por meio de *alteração do contrato de sociedade*. Se na alteração do contrato de sociedade for *aditada* cláusula de responsabilidade direta para com credores sociais, aplicar-se-á o art. 86º, 2[50]. O que significa que a nova cláusula vincula exclusivamente os sócios que tenham consentido na assunção da responsabilidade direta.

Havendo *supressão* de cláusula estatutária de responsabilidade direta, o novo regime aplicar-se-á a obrigações constituídas em momento posterior à alteração do ato constituinte da sociedade[51]. Às obrigações anteriores à alteração do contrato de sociedade, aplica-se o que se encontrar estipulado no momento em que o crédito se constituiu.

4. Direito de regresso

Determina o art. 198º, 3, que ao quotista assiste o *direito de regresso*[52] contra a sociedade, por tudo que ele haja pago, mas não contra os restantes sócios. Admitir-se o exercício do direito de regresso contra os outros sócios significaria torná-los também diretamente responsáveis perante os credores sociais[53].

Objeto do *direito de regresso* é "a totalidade do que houver pago", independentemente da proporção na participação nas perdas[54].

O liquidatário deverá pagar ao sócio-credor do direito de regresso – como paga a qualquer outro credor – a partir das forças do património social. Efetuado este pagamento, apurar-se-á, nos termos gerais, se há ativo restante para distribuir aos sócios.

Ainda que se considere que, em geral, a solidariedade passiva não constitui uma garantia pessoal[55], parece claro que no art. 198º ela funciona como

---

[49] RAÚL VENTURA (1989), p. 65.
[50] RAÚL VENTURA (1989), p. 69.
[51] RAÚL VENTURA (1989), p. 69.
[52] Para a distinção entre direito de regresso e sub-rogação, v. JANUÁRIO GOMES (2000), p. 874, s..
[53] RAÚL VENTURA (1989), p. 67.
[54] Sobre o sentido de participação nas perdas dos quotistas, v. LOBO XAVIER (1986-1987), p. 281, PAIS DE VASCONCELOS (2006), p. 287, s., TARSO DOMINGUES (2010), p. 351.
[55] No sentido de que a solidariedade passiva não é uma garantia pessoal, v. ALMEIDA COSTA (2009), p. 882. Para a compreensão da solidariedade passiva como garantia pessoal, v. MENEZES LEITÃO (2012), p. 165, s..

"uma característica garantia pessoal"[56]. O sócio que cumpriu as dívidas sociais desempenha uma simples função de garante. E, por isso, satisfeita a obrigação aos credores sociais, o sócio ficará com "direito de regresso pleno"[57] contra a sociedade.

Potencialmente, o quotista subsidiariamente responsável pelas obrigações sociais não terá meios de recuperar o que pagou ao credor social, uma vez que, por um lado, o património social foi excutido e, por outro, a lei não permite efetivar o direito de regresso contra os outros sócios[58].

---

[56] ALMEIDA COSTA (2009), p. 882, nt. 1.
[57] ALMEIDA COSTA (2009), p. 677, nt. 1.
[58] Em sentido semelhante, v. RAÚL VENTURA (1989), p. 68.

ARTIGO 199º *
Conteúdo do contrato

O contrato de sociedade deve especialmente mencionar:

a) O montante de cada quota de capital e a identificação do respetivo titular;

b) O montante das entradas realizadas por cada sócio no momento do acto constitutivo ou a realizar até ao termo do primeiro exercício económico, que não pode ser inferior ao valor nominal mínimo da quota fixado por lei, bem como o montante das entradas diferidas.

* A alínea b) foi alterada pelo art. 3º do DL 33/2011, de 7 de março.

Índice

1. Menções obrigatórias do ato constituinte de sociedade por quotas
   1.1. Redundância
   1.2. Cláusulas sobre os prazos de liberação das entradas
   1.3. Cláusulas sobre a liquidação fracionada da entrada
   1.4. Que entradas podem ser realizadas até ao termo do primeiro exercício económico?
2. Menções facultativas

Bibliografia

a) Citada:

ABREU, J. M. COUTINHO DE – *Curso de direito comercial*, vol. II – *Das sociedades*, 5ª ed., Almedina, Coimbra, 2015; CUNHA, CAROLINA – "Artigo 41º", em *Código das Sociedades Comerciais em comentário*, coord. de Coutinho de Abreu, vol. I, Almedina, Coimbra, 2010, p. 595-600, "Artigo 42º", em *Código das Sociedades Comerciais em comentário*, coord. de Coutinho de Abreu, vol. I, Almedina, Coimbra, 2010ª, p. 601-606, "Artigo 52º", em *Código das Sociedades Comerciais em comentário*, coord. de Coutinho de Abreu, vol. I, Almedina, Coimbra, 2010ᵇ, p. 631-635; CUNHA, PAULO OLAVO – *Direito das sociedades comerciais*, 5ª ed., Almedina, Coimbra, 2012; DOMINGUES, PAULO DE TARSO – *Variações sobre o capital social*, Almedina, Coimbra, 2009, "Artigo 202º", em *Código das Sociedades Comerciais em comentário*, coord. de Coutinho de Abreu, vol. III, 2ª ed., Almedina, Coimbra, 2016, p. 225-234, "Artigo 203º", em *Código das Sociedades Comerciais em comentário*, coord. de Coutinho de Abreu, vol. III, 2ª ed., Almedina, Coimbra, 2016ª, p. 235-240; MARTINS, ALEXANDRE DE SOVERAL – "Empresas na hora", em IDET, *Temas societários*, Almedina, Coimbra, 2006, p. 79-105; MARTINS, ALEXANDRE DE SOVERAL/RAMOS, M. ELISABETE – "As participações sociais", em *Estudos de direito das sociedades*, coord. de Coutinho de Abreu,

12ª ed., Almedina, Coimbra, 2015, p. 113-150; RAMOS, M. ELISABETE – "Artigo 9º", em *Código das Sociedades Comerciais em comentário*, coord. de Coutinho de Abreu, vol. I, Almedina, Coimbra, 2010, p. 161-174, "Artigo 30º", em *Código das Sociedades Comerciais em comentário*, coord. de Coutinho de Abreu, vol. I, Almedina, Coimbra, 2010ª, p. 471--477, "Constituição das sociedades comerciais", em *Estudos de direito das sociedades*, coord. de Coutinho de Abreu, 12ª ed., Almedina, Coimbra, 2015, p. 41-84; RODRIGUES, ANA MARIA/DIAS, RUI PEREIRA – "Artigo 65º-Aº", em *Código das Sociedades Comerciais em comentário*, coord. de Coutinho de Abreu, vol. I, Almedina, Coimbra, 2010, p. 783-784; TRIUNFANTE, ARMANDO MANUEL – *O regime das entradas na constituição das sociedades por quotas e anónimas*, Coimbra Editora, Coimbra, 2014.

b) Outra:

DIAS, RUI – "A reforma de 2008 do direito das GmbH (desenvolvimentos recentes do direito das sociedades na Alemanha)", DSR 1 (2009), p. 243-251; DOMINGES, PAULO DE TARSO – "O regime das entradas no Código das Sociedades Comerciais", RFDUP, III (2006), p. 673-723; MATOS, ALBINO – *Constituição de sociedades*, 5ª ed., Almedina Coimbra, 2001; RIBEIRO, MARIA DE FÁTIMA - *Sociedades comerciais (responsabilidade). Relatório sobre o programa, o conteúdo e os métodos de ensino da disciplina*, Universidade Católica Editora, Porto, 2015; VENTURA, RAÚL – *Sociedade por quotas*, vol. I, 2ª ed., Almedina, Coimbra, 1989.

1. Menções obrigatórias do ato constituinte de sociedade por quotas
1.1. Redundância

O CSC distribui as normas sobre constituição da sociedade pela Parte Geral e pela regulação específica de cada um dos tipos societários.

A epígrafe do art. 199º – "Conteúdo do contrato" – pode induzir a ideia de que este preceito indica exaustivamente as menções a incluir no ato constituinte da sociedade por quotas. Assim não é. Para além das menções do art. 199º, o ato constituinte deve, por um lado, observar o disposto no art. 9º – que elenca as menções obrigatórias gerais[1] – e, por outro, incorporar as menções exigidas em preceitos específicos das sociedades por quotas (*v.g.* art. 200º).

---

[1] As consequências da falta de menções obrigatórias estão previstas nos arts. 41º e 42º e 52º. Sobre esta questão, v. COUTINHO DE ABREU (2015), p. 140, s., M. ELISABETE RAMOS (2015), p. 76, s., CAROLINA CUNHA (2010), p. 595, s., (2010ª), 601, s., (2010ᵇ), p. 631, s..

Do art. 9º, 1, a) e g), já resulta que o acto constituinte deve mencionar os nomes ou firmas de todos os sócios fundadores e a quota de capital[2]. Por conseguinte, o art. 199º, a), nada acrescenta ao art. 9º[3].

1.2. Cláusulas sobre os prazos de liberação das entradas

Não havendo estipulação sobre "o tempo das entradas", terão estas de "ser realizadas até ao momento da celebração do contrato" (art. 26º, 1).

A alínea b) do art. 199º foi alterada pelo DL 33/2011, de 7 de março. Além de outras alterações, este DL introduziu a faculdade de os sócios procederem "à entrega das suas entradas nos cofres da sociedade até ao final do primeiro exercício económico" (art. 1º, b), do DL 33/2011, de 7 de março).

Em face da nova redação do art. 199º, b), passam a ser três os possíveis momentos de realização de entradas dos quotistas: *a)* *até* à celebração do ato constituinte (art. 26º, 1); *b)* *até* ao termo do primeiro exercício económico (art. 199, b))[4]; *c)* em *data certa ou determinável* posterior ao termo do primeiro exercício económico (arts. 26º, 3, 203º)[5].

Parece que a nova redacção do art. 199º, b), não impede uma estipulação estatutária que fixe a realização da entrada de sócio(s) em *data certa* que seja posterior à celebração do ato constituinte, mas anterior ao fim do primeiro exercício.

Atente-se que, para os efeitos do art. 199º, b), releva o primeiro exercício económico "a contar da data do registo definitivo do contrato de sociedade" (art. 26º, 2, na redação introduzida pelo DL 33/2011, de 7 de março). E, por conseguinte, para os efeitos do art. 199º, b), o *início* do primeiro exercício económico situa-se na data do registo definitivo do ato constituinte. Para outros efeitos legais, o primeiro exercício anual das sociedades que adotem o ano civil terminará a 31 de Dezembro[6], qualquer que tenha sido, nesse ano, a data do início da atividade societária. O primeiro exercício económico das sociedades que adotem outro calendário seguirá a regra prevista no art.

---

[2] V. M. ELISABETE RAMOS (2010), p. 164, 168, (2015), p. 47, s...
[3] COUTINHO DE ABREU (2015), p. 112, considera "desnecessária" a alínea a) do art. 199º.
[4] Os diplomas sobre os processos especiais de constituição de sociedades por quotas foram modificados no sentido de permitirem que os sócios realizem as entradas até ao fim do primeiro exercício económico (arts. 4º do DL 111/2005, de 8 de julho, e 6º do DL 125/2006, de 29 de junho, alterados pelo DL 33/2011, de 7 de março).
[5] Cfr. TARSO DOMINGUES (2015), p. 226, s.. V. *infra* 1.4.
[6] Neste sentido, v. OLAVO CUNHA (2012), p. 145, ANA MARIA RODRIGUES/RUI DIAS (2010), p. 783.

65º-A[7]. Refira-se que, nos termos do art. 9º,1, i), deve constar do ato constituinte a *data do encerramento do exercício anual* quando esta não coincida com o fim do ano civil[8].

1.3. Cláusulas sobre a liquidação fracionada da entrada

Não há obstáculo legal a que o sócio efetue o cumprimento da obrigação da entrada por partes – *v.g.*, uma parte no momento da celebração do ato constituinte, uma parte até ao termo do primeiro exercício económico e uma parte diferida para data certa.

Retira-se dos arts. 199º, b), e 203º, 1[9], que no ato constituinte devem ser identificadas as diversas partes em que a obrigação de entrada é fracionada.

Esta informação é relevante tanto para a sociedade como para os credores sociais. À sociedade – credora da obrigação de entrada – interessa a determinação dos prazos de cumprimento e das prestações que em cada momento pode exigir. Aos credores sociais interessa conhecer o tempo e as frações em que a obrigação é repartida, porque, por um lado, os seus créditos são satisfeitos pelas forças do património social e, por outro, assiste-lhes a faculdade de exercerem os direitos da sociedade relativos às entradas não realizadas, a partir do momento em que elas se tornem exigíveis (art. 30º, 1, a))[10].

Questionar-se-á se é lícita a cláusula estatutária que *difira* o montante integral da *entrada em dinheiro* para data certa e determinável posterior ao fim do primeiro exercício económico, a contar da data do registo definitivo do ato constituinte. Resulta do DL 33/2011 a distinção entre, por um lado, protelar o cumprimento da obrigação de entrada "até ao termo do primeiro exercício económico" e, por outro, "diferir a realização das entradas". Tal distinção é patente nos arts. 26º, 2, 3, 199º, b), e 202º, 4, 6. Por outro lado, foram revogadas as normas que impunham a realização de capital social mínimo até ao momento da celebração do ato constituinte e que só admitiam o diferimento de 50% das entradas em dinheiro (art. 202º, 2). Alterações legislativas que parecem expandir da liberdade contratual dos sócios.

No entanto, o art. 199º, b), pode ser visto como o obstáculo à licitude de cláusula que difira integralmente o montante da entrada em dinheiro. Na verdade, aquele preceito, depois de dizer que o ato constituinte deve especialmente

---

[7] Sobre o art. 65º-A, v. ANA MARIA RODRIGUES/RUI DIAS (2010), p. 784, s..
[8] Sobre esta disposição OLAVO CUNHA (2012), p. 145, s., M. ELISABETE RAMOS (2010), p. 171.
[9] Sobre esta disposição, v. TARSO DOMINGUES (2016ª), p. 235, s..
[10] V. M. ELISABETE RAMOS (2010ª), p. 472, s..

mencionar o montante das entradas "a realizar até ao termo do primeiro exercício económico" acrescenta "que não pode ser inferior ao valor nominal mínimo da quota fixado por lei"[11].

Ponderados os vários argumentos, parece que é *lícita* a cláusula contratual que estipula que € 1[12] da entrada de cada sócio é realizado até ao termo do primeiro exercício económico (a contar da data do registo definitivo do contrato de sociedade) e o restante em data certa e determinada posterior.

Já o diferimento integral da entrada para lá do termo do primeiro exercício económico, pode enfrentar dificuldades, tendo em conta o teor literal do já mencionado segmento do art. 199º, b)[13].

1.4. Que entradas podem ser realizadas até ao termo do primeiro exercício económico?

A nova redacção do art. 199º, b), suscita a questão de saber que entradas podem ser realizadas até ao fim do primeiro exercício económico – entradas em dinheiro ou também entradas em espécie?

No direito anterior ao DL 33/2011, era claro que só as entradas em dinheiro (e parte do seu valor) podiam ser realizadas em momento posterior ao da celebração do ato constituinte (art. 202º, 2). As entradas em espécie tinham necessariamente de ser realizadas até à celebração do acto constituinte.

Na sequência das alterações introduzidas pelo DL 33/2011, o *diferimento* surge nitidamente associado às *entradas em dinheiro* (arts. 26º, 3, 199º, b), *in fine*, 202º, 4). Ao invés, os arts. 26º, 2, 199º, b), 202º, 4, quando referem a realização até o fim do primeiro exercício económico, não a reservam às entradas em dinheiro. O que, numa primeira impressão, pode constituir um argumento no sentido de também as entradas em espécie poderem ser realizadas até ao fim do primeiro exercício económico.

Para lá desta primeira impressão, é preciso considerar outros argumentos. Os arts. 1º do DL 33/2011, e 202º, 4 e 6, do CSC associam a realização das entradas até ao fim do primeiro exercício económico aos "cofres da sociedade". O que pode induzir a interpretação de que esta faculdade está pensada para entradas em dinheiro. Não é um argumento decisivo. Não só a expressão "cofres da sociedade" não é feliz em uma economia bancarizada e intrinsecamente dependente dos serviços bancários, como não só o dinheiro é guardado em

---

[11] V. desenvolvidamente TARSO DOMINGUES (2016), p. 231.
[12] No caso de sociedade unipessoal. V. art. 219º, 3.
[13] Cfr., TARSO DOMINGUES (2016), p. 231.

cofres. Socialmente, outros bens são guardados em cofres, como sejam as jóias ou os títulos de crédito.

Os arts. 7º do DL 111/2005, de 8 de julho, e 6º do DL 125/2006, de 29 de junho (na redação introduzida pelos arts. 4º e 5º do DL 33/2011) são claros no sentido de que só as *entradas em dinheiro* são suscetíveis de serem proteladas até ao fim do primeiro exercício económico. Estes lugares paralelos – os processos especiais são compatíveis com as entradas em espécie[14] – parecem constituir argumentos consistentes no sentido de que, só quanto às *entradas em dinheiro*, gozam os sócios da faculdade de as realizar até ao fim do primeiro exercício económico[15].

2. Menções facultativas

O contrato de sociedade por quotas pode integrar menções facultativas[16]. As *"normas legais habilitantes mas não dispositivas* ou supletivas"[17] permitem que o contrato de sociedade *introduza* determinada disciplina. A título de exemplo, considerem-se os casos de criação de direitos especiais dos sócios (art. 24º), de estipulação da responsabilidade direta dos sócios perante os credores sociais (art. 198º), de consagração de obrigações de prestações acessórias (art. 209º), de exigência estatutária de prestações suplementares (art. 210º), de regulação estatutária da transmissão de quotas por morte (arts. 225º, 1, 226º, 1)[18].

O ato constituinte da sociedade por quotas pode *afastar* as *"normas habilitantes dispositivas"*[19], usando a faculdade prevista no art. 9º, 3[20]. Assim será, por exemplo, se o ato constituinte fixar um prazo de duração da sociedade (art. 15º), substituir o critério da participação nos lucros e perdas na proporção do valor nominal da participação social (art. 22º, 1), diferir as entradas em dinheiro (art. 26.º), permitir que seja distribuído pelos sócios menos de metade dos lucros de exercício distribuíveis (art. 217º, 1), dispensar o consentimento da sociedade para certas transmissões de quotas (art. 229º, 2)[21].

---

[14] SOVERAL MARTINS/M. ELISABETE RAMOS (2015), p. 144.
[15] No mesmo sentido TARSO DOMINGUES (2016), p. 232.
[16] V. OLAVO CUNHA (2012), p. 149, s., M. ELISABETE RAMOS (2010), p. 173, s..
[17] Cfr. COUTINHO DE ABREU (2015), p. 113.
[18] Cfr. COUTINHO DE ABREU (2015), p. 113, s..
[19] Cfr. COUTINHO DE ABREU (2015), p. 113, s..
[20] Sobre esta disposição, v. COUTINHO DE ABREU (2012), p. 114, s., M. ELISABETE RAMOS (2010), p. 173, s..
[21] V. COUTINHO DE ABREU (2015), p. 114, s..

Admitindo que o ato constituinte não afasta as normas dispositivas nem permite a derrogação desses preceitos por deliberação dos sócios, prevalecerão as normas do CSC que, por conseguinte, aplicar-se-ão à sociedade[22].

Os processos especiais de constituição de sociedades por quotas ("empresa na hora" e "empresa *online*")[23] apresentam alguns constrangimentos quanto à inclusão de menções facultativas. Na "empresa na hora", um dos pressupostos de aplicação do regime é que o(s) sócio(s) escolha(m) "pacto ou ato constitutivo de modelo aprovado pelo presidente do Instituto dos Registos e do Notariado" (art. 3º, 1, a), do DL 111/2005, de 8 de julho). Na "empresa online" mantém-se este constrangimento, se os interessados optarem por pacto ou ato constitutivo de modelo aprovado pelo presidente do Instituto dos Registos e do Notariado (art. 6º, 1, c), do DL 125/2006, de 29 de julho). Neste último processo especial de constituição de sociedades por quotas, os interessados podem optar por enviar o ato constitutivo por eles elaborado (art. 6º, 1, c), do DL 125/2006, de 29 de julho) e, neste caso, a inclusão ou não de menções facultativas depende da sua decisão.

---

[22] Cfr. COUTINHO DE ABREU (2015), p. 114, OLAVO CUNHA (2012), p. 169, M. ELISABETE RAMOS (2010), p. 174.
[23] Sobre estes processos especiais, v. SOVERAL MARTINS (2006), p. 87, s., COUTINHO DE ABREU (2015), p. 92, s., M. ELISABETE RAMOS (2015), p. 71, s..

ARTIGO 200º
Firma

1. A firma destas sociedades deve ser formada, com ou sem sigla, pelo nome ou firma de todos, algum ou alguns dos sócios, ou por uma denominação particular, ou pela reunião de ambos esses elementos, mas em qualquer caso concluirá pela palavra «limitada» o pela abreviatura «L.ᵈᵃ».
2. Na firma não podem ser incluídas ou mantidas expressões indicativas de um objeto social que não esteja especificamente previsto na respetiva cláusula do contrato de sociedade.
3. No caso de o objeto contratual da sociedade ser alterado, deixando de incluir atividade especificada na firma, a alteração do objeto deve ser simultaneamente acompanhada da modificação da firma.

O nº 3 foi alterado pelo DL 76-A/2006, de 29 de março, o qual suprimiu a referência à *escritura pública*.

Índice
1. Nótula histórica
2. Composição da firma das sociedades por quotas
3. O relevo do princípio da verdade

Bibliografia
Citada:
ABREU, JORGE MANUEL COUTINHO DE – *Curso de direito comercial*, vol. I, *Introdução, actos de comércio, comerciantes, empresas, sinais distintivos*, 8ª ed., Almedina, Coimbra, 2011; ABRIANI, NICCOLÒ/COTTINO, GASTONE/RICOLFI, MARCO – *Trattato di diritto commerciale*, vol. II, *Diritto industriale*, Cedam, Padova, 2001, p. 131 s.; CORREIA, LUÍS BRITO – *Direito comercial*, vol. I, Lisboa, Associação Académica da Faculdade de Direito de Lisboa, 1987/1988; FRADA, MANUEL CARNEIRO DA – "Art. 183º", em MENEZES CORDEIRO, ANTÓNIO (coord.), *Código das Sociedades Comerciais anotado*, Almedina, Coimbra, 2009, p. 524-525; LOURENÇO, SANTOS – *Das sociedades por quotas*, Lisboa, s/data; MARQUES, J. P. REMÉDIO – "Artigo 10º", em ABREU, JORGE MANUEL COUTINHO DE (coord.), *Código das Sociedades Comerciais em comentário*, Vol. I (Artigos 1º a 84º), Almedina, Coimbra, 2010, p. 175-222; VENTURA, RAÚL – "A firma das sociedades por quotas", RFDUL, vol. XXII, 1968-1969, p. 111-150; *Comentário ao Código das Sociedades Comerciais, sociedade por quotas*, Vol. 1, 2ª reimp. da 2ª ed. de 1989, Coimbra, Almedina, 1999.

1. Nótula histórica

É sabido que as sociedades comerciais devem adoptar um nome (art. 13º do CCom.): o *nome comercial*, o qual constituirá a sua *firma*.

Dado que as sociedades (*in casu*, as sociedades comerciais por quotas) não podem ser identificadas no tráfego jurídico-económico por um *nome civil*, o seu *nome comercial* constitui o seu único modo de designação.

O art. 23º do CCom. de 1888 assimilava a *firma* ao nome do comerciante. Já a *denominação* correspondia a uma qualquer designação própria das sociedades anónimas. E já então as sociedades por quotas podiam adoptar uma *firma* ou uma *denominação*: no primeiro caso, a sociedade obrigava-se com a assinatura de um dos gerentes cujo nome constasse da firma (art. 29º, § único, da LSQ); no segundo caso, a sociedade obrigava-se pela assinatura da maioria dos gerentes, nos termos do art. 30º da mesma lei.

Mesmo após o Decreto 19.638, de 21 de Abril de 1931 – que revogou o art. 19º e alterou o art. 23º, ambos do CCom. –, a LSQ manteve a *firma em sentido amplo*, enquanto nome de qualquer comerciante (individual ou sociedade), independentemente da forma de composição, a qual abrangia qualquer designação comercial. É que a *firma em sentido estrito* era apenas a *firma-nome* composta pelo nome das pessoas, e não a *firma-denominação*, que incluía outros elementos ou signos[1].

2. Composição da firma das sociedades por quotas

O nº 1 ainda distingue *firma* e *denominação*.

Na verdade, sem prejuízo das *regras especiais* que determinam a composição da firma de algumas pessoas coletivas[2], a firma das *sociedades por quotas* deve ser constituída: (1) por uma denominação particular (*firma-denominação*), com ou sem sigla[3] (ou seja, por um vocábulo constituído pelas iniciais ou por outras letras de uma expressão ou nome)[4]; (2) pelo nome, completo ou abreviado,

---

[1] Analogamente, RAÚL VENTURA (1968-1969), p. 116.
[2] REMÉDIO MARQUES, (2010), p. 180-181.
[3] Embora a *sigla* possa ser incluída na composição da firma – pois as palavras formadas por letras de um nome ou de uma expressão, ou pelas iniciais de um nome ou expressão são mais apelativas na comunicação publicitária –, proíbe-se que uma sigla, *só por si* e desligada de qualquer outro signo, possa constituir a firma de uma SQ – RAÚL VENTURA (1999), p. 100.
[4] Assim, uma *denominação particular* não pode ser constituída por nomes de sócios ou de outras pessoas. Nas SA, antes do CSC, a firma não poderia ser constituída pelo nome dos acionistas. Nestas sociedades, a firma era sempre *denominação*.

ou firma de todos, ou de alguns dos sócios (*firma-nome*)[5]; (3) ou pela reunião de uma denominação particular[6] e pelo nome de algum ou alguns dos sócios (*firma-mista*)[7].

No final[8] far-se-á mister introduzir a adjunção ou aditamento "Limitada" ou "Lda", embora seja intuitivo, mesmo para os leigos, que a sociedade mencionada na firma como sendo "Limitada", "Lda." ou de "responsabilidade limitada" (ou dela se podendo retirar este efeito) não tem limitada a sua própria responsabilidade (perante terceiros), mas a dos sócios por dívidas da sociedade[9]. Esta adjunção tem que ser colocada no fim da firma, já que se pretende evitar que esta menção importante quanto ao tipo de sociedade corresse o risco de ser diluída se pudesse ser interpolada no meio da firma ou pudesse ser colocada no seu início (p. ex., "Limitada Renacar – Venda de Automóveis").

3. O relevo do princípio da verdade

A observância do *princípio da verdade* da firma – segundo o qual os elementos componentes deste sinal distintivo de identificação de sujeitos, *in casu*, comerciantes, devem ser verdadeiros, no sentido em que não podem induzir em erro acerca da identificação, natureza ou atividade do seu titular[10] – é, neste particular, acentuada ao se determinar, por um lado, (1) que a alteração do objeto contratual da sociedade implica necessariamente, e *uno actu*, a modificação da firma no ato que formaliza essa alteração de objeto e, por outro, (2) a proibição

---

[5] No domínio da LSQ (art. 3º § 1º) houve quem entendesse que a firma das SQ, ou bem que conteria o nome de todos os sócios, ou bem o nome de um sócio, *mas não poderia incluir o nome de alguns dos sócios* – neste sentido, SANTOS LOURENÇO (s/data), p. 115, s..

[6] O facto de a SQ adotar uma denominação particular não a faz corresponder a uma qualquer subespécie de SQ, suscetível de a aproximar mais a uma *sociedade de capitais* e não tanto a uma *sociedade pessoas*. Já no domínio da LSQ de 1901 esta distinção era inadmissível.

[7] COUTINHO DE ABREU (2011), p. 157; BRITO CORREIA (1987-1988), p. 249; ABRIANI/COTTINO/RICOLFI (2001), p. 148.

[8] A palavra "concluirá", constante da parte final do nº 1 do art. 200º, esclareceu as dúvidas que já vinham da LSQ, no sentido em que apenas se previa que à firma se *aditasse* sempre as palavras "responsabilidade limitada" ou simplesmente "limitada" (art. 3º, § 4). De igual sorte, o art. 23º do CCom. permitia que a expressão "sociedade anónima de responsabilidade limitada" precedesse ou seguisse a denominação dessa SA. Isto porque o *aditar* ou o *aditamento* tanto pode ser feito no final quanto em qualquer parte da firma ou denominação.

[9] Já o art. 3º, § 4 da Lei das SQ, de 1901, determinava, como referimos, que à firma ou denominação se teriam que aditar sempre as palavras "responsabilidade limitada" ou "limitada".

[10] Art. 32º, 1, do DL 129/98. Veja-se, igualmente, o art. 10º, 3, do CSC, no segmento em que se preceitua que a firma da sociedade constituída por denominação particular ou por denominação e nome "devem dar a conhecer, quanto possível, o objeto da sociedade".

de a firma conter ou manter palavras ou expressões que *induzam, inculquem, sugiram* ou *sugestionem* o exercício de um objeto social em desconformidade com o expressamente previsto no contrato de sociedade.

A *estabilidade da firma* é assim postergada em função da eventual multiplicação de objetos sociais, mesmo que estes não sejam efetivamente prosseguidos[11]. À SQ é vedado manter uma firma onde conste uma atividade que, na decorrência de alteração do objeto social[12], deixou de poder exercer, de tal forma que o princípio da verdade da firma acompanha a *vida* da sociedade, não se cristalizando no momento do seu *nascimento*.

Mas a firma das SQ não tem que dar a conhecer, *necessariamente*, o objeto da sociedade: o que não pode é, em homenagem ao *princípio da verdade*, permitir-se a inclusão ou a manutenção de expressões indicativas de um objeto que não esteja especificamente previsto no contrato de sociedade[13]. Isto dito, embora já o art. 10º do Projecto de CSC tivesse proposto a abolição da obrigatoriedade mitigada ("tanto quanto possível") da menção do objeto social na composição da firma prevista no CCom. (para as SA) e na LSQ para as SQ, no sentido em que a verdade da firma não reclamava que nela figurasse qualquer menção do objeto social senão nas eventualidades em que os sócios incluíssem na firma alguma menção a esse objeto, hipótese em que se propunha que tal menção fosse verdadeira[14]. Além disso, somente se requer que a menção do objecto social na firma tenha o mesmo grau de densidade daquele que se surpreende na cláusula do contrato de sociedade[15].

O nº 3 deste art. 200º limita-se a repetir o regime estatuído no nº 1 do art. 10º deste CSC[16].

---

[11] CARNEIRO DA FRADA (2009), p. 525.
[12] Atente-se que nem toda a alteração da cláusula que versa sobre o objeto social implicará uma alteração da firma, mas apenas a alteração de harmonia com a qual a menção que componha a firma seja retirada dessa cláusula do contrato de sociedade – neste sentido, já RAÚL VENTURA (1999), p. 95.
[13] O art. 3º, § 1, *in fine*, da LSQ determinava, diferentemente, que a denominação deveria "quanto possível" dar a conhecer o *objeto* da sociedade.
[14] RAÚL VENTURA (1999), p. 93-94.
[15] Que o mesmo é dizer que o advérbio "especificamente", constante do nº 2 da norma em comentário, não determina um especial grau de especificidade ou de pormenorização da cláusula do objeto do contrato (p. ex., referência muito precisa e discriminada a um ou a vários objetos) – analogamente, RAÚL VENTURA (1999), p. 95.
[16] REMÉDIO MARQUES (2010), p. 190, p. 221.

ARTIGO 201º *
Capital social livre

O montante do capital social é livremente fixado no contrato de sociedade, correspondendo à soma das quotas subscritas pelos sócios.

* A redação desta norma foi inicialmente alterada pelo DL 343/98, de 6 de novembro, tendo a redação atual sido introduzida pelo DL 33/2011, de 7 de março.

Índice

1. A "eliminação" do capital social mínimo nas SQ, *rectius*, o capital social livre
2. A manutenção do capital social e do respetivo regime legal
3. É justificável a eliminação do capital social mínimo? Análise crítica das funções que se lhe atribuem
   3.1. Garantia de credores
   3.2. Instrumento de seleção do tipo societário
   3.3. Limiar de seriedade
4. O fim pré-anunciado do capital social mínimo a nível europeu. A trilogia *Centros--Überseering-Inspire Art*
5. Alterações substantivas de regime que resultam da "eliminação" do capital social mínimo
   5.1. A constituição de sociedades com apenas 1€ ou 2€ de capital
   5.2. Mudança de paradigma: a liberdade de fixação do capital social mínimo por parte dos sócios
   5.3. O paradoxal reforço das funções de garantia e de financiamento atribuídas ao capital social
   5.4. A subcapitalização manifesta e a desconsideração da personalidade jurídica
   5.4.1. Fundamento: a responsabilidade aquiliana perante credores sociais
   5.4.2. Credores fortes e credores fracos
   5.5. A distinção entre subcapitalização e descapitalização
   5.5.1. A descapitalização provocada
   5.5.2. A descapitalização fortuita

Bibliografia

a) Citada:
ABREU, COUTINHO DE – *Do abuso de direito – Ensaio de um critério em direito civil e nas deliberações sociais*, Almedina, Coimbra, 1983 (reimpr. 1999, 2006), *Da empresarialidade*

(*As empresas no direito*), Almedina, Coimbra, 1996 (reimpr. 1999), *Curso de direito comercial*, vol. II – *Das sociedades*, 5ª ed., Almedina, Coimbra, 2015, "Artigo 5º", em *Código das Sociedades Comerciais em comentário*, vol. I, Almedina, Coimbra, 2010, p. 94-107, "Diálogos com a jurisprudência, II – Responsabilidade dos administradores para com credores sociais e desconsideração da personalidade jurídica", DSR 3, 2010ª, p. 49-64; ENGRÁCIA, J. A. ANTUNES – *Os grupos de sociedades*, Almedina, Coimbra, 2ª ed., 2002; ASCENSÃO, J. OLIVEIRA – *Direito comercial*, vol. IV, *Sociedades comerciais*, Lisboa, 2000, *Teoria Geral do direito civil*, vol. III, *Relações e situações jurídicas*, Coimbra Editora, Coimbra, 2002; BALZARINI, PAOLA – "La modernizzazione del diritto societario francese", RS, 2005, p. 216-264; BENAZZO, PAOLO – "La «nuova» s.r.l. tra revoluzione e continuità: il ruolo del interpreti", RS, 2006, p. 647-667; COELHO, Mª. ÂNGELA – "Aumento do capital", in *Problemas do direito das sociedades*, IDET, Almedina, Coimbra, 2002, p. 235-255; CORDEIRO, A. MENEZES – *O levantamento da personalidade colectiva no direito civil e comercial*, Almedina, Coimbra, 2000; CORDEIRO, PEDRO – *A desconsideração da personalidade jurídica das sociedades comerciais*, AAFDL, Lisboa, 1989; CORREIA, LUÍS BRITO – *Direito comercial*, 2.º vol., *Sociedades comerciais*, AAFDL, Lisboa, 1989; COSTA, MÁRIO JÚLIO ALMEIDA – *Direito das obrigações*, Almedina, Coimbra, 2009; COSTA, RICARDO – *A sociedade por quotas unipessoal no direito português*, Almedina, Coimbra, 2002; DIAS, M. GABRIELA FIGUEIREDO – "Project finance (primeiras notas)", Miscelâneas 3, IDET, Almedina, Coimbra, 2004, p. 113--160; DOMINGUES, PAULO DE TARSO – "Do capital social – Noção, princípios e funções", BFDUC, Studia Iuridica, 33, 2ª ed., Coimbra Editora, Coimbra, 2004, *Variações sobre o capital social*, Almedina, Coimbra, 2009; ENRIQUES, L./MACEY, J. – "Raccolta di capitale di rischio e tutela dei creditori: una critica radicale alle regole europee sul capitale sociale", RS, 2002, p. 78-120; EASTERBROOK, F. H./FISCHEL, D. R. – *The economic strutcture of corporate law*, Harvard University Press, Massachusetts, 1991; FRADA, M. CARNEIRO – *Teoria da confiança e responsabilidade civil*, Almedina, Coimbra, 2007; GRUNEWALD, BARBARA – *Gesellschaftsrecht*, Mohr Siebeck, Tübingen, 2005; HÖRSTER, HEINRICH – *A parte geral do código civil português. Teoria geral do direito civil*, Almedina, Coimbra, 1992 (reimpr. 2000); LATTY, ELVIN R./CLIFFORD, DONALD – "Etats Unis d'Amérique", in M. Rotondi, *Enquête comparative sur les sociétés par actions*, Kluwer, 1974, p. 837-1055; LIMA, A. PIRES/ /VARELA, J. ANTUNES – *Código civil anotado*, 4ª ed. com a colab. de M. HENRIQUE MESQUITA, Coimbra Editora, Coimbra, 1987; MANNING, BAYLESS/HANKS JR., JAMES J. – *Legal Capital*, Foundation Press, New York, 1990; MONTEIRO, J. F. SINDE – *Responsabilidade por conselhos, recomendações ou informações*, Almedina, Coimbra, 1989; MÜLBERT, PETER O. – "A sinthetic view of different concepts of creditor protection, or: a high-level framework for corporate creditor protection", EBOR 7 (2006), p. 357-408; PINTO, ALEXANDRE MOTA – *Do contrato de suprimento – O financiamento da sociedade entre capital próprio e capital alheio*,

Almedina, Coimbra, 2002, "Capital social e tutela dos credores para acabar de vez com o capital social mínimo nas sociedades por quotas", *Nos 20 anos do Código das Sociedades Comerciais - Homenagem aos Profs. Doutores A. Ferrer Correia, Orlando de Carvalho e Vasco Lobo Xavier*, vol. I, Coimbra, Coimbra Editora, 2007, p. 837-861; PORTALE, GIUSEPPE B. - "Capitale sociale e società per azzioni sottocapitalizzata", in G.E. Colombo/ /Giuseppe B. Portale, *Trattato delle società per azioni*, vol. 1**, Utet, Torino, 2004; RAISER, THOMAS - "Die Haftungsbeschränkung ist keine Wesensmerkmal der juristischen Person", in *Festschrift für Marcus Lutter zum 70. Geburtstag*, Otto Schmidt, Köln, 2000, p. 637-650; REHBINDER, ECKARD - "Zehn Jahre Rechtsprechung zum Durchgriff im Gesellschaftsrecht", in *Festschrift für Robert* Fischer, de Gruyter, Berlin, 1979, p. 579-603; RIBEIRO, MARIA DE FÁTIMA - *A tutela dos credores da sociedade por quotas e a "desconsideração da personalidade jurídica"*, Almedina, Coimbra, 2009; RICKFORD, JONATHAN - "Reforming capital", EBLR 15 (2004), p. 919-1030; SCHÖN, WOLFGANG - "The future of legal capital", EBOR 5 (2004), p. 429-448; SERICK, ROLF - *Rechtsform und Realität juristischer Personen*, Tübingen, 1955, trad. para castelhano por J. PUIG BRUTAU, sob o título *Aparencia y realidad en las sociedades mercantiles*, Ariel, Barcelona, 1958; VARELA, J. ANTUNES - *Direito das obrigações*, vol. I, Almedina, coimbra, 2000 (reimpr. 2010); VASCONCELOS, P. PAIS DE - *A participação social nas sociedades comerciais*, 2.ª ed., Almedina, Coimbra, 2006, *Teoria geral do direito civil*, Almedina, Coimbra, 2010; VENTURA, RAÚL - "Apontamentos para a reforma das sociedades por quotas de responsabilidade limitada", BMJ 182º (1969), p. 5-176, *Sociedade por quotas*, vol. II, Almedina, Coimbra, 1989; VETTER, JOCHEN - "Die neue dogmatische Grundlage des BGH zur Existenzvernichtunghaftung", BB 2007, p. 1965-1979; WILHELM, JAN - *Rechtsform und Haftung bei der juristischen Person*, Carl Heymanns, Köln, 1981.

b) Outra:

ANTUNES, A. FILIPA MORAIS - "O abuso da personalidade jurídica colectiva no direito das sociedades comerciais", em AAVV., *Novas tendências da responsabilidade civil*, Almedina, Coimbra, 2007, p. 7-83; COSTA, RICARDO - "Desconsiderar ou não desconsiderar: eis a questão", BOA nº 30 (2004), p. 10-14; DUARTE, DIOGO PEREIRA - *Aspectos do levantamento da personalidade colectiva nas sociedades em relação de domínio*, Almedina, Coimbra, 2007; DUARTE, R. PINTO - "A subcapitalização das sociedades no direito comercial", Fisco, nº 76/77 (1996), p. 55-64; MARTINS, A. SOVERAL - "Da personalidade e capacidade jurídicas das sociedades comerciais", em AAVV. (coord. de Coutinho de Abreu), *Estudos de direito das sociedades*, 12.ª ed., Almedina, Coimbra, 2015, p. 85-112.

1. A "eliminação" do capital social mínimo nas SQ, *rectius*, o capital social livre

O DL 33/2011, de 7 de Março, veio eliminar a exigência de um capital social mínimo de 5.000€, permitindo aos quotistas fixar livremente o valor do capital social da sociedade (cfr. art. 201º)[1]. Sublinhe-se, no entanto, que o novo regime não eliminou a figura do capital social, nem tão-pouco o capital social mínimo para as SQ. Com efeito, sendo cada sócio originariamente titular de uma quota (art. 219º, 1), e devendo esta ter um valor nominal mínimo de 1€[2], o capital social mínimo passa agora a corresponder ao número de sócios multiplicado pelo valor mínimo da quota, i.é, 1€. Ou seja, o capital social mínimo é agora variável – deixou de ser uma cifra fixa legalmente estabelecida –, variando em função do número de quotistas da sociedade (multiplicado pelo valor de 1€).

Significa isto que, devendo a SQ ter, pelo menos, dois sócios (cfr. art. 7º, 2) e não podendo o valor da quota ser inferior a 1€ (cfr. art. 219º, 3), passou a ser possível, com o novo regime jurídico, constituir uma SQ com um capital social de apenas 2€[3].

Assim, e em rigor, não se pode falar na eliminação do capital social mínimo para as SQ, em resultado desta alteração de regime, mas – como corretamente se designa na epígrafe do artigo 201º – de um capital social livre, no sentido de que é concedida agora uma ampla liberdade[4] aos sócios para determinar o respetivo valor.

2. A manutenção do capital social e do respetivo regime legal

Importa, por outro lado, sublinhar que o novo regime legal instituído pelo DL 33/2011 não tendo eliminado a figura do capital social para as SQ, não subtraiu também este tipo societário da aplicação do regime legal da figura[5]. Ou seja, as

---

[1] Note-se que este DL 33/2011 veio introduzir uma desarmonização sistemática no que respeita à figura do capital social mínimo. Com efeito, até este diploma o valor do capital social mínimo exigido para as SQ e para os EIRL foi sempre o mesmo (inicialmente 400 contos e depois 5.000€). Com este diploma (por "esquecimento"?), alterou-se o regime das SQ mas manteve-se a exigência de um capital de 5.000€ para o EIRL (cfr. art. 3º, 2 do DL 248/86, de 25 de Agosto).

[2] Cfr. a redação que foi dada ao art. 219º, 3 pelo mencionado DL 33/2011. Antes deste diploma, o valor nominal mínimo de cada quota era de 100€.

[3] Para a sociedade por quotas unipessoal, constituída por um único sócio (cfr. art. 270-A, 1), o capital social mínimo legalmente exigido é de 1€.

[4] O único limite é agora o que resulta do valor nominal mínima da quota, que – com o dito diploma – passou a ser de apenas 1€ (cfr. art. 219º, 3, com a redação que lhe foi dada pelo DL 33/2011).

[5] Note-se que, para as SA, o regime manteve-se inalterado, nomeadamente no que toca ao capital social mínimo. É uma solução que resulta do facto de, relativamente a este tipo societário, o legisla-

SQ continuam a ter obrigatoriamente capital social, com a diferença – a importante diferença, como à frente se verá[6] – de que foi concedida agora aos sócios uma grande liberdade na fixação do respectivo montante. No entanto, uma vez fixado estatutariamente o capital social (cfr. art. 9.º, 1, f)), passa a aplicar-se-lhe integralmente o respectivo regime legal[7], nomeadamente o rigoroso regime relacionado com a efectiva realização e conservação do capital social.

3. É justificável a eliminação do capital social mínimo? Análise crítica das funções que se lhe atribuem

O regime do capital social está hoje a ser objeto de um profundo e alargado debate doutrinário nos ordenamentos jurídicos europeus[8], assistindo-se em direito comparado a um movimento – inexorável e que seguramente irá contaminar todas as legislações europeias – no sentido da eliminação do capital social mínimo.

É uma mudança de perspetiva que assenta nos ventos que sopram dos EUA, onde a figura do capital social começou, a partir da década de sessenta do século passado, a ser abolida por alguns Estados norte-americanos, tendo sido eliminada, desde a década de 80, do *Revised Model Business Corporation Act*.

Trata-se de uma solução que resulta do facto de se entender que a fixação de um qualquer capital social, por via legislativa, é um "gesto fútil"[9], por não desempenhar qualquer função relevante ou eficaz, podendo, pelo contrário, traduzir-se numa restrição, injustificada, à liberdade de iniciativa económica.

---

dor nacional estar vinculado à disciplina da Segunda Diretiva sobre sociedades – apenas aplicável às SA – onde se estabelece a obrigatoriedade de um capital social mínimo (cfr. art. 6º) e se regula com grande detalhe esta figura. Note-se que a Segunda Diretiva sobre sociedades (Diretiva 77/91/CEE, publicada no JO L 026, de 30/01/77), que veio pioneiramente regular, relativamente às sociedades anónimas, "a conservação e as modificações do capital social" foi, por isso, também designada por Diretiva do Capital. Esta Diretiva foi, contudo, recentemente revogada e substituída pela Diretiva 2012/30/UE do Parlamento Europeu e do Conselho, de 25 de outubro de 2012, publicada no JO L 315/74, de 14 de novembro de 2012, que passou, deste modo, a constituir a nova Diretiva do Capital. Aquela revogação insere-se na política, que está a ser seguida a nível comunitário, de consolidação oficial dos atos normativos que tenham sido objeto, no passado, de diversas alterações, como ocorreu com a Segunda Diretiva. Por facilidade de exposição, continuaremos a designar esta Diretiva 2012/30/UE por Segunda Diretiva ou Diretiva do capital.

[6] Cfr. *infra* anotação 5. a este artigo.
[7] Que foi, contudo, objeto de algumas alterações: vide arts. 26º, 199º, 202º e 203º.
[8] Sobre a matéria, pode ver-se TARSO DOMINGUES (2009), p. 58, s., e 551, s..
[9] Cfr. LATTY/CLIFFORD (1974), p. 851

Na verdade, das finalidades ou funções que se atribuem ao capital social mínimo[10] nenhuma é eficientemente desempenhada pela figura – como de seguida se demonstrará –, podendo, pelo contrário, a mesma revelar-se prejudicial para o empreendedorismo e para o desenvolvimento de atividades económicas[11].

3.1. Garantia de credores

Ao capital social mínimo é usual atribuir-se o desempenho de uma função de garantia. E este é, talvez, o papel mais importante a ter em consideração, quando se faz uma análise crítica sobre a bondade do regime e a existência da figura.

Na verdade, é preciso não esquecer que nas sociedades de capitais se consagra a limitação da responsabilidade dos sócios por dívidas sociais, o que origina um efeito económico não negligenciável, qual seja o de transferir para terceiros uma parte do risco inerente à atividade empresarial[12]. Na verdade, nas sociedades de capitais, os sócios limitam legalmente a sua responsabilidade à entrada que realizam, pelo que a responsabilidade conjunta de todos eles não excederá o valor do capital social. Ou seja, o valor deste manifesta o risco que os sócios assumem – ou, dito doutro modo, as perdas a que se sujeitam – no exercício da atividade societária.

Consequentemente, o risco inerente à atividade empresarial que exceda aquele limite transfere-se, por força deste regime legal, para os terceiros que lidam com a sociedade: fornecedores, trabalhadores, bancos e em geral todos os que, por qualquer motivo, dela sejam credores. I. é, em caso de insolvência da sociedade, os sócios perdem, em princípio[13], apenas o valor das suas entradas: é o limite da sua responsabilidade. Normalmente, no entanto, os credores sociais não conseguem receber – seja na totalidade seja parcialmente – os seus créditos, o que significa que são eles, na exata medida desse não recebimento, que acabam por suportar o risco da exploração das sociedades de capitais.

---

[10] São fundamentalmente 3 as funções que se apontam ao capital social mínimo: 1) garantia de credores; 2) instrumento de seleção do tipo societário; e, 3) limiar de seriedade no acesso à limitação de responsabilidade.

[11] Conforme, de resto, se reconhece no Preâmbulo do DL 33/2011.

[12] Vejam-se, sobre esta matéria, EASTERBROOK/FISCHEL (1991), p. 49, s., que falam, a este propósito, de uma externalização do risco inerente à responsabilidade limitada consagrada para as sociedades de capitais.

[13] Os sócios podem obviamente, de forma voluntária, assumir a título pessoal responsabilidades adicionais.

O circunstancialismo descrito reclama, de facto, a indispensabilidade de se conceder uma particular atenção à tutela de credores nas sociedades de capitais e alicerça a necessidade de uma intervenção do legislador nesta matéria, dirigida à sua protecção, em especial dos chamados credores fracos que não têm possibilidades de acautelar os seus interesses. Ora, diz-se, aquela tutela será, de alguma forma, conseguida também através da consagração da figura do capital social mínimo, com a qual se visa assegurar um património mínimo à sociedade que – na ausência da responsabilidade pessoal dos sócios – se destine a garantir os credores.

Trata-se de uma falácia! Na verdade, a figura do capital social mínimo não é adequada a resolver os problemas resultantes da limitação da responsabilidade patrimonial por parte dos sócios[14].

Desde logo, porque não se pode assegurar que existam no património líquido da sociedade bens de valor idêntico à cifra do capital social mínimo, uma vez que o regime legal apenas obsta a que se possam distribuir esses valores pelos sócios, mas não impede a sua "erosão", em resultado do exercício da atividade social[15].

Por outro lado, porque o valor do capital social mínimo – que é um valor fixado por lei num determinado momento – pode, num maior ou menor espaço de tempo, depreciar-se em virtude do processo inflacionário, fazendo com que a "almofada", que ele representa para os credores, deixe de ter qualquer significado relevante.

Finalmente, *last but not least*, porque é impossível fixar por via legislativa, de uma forma abstrata e com carácter geral no tempo e para todo o tipo de atividades, aquela "almofada", aquele limite básico de garantia que o capital social mínimo deve traduzir. Na verdade, se determinado valor – de € 5.000, por exemplo – pode ser idóneo a constituir o tal mínimo de garantia para terceiros no caso de uma mercearia, será, com certeza, para esse efeito desadequado, se se tratar de uma siderurgia, hipermercado ou de uma fábrica de automóveis[16].

---

[14] Vide, por todos, ENRIQUES/MACEY (2002), p. 97, s..
[15] Segundo Schön, as regras do capital social mínimo servirão apenas para informar os credores sobre o valor do património da sociedade num pequeno período de tempo após a sua constituição (cfr. SCHÖN (2004), p. 437) ou, como diz Rickford, o capital social é um mero "acidente ou facto histórico" (cfr. RICKFORD (2004), p. 931 e 938, e MANNING/HANKS JR. (1990), p. 39).
[16] Com efeito, a tutela assegurada aos credores pelo capital social mínimo será diminuta ou ridiculamente pequena, quando ele for proporcionalmente muito baixo em relação ao passivo da empresa (pense-se, p. ex., numa sociedade com um capital social de cinco mil, que obviamente se traduzirá numa garantia quimérica para os credores, se o seu passivo for de quinhentos mil); por outro lado,

Na verdade, qual a diferença, em termos substantivos, para os credores de uma sociedade com um passivo de 1 milhão de euros, entre um capital social de 1€ ou de 5.000€[17]?

A estipulação de um qualquer capital social mínimo pode, pois, ser absurdamente pequena para algumas sociedades (pense-se na tal siderurgia ou fábrica de automóveis) e manifestamente excessiva para outras (p. ex., uma pequena tabacaria que se pretenda exercer com o benefício da responsabilidade limitada). I. é, a fixação de um capital social mínimo traduz-se no tal "gesto fútil" porque – não resolvendo os problemas suscitados pela limitação da responsabilidade dos sócios – pode ser intoleravelmente discriminatória para pequenas empresas, ao entravar a sua constituição.

Donde, pelo exposto, se tem que concluir que o capital social mínimo não é justificável pelo desempenho de uma função de garantia de credores, uma vez que se trata de uma finalidade que por ele não consegue ser, ao menos eficazmente, realizada.

3.2. Instrumento de seleção do tipo societário

O capital social mínimo, diz-se também, serve, através da fixação de diferentes valores (mais baixo para as SQ e mais alto para as SA), como instrumento de seleção do tipo societário, permitindo afastar as pequenas empresas do tipo SA[18].

Trata-se, contudo, de uma finalidade que carece igualmente de fundamento. De facto, sendo o regime da SA um regime mais rigoroso e protetor dos credores sociais[19] – pense-se, p. ex., no regime de fiscalização[20] – não se vê por que razão

---

se o valor do capital social exceder, em muito, o valor do passivo (pense-se, no exemplo dado, numa sociedade com um passivo de cinco), isso significa que se estão a reter no ativo da sociedade bens que excedem em muito as necessidades de garantia dos credores sociais, o que conduzirá, para além do mais, a uma subremuneração dos sócios, uma vez que estes estão a ser privados do recebimento de lucros, sem que tal seja justificado pela tutela dispensada aos credores. Cfr. PORTALE (2004), p. 29, s..

[17] O capital social mínimo exigido, entre nós, para a SQ antes da alteração levada a cabo pelo DL 33/2011.

[18] Refira-se, em qualquer caso, que em muitas situações o capital social mínimo não se apresentará como um fator decisivo na escolha que os agentes económicos fazem relativamente à forma societária sob a qual pretendem exercer a sua atividade económica. Sobre a matéria, vide TARSO DOMINGUES (2009), p. 158, s.

[19] Embora se apresente também como um regime mais complexo e oneroso, o que obviamente constituirá um fator dissuasor da adoção do tipo social.

[20] Nas SA – qualquer que seja a sua dimensão – é obrigatória a existência de um órgão de fiscalização, (cfr. arts. 278º e 413º), enquanto, no regime das SQ, tal órgão só é necessário naquelas que exerçam empresas de grandes dimensões (art. 262º).

se levantam obstáculos a que os empresários possam livremente adotar este tipo social, ainda que para o exercício de modestas atividades económicas[21].

Não há, pois, razões para – por via da exigência do capital social mínimo – se impedir ou dificultar os sócios de escolher o tipo social que considerem mais adequado para o seu projeto societário, pelo que também esta finalidade não justifica a existência da figura.

3.3. Limiar de seriedade

Finalmente, defende-se como razão justificativa para a figura do capital social mínimo, a circunstância de ele se apresentar como um "limiar de seriedade" (*Seriositätsschwelle*) para as designadas sociedades de responsabilidade limitada[22]: impede e serve de barreira à constituição e à entrada no mercado de sociedades de capitais – com o benefício da limitação da responsabilidade – "insignificantes e insuficientes"[23].

Inquestionavelmente, com a exigência de um capital social mínimo consegue-se obstaculizar a constituição de sociedades de capitais a quem não consiga cumprir aquela exigência legal.

Trata-se, porém, de matéria que deve hoje ser repensada.

Desde logo, importa saber se, atualmente, se justifica a colocação de um tal travão à constituição de sociedades com responsabilidade limitada[24]. O tempo mudou e a perspetiva com que se encara, hoje, o acesso à limitação

---

[21] Foi exatamente este discurso argumentativo que levou a que o legislador brasileiro, na Lei nº 6404, de 15 de Dezembro de 1976 (que ainda hoje regula naquele ordenamento jurídico as SA), a eliminar a exigência de qualquer capital social mínimo para as sociedades anónimas. Com efeito, conforme se pode ler na Exposição de Motivos, enviada em 1975 ao Ministro da Fazenda (que se pode ler em <http://www.cvm.gov.br/port/ atos/leis/6404_Exposicao.asp>), sendo propósito da nova lei manter "na plenitude a função do capital social como garantia dos credores", optou-se, no entanto, por eliminar a exigência de um capital social mínimo para este tipo social, por não se "pretender reservar o modelo de sociedade anónima para as grandes empresas". I. é, entendeu-se que, "embora muitas das pequenas companhias existentes no País pudessem ser organizadas como sociedades por quotas, de responsabilidade limitada, não há interesse em limitar arbitrariamente a utilização da forma de companhia que oferece maior proteção ao crédito".

[22] Esta é, segundo o Relatório Winter, a única função que o capital social mínimo efetivamente desempenha: "dissuader des individus de constituer à la légère une société anonyme" (p. 97). O Relatório Winter é o Relatório produzido pelo designado *High Level Group of Company Law Experts*, presidido por Jaap Winter, com o título "A Modern Regulatory Framework for Company Law in Europe", de 4 de Novembro de 2002, cuja versão em francês se pode ler em <http://europe.eu.int/comm/internal_ market/en/company/company/modern/ consult/ report_fr.pdf>.

[23] Como se podia ler na exposição de motivos da *GmbHG*, de 1892.

[24] *Rectius*, de sociedades com sócios de responsabilidade limitada.

da responsabilidade é absolutamente distinta da do final do séc. XIX[25]. Efetivamente, esta limitação da responsabilidade começou por ter carácter excecional – era um privilégio concedido casuisticamente pelo soberano –, mas com o decorrer do tempo vulgarizou-se, sendo hoje a regra no exercício da atividade mercantil, onde a larga maioria dos mais importantes agentes económicos são sociedades de capitais. De resto, consagrou-se expressamente a possibilidade de qualquer pessoa, individualmente – e já não sob a tradicional forma societária que implicava necessariamente um agrupamento de pessoas –, poder beneficiar da limitação da responsabilidade no exercício de uma atividade económica[26]. Está, pois, hoje claramente assimilado e sedimentado na *praxis* mercantil que o regime-regra é o da limitação da responsabilidade e não o inverso.

Leve-se, por outro lado, em consideração que, traduzindo-se num travão à constituição de pequenas sociedades, o capital social mínimo apresenta-se como danoso para a atividade económica em geral, na medida em que impede a criação de inúmeras sociedades destinadas à exploração de pequenas empresas (o que já não é pouco), as quais, com o desenvolvimento da sua atividade social, poderão assumir dimensões que as tornem importantes pólos de desenvolvimento regional, nacional ou até internacional. Recorde-se aqui apenas um exemplo que é paradigmático: o capital inicial investido no "Facebook" foi apenas de 1.000 USD (cerca de 700€), o que significa que não teria sido possível constituir esse gigante que é hoje o "Facebook" – que valerá atualmente mais de 35 biliões de USD – na generalidade dos países europeus, que continuam a exigir um capital social mínimo superior àquele montante.

Não se olvide, ainda, que aquela restrição à liberdade de celebração de contratos de sociedade pode revelar-se absolutamente injustificada, uma vez que, como é sabido, não se consegue estabelecer, de forma geral e abstrata, o fundo patrimonial necessário para o exercício de todo o tipo de atividades e sociedades, não havendo – conforme se pode ler na exposição de motivos da lei francesa para a iniciativa económica (*Loi* nº 2003-721) – "aucune logique à ce que la loi determine arbitrairement quel est le bon niveau de capital pour lancer son activité èconomique". Aliás, a este propósito, e ao contrário do pretendido, pode mesmo afirmar-se que "não sério" é estabelecer-se apenas a exigência de

---

[25] Assim, também PAIS DE VASCONCELOS (2006), p. 267.
[26] Entre nós, tal situação é possível, através da adoção de um EIRL ou de uma sociedade por quotas unipessoal.

um capital social de € 5.000[27], para o exercício, p. ex., de uma siderurgia[28]. Ou seja, a fixação pela lei de um qualquer valor mínimo para o capital social pode revelar-se prejudicial, na medida em que poderá traduzir-se numa restrição, arbitrária e sem critério, à liberdade de iniciativa económica, impedindo o desenvolvimento de projetos que, começando por ser pequenos, se podem tornar gigantes. Daí, que não se justifique igualmente configurar o capital social mínimo como o tal "limiar de seriedade" para as sociedades de responsabilidade limitada[29].

Em conclusão, não há hoje, assim o julgamos, razões – pelo menos, razões fundas e válidas – que possam conformar a fixação legislativa do capital social mínimo[30] (uma vez que ele não desempenha de forma eficaz qualquer das funções que se lhe imputam), pelo que não se pode deixar de aplaudir a solução que, nesta matéria, foi consagrada em Portugal pelo DL 33/2011[31]-[32].

4. O fim pré-anunciado do capital social mínimo a nível europeu. A trilogia *Centros-Überseering-Inspire Art*

A eliminação do capital social mínimo tem vindo a ser já consagrada por algumas jurisdições europeias[33]:

a) É a solução que esteve desde sempre consagrada para as *private companies* inglesas;

---

[27] Ou mesmo de € 50.000, como se exige para as SA – cfr. art. 276º, 5.
[28] Como afirma Raúl Ventura, a fixação de um capital social mínimo pode até traduzir-se num "certificado de viabilidade passado pela lei a uma entidade que pode mostrar-se completamente inviável" (cfr. RAÚL VENTURA (1969), p. 102). Este A. manifesta-se, contudo, contra a eliminação da figura, por considerar que isso "seria abrir a porta à inviabilidade declarada" (cfr. RAÚL VENTURA, *op. loc. ultt. citt.*).
[29] Note-se que, mesmo defensores acérrimos da capital social, como Schön, não colocam objeções à eliminação da figura do capital social mínimo para as GmbH. Cfr. SCHÖN (2004), p. 438.
[30] Pelas razões expostas em texto, justificar-se-á, de resto, que a figura do capital social mínimo seja, logo que possível (para as SA tal só será viável com a alteração do regime da Segunda Diretiva sobre sociedade – cfr. *supra* nota 5), eliminada em todos os tipos societários. Assim, TARSO DOMINGUES (2009), p. 167.
[31] Era esta já a solução por nós defendida antes da publicação do diploma. Cfr. TARSO DOMINGUES (2009), p. 158, s. Preconizando também tal solução para o direito português, vide A. MOTA PINTO (2007), p. 858, s..
[32] Não se deixe, porém, de sublinhar que a eliminação do capital social mínimo não equivale à eliminação do capital social *tout court*. O capital social continua a desempenhar funções extremamente relevantes – desde logo, a função interna de organização da estrutura societária – pelo que se justifica a sua manutenção, em especial para as empresas de pequena e média dimensão. Sobre a matéria, vide TARSO DOMINGUES (2009), p. 171, e 556, s.
[33] Para já apenas no que se refere ao tipo societário correspondente à nossa SQ, uma vez que para as SA, a Segunda Diretiva sobre sociedades ainda impõe a existência de capital mínimo (cfr. art. 6º).

b) É a solução que foi, em 2003, também fixada em França para o tipo SARL (através da chamada "Lei para a iniciativa económica"), que modificou o art. L 223-2 *code de commerce*, que antes estabelecia um capital mínimo de 7.500€;

c) É esta também – a exigência de um capital social mínimo de 1 euro apenas – a solução recentemente perfilhada na Proposta de Regulamento sobre a *Societas Privata Europae* (publicada em Julho de 2008);

d) É ainda esta a solução consagrada pela *MoMiG*, que consubstanciou, em 2008, a mais profunda reforma da *GmbHG* e veio permitir a constituição, na Alemanha, de uma SQ (a UG: *Unternehmergesellschaft*) com um capital social de 1€ (§ 5a *GmbHG*)[34];

E este será o caminho que inevitavelmente terão de seguir os demais países da União Europeia, atento o "law shopping" que foi aberto pela jurisprudência do Tribunal da União Europeia, com a chamada trilogia "Centros-Überseering-Inspire Art"[35], onde o TJUE fixou, de forma reiterada e consistente, jurisprudência no sentido de que os agentes económicos podem incorporar sociedades no ordenamento jurídico que mais lhes convier, independentemente do país onde posteriormente pretendem exercer a atividade social (quaisquer restrições ou entraves que sejam colocados por um Estado-membro a esta solução, consubstanciarão uma violação do princípio comunitário da liberdade de estabelecimento).

O cidadão comunitário pode, pois, agora escolher a lei que considere mais favorável para a constituição da sua sociedade. É uma solução que abre caminho à concorrência entre as legislações dos diferentes Estados e que conduzirá necessariamente a uma "race to the bottom", a um nivelamento por baixo das legislações nacionais. Com efeito, de nada adiantará estabelecer, na lei nacional de um Estado-membro, rigorosos requisitos e exigências, uma vez que os mesmos poderão ser contornados mediante a constituição da sociedade numa outra jurisdição[36].

Por isso, o fim do capital social mínimo, a nível europeu, está já pré-anunciado.

---

[34] O capital social mínimo para a *GmbH* "normal" continua, no entanto, a ser de 25.000€ (§ 5 *GmbHG*).
[35] Vide TARSO DOMINGUES (2009), p. 138, s..
[36] De resto, foi precisamente esta constatação que levou o legislador alemão à alteração da sua *GmbHG*, aproximando o respetivo regime do das *private companies* inglesas. Na verdade, as estatísticas demonstravam que, em 2006, quase 25% das sociedades constituídas por cidadãos alemães eram (não *GmbHs*, mas) *private companies* inglesas.

5. Alterações substantivas de regime que resultam da "eliminação" do capital social mínimo

5.1. A constituição de sociedades com apenas 1€ ou 2€ de capital

A eliminação de um valor fixo, estabelecido por lei, para o capital social mínimo implica importantes alterações substantivas de regime.

Desde logo, passa agora a ser possível constituir sociedades com apenas 1€ (se se tratar de uma sociedade por quotas unipessoal) ou 2€ para as sociedades por quotas pluripessoais com dois sócios[37]. Trata-se obviamente de uma medida que – como se pode ler no Preâmbulo do DL – é vantajosa para o empreendedorismo e para a liberdade de iniciativa económica, uma vez que deixa de existir o "travão" que, apesar de tudo, a exigência de um capital social mínimo de 5.000€ sempre implicava para a constituição de sociedades com responsabilidade limitada. De resto, a nossa lei – surpreendentemente – não exige sequer que aquele irrisório montante seja realizado no momento da constituição da sociedade, podendo sê-lo até ao final do primeiro exercício económico[38]. Donde, entre nós, é hoje possível constituir uma SQ, na qual os sócios podem investir valores insignificantes e sem que tenham, no momento da sua constituição, de fazer qualquer esforço financeiro, investindo nela qualquer montante[39].

Com este regime poderão, portanto, ser constituídas sociedades com recursos extremamente exíguos, as quais, desse modo, e porventura em muitos casos, poderão ter sérias dificuldades em conseguir prosperar e desenvolver a sua atividade[40]. Tenha-se, porém, presente que, como se verá nas anotações seguintes, subjacente a esta solução legal está uma mudança de paradigma que poderá acarretar importantes consequências práticas, nomeadamente no que respeita a uma mais efetiva e eficaz tutela dos credores sociais.

5.2. Mudança de paradigma: a liberdade de fixação do capital social mínimo por parte dos sócios

Subjacente ao novo regime está, efetivamente, uma mudança de paradigma e uma forma completamente diferente de perspetivar a realização do capital social. Neste modelo, passam a ser os sócios que decidem livremente sobre o montante e os meios de financiamento – próprios ou alheios – que consideram

---

[37] Vide *supra* anotação 1. a este artigo.
[38] Cfr. art. 199º e 202º e as respetivas anotações.
[39] Não será, contudo, exatamente assim, porquanto os sócios sempre terão de suportar os custos com a constituição da sociedade.
[40] Vide BALZARINI (2005), p. 247.

adequados ao exercício do objeto social. I.é, deixa de ser a lei que – de forma geral e abstrata – fixa o montante mínimo que os sócios devem investir em cada projeto societário. É inquestionavelmente a melhor solução: são os sócios que, melhor do que ninguém, poderão avaliar as efetivas necessidades daquela específica sociedade. Poderá bem suceder, p. ex., que para um concreto projeto societário haja necessidade de recorrer quase exclusivamente aos serviços dos sócios[41]. E, como é sabido, este tipo de entrada não é contabilizado no capital social (cfr. art. 202º, 1), pelo que este poderá não refletir o verdadeiro valor dos meios afetos à prossecução do objeto social[42]. Por outro lado, podem os sócios dotar a sociedade de capitais próprios de valor reduzido, atento o objeto social, por estarem convencidos que – associado ao financiamento alheio que contam obter[43] – os mesmos serão suficientes e permitirão à sociedade desenvolver sustentadamente a sua atividade[44].

Faz, por isso, todo o sentido que deixe ser a lei a fixar, de uma forma cega e completamente alheada da realidade do caso concreto, o montante mínimo que deve ser investido na sociedade, até porque – como acertadamente se podia ler na exposição de motivos da lei francesa para a iniciativa económica –, a fixação, em termos gerais e abstratos, de qualquer valor mínimo para o capital de uma sociedade será sempre arbitrária, uma vez que não é possível estabelecer, com carácter universal, um critério objetivo sobre a relação que deve existir entre os capitais próprios e os capitais alheios de uma empresa.

5.3. O paradoxal reforço das funções de garantia e de financiamento atribuídas ao capital social

Com este novo enfoque que é dado ao capital social mínimo – i.é, com a eliminação do capital social fixo mínimo estabelecido por lei –, poderia pensar-se que as funções de financiamento e de garantia, que se atribuem ao capital

---

[41] Serviços que, em regra e ao menos na fase inicial do projeto societário, serão sobretudo importantes nas pequenas novas empresas que se dedicam às novas tecnologias (as normalmente designadas *start-ups*): relembre-se novamente o paradigmático exemplo do "Facebook", onde a entrada mais importante consistiu na indústria do sócio fundador Mark Zuckerberg.

[42] Os serviços prestados têm também, *ça va de soi*, um valor e poderão ser até o *asset* mais valioso da sociedade.

[43] Pense-se nalguns casos de empreendimentos societários desenvolvidos em regime de *project finance*. Sobre a matéria, vide M. GABRIELA FIGUEIREDO DIAS (2004), p. 115, s..

[44] Como sublinha Raúl Ventura, a fixação de um capital social baixo relativamente à atividade que a sociedade se propõe exercer traduz-se afinal numa "confissão de esperança de crédito" (cfr. RAÚL VENTURA (1989), p. 76).

social, sairiam debilitadas. Deixa, na verdade, desta forma, de ser exigido por lei qualquer valor fixo mínimo com que os sócios devem financiar a sociedade, o qual se destina igualmente a tutelar credores sociais[45]. Contudo, o resultado poderá ser precisamente o inverso[46], e por paradoxal que possa parecer, as referidas funções de financiamento e de garantia poderão sair reforçadas com aquela eliminação do capital social mínimo.

Com efeito, o argumento que tem sido defendido por uma boa parte da doutrina – para rejeitar a responsabilidade pessoal dos sócios, nas situações em que manifestamente não dotam a sociedade dos meios adequados ao desenvolvimento da respetiva atividade – de que o regime relativo ao capital social mínimo é a única exigência da lei, quanto ao financiamento da sociedade, fica, nesta circunstância, claramente esbatido. I.é, com este modelo já será mais difícil defender – como se tem defendido – que o cumprimento do regime relativo ao capital social mínimo é a única exigência da lei quanto ao financiamento da sociedade e que, por isso, nunca os sócios poderão ser pessoalmente responsabilizados por não financiarem a sociedade para além daquele valor mínimo legalmente fixado[47]. Na verdade, resulta evidente, com este novo regime, que cabe aos sócios – e não à lei – determinar qual é o montante de financiamento adequado para o desenvolvimento da atividade empresarial que se pretende exercer. E, por isso, assim nos parece, deverão os sócios ter um redobrado cuidado em financiar e proporcionar à sociedade os meios minimamente adequados ao exercício do objeto social[48], sob pena de poderem ser pessoalmente responsabilizados – em caso de subcapitalização manifesta – pelas dívidas societárias, verificados que sejam os pressupostos da aplicação do instituto da desconsideração da personalidade jurídica.

Daí, que do novo regime legal poderá resultar, afinal, o efetivo reforço das funções de financiamento e garantia do capital social.

---

[45] Sobre as funções de garantia e financiamento que se imputam ao capital social, vide TARSO DOMINGUES (2004), p. 200, s., e 262, s..
[46] Tudo irá depender da aplicação prática – nomeadamente jurisprudencial – que venha a ser feita do novo regime.
[47] Vide Mª. ÂNGELA COELHO (2002), p. 238, s.; A. MOTA PINTO (2007), p. 846, s.; e M. FÁTIMA RIBEIRO (2009), p. 205, s..
[48] I.é, com este regime, os sócios já não se poderão bastar com o simples cumprimento do requisito legal do capital social mínimo, para considerarem afastada aquela sua responsabilidade pessoal.

5.4. A subcapitalização manifesta e a desconsideração da personalidade jurídica

Admitindo-se um capital social irrisório, abre-se inquestionavelmente a porta à constituição de sociedades subcapitalizadas, i.é, de sociedades que não são dotadas pelos sócios dos meios adequados e necessários ao desenvolvimento da respetiva atividade[49]. Ora, muito frequentemente, a frustração dos créditos dos credores sociais resulta precisamente da circunstância de a sociedade devedora se encontrar subcapitalizada[50]. Por isso – e atendendo especialmente ao facto de a limitação da responsabilidade dos sócios consagrada para as sociedades de capitais implicar a transferência, para terceiros, do risco empresarial que exceda os capitais investidos por aqueles –, têm sido avançadas soluções que visam sancionar este fenómeno da subcapitalização societária, nomeadamente através da responsabilização direta dos sócios perante os credores sociais, com recurso à figura da desconsideração da personalidade jurídica.

Importa, antes da análise do regime, delimitar a realidade em causa. Assim, a subcapitalização pode ser[51]: a) formal, quando os sócios, proporcionando à sociedade os recursos necessários ao exercício da sua atividade, o fazem, não através de capital social mas mediante outros instrumentos de financiamento (p. ex., empréstimos[52]); e, b) material, quando os meios disponibilizados à sociedade são em absoluto desadequados ao objeto e incongruentes com a dimensão da empresa, sem que tal incongruência seja temperada através de outro tipo de financiamento (*v.g.*, empréstimos) por parte dos sócios. É a esta subcapitalização material – em que os sócios não disponibilizam à sociedade, por qualquer forma, os meios minimamente adequados ao desenvolvimento da atividade social – que importa aqui aludir.

Por outro lado, a subcapitalização pode ainda ser: a) originária, quando se verifica logo no momento da constituição da sociedade; e, b) superveniente, em virtude, p. ex., do aumento da dimensão da empresa ou do alargamento do seu objeto social.

---

[49] Note-se que o risco também existe quando há um valor fixo estabelecido por lei para o capital social mínimo, uma vez que não se consegue, dessa forma, garantir a adequação de tal montante a toda e qualquer atividade que se pretenda exercer sob a forma societária.

[50] Será, na verdade, difícil, em muitos casos, que a sociedade possa vingar com recursos tão exíguos.

[51] Note-se que diferente da subcapitalização é a descapitalização. Vide, sobre a matéria, *infra* anotação 5.5. a este artigo.

[52] Neste caso, tem sido proposta, como remédio para a situação, a requalificação forçada dos empréstimos que são efetuados pelos sócios à sociedade, equiparando-os a capital social. Vide, entre nós, o regime aplicável aos suprimentos, previsto nos arts. 243º, s..

Duma situação de subcapitalização material – que implica uma necessária situação de sobreendividamento, de recurso excessivo a crédito alheio – resultam graves dificuldades, desde logo, para a própria gestão da sociedade em causa, mas também, por arrastamento e em maior ou menor grau, para todos os que com tal empresa lidam. Acresce que o sobreendividamento, quando duradouro, acaba por conduzir normalmente à insolvência da sociedade com os danosos efeitos que lhe estão associados, e que se produzem no âmbito da própria empresa (*maxime*, relativamente aos seus trabalhadores), quer a jusante (nomeadamente quanto a clientes da sociedade), quer sobretudo a montante da mesma (relativamente a fornecedores, bancos e credores em geral da sociedade).

Por isso, e porque o regime das sociedades de capitais implica uma externalização do risco empresarial[53], tem-se assistido, em direito comparado e também entre nós[54], a um movimento no sentido da responsabilização pessoal – subsidiária mas ilimitada – dos próprios sócios[55], perante os credores sociais, recorrendo-se à aplicação, nesta hipótese, da teoria do *Durchgriff* ou da superação da personalidade jurídica das sociedades comerciais[56]. A subcapitalização

---

[53] São, na verdade, os terceiros que lidam com a sociedade (fornecedores, trabalhadores, bancos e em geral todos os que lhe tenham concedido crédito) quem – na medida em que não conseguem receber (seja na totalidade, seja parcialmente) os seus créditos – suporta o risco da atividade empresarial da sociedade insolvente. Cfr. EASTERBROOK/FISCHEL (1991), p. 49, s.

[54] Vide, para uma referência exaustiva à receção da figura pela nossa doutrina e jurisprudência, M. FÁTIMA RIBEIRO (2009), p. 299, s..

[55] Há, porém, quem entenda que, realizado o capital social – nomeadamente o capital social mínimo legalmente exigido – nunca estará em causa uma situação de subcapitalização, mas tão-só um problema de gestão; i.é, a sociedade deverá ser gerida e exercer uma atividade de acordo com os meios que lhe foram proporcionados pelos sócios, não devendo, por isso, estes responder pessoalmente pela forma como a sociedade é gerida. Assim, M. FÁTIMA RIBEIRO (2009), p. 238 e 640.

Não se deixe, a este propósito, de dizer que a generalidade dos ordenamentos jurídicos consagra soluções que visam sancionar pessoalmente os administradores que, encontrando-se a sociedade numa situação de subcapitalização manifesta, continuem a desenvolver a atividade empresarial e não requeiram a abertura do respetivo processo de insolvência. É esse, p. ex., o regime consagrado na Alemanha, com a chamada "Insolvenzverschleppungshaftung" (§15a InsO, que corresponde aos antigos – antes da MomiG – § 64, I GmbHG e § 92, 2 AktG); na França, com a "action en comblement du passif" , agora designada "action en responsabilité pour insuffisance d'actif" (art. L 651-2 *code de commerce*); no Reino Unido, com o designado "wrongful trading" (Sec. 214 *Insolvency Act*); em, Itália, com o regime previsto no art. 2486 *codice civile*; e em Espanha, com o regime previsto no art. 367. *Ley de Sociedades de Capital* e art. 172. da *Ley Concursal*. Em Portugal, vide a obrigação de apresentação à insolvência prevista no art. 18º CIRE. Sobre a matéria, vide M. FÁTIMA RIBEIRO (2009), p. 218, s., e 491, s., e PORTALE (2004), p. 112, s..

[56] Continua, no entanto, a haver uma forte corrente doutrinária que nega a aplicação do *Durchgriff* à situação de subcapitalização, ainda que manifesta. Fundamentalmente com dois argumentos: 1º – os

material é, efetivamente, um dos casos típicos em que tem sido defendida a desconsideração da personalidade jurídica das sociedades comerciais, fazendo os sócios responder pelas dívidas sociais[57].

Também aqui se tem reconhecido a validade do brocardo "ubi commoda, ibi incommoda". Ou seja, sendo os sócios os principais beneficiários da atividade desenvolvida no âmbito da empresa (*e.g.*, através da perceção da riqueza que por aquela é criada)[58], deverão igualmente ser eles os primeiros a suportar os inconvenientes (nomeadamente as perdas) que do exercício da mesma eventualmente decorram. Sobre os terceiros que lidam com a sociedade sempre recairá, é inevitável, uma parcela do risco inerente à atividade empresarial; o que não parece admissível é que a probabilidade de perda – o risco – que sobre estes recai seja idêntica ou até superior à dos sócios[59].

5.4.1. Fundamento: a responsabilidade aquiliana perante credores sociais

Se a figura da desconsideração da personalidade jurídica está hoje amplamente difundida[60] – embora, como todos reconhecem, ela deva revestir um caráter nitidamente excecional[61], impondo-se, por isso, a sua aplicação apenas quando estejam verificados requisitos extremamente rigorosos –, a verdade é que é

---

ordenamentos jurídicos não consagram legalmente um princípio de congruência do capital social (com o objeto social); a única exigência que é feita aos sócios, a este propósito, respeita ao cumprimento dos requisitos relativos ao capital social mínimo (vide M. FÁTIMA RIBEIRO (2009), p. 640, e A. MOTA PINTO (2002), p. 84, s.); e, 2º – a falta de rigor dogmático e o casuísmo subjacente a esta figura tornam desaconselhável o recurso à utilização da mesma (vide MENEZES CORDEIRO (2000), p. 129, s., e RICARDO COSTA (2002), p. 669). Assim, sustentadamente entre nós, M. FÁTIMA RIBEIRO (2009), p. 234, s., e 640.

[57] São três os "grupos de casos" (*Fallgruppen*) que tipicamente se entende que podem determinar a aplicação do *Durchgriff*. São eles a subcapitalização material, a mistura de patrimónios e a "tirania do sócio" (o controlo da sociedade por um sócio). Cfr. PORTALE (2004), p. 117, s.; COUTINHO DE ABREU (2015), p. 170 s.; M. FÁTIMA RIBEIRO (2009), p. 177, s.; RICARDO COSTA (2002), p. 669, s.

[58] Note-se, contudo, que as empresas são, em princípio, vantajosas, não só para os sócios mas também para a economia em geral e para as próprias populações (enquanto instrumentos criadores de riqueza, geradores de emprego, aptos e destinados a satisfazer necessidades do público, etc.).

[59] Assim, também, COUTINHO DE ABREU (2010), p. 106.

[60] Vide, entre nós, p. ex., PAIS DE VASCONCELOS (2010), p. 182, s.; COUTINHO DE ABREU (2015), p. 170 s.; e RICARDO COSTA (2002), p. 667, s.; OLIVEIRA ASCENSÃO (2000), p. 82, s.; e BRITO CORREIA (1989), p. 237, s.; e as obras monográficas de M. FÁTIMA RIBEIRO (2009); MENEZES CORDEIRO (2000); e PEDRO CORDEIRO (1989).

[61] Vide ROLF SERICK (1958), p. 244. Não se olvide que a limitação da responsabilidade é uma conquista civilizacional que contribui decisivamente para o desenvolvimento da economia. Pense-se simplesmente no número de pessoas que não estariam dispostas a arriscar o exercício de uma atividade económica, caso não beneficiassem da responsabilidade limitada que resulta do regime legal aplicável às sociedades de capitais. Vide, em sentido semelhante, PAIS DE VASCONCELOS (2010), p. 183, e A. MOTA PINTO (2002), p. 62, s.

ainda extremamente controverso o respetivo enquadramento dogmático[62]. Na verdade, têm sido apresentados vários fundamentos para esta solução, a qual tem sido justificada nomeadamente com apelo à responsabilidade por factos ilícitos, ao abuso de direito (em regra, ao abuso institucional), à teoria do fim da norma ou à fraude à lei[63].

Entre nós, o recurso à desconsideração da personalidade jurídica tem sido essencialmente fundado no abuso do direito (art. 334º CCiv.)[64]. A aplicação deste instituto às situações de desconsideração da personalidade jurídica – nomeadamente ao caso em análise, de subcapitalização manifesta – levanta, porém, algumas dificuldades.

Desde logo, porque o regime do artigo 334º CCiv. parece apenas, ao menos de forma direta, precludir ou impedir o exercício de um determinado do direito[65], não sendo, por si só, fonte de responsabilidade civil[66]; ora, é este resultado que se visa precisamente alcançar – responsabilizando os sócios por dívidas sociais – no caso da subcapitalização manifesta.

Mas, sobretudo porque o abuso de direito – tal como está consagrado no nosso ordenamento jurídico, no art. 334º CCiv. – tem um carácter objetivo e não subjetivo. I. é, não é necessária a consciência do agente sobre o carácter abusivo da sua conduta[67]; basta que ela seja, em termos objetivos, manifesta-

---

[62] Vide nomeadamente PORTALE (2004), p. 117, s., e OLIVEIRA ASCENSÃO (2000), p. 82, s..
[63] Cfr., entre outros, OLIVEIRA ASCENSÃO (2000), p. 82, s.; COUTINHO DE ABREU (1996), p. 207, s., (2009), p. 182; RICARDO COSTA (2002), p. 667, s.; BRITO CORREIA (1989), p. 239, s.; PAIS DE VASCONCELOS (2010), p. 186, s.. Note-se que se trata fundamentalmente de justificações fundadas em institutos do direito civil, o que levou Daigre – citado por PORTALE (2004), p. 118 – a afirmar que se está perante a "belle revanche du droit commun sur un droit surréglementé comme celui des sociétés".Vide também PORTALE (2004), p. 117, s..
[64] Assim, COUTINHO DE ABREU (2010), p. 102, s.; MENEZES CORDEIRO (2000), p. 123; BRITO CORREIA (1989), p. 244; e PEDRO CORDEIRO (1989), p. 165, embora este A. considere que a responsabilidade pela desconsideração não foi expressamente prevista pelo legislador e proponha, por isso, para esse efeito, a criação de uma norma *ad hoc*, nos termos do art. 10º, 3 CCiv.. PAIS DE VASCONCELOS (2010), p. 187, s. prefere justificar a figura no quadro da fraude à lei.
[65] Cfr. art. 334º: "É ilegítimo o exercício de um direito...".
[66] No sentido de que o art. 334º CCiv. não pode fundamentar obrigações de indemnização fora do quadro legal do art. 483º CCiv. (i.é, quando não existe a violação de um direito subjetivo ou de uma norma legal de proteção), vide HEINRICH HÖRSTER (1992), p. 288, e OLIVEIRA ASCENSÃO (2002), p. 280. Note-se, contudo, que uma larga maioria da doutrina admite que o abuso de direito possa dar origem à responsabilidade civil. Assim, SINDE MONTEIRO (1989), p. 545, s.; PIRES DE LIMA/ANTUNES VARELA (1987), p. 299; ALMEIDA COSTA (2009), p. 564; PAIS DE VASCONCELOS (2010), p. 277.
[67] Note-se que Rolf Serick – que foi o primeiro A., no direito europeu, em 1955, a dar um tratamento sistemático à figura (cfr. ROLF SERICK, *Rechtsform und Realität juristischer Personen*) – defendeu uma construção subjetivista da desconsideração da personalidade jurídica (com base na fraude subjetiva à lei),

mente contrária à boa fé, aos bons costumes ou ao fim social ou económico do direito[68].

Ora, o carácter excecional que deve revestir a desconsideração da personalidade jurídica, só deve justificar a responsabilização pessoal dos sócios quando a subcapitalização material resulte de uma atitude culposa por parte destes.

Parece-nos, por isso, que a melhor solução que pode fundar a aplicação do *Durchgriff* é o regime da responsabilidade aquiliana[69], entre nós regulada no art. 483º CCiv. (*rectius*, o regime da responsabilidade civil extracontratual conjugado com o abuso de direito).

Assim, com as precauções que adiante se explicitarão, devem os credores sociais poder recorrer à desconsideração da personalidade jurídica[70], responsabilizando pessoalmente os sócios em caso de subcapitalização da sociedade, verificados que sejam os pressupostos da responsabilidade civil delitual[71].

A primeira observação que aqui importa fazer é a de que, para este efeito, a ilicitude há-de consistir no abuso institucional da personalidade coletiva. Na verdade, na falta de outro fundamento para a ilicitude, deve considerar-se que o abuso de direito se apresenta como uma causa residual de ilicitude[72], integrando, portanto, este requisito da responsabilidade civil. Isto significa que, no caso de que agora cuidamos, tal comportamento abusivo[73] só se verificará quando a subcapitalização for manifesta ou qualificada (*qualifizierte Unterkapitalisierung*[74]), i.é, quando for absolutamente impossível exercer o objeto social

---

fazendo depender a aplicação do *Durchgriff* do carácter consciente e intencional do abuso institucional da personalidade coletiva, posição que, contudo, não viria a ser seguida pela doutrina alemã. Vide PAIS DE VASCONCELOS (2010), p. 186, s.; e M. FÁTIMA RIBEIRO (2009), p. 103, s..

[68] Vide ALMEIDA COSTA (2009), p. 86; OLIVEIRA ASCENSÃO (2002), p. 277; e HEINRICH HÖRSTER (1992), p. 283.

[69] Assim também, PORTALE (2004), p. 118, s.

[70] A desconsideração da personalidade jurídica deve, pois, justificar uma responsabilidade externa, uma responsabilidade direta para com credores sociais (que serão os principais prejudicados com a situação) e não meramente uma responsabilidade interna perante a sociedade. Assim, COUTINHO DE ABREU (2010), p. 103, s.. Sobre a questão da responsabilidade interna dos sócios perante a sociedade, vide JAN WILHELM (1981), p. 354, s., e M. FÁTIMA RIBEIRO (2009), p. 152, s., e p. 215, s..

[71] Que são, como é sabido, cinco: o facto voluntário, a ilicitude, a culpa, o dano e o nexo de causalidade entre o facto e o ano. Cfr. ANTUNES VARELA (2000), p. 494, s.; e ALMEIDA COSTA (2009), p. 557, s..

[72] Cfr. SINDE MONTEIRO (1989), p. 180, s., e 545, s.; RICARDO COSTA (2002), p. 724, s.; e, M. FÁTIMA RIBEIRO (2009), p. 162, s.. Vide também, sobre a matéria, CARNEIRO DA FRADA (2004), p. 169, ss.

[73] O abuso de direito só se verifica efetivamente quando o abuso é manifesto, i.é, quando o "excesso cometido seja manifesto" (vide PIRES DE LIMA/ANTUNES VARELA (1987), p. 298-299). Cfr. também OLIVEIRA ASCENSÃO (2002), p. 277, ALMEIDA COSTA (2009), p. 86; e HEINRICH HÖRSTER (1992), p. 282.

[74] Cfr. BARBARA GRUNEWALD (2005), p. 206; THOMAS RAISER (2000), p. 650; e ECKARD REHBINDER (1979), p. 584, s.. Entre nós, em sentido idêntico, vide TARSO DOMINGUES (2004), p. 235, e 241, s..

com os meios disponibilizados pelos sócios. Dito doutro modo, só uma total e absoluta desadequação dos meios proporcionados pelos sócios com a atividade exercida pela sociedade, só uma "sub-capitalização *manifesta e totalmente impeditiva* da realização do objecto social"[75] deverá ter a virtualidade de fazer acionar o *Durchgriff*.

Por outro lado, o caminho que propomos implica a existência de culpa por parte dos sócios[76]. Ou seja, a aplicação do *Durchgriff* supõe que os sócios conhecem e têm consciência de que o montante com que financiaram a sociedade é manifestamente insuficiente e acarreta uma grande probabilidade de insucesso daquele projeto empresarial[77].

Finalmente, é necessária a verificação de um dano. I.é, tem que se verificar a impossibilidade de os credores obterem da sociedade o pagamento dos seus créditos; se a sociedade for solvente não faz sentido procurar um outro devedor (o que significa que a responsabilidade dos sócios será sempre subsidiária em relação à sociedade).

Nestes termos e verificados estes rigorosos requisitos, poderão os credores sociais trespassar o véu da personalidade jurídica, fazendo os sócios responder pessoal e ilimitadamente pelos seus créditos.

5.4.2. Credores fortes e credores fracos

Refira-se, ainda, que normalmente se considera que o regime do *Durchgriff* apenas deverá ser aplicado em benefício dos credores fracos e/ou involuntários, e já não dos chamados credores fortes[78].

Os credores não se apresentam, de facto, como uma categoria homogénea com interesses idênticos e, sobretudo – e isto interessa aqui particularmente relevar –, não se encontram todos no mesmo plano quanto à tutela dos seus créditos sobre a sociedade. Há credores fortes – que são, por via de regra, os grandes fornecedores e os credores institucionais, como bancos e outras empresas financiadoras – que, para além de terem total liberdade de não contratar com a sociedade, têm a possibilidade de, quando concedem crédito, exi-

---

[75] Cfr. TARSO DOMINGUES (2004), p. 242.
[76] Vide também, a este propósito, M. FÁTIMA RIBEIRO (2009), p. 207, s..
[77] Note-se que este requisito verificar-se-á, em princípio, na subcapitalização originária relativamente a todos os sócios fundadores (nas sociedades constituídas com apelo à subscrição pública normalmente, porém, só quanto aos sócios promotores) e, na subcapitalização superveniente, apenas quanto aos sócios pertencentes ao grupo de controle.
[78] Sobre a distinção, vide ENGRÁCIA ANTUNES (2002), p. 140, s., e PETER O. MÜLBERT (2006), p. 366, s..

gir garantias suplementares (pessoais ou reais), nomeadamente de um ou mais sócios. Diferentemente, os credores fracos – normalmente, os pequenos fornecedores, os trabalhadores, os titulares de empresas satélites – e os credores involuntários[79] não estão em tais condições, *v.g.*, de exigir quaisquer garantias adicionais. Donde, a limitação da responsabilidade e a transferência do risco que ela implica correm sobretudo a cargo destes últimos[80].

Por isso, se tem defendido que a desconsideração da personalidade jurídica deve funcionar apenas em benefício dos chamados credores fracos[81]. Não é fácil, contudo, encontrar, no nosso ordenamento jurídico, justificação legal para proceder à distinção de regime entre estes dois tipos de credores. Parece-nos, de todo o modo, que o fundamento para impedir que os referidos credores fortes possam beneficiar da desconsideração da personalidade jurídica – quando se verifiquem os respetivos pressupostos – terá, também aqui, que passar pelo recurso ao abuso do direito. Ou seja, os credores fortes não poderão beneficiar do *Durchgriff*, quando o seu comportamento consubstancie uma situação abusiva, nomeadamente quando conheciam a difícil situação patrimonial da sociedade e, apesar disso, assumiram voluntariamente o risco – normalmente com intuito especulativo: taxa de juro mais elevada no empréstimo concedido, etc. – de contratar com a sociedade.

5.5. A distinção entre subcapitalização e descapitalização

Importa, por último, ter presente a distinção entre subcapitalização e descapitalização[82].

A subcapitalização ocorre quando os sócios não dotam a sociedade dos meios necessários à prossecução do seu objeto social. Diferentemente, a descapitalização verifica-se quando os recursos disponibilizados pelos sócios – adequados e suficientes ao exercício do projeto societário – se perdem no decurso

---

[79] Credores involuntários são os que resultam, em regra, de atos delituais da sociedade.
[80] Com efeito, os credores fortes, as mais das vezes, conseguem para os seus créditos uma responsabilidade ilimitada da parte dos sócios das sociedades de capitais, cuja situação – perante eles – se equipara, por isso, à dos sócios de responsabilidade ilimitada. I.é, as sociedades de capitais acabam por se assemelhar muitas vezes, na prática, a sociedades em comandita, em benefício exclusivo de apenas alguns credores. Como sublinha Paolo Benazzo, este regime conduz a uma translação ineficiente e assimétrica do risco da empresa sobre os credores sociais. Cfr. PAOLO BENAZZO (2006), p. 658.
[81] De resto, normalmente, os credores fortes não precisarão sequer de beneficiar do *Durchgriff*, porquanto já terão acautelado o seu crédito com outras garantias (pessoais ou reais), para além do património social.
[82] Sobre a matéria, pode ver-se M. FÁTIMA RIBEIRO (2009), p. 190, s..

da exploração e do desenvolvimento da atividade societária. Há, agora, a este propósito que distinguir entre a descapitalização provocada e a descapitalização fortuita.

5.5.1. A descapitalização provocada

Na descapitalização provocada[83], o património social é "esvaziado" por ato voluntário dos administradores e/ou sócios. É a situação clássica em que, na iminência da insolvência, os melhores ativos da sociedade em crise são deslocados para uma outra sociedade controlada pelos mesmos sócios[84]. Ora, nesta hipótese, deve também aplicar-se a desconsideração da personalidade jurídica, nos termos atrás analisados para a subcapitalização manifesta, relativamente aos sócios (ainda que não gerentes ou administradores) que participam naquele "esvaziamento" do património social.

5.5.2. A descapitalização fortuita

Na descapitalização fortuita, o património social sofre uma redução – que o pode tornar desadequado e insuficiente para o exercício da atividade societária – mas tal fica a dever-se às vicissitudes e aos azares da vida empresarial. Aqui, é agora preciso ter presente o atual regime consagrado no ordenamento jurídico português para a situação de "perda grave" do capital social, prevista e regulada no art. 35º.

Com efeito, a nova redação dada a esta norma pelo DL 19/2005, de 18 de Janeiro, veio consagrar uma radical alteração de regime[85]. Até aqui estabelecia-se um sistema reativo, em que os sócios, perante uma situação de perda grave do capital social, eram obrigados a reagir, adotando medidas destinadas a restabelecer o equilíbrio financeiro da sociedade ou a promover a respetiva dissolução. Diferentemente, com o novo regime passou-se para um sistema meramente informativo, em que a lei apenas impõe a obrigação de informar os sócios da condição patrimonial em que se encontra a sociedade, podendo estes adotar ou não, como bem entenderem, medidas destinadas a sanar aquela situação de perda grave.

---

[83] Vide, sobre esta matéria, COUTINHO DE ABREU (2010), p. 102, s., (2010ª), p. 56, s., e M. FÁTIMA RIBEIRO (2009), p. 289, s..
[84] Trata-se do caso que na doutrina e jurisprudência alemãs tem sido designado por *Existenzvernichtung* ("aniquilação da existência" da empresa societária). Cfr., por todos, JOCHEN VETTER (2007), p. 1965, s..
[85] Vide TARSO DOMINGUES (2009), p. 350, s..

Ou seja, no nosso regime legal não se consagra agora a regra "recapitaliza ou liquida", quando a sociedade tenha sofrido prejuízos de elevada dimensão. Por isso, no caso de descapitalização fortuita – e conquanto os sócios tenham atempadamente dotado a sociedade dos meios minimamente adequados ao exercício da respetiva atividade[86] –, deve entender-se que esta circunstância, ainda que os sócios decidam manter a sociedade em atividade, não poderá conduzir a uma solução desconsiderante[87].

---

[86] Ou seja, caso não ocorra uma situação de subcapitalização manifesta.
[87] Note-se, contudo, que esta situação já poderá eventualmente acarretar uma responsabilidade pessoal para os gerentes e/ou administradores, porquanto sobre eles impende a obrigação de, no prazo legalmente fixado (cfr. art. 18º CIRE), apresentarem a sociedade à insolvência.

CAPÍTULO II
OBRIGAÇÕES E DIREITOS DOS SÓCIOS
SECÇÃO I
OBRIGAÇÃO DE ENTRADA

ARTIGO 202º *
Entradas
1. Não são admitidas contribuições de indústria.
2. (Revogado)
3. (Revogado)
4. Sem prejuízo de estipulação contratual que preveja o diferimento da realização das entradas em dinheiro, os sócios devem declarar no ato constitutivo, sob sua responsabilidade, que já procederam à entrega do valor das suas entradas ou que se comprometem a entregar, até ao final do primeiro exercício económico, as respetivas entradas nos cofres da sociedade.
5. (Revogado)
6. Os sócios que, nos termos do nº 4, se tenham comprometido no ato constitutivo a realizar as suas entradas até ao final do primeiro exercício económico devem declarar, sob sua responsabilidade, na primeira assembleia geral anual da sociedade posterior ao fim de tal prazo, que já procederam à entrega do respetivo valor nos cofres da sociedade.

* Este artigo foi sucessivamente alterado pelos DL 280/87, de 8 de julho, DL 237/01, de 30 de agosto, DL 76-A/2006, de 29 de março e DL 33/2011, de 7 de março. Este último diploma, para além de dar nova redação aos nºs 4 e 6, procedeu à revogação dos nºs 2, 3 e 5.

Índice
1. A proibição das entradas em indústria. Fundamentos e sentido
2. A desastrada reforma do regime, operada pelo DL 33/2011, de 7 de março, relativa à realização das entradas
3. A realização das entradas em espécie
4. A realização das entradas em dinheiro
    4.1. A possibilidade de diferimento integral das entradas em dinheiro. A enigmática obrigação de entrega até ao final do exercício económico
    4.2. A desnecessidade de depósito bancário das entradas em dinheiro. A declaração dos sócios
    4.3. A possibilidade de imediata utilização pela gerência das entradas realizadas pelos sócios

Bibliografia

a) Citada:

CORREIA, A. FERRER – *Lições de direito comercial*, vol. II, *Sociedades comerciais. Doutrina geral*, edição policopiada, Coimbra, 1968; DOMINGUES, PAULO DE TARSO – *Variações sobre o capital social*, Almedina, Coimbra, 2009, "É justificável a proibição das entradas em indústria nas sociedades de capitais?", in *Os 10 anos de investigação do CIJE*, Almedina, Coimbra, 2010, p. 819-831; DANA-DÉMARET, SABINE – *Capital social*, Litec, Paris, 1989; OLIVIERI, G. – *I conferimenti in natura nella società per azioni*, Padova, 1989; PORTALE, G. B. – "Profili dei conferimenti in natura nel nuovo diritto italiano delle società di capitali", *Festschrift für Eryk Jayme*, Sellier, European Law Publishers, München, 2004, p. 1559-1575; RAMOS, M. ELISABETE – "Artigo 199º", em *Código das Sociedades Comerciais em comentário*, Almedina, Coimbra, 2016; TRIUNFANTE, ARMANDO MANUEL – *O regime das entradas na constituição das sociedades por quotas e anónimas*, Coimbra Editora, Coimbra, 2014; VASCONCELOS, P. PAIS DE – *A participação social nas sociedades comerciais*, 2ª ed., Almedina, Coimbra, 2006; VENTURA, RAÚL – *Sociedade por quotas*, vol. I, Almedina, Coimbra, 1989; VIVANTE, CESARE – *Trattato di diritto commerciale*, vol. II, Vallardi, Milano, 1928.

b) Outra:

VENTURA, RAÚL – "Adaptação do direito português à Segunda Directiva do conselho da comunidade económica europeia sobre o direito das sociedades", GDDC, separata, Lisboa, 1981.

1. A proibição das entradas em indústria. Fundamentos e sentido

As entradas em indústria – que consistem nas entradas com trabalho ou serviços por parte dos sócios[1] – não são admissíveis nas chamadas sociedades por quotas (cfr. art. 202º, 1).

Têm sido várias as razões apresentadas para a exclusão destas entradas nas sociedades de capitais[2]. Desde logo, o facto de as entradas em serviços serem extremamente difíceis de avaliar[3], quer devido à sua própria natureza quer

---

[1] Etimologicamente a palavra "indústria" significa precisamente trabalho ou atividade.
[2] Cfr. OLIVIERI (1989), p. 46, s.; DANA-DÉMARET (1989), p. 74, s.; FERRER CORREIA (1968), p. 207, s.; e TARSO DOMINGUES (2009), p. 193, s.. Recordamos aqui o que ficou dito na anotação 2.4.1. ao art. 20º no vol. I deste Comentário.
[3] É inquestionável que a avaliação das entradas de indústria – devido à sua própria natureza, bem como ao facto de a duração de este tipo de entrada ser incerta – apresenta problemas e dificuldades. Isso não significa, contudo – como, de alguma forma, resultava dos trabalhos preparatórios da Segunda

devido ao facto de a duração de tal tipo de entrada ser incerta; por outro lado, a circunstância de elas não se coadunarem com o princípio da imediata e integral liberação das entradas, em virtude do seu carácter futuro e sucessivo[4]; e ainda devido à impossibilidade de se garantir e assegurar o cumprimento das mesmas, dada a impraticabilidade da sua execução forçada[5].

Por detrás das razões avançadas para justificar a proibição das entradas em indústria nas sociedades de capitais, está, pois, fundamentalmente presente a função de garantia – e a enorme relevância que lhe é atribuída nestes tipos sociais – que se assinala ao capital social, a qual não seria alcançada com as entradas em serviços[6]. Com efeito, é esta finalidade de tutela dos terceiros credores que determina a inadmissibilidade, nas sociedades de capitais, das entradas de indústria, visando-se, com isso, obviar a que no capital social seja levado em consideração um valor referente aos serviços prestados por um sócio, valor esse que pode, de todo, não corresponder àquilo que efetiva e realmente o serviço vale (seja porque foi mal avaliado, seja porque, tendo-se comprometido a realizar determinado trabalho, esse sócio não o presta), e que, por outro lado, não se apresenta como um meio de garantia para os terceiros credores. Fala-se, a este propósito, na incerteza (quanto à determinação do valor da entrada) e perigosidade (no que respeita às consequências da imputabilidade de uma tal entrada no capital social) das entradas em indústria[7].

Diretiva –, que elas não sejam suscetíveis de avaliação económica. Se assim acontecesse, os serviços não poderiam nunca constituir a entrada de um sócio, qualquer que fosse o tipo social (cfr. art. 20º).

[4] De facto, ao contrário do que sucede com as entradas em bens que deverão ser realizadas, em princípio, até ao momento da celebração do contrato de sociedade (cfr. art. 26º), as de indústria serão realizadas ao longo da vida da sociedade, não sendo, por isso, possível que fiquem integralmente liberadas naquele momento.

[5] Desde logo, porque hoje ninguém pode ser forçado a trabalhar contra a sua vontade (*nemo cogi potest ad factum* – cfr. VIVANTE (1928), p. 164). Por outro lado, porque a entrada de indústria de um sócio consubstanciará, normalmente, uma prestação de facto infungível – dado o *intuitus personae* que, em menor ou maior grau, sempre lhe estará subjacente –, o que impossibilita que a prestação seja realizada por outrem à custa do sócio (cfr. art. 828º CCiv.). Cfr. OLIVIERI (1989), p. 54, s.; DANA-DÉMARET (1989), p. 84, s.

[6] É este, sem dúvida, o principal fundamento – se não o único – que esteve por detrás do regime consagrado no art. 7º da Diretiva do Capital (cfr. OLIVIERI (1989), p. 58, s. e p. 719), norma que consagra a proibição das entradas em indústria para o tipo SA, em todo o espaço comunitário. Apesar desta Diretiva apenas se destinar às SA, o nosso legislador – de resto, como a generalidade dos outros legisladores europeus – estendeu aquele regime também para as SQ. Sobre a atual Diretiva do Capital vide nota 5 do comentário ao artigo 201º neste Código.

[7] Cfr. OLIVIERI (1989), p. 54, s. que, porém, assume uma posição crítica quanto às características referidas.

Importa, contudo, repensar hoje esta temática referente às entradas em indústria[8].

Antes de mais, porque a função de garantia que se imputa ao capital social está, neste virar de século, claramente em crise e posta em causa[9], asseverando-se que a figura não desempenha, ao menos de forma eficaz, uma tal função. Donde, se a finalidade que se visa alcançar com a proibição daquele tipo de entradas não se verifica (ou é muito debilmente alcançada), cessa a razão de ser e o fundamento para que a mesma se mantenha.

Por outro lado, porque as objeções que se levantam quanto às entradas de indústria, nas sociedades de capitais, se colocam exatamente nos mesmos termos relativamente a outras entradas, cuja admissibilidade é reconhecida e aceite nestes tipos societários.

Com efeito, a questão da avaliação das entradas – e da sua dificuldade – põe-se com idêntica pertinência relativamente a alguns bens que podem constituir a entrada (em espécie) de um sócio: pense-se, p. ex., nos direitos sobre marcas, no *know-how*, nas patentes, no aviamento de uma empresa (que poderá ter de ser estimado para se determinar o valor desta), etc.; por outro lado, a questão do carácter futuro e sucessivo das entradas em serviços coloca-se, em termos idênticos, relativamente às entradas com o mero gozo dos bens[10]; finalmente, as objeções que se levantam a propósito do (in)cumprimento das entradas em indústria não são substancialmente diferentes daquelas que se colocam a propósito das entradas com o mero gozo dos bens[11].

Importa, por outro lado, ter presente que, na hodierna atividade económica, assumem cada vez maior relevo – sobretudo na chamada *new economy* – os ser-

---

[8] Sobre as possíveis diferentes abordagens relativamente às entradas em serviços nas sociedades de capitais, veja-se especialmente, PORTALE (2004), p. 1559, s..

[9] Sobre esta questão, pode ver-se TARSO DOMINGUES (2009), p. 72, s..

[10] Cfr. OLIVIERI (1989), p. 51, s.; e DANA-DÉMARET (1989), p. 81, s.;

[11] Olivieri chega mesmo a equiparar o regime do incumprimento de uma entrada em indústria ao regime do sócio moroso que realizou – e diferiu parcialmente – uma entrada em dinheiro (cfr. OLIVIERI (1989), p. 54, s.). Haverá, de facto, em ambos os casos, o inadimplemento de obrigações a que se deverá aplicar o respetivo regime jurídico, bem como o regime geral do incumprimento das obrigações, quando for caso disso. Poderá, assim, prevenir-se o incumprimento da entrada com serviços através do estabelecimento de uma cláusula penal (cfr DANA-DÉMARET (1989), p. 84, s.), bem como poderá o sócio remisso ser responsabilizado, nos termos gerais, pelos danos causados à sociedade pelo seu comportamento faltoso. Por outro lado, importa ter presente que a própria lei estabelece medidas severas que visam assegurar o cumprimento da entrada de indústria. Com efeito, a impossibilidade de o sócio de indústria prestar à sociedade os serviços, a que se obrigou, é sancionada com a pena capital em direito societário: a exclusão da sociedade (cfr. art. 186º, 1, b)).

viços e conhecimentos que certas pessoas podem prestar ao desenvolvimento de um determinado projeto[12]. Não faz, por isso, sentido obrigar essas pessoas – querendo-se que elas participem do grémio societário – a realizar a sua entrada com bens, quando o que, na verdade, se pretende é a colaboração e os serviços que as mesmas possam prestar à sociedade.

Por isso, tudo somado, parece-nos que, de *iure condendo*, deverá admitir-se, mesmo para as sociedades de capitais, as entradas de indústria[13] [14]. Permitir-se-á, com isto e para além do mais, que a situação da sociedade seja mais fielmente retratada – com vantagens também para os credores que ficam com uma informação verdadeira e mais rigorosa sobre a sociedade – nos casos (que se verificam já!) em que um sócio entra para uma SA ou SQ com os seus serviços, mas em que, por força da proibição legal quanto a este tipo de *apport*, se declara ter realizado uma entrada com bens. De facto, não se vê por que será necessário que Bill Gates, Steve Jobs ou Mark Zuckerberg realizem uma entrada em dinheiro – que qualquer outro poderia realizar – para serem sócios de uma SQ em Portugal, quando o que se pretende é a sua colaboração, o seu trabalho para essa sociedade (que mais ninguém poderá prestar em condições idênticas)[15].

2. A desastrada reforma do regime, operada pelo DL 33/2011, de 7 de março, relativa à realização das entradas

O DL 33/2011 – que veio instituir, entre nós, o capital social livre para as SQ, eliminando a exigência de um capital social mínimo de 5.000€ para a constituição destas sociedades – procedeu ainda a uma verdadeira revolução no

---

[12] Note-se que, nesta matéria (quando está sobretudo em causa a transmissão de conhecimentos técnicos), nem sempre será fácil distinguir e traçar a linha de fronteira entre o que é entrada em indústria e entrada *in natura*. Vide DANA-DÉMARET (1989), p. 87, s. e 91, s..

[13] Trata-se, de resto, de uma solução que foi já perfilhada nos EUA (cfr. *Sec.* 6.21(b) do *Revised Model Business Corporation Act*), bem como em Itália (vide art. 2464 *codice civile*, após a reforma do direito societário operada pelo Decreto legislativo, de 17 de Janeiro 2003, n.º 6) e em França (cfr. o art. L. 227-7 *code de commerce*, com a redação que lhe foi dada pela Lei 2001-420, de 15 de Maio de 2001), para o tipo correspondente à nossa SQ (SRL e SARL, respetivamente), que é igualmente admitida no direito britânico (vide *Sec.* 585 *Companies Act* 2006) e que é também o caminho propugnado na Proposta de Regulamento sobre a *Societas Privata Europaea* (SPE).

[14] Sobre diferentes técnicas possíveis para acolher as entradas de indústria nas sociedades de capitais, vide PORTALE (2004), p. 1562, s.. Pais de Vasconcelos considera, no entanto, que nas sociedades de capitais, o regime das prestações acessórias já permite acomodar em grande medida as entradas em indústria. Cfr. PAIS DE VASCONCELOS (2006), p. 278, s..

[15] O regime deste tipo de entradas não deverá ser, no entanto – como sucede em Itália, em França e também na Proposta de Regulamento da SPE –, uma "página em branco". Sobre a questão, vide TARSO DOMINGUES (2010), p. 829, s..

regime da realização e diferimento das entradas. Fê-lo, porém, de uma forma verdadeiramente desastrada, uma vez que o regime por ele introduzido – para além de ser, por vezes, incongruente e contraditório – é tudo menos claro.

Desde logo, o art. 26º estabelece como princípio que as entradas devem ser realizadas até ao momento da celebração do contrato, vindo, porém, excecionar expressamente dessa regra o disposto nos números seguintes. E aí, no nº 2 refere-se agora a possibilidade de as entradas – sem distinguir entre entradas em espécie ou em dinheiro – serem realizadas "até ao termo do primeiro exercício económico, a contar da data do registo definitivo do contrato de sociedade", pelo que se pode questionar se tal possibilidade abrange igualmente as entradas *in natura*[16]. Deverá, porém, entender-se que o diferimento apenas continua a ser possível para as entradas em dinheiro. Em primeiro lugar, porque esse era o regime pregresso e não há qualquer indicação de que se tenha pretendido, nesta matéria, alterar o direito vigente. Por outro lado, porque esta é também, de alguma maneira, a solução que resulta do art. 26º, 3 que explicitamente apenas admite que possa ser contratualmente estipulado o diferimento deste tipo de *apport*[17].

Acresce que o art. 26º, 2 refere a possibilidade de as entradas serem realizadas "até ao termo do primeiro exercício económico, a contar da data do registo definitivo do contrato de sociedade". É um regime para o qual não divisamos qualquer fundamento – e cuja justificação não se encontra também no preâmbulo do DL –, e que suscita as maiores perplexidades. Não se compreende, antes de mais, o sentido e a finalidade da fixação do final do primeiro exercício para a realização das entradas, solução que, pelo menos aparentemente, é contraditória com o regime do art. 203º, 1 que permite o diferimento das entradas até 5 anos. Não se poderá, contudo, deixar de considerar – se assim não fosse,

---

[16] Note-se que o art. 26º, 1 abre aquela possibilidade "sempre que a lei o permita" (cfr. parte inicial da norma). Acontece que no art. 199º, al. b), onde se alude às entradas que podem ser diferidas até ao final do exercício económico, não se faz, uma vez mais, qualquer distinção entre entradas em espécie e entradas em dinheiro.

[17] Para este entendimento concorre ainda o disposto no nº 4 do art. 202º, que, de igual modo, ressalva exclusivamente a possibilidade de diferimento das entradas em dinheiro, bem como o facto de os nºs 4 e 6 do art. 202º fazerem referência à entrega das entradas diferidas "nos cofres da sociedade", o que indicia que se pretende aludir a entradas em dinheiro (que são as normalmente depositadas em cofres). No mesmo sentido, vide M. ELISABETE RAMOS (2016), anotação 1.4. ao art. 199º neste Comentário. Vide também TRIUNFANTE (2014), p. 185, s..

o legislador do DL 33/2011 teria seguramente revogado esta norma – que o regime de diferimento das entradas em dinheiro, nomeadamente o respetivo prazo máximo, é o fixado naquele art. 203º, 1. Donde, o diferimento das entradas em dinheiro pode ser fixado antes do fim do exercício económico, até ao final do exercício ou depois dele.

Parece-nos, por isso, que a única forma de dar sentido útil a esta referência ao "termo do exercício económico"[18] é – cotejando o disposto no art. 26º, 1 com o estatuído no art. 199º, al. b) – a de considerar que os sócios, quando não o façam no momento da celebração do ato constitutivo, devem necessariamente realizar e entregar à sociedade até ao final do exercício económico, pelo menos, o valor mínimo de um euro pela quota que cada um subscreve. Na verdade, embora de forma não muito clara, parece resultar desta norma do art. 199º, al. b) que o legislador pretende assegurar que até ao final do exercício económico esteja, pelo menos, realizado o "valor nominal mínimo da quota fixado por lei", vale dizer, um euro por quota (cfr. art. 219º, 3)[19].

Note-se, finalmente, que – também aqui sem que se compreenda o sentido e a finalidade do regime – o art. 26º, 2 estabelece, surpreendentemente, que o final de exercício relevante é o primeiro exercício económico após o registo! Parece, por isso, que se o registo nunca vier a ser realizado, poderá não ser exigível dos sócios sequer aquele valor mínimo da entrada a que alude o art. 199º, al. b). Tenha-se, no entanto, presente que os limites temporais previstos no art. 203º continuam a ser aplicáveis. O que significa que, ainda que o registo não seja efetuado, as entradas diferidas vencer-se-ão necessariamente decorridos que sejam 5 anos sobre a celebração do contrato de sociedade[20].

Com estas prevenções, passemos então à análise do novel regime relativo à realização das entradas nas SQ.

---

[18] Referência que aparece também nos arts. 199º, al. b) e 202º, 4 e 6.
[19] No mesmo sentido, vide M. ELISABETE RAMOS (2016), anotação 1.3. ao art. 199º neste Comentário. Não se deixe, no entanto, de sublinhar que é no mínimo bizantino que o legislador sobre uma questão tão pequena – como seja a do momento da realização de um euro por quota! – tenha refletido de forma tão pouco clara o seu pensamento, dando origem a desnecessárias e intrincadas dúvidas quanto ao sentido da lei. Com uma interpretação distinta do regime, vide TRIUNFANTE (2014), p. 223, s..
[20] Não se deixe ainda passar em claro a falta de cuidado formal na alteração efetuada pelo DL 33/2011. Com efeito, no caso deste art. 202º, eliminaram-se vários números, sem que se tivesse a preocupação de recompor a redação do artigo, renumerando as suas diferentes normas, evitando que este dispositivo legal se assemelhe a uma criança desdentada.

3. A realização das entradas em espécie

Assim, e apesar da infeliz redação que o DL 33/2011, de 7 de Março introduziu em diferentes normas que regulam a realização e diferimento das entradas[21], deverá continuar a entender-se – foi esse manifestamente o sentido da reforma legislativa – que só a realização das entradas em dinheiro (e já não das entradas em espécie) pode ser diferida para momento ulterior ao da constituição da sociedade ou do aumento de capital[22]. É isso que, para além do mais, resulta literalmente da norma do nº 4 do art. 202º, aqui em anotação, que se refere expressamente apenas ao diferimento das entradas em dinheiro, bem como do disposto no art. 26º, 3 que também explicitamente apenas admite a estipulação contratual de diferimento deste tipo de entrada. Ou seja, o regime aplicável à realização das entradas em espécie – independentemente do tipo social em causa – manteve-se idêntico ao que vigorava antes das alterações introduzidas pelo mencionado diploma legal[23].

4. A realização das entradas em dinheiro

Relativamente à realização e diferimento das entradas em dinheiro, o DL 33/2011 veio já proceder a uma verdadeira revolução no respetivo regime, alterando-o profundamente.

Antes da análise do novo regime, a primeira nota que importa sublinhar é que a reforma do CSC, nesta matéria, apenas respeita às SQ. Na verdade, para as SA, o regime paralelo, previsto nos arts. 277º e 285º, manteve-se absolutamente inalterado.

4.1. A possibilidade de diferimento integral das entradas em dinheiro. A enigmática obrigação de entrega até ao final do exercício económico

No regime pregresso, o art. 202º, 2 consagrava a possibilidade de diferimento de apenas 50% do valor das entradas em dinheiro, conquanto estivesse assegurada, no momento da constituição, a realização do valor do capital social mínimo, que era de 5.000€.

Esta norma foi eliminada com o DL 33/2011, pelo que, hoje, poderá ser diferida a totalidade das entradas em dinheiro, devendo observar-se os limites temporais previstos no art. 203º, 1. Desta baliza temporal, deve entender-se

---

[21] Cfr. as novas redacções dos arts. 26º, 199º, 202º e 203º. Vide também o art. 1º do próprio DL 33/2011.
[22] Sobre a questão, vide M. ELISABETE RAMOS (2016), anotação 1.4. ao art. 199º neste Comentário, e anotação anterior a este artigo. Cfr. também TRIUNFANTE (2014), p. 185, s..
[23] Sobre o regime aplicável às entradas em espécie, vide especialmente os arts. 25º e 28º.

que fica apenas excecionada a enigmática[24] obrigação da realização de um euro por cada sócio, valor que terá necessariamente de ser pago até ao final do exercício económico[25].

4.2. A desnecessidade de depósito bancário das entradas em dinheiro. A declaração dos sócios

No direito anterior, as entradas em dinheiro deveriam ser depositadas numa instituição bancária, devendo os sócios declarar, no momento da constituição da sociedade, que aquele depósito foi efetuado (cfr. a redação anterior do art. 202º, 4)[26]. Com o novo regime legal, deixa de ser necessário qualquer depósito bancário das entradas em dinheiro. A lei basta-se agora com a declaração de cada sócio[27] que, sob sua responsabilidade, confirme que já procedeu à entrega do valor da sua entrada ou que se compromete a entregá-lo, até ao final do primeiro exercício económico[28], "nos cofres da sociedade"[29]. É, uma vez mais, uma norma de esdrúxula interpretação. Parece, de todo o modo, que – cotejando esta norma com a do art. 199º, al. b) – o que legislador terá pretendido, neste caso, é assegurar que o valor nominal mínimo da quota e, portanto, da entrada (i.é, 1 euro) seja realizado no momento da celebração do contrato de sociedade ou, o mais tardar, até ao final do primeiro exercício económico[30].

Se o sócio diferir para o final do primeiro exercício a realização desta sua entrada mínima, deverá ele, na primeira assembleia geral anual da sociedade subsequente a tal data, emitir a declaração acima mencionada (cfr. art. 202º, 6).

---

[24] A adjetivação resulta do facto de o texto da lei ser obscuro e de não se conseguir alcançar a que se destina esta obrigação.
[25] Sobre a questão, cfr. M. ELISABETE RAMOS (2016), anotação 1.3. ao art. 199º neste Comentário, e anotação 2. a este art. 202º, e TRIUNFANTE (2014), p. 223, s..
[26] Na redação inicial do CSC, o regime era ainda mais rigoroso: era necessário apresentar ao Notário, aquando da escritura pública de constituição da sociedade, a guia de depósito das entradas numa instituição bancária. A partir do DL 237/01, de 30 de Agosto, no entanto, a apresentação da guia de depósito passou a poder ser substituída pela declaração dos sócios.
[27] A declaração deve ser efetuada individualmente por cada sócio, relativamente à entrada por si realizada.
[28] Deve considerar-se – nos termos do art. 26º, 2 – que o exercício económico relevante para este efeito é o primeiro exercício após o registo definitivo da sociedade.
[29] É uma vez mais, no mínimo, curiosa esta obrigação de que as entradas sejam entregues nos "cofres sociais". Não é, porém, exigível que toda e qualquer sociedade disponha de um cofre. Por isso, o requisito legal deve ter-se por cumprido desde que o valor da entrada ingresse no património social, qualquer que seja a forma que esse movimento revista: por transferência ou depósito bancário, entrega diretamente à gerência da sociedade, etc.
[30] Cfr. M. ELISABETE RAMOS (2011), anotação 1.3. ao art. 199º neste Comentário, p. 190, s., e anotação 2. a este art. 202º.

Note-se que com o atual regime fica francamente fragilizada a efetiva realização das entradas em dinheiro, uma vez que – bastando-se a lei com a mera declaração dos sócios[31] – se torna extremamente fácil não dar cumprimento a esta obrigação. Tenha-se, no entanto, presente que o(s) sócio(s), que preste(m) a declaração de que as entradas em dinheiro foram realizadas quando tal não corresponda à verdade, fica(m) sujeito(s) a responsabilidade civil (art. 71º)[32] e penal (art. 519º).

4.3. A possibilidade de imediata utilização pela gerência das entradas realizadas pelos sócios

Antes da alteração efetuada pelo DL 33/2011, as entradas em dinheiro – que, como se disse, deveriam ser depositadas numa instituição bancária – só poderiam ser levantadas pelos gerentes, antes do registo definitivo da sociedade, nos casos e termos previstos no nº 5 do art. 202º[33]. Também esta norma foi eliminada pelo referido DL, o que significa que agora não há qualquer restrição à possibilidade de os gerentes, imediatamente após a realização das entradas, as utilizarem como bem entenderem, não necessitando de qualquer autorização dos sócios para esse efeito.

---

[31] De resto, compreende-se mal que sejam os próprios sócios – i.é, os devedores – a atestar que cumpriram a obrigação que sobre eles impendia. Seria mais curial e faria mais sentido que tal declaração fosse emitida pela gerência da sociedade.

[32] Note-se que a responsabilidade civil é uma responsabilidade que se estende a todos os sócios fundadores – que responderão solidariamente –, a menos que provem que ignoravam, sem culpa, a falsidade da declaração (cfr. art. 71º, 2).

[33] O regime era, apesar de tudo, muito benevolente, uma vez que a al. b) da norma permitia o levantamento das entradas, ainda antes do registo, desde que os sócios autorizassem os gerentes a fazê-lo para fins determinados. Vide RAÚL VENTURA (1989), p. 131.

ARTIGO 203º *
Tempo das entradas

1. O pagamento das entradas diferidas tem de ser efetuado em datas certas ou ficar dependente de factos certos e determinados, podendo, em qualquer caso, a prestação ser exigida a partir do momento em que se cumpra o período de cinco anos sobre a celebração do contrato, a deliberação do aumento de capital ou se encerre o prazo equivalente a metade da duração da sociedade, se este limite for inferior.

2. Salvo acordo em contrário, as prestações por conta das quotas dos diferentes sócios devem ser simultâneas e representar frações iguais do respetivo montante.

3. Não obstante a fixação de prazos no contrato de sociedade, o sócio só entra em mora depois de interpelado pela sociedade para efetuar o pagamento, em prazo que pode variar entre 30 e 60 dias.

* A atual redação do nº 1 foi introduzida pelo DL 33/2011, de 7 de março.

Índice

1. Prazo máximo de diferimento das entradas em dinheiro
2. Condições do diferimento
3. A possibilidade de realização não proporcional das entradas em dinheiro
4. A necessária interpelação para pagamento

Bibliografia

a) Citada:

ABREU, J. M. COUTINHO DE – *Curso de direito comercial*, vol. II., *Das sociedades*, 5ª ed., Almedina, Coimbra, 2015; CORDEIRO, A. MENEZES – "Artigo 203º", em *Código das Sociedades Comerciais anotado*, Almedina, Coimbra, 2011, p. 620-621; CORREIA, LUÍS BRITO – *Direito comercial*, 2.º vol., *Sociedades comerciais*, AAFDL, Lisboa, 1989; CUNHA, PAULO OLAVO – *Os direitos especiais nas sociedades anónimas: as acções privilegiadas*, Almedina, Coimbra, 1993; RAMOS, M. ELISABETE – "Artigo 199º", em *Código das Sociedades Comerciais em comentário*, Almedina, Coimbra, 2016; TRIUNFANTE, ARMANDO MANUEL – *O regime das entradas na constituição das sociedades por quotas e anónimas*, Coimbra Editora, Coimbra, 2014; VENTURA, RAÚL – *Alterações do contrato de sociedade*, Almedina, Coimbra, 1988, *Sociedade por quotas*, vol. I, Almedina, Coimbra, 1989, *Sociedades por quotas*, vol. III, Almedina, Coimbra, 1991.

b) Outra:

MARTINS, ALEXANDRE SOVERAL – "Empresas na hora", in *Temas societários*, IDET, Almedina, Coimbra, 2006, p. 79-105; VENTURA, RAÚL – "Adaptação do direito português à Segunda Directiva do conselho da comunidade económica europeia sobre o direito das sociedades", GDDC, separata, Lisboa, 1981.

1. Prazo máximo de diferimento das entradas em dinheiro

Apesar da desastrada redação que foi dada pelo DL 33/2011, de 7 de Março[1], a esta matéria da realização e diferimento das entradas, deve continuar a entender-se que só a realização das entradas em dinheiro – e já não das entradas em espécie – pode ser diferida para momento ulterior ao da constituição da sociedade ou do aumento de capital[2]. Por isso, deve considerar-se – como inquestionavelmente se considerava antes da reforma do CSC operada pelo dito DL 33/2011 – que este art. 203º apenas é aplicável à realização da entradas em dinheiro.

Assim, a realização deste tipo de entrada poderá ser diferida pelo prazo máximo de 5 anos, a contar da data da constituição da sociedade ou, quando for o caso, da deliberação do aumento de capital social. Este prazo poderá, contudo, ser inferior a 5 anos, quando se tenha convencionado um período de duração para a sociedade; nesta hipótese, o prazo máximo para a realização das entradas em dinheiro corresponderá a metade da duração da sociedade, se este limite for inferior aos 5 anos[3].

Se no pacto social se fixar prazo mais longo, deve o mesmo considerar-se reduzido aos limites previstos neste art. 203º,1[4].

Deste art. 203º, 1 não resulta, por outro lado, a obrigatoriedade de fixação contratual do tempo do cumprimento; i.é, pode no pacto convencionar-se o diferimento das entradas em dinheiro, sem que se concretize o momento para a realização das mesmas[5]. Nesta circunstância, no silêncio do ato constitutivo

---

[1] DL que veio instituir, entre nós, o capital social livre para as SQ, eliminando a exigência de um capital social mínimo de 5.000€ para a constituição destas sociedades.
[2] Sobre a questão, vide M. ELISABETE RAMOS (2016), anotação 1.4. ao art. 199º e anotação 2. ao art. 202º, e TRIUNFANTE (2014), p. 185, s..
[3] O que significa que este segundo limite para a realização das entradas em dinheiro só será aplicável quando a sociedade tiver uma duração contratualmente fixada inferior a 10 anos.
[4] Assim, RAÚL VENTURA (1989), p. 137.
[5] Não se deixe de referir, contudo, que a atual redação da norma do nº 4 do art. 202º levanta algumas dificuldades a esta interpretação, porquanto ali se prescreve que "os sócios devem declarar no ato

quanto ao tempo de realização das entradas diferidas, e porque o regime legal está precipuamente ordenado à tutela do interesse da própria sociedade no recebimento das entradas dos sócios, será aplicável o disposto no art. 777º CCiv.: a sociedade[6] poderá a todo o tempo exigir o pagamento das entradas em falta, podendo igualmente o sócio exonerar-se a todo o tempo dessa obrigação[7]. Note-se, porém, que o regime já será distinto no caso de aumento de capital: aqui, se a deliberação for omissa quanto ao diferimento das entradas em dinheiro, a parcela cujo pagamento foi diferido será exigível a partir do registo definitivo do aumento (cfr. art. 89º, 2).

2. Condições do diferimento

Importa começar por assinalar uma importante alteração ao regime de diferimento das entradas em dinheiro que resulta da reforma do CSC efetuada pelo DL 33/2011. Com efeito, este diploma que veio revogar a norma do número 2 do art. 202º, que impunha a realização imediata de, pelo menos, metade das entradas em dinheiro. Por isso, hoje, com os limites temporais assinalados na anotação anterior, passou a ser possível diferir a totalidade das entradas em dinheiro[8].

A realização das entradas em dinheiro poderá ser diferida para um ou mais momentos ulteriores, i.é, pode o pagamento da entrada em dinheiro ser fracionado em vários momentos. Fundamental é que o diferimento seja para datas certas ou fique dependente de factos certos e determinados (cfr. art. 203º, 1). Dito doutro modo, nas SQ, o diferimento das entradas em dinheiro só pode ficar sujeito a termo certo e já não a condição ou termo incerto[9]. Efetivamente,

---

constitutivo (...) que se comprometem a entregar, até ao final do primeiro exercício económico, as respetivas entradas nos cofres da sociedade". É uma norma que necessita de esforço interpretativo (vide anotação ao art. 202º neste Comentário), mas que não põe em causa o que ficou dito em texto. Na verdade, os sócios podem diferir as suas entradas em dinheiro pelo prazo de 5 anos, pelo que não têm que se comprometer a entregá-las até ao final do exercício económico! Donde, se nada se disser no contrato quanto ao momento de realização das entradas diferidas, aplicar-se-á o regime de seguida referido em texto.

[6] Assim, RAÚL VENTURA (1989), p. 138, e COUTINHO DE ABREU (2009), p. 281. Em sentido contrário, vide MENEZES CORDEIRO (2011), p. 621, que, considerando que o sistema legal visa dar segurança aos sócios, escreve: "ou a entrada pode ser aproximada de algum facto *certus an incertus quando* e a entrada vence com a ocorrência desse facto ou tal não sucede e funcionam os prazos máximos legais".

[7] Podendo os credores sociais subrogar-se à sociedade, nos termos do art. 30º.

[8] Exceciona-se desta regra a realização da entrada de um euro por cada sócio, valor que deverá ser pago até ao final do exercício económico. Sobre a questão, cfr. M. ELISABETE RAMOS (2016), anotação 1.3. ao art. 199º e anotação 2. ao art. 202º, e TRIUNFANTE (2014), p. 223, s..

[9] Assim, BRITO CORREIA (1989), p. 293.

a incerteza que qualquer uma destas cláusulas acarretaria para a realização do capital social é incompatível com a rigorosa tutela que se pretende dispensar à figura. Por isso, a inserção de uma tal cláusula no pacto social será nula e de nenhum efeito[10], passando, neste caso, a ser supletivamente aplicável o regime do art. 777º CCiv. referido na anotação anterior.

3. A possibilidade de realização não proporcional das entradas em dinheiro

O art. 203º, 2 estabelece como regra que as entradas devem, em princípio, ser realizadas em termos proporcionalmente idênticos por todos os sócios. Trata--se de um corolário do princípio da igualdade de tratamento[11]. Como é sabido, no entanto, este princípio pode ser afastado pelos sócios, sendo certo que aqui é a própria lei que expressamente admite o "acordo em contrário".

Este acordo em contrário pode, desde logo, resultar do próprio contrato de sociedade. Com efeito, nada impede que contratualmente se estabeleça que o sócio A realize imediatamente a sua entrada e o sócio B tenha 5 anos para o fazer. Note-se, contudo, que aquela cláusula contratual deve obrigatoriamente ser aprovada por todos os sócios[12]. Efetivamente, estando em causa uma desigualdade de tratamento dos sócios, deve a mesma ser aprovada por todos eles, uma vez que o referido princípio apenas pode ser postergado pela unanimidade dos sócios[13].

O acordo pode também assentar numa simples deliberação dos sócios, a qual, pelos motivos atrás indicados, deverá igualmente ser aprovada por unani-

---

[10] Cfr. RAÚL VENTURA (1989), p. 139.

[11] Vide RAÚL VENTURA (1989), p. 139, s., e MENEZES CORDEIRO (2011), p. 621.

[12] O que sempre sucederá se ela constar do ato constitutivo, uma vez que este resulta necessariamente do consenso unânime dos sócios. Mas poderá tal cláusula ter origem numa alteração superveniente do contrato e, para esta, como é sabido, já não se exige uma deliberação unânime (cfr. art. 265º, para as SQ). Se a introdução da cláusula contratual – que derroga o princípio da igualdade – não resultar, neste caso, daquela deliberação unânime, ela será anulável. É a solução que resulta do disposto no art. 58º, 1, al. a), entendendo-se que o princípio da igualdade de tratamento equivale a uma norma legal não imperativa, uma vez que este princípio geral de direito societário – tal como as normas dispositivas – poderá ser afastado, desde que o sócio afetado nisso consinta. Assim também, RAÚL VENTURA (1988), p. 81.

[13] Neste sentido, vide RAÚL VENTURA (1991), p. 16, e BRITO CORREIA (1989), p. 330. Em sentido diverso, considerando não ser exigível a unanimidade para a atribuição de um direito especial a um sócio – a qual inequivocamente consubstancia uma violação daquele princípio –, vide COUTINHO DE ABREU (2009), p. 212, s. (para quem a não observância do princípio da igualdade de tratamento poderá resultar da maioria exigível para a alteração do pacto social, quando a mesma seja justificada pelo interesse social), e P. OLAVO CUNHA (1993), p. 183, s..

midade[14]. Nesta hipótese, em que a deliberação é aprovada por todos os sócios, já não se suscita o problema da desigualdade de tratamento dos sócios, porquanto este princípio não tem "o alcance de impedir as desigualdades consentidas pelos interessados"[15].

Finalmente, a desigualdade de tratamento poderá ainda resultar de um acordo individual entre a sociedade e o sócio. Neste caso, em que o acordo será celebrado entre a gerência e o quotista, apenas se poderá convencionar um regime mais penalizador para o sócio (*v.g.*, a antecipação do pagamento)[16]. Na verdade, a estipulação mediante este acordo individualizado, de um regime mais favorável para um determinado sócio consubstanciaria uma violação manifesta do princípio da igualdade de tratamento, que o órgão de administração não pode praticar.

4. A necessária interpelação para pagamento

Ainda que se tenha convencionado um prazo certo para o pagamento da entrada em dinheiro diferida, o CSC – desviando-se da regra geral do art. 805º CCiv. – estipula que o sócio que não cumpra a obrigação na data fixada, só ficará constituído em mora depois de interpelado pela sociedade para efetuar o respetivo pagamento (num prazo que pode variar entre 30 e 60 dias[17]) – cfr. art. 203º, 3.

É uma solução que tutela especialmente o sócio e que terá tido em conta a gravidade do regime sancionatório previsto para o incumprimento da obrigação de entrada, que pode culminar com a aplicação da pena capital em matéria societária: a exclusão do sócio do grémio social – cfr. art. 204º.

De todo o modo, com este regime fica dependente da vontade da gerência a interpelação do sócio para o cumprimento e, consequentemente, a respetiva mora que permitirá depois acionar os mecanismos destinados a exigir o pagamento da entrada em falta (cfr. art. 204º, 1)[18]. Os credores sociais não estão contudo, neste âmbito, completamente desabrigados, uma vez que poderão, nos termos do art. 30º, subrogar-se à sociedade e exigir o cumprimento da

---

[14] Vide supra o que ficou dito na nota 12.
[15] Cfr. RAÚL VENTURA (1989), p. 208.
[16] Era essa, de resto, a redação que constava dos chamados Anteprojetos de Vaz Serra e Raúl Ventura. Cfr. RAÚL VENTURA (1989), p. 141.
[17] Prazo que se deve iniciar a partir da receção da interpelação para pagamento por parte do sócio. Assim também, RAÚL VENTURA (1989), p. 148.
[18] Cfr. RAÚL VENTURA (1989), p. 148.

entrada[19], podendo ainda ser responsabilizados – verificados que sejam os respetivos pressupostos – os gerentes que não procedam de forma diligente à cobrança da mesma[20].

---

[19] É discutível se este prazo para cumprimento, entre 30 a 60 dias, previsto no art. 203º, 3 será igualmente aplicável no caso de o pagamento ser exigido pelos credores sociais, ao abrigo do disposto no art. 30º.
[20] Cfr. arts. 72º, 78º e 79º. A falta de cobrança das entradas é ainda sancionada penalmente – cfr. art. 509º.

ARTIGO 204º *
Aviso ao sócio remisso e exclusão deste

1. Se o sócio não efectuar, no prazo fixado na interpelação, a prestação a que está obrigado, deve a sociedade avisá-lo por carta registada de que, a partir do 30º dia seguinte à receção da carta, fica sujeito a exclusão e a perda total ou parcial da quota.

2. Não sendo o pagamento efetuado no prazo referido no número anterior e deliberando a sociedade excluir o sócio, deve comunicar-lhe, por carta registada, a sua exclusão, com a consequente perda a favor da sociedade da respetiva quota e pagamentos já realizados, salvo se os sócios, por sua iniciativa ou a pedido do sócio remisso, deliberarem limitar a perda à parte da quota correspondente à prestação não efetuada; neste caso, deverão ser indicados na declaração dirigida ao sócio os valores nominais da parte perdida por este e da parte por ele conservada.

3. (Revogado)

4. Se, nos termos do nº 2 deste artigo, tiver sido declarada perdida pelo sócio remisso apenas uma parte da quota, é aplicável à venda dessa parte, à responsabilidade do sócio e à dos anteriores titulares da mesma quota, bem como ao destino das quantias obtidas, o disposto nos artigos seguintes.

* O nº 3 foi revogado pelo DL 33/2011, de 7 de março.

Índice

1. Quadro geral das alternativas da sociedade perante o sócio remisso
2. O procedimento previsto no art. 204º
   2.1. Preliminares
   2.2. Deliberação dos sócios
3. A exclusão do sócio remisso
4. A conservação de parte da quota pelo sócio remisso

Bibliografia:

ABREU, J. M. COUTINHO DE – *Curso de direito comercial*, vol. II, "Das sociedades", 5ª ed., Almedina, Coimbra, 2015; CORREIA, A. FERRER/XAVIER, V. LOBO/COELHO, MARIA ÂNGELA/CAEIRO, ANTÓNIO – *Sociedades por quotas de responsabilidade limitada. Anteprojecto de Lei - 2ª redacção*, Separata da Revista de Direito e Economia, ano 3 (1977), nºs 1 e 2; DOMINGUES, PAULO DE TARSO – *Do capital social – Noção, princípios e funções*, Coimbra Editora, Coimbra, 1998; LABAREDA, JOÃO – *Das acções das sociedades anónimas*, A.A.F.D.L., Lisboa, 1988; VENTURA, RAÚL – *Comentário ao Código das Sociedades Comerciais – Sociedades por quotas*, vol. I, "Artigos 197º a 239º", Almedina, Coimbra, 4ª reimp. da 2ª ed. de 1989.

1. Quadro geral das alternativas da sociedade perante o sócio remisso

A partir do momento em que o sócio *entra em mora* quanto à prestação de entrada em falta (isto é, que não a efetua no prazo fixado pela interpelação que a sociedade lhe dirigiu nos termos do art. 203º, 3), ficam ao dispor da sociedade essencialmente *duas alternativas* para a satisfação do seu interesse, enquanto credora.

Pode, desde logo, optar pela *via especialmente prevista nos arts. 204º, ss.*, a qual, *implicando ou não a exclusão* do sócio remisso, converge no resultado de *facultar à sociedade a disponibilidade da respetiva quota ou de parte dela*. Será primordialmente através do valor dessa participação social que a sociedade credora obterá o pagamento devido (sem embargo da existência de responsáveis "de segunda linha" dos quais a sociedade pode, em determinados momentos do processo e verificados que estejam certos pressupostos, conseguir a totalidade ou um parcela do valor em dívida[1]).

Mas não está vedado à sociedade, se assim o entender preferível, optar pela *via do direito geral das obrigações*, recorrendo aos meios comuns de efetivação do seu crédito[2]. Além de se respaldar nos princípios gerais, tal solução é confirmada pelo disposto no art. 207º, 4, onde se prevê que a sociedade possa não fazer "qualquer das declarações a que alude o nº 2 do artigo 204º" (*i.e.*, possa não fazer uso das faculdades conferidas pela via especial que este preceito lhe outorga para lidar com a situação do sócio remisso) e enveredar, isso sim, pelo caminho que conduz à *cobrança da dívida de entrada* através da *execução* do sócio inadimplente[3], naturalmente depois de convertida a mora em incumprimento definitivo nos termos do art. 808º, 1, CCiv..[4] A mesma solução resulta, aliás,

---

[1] Referimo-nos aos outros sócios (art. 207º1), ao próprio sócio remisso e aos (eventuais) anteriores titulares da quota (art. 206º).

[2] Assim expressamente RAÚL VENTURA (1989), p. 151 a 153; FERRER CORREIA/LOBO XAVIER/MARIA ÂNGELA COELHO/ANTÓNIO CAEIRO (1977), p. 353.

[3] A circunstância de o nº 1 do art. 204º utilizar a expressão "deve a sociedade" com referência aos atos que desencadeiam a via especial prevista nessa norma e nas seguintes deve ser entendida como "deve" *se e na medida em que* pretenda optar por essa via especial – cfr. RAÚL VENTURA (1989), p. 155-156. No Anteprojecto de Ferrer Correia, aliás, utilizava-se o vocábulo "pode" – FERRER CORREIA/LOBO XAVIER/MARIA ÂNGELA COELHO/ANTÓNIO CAEIRO (1977), p. 352-353.

[4] Cfr., todavia, a posição contrária de JOÃO LABAREDA (1988), p. 23, s., e TARSO DOMINGUES (1998), p. 88, argumentando (em geral, ou seja, incluindo também as sociedades anónimas) com a necessidade de correcta formação do capital social, para tutela dos interesses da generalidade dos sócios e dos credores sociais – posição criticada por COUTINHO DE ABREU (2015), p. 262-263.

da parte final do art. 27º, 4, que também salvaguarda "a execução, nos termos gerais", do crédito de entradas da sociedade[5].

A escolha caberá à sociedade em função das circunstâncias, de entre as quais avultam a consistência ou fragilidade do património do sócio devedor, aliada à sua situação económica geral (repare-se que a via dos arts. 204º, ss., tem a virtualidade de, no todo ou em parte, subtrair de imediato a quota às pretensões dos restantes credores do sócio remisso, transferindo-a, ainda que transitoriamente, para a esfera jurídica da sociedade[6]), bem como a apreciação da conveniência em manter como sócio alguém que reiteradamente se recusa a honrar os seus compromissos basilares para com a sociedade (não se esqueça que a via dos arts. 204º, ss., contempla a possibilidade de exclusão do sócio remisso), sem menosprezar, evidentemente, a ponderação do valor atribuído à própria quota e a estimativa quanto à viabilidade da sua venda.

A menos que a coletividade dos sócios se antecipe e instrua a gerência no sentido da opção a realizar, a *avaliação* caberá, *prima facie*, ao órgão de administração e de representação da sociedade. Recorde-se, a este propósito, que o art. 509º sujeita a responsabilidade penal o gerente que *omitir ou fizer omitir* actos que sejam necessários para a realização de entradas de capital[7]. Isto sem embargo de, desde logo no caso de a opção inicial incidir sobre o procedimento especial dos arts. 204º, ss., os sócios a poderem reverter por ocasião da tomada da deliberação prevista no art. 204º, 2[8]. Basta, para tanto, que decidam não excluir o sócio remisso nem sancioná-lo com a perda parcial da quota[9]. Porém, uma vez sancionada por deliberação[10], nos termos do art. 204º, 2, a via especial, fica definitivamente afastada a via geral, uma vez que se produz a transmissão da quota (ou de parte dela) para a esfera jurídica da sociedade e, na lógica da

---

[5] Como sublinha COUTINHO DE ABREU (2015), p. 263.
[6] Como bem observa RAÚL VENTURA (1989), p. 152.
[7] Sobre esta responsabilidade cfr., detalhadamente, RAUL VENTURA (1989), p. 200, s..
[8] No caso de a opção inicial da gerência incidir sobre a execução, nos termos gerais, do sócio remisso, não vemos porque não possam os sócios instruir os gerentes para que, nos termos processualmente admitidos, se desista dessa via em benefício do mecanismo específico previsto no CSC.
[9] Podendo, inclusive, deliberar expressamente a adopção da via geral de cobrança de dívida – assim RAÚL VENTURA (1989), p. 155.
[10] Mas "pelo menos até à deliberação sobre a exclusão, pode a sociedade iniciar o processo geral de execução" – RAÚL VENTURA (1989), p. 156.

lei societária, será doravante através do seu valor que a sociedade se deverá, em primeira linha, fazer pagar[11]-[12].

Havendo vários sócios remissos, o *princípio da igualdade* de tratamento dos sócios parece impor que contra *todos* eles se tomem medidas, mas não vai ao ponto de impedir que o interesse da sociedade dite alguma diversidade entre elas[13].

2. O procedimento previsto no art. 204º

2.1. Preliminares

Optando a sociedade pela via especial dos arts. 204º, ss., o procedimento tem início com o envio ao sócio remisso de uma carta registada[14], avisando-o de que dispõe de 30 dias para efectuar o pagamento em falta; se o não fizer, ficará sujeito a exclusão e perda total ou parcial da quota.

A lei não fixa um *prazo* para o exercício desta faculdade de expedir a carta-aviso, mas a expedição terá naturalmente de se situar entre a constituição em mora *ex vi* do art. 203º, 3, e prescrição do crédito de entrada prevista pelo art. 174º, 1, a) – que ocorrerá cinco anos após a constituição em mora[15].

2.2. Deliberação dos sócios

A partir do final do trigésimo dia seguinte à recepção da carta-aviso, e caso o sócio não efectue o pagamento em falta, poder ter lugar a *deliberação* prevista no nº 2 do art. 204º. Salvo cláusulas estatutária diversa, pode ser tomada por *maioria simples* e o sócio remisso está *impedido de votar* (art. 251º, 1, d), uma vez

---

[11] Sem esquecer, repita-se, a eventual responsabilidade cometida pelos arts. 206º e 207º, 1 ao próprio sócio remisso, a anteriores titulares da quota e aos outros sócios.

[12] Cfr., todavia, a enigmática posição de RAÚL VENTURA (1989), p. 156, o qual, depois de afirmar que "deliberada a exclusão do sócio fica precludida a faculdade geral de execução; seria na verdade exagerado e injusto permitir que a sociedade, depois de ter excluído o sócio e aberto caminho para se pagar pela venda da quota, simultaneamente executasse o sócio para se pagar por outros bens, nos termos gerais", acrescenta, que "ficará, contudo, sempre ressalvado o recurso ao processo geral, para que a sociedade obtenha a satisfação integral do seu crédito, *no caso de a não ter conseguido* através do processo especial" (sublinhados nossos). Em nossa opinião, é o próprio processo especial que comporta, através do art. 206º, 1, em caso de frustração total ou parcial do interesse da sociedade em obter pagamento através da quota retirada ao sócio inadimplente, como que um "alçapão" que permite executar – em certos termos – o restante património desse sócio.

[13] Discutindo detalhadamente esta questão, RAÚL VENTURA (1989), p. 154.

[14] RAÚL VENTURA (1989), p. 153, considera que a carta registada só pode ser substituída por uma forma de aviso mais solene e dá como exemplo a notificação judicial avulsa.

[15] Salienta RAÚL VENTURA (1989), p. 153, que "o aviso por carta registada não constitui facto interruptivo da prescrição extintiva e o pagamento só pode ser exigido enquanto a obrigação subsistir".

que está em causa decidir a sua eventual exclusão. A lei não diz, novamente, até quando pode essa deliberação ser tomada, pelo que vale, novamente, o *limite geral* da prescrição da dívida de entrada (art. 174º,1, a)[16].

A deliberação dos sócios, sendo positiva, pode eleger entre *uma de duas soluções*: a exclusão do sócio remisso, com perda a favor da sociedade da respectiva quota e dos pagamentos já realizados; ou, em alternativa, a manutenção da qualidade de sócio, com perda limitada à parte da quota correspondente à prestação não efetuada.

Em ambos os casos, o conteúdo da deliberação deve se subsequentemente comunicado ao sócio por *carta registada*[17]. Tanto a exclusão de sócio como a divisão da quota estão sujeitas a *registo* (art. 3º, 1, c) e i) CRC).

3. A exclusão do sócio remisso

A primeira alternativa prevista pelo art. 204º, 2, é a *exclusão* do sócio remisso, com *perda* a favor da sociedade da respetiva *quota* e dos *pagamentos já efetuados*.

Quebra-se, portanto, a ligação jurídica entre o sócio e a sociedade, a qual ficará, doravante (embora por período previsivelmente limitado) *titular da quota* retirada ao sócio. As faculdades de intervenção que as normas subsequentes reconhecem ao ex-sócio (cfr., por exemplo, os nºs 1, 3 e 4 do art. 205º) não ilustram qualquer manutenção mitigada dessa anterior qualidade; exprimem tão-só a salvaguarda dos seus legítimos interesses enquanto *responsável pela diferença* entre o valor da dívida e o produto da venda da quota (art. 206º, 1)[18].

Note-se que, na lógica integral que preside ao sistema do procedimento especial dos arts. 204º, ss., a perda imediata dos pagamentos efectuados *não* consubstancia, contra o que à primeira vista poderia parecer, uma *sanção* aplicada ao sócio remisso. Na verdade, se o produto da venda da quota pela sociedade for suficiente para cobrir o valor em dívida, o sócio remisso ver-lhe-á serem *devolvidas as importâncias que já havia desembolsado* a título de entrada, como dispõe o art. 208º, 2.

---

[16] Assim também RAÚL VENTURA (1989), p. 156
[17] Para RAÚL VENTURA (1989), p.160, a carta registada é facto determinante da eficácia da própria deliberação.
[18] Neste sentido, RAÚL VENTURA (1989), p. 159; a p. 160, s., o Autor analisa o problema nos casos de o mesmo sócio ser titular de várias quotas.

4. A conservação de parte da quota pelo sócio remisso

Mas o art. 204º prevê uma alternativa menos penalizadora para o sócio remisso do que a sua exclusão da sociedade. Na verdade, por iniciativa dos restantes sócios ou a pedido do próprio sócio incumpridor, pode a sociedade *mantê-lo* no seu seio, limitando a perda à parte da quota correspondente à prestação de entrada não efectuada. Ou seja, *a sociedade divide a quota até aí existente em duas*, uma correspondente, no seu valor nominal, ao montante da entrada já efectuada e a outra, a que é perdida em favor da sociedade, de valor nominal correspondente ao montante da entrada que ainda está em dívida[19]. Escolhida esta opção, os valores nominais das quotas produto da divisão devem ser comunicados ao sócio na carta registada que o informe da decisão da sociedade.

Como justificação desta alternativa apresenta-se o interesse do sócio incumpridor em conservar na sociedade uma participação medida pelos pagamentos já efectuados[20] e a importância que a pessoa do sócio possa ter para a concreta sociedade; todavia, a decisão do órgão deliberativo interno deve ser pautada pelo interesse da sociedade e não pelo interesse do sócio remisso[21]. À (parte da) quota perdida pelo sócio em favor da sociedade é aplicado o regime normalmente aplicado à perda (integral) da quota em caso de exclusão, seja quanto à venda, quanto à responsabilidade ou quanto ao destino das quantias recebidas – art. 204º, 4.

Com o intuito de *facilitar a adoção deste procedimento* de divisão da quota[22], prescrevia o art. 204º, 3 que às quotas de tal divisão resultantes não seria aplicável "o disposto no artigo 219º, nº 3, não podendo, contudo, cada uma delas ser inferior a € 50". Ora, esta norma fazia todo o sentido dentro de um sistema em que o valor nominal mínimo das participações sociais numa sociedade por quotas se situava nos € 100, valor fixado pelo art. 219º, 3, na sua anterior redação. Sucede, porém, que, por força das alterações introduzidas pelo Decreto-

---

[19] Cfr. RAÚL VENTURA (1989), p. 159.
[20] Neste sentido, FERRER CORREIA/LOBO XAVIER/MARIA ÂNGELA COELHO/ANTÓNIO CAEIRO (1977), p. 355.
[21] Como observa RAÚL VENTURA (1989), p. 156-156, que dificilmente vê vantagem "para a sociedade em manter o sócio remisso com uma quota menor integralmente paga" mas perdendo "a favor da sociedade uma quota totalmente por liberar, cuja venda é mais do que problemática". Aconselha, por isso, a tomar em especial consideração o montante da nova quota a vender e a existência de pessoas (sócios ou terceiros) interessadas em adquiri-la.
[22] Assim FERRER CORREIA/LOBO XAVIER/MARIA ÂNGELA COELHO/ANTÓNIO CAEIRO (1977), p. 353.

-Lei nº 33/2011 de 7 de março[23], o *valor nominal mínimo da quota desceu para € 1*. Se, neste novo contexto, mantivéssemos uma interpretação literal do art. 204º, 3, seríamos conduzidos à absurda conclusão de que, no âmbito da divisão de quotas por ele visada, o limite mínimo para o valor nominal seria mais alto (€ 50) do que o limite mínimo geral (€ 1), o que estaria totalmente ao arrepio da respectiva razão de ser. Daí o art. 6º do Decreto-Lei nº 33/2011, de 7 de março, ter incluído o art. 204º, 3, na lista das normas por si *revogadas*.

---

[23] Diploma que, segundo o que se pode ler no seu preâmbulo, "opta medidas de simplificação dos processos de constituição das sociedades por quotas e das sociedades unipessoais por quotas, passando o capital social a ser livremente definido pelos sócios", com os objectivos de "fomentar o empreendedorismo, reduzir custos de contexto e encargos administrativos para empresas".

ARTIGO 205º *
Venda da quota do sócio excluído
1. *A sociedade pode fazer vender em hasta pública a quota perdida a seu favor, se os sócios não deliberarem que ela seja vendida a terceiros por modo diverso, mas, neste caso, se o preço ajustado for inferior à soma do montante em dívida com a prestação já efetuada por conta da quota, a venda só pode realizar-se com o consentimento do sócio excluído.*
2. *Os sócios podem ainda deliberar:*
a) Que a quota perdida a favor da sociedade seja dividida proporcionalmente às dos restantes sócios, vendendo-se a cada um deles a parte que assim lhe competir sem prejuízo do disposto no nº 3 do artigo 219º;
b) Que a mesma quota seja vendida indivisa, ou após divisão não proporcional às restantes quotas, a todos, a alguns ou a um dos sócios; esta deliberação deverá obedecer ao disposto no artigo 265º, nº 1, e aos demais requisitos que o contrato de sociedade porventura fixar. Qualquer sócio pode, todavia, exigir que lhe seja atribuída uma parte proporcional à sua quota.
3. *Nos casos previstos no número anterior, a sociedade deve comunicar por carta registada ao sócio excluído o preço por que os outros sócios pretendem adquirir a quota. Se o preço total oferecido for inferior à soma do montante em dívida com o já prestado, pode o sócio excluído declarar à sociedade no prazo de 30 dias que se opõe à execução da deliberação, desde que aquele preço não alcance o valor real da quota, calculado nos termos do artigo 1021º do Código Civil, com referência ao momento em que a deliberação foi tomada.*
4. *Na hipótese prevista na segunda parte do número anterior, a deliberação não pode ser executada antes de decorrido o prazo fixado para a oposição do sócio excluído e, se esta for deduzida, antes de transitada em julgado a decisão que, a requerimento de qualquer sócio, declare tal oposição ineficaz.*

* Redação introduzida pelo Decreto-Lei nº 33/2011, de 7 de março.

Índice
1. A venda da quota "em hasta pública"
2. A venda da quota a terceiro
3. A venda da quota a outro(s) sócio(s)

Bibliografia:
CORDEIRO, MENEZES – "Artigo 205º" *Código das Sociedades Comerciais Anotado*, 2ª ed., Almedina, Coimbra, 2012; CORREIA, A. FERRER/XAVIER, V. LOBO/COELHO, MARIA ÂNGELA/CAEIRO, ANTÓNIO – *Sociedades por quotas de responsabilidade limitada. Anteprojecto*

de Lei – 2ª redacção, Separata da Revista de Direito e Economia, ano 3 (1977), n°s 1 e 2;
VENTURA, RAÚL – *Comentário ao Código das Sociedades Comerciais – Sociedades por quotas*, vol. I, "Artigos 197º a 239º", Almedina, Coimbra, 4ª reimp. da 2ª ed. de 1989.

1. A venda da quota "em hasta pública"

A partir do momento em que o procedimento adotado nos termos do art. 204º conduza à perda, total ou parcial, da quota do sócio remisso em favor da sociedade, *deve esta proceder à respetiva venda*, por forma dar cumprimento às regras relativas à realização do capital social[1].

Note-se que a faculdade de venda da quota pela sociedade *prevalece* sobre quaisquer preceitos contratuais que proíbam, restrinjam ou condicionem transmissões de quotas[2].

Se nada for deliberado pelos sócios a esse propósito, os gerentes lançarão mão dos expedientes previstos no art. 811º do CPC, com destaque para *venda mediante propostas em carta fechada*[3]. A ideia permanece a de "assegurar a obtenção de um preço não influenciado por factores pessoais"[4], algo como o valor de mercado daquela participação social, o que explica que não seja reconhecida ao sócio remisso qualquer possibilidade de ingerência na alienação, diferentemente do que sucede nas hipóteses de venda da quota a terceiros "por modo diverso" ou de venda a outros sócios.

2. A venda da quota a terceiro

Mediante *prévia deliberação* dos sócios nesse sentido, pode a sociedade optar por *vender a quota a terceiro* por modo diverso da "hasta pública" – máxime, por vulgar negociação particular.

---

[1] RAÚL VENTURA (1989), p. 167 e 168.
[2] Como esclarece RAÚL VENTURA (1989), p. 168, e ainda que tais preceitos "especificamente se reportem a transmissões de quotas próprias", isto porque "tais cláusulas são destinadas a regular alienações de quotas a realizar pelos sócios ou pela sociedade, no seu interesse, não a impedir a sociedade de conseguir, pela venda, a liberação do capital".
[3] Sobre o dever dos gerentes em avançar para a venda em hasta pública caso os sócios nada decidam, FERRER CORREIA/LOBO XAVIER/MARIA ÂNGELA COELHO/ANTÓNIO CAEIRO (1977), p. 354. Criticando a formulação que o art. 205º, 1, ainda mantém, não obstante a eliminação da "hasta pública" no CPC e considerando a remissão se deve considerar feita para às vias previstas na actual lei de processo, MENEZES CORDEIRO (2012), p. 624. Mas temos dúvidas que, de entre essas "vias", se possa aplicar a prevista na al. d) do art. 811º, 1, CPC, ou seja, a "venda por negociação particular", que nos parece subsumível à categoria societária de "venda a terceiros por modo diverso" da hasta pública prevista no mesmo art. 205º, 1.
[4] RAÚL VENTURA (1989), p. 169.

Neste caso, contudo, na eventualidade de o preço ajustado com o terceiro ser *inferior* à soma do montante em dívida[5] *com* a prestação já efectuada (pelo sócio remisso e excluído) por conta da quota, torna-se necessário o *consentimento* do sócio remisso para que a venda se realize. Esta exigência radica na defesa do interesse deste sujeito enquanto responsável, perante a sociedade e apesar de haver perdido a sua qualidade de sócio, pela diferença que venha a subsistir entre o produto da venda da quota e a parte da entrada em dívida – art. 206º, 1. É, portanto, o interesse em *evitar* uma venda em condições para si prejudiciais[6].

3. A venda da quota a outro(s) sócio(s)

Mas aos sócios é ainda facultada a hipótese de *deliberar*, desde logo com o objectivo de evitar o ingresso de um estranho na sociedade, que a quota do excluído *seja vendida a todos ou a alguns de entre eles*.

São várias as hipóteses elencadas no n.º 2 do art. 205º, desde a venda da quota indivisa a apenas um, alguns ou todos os restantes sócios, até à divisão não proporcional da quota e subsequente venda das novas quotas a todos ou apenas a alguns de entre eles, passando, naturalmente, pela divisão proporcional da quota e venda a cada um deles da parte que assim lhe competir (em função do valor nominal relativo da quota que já detinham). Portanto, a quota pode vir a *ser ou não dividida;* e pode vir a ser comprada, inteira ou em fracções (*iguais ou diferentes*), por *um, por alguns ou por todos* os sócios.

Como a sociedade não pode ordenar a nenhum dos seus sócios que compre uma quota ou parte dela, a tomada da deliberação pressupõe o *consentimento* dos sócios adquirentes, a cuja prestação parece suficiente o voto favorável[7]. Por outro lado, com o intuito de evitar um eventual abuso da maioria "consistente em deliberar a venda a algum ou alguns sócios em detrimento de outro ou outros que também a pretenderiam"[8], o art. 205º, 2, b), *in fine*, reconhece qualquer dos sócios a *faculdade de exigir* que lhe seja atribuída (*rectius*, vendida) uma parte proporcional da quota do sócio excluído.

---

[5] No qual, segundo RAÚL VENTURA (1989), p. 169, não devem ser computados os juros vencidos até à venda, uma vez que está sobretudo em causa a realização do capital social.

[6] Neste sentido FERRER CORREIA/LOBO XAVIER/MARIA ÂNGELA COELHO/ANTÓNIO CAEIRO (1977), p. 354.

[7] Assim RAÚL VENTURA (1989), p. 170.

[8] RAÚL VENTURA (1989), p. 171. Pela razão de ser desta faculdade, considera o Autor que não é aplicável à hipótese de a sociedade decidir a venda da quota indivisa a todos os sócios. Remete, ainda, para a disciplina do direito de preferência em aumento de capital como forma de preencher eventuais lacunas (p. 172).

Note-se que, para *facilitar* esta divisão e venda proporcional, remetia a anterior parte final do art. 205º, 2, a) para o regime, actualmente revogado, do art. 204º, 3[9]. Por isso o Decreto-Lei n.º 33/2011 de 7 de Março procedeu à alteração da parte final do art. 205º, 2, a), que agora remete simplesmente para o art. 219º, 3 (regime geral do valor nominal mínimo da quota – € 1).

Quanto à *maioria* exigida para a tomada da deliberação, a al. b) do art. 205º, 2 remete expressamente para o art. 265º, 1, que requer que estejam reunidos pelo menos *três quartos dos votos emissíveis* (sem embargo de o contrato poder prever um número ainda mais elevado de votos); mas, mesmo nas hipóteses contempladas na al. a), sempre que esteja em causa a *divisão* da quota será necessária a maioria exigida pela lei e pelo contrato para o efeito[10].

A deliberação que venha a ser adoptada necessita, naturalmente, de *execução* posterior pelos gerentes, que levarão a cabo a divisão e a venda da(s) quota(s)[11].

Também em sede de venda quota a outros sócios se preocupou a lei com a tutela do interesse do sócio remisso[12] o qual, na sua qualidade de responsável pela diferença que venha a existir entre o produto da venda e o montante da entrada em dívida (art. 206º, 1), tem interesse em evitar uma venda cujo produto não atinja este montante. Aqui, todavia, ao contrário do que sucedia na venda a terceiro (não sócio) prevista no n.º 1 do art. 205º, não é exigido o consentimento do sócio remisso, apenas lhe sendo reconhecido o *direito de se opor à execução da deliberação* se e na medida em que se verifiquem determinados *requisitos*. A diferente tutela parece explicar-se pelo relevo aqui conferido ao atendível interesse dos outros sócios em adquirir a quota em questão[13].

Assim, desde logo e em qualquer caso, está a sociedade vinculada a *comunicar* ao sócio excluído, através de carta registada, o preço pelo qual os outros sócios pretendem adquirir a quota (art. 205º, 3). Na hipótese de o *preço total* oferecido ser *inferior* à soma do montante em dívida com o já prestado, a lei reconhece ao

---

[9] Cfr. *supra*, o n.º 4 do comentário ao art. 204º.
[10] Neste sentido, RAÚL VENTURA (1989), p. 170-171. O Autor justifica a necessidade de maiorias qualificadas em casos deste jaez (als. a) e b) do n.º 2 do art. 205º) pela necessidade de "por um lado, evitar que um sócio que possua a maioria simples possa por si só modificar como lhe apetecer os montantes relativos das participações dos sócios" e, por outro lado, pelo facto de se "considerar inconveniente a exigência da unanimidade que permitiria a qualquer sócio impedir a aplicação do preceito e, portanto, abrir a porta a entrada de estranhos".
[11] Cfr. RAÚL VENTURA (1989), p. 170.
[12] Usamos como equivalentes as expressões "sócio remisso" e "sócio excluído". Reputamos, até, a primeira mais correcta, na medida em que a disciplina dos arts. 205º, ss. também se aplica a hipóteses em que o sócio não é excluído e apenas perde uma parcela da sua quota em favor da sociedade (art. 204º, 4).
[13] FERRER CORREIA/LOBO XAVIER/MARIA ÂNGELA COELHO/ANTÓNIO CAEIRO (1977), p. 355.

sócio excluído a faculdade de se opor à execução da deliberação. Mas a aquisição desta faculdade está ainda condicionada por um derradeiro pressuposto: que o preço total oferecido *não alcance o valor real da quota*, calculado nos termos do art. 1021.º do CCiv., com referência ao momento em que a deliberação foi tomada (art. 205º, 3).

Note-se, portanto, que a faculdade de oposição do sócio fica submetida a uma *dupla condição*. Caso o valor real da quota seja, no momento relevante, superior à soma do montante em dívida com o já prestado, basta que o preço oferecido pelos adquirentes iguale ou ultrapasse este segundo limiar para que o sócio excluído não tenha possibilidade de reagir. Como também não pode reagir se o preço oferecido for inferior à soma do montante em dívida com o já prestado, desde que se revele igual ou superior ao valor real da quota. Podemos, pois, concluir que a parte final do art. 205º, 3 não confere ao sócio excluído o puro direito de exigir que a venda seja efectuada pelo valor real da quota[14], com o que, também aqui, nos deparamos com a ideia de (eventual) penalização patrimonial que pode subjazer ao instituto da exclusão de sócio[15].

Reconhecida a faculdade de oposição, o sócio disporá de *30 dias* para a exercer, contados da recepção da comunicação feita pela sociedade[16]. Durante esses 30 dias, o n.º 4 do art. 205º não permite que seja dado início à execução da deliberação, de modo a ficar *salvaguardado o efeito útil* da reação do sócio, que ainda pode sobrevir. Caso o sócio exerça o direito de oposição, prevê a lei *novo prazo de suspensão* para a execução da deliberação, desta feita até ao trânsito em julgado da sentença que, a requerimento de qualquer sócio, declare ineficaz tal oposição[17] (art. 205º, 4).

---

[14] Assim RAÚL VENTURA (1989), p. 173.
[15] Cfr. *infra*, comentário ao art. 241º.
[16] RAÚL VENTURA (1989), p. 172.
[17] Criticando a passividade do legislador societário perante eventuais manobras dilatórias do sócio excluído, RAÚL VENTURA (1989), p. 174.

ARTIGO 206º
Responsabilidade do sócio e dos anteriores titulares da quota

1. O sócio excluído e os anteriores titulares da quota são solidariamente responsáveis, perante a sociedade, pela diferença entre o produto da venda e a parte da entrada em dívida. Contra o crédito da sociedade não é permitida compensação.

2. O titular anterior que pagar à sociedade ou a um sócio sub-rogado nos termos do artigo seguinte tem o direito de haver do sócio excluído e de qualquer dos antecessores deste o reembolso da importância paga, depois de deduzida a parte que lhe competir. A obrigação de que trata este número é conjunta.

Índice
1. A responsabilidade do sócio remisso
2. A responsabilidade dos anteriores titulares da quota
3. Regime da responsabilidade

Bibliografia:
CORREIA, A. FERRER/XAVIER, V. LOBO/COELHO, MARIA ÂNGELA/CAEIRO, ANTÓNIO – *Sociedades por quotas de responsabilidade limitada. Anteprojecto de Lei – 2ª redacção*, Separata da Revista de Direito e Economia, ano 3 (1977), nº[os] 1 e 2; VENTURA, RAÚL – *Comentário ao Código das Sociedades Comerciais – Sociedades por quotas*, vol. I, "Artigos 197º a 239º", Almedina, Coimbra, 4ª reimp. da 2ª ed. de 1989.

1. A responsabilidade do sócio remisso

Caso o produto da venda da quota, efetuada nos termos dos artigos anteriores, se revele insuficiente para cobrir o montante da dívida de entrada ainda por satisfazer, o art. 206º, 1 reconhece à sociedade o *direito de exigir do sócio remisso*, ainda que excluído do seu seio, *o pagamento da quantia relativa à diferença entre o produto da venda e a parte da entrada em dívida*.

A mesma solução parece aplicável aos casos muito particulares em que a sociedade *não tenha sequer logrado, apesar das suas tentativas sérias e credíveis*, vender a quota (seja a sócios, seja a estranhos), por falta de interesse de potenciais compradores[1]. Nestes casos, portanto, a responsabilidade do sócio excluído acaba por *coincidir* com o montante da entrada ainda em dívida.

---

[1] Neste sentido, RAÚL VENTURA (1989), p. 179.

Note-se que a responsabilidade mencionada pelo art. 206º tende a ser perspectivada não como uma nova imposição da lei mas sim como expressão da *permanência da responsabilidade do sócio excluído, perante a sociedade, pela realização da entrada*, responsabilidade à qual continua preso na medida em que o produto da venda da quota se não revele suficiente para operar, por fim, a extinção da dívida[2].

2. A responsabilidade dos anteriores titulares da quota

Ao lado do sócio excluído, último titular da quota perdida em favor da sociedade e por esta posteriormente vendida, prevê o art. 206º, 1 que a sociedade possa responsabilizar também e nos mesmos termos os (eventuais) *anteriores titulares da quota*.

Permitindo a lei a transmissão de quotas não liberadas, a respetiva aquisição, independentemente do título por que se opere, importa, igualmente, a aquisição da dívida de entrada não satisfeita[3]. Cada novo titular *tornou-se devedor* da sociedade pelo montante da entrada ainda não paga e a posterior transmissão da quota não bastou para o exonerar dessa especial vinculação em face do credor-sociedade, embora, naturalmente, a correspondente responsabilidade só se venha a tornar exigível no estreito quadro traçado pelo art. 206º, 1.

Em caso algum poderá vir a ser incomodado o *atual titular da quota* – o "adquirente da quota pela venda efetuada no processo coativo de liberação da quota"[4], ou seja, o sócio ou o terceiro a quem a sociedade tenha alienado a quota que o sócio remisso perdeu em seu favor.

3. Regime da responsabilidade

A sociedade só pode demandar o sócio excluído e os anteriores titulares da quota *depois* de haver procedido à venda da quota[5] e *caso* se constate que o produto dessa venda é insuficiente para cobrir o valor da entrada em dívida. Por

---

[2] Assim FERRER CORREIA/LOBO XAVIER/MARIA ÂNGELA COELHO/ANTÓNIO CAEIRO (1977), p. 356; RAÚL VENTURA (1989), p. 177.
[3] Como explica RAÚL VENTURA (1989), p. 177-178.
[4] RAÚL VENTURA (1989), p. 177.
[5] Isto é, depois de *celebrado* o negócio de venda por um preço determinado, não sendo naturalmente exigível que se aguarde o respectivo *cumprimento*.

conseguinte, o *montante* da responsabilidade do sócio excluído e dos anteriores titulares da quota corresponde à *diferença* entre aquelas duas somas[6].

O direito da sociedade *prescreve* nos termos do art. 174º, 1, a) – cinco anos a contar do início da mora quanto à obrigação de entrada de capital[7].

Como expressão da preocupação relativa à integral realização do capital social, determina a parte final do art. 206º, 1 que contra o crédito da sociedade *não é permitida compensação*.

O art. 206º, 1 sujeita a responsabilidade do sócio excluído e dos anteriores titulares da quota ao regime da *solidariedade* (cfr. arts. 512º, ss. CCiv.). Caberá à sociedade *escolher* qual ou quais dos obrigados demandar e que quantia (a totalidade ou parte do montante em dívida) exigir a cada um.

Aquele que satisfizer o direito da sociedade (exercido directamente ou através da sub-rogação permitida pelo art. 207º) tem *direito de regresso* contra os restantes co-obrigados. A solução, que já resultaria do regime geral da solidariedade passiva (art. 524º CCiv.), é reafirmada pelo n.º 2 do art. 206º, com o acrescento (de utilidade prática não muito clara, mas provavelmente destinado dissipar dúvidas que se poderiam levantar no confronto com o regime anteriormente vigente[8]) de que se trata de uma obrigação conjunta. Ou seja, cada um dos co-obrigados (sócio excluído e anteriores titulares da quota) responde por uma *parcela idêntica* do montante em dívida (art. 516º CCiv.)[9], sendo, portanto, o quinhão que lhe cabe em definitivo suportar tanto menor quanto maior for o número de transmissões da quota ocorridas.

---

[6] Sem embargo do que vimos *supra* para os casos particulares em que a sociedade não logra encontrar comprador para a quota. Ainda quanto ao montante exigível, observa RAÚL VENTURA (1989), p. 181, que "os anteriores titulares não são responsáveis pelos juros devidos pelo sócio excluído".

[7] No Anteprojecto de Ferrer Correia previa-se um prazo especial de prescrição para o direito contra os anteriores titulares da quota: cinco anos a contar da comunicação à sociedade da transmissão da quota, no intuito de "limitar no tempo a possibilidade de o anterior titular da quota ser obrigado a pagar a entrada respectiva" – FERRER CORREIA/LOBO XAVIER/MARIA ÂNGELA COELHO/ANTÓNIO CAEIRO (1977), p. 357.

[8] Sobre o regime constante da Lei de 1901, de que resultava uma cadeia sequencial de responsabilidade que fazia com que a escolha da sociedade quanto ao concreto antigo titular a demandar conduzisse à exoneração de responsabilidade dos que posteriormente a ele houvesse adquirido a quota, cfr. RAÚL VENTURA (1989), p. 181-182; e FERRER CORREIA/LOBO XAVIER/MARIA ÂNGELA COELHO/ANTÓNIO CAEIRO (1977), p. 357.

[9] Como também esclarecem FERRER CORREIA/LOBO XAVIER/MARIA ÂNGELA COELHO/ANTÓNIO CAEIRO (1977), p. 357. Não nos parece que, como afirma RAÚL VENTURA (1989), p. 183, a lei não especifique "o critério da repartição da obrigação entre todos os titulares da quota"; fá-lo, ainda que indirectamente, por remissão para o regime da solidariedade, do qual retiramos o art. 516º CCiv..

As críticas que a bondade desta solução suscita, por poder constituir um *desincentivo* ao cumprimento do sócio remisso se tiver havido anteriores transmissões da quota[10], podem ser minoradas pelo avisado *exercício da autonomia privada* aquando dos negócios de transmissão da quota não liberada, já que os intervenientes podem, no plano interno, *regular o peso relativo* das respetivas (futuras e eventuais) responsabilidades em sede de obrigação de entrada.

---

[10] Assim RAÚL VENTURA (1989), p. 183.

ARTIGO 207º
Responsabilidade dos outros sócios

1. Excluído um sócio, ou declarada perdida a favor da sociedade parte da sua quota, são os outros sócios obrigados solidariamente a pagar a parte da entrada que estiver em dívida, quer a quota tenha sido ou não já vendida nos termos dos artigos anteriores; nas relações internas esses sócios respondem proporcionalmente às suas quotas.

2. No caso de aumento do capital, os antigos sócios são obrigados, nos termos do número anterior, a pagar as prestações em dívida respeitantes às novas quotas e os novos sócios a pagar as prestações em dívida relativas às quotas antigas, mas o antigo sócio que tiver liberado a sua quota pode desobrigar-se, pondo-a à disposição da sociedade, nos 30 dias seguintes à interpelação para o pagamento. Este direito não pode ser excluído nem limitado no contrato de sociedade.

3. O sócio que tiver efetuado algum pagamento nos termos deste artigo pode sub-rogar-se no direito que assiste à sociedade contra o excluído e seus antecessores, segundo o disposto no artigo 206º, a fim de obter o reembolso da quantia paga.

4. Se a sociedade não fizer qualquer das declarações a que alude o nº 2 do artigo 204º e, por via de execução contra o sócio remisso, não for possível obter o montante em dívida, vale, quanto aos sócios, o disposto na parte aplicável do nº 1 do presente artigo.

5. Para determinar os outros sócios responsáveis atender-se-á ao tempo da deliberação prevista no nº 1 e à data da proposição da ação executiva prevista no nº 4.

Índice

1. Regime da responsabilidade dos outros sócios
2. Direitos do sócio cumpridor que efetue algum pagamento
3. Funcionamento do mecanismo da responsabilidade dos outros sócios em caso de aumento de capital

Bibliografia:

CORREIA, A. FERRER/XAVIER, V. LOBO/COELHO, MARIA ÂNGELA/CAEIRO, ANTÓNIO – *Sociedades por quotas de responsabilidade limitada. Anteprojecto de Lei – 2ª redacção*, Separata da Revista de Direito e Economia, ano 3 (1977), nºs 1 e 2; VENTURA, RAÚL – *Comentário ao Código das Sociedades Comerciais – Sociedades por quotas*, vol. I, "Artigos 197º a 239º", Almedina, Coimbra, 4ª reimp. da 2ª ed. de 1989.

1. Regime da responsabilidade dos outros sócios

Um dos elementos característicos do tipo legal sociedade por quotas é a *responsabilidade de cada sócio perante a sociedade* não apenas pela realização da sua própria entrada mas, ainda, solidariamente com os demais, *pela realização de todas as entradas convencionadas no contrato* (art. 197º, 1). O art. 207º regula, justamente, o modo de concretização desta responsabilidade alargada, ou, dito de outra forma, do risco que subsiste para o sócio que já cumpriu integralmente a sua entrada ser chamado pela sociedade a pagar dívida(s) de entrada(s) alheia(s)[1].

Apesar de se tratar de *uma solução pesada* para os restantes sócios, "pareceu conveniente, dada a importância dos *interesses ligados à realização do capital*"[2]. Além do mais, a lei societária coloca ao dispor dos sócios que hajam sido chamados a responder por dívidas de entradas alheias mecanismos que permitem o *reembolso* (total ou parcial, consoante as contingências do caso) dos montantes dispendidos (cfr. os arts. 207º, 1 e 3 e 208º, 2).

Ao contrário do que sucede com a responsabilidade do sócio excluído e dos anteriores titulares da quota (regulada no art. 206º), *não é necessário aguardar* pela conclusão do procedimento especial de venda da quota regulado pelo art. 205º, *nem se resume* o montante da obrigação à diferença registada entre o valor da dívida e o produto dessa venda.

Os sócios podem ser chamados a responder a partir de um de dois momentos, consoante a escolha que haja sido feita quanto à reacção a adoptar contra o sócio remisso[3]. Se a sociedade tiver optado pela via especialmente prevista nos arts. 204º, ss., os outros sócios responderão *logo a partir do momento em que haja sido deliberada* a exclusão do sócio ou a perda a favor da sociedade de parte da sua quota (art. 207º, 1). Se a sociedade tiver optado pela via do direito geral das obrigações contra o sócio inadimplente, poderá exigir aos outros sócios o mencionado pagamento *a partir do momento em que conclua pelo insucesso da cobrança* da dívida de entrada no processo executivo movido contra o sócio remisso (art. 207º, 4)[4].

---

[1] Cfr. *supra*, nº 2.1 do comentário ao art. 197º.

[2] FERRER CORREIA/LOBO XAVIER/MARIA ÂNGELA COELHO/ANTÓNIO CAEIRO (1977), p. 358 (sublinhados nossos).

[3] Sobre esta escolha, cfr. *supra*, nº 1 do comentário ao art. 204º.

[4] Por esta razão, *i.e.*, porque mesmo que hajam evitado deliberar a exclusão do sócio remisso os restantes sócios podem vir a ser chamados a responder pela respetiva dívida de entrada, não nos parece totalmente procedente a crítica de RAÚL VENTURA (1989), p. 189, à putativa falta de "alcance prático" das "boas intenções da lei": é que nem sempre o pressuposto da efectivação da responsabilidade solidária dos sócios "depende de deliberação dos próprios sócios".

Estes dois momentos-chave vão ainda relevar para efeitos de se determinar *quais serão os sujeitos passivos* da responsabilidade cominada por lei: aqueles que detiverem a qualidade de sócio *ao tempo da adoção da referida deliberação* ou *à data em que foi proposta a ação executiva* cujo insucesso desencadeia a responsabilidade (art. 207º, 5). Nunca será abrangido, portanto, o novo[5] adquirente da quota vendida pela sociedade[6], ainda que possua o estatuto de sócio no momento em que a sociedade decide *exercer* o direito reconhecido pelo art. 207º, 1.

O valor da *obrigação solidária* dos restantes sócios perante a sociedade coincide com o *montante ainda devido*, a título de entrada, pelo sócio excluído ou infrutiferamente executado[7]. Mas depois, nas *relações internas*, cada um apenas será chamado a suportar, em definitivo, o quinhão da dívida *proporcional à quota que detém* (art. 207º, 1, *in fine*).

Parece-nos defensável, também, que o art. 30º, 1, a) deva ser interpretado como abrangendo a possibilidade de os credores da sociedade se sub-rogarem nos direitos desta contra os outros sócios que sejam igualmente responsáveis pela dívida de entrada não cobrada[8].

2. Direitos do sócio cumpridor que efetue algum pagamento

Se algum dos sócios cumpridores for chamado a responder pelo pagamento de dívidas de entradas alheias, a lei coloca ao seu dispor *diversos mecanismos* que, consoante as circunstâncias concretas do caso (a solvência dos restantes obrigados, o produto da venda da quota perdida em favor da sociedade, etc.), lhe permitem obter o *reembolso total ou parcial* da soma que despendeu.

Em primeiro lugar, caso a sociedade tenha optado pela via do procedimento especial dos arts. 204º, ss., e haja exigido o pagamento ao sócio cumpridor *ainda antes de ter procedido à venda da quota* perdida pelo sócio remisso (como, aliás, permite o art. 207º, 1: "quer a quota tenha sido ou não já vendida"), tem o primeiro o *direito a ressarcir-se junto da sociedade* pelas forças da quantia que esta venha a embolsar com a venda – art. 208º, 2. O reconhecimento deste direito ao sócio cumpridor *depende*, naturalmente, do valor obtido pela sociedade com a aliena-

---

[5] Se a quota for adquirida, no todo ou em parte, pelos restantes sócios (cfr. art. 205º, 2), claro que estes responderão *se e na medida em que* detinham o estatuto de sócio à data da deliberação prevista no art. 204º, 2.

[6] Assim RAÚL VENTURA (1989), p. 191.

[7] Segundo RAÚL VENTURA (1989), p. 189, não compreende nem os juros de mora devidos pelo sócio remisso, nem as despesas que a sociedade tenha feito com eventuais tentativas de cobrança por outras vias.

[8] Como defende RAÚL VENTURA (1989), p. 190.

ção da quota e da sua suficiência para cobrir a parte da entrada que, mau grado o pagamento efectuado pelo sócio cumpridor, ainda esteja em dívida[9].

Depois, ainda no quadro do procedimento especial dos arts. 204º, ss., tem o sócio *solvens* a *faculdade de se sub-rogar no direito que o art. 206º reconhece à sociedade* contra o excluído e seus antecessores (responsabilidade pela diferença entre o valor em dívida e o produto da venda da quota) de modo a obter, na medida do possível, o reembolso da quantia que em primeira linha foi chamado a pagar – assim dispõe claramente o nº 3 do art. 207º.

Por último, e em qualquer caso (*i.e.*, independentemente da via escolhida, logo ainda que tenha sido chamado a responder no termo de uma frustrada execução contra o sócio remisso nos termos gerais), terá o sócio *solvens direito de regresso contra os restantes sócios cumpridores*, se e na medida em que o pagamento por si efectuado *exceda o quinhão* que proporcionalmente lhe cabia, em face do valor relativo da sua participação social. É o que resulta da parte final do art. 207º, 1.

3. Funcionamento do mecanismo da responsabilidade dos outros sócios em caso de aumento de capital

O art. 207º ocupa-se, no seu nº 4, em esclarecer os termos em que se efectiva a responsabilidade dos outros sócios em caso de aumento de capital.

Assim, *os novos sócios*, ou seja, aqueles que ingressam na sociedade pela via do aumento de capital, são obrigados a pagar as prestações em dívida relativas às *quotas antigas*. Quando ingressam na sociedade, não podem ou não devem ignorar que o capital anterior não está inteiramente realizado; responderão também, portanto, pela liberação das quotas anteriores[10].

Quanto aos *antigos sócios*, isto é, aqueles que já eram titulares de quotas à data do aumento de capital, respondem pelo pagamento das *novas entradas* do capital aumentado, mesmo que nele não concorram. Sobreleva, nesta equação, o *interesse dos credores sociais*, em detrimento do interesse dos antigos sócios em

---

[9] Mas, por exemplo, se a dívida de entrada for de 100 e o sócio cumpridor *a houver satisfeito integralmente* à sociedade, terá direito a embolsar, *até ao limite de 100, a totalidade do preço* obtido por esta com a venda da quota. Assim, se a sociedade conseguir 80, deverá entregá-los ao sócio (que poderá obter os outros 20 através do exercício da faculdade reconhecida pelo art. 207º, 3); se obtiver 120, entrega 100 ao sócio e retém o remanescente para si (cfr. parte final do art. 208º, 2).

[10] Neste sentido RAÚL VENTURA (1989), p. 193.

não ver a sua responsabilidade acrescida ao sabor de aumentos de capital que não podiam inicialmente prever[11].

Como fraco paliativo, concede a lei aos antigos sócios a possibilidade de se libertarem – à custa, porém, do seu afastamento da sociedade. É assim que a parte final do art. 207º, 2 confere aos antigos sócios o *direito* (insuscetível de ser limitado ou afastado pelo pacto social, atendendo à sua importância para a defesa dos interesses em jogo) *de se desobrigarem pondo a respetiva quota* (conquanto, obviamente, que esta já se encontre liberada) *à disposição da sociedade*, nos 30 dias seguintes à interpelação para o pagamento das entradas (alheias) relativas ao aumento de capital.

---

[11] Cfr. RAÚL VENTURA (1989), p. 193; FERRER CORREIA/LOBO XAVIER/MARIA ÂNGELA COELHO/ ANTÓNIO CAEIRO (1977), p. 359.

ARTIGO 208º
Aplicação das quantias obtidas na venda da quota

1. As quantias provenientes da venda da quota do sócio excluído, deduzidas as despesas correspondentes, pertencem à sociedade até ao limite da importância da entrada em dívida.
2. Pelas forças do excedente, se o houver, deve a sociedade restituir aos outros sócios as quantias por eles desembolsadas, na proporção dos pagamentos feitos; o restante será entregue ao sócio excluído até ao limite da parte da entrada por ele prestada. O remanescente pertence à sociedade.

Índice
1. Direito da sociedade sobre o produto da venda da quota
2. Distribuição do eventual excedente

Bibliografia:
CORREIA, A. FERRER/XAVIER, V. LOBO/COELHO, MARIA ÂNGELA/CAEIRO, ANTÓNIO – *Sociedades por quotas de responsabilidade limitada. Anteprojecto de Lei – 2ª redacção*, Separata da Revista de Direito e Economia, ano 3 (1977), nºs 1 e 2; VENTURA, RAÚL – *Comentário ao Código das Sociedades Comerciais – Sociedades por quotas*, vol. I, "Artigos 197º a 239º", Almedina, Coimbra, 4ª reimp. da 2ª ed. de 1989.

1. Direito da sociedade sobre o produto da venda da quota

Destinado-se o procedimento especial previsto nos arts. 204º, ss., a possibilitar à sociedade a *satisfação do seu crédito de entrada pelo produto da venda da quota do sócio excluído*, compreende-se que o art. 208º, 1 determine que a sociedade se aproprie das quantias resultantes dessa venda *até ao limite da importância da entrada em dívida*[1] – depois, naturalmente, de deduzidas as despesas em que haja incorrido.

Várias situações são susceptíveis de ocorrer. Pode a *quantia obtida ser inferior ao montante em dívida*, caso em que a sociedade poderá recuperar a diferença directamente junto do sócio excluído e dos anteriores titulares da quota, nos termos do art. 206º, 1, ou demandar, nos termos previstos pelo art. 207º, 1, os

---

[1] Excluídos, segundo RAÚL VENTURA (1989), p. 198, os juros de mora. Segundo o raciocínio do Autor, parece que esses juros serão da exclusiva responsabilidade pessoal e directa do sócio remisso, não podendo ser cobrados dos anteriores titulares da quota, dos restantes sócios ou, sequer, subtraídos ao produto da venda da quota.

outros sócios (os quais, por sua vez, poderão obter o reembolso dos valores despendidos junto do sócio excluído e dos anteriores titulares da quota, ao abrigo da sub-rogação prevista no art. 207º, 3)[2].

Mas pode, também, *o produto da venda ser superior à quantia em dívida* – *quer* porque a quota foi alienada por um bom preço, *quer* porque, ainda antes da venda da quota, a quantia em divida já foi satisfeita, no todo ou em parte, pelos outros sócios ao abrigo do art. 207º, 1. Nestes casos, somos confrontados com um *excedente*, isto é, com uma quantia em dinheiro que sobeja *após* o credor-sociedade ver integralmente satisfeito o seu crédito de entrada.

A lei não permite, portanto, que a sociedade, apesar de tecnicamente proprietária da quota alienada, conserve sempre e inteiramente o produto da respectiva venda, *sob pena de haver duplicação* na satisfação do seu interesse enquanto credora da obrigação de entrada[3]. Todavia, como veremos, *depois de ressarcidos todos quantos hajam concorrido* para o pagamento da dívida de entrada, é à sociedade que cabe, em definitivo, apropriar-se do *remanescente final*.

2. Distribuição do eventual excedente

Do destino a dar a tal excedente ocupa-se o nº 2 do art. 208º. Em primeiro lugar, serão *reembolsados os outros sócios*, caso a sociedade haja efectivado a sua responsabilidade *ex vi* art. 207º, 1 ainda antes da venda da quota. O direito dos outros sócios à restituição do que houverem pago consubstancia o *carácter meramente subsidiário da sua responsabilidade*: a sociedade não tem de esperar o esgotamento de todos os outros meios de cobrança para os demandar, mas fica sujeita ao dever de restituição pelas forças do excedente[4]. Obviamente, os anteriores titulares da quota não são aqui contemplados, já que a sua responsabilização supõe, justamente, a situação inversa, isto é, que o produto da venda da quota não haja sequer sido suficiente para cobrir a dívida de entrada[5].

Se ainda sobrar algo após o reembolso dos restantes sócios – ou se não houver lugar ao reembolso, por estes não terem sido chamados a responder antes da venda da quota –, deve a sociedade *entregar essa quantia ao sócio excluído*, *até ao limite* da parte da entrada por ele prestada. Quer dizer, na medida em que o

---

[2] FERRER CORREIA/LOBO XAVIER/MARIA ÂNGELA COELHO/ANTÓNIO CAEIRO (1977), p. 360.
[3] RAÚL VENTURA (1989), p. 198.
[4] Assim RAÚL VENTURA (1989), p. 199.
[5] Alertando para este ponto, RAÚL VENTURA (1989), p. 199.

sócio tenha cumprido parte da sua obrigação de entrada[6], a lei impõe à sociedade que *o reembolse desses pagamentos* através das forças do excedente da venda da quota.

Note-se que a *divisão da quota* nos termos permitidos pelo art. 204º, 2 significa que *não haverá lugar a qualquer reembolso* do sócio remisso (e não excluído), já que quanto à (parte da) quota vendida pela sociedade não se pode dizer que tenha efectuado qualquer pagamento.

Repare-se que isto não significa que o sócio receba o *justo valor da quota* que lhe foi retirada, apurado em função dos pagamentos que fez. Mesmo que a participação social tenha conhecido uma forte valorização, expressa no preço por ela obtido, não lhe será atribuída uma parte proporcional no produto da venda: apenas ficará com *saldo zero* em face do que efectivamente investiu ao entrar para a sociedade. Conclui-se, portanto, que o sócio excluído *ex vi* do art. 204º "acaba por sofrer uma pena" quando *perde a favor da sociedade* um eventual remanescente, o qual foi obtido pelo valor real da quota que lhe pertencia[7].

Porque é esse o destino que a lei manda dar ao excedente que sobeje no final deste percurso: *será apropriado pela sociedade* a favor de quem a quota foi perdida (art. 208º, 1, *in fine*).

---

[6] Como normalmente acontece, ou tipicamente acontecia até ao advento do DL nº 33/2011, de 7 de Março, que alterou o regime de diferimento das entradas nas sociedades por quotas – cfr. *supra*, comentário ao art. 202º.

[7] RAÚL VENTURA (1989), p. 200.

SECÇÃO II
OBRIGAÇÕES DE PRESTAÇÕES ACESSÓRIAS

ARTIGO 209º *
Obrigações de prestações acessórias

1. O contrato de sociedade pode impor a todos ou a alguns sócios a obrigação de efetuarem prestações além das entradas, desde que fixe os elementos essenciais desta obrigação e especifique se as prestações devem ser efetuadas onerosa ou gratuitamente. Quando o conteúdo da obrigação corresponder ao de um contrato típico, aplicar-se-á a regulamentação legal própria desse contrato.
2. Se as prestações estipuladas forem não pecuniárias, o direito da sociedade é intransmissível.
3. No caso de se convencionar a onerosidade, a contraprestação pode ser paga independentemente da existência de lucros do exercício.
4. Salvo disposição contratual em contrário, a falta de cumprimento das obrigações acessórias não afeta a situação do sócio como tal.
5. As obrigações acessórias extinguem-se com a dissolução da sociedade.

* Redação introduzida pelo DL nº 280/87, de 8 de julho.

Índice
1. Introdução
2. Cláusula no contrato de sociedade
3. O objeto da obrigação de prestações acessórias
4. Obrigações de prestações acessórias constituídas por deliberação
5. O regime da restituição das prestações acessórias pecuniárias: capital alheio, próprio ou *"quase-próprio"*?

Bibliografia
a) Citada:
ABREU, JORGE COUTINHO DE – *Curso de direito comercial*, vol. II, *Das Sociedades*, 5ª ed., Coimbra, 2015; CORDEIRO, ANTÓNIO MENEZES – *Manual de direito das sociedades, 2 – Sociedades em especial*, 2ª ed., Coimbra, 2007; CORREIA, ANTÓNIO FERRER/XAVIER, VASCO LOBO/COELHO, ÂNGELA/CAEIRO, ANTÓNIO – *Anteprojecto de lei da sociedade por quotas de responsabilidade limitada*, 2ª redacção, in RDE, nºs 1 e 2, 1977, e n.º 1, 1979; CUNHA, PAULO OLAVO – *Direito das sociedades comerciais*, 5ª ed., Coimbra, 2015; DOMINGUES, PAULO TARSO – "Garantias da consistência do património social", *in Problemas do direito*

das sociedades, IDET, Coimbra, 2002, p. 497-545; DUARTE, RUI PINTO – "Suprimentos, prestações acessórias e prestações suplementares-Notas e Questões", *in Problemas do direito das sociedades*, IDET, Coimbra, 2002, p. 257-280, "Prestações suplementares e prestações acessórias (uma reincidência)", in *Congresso empresas e sociedades, nos 20 anos do Código das Sociedades Comerciais. Homenagem aos Profs. Doutores A. Ferrer Correia, Orlando de Carvalho e Vasco Lobo Xavier*, Coimbra, 2007, p. 693-706, *Escritos sobre direito das sociedades. Contribuições dos sócios para além do capital social: prestações acessórias, prestações suplementares e suprimentos*, Coimbra, 2008; HÜFFER, UWE – *Aktiengesetz*, München, 1993; LUTTER, MARCUS – *Kölner Kommentar zum Aktiengesetz*, Vol. I, Köln, Berlin, Bonn, München, 1970; PEÑAS MOYANO, MARIA DE JESÚS – *Las prestaciones accessorias en la sociedad anónima*, Rds monografía, Madrid, 1996; PEREIRA, SOFIA GOUVEIA – *As prestações suplementares no direito societário português*, Cascais, 2004; PINTO, ALEXANDRE MOTA – *Do contrato de suprimento. O financiamento da sociedade entre capital próprio e capital alheio*, Coimbra, 2002, As prestações suplementares, in DSR, I Congresso, 2011, p. 113-127; PITA, MANUEL ANTÓNIO – As prestações acessórias: direito das sociedades e direito da contabilidade, in DSR, I Congresso, 2011, p. 95-111; VEGA, BARBA DE – *Las prestaciones accessorias en la sociedad de responsabilidad limitada*, Madrid, 1984, VENTURA, RAÚL, *Sociedades por quotas*, vol. II, *Comentário ao Código das Sociedades Comerciais*, Coimbra, 1989.

b) Outra:

DOMINGUES, PAULO TARSO, *Do Capital social, noção, princípios e funções*, Coimbra, 1998; VENTURA, RAÚL, Obrigações acessórias dos sócios nas sociedades por quotas, in CJ, ano VI, t. 2, 1981, p. 7-16.

1. Introdução

As prestações acessórias (*"Nebenleistungen"*) surgiram, na Alemanha, em meados do século XIX, num contexto muito concreto e particular: a satisfação das necessidades de auto-abastecimento do sector industrial de produção de açúcar, através da imposição aos sócios de obrigações de cultivo e fornecimento de beterraba à sociedade[1].

---

[1] V. MARCUS LUTTER (1970), p. 283, e MARIA DE JESÚS PEÑAS MOYANO (1996), p. 38,s. Com o incremento deste setor produtivo, na Alemanha, ao longo do segundo terço do século XIX, e o consequente aumento de procura da matéria-prima utilizada (a beterraba), surgiram conflitos entre os produtores e os agricultores, que aquele sector solucionou através do auto-abastecimento.
Quer impondo aos sócios uma prestação acessória (*Nebenleistungen*) de cultivo e fornecimento de beterraba, quer (sobretudo) interessando os próprios agricultores, como acionistas, na sorte das sociedades produtoras, o que gerou um forte movimento de concentração empresarial, com o surgi-

Só as circunstâncias históricas em que as *"Nebenleistungen"* surgiram, permitem compreender a introdução de um elemento com forte cunho pessoal — e que pode integrar a actividade empresarial da sociedade e a actividade particular dos sócios —, nas sociedades de capitais[2].

Dada a influência do direito das sociedades germânico sobre os direitos das sociedades continentais, esta figura foi importada, de forma algo acrítica, por vários ordenamentos jurídicos europeus[3].

mento de grandes sociedades anónimas, as denominadas *"sociedades anónimas de prestações acessórias"* (*"Nebenleistungensaktiengesellschaft"*). UWE HÜFFER (1993), p. 218 e BARBA DE VEGA (1984), explicam que as empresas produtoras de açúcar não podiam adoptar a forma cooperativa, porque o princípio da porta aberta (ao permitir a livre saída dos sócios) poria em causa as necessidades de aprovisionamento.

[2] O conflito potencial entre os interesses da sociedade e os interesses dos acionistas obrigados a efectuar as prestações concretizou-se, logo que as empresas do sector se viram em apuros financeiros: as sociedades deixaram de pagar a contrapartida pela realização das prestações e, em consequência, os acionistas recusaram reiteradamente, a entrega da matéria-prima.

A crise financeira de um dos maiores produtores de açúcar (a *Zuckersiederei-Compagnie Bernburg*) gerou um confronto judicial entre esta sociedade – que, em face da ausência de lucros, alegava a licitude do não pagamento da (contraprestação das) prestações e reclamava o direito a uma indemnização pelas obrigações incumpridas – e os acionistas, que alegavam o direito a desvincular-se da relação obrigacional com a sociedade, pelo menos, durante o tempo em que esta não lhes pagava qualquer contrapartida. Estes litígios viriam a ser decididos pelo *Reichsgericht*, com base no § 219 do Código de Comércio alemão (que limitava a responsabilidade dos accionistas à liberação das acções subscritas). Em vários arestos, este Tribunal decidiu que as obrigações de prestações acessórias, ainda que constantes dos estatutos sociais, não integravam a posição de accionista, constituindo simples acordos acessórios e laterais estabelecidos entre os agricultores e as sociedades produtoras de açúcar.

O carácter meramente contratual e acessório não assegurava o cumprimento da obrigação de fornecimento de matéria-prima, com a mesma segurança que resultaria se aquelas fossem verdadeiras obrigações sociais, pelo que esta jurisprudência criou um grande descontentamento e insegurança nas empresas deste setor produtivo, que terão pressionado fortemente o legislador alemão para que previsse as obrigações acessórias, como obrigações sociais.

Assim, a *GmbH-Gesetz* (Lei alemã das sociedades de responsabilidade limitada), de 20 de Abril de 1892, acolheu, no seu § 3, II, a figura das prestações acessórias. Ainda assim, manteve-se a pressão das empresas deste sector produtivo – que assumiam a forma de sociedades anónimas –, no sentido de que estas prestações fossem acolhidas na própria sociedade anónima, dadas as dificuldades inerentes ao processo de transformação em sociedades por quotas que, além do mais, constituíam à época, uma novidade pouco inspiradora de confiança. O Código de Comércio Alemão, de 10 de Maio de 1897, viria a acolher (nos §§ 212, 216 e 276) as prestações acessórias de capital, nas sociedades anónimas (que se mantiveram, até à actual *Aktiengesetz*, que as prevê, nos §§ 55, 61 e 180, nº 1), assim se explicando, historicamente, a introdução de uma figura marcadamente pessoal, no protótipo das sociedades de capitais. Sobre esta evolução, e por todos, v. MARIA DE JESÚS PEÑAS MOYANO (1996), p. 37, s.

[3] Na linha do direito alemão, os direitos das sociedades austríaco (§ 8 da *GmbHGesetz* e §§ 50, 55 e 147 da *AktienGesetz*), italiano (artigos 2345 e 2478 do *Códice Civile*, para as sociedades por quotas e anónimas, respectivamente) e espanhol (artigos 22º a 25º da *Ley de Sociedades de Responsabilidade Limitada* e artigos 9º, 36º, 65º e 145º da *Ley de Sociedades Anónimas*) acolhem as prestações acessórias, nas sociedades por quotas e anónimas, como sucede, aliás, no direito português.

Curiosamente, em Portugal, a LSQ não recebeu a obrigação de prestações acessórias, prevendo, apenas, a obrigação de prestações suplementares, nos artigos 17º a 19º. Entre nós, esta figura só foi legalmente consagrada, no CSC, que nos artigos 209º e 287º prevê a obrigação de prestações acessórias, nas sociedades por quotas e anónimas.

No entanto, afastada do contexto histórico que lhe determinou a génese, a obrigação de prestações acessórias viria a ser algo desvirtuada, nomeadamente, com as prestações acessórias pecuniárias, em que, além do mais, se revela alguma sobreposição[4] entre esta figura e as prestações suplementares.

2. Cláusula no contrato de sociedade

A obrigação de prestações acessórias é uma obrigação meramente eventual[5], visto que não tem de existir e quando existe não tem de vincular todos os sócios.

De facto, esta obrigação só existe se os sócios o estipularem, no contrato de sociedade, conforme resulta do art. 209º, 1, do CSC: "*O contrato de sociedade pode impor a todos ou a alguns sócios a obrigação de efetuarem prestações além das entradas(...)*".

A previsão no contrato de sociedade é uma exigência formal essencial[6], pelo que outros acordos laterais entre sócios, tendo como objeto a realização de prestações a favor da sociedade produzirão apenas efeitos obrigacionais entre estes, não constituindo uma obrigação (social) de prestações acessórias.

A exigência legal de previsão no contrato de sociedade decorre da responsabilidade limitada dos sócios, visto que nas sociedades por quotas os sócios não podem ser obrigados a efetuar outras prestações, para lá das entradas convencionadas no contrato (v. o art. 197º). Uma vez cumpridas todas as obrigações de entrada, os sócios não podem ser confrontados com outras obrigações, com as quais não podiam legitimamente contar, por não se encontrarem previstas no contrato de sociedade.

Pela mesma razão, de proteção dos sócios atuais e futuros, a previsão de uma obrigação de prestações acessórias através da alteração do contrato de socie-

---

O direito das sociedades suíço prevê a figura apenas nas sociedades por quotas (Arts. 777.2, 779.1 e 784.3 do Código das Obrigações). Já os direitos das sociedades francês e do Reino Unido não acolheram a figura. Para uma análise de direito comparado, v. M. J. PEÑAS MOYANO (1996), p. 113,s.

[4] V. R. PINTO DUARTE (2002), p. 280.
[5] J. COUTINHO DE ABREU (2015), p. 296.
[6] V. o Ac. do STJ de 13/10/09 (www.dgsi.pt-processo 6041/04.1TBBRG.S1): estas obrigações "*fazem parte integrante do contrato de sociedade*", não podendo ser impostas por regulamento interno da empresa.

dade só se impõe ao(s) sócio(s) onerado(s)[7] que o consinta(m)[8] – v. o artigo 86º, nº 2, do CSC.

As prestações são exigíveis pela gerência, desde que previstas no contrato, não estabelecendo a lei qualquer outro requisito. Em todo o caso, o contrato de sociedade pode prever que a exigibilidade da obrigação depende de deliberação dos sócios.

De acordo com o art. 209º, 1, o contrato de sociedade deve fixar "*os elementos essenciais desta obrigação*".

Elementos essenciais da obrigação são, desde logo, a determinação dos respetivos sujeitos passivos, que serão necessariamente todos ou alguns dos sócios (não podem ser terceiros[9]).

Essencial é também o objeto da obrigação, quer o objeto imediato (a específica *ação* ou *omissão* a que o(s) sócio(s) se vincula(m)), quer o objeto mediato, nas prestações de coisa (v.g. o dinheiro ou a pasta de papel que o sócio se obriga a entregar à sociedade).

O conteúdo da prestação deve ser determinado ou, pelo menos, determinável[10], à luz da cláusula estatutária, de forma a que a medida das prestações exigíveis seja minimamente previsível para o sócio vinculado. Os estatutos devem estabelecer um qualquer critério[11] para a fixação da medida das prestações – ainda que o mesmo passe por deixar essa determinação à gerência da sociedade –, para que o sócio saiba de antemão com o que pode contar.

Além destes elementos essenciais, pode o contrato de sociedade prever elementos acessórios, por exemplo, submetendo a obrigação a condição ou termo suspensivos.

Dispõe, ainda, o art. 209º, 1, que o contrato de sociedade deve especificar "*se as prestações devem ser efectuadas onerosa ou gratuitamente*".

A remuneração das prestações acessórias pode faltar sem afetar, em absoluto, a natureza desta figura. Na verdade, o aumento dos lucros do exercício

---

[7] Não é necessário o consentimento dos sócios que não são abrangidos pela obrigação.
[8] Já não será necessário o consentimento do(s) sócio(s) se a alteração estatutária consistir na supressão da obrigação, excepto se, por interpretação da cláusula, se concluir que esta foi (ou também foi) estabelecida, no interesse do sócio, hipótese em que (em função do teor da cláusula) se poderá ter de considerar o disposto no art. 24º, 5.
[9] Assim, o Ac. do STJ de 13/10/09 (www.dgsi.pt, processo 6041/04.1TBBRG.S1).
[10] Fórmulas totalmente vagas não são aceitáveis (v.g. "*poderão ser exigidas as prestações necessárias*").
[11] V. J. COUTINHO DE ABREU (2015), p. 298.

ou a valorização da sua participação social podem constituir motivos mais do que suficientes para que o accionista recorra a este meio de financiamento[12].

A este propósito, dispõe o art. 209º, 3, que se se convencionar a onerosidade, "*a contraprestação pode ser paga independentemente da existência de lucros de exercício*". Atualmente[13], a parte final da norma não tem grande grande sentido útil, visto que o legislador sempre permite a distribuição de bens aos sócios (v.g. reservas livres), independentemente da existência de lucros do exercício...

Parece-nos[14], que a norma pretende esclarecer que a obrigação de pagamento da contraprestação das prestações acessórias não se submete à regra de conservação do capital social, podendo esta ser paga independentemente da existência de lucros do balanço (o que, aliás, distingue estas prestações das suplementares)[15].

O art. 209º não limita a contraprestação a pagar ao sócio, ao contrário do que sucede nas SA, em que o art. 287º, dispõe que aquela contraprestação "*não pode exceder o valor da prestação respectiva*".

A questão deve resolver-se, aplicando as regras gerais[16]: na parte em que excede o valor da prestação do sócio, o pagamento constitui uma distribuição ilícita de bens[17], por não ter sido objecto da necessária deliberação (art. 31º, 1) e/ou por afectar a intangibilidade do capital social, ficando o sócio em causa obrigado a restituir esses bens à sociedade (art. 34º).

Sobre o incumprimento da obrigação de prestações acessórias, o artigo 287º, 4, limita-se a estabelecer que, "*salvo disposição contratual em contrário, a falta de cumprimento das obrigações acessórias não afeta a situação do sócio como tal*". Portanto,

---

[12] Assim, M.J. PEÑAS MOYANO (1996), p. 66.
[13] Como se referiu, na nt. 2, a questão da manutenção do direito à contraprestação, apesar da ausência de lucros, foi muito relevante, no surgimento histórico desta figura legal, na Alemanha.
[14] Os dois Anteprojectos que propunham idêntica disposição (o Anteprojecto de Coimbra e de Vaz Serra) referiam-se a "*lucros de balanço*". V. A. FERRER CORREIA/V. LOBO XAVIER/M. ÂNGELA COELHO/ ANTÓNIO CAEIRO, 1977/79 (art. 3º) e RAÚL VENTURA (1989), p. 205.
[15] Neste sentido, RAÚL VENTURA (1989), p. 220, J. COUTINHO DE ABREU (2015), p. ???; No sentido de que a norma se refere, de facto, a lucros do exercício, v. BRITO CORREIA (1993), p. 297, e PAULO OLAVO CUNHA (2015), p. ???.
[16] RAÚL VENTURA (1989), p. 220, afirma que o problema deve ser resolvido "*nos termos gerais*" (sem concretizar), J. COUTINHO DE ABREU (2015), p. 299, chega a resultado semelhante, pela aplicação analógica da parte final do art. 287º, 3.
[17] Quando a contraprestação for paga nos dois anos seguintes à celebração do contrato de sociedade e o sócio tiver efetuado entradas em espécie, poderá estar em causa uma fraude aos arts. 28º e 29º.

nada sendo convencionado, estas obrigações ficam sujeitas ao regime geral[18], da mora e incumprimento definitivo das obrigações.

Só por estipulação no contrato de sociedade podem os sócios acordar que o incumprimento *"afecta a situação do sócio como tal"*. Normalmente, a sanção será a extinção da posição de sócio, através da deliberação de exclusão, nos termos do art. 241º[19], podendo estipular-se outras sanções que afetem os direitos sociais do sócio (v.g. a redução ou suspensão do direito aos lucros).

Note-se, por fim, que estas obrigações se extinguem com a dissolução da sociedade (art. 209º, 5).

3. O objeto da obrigação de prestações acessórias

Conforme resulta do art. 209º, 1, estas obrigações têm *carácter acessório* em relação às entradas dos sócios para o capital social, que constituem a principal obrigação destes.

Constituem *verdadeiras obrigações* — apesar de a prática ter imposto o nome correspondente ao objeto da obrigação (as prestações) — que podem vincular o sócio perante a sociedade a efectuar prestações de *dare, facere* ou *non facere*.

Quanto às prestações de coisa, pense-se, por exemplo, no fornecimento de matérias-primas ou de produtos que serão vendidos pela sociedade ou na cessão do gozo de certos bens. Figure-se, também, a hipótese expressamente admitida no art. 209º, 2, de prestações acessórias em dinheiro. Neste caso, aplica-se a parte final do art. 209º, 1, ficando as prestações acessórias pecuniárias sujeitas ao regime dos suprimentos (v., a propósito, o disposto no art. 244º, 1).

Quanto às prestações de facto, a prestação de serviços (em regime de trabalho autónomo ou subordinado) é exemplo com grande utilidade prática[20] e que poderá compensar a proibição das entradas de indústria, nas sociedades por quotas. Mas, pode pensar-se noutros objetos, como o exercício do cargo de gerente, de funções de direção, de funções de agente ou concessionário, ou a transferência de *"know how"*.

---

[18] E ao regime especial dos contratos a que corresponda a obrigação de prestações acessórias. V. J. COUTINHO DE ABREU (2015), p. 300.
[19] Do art. 209º, 4, deduz-se que o legislador excluiu a aplicação do regime (mais severo) do incumprimento da obrigação de entrada, como, aliás, resulta do confronto com o art. 212º, 1. Neste sentido, v. RAÚL VENTURA (1989), p. 230.
[20] V. no Ac. do STJ de 13/10/09 (www.dgsi.pt-processo 6041/04.1TBBRG.S1), a prestação de serviços médicos, numa clínica.

Por fim, nas prestações de facto, também se incluem as omissões, por exemplo, a obrigação de não concorrência assumida por determinado sócio.

Também aqui se aplica a velha regra *accesorium sequitur principale*, uma vez que as obrigações de prestações acessórias se transmitem com as participações sociais, excepto quando se trate de prestações infungíveis[21] (relevando em particular, o eventual carácter "*intuitus personae*" da obrigação). Já o correspondente direito da sociedade só pode ser transmitido se se tratar de prestações pecuniárias (art. 209º, 2).

4. Obrigações de prestações acessórias constituídas por deliberação?

Para além das obrigações de prestações acessórias, previstas no contrato de sociedade, a prática desenvolveu um outro tipo de prestações (também denominadas de) acessórias, constituídas por deliberação dos sócios.

A frequência, na prática[22], destas prestações acessórias atípicas resulta da vontade (ou necessidade) de aumentar os fundos próprios à disposição da sociedade, ficando as prestações normalmente submetidas ao regime das prestações suplementares, por força da própria deliberação.

Estas obrigações de prestações acessórias distinguem-se das previstas no art. 209º, quanto ao facto jurídico que as gera: a sua obrigatoriedade resulta de uma deliberação dos sócios e não do próprio contrato de sociedade.

Consideramos que estas prestações acessórias atípicas são perfeitamente lícitas, desde que obriguem apenas os sócios que as votaram favoravelmente[23].

Esta é, desde logo, a solução que melhor se conforma com o princípio da liberdade contratual[24], ou seja, com a liberdade de financiamento dos sócios:

---

[21] Assim, J. COUTINHO DE ABREU (2015), p. 300.

[22] V., por exemplo, P. OLAVO CUNHA (2015), p. ???, referindo-se ao "*fenómeno da divulgação das «prestações acessórias de capital»*".

[23] V., neste sentido, R. PINTO DUARTE (2002), p. 277-278, e P. OLAVO CUNHA (2015), p. ???. Já RAUL VENTURA (1989), p. 233, admitia estas prestações, denominando-as "*prestações acessórias meramente obrigacionais*" e admitindo que "*as partes expressamente indiquem a natureza que pretendem atribuir à obrigação estipulada*". V., também, o Ac. da Relação de Lisboa, de 23 de Março de 2006 (www.dgsi.pt, processo 1779/2006). Na prática, estas prestações são impropriamente denominadas prestações acessórias voluntárias, para as distinguir das obrigatórias, que resultam do contrato de sociedade. Trata-se de designação imprópria, uma vez que as prestações acessórias atípicas também são obrigatórias, dado que cumprem uma verdadeira obrigação dos sócios, criada por deliberação e não pelo contrato de sociedade.

[24] Convém notar que o artigo 209º do CSC constitui uma norma permissiva ("*o contrato de sociedade pode impor...*" a obrigação de prestações acessórias). A inexistência de uma permissão não resulta numa proibição, mas antes na abertura de um amplo espaço à liberdade contratual das partes...

se os sócios podem ter interesses legítimos em não ficarem logo obrigados, pelo contrato de sociedade, a efectuar prestações acessórias pecuniárias (ou outras), nem por isso a sociedade deve ficar impossibilitada de recorrer a este importante meio de financiamento (ou de prossecução da atividade social).

Por outro lado (e este é um argumento decisivo), os interesses que determinam a respetiva previsão, nos estatutos, não afastam (antes corroboram) as obrigações de prestações acessórias deliberadas pelos sócios.

De facto, se estas obrigações só vinculam os sócios que votarem favoravelmente a deliberação que as constitui, os interesses de protecção dos sócios actuais e futuros estão totalmente acautelados. É que as obrigações só são eficazes para os sócios que consentiram na sua criação, ao votarem favoravelmente a deliberação que as criou[25].

Sucede, ainda, que o CSC reconhece estas prestações acessórias atípicas, no art. 244º, 2, ao prever que a obrigação de efectuar suprimentos *"pode também ser constituída por deliberação dos sócios votada por aqueles que a assumam"*. Se se prevê a possibilidade de os sócios se obrigarem a efectuar suprimentos, mediante deliberação, não se compreenderia que não se admitisse idêntica possibilidade para a realização de prestações acessórias com outros objetos.

Um último argumento impõe a admissibilidade destas obrigações de prestações acessórias constituídas por deliberação: ninguém duvida que pode ser deliberada a alteração do contrato de sociedade, para impor prestações acessórias aos sócios, alteração que só é eficaz em relação os sócios que nela tenham consentido[26].

Portanto, uma deliberação unânime de alteração do contrato de sociedade para prever a obrigação de prestações acessórias impõe-se aos sócios atuais, mas também aos sócios futuros, que venham a adquirir as ações oneradas com aquela obrigação.

Se, por deliberação unânime dos sócios, se podem criar obrigações acessórias para os futuros sócios da sociedade, não se compreenderia que, pelo mesmo meio, não se pudessem criar aquelas obrigações, apenas para os atuais sócios, que votem favoravelmente a deliberação.

Cabe notar, por último, que para a posição dos sócios, a obrigação de prestações acessórias constituída por deliberação tem um significado distinto da obrigação estipulada no contrato de sociedade (prevista no art. 209º). Esta

---

[25] Assim, R. PINTO DUARTE (2002), p. 277-278 e P. TARSO DOMINGUES (2002), p. 541.
[26] Nos termos do artigo 86º, 2, do CSC.

cláusula contratual pelo seu caráter tendencialmente definitivo afeta a própria participação social, como um feixe de direitos, mas também de obrigações. Já a deliberação tem, apenas, o alcance de uma alteração transitória da posição do acionista, que termina com a realização das prestações deliberadas.

Por esta razão, a obrigação estatutária de prestações acessórias transmite-se com a participação social[27], o que pode não suceder[28] com a obrigação constituída por deliberação.

5. O regime da restituição das prestações acessórias pecuniárias: capital alheio, próprio ou "quase-próprio"?

O artigo 209º estabelece uma regulamentação mínima, deixando em aberto uma série de aspetos, nomeadamente, o carácter gratuito ou oneroso, o objecto, a transmissibilidade[29], o incumprimento[30], as causas de extinção[31] e o reembolso das prestações acessórias.

Há assim um grande espaço de liberdade de conformação do conteúdo das obrigações de prestações acessórias, espaço este em que rege a vontade dos sócios expressa no acto constitutivo destas obrigações (contrato de sociedade ou deliberação).

É de acordo com o regime acordado no contrato e/ou na deliberação, quanto ao reembolso[32] das prestações acessórias, que se afere se as mesmas juridicamente constituem capital próprio ou dívida. Assim, deve aferir-se se as presta-

---

[27] V. MANUEL ANTÓNIO PITA (2011), p. 95, nt. 4, que as aproxima de obrigações *propter rem*.

[28] Tudo dependerá do acordado, na cessão de quota.

[29] O crédito do sócio relativo a prestações acessórias já efetuadas pode ser livremente cedido, como sucede com os créditos de suprimentos, mantendo-se sujeito ao regime dos suprimentos (artigo 209º, 1).
Os direitos da sociedade a prestações acessórias pecuniárias também são transmissíveis, conforme resulta do art. 208º, l. Contudo, uma vez que a cessão envolve a transmissão de uma aposição ativa e a assunção de uma posição passiva (a obrigação de restituição das prestações acessórias pecuniárias), entendemos que a cessão carece de consentimento do sócio (art. 424º do CCiv.).

[30] O artigo 287º, 4, limita-se a estabelecer que, *"salvo disposição contratual em contrário, a falta de cumprimento das obrigações acessórias não afecta a situação do sócio como tal"*. Portanto, nada sendo convencionado, estas prestações ficam sujeitas ao regime geral da mora e incumprimento definitivo das obrigações, mas os sócios poderão deliberar um regime próprio (v.g. uma cláusula penal para o respectivo incumprimento).

[31] O artigo 287º, 5, limita-se a prever uma causa de extinção das obrigações de prestações acessórias, a dissolução da sociedade.

[32] A prática contabilística tem acentuado a gratuitidade ou onerosidade das prestações, classificando como capital próprio as prestações que não vencem juros e como passivo as que vencem – V., a propósito, MANUEL ANTÓNIO PITA (2011), p. 111. nt. 31. Trata-se de um elemento meramente complementar do elemento decisivo para a qualificação, que assenta no regime do reembolso das prestações.

ções apresentam as duas notas jurídicas essenciais do capital próprio: se constituem capital vinculado à conservação do capital social e responsável pelas dívidas sociais.

Portanto, se os sócios nada convencionarem a respeito do reembolso das prestações pecuniárias, estas constituirão simples créditos dos sócios ou suprimentos (arts. 209º, 1, "*in fine*" e 244º, 1 e 2) o que se deve apurar por interpretação do contrato e/ou da deliberação e pela verificação, no caso, dos índices de permanência, previstos no art. 243º, 2 e 3. Na primeira hipótese, as prestações serão juridicamente capital alheio, na segunda hipótese, capital "*quase-próprio*"[33].

Se, por força da cláusula estatutária ou da deliberação, as prestações acessórias estiverem vinculadas à conservação do capital social (não podendo ser restituídas se a situação líquida da sociedade for ou por força da restituição se tornar inferior à soma do capital social e reserva legal) e não puderem ser reembolsadas depois de declarada a insolvência da sociedade – o que sucederá quando a cláusula estatutária ou a deliberação submeterem o reembolso ao regime das prestações suplementares –, juridicamente, as mesmas constituirão capital próprio.

---

[33] Visto que, embora não estejam vinculadas à conservação do capital social, serão responsáveis pelas dívidas sociais, na falência, só podendo ser restituídas aos sócios depois de inteiramente satisfeitos os créditos de terceiros (v. o art. 245º, 3, a) e o comentário ao art. 243º).

SECÇÃO III
PRESTAÇÕES SUPLEMENTARES

ARTIGO 210º
Obrigações de prestações suplementares

1. *Se o contrato de sociedade assim o permitir, podem os sócios deliberar que lhes sejam exigidas prestações suplementares.*
2. *As prestações suplementares têm sempre dinheiro por objecto.*
3. *O contrato de sociedade que permita prestações suplementares fixará:*
a) O montante global das prestações suplementares;
b) Os sócios que ficam obrigados a efetuar tais prestações;
c) O critério de repartição das prestações suplementares entre os sócios a elas obrigados.
4. *A menção referida na alínea a) do número anterior é sempre essencial; faltando a menção referida na alínea b), todos os sócios são obrigados a efetuar prestações suplementares; faltando a menção referida na alínea c), a obrigação de cada sócio é proporcional à sua quota de capital.*
5. *As prestações suplementares não vencem juros.*

Índice
1. Introdução
2. As prestações suplementares, capital próprio da sociedade
3. Exigibilidade das prestações suplementares
    3.1. A cláusula permissiva no contrato de sociedade
4. Obrigações de prestações suplementares, nas sociedades anónimas?

Bibliografia
a) Citada:
ABREU, JORGE COUTINHO DE – *Curso de direito comercial*, vol. II, *Das sociedades*, 5ª ed., Coimbra, 2015; CORDEIRO, ANTÓNIO MENEZES – *Manual de direito das sociedades, 2 – sociedades em especial*, 5ª ed., Coimbra, 2007; CUNHA, PAULO OLAVO – *Direito das sociedades comerciais*, Coimbra, 2015; DUARTE, RUI PINTO – "Suprimentos, prestações acessórias e prestações suplementares-Notas e Questões", in *Problemas do direito das sociedades*, IDET, Coimbra, 2002, p. 257-280, "Prestações suplementares e prestações acessórias (uma reincidência)", in *Congresso empresas e sociedades, nos 20 anos do Código das Sociedades Comerciais, homenagem aos Profs. Doutores A. Ferrer Correia, Orlando de Carvalho e Vasco Lobo Xavier*, Coimbra, 2007, p. 693-706, *Escritos sobre direito das sociedades*.

Contribuições dos sócios para além do capital social: prestações acessórias, prestações suplementares e suprimentos, Coimbra, 2008; PEREIRA, SOFIA GOUVEIA – *As prestações suplementares no direito societário português*, Cascais, 2004; PINTO, ALEXANDRE MOTA – *Do contrato de suprimento. O financiamento da sociedade entre capital próprio e capital alheio*, Coimbra, 2002; "As prestações suplementares", in DSR, I Congresso, 2011, p. 113-127; SANTOS, FILIPE CASSIANO DOS – *Estrutura associativa e participação societária capitalística, contrato de sociedade, estrutura societária e participação do sócio nas sociedades capitalísticas*, Coimbra, 2006; VENTURA, RAÚL – *Sociedades por quotas*, vol. II, *Comentário ao Código das Sociedades Comerciais*, Coimbra, 1989.

b) Outra:
DOMINGUES, PAULO TARSO – *Do Capital social, noção, princípios e funções*, Coimbra, 1998; GUIMARÃES, J. FERNANDO DA CUNHA – "As prestações suplementares no âmbito do CSC, POC e CIRC", in Contabilidade, Fiscalidade, Auditoria, Braga, 1997; VENTURA, RAÚL – "O contrato de suprimento no Código das Sociedades Comerciais", in O Direito, ano 121º, I, 1989.

1. Introdução

Previstas, pela primeira vez, na lei alemã das sociedades de responsabilidade limitada de 1982 (§§ 26 a 28 da *GmbHG-"Nachschüsspflicht"*), com inspiração histórica nos sindicatos de exploração mineira e nas companhias de navegação, as prestações suplementares foram importadas pela LSQ de 1901.

O objetivo do legislador foi a previsão de uma forma flexível de financiamento com capitais próprios, cuja exigibilidade e restituição não se submetessem à rigidez dos preceitos sobre o aumento e a redução do capital social, permitindo às sociedades por quotas adaptarem-se facilmente a necessidades variáveis de capital[1].

Contudo, na prática, as prestações suplementares não satisfizeram a necessidade sentida pelos sócios de recorrerem a meios de financiamento mais flexíveis, tendo sido preteridas pelo recurso aos suprimentos[2], meio de financiamento (à época) totalmente livre e que não se encontrava vinculado à pro-

---

[1] Assim, o recente Ac. do STJ de 26/10/10 (www.dgsi.pt-processo 357/1999.P1.S1) *"justificam-se* [as prestações suplementares] *pelo facto de nem sempre haver possibilidade de prever qual o capital necessário para o desenvolvimento dos negócios sociais e, também, pelo facto de, não constituindo aumento de capital, serem a ele equivalentes, dispensando o cumprimento de formalidades legais e despesas".*
[2] V. RAÚL VENTURA (1989), p. 236. Sobre os motivos da escassa relevância prática das prestações suplementares, durante a vigência da LSQ de 1901, v. A. MOTA PINTO (2011), p. 114.

tecção do capital social nem assumia qualquer responsabilidade pelas dívidas sociais, podendo ser exigido na insolvência, como qualquer outro crédito.

Desde a entrada em vigor do CSC, a figura de que tratamos adquiriu uma crescente relevância prática[3], comprovada pelo crescimento do número de decisões jurisprudenciais sobre prestações suplementares.

2. As prestações suplementares, capital próprio da sociedade

As prestações suplementares, que têm sempre dinheiro por objecto (art. 210º, 2) constituem capital próprio das sociedades. De facto, as prestações estão vinculadas à proteção do capital social, não podendo ser restituídas se o património líquido da sociedade se tornar inferior à soma do capital social e da reserva legal (art. 213º, 1).

Por outro lado, as prestações suplementares são responsáveis pelas dívidas sociais, uma vez que não podem ser restituídas depois de declarada a insolvência da sociedade (art. 213º, 3). Portanto, estas prestações constituem capital vinculado e responsável pelas dívidas sociais, as duas características essenciais do capital próprio.

Por último, as prestações suplementares não podem ser retribuídas de forma certa, uma vez que "*não vencem juros*" (art. 210º, 5), e o respectivo incumprimento segue o regime consagrado para o incumprimento das obrigações de entrada (art. 212º, 1). O que reforça a conclusão de que as prestações suplementares constituem capital próprio da sociedade[4].

Neste aspecto, há uma total coincidência entre a contabilidade e o direito, uma vez que o Sistema de Normalização Contabilística inclui as prestações suplementares, no capital próprio (na conta nº 53: "Outros instrumentos de capital próprio").

3. Exigibilidade das prestações suplementares

A obrigação de realizar prestações suplementares nasce apenas, se o contrato de sociedade o permitir[5] e os sócios aprovarem uma deliberação a exigir as prestações.

---

[3] Apontando razões estruturais e conjunturais, para o maior recurso a este meio de financiamento, v. R. PINTO DUARTE (2002), p. 275, s.. V., também, S. GOUVEIA PEREIRA (2004), p. 30.
[4] Com mais desenvolvimentos, v. A. MOTA PINTO (2002), p. 27, s..
[5] V. o Ac. do STJ de 26/10/10 (www.dgsi.pt-processo 357/1999.P1.S1), que por falta de cláusula estatutária, qualificou como suprimentos, verbas que as próprias partes haviam denominado "*prestações suplementares de capital*", nos negócios jurídicos que celebraram.

3.1. A cláusula permissiva no contrato de sociedade

Nos termos do art. 210º, 4, do CSC, elemento essencial da cláusula é *"o montante global das prestações suplementares"* (cfr. o art. 210º, 3, a)).

Visto que será sempre necessária uma deliberação, os sócios não estão obrigados a esgotar, no próprio contrato de sociedade, a regulamentação dos termos em que as prestações poderão ser exigidas. No entanto, terão sempre de fixar o montante global das mesmas (v.g. *"poderão ser realizadas prestações suplementares até ao montante global de um milhão de euros"*).

A razão de ser desta exigência é (em primeira linha) a proteção dos sócios que devem poder prever os sacrifícios patrimoniais que a entrada para a sociedade pode implicar. Torna-se, por isso, necessário que a cláusula esteja redigida, em termos de o montante das prestações suplementares ser previsível ou determinável pelos sócios, antes de entrarem para a sociedade[6-7].

Sendo a fixação do montante global das prestações um elemento essencial, a sua omissão implica a nulidade[8] da cláusula estatutária (nos termos do art. 294º do CCiv, por violação dos arts. 210º, 3, a), e 4 (1ª parte)).

Por não cumprirem a exigência mínima de determinabilidade *"ex ante"*[9], são nulas as cláusulas que prevêem prestações suplementares em montante determinável, apenas à data da deliberação (v.g. *"podem ser exigidas prestações suplementares em montante correspondente às reservas da sociedade existentes em cada momento"*[10])

Uma das formas mais comuns[11] de fixação do montante global das prestações suplementares é a indexação do montante das prestações ao montante do capital social – por exemplo, dispondo que *"aos sócios poderão ser exigidas prestações suplementares até ao dobro do capital social"*.

---

[6] V. S. GOUVEIA PEREIRA (2004), p. 144.
[7] Perante cláusulas que fixam apenas o montante das prestações suplementares, não indicando se o mesmo se refere ao montante global ou por sócio, deve entender-se (na ausência de outros apoios interpretativos), que os sócios previram o montante global da obrigação de prestações suplementares, que constitui um elemento essencial da obrigação, aplicando-se o critério supletivo de repartição da obrigação entre os sócios, em termos proporcionais às suas quotas (cfr. o art. 210º, 4).
[8] V. J. COUTINHO DE ABREU (2009), p. 331.
[9] V. S. GOUVEIA PEREIRA (2004), p. 144 e A. MOTA PINTO (2011), p. 117.
[10] Cláusula cuja nulidade foi confirmada pelo Ac. da RC de 13 de Abril de 1994, in CJ 1994, tomo II, p. 27.
[11] V. S. GOUVEIA PEREIRA, (2004), p. 31.

Estas cláusulas serão nulas, caso sejam interpretadas no sentido de o montante das prestações suplementares exigível ser calculado com base no montante do capital social que a sociedade tiver em cada momento[12].

Além de ser nula por violar a determinabilidade do montante das prestações prescrita pelo art. 210º, 3, a), e 4 (1ª parte), uma tal cláusula poria em causa a proibição (essencial, nas sociedades de responsabilidade limitada) de aumento das prestações impostas pelo contrato aos sócios, sem o consentimento destes (art. 86º, 2)[13].

Em todo o caso, devem aproveitar-se estas cláusulas, muito comuns na prática, interpretando-as no sentido de se referirem ao montante do capital social, no momento em que o sócio entrou para a sociedade (ou no momento em que foi introduzida no contrato a obrigação de prestações suplementares).

Cabe referir, por último, e como decorre do exposto, que a introdução no contrato de sociedade de uma cláusula de permissão de prestações suplementares é ineficaz em relação aos sócios que nela não tenham consentido (art. 86º, 2).

Sendo a alteração do contrato de sociedade aprovada (pela *"maioria de três quartos dos votos correspondentes ao capital social"* – art. 265º, 1), as prestações suplementares poderão ser exigidas[14] apenas aos sócios que votaram favoravelmente aquela deliberação.

Nos termos do art. 210º, 3, b) e c), a cláusula permissiva de prestações suplementares pode fixar os sócios que ficam obrigados a efectuar tais prestações e o critério de repartição das prestações entre os sócios, autorizando assim um tratamento desigual dos sócios, quer dispondo que só alguns ficam obrigados a efectuar as prestações (v.g. *"os sócios A e B ficam obrigados a realizar prestações suplementares no montante de cem mil euros"*), quer prevendo um critério de repartição não proporcional às quotas dos sócios (v.g. *"podem ser exigidas prestações suplementares, ficando o sócio A obrigado a realizar metade das prestações que vierem a ser exigidas e os restantes sócios a outra metade em termos proporcionais às suas quotas"*).

---

[12] Será assim nula uma cláusula com o seguinte teor: *"são exigíveis aos sócios prestações suplementares até ao dobro do capital social da sociedade, à data da deliberação"*.

[13] A menos que, tendo todos os sócios votado favoravelmente o aumento do capital social, da acta em que conste a respectiva deliberação resulte, sem margem para dúvidas, que os sócios pretenderam igualmente aumentar o montante das prestações suplementares.

[14] Trata-se de uma das exceções legais ao disposto no art. 55º.

Caso os sócios nada convencionem, a lei determina supletivamente que "*todos os sócios são obrigados a efectuar prestações suplementares*" e que a "*obrigação de cada sócio é proporcional à sua quota de capital*" (art. 210º, 4).

Note-se, por fim, que a cláusula pode ter outros conteúdos, por exemplo, limitando no tempo a exigibilidade das prestações suplementares, impondo um quórum qualificado para a aprovação da respectiva deliberação (o que se poderá revelar útil para a protecção de sócios minoritários) ou, ainda, prevendo o fim a que as prestações se destinam[15].

4. Obrigações de prestações suplementares, nas sociedades anónimas?

Na prática, é relativamente frequente os accionistas de uma SA deliberarem[16] a realização de prestações acessórias pecuniárias submetidas ao regime das prestações suplementares.

O intuito dos sócios ao adoptarem o regime das prestações suplementares é a contabilização desses fundos como capital próprio da sociedade, reforçando assim a estrutura financeira desta.

Contudo, deve notar-se que não se trata de verdadeiras prestações suplementares. Aliás, a questão da qualificação como prestações suplementares só chega a colocar-se se aquela deliberação se fundar numa cláusula estatutária, pois a obrigação de prestações suplementares só existe, se o contrato de sociedade o permitir.

Mesmo existindo uma tal cláusula, entendemos que não se trata de verdadeiras prestações suplementares, com base nos seguintes argumentos:

Historicamente, a obrigação de prestações suplementares foi recebida pela LSQ de 1901, que praticamente a transpôs da *GmbHG*, sendo que no direito das sociedades alemão esta figura é privativa das sociedades por quotas.

A propósito, convém lembrar que este meio de financiamento vigorou, durante cerca de 86 anos, apenas para as sociedades por quotas, pelo que certamente não foi por acaso que o legislador do CSC optou por prever a figura, apenas no Título III, relativo às sociedades por quotas.

Acresce que o objetivo do legislador quando criou esta figura foi a previsão de um meio suplementar de financiamento com capitais próprios, que se poderia revelar importante para pequenas sociedades, dotadas de um capital social relativamente baixo.

---

[15] V. S. GOUVEIA PEREIRA (2004), p. 34.
[16] Sobre estas deliberações, v. R. PINTO DUARTE (2002), p. 277.

Por outro lado, o CSC não deixou de prever as prestações acessórias, em duas normas distintas, uma relativa às sociedades por quotas e outra relativa às sociedades anónimas, pelo que a razão sistemática nos leva a concluir que foi de caso pensado que o legislador previu as prestações suplementares apenas nas sociedades por quotas[17].

Por fim, afigura-se-nos decisiva a total inadequação às SA do regime do incumprimento das prestações suplementares. De facto, as obrigações de prestações suplementares são inerentes à quota, tendo o legislador estabelecido um regime particularmente severo para o respectivo incumprimento – sancionando-o nos mesmos termos que o incumprimento da obrigação de entrada.

Em face da inerência à quota, a obrigação de prestações suplementares transmite-se com a participação social, o que não se compagina com a natural circulabilidade das ações.

De facto, não se vê como se poderia sujeitar um adquirente de ações à exclusão da sociedade – exclusão submetida ao severo regime do sócio remisso[18] –, por não ter cumprido uma obrigação que a lei prevê apenas para as sociedades por quotas...

Ainda por cima, quando a lei nem sequer exige que a obrigação de prestações pecuniárias/suplementares conste dos títulos representativos das ações[19].

Entendemos, portanto, que não existe qualquer lacuna legal, sendo que (ao contrário do que sucede com os suprimentos) nas SA não procedem as razões justificativas da previsão das prestações suplementares nas SQ[20].

---

[17] V. v. s. GOUVEIA PEREIRA (2004), p. 191.
[18] Distinto do regime geral da exclusão que pode ser previsto em cláusula estatutária (art. 287º, 4).
[19] Aliás, ainda que os títulos lhes fizessem referência, o problema da cognoscibilidade destas obrigações pelos investidores sempre se manteria nas ações escriturais.
[20] No sentido de que se trata de *"meio de financiamento privativo das sociedades por quotas"*, v. J. COUTINHO DE ABREU (2009), p. 331. No mesmo sentido, s. GOUVEIA PEREIRA (2004), p. 187, s.. Admitindo a aplicação por analogia do regime das prestações suplementares, exceto a sanção de exclusão, v. P. OLAVO CUNHA (2015), p. 295.

ARTIGO 211º
Exigibilidade da obrigação

1. A exigibilidade das prestações suplementares depende sempre de deliberação dos sócios que fixe o montante tornado exigível e o prazo de prestação, o qual não pode ser inferior a 30 dias a contar da comunicação aos sócios.
2. A deliberação referida no número anterior não pode ser tomada antes de interpelados todos os sócios para integral liberação das suas quotas de capital.
3. Não podem ser exigidas prestações suplementares depois de a sociedade ter sido dissolvida por qualquer causa.

Índice
1. A deliberação a exigir prestações suplementares
   1.1. Elementos essenciais da deliberação
   1.2. Outros pressupostos de validade da deliberação
   1.3. O problema das deliberações abusivas

Bibliografia
Vide a bibliografia indicada para o art. 210º

1. A deliberação a exigir prestações suplementares

Como vimos, a obrigação de realizar prestações suplementares nasce apenas, se o contrato de sociedade o permitir e os sócios aprovarem uma deliberação a exigir as prestações.

De facto, sendo um elemento necessário para o nascimento da obrigação de prestações suplementares, a cláusula permissiva no contrato de sociedade não é contudo elemento suficiente, visto que a obrigação e o correspondente crédito da sociedade só se constituem com a deliberação a exigir prestações suplementares aos sócios.

Até à deliberação, existe apenas a possibilidade de a sociedade impor essa obrigação aos sócios. Parece-nos que, até à tomada da deliberação, a sociedade tem apenas um direito potestativo de constituir uma obrigação de prestações suplementares, a que corresponde um estado de sujeição dos sócios. Não há, ainda qualquer obrigação, nem o correspondente direito de crédito, o que explica que o administrador da insolvência não possa exigir o pagamento de prestações suplementares ainda não deliberadas.

O crédito da sociedade e a correspondente obrigação do sócio só nascem com a deliberação. Só então pode o crédito ser penhorado, transmitido ou exigido, na insolvência da sociedade.

1.1. Elementos essenciais da deliberação

A deliberação a exigir prestações suplementares aos sócios – deliberação de "chamada" de prestações suplementares, numa terminologia que a LSQ[1] fixou – deve fixar o montante tornado exigível, sendo assim evidente que o montante previsto nos estatutos pode ser (e normalmente é) exigido por parcelas, através de sucessivas deliberações (art. 211º, 1, 1ª parte).

Sublinhe-se que a lei só exige a fixação do montante global das prestações suplementares deliberadas, obtendo-se o montante a que cada sócio fica obrigado por simples operação aritmética, com base na proporção da quota do sócio em causa no capital social (isto, claro está, se o contrato não fixar outro critério de repartição). Em todo o caso, será mais seguro fixar logo na acta, quer o montante global, quer o montante que fica a caber a cada sócio.

A deliberação de chamamento deve ainda fixar o prazo da prestação, o qual não pode ser inferior a 30 dias a contar da comunicação aos sócios, podendo estabelecer-se que a obrigação será liquidável em várias prestações, hipótese em que a não realização de uma delas implicará o vencimento de todas (v. o art. 781º do CCiv).

Como se vê, é necessária uma comunicação aos sócios informando-os da deliberação de chamamento. Esta comunicação, a cargo da gerência, poderá ser feita na própria assembleia geral (tratando-se de assembleia universal), mas também pode ser efectuada por carta registada enviada para o domicílio dos sócios.

A deliberação é aprovada por maioria simples (v. art. 250º, 3), a menos que o contrato exija uma maioria qualificada.

1.2. Outros pressupostos de validade da deliberação

A lei estabelece ainda dois pressupostos de validade da deliberação. Em primeiro lugar, a deliberação só pode ser tomada depois de interpelados todos os sócios para integral liberação das suas quotas (art. 211º, 2).

Note-se que a norma exige apenas que, à data da deliberação, os sócios – todos os sócios, e não apenas o(s) sócio(s) a quem as prestações são exigidas (caso o contrato obrigue apenas alguns) – tenham sido interpelados para a liberação das suas quotas e não já que as tenham efetivamente liberado.

---

[1] Cujo artigo 19º, § único se referia expressamente à *"chamada de prestações suplementares"*.

Significa isto, que tendo sido diferida a realização das entradas (arts. 26º e 203º, 1) acordadas no contrato, as prestações suplementares só podem ser exigidas quando se verificar o termo do prazo de diferimento, visto que só nesse momento a sociedade poderá interpelar os sócios, para a liberação das suas quotas.

Esta norma pretende contribuir para um financiamento ordenado da sociedade com capitais próprios, no interesse dos credores e também dos próprios sócios, tendo em conta que as prestações suplementares (como o próprio nome indica) acrescem às entradas para o capital social. Assim, não faria sentido que os sócios pudessem ser chamados a realizar prestações suplementares, quando ainda nem sequer se tornaram exigíveis as (ou, pelo menos, a sociedade não exigiu o cumprimento das) suas obrigações de entrada.

Em segundo lugar, o artigo 211º, 3, proíbe a chamada de prestações suplementares se a sociedade tiver sido dissolvida, por qualquer causa. Portanto, o administrador da insolvência não pode exigir ao sócio prestações suplementares ainda não deliberadas[2].

1.3. O problema das deliberações abusivas

Uma questão que a prática coloca com alguma frequência é o eventual carácter abusivo (emulativo) da deliberação de chamada de prestações suplementares, com a consequência de a deliberação ser anulável (art. 58º, 1, b), 2ª parte).

De facto, tendo em conta que o incumprimento das prestações determina (ou melhor, poderá determinar) a exclusão dos sócios que não as realizem, muitas vezes os sócios alegam que a deliberação foi tomada com o único propósito de os prejudicar, visando forçá-los a um desembolso desnecessário ou até excluí-los do grémio social.

Contudo, não é fácil provar o carácter abusivo da deliberação, em tribunal. Desde logo, porque em face dos reconhecidos problemas de subcapitalização das sociedades portuguesas e da credibilidade sempre associada ao reforço dos capitais próprios das sociedades, será difícil provar que a deliberação não serve o interesse social...

Para que a deliberação seja considerada abusiva é necessário provar dois factos[3], um objectivo e o outro subjectivo:[4] a idoneidade objectiva da deliberação para prejudicar os sócios; a intenção subjectiva de provocar esse prejuízo.

---

[2] Ao contrário do que estabelecia o artigo 47º, § 2, da LSQ.
[3] Trata-se de factos que, como tal deverão ser alegados e dados como provados. Em todo o caso, pode o Juiz inferir os mesmos factos de outros factos alegados e provados.
[4] V., a este propósito, F. CASSIANO SANTOS (2006), p. 426, s..

A prova do primeiro elemento não se pode bastar com a consideração abstracta de a deliberação exigir um sacrifício patrimonial aos sócios e de o seu incumprimento poder ter como consequência a exclusão dos sócios. Será necessário atentar, em concreto, noutros factos, nomeadamente:

– Se os sócios têm vindo a fruir os investimentos de capitais próprios efetuados na sociedade, através da distribuição de lucros;

– O montante das prestações suplementares exigidas, em confronto com os lucros que têm vindo a ser distribuídos;

– Se os sócios, no passado, já efetuaram prestações suplementares a favor da sociedade;

– Se os sócios em causa dispõem de condições económicas para realizar as prestações suplementares;

A prova do segundo elemento será normalmente obtida por inferência, com base em factos objectivos, tendo em conta que será difícil ou até muitas vezes impossível a prova direta de um elemento psicológico, nomeadamente:

– A situação financeira da sociedade, designadamente as suas carências de liquidez, em face do passivo de curto prazo. Este elemento será praticamente decisivo, quando se demonstre que a sociedade carece de liquidez para fazer face a necessidades de pagamento de curto prazo[5].

– O montante das prestações suplementares deliberado, em face do montante total que poderia ter sido deliberado;

– A existência de novos projetos de investimento, justificados à luz de critérios de racionalidade empresarial.

É importante sublinhar que não se deve transformar o juiz num gestor, a quem caberia uma análise em segunda linha dos méritos do recurso às prestações suplementares de um ponto de vista de uma gestão criteriosa – ponderando, por exemplo, entre as vantagens do recurso a capitais próprios (dos sócios) e a capitais alheios (por exemplo, crédito bancário). Ao juiz cabe, apenas, verificar se esta deliberação não se justifica à luz do interesse social num equilibrado e adequado financiamento da sociedade com capitais próprios, sendo apenas dirigida a causar prejuízos aos sócios.

---

[5] Esta prova normalmente será feita através de peritos (revisores oficiais de contas, auditores, economistas etc.), devendo salientar-se que o aspecto mais relevante é a capacidade da sociedade para gerar liquidez face às suas exigências de liquidez no curto prazo, não já o facto de a sociedade ter uma estrutura de capitais sólida ou ter obtido lucros, nos últimos exercícios.

ARTIGO 212º
Regime da obrigação de efetuar prestações suplementares

1. É aplicável à obrigação de efectuar prestações suplementares o disposto nos artigos 204º e 205º.
2. Ao crédito da sociedade por prestações suplementares não pode opor-se compensação.
3. A sociedade não pode exonerar os sócios da obrigação de efetuar prestações suplementares, estejam ou não estas já exigidas.
4. O direito a exigir prestações suplementares é intransmissível e nele não podem sub-rogar-se os credores da sociedade.

Índice
1. Incumprimento das prestações suplementares: mora e incumprimento definitivo
2. Consequências do incumprimento: o regime da exclusão do sócio

Bibliografia
Vide a bibliografia indicada para o art. 210º

1. Incumprimento das prestações suplementares: mora e incumprimento definitivo

A deliberação de prestações suplementares deve definir o prazo em que as prestações serão efetuadas, prazo este que se conta a partir da comunicação aos sócios da deliberação de chamada e não pode ser inferior a 30 dias (art. 211º, 1).

Como é óbvio, os sócios podem efetuar a prestação antes de decorrido o prazo (v.g., no própria dia da assembleia geral ou em que recebem a comunicação a exigir as prestações), visto que este é estabelecido em seu benefício (v. o art. 779º do CCiv).

Se o sócio não efetuar a prestação no prazo fixado, entra em mora (art. 804º, 2, do CCiv), tornando-se, por isso, responsável pelos juros a contar do termo do prazo da prestação.

O art. 212º, 1, dispõe, em termos imperativos[1], que à obrigação de efetuar prestações suplementares se aplica o disposto nos arts. 204º e 205º, relativos ao incumprimento da obrigação de entrada. Assim, se as prestações não forem efetuadas no prazo deliberado (não inferior a trinta dias) e que foi objeto de

---

[1] Neste sentido, Raúl VENTURA (1989), p. 256. A imperatividade resulta da letra, história e fim da norma.

comunicação aos sócios, a sociedade deverá avisar o sócio por carta registada de que a partir do trigésimo dia seguinte à receção da carta, fica sujeito a exclusão e a perda total ou parcial da quota (art. 204º, 1, *ex vi* art. 212º, 1).

Não sendo o pagamento efectuado neste prazo, a sociedade pode deliberar excluir o sócio (art. 204º, 2, *ex vi* art. 212º, 1).

Mas, em que momento, é que se verifica um incumprimento definitivo da obrigação de efetuar as prestações suplementares?

A questão tem óbvia relevância prática, pois os sócios por vezes só acedem a realizar as prestações suplementares há muito deliberadas, quando confrontados com a exclusão da sociedade, por exemplo, tentando liquidar as prestações em dívida, no início da assembleia geral de cuja ordem de trabalhos consta a respectiva exclusão (por incumprimento da chamada de prestações suplementares).

Se, nesse momento, se mantiver uma situação de simples mora, a sociedade não poderá recusar o pagamento, ficando obrigada a aceitar as prestações dos retardatários, acrescidas dos respectivos juros. Já poderá recusar a prestação se, naquele momento, o incumprimento for definitivo.

Parece-nos esta última a solução adequada: ao avisar o sócio por carta registada de que a partir do trigésimo dia seguinte à recepção da carta, fica sujeito a exclusão e a perda da quota, a sociedade fixa-lhe um prazo razoável – razoabilidade esta ponderada pelo próprio legislador – para cumprir a sua obrigação, considerando-se esta definitivamente incumprida caso as prestações não sejam efetuadas dentro daquele prazo, conforme prescreve o art. 808º, 1 do Código Civil.

Note-se que a sociedade não pode exonerar o sócio incumpridor da sua obrigação de efetuar as prestações, nem este pode opor ao crédito da sociedade compensação, por exemplo, com suprimentos que detenha na sociedade (v. o art. 212º, 2 e 3).

Por fim, dispõe o art. 212º, 4, que *"o direito a exigir prestações suplementares é intransmissível e nele não se podem sub-rogar os credores da sociedade"* [2].

O facto de os credores não poderem exigir a realização de prestações suplementares – ao contrário do que sucedia na vigência da LSQ, em que os credores podiam promover judicialmente a chamada destas prestações – e de estas

---

[2] De acordo com J. COUTINHO DE ABREU (2015), p. 303, a norma mostra que este instituto *"não tutela principalmente os interesses dos credores sociais"*.

serem intransmissíveis mostra bem que a exigibilidade das prestações depende de uma deliberação dos sócios.

Distinto será o caso das prestações já deliberadas, cujo crédito já existe e consta do ativo social desde a deliberação de "chamada", admitindo-se a transmissão deste crédito, bem como a sub-rogação neste pelos credores[3].

2. Consequências do incumprimento: o regime da exclusão do sócio

O art. 212º, 1, manda aplicar à obrigação de efetuar prestações suplementares o disposto nos arts. 204º e 205º, relativos ao incumprimento da obrigação de entrada, com as necessárias adaptações.

Assim, se as prestações não forem efectuadas no prazo deliberado (não inferior a trinta dias) e que foi objeto de comunicação aos sócios, a sociedade deverá avisar o sócio por carta registada de que, a partir do trigésimo dia seguinte à receção da carta, fica sujeito a exclusão e a perda total ou parcial da quota (art. 204º, 1, *ex vi* art. 212º, 1).

Trata-se de um verdadeiro dever que impende sobre a gerência da sociedade, de comunicar aos sócios inadimplentes as consequências a que ficam sujeitos: exclusão da sociedade e perda de quota.

Caso o pagamento não seja efetuado, no prazo fixado no art. 204º, 1, a sociedade pode deliberar excluir o sócio. Trata-se aqui de uma mera faculdade, visto que a gerência pode sempre optar por propor uma ação executiva[4] contra o sócio – servindo a ata onde consta a deliberação de título executivo, nos termos do art. 46º, c), do CPC[5].

Muitas vezes, a sociedade acabará por prosseguir o processo de exclusão dos sócios incumpridores, visto que será comum (e até compreensível) que outro sócio– que tendo assumido o sacrifício patrimonial correspondente à sua obrigação vê com maus olhos que um outro sócio que não assumiu tal sacrifício se mantenha na coletividade – exerça o seu direito (cfr. o art. 248º, 2, do C.S.C.) de pedir aos gerentes a convocação de uma assembleia geral e a inclusão da deliberação de exclusão dos sócios incumpridores, na respetiva ordem do dia.

---

[3] V. RAÚL VENTURA (1989), p. 262, s., GOUVEIA PEREIRA (2004), p. 165.
[4] Neste sentido, RAÚL VENTURA (1989), p. 152, MENEZES CORDEIRO (2007), p. 276, e A. MOTA PINTO (2011), p. 125.
[5] Recorde-se que *"as atas das assembleias gerais devem ser assinadas por todos os sócios que nelas tenham participado."* – art. 248º, 6.

Será assim necessária a convocação de uma assembleia geral para deliberar sobre a exclusão dos sócios que não efetuaram as prestações suplementares deliberadas, não podendo estes sócios votar a referida deliberação (art. 251º, 1, d)), que deve ser aprovada por maioria dos votos emitidos (art. 250º, 3).

A lei atribui um direito de exoneração aos sócios que votarem favoravelmente a deliberação de exclusão, caso esta não venha a ser aprovada (art. 240º, 1, b)), com a correspondente obrigação de a sociedade amortizar as respetivas quotas, o que poderá contribuir para que alguns sócios viabilizem a aprovação da deliberação de exclusão, depois de ponderarem entre os custos da exclusão do sócio incumpridor e os custos normalmente superiores da amortização da quota dos sócios que viessem a exercer o seu direito de exoneração.

Deliberando a sociedade excluir o sócio, deve comunicar-lhe, por carta registada, a sua exclusão, com a consequente perda a favor da sociedade da sua quota e pagamentos já realizados[6] (art. 204º, 2, 1ª parte), ficando assim a quota submetida ao regime das quotas próprias (v. os arts. 220º, 1 e 3, e 324º).

Já se afigura mais complexa a aplicação do disposto na 2ª parte do art. 204º, 2, que permite aos sócios *"por sua iniciativa ou a pedido do sócio remisso, deliberarem limitar a perda à parte da quota correspondente à prestação não efetuada"*. Estando um sócio obrigado a realizar prestações suplementares, no valor de 20 000 € e tendo entregue à sociedade apenas 10 000 €, podem os sócios, por sua iniciativa ou a pedido do sócio remisso, decidir que a perda se reduz a metade da quota?

Não vemos razões para retirar esta liberdade aos sócios, que pode até corresponder a interesse sério da sociedade (que pretende manter aquele sócio, sem deixar de o sancionar) ou do sócio (que não dispõe de meios para realizar integralmente a prestação). Pode[7], pois, por aplicação do art. 204º, 2, 2ª parte, limitar-se a perda da quota a uma parte proporcionalmente correspondente à parte da prestação suplementar não efetuada.

Como vemos, submetendo-se às regras da exclusão por não realização das entradas (art. 212º, 1), o regime da exclusão por não realização de prestações suplementares é bem mais severo que o regime geral da exclusão (art. 241º, 2) ou da amortização compulsiva (art. 233º, 1), em que o sócio tem direito ao

---

[6] Note-se que o sócio excluído perde a favor da sociedade os pagamentos já realizados, em cumprimento da sua obrigação de entrada, e de anteriores *"chamadas"* de prestações suplementares. – Neste sentido, v. RAÚL VENTURA (1989), p. 258.

[7] Em sentido contrário, RAÚL VENTURA (1989), p. 258.

valor de liquidação da quota correspondente a uma parte dos capitais próprios proporcional à sua participação na sociedade.

De facto, no regime de que tratamos, o sócio é sancionado pelo incumprimento da obrigação de prestações suplementares, podendo a sociedade vender a sua quota a terceiros ou aos restantes sócios, desde que o preço oferecido seja suficiente para cobrir as prestações suplementares em dívida e para devolver ao sócio a entrada efetuada por conta da quota.

Deliberada a exclusão, a lei permite as seguintes vias:

– Por decisão da gerência, a sociedade pode fazer vender a quota em hasta pública (art. 205º, 1, 1ª parte, devendo entender-se que a lei se refere à venda mediante propostas em carta fechada)[8], caso os sócios não deliberem a venda da quota a um terceiro (art. 205º, 1, 2ª parte), o que estes muitas vezes farão, quer para evitar que (através da venda ao público) possa entrar um estranho no grémio social, quer para impedir que o sócio excluído possa readquirir a quota (v.g. pela interposição fictícia de um terceiro);

– Os sócios podem deliberar que a quota perdida a favor da sociedade seja dividida proporcionalmente às dos restantes sócios, vendendo-se a cada um deles a parte que lhe couber (art. 205º, 2, a));

– Os sócios podem deliberar que a quota seja vendida a todos ou alguns (ou algum) dos sócios, podendo, contudo, qualquer sócio exigir que lhe seja atribuída uma parte proporcional à sua quota (art. 205º, nº 2, alínea b)).

Do valor recebido pela venda da quota do sócio excluído, a sociedade deve reter o valor das prestações suplementares em dívida, pagar ao sócio o montante das entradas por conta das quotas já efectuadas e ficar com o valor remanescente[9].

Se a sociedade decidir vender a quota ao público em geral, através de propostas em carta fechada (art. 205º, 1, 1ª parte), o sócio não se pode opor à venda, visto que a modalidade da venda assegura um preço justo.

Se os sócios deliberarem vender a quota directamente a terceiros (art. 205º, 1, 2º parte) ou aos sócios (art. 205º, 2), a deliberação pode ser executada (não carecendo do consentimento ou não oposição do sócio), desde que o preço

---

[8] De facto, com a supressão legal da venda *"por arrematação em hasta pública"*, a venda prevista na 1ª parte do art. 205º, 1, será feita *"mediante propostas em carta fechada"* (v. art. 886º, 1, a) do CPC) ou, se o sócio excluído e a sociedade nisso convierem, *"em estabelecimento de leilões"* (v. os arts. 886º, 1, e) e 906º, 1 a) do CPC).

[9] Nesta parte, aplica-se, portanto, o disposto no art. 208º. Neste sentido, v. RAÚL VENTURA (1989), p. 259 e A. MOTA PINTO (2011), p. 127.

ajustado seja superior ao valor das prestações suplementares em dívida e das entradas já efetuadas pelo sócio.

Percebe-se esta preocupação do legislador, com o preço da venda da quota do sócio excluído. Se este preço não superar o montante das prestações suplementares, manter-se-á a dívida do sócio e o crédito da sociedade continuará por liquidar. Ademais, a restituição ao sócio das prestações de capital já realizadas afigura-se justa e adequada.

Por isso, o legislador rodeia de cautelas a venda em que o preço acordado com o(s) terceiro(s) ou com o(s) sócio(s) é inferior ao valor das prestações suplementares em dívida e das entradas já efectuadas:

– Na alienação a terceiro(s), "*a venda só pode realizar-se com o consentimento do sócio excluído*" (art. 205º, 1, *in fine*), o qual deve ser obtido antes da própria venda.

– Na alienação a sócio(s), o sócio excluído pode opor-se à venda, "*desde que aquele preço não alcance o valor real da quota*" (art. 205º, 3).

Como se vê, o legislador favorece a venda a sócio(s), denotando o carácter personalista das sociedades por quotas: na venda a terceiro(s), basta que o preço seja inferior ao valor das prestações em dívida e das entradas já efectuadas, para ser necessário o consentimento do sócio; na venda a sócio(s), o sócio excluído só se poderá opor se o preço acordado for simultaneamente inferior ao valor das prestações em dívida e entradas já efectuadas e ao valor real da quota.

De acordo com o art. 205º, 3, o valor real da quota deverá ser calculado, "*nos termos do artigo 1021º do Código Civil, com referência ao momento em que a deliberação for tomada*", equivalendo *grosso modo* à parte do capital próprio (ou situação líquida) proporcionalmente correspondente à quota do sócio excluído.

Nesta hipótese de venda a sócio(s), a sociedade "*deve comunicar por carta registada ao sócio excluído o preço por que os outros sócios pretendem adquirir a quota*". No prazo de 30 dias após a receção desta comunicação, o sócio pode declarar à sociedade que se opõe à venda, desde que o preço seja simultaneamente inferior ao valor das prestações em dívida e entradas já efectuadas e ao valor real da quota (art. 205º, 3). Note-se que esta oposição do sócio excluído só pode ser efetuada com base neste fundamento[10].

Caso haja oposição do sócio excluído, a sociedade ainda assim poderá prosseguir com a venda, desde que o(s) sócio(s) interessado(s) ofereça(m) um

---

[10] Assim, RAÚL VENTURA (1989), p. 172.

preço que supere o valor das prestações suplementares em dívida e entradas já efectuadas *ou* o valor real da quota, caso aquele valor seja superior.

Por outro lado, qualquer sócio poderá intentar uma ação em tribunal, pedindo que a oposição do sócio excluído seja declarada ineficaz (art. 205º, 4).

Em todo o caso, a venda não poderá ser efetuada, antes de decorrido o prazo de 30 dias para a oposição do sócio, e, caso este se oponha, antes de transitada em julgado a decisão judicial que declare a oposição ineficaz (v. o art. 205º, 4).

ARTIGO 213º
Restituição das prestações suplementares

1. As prestações suplementares só podem ser restituídas aos sócios desde que a situação líquida não fique inferior à soma do capital e da reserva legal e o respetivo sócio já tenha libertado a sua quota.
2. A restituição das prestações suplementares depende de deliberação dos sócios.
3. As prestações suplementares não podem ser restituídas depois de declarada a falência da sociedade.
4. A restituição das prestações suplementares deve respeitar a igualdade entre os sócios que as tenham efetuado, sem prejuízo do disposto no nº 1 deste artigo.
5. Para o cálculo do montante da obrigação vigente de efetuar prestações suplementares não serão computadas as prestações restituídas.

Índice
1. A deliberação de restituição de prestações suplementares
2. Limites à restituição das prestações suplementares, capital próprio da sociedade
3. Igualdade de tratamento dos sócios

Bibliografia
Vide a bibliografia indicada para o art. 210º

1. A deliberação de restituição de prestações suplementares

As prestações suplementares efetuadas podem ser restituídas aos sócios, sem qualquer alteração do pacto social, autorização judicial ou publicação, o que distingue bem este meio mais flexível de financiamento, das entradas de capital (cfr. os arts. 94º e 95º).

As prestações serão restituídas aos sócios, ou melhor, a quem for sócio no momento em que a restituição é deliberada, ainda que tenha adquirido a quota já depois de efectuada a prestação[1]. Assim como a deliberação teve dinheiro por objeto (art. 210º, 2), a restituição também terá dinheiro por objeto, embora nada impeça que o(s) sócio(s) dê(em) o seu assentimento a que a sociedade

---

[1] Neste sentido, RAÚL VENTURA (1989), p. 264.

restitua coisa diversa (v. o art. 837º do CCiv), desde que todos sejam tratados de forma igual.

De acordo com o art. 213º, 2, "*a restituição das prestações suplementares depende de deliberação dos sócios*", pelo que não pode a gerência decidir essa restituição.

Os sócios, que são chamados a decidir sobre o recurso a este meio de financiamento (art. 211º, 1), são também chamados a decidir sobre a manutenção do financiamento, por forma a ponderarem a conveniência e oportunidade[2] da restituição das prestações; por este meio, se evitam também eventuais tratamentos desiguais dos sócios, na restituição das prestações.

A deliberação é aprovada por maioria simples, podendo os sócios deliberar a restituição apenas parcial das prestações efetuadas, e cabendo à gerência efetuar os pagamentos aos sócios.

Note-se, por fim, que no cômputo da obrigação de prestações suplementares vigente, em cada momento, não se incluem as prestações restituídas (art. 213º, 5).

2. Limites à restituição das prestações suplementares, capital próprio da sociedade

As prestações suplementares constituem capital próprio, vinculado à conservação do capital social e responsável pelas dívidas sociais.

De facto, as prestações suplementares estão vinculadas à proteção do capital social, não podendo ser restituídas se o capital próprio (a situação líquida) da sociedade se tornar inferior à soma do capital social e da reserva legal (art. 213º, 1). Ou seja, as prestações suplementares submetem-se ao princípio de conservação do capital social, consagrado no art. 32º.

No momento da deliberação, os sócios devem aferir se o valor do capital próprio da sociedade sem as prestações suplementares é superior à soma do capital social e da reserva legal. Só se e na medida em que o for, poderão os sócios deliberar a restituição das prestações suplementares aos sócios.

É nula a deliberação de restituição de prestações suplementares tomada em violação desta regra de intangibilidade do capital social (art. 56º, 1, d).

Por outro lado, as prestações suplementares são responsáveis pelas dívidas sociais, uma vez que não podem ser restituídas depois de declarada a insolvência da sociedade (art. 213º, 3). Na insolvência, as prestações servem apenas a satisfação dos credores sociais, não podendo os sócios concorrer com os credores, para aí obter o reembolso das prestações.

---

[2] Assim, S. GOUVEIA PEREIRA (2004), p. 167.

Por fim, o legislador acautela um financiamento ordenado da sociedade com capitais próprios, dispondo que as prestações só podem ser restituídas, se "*o respectivo sócio já tenha liberado a sua quota*" (art. 213º, 1, *in fine*). De facto, tratando-se de prestações suplementares, que acrescem às entradas de capital, não faria qualquer sentido que as prestações pudessem ser chamadas, efetuadas e restituídas, a um determinado sócio, antes sequer de este ter efetuado as suas entradas de capital.

Note-se que se trata aqui de um requisito individual, relativo à restituição das prestações a um determinado sócio, diferentemente do que sucede com a intangibilidade do capital social, que restringe globalmente a restituição. Ao passo que este requisito global se deve verificar, no momento da tomada da deliberação, o requisito de liberação da quota deve verificar-se, no momento em que é efetuado o pagamento ao sócio.

Pode assim ser deliberada a restituição das prestações porque se conserva o capital social e, ainda assim, não ser efectuado o reembolso a um sócio que não liberou a sua quota[3]. Caso a gerência reembolse as prestações a um sócio que não liberou a quota, esse reembolso será nulo, nos termos do art. 294º do CCiv.

3. Igualdade de tratamento dos sócios

O art. 231º, 4, impõe o tratamento igual dos sócios, na restituição de prestações suplementares.

Como é óbvio, a norma abrange apenas os sócios que tenham efectuado as prestações, exigindo que a cada sócio sejam restituídas frações da restituição deliberada proporcionais aos montantes que tenham prestado[4].

A ressalva da parte final do art. 213º, 1, refere-se ao sócio que ainda não tenha liberado a sua quota, que deve ser tratado em termos distintos, não tendo direito ao reembolso das respetivas prestações.

Em todo o caso, ao determinar o montante do reembolso que cabe a cada sócio, a gerência deve também calcular o montante que cabe ao sócio em causa, embora só possa efetuar o pagamento desse montante, depois de liberada a quota[5].

A regra da igualdade de tratamento dos sócios não é imperativa – é, aliás, a única regra dispositiva do regime da restituição das prestações previsto no art.

---

[3] Assim, RAÚL VENTURA (1989), p. 268.
[4] Assim, RAÚL VENTURA (1989), p. 270.
[5] V. RAÚL VENTURA (1989), p. 271.

213º –, visto que nada impede que um ou vários sócios renunciem ao seu direito à restituição, em benefício de outro(s)[6]. Como tal, a deliberação de restituição que trate desigualmente os sócios será meramente anulável, nos termos do art. 58º, 1, a).

---

[6] V. RAÚL VENTURA (1989), p. 271, s., GOUVEIA PEREIRA (2004), p. 167.

SECÇÃO IV
DIREITO À INFORMAÇÃO

ARTIGO 214º
Direito dos sócios à informação

1. *Os gerentes devem prestar a qualquer sócio que o requeira informação verdadeira, completa e elucidativa sobre a gestão da sociedade e bem assim facultar-lhe na sede social a consulta da respetiva escrituração, livros e documentos. A informação será dada por escrito, se assim for solicitado.*
2. *O direito à informação pode ser regulamentado no contrato de sociedade, contanto que não seja impedido o seu exercício efetivo ou injustificadamente limitado o seu âmbito; designadamente, não pode ser excluído esse direito quando, para o seu exercício, for invocada suspeita de práticas suscetíveis de fazerem incorrer o seu autor em responsabilidade, nos termos da lei, ou quando a consulta tiver por fim julgar da exatidão dos documentos de prestação de contas ou habilitar o sócio a votar em assembleia geral já convocada.*
3. *Podem ser pedidas informações sobre atos já praticados ou sobre atos cuja prática seja esperada, quando estes sejam suscetíveis de fazerem incorrer o seu autor em responsabilidade, nos termos da lei.*
4. *A consulta da escrituração, livros ou documentos deve ser feita pessoalmente pelo sócio, que pode fazer-se assistir de um revisor oficial de contas ou de outro perito, bem como usar da faculdade reconhecida pelo artigo 576º do Código Civil.*
5. *O sócio pode inspecionar os bens sociais nas condições referidas nos números anteriores.*
6. *O sócio que utilize as informações obtidas de modo a prejudicar injustamente a sociedade ou outros sócios é responsável, nos termos gerais, pelos prejuízos que lhes causar e fica sujeito a exclusão.*
7. *À prestação de informações em assembleia geral é aplicável o disposto no artigo 290º*
8. *O direito à informação conferido nesta secção compete também ao usufrutuário quando, por lei ou convenção, lhe caiba exercer o direito de voto.*

Índice

1. O direito geral à informação
2. O sócio gerente
3. A regulamentação do direito à informação no contrato de sociedade
4. Informações sobre atos praticados e sobre atos cuja prática seja esperada
5. A consulta da escrituração, livros ou documentos

6. O sócio pode inspeccionar os bens sociais nas condições referidas na lei
7. A utilização de informações de modo a prejudicar injustamente a sociedade ou outros sócios
8. Informações em assembleia geral e fora de assembleia geral
9. A posição do usufrutuário de quota e do credor pignoratício

Bibliografia
a) Citada:
ABREU, COUTINHO DE – *Curso de direito comercial*, II, 5ª ed., Almedina, Coimbra, 2015; ALMEIDA PEREIRA DE – *Sociedades comerciais, valores mobiliários, instrumentos financeiros e mercados*, vol. 1, 7ª ed., Coimbra Editora, Coimbra, 2013; ANDRADE, DANIEL DE – "O direito à informação nas sociedades por quotas e nas sociedades anónimas. O inquérito judicial", *Os quinze anos de vigência do Código das Sociedades Comerciais*, Fundação Bissaya Barreto, Coimbra, 2003, p. 101-122; ANDRADE, MARGARIDA COSTA – "Artigo 21º", *Código das Sociedades Comerciais em Comentário* (coord. de Coutinho de Abreu), IDET/Almedina, Coimbra, 2010, p. 352-363; ANTUNES JOSÉ ENGRÁCIA – "O direito à informação nas sociedades de capitais", *Os quinze anos de vigência do Código das Sociedades*, Fundação Bissaya Barreto, Coimbra, 2003, p. 45-55; ASCENSÃO, OLIVEIRA – *Direito Comercial*, IV, *Sociedades comerciais*, Lisboa, 2000; BRANCO, SOFIA RIBEIRO – *O direito dos accionistas à informação*, Almedina, Coimbra, 2008; CAEIRO, ANTÓNIO – "A exclusão estatutária do direito de voto nas sociedades por quotas", *Temas de Direito das Sociedades*, Almedina, Coimbra, 1984, p. 7-160, *As sociedades de pessoas no Código das Sociedades Comerciais*, Separata do número especial do *BFD* – Estudos em Homenagem ao Prof. Doutor Eduardo Correia – 1984, Coimbra, 1988; CORDEIRO, MENEZES – *Manual de direito das sociedades. I. Das sociedades em geral*, 2ª ed., Almedina, Coimbra, 2007, "Artigo 214º", in *Código das Sociedades Comerciais anotado*, (coord. de Menezes Cordeiro), Almedina, Coimbra, 2011, p. 632-634; CORREIA, BRITO – *Direito comercial*, 2.º vol., AAFDL, Lisboa, 1989; CORREIA, FERRER – "A sociedade por quotas de responsabilidade limitada segundo o CSC", *Temas de Direito Comercial e Direito Internacional Privado*, Almedina, Coimbra, 1989, p. 123--169; CUNHA, PAULO OLAVO – *Direito das sociedades comerciais*, 5ª ed., Coimbra, Almedina, 2012; LABAREDA, JOÃO – "Direito à informação", *Problemas do Direito das Sociedades*, IDET/Almedina, Coimbra, 2002, p. 119-151; MARTINS, ALEXANDRE DE SOVERAL/RAMOS, ELISABETE – "As participações sociais", *Estudos de direito das sociedades*, (coord. de Coutinho de Abreu), 12ª ed., Almedina, Coimbra, 2015, p. 113-150; NETO, ABÍLIO – *Notas práticas ao Código das Sociedades Comerciais*, Petrony, Lisboa, 1989; ROTH, GÜNTER – "51a", in ALTMEPPEN, HOLGER/ROTH, GÜNTER, *Gesetz betreffend die Gesellschaften mit beschrankter Haftung (GmbHG)*, 6. Aufl., Beck, München, 2009; TORRES, CARLOS MARIA PINHEIRO –

O direito à informação nas sociedades comerciais, Almedina, Coimbra, 1998; VASCONCELOS, PEDRO PAIS DE – *A participação social nas sociedades comerciais*, 2ª ed., Almedina, Coimbra, 2006; VENTURA, RAÚL – *Sociedades por quotas*, I, Almedina, Coimbra, 1993, p. 577; ZÖLLNER, WOLFGANG – "§ 51ª", in BAUMBACH/HUECK, *GmbHG*, 19. Aufl., Beck, München, 2010.

b) Outra:
ANTUNES, HENRIQUE SOUSA – "Algumas considerações sobre a informação nas sociedades anónimas (em especial, os artigos 288º a 293º do Código das Sociedades Comerciais)", *Direito e Justiça*, IX, 1995, t. II, p. 193-228, X, t. I, 1996, p. 261-304; ANTUNES, JOSÉ ENGRÁCIA – "O direito à informação nas sociedades de capitais", *Os quinze anos de vigência do Código das Sociedades Comerciais*, Fundação Bissaya Barreto, Coimbra, 2003, p. 45-55.

1. O direito geral à informação

De acordo com a al. *c*) do nº 1 do art. 21º, todos os sócios têm direito a obter informações sobre a vida da sociedade, nos termos da lei e do contrato de sociedade[1]. Tal como no art. 181º do CSC, também no art. 214º pode ler-se que todos os sócios das sociedades por quotas têm um direito à informação, que se subdivide num direito a obter informações sobre a gestão da sociedade (inclusivamente por escrito, quando solicitado), num direito de consulta da escrituração, livros e documentos e num direito de inspeção dos bens sociais (cfr. nos 1 e 5 do art. 214º do CSC). Estes direitos devem permitir ao sócio conhecer a vida da sociedade, designadamente quanto ao património da mesma e respetiva administração, ficando assim melhor posicionado para decidir (por exemplo, quanto à sua permanência na sociedade ou quanto ao sentido do seu voto relativamente a um vasto conjunto de matérias – cfr., em especial, o art. 246º) – ainda que decida nada decidir[2].

Mais uma vez, aqueles direitos cabem a qualquer sócio. São direitos que integram a sua participação e que o sócio não pode dela retirar. Nessa medida, são

---

[1] Para uma breve análise da relação entre o direito dos sócios à informação e a informação ao público investidor (regulada fundamentalmente no CVM), cfr. ENGRÁCIA ANTUNES (2003), p. 53, s..
[2] Nessa medida, ainda será um direito instrumental. Considerando que "não é inteiramente exacto" dizer que o direito à informação dos sócios é instrumental ou acessório *de outros direitos sociais*, COUTINHO DE ABREU (2015), p. 234, MARGARIDA COSTA ANDRADE (2010), p. 360.

irrenunciáveis. Por outro lado, são igualmente inderrogáveis, visto que a sociedade não os pode eliminar[3].

Mas não é de excluir a possibilidade de atribuir no contrato de sociedade direitos especiais à informação[4]. Não tanto em relação ao âmbito da informação, tendo em conta a amplitude do direito à informação dos sócios de sociedades por quotas, mas sobretudo no que diz respeito ao procedimento.

Como dizia António Caeiro[5], a regulamentação do direito à informação para as sociedades por quotas, "nos termos amplos em que se acha feita, revela que o legislador considerou como típica a sociedade por quotas em que os sócios são poucos e se interessam pela vida social e, por isso, facultou-lhes meios muito eficazes para se informarem acerca dos assuntos da sociedade – o legislador teve em mente a sociedade por quotas – sociedade de pessoas".

Aqui também, são os gerentes que têm, em princípio, o dever de prestar as informações, de facultar a consulta da escrituração, livros e documentos e a inspeção dos bens sociais (cfr., por outro lado, o n.º 7 do art. 214º e o nº 3 do art. 262º-A, ambos do CSC). Os gerentes prestam essas informações enquanto membros do órgão de gerência da sociedade[6].

A informação prestada deve ser verdadeira, completa e elucidativa[7]. Mas, se é recusada informação ou é prestada informação presumivelmente falsa, incompleta ou não elucidativa, o sócio pode, por um lado, provocar deliberação dos sócios para que a informação lhe seja prestada ou seja corrigida (nº 2 do art. 215º do CSC) ou pode requerer inquérito judicial à sociedade (nº 1 do art. 216º do referido Código). Esse inquérito é regulado pelo disposto nos nos 2 e seguintes do art. 292º do CSC e para aí se remete o leitor.

2. O sócio gerente

Mesmo o sócio gerente tem o direito à informação[8], ao contrário do que resultava do nº 1 do art. 235º do Projeto de CSC. O art. 214º, 1, é explícito: o direito

---

[3] No sentido da irrenunciabilidade e inderrogabilidade do direito à informação, JOÃO LABAREDA (2002), p. 133-134.
[4] Para uma leitura de argumentos a favor da possibilidade de criação de um direito especial à informação, veja-se CARLOS MARIA PINHEIRO TORRES (1998), p. 119. Sobre o tema, cfr. tb. DIOGO DRAGO (2009), p. 260-261.
[5] ANTÓNIO CAEIRO (1988), p. 46
[6] Para a Alemanha, ZÖLLNER (2010), p. 1235.
[7] Sobre o que deve entender-se por informação completa e elucidativa, cfr. o Ac. do STJ de 16/03/2011, www.dgsi.pt
[8] Cfr. tb. ANTÓNIO CAEIRO (1988), p. 47, ABÍLIO NETO (1989), p. 304, DANIEL DE ANDRADE (2003), p. 108, PEDRO PAIS DE VASCONCELOS (2006), p. 208 (mas falando de um poder de informação), MENEZES

à informação ali regulado cabe a "qualquer sócio"[9]. Pelo facto de ser gerente não deixa de ser sócio. Nada justifica que o gerente sócio sofra, por ser gerente, uma compressão do seu direito à informação enquanto sócio. Nem se diga que, enquanto gerente, sempre teria a possibilidade de aceder à informação através da investidura no cargo. É que uma coisa não se confunde com a outra. E, sobretudo, a investidura em cargos sociais, tal como prevista nos arts. 1070º e 1071º, não parece a via adequada para obter informações de outros gerentes, por exemplo. Basta ver em que consiste a execução da decisão proferida no processo de investidura e efetuar a comparação com todas as possibilidades que se abrem no inquérito judicial regulado nos arts. 1479º e ss..

3. A regulamentação do direito à informação no contrato de sociedade

O contrato de sociedade pode regulamentar o direito à informação (nº 2 do art. 214º). Essa possibilidade parece valer tanto para o direito à informação em sentido estrito, como para o direito de consulta e inspeção[10]. Uma tal regulamentação pode certamente dizer respeito ao "procedimento" (incluindo aí o "horário das consultas ou o prazo para as respostas dos gerentes")[11]. Mais duvidoso é que possa abranger o "âmbito ou conteúdo" do direito à informação[12]. Contudo, é o próprio nº 2 que parece admitir uma regulamentação que incida sobre o âmbito do direito à informação. Basta ver que, se fica excluída a possibilidade de limitar injustificadamente o âmbito do direito, é porque são possíveis limitações justificadas desse âmbito[13].

A regulamentação em causa, porém, não pode constituir, na prática, um verdadeiro impedimento ao exercício efetivo do direito à informação[14]. Também

---

CORDEIRO (2007), p. 304, (2011), p. 633, nt. 3, DIOGO DRAGO (2009), p. 265-270, Ac. RL de 2/12/1992, *CJ*, 1992, t. V, p. 129, Ac. STJ de 10/07/1997, *CJ/ASTJ*, 1997, II, p. 167 (mas com sumário em sentido oposto), Ac. RP de 30/01/1997, www.dgsi.pt; contra, considerando que o sujeito ativo é apenas o sócio não gerente, RAÚL VENTURA (1993), p. 290; CARLOS MARIA PINHEIRO TORRES (1998), p. 176, s.; COUTINHO DE ABREU (2015), p. 240, s., Ac. STJ de 23/5/1996, *CJ/ASTJ*, 1996, II, p. 88, Ac. STJ de 1/7/1997, *BMJ*, 469º, p. 570, e Ac. RE de 18/10/2005, *CJ*, 2005, V, p. 174.

[9] Com igual argumento, SOFIA RIBEIRO BRANCO (2008), p. 318.
[10] Cfr., no mesmo sentido, RAÚL VENTURA (1993), p. 285, e COUTINHO DE ABREU (2015), p. 240, lembrando a remissão do nº 5 para o nº 2, entre outros.
[11] Seguimos COUTINHO DE ABREU (2015), p. 240.
[12] Aceitando-o, COUTINHO DE ABREU (2015), p. 240. Contra, JOÃO LABAREDA (2002), p. 134: "Quanto à susceptibilidade de regulamentação pactícia, ela reporta-se exclusivamente a aspectos de procedimento".
[13] Com o mesmo argumento, DIOGO DRAGO (2009), p. 173.
[14] Para exemplos, cfr. DIOGO DRAGO (2009), p. 173, nt. 244.

no que diz respeito ao âmbito do direito à informação (e, portanto, quanto às matérias sobre as quais pode incidir) não podem constar do contrato de sociedade limitações que não sejam justificadas.

Será desde logo nula qualquer cláusula do contrato de sociedade que exclua o direito à informação para os seguintes casos: a) invocação de "suspeita de práticas suscetíveis de fazerem incorrer o seu autor em responsabilidade, nos termos da lei"; b) consulta que tenha "por fim julgar da exatidão dos documentos de prestação de contas"; ou c) consulta que tenha por fim "habilitar o sócio a votar em assembleia geral já convocada"[15].

4. Informações sobre atos praticados e sobre atos cuja prática seja esperada

No n.º 3 a lei distingue entre o exercício do direito à informação relativamente a atos *já praticados*, por um lado, e a atos *cuja prática seja esperada*, por outro. Se, quanto aos primeiros, apenas se lê que as informações podem incidir sobre eles, quanto aos segundos é acrescentado um requisito adicional: é necessário que os atos cuja prática é esperada "sejam suscetíveis de fazerem incorrer o seu autor em responsabilidade, nos termos da lei". Esta última parte do preceito já foi considerada "excessivamente restritiva"[16]. Mas também se disse que há necessidade de "interpretação restritiva"[17].

5. A consulta da escrituração, livros ou documentos

A consulta da escrituração, livros ou documentos da sociedade deve ter lugar na sede desta. O art. 214.º, 4, exige que aquela consulta seja "feita pessoalmente pelo sócio, que pode fazer-se assistir de um revisor oficial de contas ou de outro perito, bem como usar da faculdade reconhecida pelo artigo 576.º do Código Civil".

Significa isto, portanto, e em primeiro lugar, que em princípio *o sócio não se pode fazer representar* no exercício deste direito ("pessoalmente", diz a lei). Marca-se, também aqui, o caráter personalístico das sociedades por quotas. No entanto, o sócio pode ser assistido por um revisor oficial de contas ou por outro perito[18]. Ainda assim, a solução não deixa de ser estranha, visto que para

---

[15] Para uma análise de cláusulas de um contrato de sociedade relativas ao direito à informação, cfr. o Ac. STJ de 13/04/1994, *CJ/STJ*, 1994, II, p. 27.
[16] COUTINHO DE ABREU (2015), p. 235, nt. 542.
[17] MENEZES CORDEIRO (2007), p. 305.
[18] No sentido de que a sociedade terá o direito de verificar se está perante um revisor oficial de contas ou um perito, Ac. STJ de 25/11/1999, *CJ/STJ*, 1999, III, p. 120.

as sociedades anónimas ficou prevista a possibilidade de a consulta ter lugar através de representante, nos termos do art. 288º, 3[19].

Justifica-se então perguntar: poderá o contrato de sociedade regular a matéria abrindo a possibilidade de a consulta da escrituração, livros ou documentos ter lugar através de representante? Ou será que a exigência de consulta pessoal consta de norma imperativa? Também nós não vemos razões para sustentar a imperatividade da regra. E, por isso, o contrato de sociedade poderá conter uma cláusula atribuindo a possibilidade de exercer o direito de consulta da escrituração, livros ou documentos através de representante[20]. No caso, porém, de representante legal ou orgânico parece que nem sequer será necessária essa cláusula.

Ao remeter para o art. 576º do CCiv., o nº 4 vem permitir que sejam tiradas cópias, fotografias ou usados "outros meios destinados a obter a reprodução da coisa ou documento, desde que a reprodução se mostre necessária e se lhe não oponha motivo grave" (neste caso, alegado pela sociedade)[21].

Especial menção merece aqui o disposto no art. 263º, 1: "O relatório de gestão e os documentos de prestação de contas devem estar patentes aos sócios, nas condições previstas no artigo 214º, nº 4, na sede da sociedade e durante as horas de expediente, a partir do dia em que seja expedida a convocação para a assembleia destinada a apreciá-los; os sócios serão avisados deste facto na própria convocação"[22].

---

[19] Chamando a atenção para isto mesmo, COUTINHO DE ABREU (2015), p. 237.
[20] É o que defendem RAÚL VENTURA (1993), p. 291, COUTINHO DE ABREU (2015), p. 237, e DIOGO DRAGO (2009), p. 273.
[21] Salientando a conveniência de regulamentar o exercício deste direito nos estatutos para evitar danos para a sociedade, PAULO OLAVO CUNHA (2012), p. 357. A remissão para o art. 576º do CCiv. não confere o direito de exigir à sociedade que esta entregue cópias dos documentos de que dispõe: Ac. RL de 02/10/2008, *RDS*, 2009, 2, p. 427 e ss..
[22] Quanto à divulgação de propostas mencionadas no art. 289º, defendendo a aplicação do prazo aí previsto, PAULO OLAVO CUNHA (2012), p. 353-354. Com efeito, tirando os casos referidos no art. 263º, 1, o problema pode colocar-se para os restantes documentos mencionados no art. 289º. E na verdade o art. 248º, 1, manda aplicar às assembleias gerais das sociedades por quotas o disposto para as das anónimas em tudo o que não estiver especificamente regulado para as primeiras. No Ac. STJ de 09/07/1998, www.dgsi.pt, entendeu-se que o art. 289º, 1, *d*) seria aplicável às sociedades por quotas, e no Ac. RE de 04/06/1992, *BMJ*, 418º, p. 892 (sumário), foi aceite a aplicação do art. 289º, 1, *c*). Os prazos não são fixados da mesma forma nas normas relevantes. Segundo o art. 263º, 1, o relatório de gestão e os documentos de prestação de contas "devem estar patentes aos sócios [...] a partir do dia em que seja expedida a convocação para a assembleia [...]". Em regra, a convocatória deve ser expedida "com a antecedência mínima de 15 dias" (art. 248º, 3), mas *pode ser expedida antes*. Já o art. 289º, 1, exige que os documentos ali mencionados sejam facultados à consulta dos acionistas "durante os 15 dias anteriores à data da assembleia geral". Justifica-se, pois, uma intervenção legislativa que clarifique

6. O sócio pode inspecionar os bens sociais nas condições referidas na lei

Como vimos acima, o direito à informação em sentido lato decompõe-se também num direito de inspecionar os bens sociais. Ao remeter para os números anteriores, o nº 5 indica, designadamente, que:

a) os gerentes devem facultar essa inspeção;

b) o contrato de sociedade pode regulamentar o exercício do direito mas não o pode impedir nem pode limitar injustificadamente o seu âmbito;

c) o direito de inspeção não pode ser excluído quando para o seu exercício for invocada suspeita de práticas suscetíveis de fazerem incorrer o seu autor em responsabilidade, nos termos da lei, ou quando a consulta tiver por fim julgar da exatidão dos documentos de prestação de contas ou habilitar o sócio a votar em assembleia geral já convocada;

d) a inspeção pode ser pedida para obter informações sobre atos já praticados ou sobre atos cuja prática seja esperada, quando estes sejam suscetíveis de fazerem incorrer o seu autor em responsabilidade, nos termos da lei;

e) no exercício do direito de inspeção, o sócio pode fazer-se assistir de um revisor oficial de contas ou de outro perito, e usar da faculdade reconhecida pelo art. 576º CCiv., que permite designadamente tirar fotografias.

E poderá o sócio nomear representante para o exercício do direito de inspeção? Quanto à consulta de escrituração, livros ou documentos, vimos que é de aceitar que o contrato de sociedade preveja aquela representação. Ora, se o art. 214º, 5, remete para o disposto nos números anteriores quanto ao exercício do direito de inspeção, então também para este deve ser admitida a possibilidade de representação[23].

7. A utilização de informações de modo a prejudicar injustamente a sociedade ou outros sócios

Embora o CSC reconheça ao sócio de uma sociedade por quotas um amplo direito à informação, procura também impedir que aquele sócio utilize essa

---

esta matéria quanto às sociedades por quotas. Mas enquanto isso não acontece, parece-nos que o art. 263º, 1, permite dizer que a matéria está especificamente regulada quanto às sociedades por quotas (art. 248º, 1). E, para além disso, há que ter em conta a amplitude do direito à consulta da escrituração, livros e documentos, tal como resulta do art. 214º, 1, muito diferente do panorama que se acha no CSC para as sociedades anónimas. No Ac. RP de 26/10/1999, *CJ*, 1999, IV, p. 228, foi entendido que o art. 289º, 1, é "norma específica" das sociedades anónimas e o respetivo nº 3 inaplicável às sociedades por quotas. Concordando com a solução do Acórdão, DIOGO DRAGO (2009), p. 155 e 168.

[23] COUTINHO DE ABREU (2015), p. 239.

informação de forma incorreta. Por isso, se o sócio utiliza a informação obtida "de modo a prejudicar injustamente a sociedade ou outros sócios", pode ser responsabilizado pelos prejuízos que causar a uma e a outros e fica sujeito a exclusão[24]. O prejuízo relevante é o que foi já causado, e não o apenas receado[25]. Por outro lado, o prejuízo pode ou não ser grave[26]. Além disso, interessa aqui tanto o prejuízo causado à sociedade como aos outros sócios. Mais estranha é a exigência de que o prejuízo causado seja injusto[27].

Preventivamente, os gerentes podem recusar a prestação de informação, a consulta ou a inspeção "quando for de recear que o sócio as utilize para fins estranhos à sociedade e com prejuízo desta e, bem assim, quando a prestação ocasionar violação de segredo imposto por lei no interesse de terceiros" (art. 215º, 1)[28]. E, como qualquer direito, o direito à informação não pode ser exercido abusivamente[29].

8. Informações em assembleia geral e fora de assembleia geral

No nº 7 do art. 214º do CSC acrescenta-se ainda que o direito à prestação de informações em assembleia geral está sujeito ao disposto no art. 290º do CSC. Assim, torna-se possível distinguir entre um direito à prestação de informações *em* assembleia geral e um direito à prestação de informações *fora* da assembleia. Além disso, não se deve confundir o direito à prestação de informações *em* assembleia e o direito à prestação de informações *preparatórias* da assembleia (que será um direito à prestação de informações fora da assembleia). A estas últimas faz-se expressa referência, quanto às sociedades por quotas, no nº 2, *in fine*, do art. 214º do CSC.

As informações preparatórias da assembleia geral encontram-se, desde logo, na própria convocatória. Esta deve respeitar o disposto no art. 377º, 8, uma vez que as menções aí exigidas são consideradas "elementos mínimos de informa-

---

[24] Cfr., com redacção idêntica, o art. 181º, 5.
[25] Cfr., nesse outro sentido, os arts. 215º, 1, e 291º, 4, *a*).
[26] Exigindo a gravidade do prejuízo, cfr. o art. 290º, 2.
[27] No mesmo sentido, cfr. o art. 291º, 6.
[28] Defendendo a possibilidade de o contrato de sociedade alargar "as situações em que a recusa é legítima", PAULO OLAVO CUNHA (2012), p. 363.
[29] Cfr. SOFIA RIBEIRO BRANCO (2008), p. 389, DIOGO DRAGO (2009), p. 212, s., PEREIRA DE ALMEIDA (2013), p. 145, e o Ac. RL de 06/11/1990, www.dgsi.pt (sumário). Referindo uma delimitação por via da boa fé, MENEZES CORDEIRO (2011), p. 634. Lembrando também os casos de abuso de informação (art. 449º CSC e 378º do CVM), PAULO OLAVO CUNHA (2012), p. 365 e s.. Para a recusa de informação pedida em assembleia geral, cfr. o art. 290º, 2, e o que se escreve no ponto seguinte destes comentários.

ção" pelo art. 58º, 4, *b*). Para além disso, há também documentos que devem ser facultados à consulta dos sócios, como se vê, por exemplo, pela leitura do art. 263º, 1.

Quanto ao direito à prestação de informações em assembleia geral[30], a remissão para o art. 290º[31] significa que naquela assembleia o sócio "pode requerer que lhe sejam prestadas informações verdadeiras, completas e elucidativas que lhe permitam formar opinião fundamentada sobre os assuntos sujeitos a deliberação"[32]. Essas informações podem dizer respeito a "relações entre a sociedade e outras sociedades com ela coligadas" (art. 290º, 1). Contudo, neste último caso, julgamos que também vale a necessidade de essas mesmas informações estarem relacionadas com os assuntos sujeitos a deliberação.

De qualquer modo, existe aqui um limite imposto pelo que é razoável exigir. Com efeito, há sempre quem, por mais informações que receba, não consiga "formar uma opinião fundamentada".

As informações que devem ser prestadas em assembleia geral não o serão necessariamente pelos gerentes. De facto, o art. 290º, 2, estabelece que aquelas informações "devem ser prestadas pelo órgão da sociedade que para tal esteja habilitado". Tem sentido. Muitas vezes, os próprios gerentes podem não estar em condições de prestar as informações solicitadas. Daí que se justifique defender que nas sociedades por quotas existe igualmente o dever de estarem presentes nas assembleias não apenas os gerentes, mas também os membros do conselho fiscal (se existir tal órgão) e, na assembleia anual, o revisor oficial de contas que examinou as contas, se for o caso (cfr. o art. 262º).

A recusa de informação ou a informação presumivelmente falsa, incompleta ou não elucidativa permite ao sócio requerer inquérito judicial à sociedade, nos termos do art. 216º[33]. Como dispõe o art. 215º, 2, perante a recusa ou a prestação de informação presumivelmente falsa, incompleta ou não elucidativa, o sócio interessado pode ainda "provocar deliberação dos sócios para que a informação lhe seja prestada ou seja corrigida". Não vemos razão para excluir

---

[30] Sem esquecer que para as assembleias gerais universais o art. 54º, 2, dispõe que "uma vez manifestada por todos os sócios a vontade de deliberar, aplicam-se todos os preceitos legais e contratuais relativos ao funcionamento da assembleia".

[31] Para mais desenvolvimentos, vejam-se os comentários ao art. 290º.

[32] Sobre a relação entre o pedido de informações e o assunto a deliberar, cfr. o Ac. RL de 03/03/1994, www.dgsi.pt.

[33] Quanto à eventual responsabilidade criminal por recusa ilícita de informações ou prestação de informações falsas, cfr. os arts. 518º e 519º.

esta possibilidade quanto às informações em assembleia geral, não obstante a remissão para o art. 290º contida no nº 7.

Sendo injustificadamente recusadas as informações requeridas, a deliberação para a qual tais informações tinham sido pedidas será anulável (art. 290º, 3)[34]. A mesma sanção deve valer, porém, se a informação, em vez de recusada, é prestada mas é falsa, incompleta ou não elucidativa[35].

A recusa de informações em assembleia geral, nos casos em que devem ser prestadas, só pode ter lugar se a prestação das informações solicitadas "puder causar grave prejuízo à sociedade ou a outra sociedade com ela coligada ou violação de segredo imposto por lei" (art. 290º, 2, parte final).

O direito à prestação de informações em assembleia deve ser reconhecido tanto a sócios que podem votar, como aos que estão impedidos de o fazer. Nas palavras de Coutinho de Abreu, os sócios impedidos de votar devem poder "formar opinião fundamentada sobre os assuntos sujeitos a deliberação", uma vez que "podem intervir na discussão desses assuntos e reagir contra as deliberações sobre eles tomadas"[36]. Com efeito, o art. 248º, 5, impede que um sócio seja privado de "participar na assembleia, ainda que esteja impedido de exercer o direito de voto". E participar é mais do que estar presente, como aliás resulta do art. 379º, 1 e 2.

9. A posição do usufrutuário de quota e do credor pignoratício

O direito à informação de que trata o art. 214º compete "também" ao usufrutuário se a este, por lei ou convenção, couber o exercício do direito de voto (cfr. o nº 8 do art. 214º do CSC)[37]. Quando isso aconteça, o proprietário de raiz mantém, ainda assim, o seu direito à informação. Isso resulta claramente do teor do preceito em causa ("compete *também* ao usufrutuário" – itálico nosso).

Curiosamente, ou talvez não, o art. 293º estabelece que o direito à informação compete também ao credor pignoratício de ações quando "por lei ou con-

---

[34] Sobre a recusa de informação enquanto justa causa de destituição de gerente e fundamento para a responsabilidade civil, DIOGO DRAGO (2009), p. 348, s..

[35] RAÚL VENTURA (1993), p. 317.

[36] COUTINHO DE ABREU (2015), p. 236. Com diferente opinião, CARLOS MARIA PINHEIRO TORRES (1988), p. 187 e 196.

[37] Defendendo que o usufrutuário goza do direito à informação "sempre que lhe caiba exercer o direito de voto e sempre que lhe caiba exercer outros direitos para os quais necessita de obter adequada informação", CARLOS MARIA PINHEIRO TORRES (1988), p. 182.

venção" lhe caiba exercer o direito de voto[38]. Igualmente por isso não parece ser de afastar a possibilidade de aplicar por analogia o art. 214º, 8, aos credores pignoratícios de quotas que possam exercer o direito de voto.

---

[38] Sobre a posição do usufrutuário de participações sociais e do credor pignoratício, cfr. o art. 23º do CSC e respetivos comentários.

ARTIGO 215º
Impedimento ao exercício do direito do sócio

1. Salvo disposição diversa do contrato de sociedade, lícita nos termos do artigo 214º, nº 2, a informação, a consulta ou a inspeção só podem ser recusadas pelos gerentes quando for de recear que o sócio as utilize para fins estranhos à sociedade e com prejuízo desta e, bem assim, quando a prestação ocasionar violação de segredo imposto por lei no interesse de terceiros.

2. Em caso de recusa de informação ou de prestação de informação presumivelmente falsa, incompleta ou não elucidativa, pode o sócio interessado provocar deliberação dos sócios para que a informação lhe seja prestada ou seja corrigida.

Índice
1. Os motivos de recusa da informação previstos no art. 215º, 1
2. A recusa de informação ou a prestação de informação presumivelmente falsa, incompleta ou não elucidativa

Bibliografia
Citada:
ABREU, COUTINHO DE – *Curso de direito comercial*, II, 5ª ed., Almedina, Coimbra, 2015; ALMEIDA, PEREIRA DE – *Sociedades comerciais, valores mobiliários, instrumentos financeiros e mercados*, vol. 1, 7ª ed., Coimbra Editora, Coimbra, 2013; CORDEIRO, MENEZES – "Artigo 215º", in *Código das Sociedades Comerciais Anotado*, (coord. de A. Menezes Cordeiro), 2ª ed., Almedina, Coimbra, 2011, p. 634-635; DRAGO, DIOGO – *O poder de informação dos sócios nas sociedades comerciais*, Almedina, Coimbra, 2009; ROTH, GÜNTER – "§51a", in ALTMEPPEN, HOLGER/ROTH, GÜNTER, *Gesetz betreffend die Gesellschaften mit beschränkter Haftung (GmbHG)*, 6. Aufl., Beck, München, 2009; TORRES, CARLOS MARIA PINHEIRO – *O direito à informação nas sociedades comerciais*, Almedina, Coimbra, 1998; VENTURA, RAÚL, *Sociedades por quotas*, I, Almedina, Coimbra, 1993, p. 577; ZÖLLNER, WOLFGANG – "§51a", in BAUMBACH, ADOLF/HUECK, ALFRED, *GmbHG*, 19. Aufl., Beck, München, 2010.

1. Os motivos de recusa da informação previstos no art. 215º, 1

No art. 21º, 1, *c*), do CSC, pode ler-se que o direito à informação é reconhecido a cada sócio "nos termos da lei e do contrato".

Nas sociedades por quotas, em regra o sócio pode obter informações sobre a vida da sociedade. A possibilidade de recusa dessa informação surge como exceção. Isto vale tanto para o direito à informação em sentido estrito, como para a consulta da escrituração, livros e documentos e, bem assim, para a inspeção de bens sociais.

De acordo com o art. 215º, 1, e para além do que licitamente disponha o contrato de sociedade[1], a informação, a consulta ou a inspeção só podem ser recusadas pelos gerentes com base em pelo menos uma das seguintes razões: a) se *for de recear* que o sócio *as utilize para fins estranhos à sociedade* e com *prejuízo desta*[2]; b) quando a prestação ocasionar *violação de segredo imposto por lei* no interesse de terceiros[3].

Comecemos pelo primeiro fundamento. Antes de mais, é necessário que *seja de recear uma certa utilização* da informação a obter. Não basta que *os gerentes* tenham esse receio, pois a redação da lei mostra que se pretende uma outra leitura, de *pendor objetivo*[4]: "se for de recear". O que se pretende é que seja *evidente a probabilidade* de ocorrer aquela utilização[5], atendendo às circunstâncias. Mas isso não significa que seja exigível a prova de que uma tal utilização tenha sido planeada[6].

Por outro lado, é preciso que o receio diga respeito a *uma certa utilização* da informação: *para fins estranhos à sociedade*, sendo estes equivalentes a "fins que sejam estranhos à própria qualidade de sócio"[7]. Não serão fins estranhos à sociedade os que digam respeito à formação da vontade da sociedade ou ao exercício de direitos individuais dos sócios[8]. E, por último, é necessário que *seja de recear que essa utilização cause prejuízo* à sociedade.

---

[1] Cfr. o que se escreveu quanto ao art. 214º, 2.

[2] É clara a semelhança com a redação do § 51 a da *GmbHG*, introduzido pela *Novelle* de 1980. Também nesta se indica como motivo de recusa de informação o receio de que o sócio utilize a informação para fins estranhos à sociedade ("gesellschaftsfremden Zwecken"). Contudo, existem diferenças. A referida norma exige igualmente o receio de que com aquela utilização seja causado um prejuízo *não irrelevante* ("einen nicht unerheblichen Nachteil") à sociedade *ou a uma empresa coligada* ("einem verbundenen Unternehmen").

[3] Infelizmente, a lei não esclarece se a recusa, ainda que fundamentada numa das razões indicadas, é ainda lícita quando o pedido contém as menções referidas no art. 291º, 2.

[4] Afirmando a necessidade de uma apreciação em termos objetivos, RAÚL VENTURA (1993), p. 312, COUTINHO DE ABREU (2015), p. 244, MENEZES CORDEIRO (2011), p. 635, nt. 1, e o Ac. RP de 05/01/1999, CJ, 1999, I, p. 177. Referindo-se ainda a uma "razoável probabilidade de utilização incorrecta da informação", RAÚL VENTURA (1993), p. 312, CARLOS MARIA PINHEIRO TORRES (1998), p. 221, e Ac. do STJ de 16/03/2011, www.dgsi.pt.

[5] ZÖLLNER (2010), p. 1244, exige "«eine gewisse» Wahrscheinlichkeit".

[6] ZÖLLNER (2010), p. 1244.

[7] RAÚL VENTURA (1993), p. 312. Com outra opinião, CARLOS MARIA PINHEIRO TORRES (1998), p. 221-222 e s., DIOGO DRAGO (2009), p. 198.

[8] ROTH (2009), p. 907.

Este último aspeto merece alguns desenvolvimentos mais. Com efeito, o art. 215º, 1, permite a recusa quando "for de recear que o sócio as utilize para fins estranhos à sociedade e com prejuízo desta". Ou seja: a recusa é possível quando "for de recear" uma utilização pelo sócio para fins estranhos à sociedade e quando "for de recear" que tal utilização cause prejuízo à sociedade[9]. O prejuízo não tem que ser *grave*, ao contrário do que é exigido pelo art. 290º, 2, nem é preciso que seja injusto, como surge antes exigido pelo art. 214º, 6. Basta a prova de que seja de recear o prejuízo, seja ele *necessário ou não*. O prejuízo relevante, aqui, é o que diga respeito à sociedade[10].

Não deixa de ser curiosa a comparação com o disposto no art. 290º, 2. Neste último preceito, é considerada lícita a recusa de informações em assembleia geral se a prestação "puder ocasionar grave prejuízo à sociedade ou a outra sociedade com ela coligada" (para além dos casos de violação de segredo imposto por lei). Para além disso, no art. 290º, 2, não se exige que seja de recear a utilização da informação pelo sócio *para fins estranhos à sociedade*; considera-se relevante a possibilidade de causar prejuízo a *sociedade coligada* com aquela a que se solicita a informação; exige-se que o prejuízo possível seja *grave*; usa-se a formulação "puder ocasionar" em vez de "for de recear".

Não haverá razão para recusar a prestação de informações se apenas for de recear que o sócio utilize a informação para fins estranhos à sociedade mas *não seja de recear que tal utilização cause prejuízo à sociedade*. E, por outro lado, também não será lícita a recusa se apenas for de recear que a utilização da informação cause prejuízo à sociedade e *não seja de recear que a informação seja utilizada para fins estranhos à sociedade*.

Vamos supor que o sócio tem participações em duas sociedades concorrentes e solicita informações sobre a clientela da sociedade por quotas[11]. Uma análise objetiva da situação descrita permite concluir que é de recear uma utilização da informação obtida junto de uma sociedade em benefício da outra sociedade. Mas será preciso alegar e provar algo mais para se poder concluir que também *seja de recear que aquela utilização cause prejuízo* à sociedade[12]: por exemplo, por-

---

[9] Nesse sentido, CARLOS MARIA PINHEIRO TORRES (1998), p. 221, e Ac. do STJ de 16/03/2011, www.dgsi.pt. É diferente a redação do art. 291º, 2.

[10] Já o art. 214º, 6, considera que o sócio é responsável pelos prejuízos injustamente causados à sociedade *ou a outros sócios*, sendo tal atuação suscetível de levar à exclusão daquele. A posição de outro acionista é considerada relevante no art. 291º, 4, *a*) e *b*), e 6.

[11] Com este exemplo, cfr. COUTINHO DE ABREU (2009), p. 265, DIOGO DRAGO (2009), p. 197, nt. 283.

[12] ZÖLLNER (2010), p. 1244, refere-se à revelação de um segredo comercial a um sócio que participa em empresa concorrente como exemplo de um caso em que haveria suficiente probabilidade de utili-

que é de recear que a sociedade concorrente faça seus os clientes e receitas da primeira[13].

De acordo com o art. 214º, 6, se foi prestada informação ao sócio e este a utilizou "de modo a prejudicar injustamente a sociedade ou outros sócios", aquele será responsável pelos prejuízos que causar a uma e a outros, ficando ainda sujeito a exclusão.

A recusa de informação será também lícita quando a sua prestação ocasione violação de "segredo imposto por lei no interesse de terceiros"[14]. Não basta a invocação de "segredo do negócio e do sigilo de terceiros voluntariamente assumidos pela sociedade"[15]. O "segredo imposto por lei no interesse de terceiros" é, por exemplo, "o segredo de Estado, nas suas diversas modalidades, o segredo militar, o segredo profissional"[16].

Mas será que, na ausência de cláusula no contrato de sociedade sobre a matéria, se pode falar de taxatividade dos motivos de recusa de informação previstos no art. 215º, 1? Essa é a leitura que Raúl Ventura fazia: "a redacção do preceito – «só podem» – indica claramente a intenção taxativa, a qual se justifica"[17]. Contudo, isso não impede o funcionamento do instituto do abuso do direito[18].

---

zação da informação de forma contrária aos fins da sociedade, mas apenas disso. Com outra leitura, porém, ROTH (2009), p. 908.

[13] Não é de menor importância alertar para as exigências legais quanto a alegação e prova. No Ac. RP de 05/01/1999, *CJ*, 1999, I, p. 177, s., para um caso em que o sócio tinha a maioria do capital noutra sociedade concorrente, pode ler-se que o Tribunal "não vê *nem a Ré nos diz* [itálico nosso] em que podia ela ser prejudicada pelo acesso do A. aos documentos de suporte das contas, como o inventário, balancete geral analítico, de remunerações e listas de clientes com cobranças difíceis ou duvidosas. Apreciado objectivamente o alegado receio da Ré e sem pré-juízos ou predisposições como ensina a Doutrina, sabendo-se que a empresa do A., por operar no mesmo ramo de comércio, tenderá a comprar nos mesmos fornecedores e a vender aos mesmos clientes, não se vê que prejuízo podia causar à Ré a informação pretendida". Torna-se, pois, evidente a necessidade de especificar quais seriam os prejuízos que eram de recear.

[14] Curiosamente, o art. 290º, 2, já não exige que o segredo imposto por lei o seja "no interesse de terceiros".

[15] Ac. do STJ de 16/03/2011, www.dgsi.pt.

[16] CARLOS MARIA PINHEIRO TORRES (1998), p. 222-223. Tendo em conta que estamos a falar de sociedades por quotas, o sigilo bancário e o segredo dos intermediários financeiros, também referidos pelo autor, não devem ser aqui importantes. COUTINHO DE ABREU (2015), p. 244, nt. 566, e p. 243, lembra os segredos de Estado e o segredo profissional. Será também segredo imposto por lei no interesse de terceiros aquele que resulta do art. 174º do CVM para as OPA's.

[17] RAÚL VENTURA (1993), p. 309. No mesmo sentido, DIOGO DRAGO (2009), p. 192.

[18] MENEZES CORDEIRO (2011), p. 635, refere, para além da necessidade de ter em conta os arts. 334º e 335º do CCiv., a própria praticabilidade do direito.

2. A recusa de informação ou a prestação de informação presumivelmente falsa, incompleta ou não elucidativa

O art. 215º, 2, vem dispor sobre os casos em que existe uma recusa de informação que o sócio considere ilícita ou a prestação de informação "presumivelmente falsa, incompleta ou não elucidativa".

Quando assim seja, o sócio pode "provocar" uma deliberação dos sócios. Isto não parece significar que o sócio adquira o poder de convocar uma assembleia geral para deliberar sobre o assunto. O que deve ser entendido, isso sim, é que aquele sócio pode desde logo requerer a convocação da assembleia aos gerentes ou a inclusão do assunto na ordem do dia de uma assembleia convocada[19].

O art. 248º, 2, permite que qualquer sócio de uma sociedade por quotas exerça os direitos atribuídos para as sociedades anónimas a uma minoria de acionistas relativamente à convocação e inclusão de assuntos na ordem do dia das assembleias gerais (cfr. os arts. 375º e 378º). Não estamos agora perante um caso de atribuição a uma minoria de accionistas de direitos quanto à convocação: estamos, isso sim, em face de uma *atribuição aos próprios sócios da sociedade por quotas* do direito de provocar a convocação.

Quanto ao direito de incluir assuntos na ordem do dia de uma assembleia convocada, o mesmo também é atribuído aos sócios da sociedade por quotas diretamente.

Para além disso, se o sócio pode "provocar" uma deliberação dos sócios, interessa saber se essa possibilidade existe para o caso de recusa de informação ou de prestação de informação presumivelmente falsa, incompleta ou não elucidativa *em assembleia geral*. É certo que o art. 214º, 7, determina que é aplicável à prestação de informações em assembleia geral o disposto no art. 290º. Ora, neste art. 290º não vem prevista a possibilidade de provocar a deliberação dos sócios para que a informação seja prestada ou corrigida.

Contudo, não vemos razões para impedir que o sócio provoque a deliberação referida na própria assembleia durante a qual a informação é recusada ou é mal prestada. Se os sócios deliberam que a informação não deve ser prestada ou que não deve ser corrigida, e se vierem a ser tomadas deliberações sem as informações que permitissem "formar opinião fundamentada sobre os assuntos sujeitos a deliberação", tais deliberações até poderão ser anuláveis. Mas se os sócios deliberarem que a informação deve ser prestada ou corrigida, isso pode

---

[19] RAÚL VENTURA (1993), p. 314.

precisamente evitar que as deliberações posteriores sejam anuláveis. Veja-se ainda que o art. 214º, 7, não estabelece que para a prestação de informações em assembleia geral é "apenas aplicável" o art. 290º.

Perante a recusa de informação que considera ilícita ou no caso de receber "informação presumivelmente falsa, incompleta ou não elucidativa", o sócio pode também requerer inquérito judicial. É o que resulta do art. 216º, para o qual remetemos.

ARTIGO 216º
Inquérito Judicial

1. O sócio a quem tenha sido recusada a informação ou que tenha recebido informação presumivelmente falsa, incompleta ou não elucidativa pode requerer ao tribunal inquérito à sociedade.

2. O inquérito é regulado pelo disposto nos n°s 2 e seguintes do artigo 292º.

Índice:
1. Nótula histórica
2. O *licere* do direito à informação e a inspeção judicial
3. Legitimidade ativa
4. Os factos controvertidos e o ónus da prova
5. O princípio do inquisitório e os poderes do tribunal e os poderes do tribunal; erro na forma de processo
6. A articulação processual entre os arts. 67º e 216º do CSC com o art. 1014º e s. do CPC
7. Garantia civil, garantia contra-ordenacional e garantia penal

Bibiografia
a) Citada:

ABREU, JORGE MANUEL COUTINHO DE – *Curso de direito comercial*, vol. II, *Das sociedades comerciais*, 5ª ed., Almedina, Coimbra, 2015; ASCENSÃO, JOSÉ DE OLIVEIRA – *Direito comercial*, vol. IV, Associação Académica da Faculdade de Direito da Universidade de Lisboa, Lisboa, 1993; CAEIRO, ANTÓNIO – *As sociedades de pessoas no Código das Sociedades Comerciais*, Número Especial do BFD – Estudos em Homenagem ao Prof. Doutor EDUARDO CORREIA, Coimbra, 1988; CORDEIRO, ANTÓNIO MENEZES – *Manual de direito das sociedades*, vol. II, *Das sociedades em especial*, Almedina, Coimbra, 2007; CORREIA, ANTÓNIO DE ARRUDA FERRER – "Sociedade por quotas, cessão de quotas a meeiro de sócio", CJ, 1989, Tomo IV, p. 31-36; CORREIA, ANTÓNIO DE ARRUDA FERRER/XAVIER, VASCO LOBO/COELHO, MARIA ÂNGELA/CAEIRO, ANTÓNIO – *Sociedade por quotas de responsabilidade limitada*, separata da RDE, ano 3º, 1977, n°s 1 e 2, ano 5º, 1979, nº 1; DRAGO, DIOGO – *O poder de informação dos sócios nas sociedades comerciais*, Almedina, Coimbra, 2009; FRADA, MANUEL CARNEIRO DA – "Artigo 216.º", em MENEZES CORDEIRO, ANTÓNIO (coord.), *Código das Sociedades Comerciais anotado*, Almedina, Coimbra, 2009, p. 567-568; DUARTE, JOSÉ MIGUEL – "A comunhão dos cônjuges em participação social", ROA, ano 65º, 2005, II, p. 487-502; FURTADO, JORGE PINTO – *Curso de direito das sociedades*, 5ª ed., Almedina,

Coimbra, 2004; LABAREDA, JOÃO – "Notícia sobre os processos destinados ao exercício de direitos sociais", DJ, vol. XIII, 1999, Tomo I, p. 43-111; "Direito à Informação", em *Problemas de direito das sociedades*, Almedina, Coimbra, 2002, p. 119-151; MARQUES, J. P. REMÉDIO – "Art. 8º", em COUTINHO DE ABREU (Coord.), *Código das Sociedades Comerciais em comentário*, vol. I, Almedina, Coimbra, p. 135-160; *Acção declarativa à luz do código revisto*, 3ª ed., Coimbra Editora, Coimbra, 2011; MARTINS, ALFREDO SOVERAL – *Processo e direito processual*, 1º Vol., Centelha, Coimbra, 1985; *Direito processual civil*, 1º vol., *Noções gerais*, Fora do Texto, Coimbra, 1995; NETO, ABÍLIO – *Código das Sociedades Comerciais, doutrina e jurisprudência*, 4ª ed., Ediforum, Lisboa, 2007; SANTO, JOÃO ESPÍRITO – "Sociedades e cônjuges", *Estudos em memória do professor doutor João de Castro Mendes*, Lisboa, 1994; SOUSA, MIGUEL TEIXEIRA DE – *Introdução ao processo civil*, 2ª ed., Lex, Lisboa, 2000; TORRES, CARLOS MARIA PINHEIRO – *O Direito à informação nas sociedades comerciais*, Almedina, Coimbra, 1998; VARELA, JOÃO DE MATOS ANTUNES – *Direito da família*, 5ª ed., Lisboa, Livraria Petrony, 1999; VASCONCELOS, PEDRO PAIS DE – *A participação social nas sociedades comerciais*, 2ª ed., Almedina, Coimbra, 2006; VENTURA, RAÚL – "Compropriedade de quota", SI, T. XV, 1966, p. 283-305; "Associação à quota", em *Cadernos de Ciência e Técnica Fiscal*, 1968, *Sociedades por quotas*, vol. I, 2ª ed., Coimbra, 1987, "Sociedade por quotas – Cessão de quotas a meeiro de sócio (parecer)", CJ, 1989, T. IV, p. 37-45; XAVIER, RITA LOBO – *Reflexões sobre a posição do cônjuge meeiro em sociedades por quotas*, separata do BFD, vol. XXXVIII, Coimbra, 1993, "Participação social em sociedade por quotas integrada na comunhão conjugal e tutela dos direitos do cônjuge e do ex-cônjuge do «sócio»", *Nos 20 Anos do Código das Sociedades Comerciais, Homenagem aos Profs. Doutores Ferrer Correia, Orlando de Carvalho e Vasco Lobo Xavier*, vol. II, *Vária*, Coimbra, Coimbra Editora, 2007, p. 993-1022.

b) Outra:

COELHO, EDUARDO DE MELO LUCAS – "Pontos críticos do Código das Sociedades Comerciais na jurisprudência", *Nos 20 Anos do Código das Sociedades Comerciais, Homenagem aos Profs. Doutores Ferrer Correia, Orlando de Carvalho e Vasco Lobo Xavier*, vol. I, *Congresso Empresas e Sociedade*, Coimbra Editora, Coimbra, 2007, p. 49-59; MARCOS, RUI MANUEL DE FIGUEIREDO – "Direito dos sócios em sociedades setecentistas", *Nos 20 Anos do Código das Sociedades Comerciais, Homenagem aos Profs. Doutores A. Ferrer Correia, Orlando de Carvalho e Vasco Lobo Xavier*, vol. III, *Vária*, Coimbra, Coimbra Editora, 2007, p. 1023 s.; VENTURA, RAÚL – *Novos estudos sobre sociedades anónimas e sociedades em nome colectivo*, Almedina, Coimbra, 1994.

1. Nótula histórica

O inquérito judicial aos "livros, documentos, contas e papéis" das sociedades anónimas já se encontrava previsto no art. 149º do CCom. Disposição que era aplicável às SQ, por força do art. 46º, § 5, da Lei de 1901 sobre as SQ, e do art. 47º, 3, do DL 49.381[1].

2. O *licere* do direito à informação e a inspeção judicial

A norma em anotação insere-se num quadro mais vasto do direito à informação, de que são sujeitos passivos a sociedade ou os liquidatários[2].

Esta norma é apenas uma das normas destinada a dotar o sócio de instrumentos de reação à violação do direito à informação, tanto por ação como por omissão[3].

A finalidade deste *meio processual* consiste na *atuação adjectiva da tutela das minorias*: quer as minorias de direito, quer as de facto (p. ex., quando um sócio é gerente de direito, mas, por variadas razões, não tem acesso aos negócios sociais). Os sócios que não dispõem de capacidade própria para influenciar o órgão de gestão (a gerência nas SQ) devem achar-se garantidos contra a prática de operações, atos ou negócios prejudiciais ou que revelem uma menor diligência do(s) gerente(s), constituindo a faculdade de desencadear o inquérito judicial um *meio processual adequado de dissuasão* da prática daquelas operações, atos ou negócios.

O *direito à informação do sócio* (a que subjaz a *sujeição* das SQ e dos seus gerentes ao *dever de informação*) inclui no respetivo *licere* ou conteúdo as seguintes faculdades jurídicas: (1) o direito a obter informações verdadeiras, completas, elucidativas[4], (2) o direito de consulta de livros e documentos em poder da

---

[1] FERRER CORREIA/LOBO XAVIER/ÂNGELA COELHO/ANTÓNIO CAEIRO (1977-1979), p. 148.
[2] Não se esqueça que, ao abrigo do estatuído no art. 21º do CSC, todo o sócio tem direito "a obter informações sobre a vida da sociedade, nos termos da lei e do contrato".
[3] JOÃO LABAREDA, (2002), p. 125-126.
[4] Sobre isto, cfr., recentemente, Ac. STJ, de 16/03/2011, proc. nº 1560/08.3TBOAZ.P1.S1, in http://www.dgsi.pt

sociedade[5], (3) o direito de inspeção de bens sociais (corpóreos ou incorpóreos), e (4) o direito de requerer *inquérito judicial*[6].

Esta última *faculdade jurídica processual* vale, não apenas para o não fornecimento de informações, como também para a recusa do direito de consulta ou do direito de inspeção. Isto porque ela é uma *faculdade jurídica instrumental*, enquanto faculdade processual, do *direito à informação em sentido geral*; vale dizer, *do direito de o sócio ser informado da vida e do giro da sociedade*.

Esta *faculdade jurídica processual* tem limites[7]: não poderá ser exercitada por motivos lícitos previstos os estatutos, quando for de recear que o sócio utilize a informação para fins estranhos à sociedade e com prejuízo desta; quando não seja, *in concreto*, praticável o exercício deste direito à informação; e, outrossim, quando a prestação das informações possa provocar a *violação do sigilo ou de segredo de negócios* imposto por lei no interesse de terceiro (ar. 215º do CSC e art. 318º do CPI), ou quando o direito à informação tiver que ser compatibi-

---

[5] Não nos parece, pois, de negar, neste caso, o recurso à inspeção judicial, a fim de obrigar a sociedade (ou os sócios-gerentes) a *facultar a consulta de alguns livros da sociedade e a demais documentação referida nas várias alíneas do nº 1 do art. 288º do CSC*, ficando, contudo, o sócio impedido de os poder retirar do local onde se encontram, mas sendo-lhe *lícito tirar cópias* ou utilizar outros meios de reprodução *in loco*, contanto que a reprodução se revele necessária para o exercício desse direito e não haja motivo grave oponível e alegável (pela sociedade) – art. 576º do CCiv., *ex vi* do art. 292º do CSC, o qual remete para o nº 3 do art. 288º do mesmo Código, na medida em que o nº 2 do art. 216º em anotação reenvia o intérprete para a sujeição do conteúdo e do exercício do direito à informação ao regime jurídico das SA. A favor da utilização deste processo para consultar livros da sociedade ou a sua escrituração, cfr., entre outros, Ac. RP, de 13/02/1990, BMJ, nº 394, 1990, p. 538; Ac. RL, de 2/10/2008, proc. nº 4451/2008-2, in http://www.dgsi.pt. Tb. PINHEIRO TORRES (1998), p. 211-211, nt. 67, 68. Contra a utilização deste processo para a consulta dos livros da sociedade ou a sua escrituração, CARNEIRO DA FRADA (2009), p. 567; DIOGO DRAGO (2009), p. 190-191; entre outros, Ac. RP, de 29/10/1996, proc. nº 9620501, in http://www.dgsi.pt.

[6] Mas é claro que o incumprimento do dever de informar, para além do *inquérito judicial*, pode ainda desencadear: a *anulação de deliberações sociais*, se a deliberação não tiver sido precedida do fornecimento ao sócio de elementos mínimos de informação (art. 58º, 1, c), do CSC); a *convocação da assembleia-geral*, para o efeito de provocar deliberação dos sócios a fim de a informação lhe ser prestada ou ser corrigida (art. 215º, 2, CSC); e as sanções civis e penais (cfr., *infra*, nesta anotação).

[7] Por outro lado, o pedido de prestação de informações é um acto jurídico quase *negocial*, ao qual se aplicam as regras dos negócios jurídicos (art. 295º do CCiv.). Daí que seja aplicável o disposto no art. 217º e s. do mesmo Código, designadamente o art. 233º: a aceitação do pedido de informações com aditamentos, limitações ou outras modificações importa a sua rejeição, excepto se a modificação for suficiente precisa, o que equivale a nova proposta (p. ex., a gerência aceita prestar as informações, mas noutra data da que foi sugerida pelo sócio: Ac. RE, de 18/06/2009, proc. nº 1065/07.0TBOLH-A.E1, in http://www.dgsi.pt.), o que torna intempestivo o pedido de inquérito judicial, não podendo daí retirar-se a recusa de informação ao sócio.

lizado com os ditames da *boa fé*[8], com o *abuso de direito*[9] (art. 334º do CCiv.), a ofensa aos *bons costumes*[10], ou com outros direitos, em caso de *colisão* (art. 335.º do CCiv.). De todo o modo, nas SQ é *maior a transparência exigível*, aí onde a partilha de informação deve ser mais intensa entre os gerentes e os sócios – e entre os próprios gerentes – do que a prevista nas SA[11].

Poderão ainda conceber-se outros *limites implícitos ao exercício do direito de acção* (art. 20º, 1, da CRP), a fim de realizar pretensões de aceder a informações. Haverá, nessas hipóteses, igualmente, *abuso do direito de ação* susceptível de implicar *litigância de má fé* (art. 542º, 2, CPC). Noutros casos, a *falta de interesse processual* do sócio – enquanto *carência de tutela judiciária* para lograr o exercício do direito à concreta informação que poderia ser obtida *extrajudicialmente* – pode conduzir à *absolvição da sociedade da instância* e à extinção da relação jurídica processual.

O sócio pode, outrossim, reproduzir e guardar para si as informações, por qualquer meio tecnológico adequado a *reproduzir coisas ou documentos*, mas esta faculdade jurídica não pode ser exercida através da pretensão de *inquérito judicial*, mesmo que o gerente (de facto e/ou de direito) alegue motivo grave para se lhe opor: esta pretensão deve, isso sim, ser desencadeada com base no art. 576º do CCiv.[12].

O art. 216º, *ex vi* do art. 214º, ambos do CSC, estabelece que o sócio a quem tenha sido recusada a informação ou que tenha recebido informação presumivelmente falsa, incompleta ou não elucidativa está salvo de requerer ao tribunal inquérito à sociedade. De igual modo, preceitua o nº 1 do art. 1048º do CPC que "o interessado que pretenda a realização de inquérito judicial à sociedade, nos casos em que a lei o permita, alegará os fundamentos do pedido de inqué-

---

[8] CARNEIRO DA FRADA (2009), p. 567.
[9] DIOGO DRAGO (2009), p. 213.
[10] DIOGO DRAGO (2009), p. 218.
[11] Por exemplo, nas SQ, pese embora seja prevista a possibilidade de regulamentação pactícia do direito à informação, *este direito dos sócios nunca pode ser excluído* quando o sócio requerente das informações invocar, ponderosamente, a suspeita de práticas suscetíveis de fazer incorrer o seu autor em responsabilidade, ou quando o pedido de informações visar o julgamento da exatidão dos documentos de prestação de contas, ou permitir habilitar o sócio a votar em assembleia geral já convocada (art. 214º, 2, do CSC). Já nas SENC, o direito à informação tem um conteúdo praticamente ilimitado no que tange à vida da sociedade (art. 181º CSC), mesmo quando se saiba que essa informação vai ser utilizada em prejuízo da sociedade ou de um ou mais sócios, sem prejuízo da indemnização dos danos que cause (art. 181º, 5 e 6, CSC).
[12] RAÚL VENTURA (1987), p. 296.

rito, indicará os pontos de facto que interesse averiguar e requererá as providências que repute convenientes".

O sócio pode lançar mão deste meio processual – o *inquérito judicial* – quando lhe tenha sido recusada a informação sobre a "vida" da sociedade". Esta recusa de informação tanto pode ser em *sentido amplo*, ou seja (1) o fornecimento de informação falsa, incompleta, ambígua, prolixa ou não elucidativa e o poder de consultar documentação ou de a inspecionar, quanto em *sentido estrito*, isto é, (2) quando ao sócio é *negado o direito de obter informação sobre um específico assunto* respeitante à gestão da sociedade (*v.g.*, factos materiais, actos de pessoas ligadas à sociedade, atos de terceiro que produzam efeitos na esfera jurídica da sociedade), no sentido de obter informação sobre um *facto específico da vida social*[13] ou um *conjunto de factos merceologicamente ligados entre si*.

Isto sem prejuízo de poderem ser tomadas judicialmente, a pedido dos requerentes (art. 1051º, 2, do CPC, *ex vi* do art. 292º, 2, do CSC), medidas mais severas, a saber: *destituição dos responsáveis* pelas irregularidades apuradas pelo perito investigador; *nomeação judicial de administrador* ou *gerente*; a *dissolução da sociedade*, caso sejam apurados factos que constituam causa de dissolução, ou outras providências que caibam no âmbito dos poderes conferidos ao tribunal no âmbito dos *processos de jurisdição voluntária*.

Não se exige, ao invés do disposto para as SA (art. 288º, 1, do CSC), a titularidade ou subscrição de uma fração mínima do capital social para o exercício do direito de instaurar o processo de inquérito judicial.

Observe-se, ainda, que *o inquérito judicial não se esgota numa pura investigação da sociedade*. Isto porque o art. 216º, 2, do CSC remete a sua regulamentação para o art. 292º do mesmo Código.

Ora, o nº 2 deste último normativo determina que o juiz pode ordenar alguma (ou algumas) das medidas aí previstas, quais sejam, a destituição de pessoas cuja responsabilidade por actos praticados no exercício de cargos socais tenha sido apurada (alínea *a*)), a nomeação de um gerente (alínea *b*), devidamente adaptado às SQ), a dissolução da sociedade (alínea *c*)). Além de que o gerente nomeado pode, de acordo com o que for determinado pelo tribunal, assegurar a gestão da SQ e praticar os actos indispensáveis para ser reposta a legalidade (nº 3 do art. 292º do CSC)[14]. Isto dito, sem prejuízo de a própria sociedade

---

[13] RAÚL VENTURA (1987), p. 283-284.
[14] Um dos *atos consequentes* do tribunal pode ser o de determinar a suspensão dos restantes gerentes que se mantenham em funções ou proibi-los de interferir nas tarefas de gestão confiadas à pessoa nomeada

ser admitida a requerer e a ver decretada providência cautelar contra o(s) gerente(s), designadamente um arresto, antes ou na pendência do processo de inquérito judicial, contanto que estejam verificados os respetivos pressupostos de admissibilidade e de procedência[15].

3. Legitimidade ativa

Discute-se, não raras vezes, quem desfruta de *interesse directo* em demandar, em desencadear o meio processual em análise: apenas o sócio sem responsabilidades de administração ou de gerência[16], ou, igualmente, o sócio gerente[17]? Por outras palavras, perquire-se se o *sócio gerente* pode lançar mão deste meio pro-

---

pelo tribunal (n.º 4 do art. 292º, *ex vi* do n.º 2 do art. 216º, ambos do CSC) – tb. Ac. RP, de 19/10/2004, proc. n.º 0424278, in http://www.dgsi.pt.

[15] Ac. RP, de 28/9/1998, proc. n.º 9850744, in http://www.dgsi.pt.

[16] Se houver dúvida sobre a qualidade de sócio do requerente em apreciação noutra ação pendente, deverá *suspender-se a instância* por motivo de *causa prejudicial*, pois aquela outra ação pode modificar a situação jurídica que tem de ser considerada para o decretamento do inquérito judicial (art. 272º, 1, do CPC) – Ac. RL, de 20/06/2009, proc. n.º 5928/07.4TMSNT.L1-1, in http://www.dgsi.pt.

[17] No sentido em que somente o *sócio não gerente* goza de legitimidade ativa para exercer em juízo esta pretensão, Ac. RP, de 13/04/1999, BMJ, n.º 486, p. 369; Ac. RL, de 7/02/2002, CJ, 2002, T. I, p. 103; Ac. RL, de 25/05/2004, in http://www.dgsi.pt; Ac RL, de 17/07/2009, proc. n.º 1258/08.2TYLSB-7, loc. cit.; Ac. STJ, de 1/07/1997, BMJ, n.º 469, 1997, p. 570; Ac. RE, de 18/10/2005, CJ, 2005, T. IV, p. 274; Ac. STJ, de 01/07/1997, proc. n.º 97A387, www.dgsi.pt. Na doutrina, circunscrevendo apenas a legitimidade ativa aos sócios não gerentes, RAÚL VENTURA (1987), p. 286; PINHEIRO TORRES (1998), p. 176 s.; COUTINHO DE ABREU (2015), p. 240-241, com base na ideia que são os gerentes sobre quem a lei faz recair o dever de comunicar ou possibilitar a informação aos sócios, bem como fornecer, pedir e receber informações de outros gerentes (se a gerência for plural), podendo entrar nas instalações, auscultar trabalhadores e outros prestadores de serviços, participar nas deliberações da gerência e intervir nos negócios sociais. COUTINHO DE ABREU (2015), p. 242 refere, ademais, que o impedimento do exercício do direito à informação a quem for gerente (ou administrador de SA) é resolvido através da instauração da providência de *investidura judicial* no respetivo cargo (arts. 1070º e 1071º do CPC). No sentido, ao invés, de que este processo pode ser instaurado pelo sócio gerente, cfr., entre outros, o Ac. STJ, de 25/10/1990, proc. n.º 079137, in http://www.dgsi.pt; Ac. RL, de 26/11/1992, CJ, 1992, T. V, p. 129; ac. RL, de 11/06/1992, proc. n.º 0042966, in http://www.dgsi.pt; Ac. RL, de 14/12/1995, proc. n.º 0086432, in http://www.dgsi.pt; ac. STJ, de 7/10/1993, proc. n.º 083854, in http://www.dgsi.pt; Ac. STJ, de 10/07/1997, CJ-ASTJ, 1997, T. II, p. 166; Ac. RP, de 5/05/1998, proc. n.º 0250177, in http://www.dgsi.pt; Ac. RP, de 1/02/2000, proc. n.º 1595/99; Ac. STJ, de 13/12/2000, CJ-ASTJ, 2000, T. III, p. 159; Ac. RP, de 1/07/2002, proc. n.º 0250177, in http://www.dgsi.pt.; Ac. RP, de 2/12/2002, CJ, 2002, T. V, p. 188; Ac. STJ, de 23/03/2004, in http://www.dgsi.pt; Ac. RP, de 19/10/2004, CJ, 2004, T. IV, p. 194 = http://www.dgsi.pt ; Ac. RC, de 28/03/1997, in http://www.dgsi.pt; Ac. RC, de 28/03/2007, proc. n.º 1300/06.1TBAGD.C1, loc. cit.; Ac. STJ, de 10/10/2006, proc. n.º 06A1738, loc. cit.; Ac. RL, de 05/06/2014, proc. n.º 2096/13.6TYLSB.L1-2, loc. cit.. Na doutrina, favoráveis à outorga de legitimidade ativa ao sócio gerente, cfr. ANTÓNIO CAEIRO (1988), p. 47; PAIS DE VASCONCELOS (2006), p. 208; CARNEIRO DA FRADA (2009), p. 567; DIOGO DRAGO (2009), p. 265-269; sem expressar opinião, embora abordando o problema, CARLOS OLAVO (2009), p. 307, nt. 369.

cessual enquanto *instrumento processual idóneo* para lograr ou obter as informações respeitantes à sociedade de que é gerente. Pense-se naquelas situações em que, de acordo com o pacto social, todos os sócios são sócios gerentes e algum ou alguns deles são-no apenas *de direito*, e não também *de facto*.

Cremos que os titulares da gerência devem poder lançar mão deste meio processual, pelo menos relativamente ao período da sua gerência durante o qual foram alegadamente impedidos de exercer os poderes de facto de acesso às informações, aos atos e aos negócios, que não apenas os sócios não gerentes. Mas não necessariamente nesse interim.

Em primeiro lugar, o processo de *investidura judicial em cargo social* – meio processual que, à primeira aparência, o sócio gerente a quem é subtraída a informação (art. 1070º e 1071º do CPC) deverá desencadear – parece ser (e é-o, na maior parte das situações) um meio insuficiente[18]. Essa *investidura judicial* pode não ser suficiente para a informação integral acerca dos negócios sociais durante o período. Além disso, o processo especial (de *jurisdição voluntária*) destinado a ordenar o inquérito judicial não termina com a apresentação do resultado desse inquérito.

Aliás, o *objeto deste processo de inquérito judicial*, tal como é configurado pelos requerentes, não se esgota, por via de regra, com a simples investidura na gerência *de facto*. Quase sempre, os requerentes do *inquérito judicial* pretendem também obter a *suspensão* dos demais sócios gerentes, pretensão que o processo especial de investidura judicial não permite exercer nem alcançar, sendo certo que o art. 1482º do CPC, uma vez concluído o inquérito, autoriza o juiz a ordenar, *inter alia*, a pedido dos requerentes, a *suspensão*[19] ou a *destituição* dos gerentes responsáveis pelas irregularidades detetadas, ou a nomeação judicial de um administrador, sem esquecer a dissolução da própria sociedade (art. 1051º, 2 e 3, do CPC).

Também não se compreenderia que o sócio gerente – quer esteja, ou não, afastado, de facto, da gerência –, em conflito com o(s) outro(s) sócio(s) gerente(s), tivesse que requerer a investidura no cargo para poder esperar ter acesso às informações e esclarecimentos que pretende ver prestados sobre os atos e negócios da sociedade, sendo que esse sócio pode ter compreensíveis razões para não requerer a investidura judicial, iniciativa sempre colidente com a atuação do(s) outro(s) gerente(s). E a lei – tanto no art. 67º quando no art.

---

[18] Excepto se não existir qualquer conflito entre os gerentes e com os demais sócios.
[19] DIOGO DRAGO (2009), p. 346.

216º, ambos do CSC – não distingue a qualidade de gerente (ou administrador nas SA) como *pressuposto negativo do exercício* dessa faculdade jurídica[20].

De resto, o tribunal, durante a realização do inquérito, pode ordenar as *medidas cautelares* que considere convenientes (*v.g.*, suspensão de sócio gerente) – sem que, necessariamente, estas sejam precedidas de um pedido do requerente, atento regime do art. 987º do CPC –, sempre que se indicie a existência de irregularidades ou a prática de actos susceptíveis de perturbar ou impedir a investigação (art. 1050º do CPC).

Isto inculca a ideia de que a *utilização exclusiva* do *processo de investidura judicial* por parte de sócio gerente pode implicar, em si mesmo, a *carência de tutela judiciária* deste sócio gerente, que tenha sido impedido de exercer a gerência de facto ou que nunca a tenha exercido, traduzindo uma solução violadora do preceituado no art. 20º, nº 1, da CRP. Haveria sempre a tentação de *renunciar* à gerência (de direito) e, só então, instaurar a acção de inquérito judicial ... agora como mero sócio de SQ. Será razoável supor que o legislador terá desejado esta solução? Cremos que não.

O sócio, por ser gerente, não perde a sua qualidade de sócio. Se tal consequência fosse conjecturável e admissível, isso equivaleria a retirar o poder de informação (e concomitante sujeição dos gerentes que negarem o exercício desse poder) ao sócio consoante as funções ou cargos sociais que ele viesse (ou estivesse) a exercer[21].

O *estatuto* de sócio – provido de um *feixe* de poderes e deveres jurídicos que marcam indelevelmente essa *posição jurídica complexa* – é que é moldado à luz das diferentes formas de funcionamento e organização dos distintos tipos de sociedades. As faculdades jurídicas mínimas contidas no *licere* do poder de informação de um sócio de uma SQ – designadamente o poder de exigir a prestação de informações e de, em caso de recusa injustificada, fazer atuar as vias processuais prevista no art. 67.º do CSC ou no art. 1048º e s. do CPC – não se alteram com a circunstância de, em determinada altura (ou *ab initio*), esse sócio reunir cumulativamente tal estatuto e a qualidade de sócio gerente[22].

---

[20] Aliás, no art. 67º, 1, do CSC o legislador atribui expressamente este direito a "qualquer sócio", independentemente de ser gerente.
[21] Analogamente, DIOGO DRAGO (2009), p. 266-267, sustentando que o sócio – ainda quando seja *o gerente* – desfruta de um poder "adormecido" na sua esfera jurídica e que o interesse da fiscalização dos sócios surge logo a partir da celebração do contrato de sociedade, o que justifica reconhecer-lhes uma amplitude de conhecimento sobre a realidade societária, a fim de garantir o propósito fiscalizador.
[22] Em sentido próximo, DIOGO DRAGO (2009), p. 267.

Por outro lado, posto que o sócio gerente é titular, *simultaneamente*, dos direitos e deveres de *sócio* e de *sócio gerente*, parece estar na sua inteira disponibilidade a escolha do meio processual mais adequado ao quadro factual existente e por si percepcionado e alegado, para o que deverá conformar adequadamente o *objeto do processo* a apresentar ao tribunal (pretensão/pedido *versus* factos/ causa de pedir).

Last but not the least, uma vez que o juiz não está adstrito à providência concretamente requerida (art. 392º do CSC, *ex vi* do art. 216º, 2, do mesmo Código), podendo autorizar a cumulação de providências (art. 37º, 2 e 3, do CPC), não repugna requerer, *cumulativamente*, se for caso disso, a *investidura judicial* no cargo de gerente.

Enfim, já se tem questionado se o *cônjuge do sócio* tem uma participação entibiada, activa ou, pelo contrário, inexistente no exercício deste *direito à informação*.

A este propósito diremos que, atenta a propalada distinção entre a *vertente* (e o valor) *patrimonial* da quota e a *vertente associativa ou corporativa* inerente à qualidade de sócio[23] – que permaneceriam ligados ao cônjuge formalmente designado como sócio ou que tenha celebrado o contrato de sociedade –, a tendência, antes do advento do CSC, foi para negar ao *cônjuge do sócio* o exercício deste direito social[24]. O CSC consolidou esta solução, no nº 2 do art. 8º, ao dispor que "nas relações com a sociedade" só um dos cônjuges é "considerado como sócio".

Como afirmámos, na anotação ao art. 8º deste Código, a intenção do nº 2 desta norma parece ser a de impedir que o cônjuge do sócio possa, *sic et simpliciter*, exercer os *direitos pessoais* do sócio (*scilicet*, do cônjuge sócio) inerentes à participação na sociedade (*v.g.*, direito aos lucros, direito de voto, direito informação)[25]. Daí que – sem prejuízo do regime protetor que lhe assiste por

---

[23] PINTO FURTADO (2004), p. 240.
[24] FERRER CORREIA (1989), p. 33-34. Embora, na mesma altura, RAÚL VENTURA (1989), p. 39-40, tivesse reafirmado a sua anterior posição, segundo a qual ambos os cônjuges são sócios, aplicando-se à quota comum o regime previsto para a compropriedade de quota – RAÚL VENTURA (1966), p. 283 s.; RITA LOBO XAVIER (1993), p. 74, já na vigência do CSC, admite que a quota integra o património comum e que, por isso, será forçoso considerar ambos os cônjuges como sócios.
[25] REMÉDIO MARQUES (2010), p. 147, p. 149; tb., já, ANTUNES VARELA (1999), p. 441; FERRER CORREIA (1989), p. 33-34 (considerando como sócio, para efeitos do exercício dos direitos pessoais inerente à quota, apenas o cônjuge que subscreveu o contrato de sociedade); PINTO FURTADO (2009), p. 345-348; contra, RITA LOBO XAVIER (1993), p. 74; RITA LOBO XAVIER (2007), p. 998; MIGUEL DUARTE (2005), p. 494 s., § 3; no sentido, porém, de que o nº 2 do art. 8º do CSC introduz uma regra particular de designação para o exercício de direitos sociais e que a outorga de um poder de administração, por regras distintas

ocasião de crises ou de rupturas matrimoniais, que assinalámos na anotação ao art. 8.º deste Código –, não tendo o *cônjuge do sócio* a qualidade de sócio, aquele carece de legitimidade activa para intentar a ação especial de inquérito judicial.

4. Os factos controvertidos e o ónus da prova

É facilmente intuível que o inquérito judicial não pode ser imotivado, nem, tão pouco, pode ser baseado em *meras suspeitas de irregularidades* na administração dos bens sociais. Deverá, isso sim, fundar-se em *factos concretos* cuja prova cabe a quem pede o inquérito, os quais deverão revelar a falsidade da informação solicitada ou a sua insuficiência[26].

Assim, tendo em conta o disposto no art. 342º, 1 e 2, do CCiv., sobre o requerente do inquérito recai o ónus de provar, para além da sua (1) qualidade de sócio, (2) a recusa da informação que tenha sido precipuamente pedida à gerência, ou (3) a prestação de informação falsa, incompleta, prolixa, ambígua ou, em geral, não elucidativa (factos constitutivos do direito do requerente). Sobre a sociedade recai o ónus de demonstrar os factos dos quais se possa retirar ou inferir a licitude da recusa, já que são *factos impeditivos* do direito do requerente.

5. O princípio do inquisitório e os poderes do tribunal; erro na forma de processo

O *não cumprimento* do dever de informação ou a sua *prestação deficiente* podem assumir diferentes facetas: desde a falta de apresentação tempestiva do relatório, das contas de exercício e demais documentos de prestação de contas,

---

das do direito matrimonial, a um dos cônjuges, não importa "a retirada da qualidade de sócio ao outro", cfr. OLIVEIRA ASCENSÃO (1993), p. 363, afirmando, porém, este nosso Professor, que o CSC deixa em aberto, entre outras, "a questão de saber se aspectos como a participação nos órgãos sociais, o direito de voto, o direito à informação, o direito aos dividendos ou preferência na aquisição de novas ações se acham abrangidos pela expressão "nas relações com a sociedade"; JOÃO ESPÍRITO SANTO (1994), p. 404-405, afirmando que não pode dizer-se que o art. 8º, 2, do CSC nega a "qualidade de sócio" ao cônjuge daquele que adquiriu uma participação social que é comum por força do regime de bens, norma que, para este Autor, estabelece um regime especial relativamente ao da contitularidade de participações sociais não resultantes do regime matrimonial.

Na jurisprudência, no sentido de que ao cônjuge do sócio não assiste legitimidade processual ativa para desencadear inquérito judicial, cfr., entre outros, Ac. STJ, de 31/03/1998, proc. nº 97A791, in http://www.dgsi.pt; Ac. RP, de 13/03/2000, proc. nº 0050129, in http://www.dgsi.pt.; Ac. STJ, de 10/10/2008, proc. nº 08B871, in http://www.dgsi.pt; Ac. RC, de 21.06.2011, proc. nº 1215/10.9TJCBR.C1, loc. cit. (o herdeiro de sócio não tem legitimidade activa para o efeito).

[26] Ac. RP, de 7/04/2005, proc. nº 0531171, in http://www.dgsi.pt

até à falta de apresentação de informações sobre certos negócios em curso de execução ou na eminência de serem celebrados, etc.

Daí que, não raras vezes, os autores destas ações desencadeiam o mecanismo processual previsto no art. 1048º e s. do CPC quando apenas têm em vista a realização de inquérito judicial motivado (e assumido na petição inicial) pela falta do relatório de gestão, das contas do exercício e demais documentos de prestação de contas regulado no art. 67º do CSC[27].

Atenta a *legalidade das formas processuais*[28], há, nestes casos, *erro na forma de processo*, já que o trâmite respeitante a esta específica pretensão é o previsto no art. 67º do CSC, e não o estatuído no art. 1048º e s. do CPC.

Nestas eventualidades, o tribunal deverá conhecer, *oficiosamente*, deste *erro na forma de processo* (art. 199º do CPC) e mandar seguir o processo que ao caso caiba, ao abrigo do *princípio do inquisitório* (art. 6º do CPC)[29], aproveitando-se os atos (e os articulados já eventualmente produzidos), pois a ele, juiz, compete o *suprimento dos processuais processuais* susceptíveis de sanação (arts. 6º, 2, e 5º, ambos do CPC).

Note-se, porém, que esta consequência (isto é, a do suprimento oficioso desta *exceção dilatória*: art. 196º do CPC) estará obviamente dependente da circunstância de o sócio requerente – não obstante, por exemplo, haver formulado o pedido no quadro de uma ação declarativa especial de prestação de contas (art. 941º e s. do CPC) ou um pedido de inquérito judicial, ao abrigo do art. 1048º do CPC – ter formulado um pedido que autoriza a *qualificação jurídica* para a qual o tribunal se ache competente e mande convolar a forma de processo[30]. Caso contrário, conhecerá da *nulidade processual* e anulará todo o processado (art. 193º, 1 e 2, do CPC) ou somente aproveitará a petição.

Além disso, é fácil verificar que, no caso, a tramitação das duas pretensões não é manifestamente incompatível. Com efeito, tal como o processo especial de prestação de contas (art. 941º e s. do CPC), o inquérito judicial, regulado nos arts. 1048º a 1052º do mesmo Código, subdivide-se, igualmente, em duas fase: na primeira, ao tribunal cumpre apreciar os fundamentos invocados pelo requerente e, quer haja, ou não, oposição dos requeridos, decide se ocorrem

---

[27] MENEZES CORDEIRO (2007), p. 773.
[28] Sobre este princípio, cfr. REMÉDIO MARQUES (2011), p. 212-213.
[29] Ac RP, de 23/11/2010, proc. nº 1702/04.8TBPNF.P2, in http://www.dgsi.pt
[30] Recentemente, Ac. RL, de 4/03/2010, proc. nº 20/04.6TYLSB-A.L1-6, in http://www.dgsi.pt. Cfr., sobre os critérios de determinação do tribunal competente em razão da matéria, à face da delimitação que o autor efectua dos factos que pretende ver provados, REMÉDIO MARQUES (2011), p. 311.

motivos para proceder ao inquérito (art. 1049º, 1, do CPC); na segunda fase, após a conclusão do inquérito, o tribunal fixa a matéria de facto e decide sobre as providências requeridas (art. 1051º do citado Código)[31].

Se, por outro lado, o motivo que leva os requerentes a tribunal for a falta de apresentação do relatório de gestão, contas do exercício e demais documentos de prestação de contas, deverá ser seguido o trâmite especial previsto no art. 67º do CSC., aproveitando-se tudo o que tiver sido processado naquela primeira fase.

Se a sociedade e/ou os titulares da gerência *não contestarem*, nem por isso o tribunal deverá seguir o disposto no art. 567º, 1, do CPC: a falta de contestação dos requeridos não implica a *cominação plena* plasmada na decisão do tribunal proceder ao inquérito. Não se esqueça que estamos no domínio dos processos de *jurisdição voluntária*[32], aí onde o tribunal pratica a *heterotutela*[33] e se *motiva subjectivamente*, e onde há que curar de um *interesse* ou de um *feixe de interesses* – in casu, o interesse do sócio em ser informado e/ou aceder à informação, e não de uma *controvérsia adversarial* decidida, pelo tribunal, à luz de critérios *heterocompositivos*.

Por outro lado, se ao caso couber a *destituição* (ainda que *provisória*) *dos gerentes* por *justa causa* (art. 1055º do CPC, e art. 257º, 4 e 6, ambos do CSC), o tribunal não deverá ordenar a realização de inquérito (p. ex., os gerentes requeridos não cessarem de endividar a sociedade e, indirectamente, colocarem em causa a responsabilidade de outros sócios avalistas), ainda quando haja repetida omissão do dever de informação aos restantes sócios e de apresentação das contas e relatórios de gestão. Pois, nestes casos – e nestes processos de jurisdição voluntária –, não está o tribunal sujeito ao disposto no art. 5º, 1 do CPC, antes prevalecendo o *princípio do inquisitório* (art. 986º, 2 do CPC), podendo o tribunal *investigar livremente os factos* e utilizar os factos que ele próprio capte através da actividade investigatória realizada, para além dos factos que são alegados pelas partes[34].

---

[31] Ac. STJ, de 9/05/2002, proc. nº 02B808, in http://www.dgsi.pt.
[32] Sobre a distinção entre os processos de *jurisdição voluntária* e *jurisdição contenciosa, maxime*, em matéria de *critérios de decisão*, cfr. TEIXEIRA DE SOUSA (2000), p.38; REMÉDIO MARQUES (2011), pp. 113-118.
[33] Sobre as diferentes formas de composição de interesse(s) e de conflitos de interesses (heterocomposição, heterotutela, autotutela e autocomposição), cfr. REMÉDIO MARQUES (2011), pp. 24-25; SOVERAL MARTINS (1985), p. 215-217; SOVERAL MARTINS (1995), p. 26, s..
[34] Ac. RP, de 1/02/2011, proc. nº 335/10.4TYVNG-A.P1, in http://www.dgsi.pt.

6. A articulação processual entre os art. 67º e art. 216º CSC e o art. 941º e s. do CPC

Assim se vê que a norma do art. 67º do CSC *é especial* relativamente à do art. 216º do mesmo Código[35].

A primeira respeita ao inquérito judicial nas eventualidades de falta de apresentação de relatório de gestão, contas de exercício e demais documentos de *prestação de contas* – podendo ser nomeado judicialmente um administrador para as apresentar e submeter à aprovação, ou, em caso de não aprovação em assembleia judicialmente convocada para o efeito, submeter essas contas ao juiz para aprovação ou recusa, após a realização de relatório por revisor oficial de contas. A segunda tange com o não cumprimento ou o cumprimento defeituoso do direito a obter e ser inteirado de *quaisquer outras informações*.

Por maioria de razão está o sócio impedido de usar o *processo especial de prestação de contas* previsto no art. 941º e s. do CPC[36], mesmo que este seja desencadeado no quadro de um processo de inventário por óbito.

Em ambos os casos, também é aplicável o disposto nos arts. 292º a 295º do CPC, relativos às regras gerais sobre os *incidentes processuais*.

Por fim, note-se ainda que o inquérito judicial que tenha por objecto o exercício de direito à informação por parte de *associados* de *pessoas colectivas sem fins lucrativos* é deduzido ao abrigo do art. 576º do CCiv., em *ação declarativa com processo comum*, não lhe sendo aplicável o disposto no art. 1048º e s. do CPC[37], uma vez que estes processos somente são mobilizáveis nos casos *expressamente* previstos na lei (art. 546º, 2, do CPC).

7. Garantia civil, garantia contra-ordenacional e garantia penal

A *falta de cumprimento* ou o *cumprimento deficiente* (*v.g.*, omissão de alguns relatórios ou de algumas convocatórias e a suspeita de inexactidões respeitantes às quantias pagas a trabalhadores da sociedade, etc.) do dever de informação constitui os sócios gerentes (e, eventualmente, a sociedade) em *responsabilidade civil contratual* (art. 72º e *s.* do CSC)[38], ficando estes responsáveis pelo prejuízo

---

[35] Entre outros, cfr. ac. STJ, de 22/11/1995, CJ-ASTJ, 1995, T. III, p. 113; Ac. STJ, de 28/03/1995, in http://www.dgsi.pt; Ac. RL, de 14/11/1997, in http://www.dgsi.pt.; Ac. RE, de 30/09/2009, proc. nº 2939/08.1TBFAR.E1, in http://www.dgsi.pt.

[36] Ac. STJ de 19/11/96, CJ-ASTJ, 1996, T. III, p. 106; Ac. STJ, de 22/11/95, CJ-ASTJ, 1995, T. III, p. 113; Ac. STJ de 28/3/95; ac. STJ, de 26/9/95; Ac. STJ, de 17/5/94, todos em http://www.dgsi.pt; tb. Ac. RC de 8/02/2000, CJ, 2000, T. I, p. 15; mais recentemente, Ac. STJ, de 7/10/2010, proc. nº 642/06.0YXLSB--A.S1, in http://www.dgsi.pt

[37] Ac. STJ, de 26/06/2008, proc. nº 08B1761, in http://www.dgsi.pt

[38] Sobre isto, DIOGO DRAGO (2009), p. 349-352.

(patrimonial e não patrimonial) que causarem ao sócio, nos termos do art. 798º e s. do CCiv., aplicando-se a *presunção de culpa* prevista no art. 799º do mesmo Código.

Nalguns casos, a não apresentação atempada do relatório de gestão, as contas do exercício e os demais documentos de prestação de contas – ou seja, no prazo previsto para a sua apresentação (art. 376º, 1, do CSC) – constitui um *ilício de mera ordenação social*, punido com uma desactualizada moldura de coima, que varia entre € 50 a € 1500 (art. 528º, 1, do CSC).

Por sua vez, a *recusa ilícita de prestação de informações* ou a *prestação de informações falsas* pode gerar *responsabilidade criminal*[39]. Vejamos.

O gerente que recusar ou fizer recusar por outrem a consulta de documentos que a lei determine sejam postos à disposição dos interessados para a preparação de assembleias sociais, ou recusar ou fizer recusar o envio de documentos para esse fim será punido com prisão até três meses e multa até 60 dias (art. 518º, 1, do CSC). Se o gerente recusar ou fizer recusar por outrem, em reunião de assembleia social, informações que esteja por lei obrigado a prestar e que lhe tenham sido pedidas por escrito incorre numa pena de multa até 90 dias (art. 518º, 2, do CSC).

Se o gerente estiver obrigado a prestar informações sobre matéria da vida da SQ e as der *contrárias à verdade*, incorre numa pena de prisão até três meses e multa até 60 dias, se não couber uma pena mais grave por força de outra disposição da lei (art. 519º, 1, do CSC). Se, por outro lado, o *gerente prestar maliciosamente informações incompletas* e que possam induzir os destinatários a conclusões erróneas de efeito idêntico ou semelhante a que teriam informações falsas sobre o mesmo facto, o nº 2 do mesmo art. 519º fá-lo incorrer na mesma pena. Os nºˢ 3 e 4 do mesmo art. prevêem circunstâncias *agravantes*, enquanto o nº 5 estatui um conjunto de circunstâncias susceptíveis de *atenuar especialmente a pena* ou importar na *isenção de pena*.

---

[39] Com desenvolvimentos, DIOGO DRAGO (2009), p. 352-353.

SECÇÃO V
DIREITO AOS LUCROS

ARTIGO 217º *
Direito aos lucros de exercício

1. *Salvo diferente cláusula contratual ou deliberação tomada por maioria de três quartos dos votos correspondentes ao capital social em assembleia geral para o efeito convocada, não pode deixar de ser distribuído aos sócios metade do lucro do exercício que, nos termos desta lei, seja distribuível.*
2. *O crédito do sócio à sua parte dos lucros vence-se decorridos 30 dias sobre a deliberação de atribuição de lucros, salvo diferimento consentido pelo sócio; os sócios podem, contudo, deliberar, com fundamento em situação excecional da sociedade, a extensão daquele prazo até mais 60 dias.*
3. *Se, pelo contrato de sociedade, os gerentes ou fiscais tiverem direito a uma participação nos lucros, esta só pode ser paga depois de postos a pagamento os lucros dos sócios.*

* A atual redação do artigo foi dada pelo DL 280/87, de 8 de julho.

Índice

1. O direito dos sócios ao lucro
2. O particular regime do CSC relativo à distribuição do lucro de exercício. O lucro de exercício distribuível
3. Necessidade de aprovação das contas, mas desnecessidade de deliberação sobre a destinação dos lucros
4. A possibilidade de derrogação do direito previsto no art. 217º
5. Vencimento do direito ao lucro
6. O justificado não pagamento aos sócios dos lucros de exercício
7. O pagamento de lucros a não sócios
8. O pagamento antecipado de lucros do exercício

Bibliografia

Citada:
ABREU, J. M. COUTINHO DE – *Da empresarialidade – As empresas no direito*, Almedina, Colecção Teses, Coimbra, 1996, *Direito comercial – Relatório sobre o programa, os conteúdos e os métodos de ensino*, Coimbra, 1999, *Curso de direito comercial*, vol. II., *Das sociedades*, 5ª ed., Almedina, Coimbra, 2015; ALMEIDA, A. PEREIRA DE – *Sociedades comerciais – Valores mobiliários, instrumentos financeiros e mercados*, vol. I, Coimbra Editora, Coimbra, 2013; CAEIRO, ANTÓNIO/SERENS, NOGUEIRA, "Direito aos lucros e direito ao dividendo anual", *RDE*

5 (1979), p. 369-383; CASTRO, C. OSÓRIO DE/CASTRO, G. ANDRADE E – "A distribuição de lucros a trabalhadores de uma sociedade anónima, por deliberação da assembleia geral", *O Direito*, 2005, p. 57-80; COLOMBO, G. E. – "Utili, dividendi e acconti dividendo", in G. E. COLOMBO/G. B. PORTALE, *Trattato delle società per azioni*, Utet, Torino, vol. 7*, 1995; CORDEIRO, A. MENEZES – "Artigo 217º", em *Código das Sociedades Comerciais anotado*, Almedina, Coimbra, 2011, p. 637-639; CORREIA, A. FERRER – *Lições de direito comercial*, vol. II, *Sociedades comerciais. Doutrina geral*, edição policopiada, Coimbra, 1968; CUNHA, PAULO OLAVO – *Direito das sociedades comerciais*, 5ª ed., Almedina, Coimbra, 2012; DOMINGUES, PAULO DE TARSO – *Variações sobre o capital social*, Almedina, Coimbra, 2009, "Artigo 22º", em *Código das Sociedades Comerciais em Comentário*, vol. 1, Almedina, Coimbra, 2010, p. 364-371, "Artigo 32º", em *Código das Sociedades Comerciais em Comentário*, vol. 1, Almedina, Coimbra, 2010, p. 487-502; FERNANDEZ DEL POZO, L. – *La aplicación de resultados en las sociedades mercantiles (Estudio especial del artículo 213 de la Ley de Sociedades Anónimas)*, Civitas, Madrid, 1997; FONSECA, J. TAVEIRA – "Amortização de quotas", *Revista do Conselho Distrital do Porto da Ordem dos Advogados*, nºs 22/23 (Dez/02-Jun/03), p. 97-113; GALGANO, FRANCESCO – *La società per azioni – Trattato di diritto commerciale e diritto pubblico dell'economia*, vol. 7, Cedam, Padova, 1988; GARCÍA-MORENO GONZALO, JOSÉ MARÍA – "La posición del socio minoritario frente a la distribuición de beneficios", in *Derecho de sociedades – Libro Homenaje al Profesor Fernando Sánchez Calero*, vol. I, McGraw Hill, Madrid, 2002, p. 959-1007; GOMES, FÁTIMA – *O direito aos lucros e o dever de participar nas perdas da sociedade anónima*, Almedina, Coimbra, 2011; MENDES, EVARISTO – "Lucros de exercício – Jurisprudência crítica", RDES, 1996, p. 275-364, "Direito ao lucro de exercício no CSC (arts. 217/294)", in *Estudos em homenagem ao Professor Doutor Mário Júlio Ameida Costa*, Universidade Católica, Lisboa; 2002, p. 487-583; PITA, MANUEL ANTÓNIO – *Direito aos lucros*, Almedina, Coimbra, 1989; SANTOS, F. CASSIANO DOS – "A posição do accionista face aos lucros de balanço. O direito do accionista ao dividendo no código das sociedades comerciais", *BFDUC, Studia Iuridica*, 16, Coimbra Editora, Coimbra, 1996, "O direito aos lucros no código das sociedades comerciais (à luz de 15 anos de vigência)", in *Problemas de direito das sociedades*, IDET, Almedina, Coimbra, 2002, p. 185-199, *Estrutura associativa e participação societária capitalística – Contrato de sociedade, estrutura societária e participação do sócio nas sociedades capitalísticas*, Coimbra Editora, Coimbra, 2006; SCHMIDT, KARSTEN – *Gesellschaftsrecht*, Carl Heymanns Verlag, Koln, 2002; VASCONCELOS, P. PAIS DE – "Direitos destacáveis – o problema da unidade e pluralidade do direito social como direito subjectivo", *Direitos dos Valores Mobiliários*, vol. I., Coimbra Editora, Coimbra, 1999, p. 167-176, *A participação social nas sociedades comerciais*, 2ª ed., Almedina, Coimbra, 2006; VENTURA, RAÚL – *Sociedade por quotas*, vol. 1, Almedina, Coimbra, 1989; XAVIER, V. G. LOBO – *Anulação de deliberação social e deliberações conexas*, Atlântida Editora,

Coimbra, 1975, *Sociedades comerciais (Lições aos alunos de Direito Comercial do 4º ano jurídico)*, ed. copiogr., Coimbra, 1987; XAVIER, V. G. LOBO/COELHO, MARIA ÂNGELA – "Lucro obtido no exercício, lucro de balanço e lucro distribuível", *RDE* 8 (1982), p. 259-275.

1. O direito dos sócios ao lucro

O lucro nas sociedades desdobra-se necessariamente em duas vertentes[1]: ele traduz-se num ganho, num incremento patrimonial que é criado diretamente na esfera jurídica da sociedade – que, nesta dimensão, se costuma designar por lucro objetivo –, o qual se destina depois a ser repartido pelos sócios, designando-se, nesta vertente, por lucro subjetivo. Esta dúplice conceção de lucro é, inquestionavelmente, aquela que está presente na noção de sociedade contida no art. 980º CCiv. – constituindo um dos seus *essentialia elementa* –, onde se pode ler que o fim da sociedade é o de os sócios repartirem entre si os lucros resultantes do exercício da atividade social (cfr. art. 980º, *in fine* CCiv.)[2].

O sócio, individualmente considerado, tem, pois, um direito sobre o lucro (que, entre nós e para as sociedades comerciais, está expressamente consagrado no art. 21º, 1, al. a)), que se traduz, por um lado, no direito de exigir que a sociedade tenha por finalidade o escopo lucrativo e, por outro, no direito de participar na distribuição dos lucros apurados pela sociedade. Trata-se de um direito irrenunciável e inderrogável do sócio[3], de que é corolário a proibição do pacto leonino – a exclusão de um sócio participar nos lucros (e/ou nas perdas) – previsto, com carácter geral, no artigo no art. 994º CCiv. e, no que especificamente às sociedades comerciais diz respeito, no art. 22º, 3[4].

---

[1] Vide FERRER CORREIA (1968), p. 9; V. LOBO XAVIER (1987), p. 21, s.; COUTINHO DE ABREU (2015), p. 21, (1996), p. 181, s.; OSÓRIO DE CASTRO/ANDRADE E CASTRO (2005), p. 59, s.; MANUEL ANTÓNIO PITA (1989), p. 65; e, mais recentemente, FÁTIMA GOMES (2011), p. 298, s.. Pais de Vasconcelos refere, a este propósito, uma noção ampla (compreendendo toda e qualquer "vantagem económica proporcionada pela actividade social") e restrita (que abrange apenas "a vantagem económica que se forma e apura na titularidade da sociedade, para depois ser distribuída aos sócios") de lucro. Cfr. PAIS DE VASCONCELOS (2006) p. 78, s..
[2] De resto, esta vertente subjetiva do lucro é o *quid specificum* das sociedades comerciais, que permite diferenciá-las das outras estruturas associativas (associações, cooperativas, agrupamentos complementares de empresas, consórcios, etc.), onde tal circunstância não se verifica. Cfr. LOBO XAVIER (1987), p. 21, s.; COUTINHO DE ABREU (2015), p. 29, s.; e OSÓRIO DE CASTRO/ANDRADE E CASTRO (2005), p.59, s..
[3] Cfr. FERRER CORREIA (1968), p. 260, s.
[4] Sobre o pacto leonino, vide TARSO DOMINGUES (2010), anotação 3 ao art. 22º no 1º vol. deste Comentário, p. 368, s..

Isto não significa, porém, que o sócio – enquanto titular deste direito (que se pode designar como direito abstrato) ao lucro – possa exigir da sociedade a distribuição da riqueza por ela criada, i.é, que o sócio possa reclamar da sociedade uma qualquer concreta repartição do lucro[5] ou, dito doutro modo, que o sócio seja titular de um direito concreto sobre o lucro. Com efeito, cabe à coletividade dos sócios deliberar se, quando e como se procederá à sua distribuição[6]. Ou seja, é com a deliberação social de distribuição que o "lucro se torna dividendo"[7], que o direito do sócio ao lucro se determina e materializa[8], podendo então designar-se por direito ao dividendo[9], tornando-se então o sócio titular de um direito de crédito – equiparável ao direito de um qualquer terceiro credor (*Gläubigerrecht*[10]) – sobre a própria sociedade. Trata-se, pois, de um direito que nasce com aquela deliberação e que, portanto, só existe a partir dela[11]. Daqui decorre que, uma vez aprovada a deliberação de distribuição

---

[5] Ainda que a pretensão respeite apenas aos lucros gerados no exercício transato. O sócio tem apenas o "direito de exigir que anualmente seja apresentado um relatório de gestão contendo também uma proposta de aplicação de resultados" (cfr. COUTINHO DE ABREU (1999), p. 76). Note-se, no entanto, que o ordenamento jurídico português consagra, neste art. 217º (regime idêntico está previsto, para as SA, no art. 294º), o caso excecional de um direito a metade do lucro de exercício. Ainda aqui, no entanto, não será correto falar-se de um direito concreto ao lucro, uma vez que a distribuição dessa parcela do lucro poderá ser excluída – nos termos que adiante veremos – pelos sócios, sendo certo que ela está, por outro lado, sempre dependente da aprovação das contas e do balanço.

[6] Assim, entre nós, veja-se FERRER CORREIA (1968), p. 349; ANTÓNIO CAEIRO/NOGUEIRA SERENS (1979), p. 372, nt 1; COUTINHO DE ABREU (1999), p. 76; e CASSIANO DOS SANTOS (1996), p. 109, s., (2002), p. 191, s., (2006), p. 458, s. Veja-se, contudo, sobre o particular regime português consagrado nos artigos 217º e 294º CSC, *infra* n° 3.

[7] GALGANO, (1988), p. 344.

[8] I.é, só com a deliberação social se determina o *an* e o *quantum* do dividendo. Cfr. GALGANO (1998), p. 349.

[9] Cfr. FERNANDEZ DEL POZO (1997), p. 101.

[10] Cfr. K. SCHMIDT (2002), § 29, IV, 3, e); e FERRER CORREIA (1968), p. 348, s..

[11] Perfilhámos, em texto, a clássica qualificação tripartida do direito do sócio aos lucros: direito abstrato/direito concreto/direito ao dividendo. Cfr., sobre a matéria, FERNANDEZ DEL POZO (1997), p. 100, s.. Note-se, no entanto, que o sentido e o alcance atribuídos a cada uma destas categorias não são uniformes na doutrina. Entre nós, p. ex., Osório de Castro/Andrade e Castro utilizam apenas uma distinção bífida de direito ao lucro: o direito abstrato ao lucro e o direito concreto ao lucro, fazendo equivaler este ao direito ao lucro cuja distribuição foi deliberada, i. é, o direito ao dividendo. Vide OSÓRIO DE CASTRO/ANDRADE E CASTRO (2005), p. 61, s.. Importa ainda sublinhar – como acertadamente adverte Pais de Vasconcelos – que o direito abstrato ao lucro não é um direito destacável da participação social e que possa, portanto, ser autonomizado e alienado, uma vez que tal poria em causa a própria "integridade do direito social", podendo consubstanciar materialmente um pacto leonino, pois que haveria sócios sem direito a quinhoar no lucro. Diferentemente, o "crédito de dividendos, vencidos ou vincendos, mas determinados" já poderá ser destacado e autonomizado da participação social. Cfr. PAIS DE VASCONCELOS (1999), p. 173, s..

dos lucros, não pode depois a coletividade dos sócios condicionar, restringir ou revogar tal distribuição. Com efeito, o direito ao dividendo, tendo origem na qualidade de sócio, autonomiza-se dela, assumindo o carácter de direito extra corporativo, não podendo, por isso, ser afetado contra a vontade do sócio[12]. Ou seja, este direito ao dividendo cai fora da esfera societária[13], ficando subtraído ao poder deliberativo dos sócios, sendo nula[14] qualquer deliberação que o vise condicionar ou restringir.

Isto dito, importa agora analisar o especial regime jurídico que, no nosso ordenamento, o CSC veio consagrar, neste art. 217º[15] – de forma inovadora e sem paralelo em direito comparado[16] –, relativo ao direito dos sócios sobre os lucros de exercício da sociedade, atribuindo-lhes, em determinados termos, o direito à repartição de uma parcela (metade) desse lucro[17].

2. O particular regime do CSC relativo à distribuição do lucro de exercício. O lucro de exercício distribuível

O CSC[18] – derrogando o regime geral da suficiência da deliberação maioritária – estabelece, neste art. 217º, um regime que visa a proteção das minorias socie-

---

[12] Cfr. K. SCHMIDT (2002), § 29, IV, 3, al e); FERRER CORREIA (1968), p. 348, s.; e LOBO XAVIER (1975), p. 129. É uma solução que foi já sufragada pela nossa mais alta instância judiciária, no Acórdão STJ, de 19 de Abril de 1968, in *BMJ* 176º (1968), p. 199. s., onde se pode ler que os direitos aos lucros deliberados são "direitos que, desprendidos da matriz social, radicam-se no titular; não podem ser atingidos contra a vontade do sócio".

[13] Cfr. COLOMBO (1995), p. 530.

[14] Nulidade que resulta do art. 56º, 1, al. c) e/ou d). LOBO XAVIER (1975), nt. 26, p. 131, s., esp. p. 133; e ANTÓNIO CAEIRO/NOGUEIRA SERENS (1979), p. 372, nt 1. O Supremo Tribunal de Justiça, no Acórdão referido na nota 12, no quadro legislativo pregresso, entendeu que uma tal deliberação seria ineficaz e que, por isso, não podia a sociedade recusar o pagamento do dividendo, alegando que tal recusa resultava de uma ulterior deliberação dos sócios, que não foi objeto de impugnação. Note-se, no entanto, que este direito é um direito extracorporativo *sui generis* (assim CASSIANO DOS SANTOS (2002), p. 190, s.), porquanto ele poderá ser objecto de algumas limitações (vide *infra* nº 6). Sobre o regime da nulidade das deliberações, cfr. COUTINHO DE ABREU (2015), p. 458, s..

[15] Norma aplicável às SQ, mas idêntico regime está previsto no art. 294º para as SA.

[16] Veja-se a referência ao carácter excecional do nosso regime em GARCÍA-MORENO GONZALO (2002), p. 1001.

[17] Sobre esta matéria, vejam-se especialmente RAÚL VENTURA (1989), p. 319, s.; CASSIANO DOS SANTOS (1996), p. 89, s., (2002), p. 189, s.; e PAIS DE VASCONCELOS (2006), p. 94, s..

[18] Sobre o regime vigente antes do CSC, bem como aquele que foi consagrado na redação inicial do CSC, vide PAIS DE VASCONCELOS (2006), p. 96, s.. Originariamente, o CSC estabelecia, para que fosse possível deixar de distribuir 50% do lucro, a necessidade de uma deliberação unânime dos sócios, nas SA, bastando, para as SQ, uma simples deliberação maioritária. Não havia justificação para tal diferença de regimes, os quais, logo na primeira alteração ao Código, vieram a ser harmonizados através da redação que foi dada aos arts. 217º e 294º, pelo DL 280/87, de 8 de julho.

tárias[19], prescrevendo que "salvo diferente cláusula contratual ou deliberação tomada por três quartos dos votos correspondentes ao capital social (...) não pode deixar de ser distribuído aos sócios metade do lucro de exercício que, nos termos desta lei, seja distribuível".

Note-se, antes do mais, que o que aqui está em causa é metade do *lucro do exercício distribuível*, pelo que se torna imperioso, para a compreensão do regime, começar por determinar em que consiste esta realidade.

O lucro de exercício[20] consiste "na expressão monetária do resultado positivo da atividade desenvolvida pela empresa social durante o mesmo exercício"[21]. Ou seja, há lucro de exercício quando o valor do património líquido da sociedade é, no final do ano económico e em resultado da sua atividade, superior ao que existia no início; i.é, trata-se do excedente patrimonial criado apenas durante esse ano.

O art. 217º não respeita, contudo, ao lucro de exercício *tout court*, mas apenas à parcela do mesmo que pode ser distribuída aos sócios. Ora, a substanciação deste lucro distribuível resulta, entre nós, do disposto no art. 33º, norma que estabelece uma vinculação imperativa para os lucros de exercício, regulando o destino que, em primeiro lugar, lhes deve ser dado. Assim – transpondo, para o direito interno, o regime que resulta do art. 17º, 3, al. c) da Segunda Diretiva[22] –, o art. 33º estabelece[23] que os lucros de exercício de exercício devem, em primeiro lugar, ser destinados à cobertura de prejuízos transitados e à for-

---

[19] O regime visa evitar que a maioria societária – com o número de votos suficiente para impor a sua posição nas deliberações sociais – possa indefinidamente aprovar a não distribuição de lucros, contra a vontade e em prejuízo dos sócios minoritários. Assim também, MANUEL ANTÓNIO PITA (1989), p. 154. Para Cassiano dos Santos, no entanto, a *ratio* do regime encontra-se antes fundamentalmente "na tutela da dimensão de investimento que a participação societária comporta". Cfr. CASSIANO DOS SANTOS (2002), p. 194. Sobre um caso paradigmático de abuso, que chegou aos nossos tribunais (decidido pelo Ac. STJ, de 7 de Janeiro 1993 in *BMJ* 423º (1993), p. 539, s.), no qual estava em causa uma deliberação de não distribuição de lucros – contra a vontade dum sócio detentor duma participação correspondente a 40% do capital – que culminava uma prática reiterada de mais de vinte e cinco anos (!!), vide EVARISTO MENDES (1996), p. 275, s.; PAIS DE VASCONCELOS (2006), p. 100, s.; e TARSO DOMINGUES (2009), p. 270, s..
[20] Sobre as diferentes noções de lucro, vide TARSO DOMINGUES (2010), anotação 2 ao art. 32º no vol. 1 deste Comentário, p. 492, s..
[21] VASCO LOBO XAVIER/MARIA ÂNGELA COELHO (1982), p. 261. Vide também PAIS DE VASCONCELOS (2006), p. 86, s., e P. OLAVO CUNHA (2012), p. 299, s. e 305, s..
[22] Sobre a atual Segunda Diretiva, vide nota 5 do comentário ao art. 205º neste código.
[23] Contrariando uma prática anterior comum, em que era normal os sócios distribuírem os lucros de exercícios, apesar da existência de prejuízos transitados.

mação das reservas legais ou estatutárias, só podendo ser distribuído pelos sócios o valor remanescente (cfr. art. 33º, 1)[24].

Por isso, só quando não existirem prejuízos transitados e só depois de retirados os montantes destinados à formação das reservas legais[25] e estatutárias[26] (art. 33º, 1), bem como à cobertura das despesas de investigação e desenvolvimento não amortizadas que não estejam cobertas por outros valores do ativo (art. 33º, 2), é que o lucro de exercício poderá ser destinado aos sócios[27]. E é sobre este valor remanescente (*hoc sensu*, sobre este lucro distribuível) que os sócios poderão reclamar a sua distribuição parcial, nos termos do art. 217º[28].

Note-se, por outro lado, porque o que está aqui em causa é o lucro de exercício (ou seja a riqueza gerada naquele exercício), não haverá, para este efeito, que considerar os resultados transitados, i.é, a riqueza gerada em anos anteriores, sobre a qual os sócios já tiveram – aquando da aprovação dos balanços respetivos – oportunidade para se pronunciar e deliberar sobre o destino a dar à mesma[29].

---

[24] O art. 33º, 2 acrescenta que o lucro de exercício não será também distribuível se as despesas de investigação e desenvolvimento não estiverem completamente amortizadas ou se o valor não amortizado não estiver coberto por reservas livres ou resultados transitados. Se for esse o caso, o lucro de exercício só poderá ser distribuível na parte em que não seja necessário para cobrir o valor das referidas despesas que ainda não estejam amortizadas.
[25] Sobre as reservas legais, vide arts. 218º, 295º e 296º CSC.
[26] As reservas estatutárias são aquelas cuja constituição resulta do contrato de sociedade.
[27] Se estas regras não forem respeitadas, os sócios poderão ser obrigado a devolver os valores que receberam. Sobre a repetibilidade dos lucros indevidamente pagos, vide art. 34º.
[28] Precisamente porque o regime da distribuição dos lucros de exercício é distinto do da distribuição das reservas – desde logo, quanto ao direito previsto neste art. 217º, que apenas se aplica aos primeiros –, a lei determina que na respectiva deliberação se discrimine a que título são os valores entregues aos sócios (cfr. art. 33º, 4).
[29] O que ficou dito em texto pode mais facilmente demonstrar-se com uma simulação. Suponha-se uma sociedade com um capital social de 10.000 que apresenta sucessivamente as seguintes situações líquidas (SL):
Ano 1: SL = 7.000
A sociedade teve um resultado de exercício negativo de –3.000, pelo que não há lucro e, portanto, não pode ser distribuído qualquer valor aos sócios (cfr. art. 32º).
Ano 2: SL = 8.000
A sociedade obteve um lucro de exercício positivo de +1.000. Este lucro de exercício não poderá, porém, ser distribuído porquanto terá todo ele que ser necessariamente afeto à cobertura das perdas transitadas (cfr. art. 33º, 1).
Ano 3: SL = 11.000
A sociedade apresenta agora um lucro de exercício de +3.000.
Do lucro de exercício haverá que retirar 2.000 para cobertura das perdas transitadas. Ao remanescente deverá ainda abater-se o montante (vide *ultra* comentário ao art. 218º) destinado a reserva legal, i.é, 50, pelo que distribuível pelos sócios (nomeadamente para efeitos do art. 217º) é apenas o montante de 950.

Do nosso regime societário resulta, assim, que, uma vez determinado o lucro de exercício distribuível, necessariamente 50% desse lucro deverá ser distribuído pelos sócios, a menos que eles deliberem, pela maioria qualificada referida, dar-lhe outro destino ou haja cláusula contratual a estabelecer regime diverso do que resulta daquelas normas legais.

3. Necessidade de aprovação das contas, mas desnecessidade de deliberação sobre a destinação dos lucros

Para que os quotistas possam reclamar a distribuição da parcela do lucro prevista no art. 217º, torna-se necessário que sejam aprovadas as contas da sociedade, uma vez que só nesta hipótese é que será possível determinar qual o lucro de exercício e, consequentemente, o dividendo a que cada sócio terá direito[30]. Ou seja, o exercício do direito previsto no art. 217º implica necessariamente a aprovação das contas da sociedade, o que não significa, importa sublinhá-lo, que a tutela dispensada aos sócios minoritários por este regime fique dependente da maioria – e da sua vontade em aprovar tais contas –, uma vez que eles têm a possibilidade de promover judicialmente a aprovação das mesmas (cfr. art. 67º)[31].

Já não será necessário, porém, para a efetivação do direito previsto no art. 217º uma qualquer deliberação social que aprove o destino a dar aos lucros. Com efeito, sob pena de se retirar conteúdo útil à tutela conferida por esta norma, uma vez aprovadas as contas do exercício, qualquer sócio – caso não haja uma deliberação válida e atempada[32] sobre a aplicação dos resultados do exercício – poderá exigir judicialmente a entrega da parte que lhe caiba na metade do lucro distribuível nos termos do referido art. 217º[33].

---

[30] Cfr. COUTINHO DE ABREU (1999), p. 76; e CASSIANO DOS SANTOS (2002), p. 195.
[31] Vide MANUEL ANTÓNIO PITA (1989), p. 137, s..
[32] O relatório de gestão deve conter necessariamente uma proposta de aplicação de resultados (cfr. art. 66º, 5, al. f)), devendo o mesmo, em princípio, ser necessariamente aprovado até ao prazo máximo de 5 meses a contar da data de encerramento do exercício, sob pena de qualquer sócio poder requerer inquérito judicial, o qual visará a aprovação das contas da sociedade (cfr. arts. 65º, 5 e 67º).
[33] Neste sentido, vide COUTINHO DE ABREU (1999), p. 76-77; CASSIANO DOS SANTOS (1996), p. 104, (2002), p. 190; e MANUEL ANTÓNIO PITA (1989), p. 136, s.. Em sentido contrário, considerando que "a aprovação do balanço é condição necessária, mas não suficiente para uma lícita distribuição de dividendos. Esta dependerá sempre de uma deliberação da assembleia geral convocada para esse fim", cfr. PEREIRA DE ALMEIDA (2013), p. 148, s..

4. A possibilidade de derrogação do direito previsto no art. 217º

O direito dos quotistas à distribuição de pelo menos metade do lucro de exercício distribuível não é um direito absoluto. Ele pode ser afastado pelos sócios, mediante uma de duas formas:

a) através de uma cláusula do pacto, que estabeleça regime diverso do previsto no art. 217º[34]; ou

b) na ausência de cláusula contratual que disponha de modo diverso, através de uma deliberação aprovada por uma maioria qualificada de 3/4 dos votos correspondentes ao capital social[35].

Com este regime, pretendeu a lei alcançar uma solução de compromisso entre, por um lado, a vontade do(s) sócios(s) maioritários que, as mais das vezes, desde logo por estarem associados à gestão da empresa societária, pretenderão não distribuir lucros, e, por outro lado, o interesse do(s) sócio(s) minoritário(s) que, por via de regra, desejarão a maior distribuição possível do lucro. O equilíbrio destes dois interesses foi na nossa lei estabelecido através da exigência de um consenso mais alargado, obrigando a uma maioria qualificada (de 3/4 dos votos correspondentes ao capital social) para que possa deixar de ser distribuída aquela parcela correspondente a 50% do lucro de exercício distribuível.

Com efeito, a cláusula contratual que estabeleça um regime diferente do regime legal supletivo poderá constar do pacto originário – e, nesse caso, terá resultado do consenso unânime dos sócios –, ou proceder de uma alteração superveniente, hipótese em que deverá ser aprovada pelo menos por 3/4 dos votos correspondentes ao capital social (cfr. art. 265º).

Por outro lado, é também esta a maioria que se exige para a aprovação válida de uma deliberação que vise não distribuir aquela parcela de 50% do lucro. Se, na ausência de cláusula contratual, vier a ser aprovada uma deliberação de não distribuição aos sócios de metade do lucro do exercício distribuível, por uma

---

[34] Para uma análise de cláusulas contratuais derrogatórias do regime legal, pode ver-se EVARISTO MENDES (2002), p. 488, s.. Pode, p. ex., estabelecer-se no pacto que basta uma simples deliberação maioritária para que deixe de ser distribuída a parcela do lucro de exercício referido neste art. 217º.

[35] O art. 9º, 3 estabelece que os preceitos dispositivos do CSC só podem ser derrogados pelo contrato de sociedade ou também por deliberação, mas nesta hipótese, apenas quando tal seja contratualmente admitido. Ora, apesar desta regra de carácter geral, há, porém, situações em que a lei expressamente admite que as normas legais supletivas possam ser afastadas por mera deliberação dos sócios, ainda que tal não esteja contratualmente autorizado. É esse, p. ex., o caso previsto no art. 217º, onde se estabelece que o respetivo regime pode ser afastado por deliberação, ainda que aprovada com maioria qualificada. Assim, COUTINHO DE ABREU (1999), p. 116.

maioria inferior a 75% dos votos correspondentes ao capital social, tal deliberação – por estar em causa um vício de procedimento violador de uma norma legal dispositiva – será, nos termos do art. 58º, 1, al. a), meramente anulável[36]. Note-se que o art. 217º refere que a deliberação deve ser tomada "em assembleia geral para o efeito convocada". Não há, contudo, qualquer razão que impeça que esta deliberação relativa à não distribuição de lucro seja tomada por qualquer uma da formas de deliberação admitidas nas SQ[37], nomeadamente em assembleia universal ou por escrito[38]. Por isso, deve entender-se que aquela exigência legal implica apenas que do aviso convocatório deve constar necessariamente – para alertar os sócios para o assunto que vai ser apreciado e votado – a indicação de que a proposta de aplicação de resultados não respeita o limite mínimo de distribuição dos lucros previsto no art. 217º[39]

5. Vencimento do direito ao lucro

Uma vez deliberado o dividendo, o respetivo crédito dos sócios apenas se vence 30 dias após a deliberação de atribuição de lucros (cfr. art. 217º, 2[40])[41].

A lei prevê que este prazo possa, no entanto, ser prorrogado com o consentimento do sócio[42] ou por um prazo máximo de mais 60 dias com fundamento na "situação excecional da sociedade", hipótese na qual se subsumirá, p. ex., a falta de liquidez que obrigue a sociedade a recorrer ao crédito para poder efetuar o pagamento dos dividendos[43].

---

[36] Assim, RAÚL VENTURA (1989), p. 335, s., e MENEZES CORDEIRO (2011), p. 638. Note-se, porém, que há quem defenda que a violação do quórum deliberativo exigido legalmente para a aprovação de certas deliberações determina a nulidade – e já não a mera anulabilidade – das mesmas. Assim, TAVEIRA DA FONSECA (2002/03), p. 111.
[37] Cfr. arts. 54º e 247º. Sobre as formas de deliberação, vide PEDRO MAIA (2010), 264, s..
[38] Hipóteses em que se prescinde do método da assembleia ou em que não há convocação da mesma.
[39] Assim também, RAÚL VENTURA (1989), p. 337. Se tal não suceder, a deliberação que, sobre o assunto, venha a ser aprovada, será meramente anulável *ex vi* art. 58º, 1, al. c).
[40] Este regime está previsto para o pagamento do lucro de exercício (para as SA, vide solução idêntica consagrada no art. 294º, 2), o qual se deve considerar, contudo, aplicável a toda e qualquer distribuição de bens aos sócios. Cfr. TARSO DOMINGUES (2009), p. 311, s..
[41] O termo inicial, para o lucro de exercício, deverá contar-se a partir da deliberação de aprovação das contas, quando não seja subsequentemente deliberada a atribuição dos lucros.
[42] O que mais não é do que um corolário do princípio da autonomia privada. Nada impedirá, por outro lado, que – sendo o prazo estabelecido em favor da sociedade – esta possa antecipar o respetivo pagamento. Cfr. RAÚL VENTURA (1989), p. 347.
[43] Sobre o modo de pagamento dos dividendos e a possibilidade de os mesmos não serem liquidados em dinheiro, vide TARSO DOMINGUES (2009), p. 312, s..

Nas SQ, a lei di-lo *expressis verbis*, a prorrogação do prazo deverá ser decidida – por simples deliberação maioritária[44] – pelos sócios (cfr. art. 217º, 2), a qual não precisará de ser aprovada com a deliberação que decide a distribuição de lucros, mas deverá sê-lo antes de decorrido o mencionado prazo de 30 dias[45].

Findo o prazo indicado[46], a sociedade deverá pagar ao sócio os lucros que lhe são devidos.

6. O justificado não pagamento aos sócios dos lucros de exercício

Sendo o direito ao dividendo um direito extracorporativo – equiparável a um direito de crédito de um qualquer terceiro – trata-se, porém, de um direito de crédito *sui generis*[47], porquanto ele poderá ser objeto de algumas limitações. Com efeito, ainda que deliberado pelos sócios, a sociedade não deverá ser proceder ao pagamento do lucro deliberado quando se verifiquem determinadas circunstâncias, nomeadamente quando se tenham verificado alterações patrimoniais supervenientes à deliberação que, a ser tomada no momento em que é executada, a tornassem ilícita (cfr. art. 31º, 2, al. b)). Assim, mesmo que se tenha radicado na esfera jurídica dos sócios o direito ao recebimento do lucro de exercício (nomeadamente da parcela de 50% prevista no art. 217º), a administração da sociedade não deverá proceder ao seu pagamento[48], quando esta operação acarrete a violação do princípio da intangibilidade do capital social. Trata-se, contudo, de um concreto circunstancialismo que não elimina o direito do sócio ao recebimento do lucro cuja distribuição foi deliberada, mas apenas permitirá retardar o pagamento do dividendo até que a sociedade esteja em condições de o efetuar.

7. O pagamento de lucros a não sócios

O CSC expressamente admite que o destino a dar aos lucros possa não ser exclusivamente a sua repartição pelos sócios ou a sua retenção na sociedade

---

[44] Não há nenhum dado normativo nem qualquer razão justificativa para se exigir, para este efeito, uma qualquer maioria qualificada. Assim, PAIS DE VASCONCELOS (2006), p. 110.

[45] Assim, RAÚL VENTURA (1989), p. 348.

[46] Raúl Ventura entende que a sociedade só entrará em mora depois de ter sido interpelada pelo sócio para proceder ao pagamento do respectivo lucro. Cfr. RAÚL VENTURA (1989), p. 347.

[47] Cfr. CASSIANO DOS SANTOS (2002), p. 190, s..

[48] Sob pena de poder ser responsabilizada pelos prejuízos causados à própria sociedade, a sócios e a credores (cfr. arts. 72º, 78º e 89º).

a título de reservas⁴⁹. Com efeito, o Código prevê, desde logo, a possibilidade de parte do lucro, desde que tal esteja contratualmente previsto, possa ser utilizado para remunerar os gerentes da sociedade (cfr. art. 255º, 3)⁵⁰. Ora, se os gerentes tiverem direito a uma participação nos lucros, esta remuneração só lhes poderá ser paga, "depois de postos a pagamento" – o que não equivale a efetivamente pagos – os lucros aos sócios (cfr. art. 217º, 3). Ou seja, não poderão os gerentes, a quem cabe executar a distribuição dos lucros, obter o pagamento da sua parcela nos mesmos, sem que previamente tenham disponibilizado o respetivo pagamento aos sócios⁵¹.

Note-se que o art. 217º, 3 manda ainda aplicar este regime à situação em que os "fiscais" tenham participação nos lucros. É uma solução que carece, hoje, de qualquer sentido útil, uma vez que – também nas SQ – os membros do órgão de fiscalização não podem ter uma retribuição variável (cfr. art. 422º-A, 1, norma introduzida pelo DL 76-A/2006, *ex vi* artigo 262º, 1).

8. O pagamento antecipado de lucros do exercício

O CSC não prevê para as SQ uma norma idêntica à do art. 297º onde expressamente se admite e regula, para as SA, a possibilidade de um pagamento antecipado dos lucros do exercício⁵². Deve, no entanto, considerar-se que o regime do art. 297º é igualmente aplicável às SQ, por via analógica⁵³. Importa aqui sublinhar apenas que nas SQ, quando a sociedade não disponha de ROC, deverá o balanço intercalar – a que se refere o art. 297º, 1, al. b) – ser certificado por um revisor independente nomeado, *ad hoc*, para o efeito.

---

⁴⁹ Sobre esta matéria da heterodestinação dos lucros, vide TARSO DOMINGUES (2009), p. 293, s., e FÁTIMA GOMES (2011), p. 421, s..

⁵⁰ Idêntica solução está consagrada para os administradores das SA (cfr. art. 399º, 2).

⁵¹ Para uma justificação do regime, vide RAÚL VENTURA (1989), p. 348.

⁵² Note-se que o que está em causa nesta norma é a distribuição antecipada dos lucros do exercício em questão, o que não se confunde com a possibilidade de os sócios, a qualquer momento – no decurso de qualquer exercício –, deliberarem a atribuição de lucros (lucros acumulados ao longo dos anteriores exercícios) que lhes seja lícito distribuir. Do que aqui se trata aqui é pois de uma antecipação do lucro de exercício, i.é, de adiantamentos por conta do lucro que a sociedade conta alcançar nesse ano (vide a redação do art. 297º, 1 e art. 15º, 2 da Segunda Diretiva que expressamente se referem a adiantamentos sobre os lucros ou dividendos) – que cabe ao órgão de administração decidir e executar –, pelo que, no final do exercício, nos dividendos a que os sócios tenham direito, haverá que tomar em consideração e abater aquelas importâncias intercalarmente distribuídas. Cfr. RAÚL VENTURA (1989), p. 345, e P. OLAVO CUNHA (2010), p. 311, s..

⁵³ Embora se reconheça que os interesses que subjazem ao respetivo regime se verificarão sobretudo nas SA, e especialmente nas SA abertas. Assim também, RAÚL VENTURA (1989), p.339, e PAIS DE VASCONCELOS (2006), p. 90, s.. Em sentido contrário, considerando que o art. 297º não é aplicável analogicamente às SQ, vide P. OLAVO CUNHA (2012), p. 312, s.

ARTIGO 218º *
Reserva legal

1. É obrigatória a constituição de uma reserva legal.

2. É aplicável o disposto nos artigos 295º e 296º, salvo quanto ao limite mínimo de reserva legal, que nunca será inferior a 2500 euros.

* A redação atual do nº 2 foi introduzida pelo DL 343/98, de 6 de novembro.

Índice
1. Reserva legal. Finalidades
2. Regime de constituição e reintegração
3. Limites mínimos. Possibilidade de fixação de valores superiores por via contratual
4. Destinação da reserva legal
5. Reservas especiais sujeitas ao regime da reserva legal. Remissão
6. Violação do regime da reserva legal

Bibliografia
a) Citada:
ABREU, J. M. COUTINHO DE – *Curso de direito comercial*, vol. II., *Das sociedades*, 5ª ed., Almedina, Coimbra, 2015; ANTUNES, JOSÉ ENGRÁCIA – "Capital próprio, reservas legais especiais e perdas sociais", SI, n.º 313, 2008, p. 93-116, *Direito das sociedades*, 2010; CAMPOBASSO, G. F. – *Diritto commerciale*, vol. 2, *Diritto delle società*, UTET, Torino, 1995; CASCIO, G. LO/MUSCOLO, G./PLATANIA, F./QUATRARO, B./SAGGIO, C./VIETTI, M. – *Società per azioni*, Giuffrè, Milano, 2003; COSTA, CONCETTO – *Le riserve nelle diritto delle società*, Giuffrè, Milano, 1984; DOMINGUES, PAULO DE TARSO – *Variações sobre o capital social*, Almedina, Coimbra, 2009, "Capital e património sociais, lucros e reservas", em AAVV. (coord. de Coutinho de Abreu), *Estudos de direito das sociedades*, 12ª ed., Almedina, Coimbra, 2015, p. 151-222, "Artigo 91º", em *Código das Sociedades Comerciais em Comentário*, vol. 2, Almedina, Coimbra, 2011, p. 81-97; FORTUNATO, SABINO – "Capitale e bilanci nella s.p.a.", RS, 1991, p. 125-193; FURTADO, JORGE HENRIQUE PINTO – *Curso de direito das sociedades*, 5.ª ed., com a colaboração de Nelson Rocha, Almedina, Coimbra, 2004; RAMOS, MARIA ELISABETE – "Artigo 9º", em *Código das Sociedades Comerciais em Comentário*, vol. 1, Almedina, Coimbra, 2010, p. 161-174; SIMONETTO, ERNESTO – *I bilanci*, Cedam, Padova, 1967; VÉLAZ NEGUERUELA, J. L. – *El resultado en las sociedades de capital – Aprobación, aplicación e impugnación*, Bosch, Barcelona, 2002; VENTURA, RAÚL – *Sociedade por quotas*, vol. 1, Almedina, Coimbra, 1989; XAVIER, V. G. LOBO/COELHO, MARIA ÂNGELA – "Lucro obtido no exercício, lucro de balanço e lucro distribuível", RDE 8 (1982), p. 259-275.

b) Outra:

ANTUNES, JOSÉ ENGRÁCIA – "Cobertura de prejuízos sociais transitados e reserva de prémios de emissão", Ars Iudicandi – Homenagem ao Prof. Doutor António Castanheira Neves, vol. II, Coimbra Editora, Coimbra, 2009, p. 65-85; MENDES, EVARISTO – "Direito ao lucro de exercício no CSC (arts. 217/294)", in Estudos em Homenagem ao Professor Doutor Mário Júlio Ameida Costa, Universidade Católica, Lisboa; 2002, p. 487-583.

1. Reserva legal. Finalidades

As reservas podem ter várias origens[1] e podem ser objeto das mais variadas classificações[2]. A lei portuguesa prevê expressamente algumas modalidades de reservas[3] – sendo essas também as modalidades com mais frequência usadas na *praxis* societária –, nomeadamente as reservas estatutárias, as reservas livres e as reservas legais.

A reserva legal tem como marca distintiva o facto de a sua constituição e regime, como o adjetivo indica, serem obrigatoriamente impostos por lei[4].

O destino a dar à reserva legal apenas poderá ser – como de seguida se analisará (*infra* no n.º 4) – o previsto na lei (art. 296º): cobertura de perdas ou incorporação no capital social. Ora, estas imperativas destinações evidenciam uma das principais[5], se não a principal finalidade da reserva legal: a de servir também como garantia de credores, funcionando, precipuamente, como um escudo, como uma primeira defesa da integridade do capital social[6]. Com efeito, havendo perdas decorrentes da atividade da sociedade, elas poderão

---

[1] Vélaz Negueruela (2002), p. 175, sublinha que as reservas podem ter três origens: não distribuição de lucros, mais-valias ou entradas directas de capital.

[2] Sobre a noção de reservas, veja-se TARSO DOMINGUES (2009), p. 432, s., e (2011), p. 89, s..

[3] Relativamente aos diferentes tipos de reservas, pode ver-se TARSO DOMINGUES (2015), p. 218, s.. Note-se, no entanto, que para além das reservas nominadas – expressamente previstas na lei – a sociedade pode constituir outras modalidades de reservas (inominadas). De resto, o SNC prevê especificamente uma conta que, estando destinada à constituição de reservas, não está afeta a qualquer reserva em especial (vide conta 552 SNC).

[4] Note-se que há outras reservas impostas por lei, *v.g.*, pelos arts. 295º, 2 ou 324º, 1, b). O art. 218º (assim como os artigos 295º e 296º) regula, no entanto, *a* reserva legal "no tratamento da lei e da prática". Cfr. RAÚL VENTURA (1989), p. 352.

[5] Ela constitui também uma forma de autofinanciamento obrigatório por parte da sociedade. Assim, CAMPOBASSO (1995), p. 420.

[6] Cfr. RAÚL VENTURA (1989), p. 365; PINTO FURTADO (2004), p. 325; e VÉLAZ NEGUERUELA (2002), p. 197. Note-se, no entanto, que a proteção do capital social, que resulta da reserva legal, é comum a todas as outras reservas. A particularidade da reserva legal resulta do seu regime imperativo e de, com ela, se visar fundamentalmente tal finalidade. Cfr. COSTA (1984), p. 5, s..

afetar o capital social. Porém, a existir reserva legal, essas perdas irão ser compensadas e cobertas, em primeira linha, pelos bens que no ativo lhe correspondem, pelo que esta (a reserva legal) apara e amortece os "golpes" que as perdas constituem para o capital social.

A reserva legal desempenha, pois, nesta medida, uma função de garantia de credores idêntica à do próprio capital social, podendo mesmo dizer-se que, se este se traduz numa "almofada", a reserva legal constitui-se como uma "almofadinha" (*cuscinetto*) de proteção. Esta constatação revela, no entanto, a fragilidade da figura e dos fins que se lhe imputam: a proteção que dela resulta, estando indexada e sendo ainda menor[7] do que aquela que resulta do capital social, fica sujeita a críticas idênticas às que se fazem ao próprio capital social[8].

2. Regime de constituição e reintegração

O regime de constituição da reserva legal está, para as SQ, previsto no art. 218º que basicamente remete para o disposto nos arts. 295º e 296º (cfr. a expressa remissão do nº 2 do art. 218º).

A primeira observação que importa fazer é a de que a reserva legal não está – ao contrário do que sucede com outro tipo de reservas – na disponibilidade dos sócios, uma vez que a sua constituição é obrigatória (cfr. art. 218º, 1)[9].

Quanto ao modo da sua constituição, ele traduz-se essencialmente no seguinte: no final de cada exercício, deve a sociedade obrigatoriamente destinar uma parcela, não inferior a 5%[10] do lucro, a reserva legal, até que o montante desta seja idêntico a 20%[11] do capital social (art 295º, 1). A reserva legal é pois, em princípio (pode ser contratualmente estabelecida coisa diferente), uma reserva de formação sucessiva.

Trata-se de um regime que necessita de algumas explicitações.

Desde logo, importa esclarecer – uma vez que o nosso texto legal não o especifica – a que lucro se deve atender para efeitos do disposto no art. 295º. Ora,

---

[7] Corresponde, como veremos, no nosso ordenamento jurídico, a 20% do capital social.
[8] Para uma análise crítica à função de garantia que se imputa ao capital social, vide TARSO DOMINGUES (2009), p. 564, s..
[9] Para além das SQ, a constituição da reserva legal é também imperativa nas SA (art. 295º, 1) e nas SC por ações (art. 478º), não estando prevista para as SENC e, consequentemente também, para as SC simples (art. 474º).
[10] Uma parcela não inferior "à vigésima parte" dos lucros – cfr. art. 295º, 1.
[11] Até que o valor da reserva legal represente "a 5ª parte" do capital social – cfr. art. 295º, 1. Note-se que nas SQ, o montante da reserva legal poderá, nalgumas sociedades, ter necessariamente que ser superior a 20% do capital social, uma vez que deverá ser, no mínimo, de 2.500 euros. Cfr. artigos 218º, 2 e 201º.

apesar da omissão da norma do CSC, deve entender-se que o lucro a considerar para efeitos da constituição da reserva legal é o lucro de exercício[12] – ou lucro obtido no exercício – que consiste "na expressão monetária do resultado positivo da actividade desenvolvida pela empresa social durante o mesmo exercício"[13]; dito doutro modo, haverá lucro de exercício, quando o valor do património líquido ou do capital próprio[14] da sociedade for, no final do ano económico e em resultado da sua atividade, superior ao que existia no início[15].

Assim, para efeitos de constituição desta reserva, a sociedade, nos anos em que o resultado do ano económico seja positivo (e só nestes[16]), terá que, imperativamente, levar 5% dos lucros de exercício a reserva legal, até que esta atinja o valor de 20% do capital social.

Por outro lado, a percentagem destinada a reserva legal deve calcular-se com base no lucro de exercício deduzido já do valor destinado à cobertura das perdas transitadas. Isso resultava expressamente do Projeto[17] onde se podia ler – no já referido art. 363º, 3, al. a) – que a reserva legal seria constituída pela "vigésima parte, pelo menos, do lucro de exercício (...) depois de deduzidos os prejuízos transportados do ano anterior". Com a eliminação daquela parte final no texto definitivo do Código, não se terá querido, porém, alterar tal entendimento[18]. É esta, de resto, a solução que, de alguma forma, resulta igualmente do disposto nos arts. 33º, 1 e 296º, b).

---

[12] Assim também, RAÚL VENTURA (1989), p. 358. Era esta, aliás, a solução que inequivocamente constava dos trabalhos preparatórios. Cfr. art. 363º, 3, a) do Projeto do CSC, publicado no *BMJ* 327º (1983), p. 43, s., onde expressamente se fazia referência à "vigésima parte (...) do lucro de exercício" (vide p. 257). Sobre as diferentes noções de lucro, vide TARSO DOMINGUES (2015), p. 200, s..
[13] LOBO XAVIER/Mª ÂNGELA COELHO (1982), p. 261.
[14] "Património líquido", "capital próprio" e "situação líquida" são expressões que traduzem a mesma realidade e que consiste na diferença que resulta entre o activo e o passivo de uma sociedade.
[15] O lucro de exercício traduz-se, pois, no excedente patrimonial criado pela sociedade apenas durante esse ano e que, no balanço, elaborado de acordo com o SNC, consta da rubrica "Resultado do Período" do Capital Próprio.
[16] Não haverá, pois, para este efeito, nomeadamente nos anos em que a sociedade apresente prejuízos, que tomar em consideração o lucro de balanço, o lucro acumulado em anos anteriores, sobre o qual incidiu já – quando da aplicação dos respetivos resultados – a retirada da percentagem legalmente destinada à reserva legal.
[17] Referido *supra* na nota 12.
[18] Neste sentido, veja-se RAÚL VENTURA (1989), p. 361.

Se o montante da reserva legal – porventura até já integralmente realizado – for utilizado, necessariamente para alguns dos fins previstos no art. 296º, deve ela ser reintegrada de acordo com o regime estatuído no referido art. 295º, 1[19].

3. Limites mínimos. Possibilidade de fixação de valores superiores por via contratual

Os valores ("percentagem e montante") fixados no art. 295º, 1 são os limites mínimos estabelecidos por lei para a reserva legal, permitindo-se, contudo, expressamente que sejam fixados pelos sócios valores superiores (cfr. art. 295º, 1, *in fine*).

A elevação destes valores não pode, porém, resultar de uma mera deliberação social, como resulta da parte final do artigo 295º, 1[20], que apenas consente tal alteração por via contratual[21]. Na falta de cláusula no pacto a permiti-lo, não

---

[19] O regime legal de constituição da reserva legal pode demonstrar-se com um exemplo muito simples. Suponha-se uma sociedade com um capital social de 10.000€ que deve, portanto, constituir uma reserva legal de 2.000€ (correspondente a 20% da cifra do capital social), que apresenta sucessivamente as seguintes situações líquidas (SL):

Ano 1: SL = 7.000
A sociedade teve um resultado de exercício negativo de –3.000, pelo que não há, nesta hipótese, lugar à afectação de qualquer montante a reserva legal.

Ano 2: SL = 11.000
A sociedade obteve um lucro de exercício positivo de +4.000. Deste resultado, 3.000 deverão ser destinados à cobertura das perdas transitadas (cfr. art. 33º, 1) e só do remanescente (1.000) é que deverá ser retirada a percentagem (5%), destinada a reserva legal, i.é, 50.
Suponha-se que os sócios deliberam não distribuir qualquer quantia a título de lucros.

Ano 3: SL = 111.000
Nesta hipótese, há um lucro de exercício de +100.000. Em princípio, deveria ser levado a reserva legal 5% daquele valor, ou seja, 5.000. Acontece que – a menos que o contrato preveja coisa diversa – o limite máximo da reserva legal corresponde a 20% da cifra do capital social, pelo que na sociedade em análise esse limite é de 2.000. Assim, e porque o montante de 50 já consta de exercícios anteriores, neste exercício haverá apenas que destinar a esta reserva o montante de 1.950, com o qual fica plenamente realizada a reserva legal. Não haverá, por isso, de futuro que destinar qualquer outro montante para esta reserva, até que a mesma seja utilizada para alguma das finalidades legalmente previstas (vide *infra* nº 4), caso em que será necessário voltar a reintegrá-la de acordo com as regras expostas.

[20] Que de forma explícita prescreve que "*no contrato de sociedade* podem fixar-se percentagem e montante mínimo mais elevados para a reserva legal" (o itálico é nosso).

[21] Para que fosse possível a alteração daqueles valores por simples deliberação social seria, de todo o modo, sempre necessária uma cláusula contratual a permiti-lo (cfr. art. 9º, 3). Note-se que é discutível se, em geral, o pacto social pode autorizar os sócios a, por mera deliberação, alterar e afastar normas legais dispositivas. Com efeito, o art. 9º, 3 – com a redacção que lhe foi dada pelo DL 280/87, de 8 de Julho – determina que os preceitos dispositivos do CSC apenas poderão ser derrogados pelo contrato de sociedade, a menos que "este" – ou seja, o pacto social – admita a derrogação por deliberação dos sócios. A dúvida sobre a admissibilidade desta solução resulta do facto de, na redacção inicial da norma, em vez do pronome "este" constar o pronome "esta" (no Projeto supra identificado em nota 12, p. 61 constava o pronome "ela"), o que muda totalmente o sentido da disposição. Na verdade, com esta

podem, pois, os sócios, por simples deliberação da AG, afetar a reserva legal mais de 5% do lucro de exercício distribuível ou um valor superior a 20% do capital social[22]. É uma solução que sem dificuldade se compreende, uma vez que a constituição da reserva legal acarreta limitações importantes quanto ao destino a dar aos valores em causa[23], os quais deixarão de poder ser distribuídos pelos sócios.

Nas SQ o valor mínimo da reserva legal poderá ser superior a 20% do capital social, uma vez que o artigo 218º, 2 estabelece que, neste tipo societário, a reserva legal deve ascender pelo menos a 2.500€. Este valor, que foi alterado pelo DL 343/98, de 6 de Novembro[24], correspondia a metade da cifra do capital social mínimo então em vigor (cfr. art. 201º). O DL 33/2011 veio alterar o referido art. 201º – eliminando a exigência de um capital social mínimo de 5.000€ e estabelecendo a possibilidade de se fixar livremente a cifra do capital social – não cuidando de harmonizar o regime deste art. 218º, 2 com a alteração efetuada. Donde, ainda que uma SQ tenha um capital social de 1€ ou 2€ terá obrigatoriamente de constituir uma reserva legal de valor não inferior a 2.500€[25].

outra redação a alteração dos preceitos dispositivos do CSC, por mera deliberação, só seria possível quando fosse a própria lei ("esta" ou "ela"), e já não o pacto, a autorizá-lo, tendo havido, por isso, quem sustentasse que a redação atual da norma continha uma gralha, devendo a mesma ser lida de acordo com o texto do Projeto ou da sua redação originária. Sobre a questão pode ver-se COUTINHO DE ABREU (2015), p. 114, e MARIA ELISABETE RAMOS (2010), p. 173, s.. De todo o modo, e no que respeita ao art. 295º (que é, no que tange à fixação de valores superiores aos ali previstos, uma norma dispositiva), parece-nos que da letra da lei (cfr. o último período do art. 295º, 1) decorre inequivocamente que só o contrato social – e já não, portanto, uma simples deliberação – poderá autorizar a que sejam levadas a reserva legal percentagens superiores às fixadas na mencionada norma.

[22] Assim também, RAÚL VENTURA (1989), p. 356, s.. Sobre as consequências decorrentes da violação deste regime, vide *infra* nº 6.

[23] Vide art. 296º e *infra* em texto nº 4.

[24] O DL 343/98, de 6 de Novembro – diploma que veio estabelecer o regime de transição para o euro – não se limitou a converter os valores constantes do CSC para a nova moeda única: aumentou, p. ex., o valor do capital social mínimo das SQ para mais do dobro, passando de Esc. 400.000$00 (cerca de 2.000€) para € 5.000 (cfr. art. 201º); e, coerentemente, aumentou o valor mínimo da reserva legal que era de Esc. 200.000$00 para € 2.500€, fazendo com que ela continuasse a representar metade do valor do capital social mínimo. Sobre a entrada em vigor e a aplicação deste novo regime às sociedades já constituídas, vide art. 29º do DL 343/98 e PINTO FURTADO (2004), p. 307.

[25] Não se deixe, contudo, de dizer que – apesar de a solução do DL 33/2011 ter resultado quase seguramente de esquecimento quanto ao disposto na lei para a reserva legal das SQ – o regime não deixa de ser assisado, porquanto se poderá alcançar, por esta via, um mínimo de património social, com vínculo de indisponibilidade, que permitirá o desempenho de algumas das funções (*v.g.*, de garantia) que se imputam ao capital social. Com uma diferença não despicienda: enquanto o capital social (inicial) resulta do desembolso dos sócios, a reserva legal tem origem nos lucros da sociedade, pelo que não têm

4. Destinação da reserva legal

O destino a dar à reserva legal apenas poderá ser um dos dois taxativamente previstos no art. 296º: cobertura de perdas ou incorporação no capital social; ou seja, a reserva legal não poderá nunca ser usada para distribuição pelos sócios.

Deve, por outro lado, entender-se que este art. 296º consagra um regime de prioridades no destino a dar à reserva legal: ela deverá em primeiro lugar servir para a cobertura dos prejuízos do exercício (al. a)), depois para a cobertura dos prejuízos transitados (al. b)) e só, por último, poderá ser destinada à incorporação no capital social (al. c)). I.é, deve considerar-se que a reserva legal apenas poderá ser incorporada no capital se a sociedade não apresentar prejuízos, pois que, se esse for o caso, o seu destino primacial deverá ser a cobertura desses mesmos prejuízos[26].

Note-se ainda que o artigo 296º expressamente estabelece que a utilização da reserva legal para aqueles fins – nomeadamente a cobertura de perdas – apenas deverá ser efetuada subsidiariamente[27]. I.é, a reserva legal só poderá ser utilizada para a cobertura de prejuízos, se estes não puderem ser cobertos por outras reservas, *v.g.* reservas livres, estatutárias, etc.[28] (cfr. art. 296º, a))[29].

Há quem defenda que a afetação das reservas (e, concretamente para aqui o que nos interessa, das reservas legais) à cobertura de perdas opera automaticamente, independentemente da vontade da sociedade e duma deliberação social nesse sentido, incumbindo à administração proceder a tal compensação[30].

---

os sócios que fazer um esforço adicional para a sua constituição. É esta, de resto, uma solução idêntica à que foi consagrada na Alemanha, em 2008, com a MoMiG (*Gesetz zur Modernisierung des GmbH-Rechts und zur Bekämpfung von Missbräuchen*), que veio consagrar naquele ordenamento jurídico as sociedades de 1€, onde se estabelece que a sociedade deve afetar anualmente 25% dos lucros a uma reserva legal, até que a mesma atinja o valor de capital social mínimo fixado na lei (que é, no caso alemão, de € 25.000).

[26] Vide, sobre esta matéria, TARSO DOMINGUES (2009), p. 430, s..

[27] Em sentido diferente, vide ENGRÁCIA ANTUNES (2010), p. 398-399.

[28] É discutível se esta regra se aplica também às reservas especiais previstas no art. 295º, 2. Em sentido negativo, vide RAÚL VENTURA (1989), p. 369.

[29] Trata-se de uma solução que vai de encontro ao entendimento de que, no direito societário, há uma ordem imperativa de cobertura das perdas que começa, em primeiro lugar, pelo lucro e, sucessivamente, pela reserva facultativa ou livre, estatutária, legal, pelo capital social e finalmente pelos bens afetos à cobertura do passivo (cfr. SIMONETTO (1967), p. 301-302). Sobre a hierarquização das diferentes reservas e valores afetos à cobertura de perdas, vide LO CASCIO *et als.* (2003), p. 543, s.. Entre nós, sobre o assunto, pode ver-se ENGRÁCIA ANTUNES (2008), p. 104, s..

[30] Neste sentido, vejam-se SIMONETTO (1967), p. 255 e 301, s., e COSTA (1984), p. 64, s.. É uma solução que assenta na referida existência de uma ordem inderrogável de cobertura das perdas (cfr. *supra* nota 29).

Parece-nos, porém, que a decisão sobre o destino a dar às reservas cabe necessariamente à assembleia geral. Com efeito, trata-se de matéria relacionada com a distribuição de bens[31] (em regra, lucros[32]) e esta é uma competência dos sócios[33], podendo eles pretender uma outra solução, nomeadamente manter simultaneamente a reserva e a perda, destinando os lucros futuros à cobertura daquela perda, em vez de os utilizar para a reintegração da reserva que tivesse porventura sido utilizada para esse efeito[34].

5. Reservas especiais sujeitas ao regime da reserva legal. Remissão

Para além da reserva legal geral, prevista nos arts. 295º, 1 e 296º, a lei sujeita a idêntico regime outros valores, que poderão agora ser designados por reservas legais especiais[35] (cfr. art. 295º, 2). Porque se trata, contudo, de uma temática que está sobretudo relacionada com as SA remete-se a sua análise para o comentário ao referido art. 295º, no vol. 5 deste Comentário.

6. Violação do regime da reserva legal

Finalmente, quaisquer deliberações que violem as regras de constituição, reintegração ou utilização da reserva legal são sancionadas, expressa e especificamente, pela nossa lei com a nulidade (cfr. art. 69º, 3), podendo ainda ser civilmente – e até penalmente (cfr. art. 514º) – responsabilizados os gerentes e administradores que contribuam para a aprovação de tais deliberações (cfr. arts. 78º e 79º)[36].

Assim, p. ex., se, sem cláusula contratual habilitante, os sócios por mera deliberação afetarem mais de 5% do lucro do exercício[37] ou mais de 20% do valor

---

[31] *Rectius*, da não atribuição de bens aos sócios, uma vez que a afetação das reservas à cobertura de prejuízos impedirá que, no futuro, elas possam vir a ser distribuídas pelos sócios.
[32] As reservas são efetivamente, por via de regra, lucros acumulados.
[33] Cfr. o regime geral de atribuição de bens aos sócios previsto no art. 31º, 1, e, quanto à distribuição de lucros, o art. 256º, 1, e), para as SQ e art. 376º, 1, a), para as SA.
[34] Em sentido idêntico, vide FORTUNATO (1991), p. 145, nt. 29.
[35] Assim, ENGRÁCIA ANTUNES (2008), p. 100.
[36] Cfr. RAÚL VENTURA (1989), p. 370.
[37] Raúl Ventura (cfr. RAÚL VENTURA (1989), p. 360) entende que a violação deste limite dos 5% do lucro de exercício não determina a nulidade da deliberação, conquanto a reserva legal se situe dentro do limite máximo legal (20% do valor do capital social), considerando, por isso, que o valor em excesso que tenha sido afeto à reserva legal não poderá ser diminuído. Se se compreende a bondade da solução – com a qual se visa proteger os terceiros que confiaram no valor da reserva legal que consta da escrituração da sociedade –, a verdade é que não nos parece que a mesma mereça acolhimento em face do disposto no art. 69º, 3.

do capital social a reserva legal, tais deliberações serão nulas, devendo entender-se que a diferença para mais, relativamente aos limites fixados no artigo 295º, 1, fica adstrita a reservas livres[38].

---

[38] Vide VÉLAZ NEGUERUELA (2002), p. 192, s..

CAPÍTULO III
QUOTAS
SECÇÃO I
UNIDADE, MONTANTE E DIVISÃO DA QUOTA

ARTIGO 219º *
Unidade e montante da quota

1. Na constituição da sociedade a cada sócio apenas fica a pertencer uma quota, que corresponde à sua entrada.
2. Em caso de divisão de quotas ou de aumento de capital, a cada sócio só pode caber uma nova quota. Na última hipótese, todavia, podem ser atribuídas ao sócio tantas quotas quantas as que já possuía.
3. Os valores nominais das quotas podem ser diversos, mas nenhum pode ser inferior a € 1.
4. A quota primitiva de um sócio e as que posteriormente adquirir são independentes. O titular pode, porém, unificá-las, desde que estejam integralmente liberadas e lhes não correspondam, segundo o contrato de sociedade, direitos e obrigações diversos.
5. A unificação deve ser reduzida a escrito, comunicada à sociedade e registada.
6. A medida dos direitos e obrigações inerentes a cada quota determina-se segundo a proporção entre o valor nominal desta e o do capital, salvo se por força da lei ou do contrato houver de ser diversa.
7. Não podem ser emitidos títulos representativos de quotas.

* A atual redação do nº 3 foi dada pelo DL 33/2011, de 7 de março; a actual redação do nº 5 deve-se ao DL 76-A/2006, de 29 de março, e foi retificada pela Declaração de Retificação 28-A/2006, de 26 de maio.

Índice

1. O princípio da unidade da quota
2. As exceções em caso de divisão de quota ou de aumento de capital
3. O valor nominal da quota
4. A independência das quotas
5. A unificação de quotas
6. A determinação dos direitos e obrigações inerentes a cada quota
7. A proibição de emissão de títulos representativos de quotas

Bibliografia:

a) Citada:

ABREU, COUTINHO DE – *Curso de direito comercial*, II, 3ª ed., Almedina, Coimbra, 2009; ALBUQUERQUE, PEDRO DE – "Artigo 219º", in *Código das Sociedades Comerciais Anotado*, 2ª ed. (coord. de Menezes Cordeiro), Almedina, Coimbra, 2011, p. 640-642; ALMEIDA, CARLOS FERREIRA – "O registo comercial na reforma do direito das sociedades de 2006", *Jornadas em Homenagem ao Professor Doutor Raúl Ventura. A reforma do Código das Sociedades Comerciais*, Almedina, Coimbra, 2007, p. 279-288; BIONE, MASSIMO – "Le azioni", in *Trattato delle società per azioni. 2. Azioni. Gruppi* (dir. da G. E. Colombo/G. B. Portale), UTET, Torino, 1991; CORDEIRO, MENEZES – *Manual de Direito das Sociedades. II. Das sociedades em especial*, 2ª ed., Almedina, Coimbra, 2007; DIAS, RUI – "A Reforma de 2008 do Direito das GmbH (Desenvolvimentos recentes no Direito das Sociedades na Alemanha)", *DSR*, 2009, 1, p. 243-251; HUECK, ALFRED/FASTRICH, LORENZ – "§ 5", in BAUMBACH, ADOLF/HUECK, ALFRED, *GmbH-Gesetz*, 19. Aufl., Beck, München, 2010; LABAREDA, JOÃO – "Sobre a deliberação de amortização de quotas", *Direito societário português – algumas questões*, Quid Iuris, 1998, p. 231-268; MARTINS, ALEXANDRE DE SOVERAL – *Cláusulas do contrato de sociedade que limitam a transmissibilidade das acções*, Almedina, Coimbra, 2006; PETIT, BRUNO – *Droit des sociétés*, 3ª ed., Litec, Paris, 2006; SOUTO, AZEVEDO – *Lei das sociedades por quotas*, 7ª ed., revista e atualizada por Dias da Fonseca, Coimbra Editora, Coimbra, 1973; TRIUNFANTE, ARMANDO – *Código das sociedades comerciais anotado*, Coimbra Editora, Coimbra, 2007; VENTURA, RAÚL – *Sociedades por quotas*, I, (2ª ed., reimpressão), Almedina, Coimbra, 1993; ZÖLLNER, WOLFGANG – "§ 55", in BAUMBACH, ADOLF/HUECK, ALFRED, *GmbH-Gesetz*, 19. Aufl., Beck, München, 2010.

b) Outra:

ALMEIDA, PEREIRA DE – *La société a responsabilité limitée en droit portugais et sa réforme*, AAFDL, Lisboa, 1980/81; CAEIRO, ANTÓNIO – *As sociedades de pessoas no Código das Sociedades Comerciais*, Separata do número especial do *BFD – Estudos em Homenagem ao Prof. Doutor Eduardo Correia – 1984*, Coimbra, 1988; CORREIA, FERRER/XAVIER, V.G. LOBO/COELHO, MARIA ÂNGELA/CAEIRO, ANTÓNIO – "Sociedades por quotas de responsabilidade limitada. Anteprojecto de Lei – 2ª redacção e exposição de motivos", *RDE*, 1977, p. 153-224, 349-423, 1979, p. 111-200.

1. O princípio da unidade da quota

Na constituição de uma sociedade por quotas, cada sócio apenas pode adquirir uma quota. Daí que se possa falar a este propósito do princípio da unidade (inicial) da quota[1]. Essa quota corresponderá ao valor da entrada do sócio. Melhor dizendo, o valor nominal da quota corresponderá ao valor de tal entrada.

Contudo, aquilo com que o sócio entra para a sociedade pode ter um valor superior ao valor nominal da quota. Mas não pode essa entrada ter um valor inferior ao valor nominal da quota. Isso mesmo resulta do disposto no art. 25º, 1, pois aí se estabelece que o valor nominal da quota atribuída ao sócio no contrato de sociedade não pode exceder o valor da sua entrada.

A consagração do princípio da unidade (inicial) da quota tem sido justificada com as seguintes razões: fortalecer o caráter personalístico da sociedade por quotas e dificultar a negociação das participações[2].

Contudo, o princípio da unidade (inicial) da quota provavelmente tem o seu fim anunciado. Na Alemanha, o § 5, Abs. (2), sofreu alteração com a *MoMiG*[3], passando a ser permitido que um sócio adquira na constituição várias "quotas" (*Geschäftsanteile*).

2. As exceções em caso de divisão de quota ou de aumento de capital

A quota pode ser dividida nos casos previstos no art. 221º. Dessa divisão só pode caber a cada sócio uma nova quota. Não significa isto que uma quota só possa ser dividida em duas. Uma transmissão parcelada de quota pode significar a divisão da quota em três ou mais quotas. O que interessa é que dessa divisão só fique a caber a cada sócio uma nova quota. Essa exigência vale mesmo para o sócio transmitente.

Em caso de aumento de capital da sociedade por quotas, seja por novas entradas ou por incorporação de reservas[4], cada sócio que já tenha uma quota só pode ficar com uma nova quota em resultado daquele aumento. Isto, naturalmente, quando o aumento de capital envolva a criação de novas quotas. Mas, se o sócio que concorre ao aumento tinha mais do que uma quota, então também poderá, pelo aumento, ficar com tantas quotas quantas eram aquelas de que já era titular. Trata-se, no entanto, apenas de uma possibilidade[5].

---

[1] Igual solução constava do art. 4º, § 3º, da LSQ.
[2] Para a Alemanha, GÜNTER ROTH (2009), p. 117, ALFRED HUECK/LORENZ FASTRICH (2010), p. 125. AZEVEDO SOUTO (1973), p. 82, argumentava da mesma forma.
[3] *Gesetz zur Modernisierung des GmbH-Rechts und zur Bekämpfung von Missbräuchen*. Sobre esta, cfr. RUI DIAS (2009), p. 243 e ss..
[4] PEDRO DE ALBUQUERQUE (2011), p. 641. Contra, RAÚL VENTURA (1993), p. 383, para quem o sócio que possui várias quotas "faz uma só entrada e a esta deve corresponder uma só quota".
[5] De qualquer modo, também aqui podemos estar perante a crónica de uma morte anunciada, tendo

Essa alternativa não existe quando no aumento de capital adquire uma quota alguém que até aí não era titular de qualquer quota na sociedade. Nesse caso, o novo sócio apenas pode adquirir uma única quota.

3. O valor nominal da quota

As quotas devem ter valor nominal[6]. Com a redação do nº 3 dada pelo DL 33/2011, de 7 de março, tal valor nominal não pode ser inferior a um euro. Este valor nominal mínimo já foi mais elevado.

Na redação inicial do CSC, o valor nominal mínimo de cada quota era, em regra, de 20.000 escudos. Para além disso, a lei exigia que o valor nominal da quota fosse divisível por 400 escudos[7]. Pouco depois de ser publicado o CSC, o DL 280/87, de 8/7, perante as dificuldades que o divisor "400$" colocava na prática, tornou necessário que o valor nominal fosse antes divisível por 250 escudos.

O DL 257/96, de 31/12, acabou com a exigência de divisibilidade por 250 escudos, assim poupando muitos cálculos e dores de cabeça aos práticos. Com o DL 343/98, de 6/11, o valor nominal mínimo passou a ser de 100 euros, valor que antecedeu o atual.

Antes da alteração introduzida pelo DL 33/2011, o nº 3 ainda ressalvava os casos em que a lei permitia que a quota tivesse um valor nominal inferior a 100 euros. Era o que sucedia nas hipóteses previstas nos arts. 204º, 3, 205º, 2, *a*) e 238º, 1. O DL 33/2011 alterou a redação dos dois últimos preceitos e revogou o art. 204º, 3.

Sendo agora o valor nominal mínimo de cada quota de um euro, as divisões de quotas, nos casos em que são admitidas, serão mais fáceis. Serão também mais fáceis eventuais arredondamentos. Como teriam sido mais fáceis as conversões de escudos para euros, se na altura em que tal foi necessário o valor nominal mínimo de cada quota fosse de um euro. Veremos se o futuro não revela também as vantagens de um valor nominal mínimo tão baixo para eventuais conversões de euros para novos escudos.

---

em conta que a *GmbHG* foi alterada quanto ao seu § 55, *Abs.* (4), passando a permitir que no aumento de capital sejam adquiridas várias quotas. Sobre essa alteração, ZÖLLNER (2010), p. 1415.
[6] Não é uma exigência que resulte da natureza das coisas, evidentemente. Tal como há já entre nós ações sem valor nominal, também para as sociedades por quotas se pode questionar qual deve ser a evolução.
[7] Tal valor devia ser visto atendendo ao disposto no art. 250º, 1: "Conta-se um voto por cada 400$00 de valor nominal da quota".

Com um valor nominal mínimo para cada quota como o atualmente em vigor, a lei seguiu uma tendência que se faz sentir noutras paragens. Na Alemanha, mais uma vez com a *MoMiG*, a nova redação do § 5, Abs. (2), veio estabelecer o valor de um euro como valor nominal mínimo para cada quota[8]. Na França, o L. 223-2 do *Code de Commerce*[9] não exige um capital mínimo nem um valor mínimo para as quotas.

A soma do valor nominal de todas as quotas de uma sociedade por quotas dá-nos o valor do capital social dessa mesma sociedade. É nesse sentido que deve ser entendido o art. 197º, 1 ("o capital está dividido em quotas"). Como o capital social "deve ser sempre e apenas expresso em moeda com curso legal em Portugal" (art. 14º), é também assim que deve ser expresso o valor nominal de cada quota. E isso independentemente de a entrada do sócio que na constituição da sociedade ou em aumento da capital adquire a quota ser em dinheiro ou "em espécie".

O valor nominal não tem que ser igual para todas as quotas[10]. A possibilidade de numa mesma sociedade termos quotas com valores distintos confere maior flexibilidade ao tipo. Se não fosse essa abertura da lei quanto a este aspeto, seria difícil manter também o princípio da unidade da quota. O tipo social não seria utilizado quando os fundadores quisessem ou necessitassem de realizar entradas de diferentes valores.

São grandes, como já se vê, as diferenças que encontramos entre este regime e o que vale para as ações. Com efeito, as ações podem não ter valor nominal, mas, se o tiverem, esse valor nominal deve ser igual para todas elas. Além disso, o valor nominal mínimo das ações é de um cêntimo de euro.

O valor nominal das quotas vai permitir o cálculo dos direitos e obrigações inerentes a cada quota. Pode, assim, ser dito que a quota enquanto participação social tem um valor nominal, sendo este em regra a medida daqueles direitos e obrigações[11].

O valor nominal das quotas pode, em certos casos, sofrer alterações para mais e para menos. Pense-se, por exemplo, em certas modalidades de aumento

---

[8] A razão, segundo indica CARSTEN SCHÄFER (2010), p. 120, terá sido a de facilitar a divisão e unificação de quotas.
[9] Com a redação da L. 1er août 2003. Sobre isto, BRUNO PETIT (2006), p. 123.
[10] Com a mesma solução, cfr. o art. 4º, § 1º, LSQ. Parecem admissíveis as cláusulas que fixam um montante mínimo para cada quota superior ao legal ou um igual valor nominal para todas as quotas: sobre as cláusulas referidas, RAÚL VENTURA (1993), p. 469.
[11] Retomando antes a distinção entre "quota de capital" e "quota de participação", RAÚL VENTURA (1993), p. 374-377.

ou redução de capital social[12], na unificação de quotas, na divisão de quotas[13] ou na amortização de quota sem redução do capital[14].

4. A independência das quotas

No n.º 4, ficou estabelecido o princípio da independência das quotas. No entanto, a redação do preceito é algo equívoca. Surge dito, em primeiro lugar, que "a quota primitiva de um sócio e as que posteriormente adquirir são independentes".

Para Raúl Ventura, "quota primitiva" seria a "quota inicial originariamente adquirida pelo sócio que se dispõe a adquirir a outra", defendendo, apesar disso, a interpretação extensiva do preceito.

Porém, não vemos que a letra da lei só indique um caminho. Por "quota primitiva" é perfeitamente possível entender aquela pela qual o sócio tem essa qualidade no momento em que adquire posteriormente outra ou outras quotas. E isso tanto nos casos em que adquiriu a quota de forma originária, como naqueles em que a aquisição teve lugar de forma derivada.

A independência entre as quotas não será posta em causa pelo facto de as quotas posteriormente adquiridas o serem por um único ato. A lei não faz qualquer distinção. A independência diz respeito também às quotas que são posteriormente adquiridas: estas são independentes entre si. Isso parece resultar do n.º 4. As quotas que posteriormente adquirir são independentes. A lei não limita a independência às relações entre a quota primitiva e as posteriormente adquiridas.

Se alguém que não era sócio adquire simultaneamente várias quotas (isto é, nos casos em que se dá a aquisição de várias quotas em simultâneo por quem não tinha uma "quota primitiva"), não há razão para excluir a independência das várias quotas na titularidade do adquirente. Como dizia Raúl Ventura[15], as quotas "já eram autónomas e nenhum preceito legal força a unificação".

---

[12] Segundo o art. 266.º, 3, "a parte do aumento que, relativamente a cada sócio, não for bastante para formar uma nova quota, acrescerá ao valor nominal da quota antiga". Para os casos de aumento de capital por incorporação de reservas, cfr. tb. o art. 92.º, 4. Por sua vez, dispõe o art. 94.º, 1, *b*), que a convocatória da assembleia geral para deliberar sobre a redução do capital social deve conter "a forma da redução, mencionando se será reduzido o valor nominal das participações [...]".
[13] Art. 221.º.
[14] Cfr. o art. 237.º, 1.
[15] RAÚL VENTURA (1993), p. 385.

A independência das quotas serve de argumento para os que sustentam que cada quota é uma participação social, ainda que o mesmo sujeito seja titular de várias quotas.

5. A unificação de quotas

O sócio que é titular de duas ou mais quotas pode, em princípio, unificá-las. Esse é um ato do próprio sócio e não da sociedade. E caberá em princípio ao sócio decidir se prefere manter as quotas independentes ou se as unifica. A manutenção da independência das quotas pode ser encarada como vantajosa: a transmissão ou oneração podem ser mais fáceis, a partilha por morte também.

A unificação pode inclusivamente ocorrer entre quotas pertencentes a titulares distintos. Nesse caso, teremos como resultado uma quota em regime de contitularidade[16].

No entanto, se o sócio decide unificar as suas quotas, devem ser respeitadas certas exigências.

Em primeiro lugar, é preciso que o contrato de sociedade não tenha feito corresponder às quotas a unificar direitos e obrigações diversos. Se os direitos e as obrigações são iguais, a unificação não fica excluída.

Em segundo lugar, as quotas a unificar devem estar integralmente liberadas. Compreende-se esta exigência se tivermos presentes as consequências da falta de pagamento das entradas em dívida, designadamente quanto à responsabilidade de anterior titular[17] e os termos em que a mesma pode ser efetivada.

Um outro limite à possibilidade de unificação de quotas é o que resulta do regime de bens do casamento. Não parece possível unificar uma quota que é bem próprio com outra que é bem comum do casal. Assim decidiu o Conselho Técnico da DGRN, no seu Parecer 4/95[18].

Uma dúvida que nasce da leitura do nº 4 é a que diz respeito ao seu carácter imperativo. Poderá o contrato de sociedade impor a unificação[19]? E poderá proibi-la?

---

[16] RAÚL VENTURA (1993), p. 386, MENEZES CORDEIRO (2007), p. 340, PEDRO DE ALBUQUERQUE (2011), p. 641.
[17] Com esse argumento, AZEVEDO SOUTO (1973), p. 82.
[18] BRN, 2/2002, p. 18 e ss.. Contra, PEDRO DE ALBUQUERQUE (2011), p. 642.
[19] Claro que, neste caso, se cumpridas as exigências legais contidas na parte final do nº 4.

Vozes autorizadas dão resposta afirmativa a ambas as interrogações[20]. Temos dúvidas. As quotas pertencem ao sócio, que delas é proprietário. Permitir que o contrato de sociedade intervenha nessa relação nos termos questionados não está previsto na lei. Pelo contrário, a lei começa por estabelecer no nº 4 a independência das quotas para depois afirmar em que casos essa independência pode ser afastada. Daí o "porém" que vemos surgir na segunda parte do nº 4.

Para a unificação das quotas basta hoje a forma escrita[21]. Foi mais um dos reflexos do processo de desformalização dos atos societários. Com as alterações introduzidas no CSC pelo DL 237/2001, de 30 de agosto, já tinha sido substituída a exigência de escritura pública pela de documento particular, acrescentando-se a necessidade de registo e comunicação à sociedade (por esta ordem). Com o DL 76-A/2006, substituiu-se a terminologia utilizada e em vez de documento particular surge agora a referência a "escrito".

Uma vez formalizada a unificação, deve ela ser comunicada à sociedade. Deve igualmente ser solicitada à sociedade a promoção do registo da unificação de quotas para que esta seja eficaz perante a sociedade (art. 242º-A)[22], solicitação que pode acompanhar a comunicação da unificação[23]. Caberá à sociedade promover o registo da unificação[24].

Também aqui se justificaria, provavelmente, acabar com esta duplicação comunicação/solicitação da promoção do registo. Desformaliza-se por um lado, complica-se por outro.

---

[20] RAÚL VENTURA (1994), p. 387, MENEZES CORDEIRO (2007), p. 339, PEDRO DE ALBUQUERQUE (2011), p. 641. O primeiro autor aceita, inclusivamente, uma cláusula de unificação automática. Mas isso seria o mesmo que dizer que, afinal, a unificação não é ato do titular. Manifestando-se contrário à possibilidade, com o mesmo argumento, PEDRO DE ALBUQUERQUE (2011), p. 641, nt. 10. Também pela mesma razão temos dúvidas acerca da outra possibilidade aceite por Raúl Ventura e Pedro de Albuquerque: a de o contrato de sociedade condicionar a unificação (por exemplo, através de exigência de deliberação de consentimento dos sócios).

[21] Cfr. a propósito o art. 4º-A. Considerando que a unificação "não consubstancia alteração do contrato no sentido em que está desenhada essa figura", JOÃO LABAREDA (1998), p. 250.

[22] Curiosamente, o art. 242º-B, 2 não confere expressamente legitimidade para solicitar a promoção do registo ao titular da quota que pretende o registo da unificação de quotas.

[23] Com leitura diferente, na medida em que considera que "não se trata, pois, somente, de dar conhecimento, mas de simultaneamente solicitar o registo necessário", ARMANDO TRIUNFANTE (2007), p. 214.

[24] Mas veja-se o art. 29º-A do CRC. Tendo em conta que o registo da unificação de quotas é obrigatório, nos termos dos arts. 3º, 1, c), e 15º, 1, CRCom., deve ser dada especial atenção ao teor do art. 17º, 3, CRCom.. Na versão do art. 219º, 5, que surgiu com a publicação do DL 76-A/2006, a sequência sugerida pela letra do preceito era outra. Contudo, a Declaração de Retificação 28-A/2006, de 26 de maio, corrigiu a ordem dos fatores, surgindo agora a comunicação à sociedade antes do registo. O que está certo, pois caberá à sociedade a promoção do registo. Chamando a atenção para este aspeto, ARMANDO TRIUNFANTE (2007), p. 213-214.

6. A determinação dos direitos e obrigações inerentes a cada quota

A quota, entendida como participação social, é precisamente um "conjunto unitário de direitos e obrigações actuais e potenciais do sócio (enquanto tal)"[25]. O valor nominal da quota é uma medida que permite determinar os direitos e obrigações inerentes a cada quota[26]. A soma do valor nominal das quotas dá-nos o valor do capital social nominal da sociedade em causa. A proporção entre o valor nominal da quota e o do capital social permite-nos saber, em regra, qual a medida dos direitos e obrigações do titular da quota.

O nº 6 acrescenta ainda que a lei ou o contrato podem conter uma medida diversa. No que diz respeito aos lucros e às perdas, também o art. 22º, 1, dispõe que "na falta de preceito especial ou convenção em contrário, os sócios participam nos lucros e nas perdas da sociedade segundo a proporção dos valores das respetivas participações no capital".

7. A proibição de emissão de títulos representativos de quotas

O CSC proíbe a emissão de títulos representativos de quotas[27]. É uma solução compreensível por várias razões.

A representação de participações sociais em títulos teria sentido para aumentar a facilidade de transmissão daquelas participações. Essa maior facilidade seria conseguida através de um regime jurídico aplicável à participação que garantisse alguma certeza quanto ao conteúdo desta. Mas o regime previsto na lei para as sociedades por quotas é, em grande medida, supletivo. Para que se pudesse confiar no conteúdo do título, poderia ser necessário reproduzir nesse mesmo título um conjunto muito extenso de cláusulas do contrato de sociedade.

Além disso, as quotas não estão sujeitas à regra da livre transmissibilidade. A representação das quotas em títulos poderia por essa razão induzir em erro os terceiros desatentos[28].

Nas sociedades por quotas, como vimos, o valor nominal das quotas pode ser diferente. Isso também torna menos adequada a representação das quotas em

---

[25] COUTINHO DE ABREU (2015), p. 195
[26] Mas não é a única teoricamente possível. As ações sem valor nominal aí estão para o demonstrar. Sobre o tema, pode interessar a leitura do art. 2468, II, do *Codice Civile*.
[27] Com igual proibição quanto aos títulos representativos de partes sociais em sociedades em nome coletivo, cfr. o art. 176º, 2. Para as sociedades em comandita, cfr. o art. 465º, 3, utilizando o termo "ação" com o sentido de representação (título ou registo em conta).
[28] MENEZES CORDEIRO (2007), p. 340.

títulos. Até porque, como vimos, a "medida dos direitos e obrigações inerentes a cada quota determina-se segundo a proporção entre o valor nominal desta e o do capital, salvo se por força da lei ou do contrato houver de ser diversa". Ora, a divisão do capital social em "unidades constantes e impessoais" é, como já foi sublinhado, algo que potencia a representação em títulos ou em anotações em conta[29].

Não deixa, porém, de ser curioso que nenhuma alteração tenha sido introduzida quanto à representação de quotas, sabendo-se que as ações tanto podem ser representadas por títulos como por registos em conta (ações escriturais). Sendo o registo de factos relativos a quotas efetuado, em número significativo de casos, apenas por depósito e com controlo realizado pela própria sociedade (cfr. arts. 242º-B e ss.), talvez se aproxime uma transição para um regime semelhante ao que já encontramos para o registo em conta de ações[30].

---

[29] BIONE (1991), p. 6.
[30] Admitindo como possível "a aproximação do sistema de registo de quotas ao sistema de registo de acções nominativas escriturais, regulado pelo Código dos Valores Mobiliários", CARLOS FERREIRA DE ALMEIDA (2007), p. 287.

ARTIGO 220º
Aquisição de quotas próprias

1. A sociedade não pode adquirir quotas próprias não integralmente liberadas, salvo o caso de perda a favor da sociedade, previsto no artigo 204º.
2. As quotas próprias só podem ser adquiridas pela sociedade a título gratuito, ou em ação executiva movida contra o sócio, ou se, para esse efeito, ela dispuser de reservas livres em montante não inferior ao dobro do contravalor a prestar.
3. São nulas as aquisições de quotas próprias com infração do disposto neste artigo.
4. É aplicável às quotas próprias o disposto no artigo 324º.

Índice

1. Introdução
2. A proibição de aquisição de quotas não integralmente liberadas e sua exceção
3. Condições de aquisição de quotas próprias (liberadas)
   3.1. As condições constantes do nº 2 do art. 220º
   3.2. A necessária deliberação dos sócios
   3.3. Aplicação analógica de normas sobre ações próprias
4. Regime das quotas próprias – a remissão para o art. 324º
5. Momento da verificação dos pressupostos
6. A nulidade como consequência do incumprimento das condições de aquisição

Bibliografia

Citada:

ABREU, J. M. COUTINHO DE – *Curso de direito comercial*, vol. II, Das Sociedades, 3ª ed., Almedina, Coimbra, 2009; ALBUQUERQUE, PEDRO DE – "Comentário ao artigo 220º CSC", *Código das sociedades comerciais anotado*, coord. A. Menezes Cordeiro, 2ª ed., Almedina, Coimbra, 2011, p. 643-644, "Comentário ao artigo 317º", *Código das sociedades comerciais anotado*, coord. A. Menezes Cordeiro, 2ª ed., Almedina, Coimbra, 2011ª, p. 881-883; ALMEIDA, A. PEREIRA DE – *Sociedades comerciais*, Coimbra Editora, Coimbra, 2011, 6ª ed.; CARBONETTI, FRANCESCO – *L'Acquisto di azioni proprie*, Giuffrè Editore, Milão, 1988; CASTRO, CARLOS OSÓRIO DE – "A contrapartida da aquisição de acções próprias", *RDES*, 1988, p. 249-272; CORREIA, A. FERRER – "Acções adquiridas pela própria sociedade emitente e direito de voto", *Estudos de direito civil, comercial e criminal*, Almedina, Coimbra, 1985, p. 121-127; CORREIA, A. FERRER/ XAVIER, VASCO LOBO/COELHO, MARIA ÂNGELA/CAEIRO, ANTÓNIO – *Sociedade por quotas de responsabilidade limitada – Anteprojecto de Lei – 2ª redacção*, Separata da RDE, ano 3 (1977), nºs 1 e 2, ano 5 (1979), nº 1; CUNHA, PAULO OLAVO – *Direito das sociedades comerciais*, Almedina, Coimbra, 2007, reimpressão da ed. de Dezembro de 2007 (3ª ed.); DOMINGUES, PAULO DE TARSO – "Comentário ao art. 91º", *Código das Sociedades Comerciais em comentário*, vol. II, coord. Coutinho de Abreu, Almedina, Coimbra, 2011, p. 81-97; FONSECA, TIAGO SOARES DA – "Comentário ao art. Art. 237º", *Código das sociedades comerciais anotado*, coord. A. Menezes Cordeiro, 2ª ed., Almedina, Coimbra, 2011, p. 691-696; JORGE, FERNANDO PESSOA – *Mandato sem representação*, Almedina, Coimbra, 2001 (reimp.); MARQUES, ELDA – "Comentário ao art. 104º", *Código das Sociedades Comerciais em comentário*, vol. II, coord. Coutinho de Abreu, Almedina, Coimbra, 2011, p. 251-272; MARTINS, ALEXANDRE SOVERAL – *Cessão de quotas – Alguns problemas*, Almedina, Coimbra, 2007; PEDRO, LUIS ANTONIO VELASCO SAN – *Negocios con acciones y participaciones propias*, Lex Nova, Valladolid, 2000, "La adquisición de acciones propias: problemas de politica legislativa y tendencias legislativas", *RdS*, 1999, nº 11, p. 33-77; ROCHA, MARIA VICTÓRIA – *Aquisição de acções próprias no código das sociedades comerciais*, Almedina, Coimbra, 1984; VENTURA, RAÚL – *Estudos vários sobre sociedades anónimas – Comentário ao Código das Sociedades Comerciais*, Almedina, Coimbra, 1992, *Sociedade por quotas*, vol. I (arts. 197º a 239º), Almedina, Coimbra, 1999, 2ª reimp. da 2ª ed. de 1989; VIDAL, ANGEL GARCÍA/GARGALLO, MARIA DEL MAR MAROÑO – "La sociedad de capital sin socios: quimera o realidad?", RDS, 2003, p. 191-203.

1. Introdução

Participações sociais próprias são participações numa sociedade que ela mesma adquiriu e passou a deter.[1] Não basta, portanto, atender à aquisição, mas também à detenção para distinguir a aquisição de quota própria de outras situações, nomeadamente daquelas em que a sociedade intervém na cessão de quota a favor de um sócio ou de terceiro[2] – p. ex., no art. 231º, 1, a quota é transmitida directamente do antigo para o novo sócio, sem que passe, em termos de propriedade, pelas mãos da sociedade.

O regime jurídico das quotas próprias, da aquisição à alienação, é muito intensamente influenciado pelos estudos e opções legislativas quanto às ações

---

[1] COUTINHO DE ABREU (2009), p. 385.
[2] RAÚL VENTURA (1999), p. 431.

próprias.³ E isto começa logo na identificação das vantagens e desvantagens associadas à auto-participação. Na verdade, e como concretizaremos ao longo deste comentário, quando a sociedade opta por adquirir quotas próprias, tem de lidar com o risco que a detenção vai trazer para o desempenho, pelo capital social, das funções que lhe são atribuídas, e também com a possibilidade de esta operação ser usada por um grupo de sócios para agredir outros, na medida em que alterará o equilíbrio de poderes entre eles estabelecido. Mas, também se reconhece que a aquisição de participações próprias permite uma redução voluntária, simples e célere do capital social exuberante, pois que é uma opção mais pacífica do que a amortização generalizada e forçada⁴. Assim como possibilita que a sociedade se liberte de quotas a que foram associados privilégios que, no momento, são considerados demasiado onerosos. Por outra parte, a alteração de poderes dentro da sociedade através da aquisição e detenção de participações próprias permite fortalecer o controlo societário ou afastar sócios indesejados (com a suspensão dos direitos sociais inerentes às quotas próprias, dá-se uma mutação do peso relativo de algumas participações, concedendo-se ou confirmando-se o controlo por parte de um determinado grupo de sócios, eleito para defender a sociedade de estranhos ou mesmo para impor um programa de actividades previamente delineado).⁵

A tentativa de aproveitar os benefícios da auto-participação com o mínimo de risco possível deu lugar, então, ao art. 220º⁶, que não deixa de apontar diretamente para o regime das ações próprias quando remete para o art. 324º, a actuar enquanto as quotas sejam detidas pela sociedade.

2. A proibição de aquisição de quotas não integralmente liberadas e sua exceção

Logo no nº 1 deste art. 220º, o legislador proíbe a aquisição de quotas não integralmente liberadas. Desta forma se tenta assegurar o cumprimento do *princí-*

---

³ E por isso também nos apoiaremos em grande medida na bibliografia – mais abundante – sobre acções próprias.

⁴ No direito espanhol, em que o princípio estabelecido é o da proibição da aquisição de quotas próprias, optou-se, porém, por tornar livre a aquisição de quotas próprias quando ela vise a redução do capital social previamente acordada, considerando que os credores e os sócios vêem os seus interesses tutelados pelas regras relativas à redução do capital social. Para mais desenvolvimentos, VELASCO SAN PEDRO (2000), p. 161, s..

⁵ VICTÓRIA ROCHA (1984), p. 112, s., referindo-se às acções. Mas, identificando idênticas razões para as sociedades por quotas, RAÚL VENTURA (1999), p. 432-433.

⁶ Diferentemente do que foi sugerido por RAÚL VENTURA, cujo projecto sugeria uma proibição absoluta de quotas próprias – cfr. RAÚL VENTURA (1999), p. 430.

pio da exacta formação do capital, segundo o qual a sociedade terá de ver entrar nos seus cofres o montante integral das entradas. Estivesse autorizada a comprar quotas não liberadas, a sociedade encontraria uma forma de amnistiar dívidas de entrada, pois que o seu crédito se extinguiria por confusão; consequentemente, por não entrar no património social a contribuição do sócio, far-se-ia perigar a garantia dos credores.

Prevê, porém, o legislador uma exceção, quando remete para o art. 204º, preceito no qual se regulamenta a exclusão do sócio remisso: uma vez interpelado ao cumprimento da obrigação de entrada e mantendo-se remisso, o sócio pode ver-se excluído da sociedade, com a consequente perda, a favor desta, da quota respetiva (ou de parte dela).

3. Condições de aquisição de quotas próprias (liberadas)

As quotas integralmente liberadas podem ser adquiridas nas situações previstas no art. 220º, 2 (e o legislador usa a expressão no plural, porque poderá a sociedade deter mais do que uma quota, tendo em conta o disposto no art. 219º[7]). Mas, para começar, há que verificar qual a opção tomada no contrato de sociedade: proibição absoluta de aquisição de quotas próprias ou condições mais intensas do que as do legislador (p. ex., o contrato pode limitar a aquisição de quotas próprias a um limite em relação ao capital social). Não podem é os sócios ter disposto num sentido mais permissivo, pois que o art. 220º é uma norma de limite mínimo imperativo.[8]

3.1. As condições constantes do nº 2 do art. 220º

Segundo o nº 2 deste art. 220º, quotas (integralmente liberadas) só podem ser adquiridas em três situações distintas: *a)* quando a aquisição é gratuita; *b)* quando a aquisição decorre de ação executiva movida contra o sócio; ou *c)* quando a sociedade opta pela aquisição da quota e para tanto dispõe de reservas livres em montante igual ou superior ao dobro do contravalor a prestar. Note-se que se prevêem aqui aquisições *derivadas*. As aquisições originárias – no momento da constituição da sociedade ou de aumento do capital

---

[7] PEDRO DE ALBUQUERQUE (2011), p. 644. Neste sentido, aliás, depõe o art. 237º, 3, quando permite que "sejam criadas *uma ou várias* quotas, destinadas a serem alienadas", mas que se manterão em poder da sociedade entretanto. Posição diferente da de PAULO OLAVO CUNHA (2007), p. 365: "tendencialmente [nas sociedades por quotas], deverá corresponder uma única quota a cada sócio; ese este for a própria sociedade não haverá razões para excepção. Portanto a excepção é a própria situação."
[8] RAÚL VENTURA (1999), p. 435.

social – são impedidas pela aplicação analógica do art. 316º, 1. Porém, na segunda parte do art. 237º, 2 estabelece-se uma situação de aquisição originária de quota própria[9], embora desde o início pensada para que a detenção seja temporária: a sociedade cria, por deliberação, uma quota da qual se torna proprietária, e com o objetivo de a alienar posteriormente. De facto, esta quota é criada em substituição[10] da quota amortizada cujo valor nominal adoptará. A nova quota só pode ser criada se a quota amortizada constar do balanço enquanto tal (daí a substituição posterior) e tem de estar destinada a um adquirente previamente escolhido, sob pena de invalidade da deliberação de criação da quota.[11]

No primeiro e terceiro casos, está em causa a *função de garantia* do capital social, por sua vez associada ao *princípio da intangibilidade do capital social* (a sociedade tem de reter no seu património bens cujo valor seja equivalente ao valor do capital social, pelo que os sócios não podem distribuir bens sociais se dessa distribuição resultar que o património se torne inferior aos capital). Ora, a aquisição de quotas próprias fará perigar esta garantia na medida em que a sociedade usará bens que pertencem ao seu património para pagar o preço das quotas, quando estas vêm o seu valor ser aferido pelo património social, e assim passam a carecer de um valor patrimonial autónomo ("o seu valor depende do próprio valor da sociedade, pelo que elas nada acrescentam ao património social"[12]). Naturalmente, estas quotas possuem um valor de realização, no sentido de que se recuperará património com a sua alienação – este preço é, porém, imprevisível e, se inferior ao valor nominal, não compensa a sociedade, cujo património se mantém inferior à cifra do capital social. Além disso, se a sociedade entrar em processo de liquidação sem conseguir vender as quotas, o valor destas é nulo. Em suma, quando os credores pretendessem usar da sua última garantia para satisfazer os seus créditos, seriam confrontados com a insuficiência do património em que confiavam.[13] Simultaneamente, a *função informativa do capital social* também sairá frustrada pela aquisição de participações próprias: futuros credores podem ver-se prejudicados ao negociar com uma sociedade pois que confiam num capital social que não tem refle-

---

[9] RAÚL VENTURA (1999), p. 434.
[10] Daí a sua designação como "quota de substituição" – cfr. TIAGO SOARES DA FONSECA (2011), p. 693.
[11] TIAGO SOARES DA FONSECA (2011), p. 693.
[12] TARSO DOMINGUES (2011), p. 95.
[13] Argumentação de VICTÓRIA ROCHA (1984), p. 84, s., para as acções próprias, mas transponível para as sociedades por quotas.

xos ao nível do património. Conclusão: está neste nº 2 em causa a proteção da relação de equivalência entre capital e património sociais. Por isto, *quando a aquisição seja gratuita não há condicionantes semelhantes às que se impõem na terceira hipótese* – é que, sem saída de património, aquela relação de equivalência mantém-se inalterada. Recorramos às palavras de Raúl Ventura: "as aquisições a título gratuito de quotas integralmente liberadas produzem o efeito estrutural de a sociedade se tornar sócia de si própria. Não produzem efeitos patrimoniais nocivos a sócios ou credores, pois ou não alteram a situação patrimonial da sociedade ou a melhoram, se tiverem valor de realização."[14] Note-se que só as quotas integralmente liberadas podem ser adquiridas gratuitamente – caso contrário, teríamos um negócio oneroso, já que a sociedade perderia o benefício da entrada completa[15]. Além de que tem de tratar-se de um verdadeiro negócio gratuito – doação ou legado puros e não doação ou legado modais ou onerosos (arts. 963º e 966º CCiv.).[16]

Vejamos, porém, com maior detenção aquela terceira hipótese, que tem de ser analisada em conjunto com o nº 4 e, portanto, com o regime das ações próprias.[17] Ao exigir-se que a sociedade disponha de reservas livres em montante não inferior *ao dobro* do contravalor a prestar pretende-se dar cumprimento à exigência de constituição da reserva a que se refere o art. 324º, 1, *b*)[18]. Todavia, esta exigência do legislador tem vários argumentos depondo contra ela. Por um lado, "a criação da reserva não exige bens distribuíveis *pré-existentes*"[19]. Por outro lado, o SNC trata esta matéria de forma diferente da escolhida pelo CSC (lei mais antiga). É que neste a criação da reserva serve para evitar que conste no património líquido da sociedade um valor correspondente à participação própria, pois que a inclusão desta no ativo é contrabalançada pelo montante da reserva.[20] Mas, naquele[21], "as participações próprias devem constar não no Activo mas do lado direito do balanço, onde deverão ser levadas a débito ao Capital Próprio. (...) Levando-se a débito na Situação Líquida as acções próprias [e as quotas próprias], já não haverá que constituir a reserva legal a

---

[14] (1999), p. 444.
[15] VICTÓRIA ROCHA (1984), p. 237.
[16] VICTÓRIA ROCHA (1984), p. 236.
[17] COUTINHO DE ABREU (2009), p. 397, nt. 413.
[18] Se as quotas a adquirir custarem 100, a sociedade terá de ter 100 para pagar o preço da participação social e 100 para constituir uma reserva indisponível.
[19] COUTINHO DE ABREU (2009), p. 397.
[20] Seguimos TARSO DOMINGUES (2011), p. 95.
[21] Tal como no POC.

que se refere a alínea *b)* do nº 1 do art. 324º, sob pena de se estar a duplicar a dedução de valores relativa à aquisição de acções próprias."[22] Esta duplicação de regimes tem levado a doutrina a adoptar diferentes posições, desde a interpretação correctiva do art. 317º, 4, não se justificando, então, a exigência desta norma[23], até à manutenção da necessidade de constituição da reserva[24]. Com a 2ª parte do art. 317º, 4 – e, assim também, com o art. 220º, 2, parte final – pretende o legislador proteger os credores sociais; contudo, não é essa proteção necessária, pois que basta, para acautelar os interesses deles, que se condicione a aquisição de participações próprias à utilização de *bens distribuíveis* – isto é, reservas livres em montante igual ou superior ao contravalor a prestar.[25] Por isso, parece-nos igualmente que a constituição desta reserva não será necessária tendo em conta a opção do POC reassumida no SNC.

A propósito da contrapartida das quotas próprias, olhemos para as *aquisições a título universal* – situações em que a sociedade adquire um património onde estão incluídas participações próprias. Aqui a sociedade não pretende adquirir quotas próprias, a auto-participação ocorre como consequência (inevitável) do recebimento de todo um património. Quando as quotas não estejam liberadas, a sociedade não pode adquiri-las – por isso, nos casos de fusão por incorporação, esta torna-se impossível (a incorporada desaparece; a incorporante não

---

[22] TARSO DOMINGUES (2011), p. 95.
[23] COUTINHO DE ABREU (2009), p. 397, GONÇALVES SILVA/ESTEVES PEREIRA, citados por TARSO DOMINGUES (2011), p. 96.
[24] PEREIRA DE ALMEIDA (2011), p. 368, PEDRO DE ALBUQUERQUE (2011)ª, p. 883 (embora os autores não se refiram sequer à polémica). Já OSÓRIO DE CASTRO (1988), p. 265-266, sobre as ações próprias, propõe uma interpretação revogatória, embora com justificação distinta. Para VICTÓRIA ROCHA (1984), p. 179, s. – também referindo-se às ações próprias –, esta condição é "manifestamente exagerada, sem que logremos descortinar motivo para tal exagero protectivo."
[25] "Ressalvado o capital social e salvaguardadas as reservas que devam ser tratadas como capital, parece nada obstar à utilização das reservas facultativas para a aquisição onerosa de quotas próprias. Consumindo a operação a totalidade ou parte do activo correspondente a essas reservas, ou se conta com o valor da realização das quotas adquiridas e houve apenas um negócio de substituição, ou não se conta com esse valor e o activo social ficou diminuído da importância dispendida, mas essa diminuição não afecta direitos dos credores" – RAÚL VENTURA (1999), p. 475. No projecto de FERRER CORREIA, LOBO XAVIER, MARIA ÂNGELA COELHO e ANTÓNIO CAEIRO, em continuação do que já constava na Lei de 1901, admitia-se a possibilidade de serem adquiridas quotas integralmente liberadas, *desde que o contravalor a prestar não excedesse o património existente além do capital, no momento do vencimento da obrigação* (v. (1977-1979), p. 72). Já no projecto de VAZ SERRA sugeria-se o seguinte: "as quotas que estiverem integralmente liberadas podem ser adquiridas pela sociedade, *desde que o contravalor não seja prestado à custa do capital social.*"

pode adquirir; e não há quotas sem dono)²⁶. Mas, estando liberadas, não haverá problemas colocados pelo disposto no art. 220º, 2, pois que a concessão de quotas do incorporante à incorporada não é equiparável à contrapartida em dinheiro ou outros bens saídos do património social.²⁷

No que se refere à segunda hipótese considerada pelo legislador, a sociedade poderá adquirir quotas próprias em consequência de acção executiva movida contra o sócio, para que possa opor-se à entrada de um estranho, através da venda judicial.²⁸ Por isso, parece que será indiferente que a ação seja movida pela sociedade ou por um terceiro.²⁹

Outra questão que pode colocar-se é a de saber se os condicionalismo descritos são também de aplicar quando a sociedade se torne titular de um *direito de gozo* – p. ex., um usufruto – *sobre quota própria*. Parece-nos que a resposta terá de ser afirmativa, para assegurar que pela constituição do direito de gozo a sociedade não consiga aquilo que lhe está vedado na aquisição (especificamente o exercício de direitos sociais). É certo, porém, que, assim sendo, o direito de gozo das quotas próprias torna-se num direito vazio de conteúdo.³⁰

Poderá a sociedade aceitar a posição de credora pignoratícia sobre quotas próprias? Aqui não há qualquer aquisição, pelo que nos parece viável uma resposta afirmativa. É verdade que pode haver adjudicação da quota ao credor pignoratício (art. 675º, 2 CCiv.), mas dependerá de uma decisão da sociedade,

---

[26] PEDRO DE ALBUQUERQUE (2011), p. 644, seguindo RAÚL VENTURA. Em sentido diverso, ELDA MARQUES (2011), p. 270.
[27] RAÚL VENTURA (1999), p. 441, PEDRO DE ALBUQUERQUE (2011), p. 644. No direito espanhol, esta é uma das situações tratadas como de aquisição livre, a par da aquisição gratuita ou da aquisição para redução do capital social acordada. Uma vez que aqui não há troca de participações, não entramos no âmbito de actuação do art. 104º, 3 – para desenvolvimentos, v. ELDA MARQUES (2011), p. 266. Sobre a aquisição de quotas próprias de uma sociedade por outra dela dependente v. comentário ao art. 487º.
[28] PAULO OLAVO CUNHA (2007), p. 366. Recorde-se que a cessão de quotas pode ter de passar pelo consentimento social, mas isso não abrange a venda judicial já que a cessão pressupõe uma transmissão voluntária – cfr. SOVERAL MARTINS (2007), p. 9.
[29] Na opinião de RAÚL VENTURA (1999), p. 444-445, a sociedade só poderá adquirir a quota livremente se a ação executiva for movida por ela própria, sem, porém, adiantar razões para tal posição. Esta é a solução adoptada no direito espanhol (art. 40, 1, *a*) LSRL). Segundo VELASCO SAN PEDRO (2000), p. 159, pesaram-se aqui dois inconvenientes – o da aquisição de participação própria e o da não cobrança do crédito da sociedade –, aceitando-se como menor mal o primeiro, pois que sociedade poderá, no futuro, ressarcir-se pela alienação das quota própria. Ora, o nosso legislador não fez a mesma escolha, quando poderia tê-lo feito. E, depois, quando a execução é movida por um credor do sócio que não a sociedade, não há o inconveniente da possível não cobrança, mas há o da entrada de terceiro (outra das razões de ser da lei espanhola, como reconhece aquele autor), pelo que nos parece que não deve ficar aquisição limitada apenas aos casos em que a sociedade é o credor exequente.
[30] Também neste sentido, para as ações, VICTÓRIA ROCHA (1984), p. 25, s..

sujeita a todos os requisitos do art. 220º, bem como àqueles que se apliquem analogicamente. Olhando para o regime jurídico das ações próprias, o legislador, no art. 325º, também aceitou que a sociedade as recebesse em penhor, determinando, porém, que contassem para o limite estabelecido no art. 317º, 2 (10% do capital social) – porém, como veremos, é discutível a aplicação analógica do art. 317º, 2 às quotas próprias, além de que a sociedade pode adquirir quotas próprias em sede de ação executiva.[31]

3.2. A necessária deliberação dos sócios

Nos termos do art. 246º, 1, *b)*, a aquisição, bem como a alienação, de quota própria depende de deliberação dos sócios, aprovada por maioria simples. Não estamos, portanto, no âmbito da competência própria dos gerentes, embora seja a eles que cabe executar a vontade social.

Quanto ao conteúdo da deliberação, e como afirma Raúl Ventura, não podem aplicar-se analogicamente as orientações dos arts. 319º e 320º para as ações próprias, logo porque grande parte das menções obrigatórias não fazem sentido nas sociedades por quotas. Por isso, deve a deliberação conter a indicação da quota a adquirir e das condições de pagamento do preço ou outra contrapartida.[32]

3.3. Aplicação analógica de normas sobre ações próprias

A doutrina tem-se questionado sobre a aplicabilidade, à aquisição de quotas próprias, de normas pertencendo ao regime jurídico das ações próprias.

Ora, não parece ser motivo de debate a impossibilidade de a sociedade por quotas adquirir originariamente quotas, *i. e.*, de aparecer como sócia dela própria no momento da constituição ou no da subscrição de novas participações em sede de aumento do capital social. Aplica-se, pois, analogicamente, a primeira parte do art. 316º, 1: "uma sociedade *não pode subscrever*

---

[31] No direito espanhol opta-se pela solução contrária: o legislador proibiu a sociedade de aceitar um penhor ou qualquer outra forma de garantia sobre as suas próprias participações (art. 40º, 4 LSRL). A mesma foi a opção do legislador italiano, no art. 2483 do CCit. No seguimento, porém, de uma proibição absoluta de aquisição de quota própria, mesmo quando alguns autores parecem querer admitir exceções equivalentes às aceites no direito português – CARBONETTI (1988), p. 30. Já no § 33 GmbG, proíbe-se o penhor de quotas não liberadas (Ab. 1), mas, quando a quota esteja integralmente liberada, o penhor é admitido, desde que a dívida garantida tenha valor inferior ao da participação social ou não ultrapasse o valor do património vinculado ao capital social (Ab. 2).

[32] (1999), p. 453.

ações próprias".³³ O legislador português inicia o tratamento das ações próprias com uma interdição expressa e sem exceções, do que se colhem duas consequências a funcionar em momentos distintos da vida da sociedade: primeiramente, a sociedade não pode reservar para si um lote de participações logo no momento constitutivo da nova pessoa coletiva; depois, encontra-se igualmente impossibilitada de subscrever ações próprias emitidas por força de um aumento do capital social. Quando a constituição seja imediata, diz Victória Rocha, tratar-se-á de uma impossibilidade lógica, na medida em que só há sociedade após o registo do ato constitutivo; mesmo que se admitisse a constituição da sociedade sem a subscrição total, estar-se-ia perante uma situação no mínimo muito confusa, já que teríamos a sociedade a retirar do seu património, obtido com as outras subscrições, o capital necessário para a subscrição das ações que pretendia.³⁴ Também faz sentido a proibição para o aumento de capital por novas entradas. Trata-se agora de assegurar a exata formação do capital social, que exige que no património da sociedade entrem bens de valor equivalente ao valor nominal total das ações subscritas – se fosse de autorizar a sociedade a subscrever as novas ações, perverter-se-ia essa regra, na medida em que, para subscrever as ações, a sociedade necessitaria de usar bens pertencentes ao seu património.³⁵

O art. 316º não se fica, porém, pela proibição da auto-subscrição, pois impede ainda, na primeira parte do nº 2, que uma sociedade *encarregue outrem de*, em nome deste mas *por conta da sociedade*, subscrever ações dela própria. A finalidade deste preceito é obstar a que a sociedade, pela interposição de um terceiro, torneie a proibição de auto-subscrição, e proceda a uma *auto-subscrição indirecta*.³⁶ Não constitui motivo de discórdia a aplicação analógica desta

---

³³ RAÚL VENTURA (1999), p. 439, COUTINHO DE ABREU (2009), 397, PEREIRA DE ALMEIDA (2011), p. 368, PEDRO DE ALBUQUERQUE (2011), p. 644.
³⁴ (1984), p. 129-130. Também RAÚL VENTURA (1992), p. 353-354, qualifica a subscrição de ações por uma sociedade no ato da sua constituição como "absurda".
³⁵ VICTÓRIA ROCHA (1984), p. 130, s., RAÚL VENTURA (1992), p. 354, CARBONETTI (1988), p. 169.
³⁶ VICTÓRIA ROCHA (1984), p. 144. "O legislador (...) pretendeu abranger todas as situações de interposição de pessoa, isto é, todas as situações em que alguém realiza a subscrição por conta da sociedade mas em nome próprio. Independentemente da titularidade jurídica, o legislador preocupa-se em impedir que a *titularidade de facto* pertença à sociedade" – (1984), p. 144, it. nosso. E a autora esclarece ainda que a interposição visada é *apenas a interposição real*. Para PESSOA JORGE (2001), p. 162, interposição real é "a realização por alguém de um acto jurídico alheio por conta e no interesse do *dominus*, mas em nome próprio", o que quer dizer que um sujeito aparece como *intermediário* entre aqueles a quem o acto jurídico diz respeito, *sem nele ter qualquer interesse*, e enfrentando-o do ponto de vista da pessoa interessada.

norma à aquisição de quotas próprias.[37] Consequentemente, aplicar-se-ão também os restantes números do art. 316º.[38] As quotas subscritas ou adquiridas pertencem, para todos os efeitos, incluindo a obrigação de as liberar, à pessoa que as subscreveu ou adquiriu. A sociedade não pode renunciar ao reembolso das importâncias que tenha adiantado a alguém para o fim mencionado no nº 2 nem deixar de proceder com toda a diligência para que tal reembolso se efective. Sem prejuízo da sua responsabilidade, nos termos gerais, os gerentes intervenientes nas operações proibidas pelo nº 2 são pessoal e solidariamente responsáveis pela liberação das quotas. São nulos os atos pelos quais uma sociedade adquira quotas referidas no nº 2 às pessoas ali mencionadas, excepto em execução de crédito e se o devedor não tiver outros bens suficientes. Consideram-se suspensos os direitos inerentes às quotas subscritas por terceiro por conta da sociedade em violação deste preceito, enquanto não forem por ele cumpridas as obrigações de reembolso da sociedade e de restituição das quantias pagas pelos gerentes para a sua liberação.

Outro importante problema nesta matéria é o de saber se também será de aplicar analogicamente o disposto no art. 317º, 2, caso em que estaria a sociedade impedida de adquirir e deter mais de 10% das quotas representativas do seu capital social.[39] Com o art. 317º, 2 procurou-se evitar que a sociedade anónima conseguisse manipular o valor da cotação das ações pela pressão da procura, o que, toldando a transparência do mercado bolsista, poderia criar uma falsa confiança na capacidade de cumprimento da sociedade.[40] Por outro lado, para além dos interesses dos terceiros, mesmo os da sociedade estarão em risco, pois chegará uma altura em que o seu património não permitirá conti-

---

[37] RAÚL VENTURA (1999), p. 439, COUTINHO DE ABREU (2009), 397, PEREIRA DE ALMEIDA (2011), p. 368, PEDRO DE ALBUQUERQUE (2011), p. 644.

[38] RAÚL VENTURA (1999), p. 439, COUTINHO DE ABREU (2009), 397 (este autor não o diz expressamente; porém não se refere apenas aos nºs 1 e 2 do art. 316º, mas ao art. 316º). PAULO OLAVO CUNHA (2007) p. 365, trata da impossibilidade de auto-subscrição no momento da constituição da sociedade em termos que abarcam todos os tipos societários.

[39] Neste sentido se pronuncia PEDRO DE ALBUQUERQUE (2011), p. 644. A aceitar-se esta posição, como o próprio autor não deixa de acautelar, será de aplicar, também analogicamente, o art. 323º, 1, nos termos do qual a sociedade a sociedade não pode deter por mais de três anos um número de ações superior a 10%, mesmo que adquiridas licitamente. Também, embora com dúvidas PAULO OLAVO CUNHA (2007), p. 366. Posição inversa é a de COUTINHO DE ABREU (2009), p. 397, que assim admite a possibilidade – quando não afastada pelo contrato social – de todas as quotas pertencerem à sociedade, num fenómeno identificado pela doutrina alemã como *Keinmanngesellschaft* (sociedade de ninguém). Contra a possibilidade de aquisição total das ações próprias, VICTÓRIA ROCHA (1984), p. 46, nt. 98, e autores aí citados.

[40] VICTÓRIA ROCHA (1984), p. 97, s..

nuar a adquirir ações e manter o nível das cotações, assim como não estará em condições de as alienar para obter liquidez (o aumento da oferta diminuiria o preço). Há que contar ainda com os inconvenientes que a detenção de acções próprias traz para a organização da sociedade, pois a suspensão dos direitos sociais torna as restantes participações mais influentes, assim como a posterior alienação das ações reordena as posições dos sócios, confrontados por vezes com a entrada de acionistas indesejados, mas escolhidos pelos administradores.[41] Ora, para além de as primeiras razões não fazerem sentido nas sociedades por quotas, a própria percentagem constante do preceito em análise não está isenta de críticas[42]: por uma parte, não se compreende porque se escolheu esta percentagem e não outra; por outro lado, há uma tendência para flexibilizar a aquisição de ações próprias, designadamente sugerindo que a barreira constituída pelos 10% do capital social seja levantada, *ficando a sociedade unicamente constrangida à utilização de lucros distribuíveis.*[43] Depois, não pode dizer-se que seja inadmissível – ainda que temporariamente – uma *sociedade sem sócios*.[44] De facto, a situação de sociedade sem sócios não é causa de dissolução da sociedade, como se retira da leitura do art. 141º. É certo que estará preenchida a situação prevista no art. 142º, 1, *a)* – o número mínimo de sócios não se verifica –; mas esta é uma situação que pode manter-se durante um ano (e por isto mesmo se diz que o estatuto de sociedade sem sócios apenas pode manter-se temporariamente).[45] Estarão, deste modo, reunidas condições que permitem que uma sociedade sem sócios não se dissolva imediatamente. E há vantagens

---

[41] VICTÓRIA ROCHA (1984), p. 97, s., p. 196, s..
[42] V. VICTÓRIA ROCHA (1984), p. 198-200.
[43] Esta tendência observou-se principalmente no grupo SLIM (*Simpler Legislation for the Internal Market*) criado para a revisão e simplificação do direito europeu, incluindo a Segunda Directiva de direito das sociedades. Mas, há que reconhecer que ela (ainda) não vingou, já que na Directiva 2006/68/CE do Parlamento Europeu e do Conselho de 6 de Setembro de 2006, que revê a Segunda Directiva, se prevê que os Estados-Membros poderão *fixar um limite máximo* relativo ao volume de *ações* próprias que poderão ser adquiridas pelas sociedades, *o qual não poderá ser inferior a 10% do capital subscrito*. Além disso, também se reconhece uma certa oposição ao *terminus* do limite criada pela Directiva Contra o Abuso de Mercado, que reflecte o receio de que atribuir maior autonomia à sociedade para a aquisição de ações próprias possa significar um incremento da liberdade de manipulação do mercado, pelo que, numa atitude mais cautelosa, se reserva a sugestão de abolir aquele limite quantitativo apenas para as sociedades não cotadas.
[44] A esta questão se dedicaram GARCÍA VIDAL e MARIA MAROÑO GARGALLO (2003), p. 200, s..
[45] Conte-se, ainda, com a aplicação analógica do art. 317º, 3, *c)*, que permite a transposição do limite dos 10% (v. *supra*). GARCÍA VIDAL e MARIA MAROÑO GARGALLO (2003), p. 201, ainda adiantam como exemplo de sociedade sem sócios a sociedade por quotas unipessoal a quem o sócio deixou em testamento todas as participações (v., no nosso direito, o art. 2033º, 2, *f)* CCiv.).

em permitir a permanência desta entidade no sistema jurídico. Mantendo a sua autónoma personalidade jurídica, a gerência mantém poderes para alienar as quotas de modo a perfazer o número mínimo de sócios. Salvaguardam-se também os interesses dos trabalhadores, que se não verão, subitamente, com contratos extintos entre mãos. Depois, tal solução não tem necessariamente de prejudicar os credores sociais a quem é indiferente ter os créditos cumpridos por uma sociedade com ou sem sócios. Manter-se-á também com a sociedade a *goodwill* associada à denominação social, que, tendo boa imagem no mercado, será uma instrumento para captar novos sócios.

Nos termos do art. 321º, "as aquisições e as alienações de ações próprias devem respeitar o princípio do igual tratamento dos acionistas, salvo se a tanto obstar a própria natureza do caso." A mesma regra valerá para a sociedade por quotas, nomeadamente oferecendo-se a possibilidade de aquisição pela sociedade indiscriminadamente a todos os sócios.[46] De qualquer maneira, nada parece impedir que a sociedade opte por adquirir certas e determinadas participações, se o interesse social assim o impuser – p. ex., adquirir quotas de sócios que se ofereceram para alienar a favor da sociedade como forma de solucionar amigavelmente conflitos entre sócios, em alternativa à exclusão.[47] Note-se, contudo, que os sócios não têm um direito de preferência na alienação das quotas, o que significa que um sujeito não pode invocar a sua condição de sócio para exigir ser ele o adquirente escolhido. A não ser que o contrato social lhe atribua tal preferência.[48]

4. Regime das quotas próprias – remissão para o art. 324º

A aquisição de participações próprias pode repercutir-se negativamente na organização interna da sociedade, daí ter-se optado, no seguimento da "teoria da suspensão ou paralisação dos direitos"[49] (que encontrou guarida na maioria das posições doutrinais e legislativas vigorando nos dias que hoje correm), pela suspensão dos direitos sociais. Este é o primeiro resultado da remissão para o art. 324º. A aquisição de quotas próprias não conduz, portanto, à extinção automática das participações, apenas passando os direitos sociais a elas inerentes a um estado de quiescência (incluindo o direito aos dividendos). A suspen-

---

[46] VELASCO SAN PEDRO (2000), p. 163-164.
[47] VELASCO SAN PEDRO (2000), p. 164. O autor ainda adianta que, neste caso, os sócios alienantes estão numa situação de conflito de interesses, pelo que não deverão votar na deliberação social respectiva.
[48] RAÚL VENTURA (1999), p. 459-460.
[49] Expressão de FERRER CORREIA (1985), p. 124.

são basta para afastar a ideia de que a sociedade é devedora de si mesma e ainda mantém a negociabilidade das participações sociais (assim que transmitidas, reactivam-se os direitos e obrigações sociais).[50] Ainda, suspensos os direitos sociais, impedem-se condutas abusivas, porque violadoras do interesse social, da administração da sociedade (nomeadamente o exercício do voto em proveito pessoal ou de sócios a si ligados, permitindo, por exemplo, que alguns sócios saiam da sociedade antes que ela entre em crise ou afastando aqueles que considere indesejáveis).[51]

Há, contudo, um direito que não fica suspenso: o *direito de a sociedade receber novas quotas por aumento do capital social por incorporação de reservas*. Aqui apenas se actualiza o valor nominal das quotas, pois não entram novos bens na sociedade (apenas se integram reservas no capital social). E isto é importante, pois que a quota própria tem sempre um valor de alienação, que deve ir sendo actualizado ao mesmo ritmo da atualização do valor das restantes participações sociais.[52]

Naturalmente, os direitos de crédito que a sociedade adquiriu com a quota não se suspendem – mas, em se tratando de direito aos dividendo já votado, então há extinção do crédito por confusão, se, por interpretação, se concluir que o negócio translativo incluiu esse direito de crédito.[53]

Tal como se suspendem os direitos, também se suspendem as obrigações inerentes às quotas próprias – a sociedade não poderá aparecer como credora e devedora de si própria.[54]

A remissão do art. 220º obriga a considerar ainda a al. *b)* do nº 1 e o nº 2 do art. 324º. No que ao primeiro preceito diz respeito, cremos ter já deixado claro que não é necessário que a sociedade mantenha a reserva de montante igual ao valor da contrapartida.

Da aplicação do art. 324º, 2 resulta a obrigação, para a gerência, de, no relatório anual (cfr. arts 65º, s.), indicar: a identificação das quotas próprias adquiridas durante o exercício, os motivos das aquisições efetuadas e os desembolsos da sociedade; a identificação das quotas próprias alienadas durante o exercício,

---

[50] VICTÓRIA ROCHA (1984), p. 39, s., FERRER CORREIA (1985), p. 123.
[51] Para uma exposição detalhada dos motivos inerentes a esta suspensão e da construção dogmática por detrás dela, v., p. ex., VICTÓRIA ROCHA (1984), p. 245, s..
[52] RAÚL VENTURA (1999), p. 456.
[53] RAÚL VENTURA (1999), p. 457.
[54] RAÚL VENTURA (1999), p. 457-458.

os motivos das alienações efetuadas e os embolsos da sociedade; e a identificação das quotas próprias detidas no fim do exercício.

5. Momento da verificação dos pressupostos

Os pressupostos de legalidade da aquisição de quotas próprias ter-se-ão de encontrar reunidos no momento da aquisição.[55] O que não impede que a sociedade delibere validamente no sentido da aquisição em momento anterior ao da verificação dos pressupostos – terá a deliberação de sujeitar-se, contudo, à condição da verificação dos requisitos.[56] De facto, a deliberação será nula se dela resultar uma ordem dirigida à gerência no sentido de adquirir em contradição com as orientações legais (art. 56º, 1, *d*)), à exceção da deliberação que não respeite o princípio da igualdade, que padecerá de anulabilidade (art. 58º, 1, *a*)).[57]

Quanto ao requisito da disponibilidade de bens distribuíveis, será de verificar-se, todavia, tanto no momento da aquisição como no momento do pagamento, para que assim se não prejudiquem os credores sociais.[58]

6. A nulidade como consequência do incumprimento das condições de aquisição

Para além da sanção penal prevista no art. 510º, 1, a aquisição de quota própria é nula, como determina o nº 3, não sendo cumpridas as condições impostas pelo art. 220º.

Sendo o negócio aquisitivo nulo, poderá converter-se num contrato-promessa válido (art. 292º CCiv.).[59]

---

[55] RAÚL VENTURA (1999), p. 451, COUTINHO DE ABREU (2009), p. 391, PEDRO DE ALBUQUERQUE (2011), p. 644, nt. 16. Adotando a mesma posição, Ac. RP de 8/3/1990, Ac. RE de 9/12/04, ambos acessíveis em www.dgsi.pt.

[56] COUTINHO DE ABREU (2009), p. 391, PEDRO DE ALBUQUERQUE (2011), p. 644, nt. 16.

[57] COUTINHO DE ABREU (2009), p. 391. Os administradores executando tal deliberação poderão incorrer em responsabilidade, para além de a aquisição ser ilícita.

[58] COUTINHO DE ABREU (2009), p. 397, 391, s..

[59] PEDRO DE ALBUQUERQUE (2011), p. 644, seguindo MENEZES CORDEIRO. Adota a jurisprudência posição inversa: Ac. RP de 2/11/1992, BMJ, 421 (1992), p. 497-498 (só o sumario); Ac. STJ de 2/11/1992, www.dgsi.pt (só o sumário, com referência muito generalista ao art. 220º – "estando feridas de nulidade as aquisições de quotas próprias de uma sociedade por quotas em desobediência ao preceituado no artigo 220 do Código das Sociedades Comerciais, tem objecto legalmente impossível um contrato-promessa que vise a uma cessão de quotas em desobediência ao mesmo preceito legal"); Ac. STJ de 2/3/1994, CJSTJ, 1994, I, 155-156 (só o sumário).

Para que a nulidade seja declarada necessário se torna provar a aquisição, a existência de certas reservas e a insuficiência do seu valor.[60]

---

[60] PEDRO DE ALBUQUERQUE (2011), p. 644. Ac. RE de 9/12/04, www.dgsi.pt: "para se poder invocar com êxito a nulidade resultante do art. 220° nº 3, do CSC, seria necessário que os recorrentes alegassem que existiu uma aquisição de quota por parte da própria sociedade por determinado preço (...); que indicassem quais as reservas que existiam no momento dessa aquisição (...) e que invocassem qual o valor das reservas livres da sociedade no momento da aquisição (...), uma vez que apenas a aquisição da quota pela sociedade, quando não disponha de reservas livres em montante não inferior ao dobro do contravalor a prestar, é que é qualificada como nulidade" (sobre este último requisito *vide*, porém, *supra*).

ARTIGO 221º *
Divisão de quotas

1. Uma quota só pode ser dividida mediante amortização parcial, transmissão parcelada ou parcial, partilha ou divisão entre contitulares, devendo cada uma das quotas resultantes da divisão ter um valor nominal de harmonia com o disposto no artigo 219º, nº 3.
2. Os actos que importem divisão de quota devem ser reduzidos a escrito.
3. O contrato pode proibir a divisão de quotas, contanto que da proibição não resulte impedimento à partilha ou divisão entre contitulares por período superior a cinco anos.
4. No caso de divisão mediante transmissão parcelada ou parcial e salvo disposição diversa do contrato de sociedade, a divisão de quotas não produz efeitos para com a sociedade enquanto esta não prestar o seu consentimento; no caso de cessão de parte de quota, o consentimento reporta-se simultaneamente à cessão e à divisão.
5. É aplicável à divisão o disposto na parte final do nº 2 do artigo 228º.
6. O consentimento para a divisão deve ser dado por deliberação dos sócios.
7. Se o contrato de sociedade for alterado no sentido de a divisão ser excluída ou dificultada, a alteração só é eficaz com o consentimento de todos os sócios por ela afetados.
8. A quota pode também ser dividida mediante deliberação da sociedade, tomada nos termos do artigo 204º, nº 2.

* A redação do nº2 foi dada pelo DL 76-A/2006, de 29 de março.

Índice

1. A divisão de quotas: casos em que pode, em regra, ser realizada
   1.1. A delimitação legal
   1.2. Amortização parcial
   1.3. Transmissão parcelada ou parcial
   1.4. Partilha ou divisão entre contitulares
   1.5. Deliberação da sociedade tomada nos termos do art. 204º, 2
2. A forma escrita
3. O contrato de sociedade pode excluir ou dificultar a divisão
4. A necessidade de consentimento da sociedade para a divisão mediante transmissão parcelada ou parcial

Bibliografia
Citada:
ABREU, COUTINHO DE – *Curso de direito comercial*, II, 5ª ed., Almedina, Coimbra, 2015; ALBUQUERQUE, PEDRO DE – "Artigo 221º", in *Código das Sociedades Comerciais Anotado*,

2ª ed. (coord. de Menezes Cordeiro), Almedina, Coimbra, 2011, p. 640-642; ALMEIDA, PEREIRA DE – *Sociedades comerciais, valores mobiliários, instrumentos financeiros e mercados*, 7ª ed., Coimbra Editora, Coimbra, 2013; CORDEIRO, MENEZES – *Manual de direito das sociedades. II. Das sociedades em especial*, 2ª ed., Almedina, Coimbra, 2007; LABAREDA, JOÃO – "Sobre a deliberação de amortização de quotas", *Direito societário português – algumas questões*, Quid Iuris, 1998, p. 231-268; MARTINS, ALEXANDRE DE SOVERAL – *Cláusulas do contrato de sociedade que limitam a transmissibilidade das acções*, Almedina, Coimbra, 2006; PENTZ, ANDREAS – "§ 17", in HEINZ ROWEDDER, *Gesetz betreffend die Gesellschaften mit beschränkter Haftung*, 4. Aufl., Franz Vahlen, München, 2002; RIVOLTA, GIAN CARLO – *La società a responsabilità limitata*, Giuffrè, Milano, 1982; SOUTO, AZEVEDO – *Lei das sociedades por quotas*, 7ª ed., revista e atualizada por Dias da Fonseca, Coimbra Editora, Coimbra, 1973; VENTURA, RAÚL – *Sociedades por quotas*, I, 2ª ed. (reimp.), Almedina, Coimbra, 1993.

1. A divisão de quotas: casos em que pode, em regra, ser realizada
1.1. A delimitação legal

O CSC permite a divisão das quotas. No entanto, não a permite de forma livre[1]. O sistema vigente entre nós é o da *divisibilidade condicionada*. Com efeito, a divisão de quotas só é possível nos casos previstos na lei e devendo ser tido em conta que o contrato de sociedade pode, em certos termos, afastar ou dificultar essa divisibilidade.

Ao permitir a divisão, a lei *atenua as consequências do sistema de quota inicial única* tal como resulta do art. 219º, 1. Mas, ao limitar as hipóteses em que essa divisão é admissível, também tem presente o interesse da sociedade em *não ver excessivamente fragmentadas* as respetivas quotas por toda e qualquer razão. Se a divisão é mais fácil, também será normalmente mais fácil a transmissão das quotas[2].

A divisão será possível mediante amortização parcial da quota (assim se tutelando os interesses que estão subjacentes à própria possibilidade de amortização), transmissão parcelada ou parcial (passando a quota resultado da divisão para outro titular) e partilha ou divisão entre contitulares (assim se fazendo cessar a situação de contitularidade). Para além disso, a lei prevê a divisão através de deliberação dos sócios[3].

---

[1] Tendo em conta a revogação do § 17 da *GmbHG* pela *MoMiG*, é provável que também em Portugal o regime venha a sofrer alterações.
[2] Sobre isto, RAÚL VENTURA (1993), p. 465.
[3] Não deixa de ser curioso que no nº 1 surja dito que a divisão "só" pode ter lugar nos casos ali previstos para, logo no nº 8, se acrescentar mais uma hipótese. No corpo do art. 8º da LSQ, previa-se apenas a

Fora das hipóteses previstas na lei, o acto de divisão de quota será *nulo*[4]. O art. 221º, 1, tem carácter *imperativo* ("só pode") e aplicar-se-á o art. 294º CCiv.. Será, por exemplo, o que ocorre em caso de divisão mediante constituição de penhor ou de usufruto sobre parte da quota.

A divisão das quotas permitida pelo art. 221º é aquela em que uma quota dá origem a duas ou mais quotas. Cada quota resultante da divisão constitui uma participação social autónoma, com os seus direitos e obrigações[5]. O art. 221º não vem permitir a divisão do conteúdo de uma quota para o atribuir a pessoas diferentes. Não é possível, por exemplo, ceder parte de uma quota com o direito de voto da quota inicial, ficando o cedente apenas com os restantes direitos[6].

Para as ações, a regra estabelecida no art. 276º, 6, é diferente da que vale para as sociedades por quotas. Naquele último preceito, ficou consagrada a *indivisibilidade* das ações. E essa regra diz respeito tanto à ação-fração do capital social, como à ação-participação social[7].

Cada quota resultante da divisão deve ter um valor nominal que respeite o disposto no artigo 219º, nº 3. Com o atual valor mínimo de cada quota fixado em um euro, a divisão tornou-se muito mais fácil.

1.2. Amortização parcial

A divisão de quota pode ter lugar por *amortização parcial*.

Um dos casos de amortização parcial previstos na lei é o que encontramos no art. 233º, 5. Aí se permite expressamente a amortização parcial da quota *se*

---

possibilidade de divisão através de "transmissão". Por sua vez, a *GmbHG*, no revogado § 17, Abs. (6), apenas permitia a divisão através de alienação ("Veräußerung") e sucessão ("Vererbung").

[4] RAÚL VENTURA (1993), p. 487

[5] Por isso, na transmissão parcelada ou parcial os adquirentes vão ficar obrigados a realizar a entrada em dívida, na proporção da quota adquirida. Sobre isto, GIAN CARLO RIVOLTA (1982), p. 270, RAÚL VENTURA (1993), p. 490. Sobre as obrigações acessórias, defendendo que as divisíveis devem também ser divididas "conforme o montante das novas quotas" e as indivisíveis obrigam cada titular da nova quota "por inteiro", veja-se RAÚL VENTURA (1993), p. 491. No sentido de que a transmissão das participações não abrange as prestações acessórias com objeto infungível, COUTINHO DE ABREU (2015), p. 300. Não parece possível dividir a quota de forma a que a parte da entrada em dívida fique a integrar o conteúdo de apenas uma das quotas resultantes da divisão: para a Alemanha, PENTZ (2002), p. 595.

[6] Com esse exemplo, HEINZ WINTER (2000), p. 921.

[7] Sobre a indivisibilidade da ação, ALEXANDRE DE SOVERAL MARTINS (2006), p. 97 e ss..

houver consentimento do sócio. Contudo, se em tal caso há divisão, ela tem lugar para que uma parte da quota seja extinta[8].

A amortização parcial pode igualmente verificar-se na hipótese de que trata o art. 236º, 4. Se, por força do disposto no art. 236º, 3, não é possível pagar uma parte da contrapartida devida pela amortização da quota, uma das alternativas deixadas ao interessado é a de "optar pela amortização parcial da quota, em proporção do que já recebeu, e sem prejuízo do montante mínimo da quota [...]". Mais uma vez, a lei não diz se esta amortização parcial envolve divisão da quota.

Não obstante, parece que se poderá afirmar que, tanto no caso do art. 233º5, como no do art. 236º, 4, a amortização parcial implica essa divisão.

Onde existe referência à divisão de quota para amortização parcial é no art. 238º, 2. Trata-se agora da possibilidade de amortização parcial se existe *contitularidade* da quota e o facto que constitui fundamento da amortização ocorre *relativamente a um dos contitulares*. Aqui, a lei prevê expressamente a divisão por deliberação dos sócios, com amortização parcial da "quota do contitular relativamente ao qual o fundamento da amortização tenha ocorrido".

De qualquer forma, como bem notava Raúl Ventura[9], "efectuando-se a amortização, parcial ou total, por deliberação dos sócios, é esta deliberação o acto que tem por efeito a divisão da quota".

1.3. Transmissão parcelada ou parcial

Outro dos casos em que pode ter lugar a divisão da quota é o da *transmissão parcelada* da quota. O que então ocorre é a transmissão de *toda* a antiga quota, agora dividida, ficando cada nova quota resultante da divisão a caber a novo titular. Logo, o transmitente não fica com qualquer parte da quota dividida. Poderá, por exemplo, existir uma transmissão parcelada se, no caso previsto no art. 231º, 4, dois ou mais sócios declararem pretender adquirir a quota em caso de recusa do consentimento para a cessão[10] e essa transmissão ocorrer a favor dos mesmos.

---

[8] Definindo a amortização da quota como "a *extinção de quota por meio de deliberação dos sócios*", COUTINHO DE ABREU (2015), p. 372.
[9] RAÚL VENTURA (1993), p. .473.
[10] Cfr., tb., o nº 3 do art. 231º. Parecendo autonomizar os casos do art. 231º, 4, PEDRO DE ALBUQUERQUE (2011), p. 646.

Na *transmissão parcial* encontramos a transmissão de *apenas uma parte* da antiga quota a favor de novo ou novos titulares, permanecendo uma outra parte por transmitir[11].

A transmissão parcelada ou parcial pode ser *gratuita* ou *onerosa* e ambas podem ter lugar entre vivos. Julgamos também admissível que a divisão tenha lugar através de transmissão parcelada por morte. Existirá transmissão parcelada se por um legado a quota é dividida em duas ou mais, que são deixadas a legatários diferentes.

Mais duvidoso é que se possa falar de uma transmissão parcial da quota por morte[12]. Existirá tal transmissão quando do testamento consta um legado de uma parte de uma quota a favor de alguém[13] se a parte restante fica a caber aos herdeiros? Mas então a parte que integra a herança não se transmitiu também por morte? Ficam as perguntas, à espera de outra oportunidade.

1.4. Partilha ou divisão entre contitulares

A divisão da quota pode resultar ainda de *partilha* ou *divisão* entre contitulares. A contitularidade pode existir porque se verifica uma situação de comunhão (hereditária, conjugal) ou de compropriedade. A partilha dos bens comuns põe termo à comunhão. Por sua vez, a divisão do bem comum extingue a situação de compropriedade.

É compreensível que a lei tenha permitido a divisão da quota em ambas as situações. A contitularidade pode ser fonte de conflitos e assim fica aberta uma via para os evitar.

Para que haja divisão da quota, porém, é necessário que cada nova quota resultante da divisão fique a caber a distintos titulares[14]. Não haverá divisão da quota se a comunhão cessa com a constituição de compropriedade sobre a quota[15].

---

[11] Em termos muito semelhantes, tanto para a transmissão parcelada como para a transmissão parcial, RAÚL VENTURA (1993), p. 473-474.

[12] Cfr. RAÚL VENTURA (1993), p. 474. Se a transmissão parcelada ou parcial pode ocorrer entre vivos e por morte, isso levanta algumas dificuldades no que diz respeito à exigência de consentimento contida no nº 4.

[13] RAÚL VENTURA (1993), p. 474.

[14] RAÚL VENTURA (1993), p. 475.

[15] RAÚL VENTURA (1993), p. 476, parece dizer coisa semelhante. Relativamente aos casos em que o falecido era titular de várias quotas, aquele Professor, a p. 480, adianta a hipótese de "unificar previamente as quotas ou até mesmo partilhar as quotas como se houvesse uma só do montante total daquelas, formando-se a quota de cada interessado por unificação de várias parcelas extraídas das várias quotas a partilhar".

1.5. Deliberação da sociedade tomada nos termos do art. 204º, 2

Para além das hipóteses mencionadas no nº 1, o nº 8 permite a divisão de quota "mediante deliberação da sociedade, tomada nos termos do artigo 204º, nº 2". Aqui, está previsto que os sócios podem deliberar a exclusão do sócio remisso, com a "consequente perda a favor da sociedade da respetiva quota e pagamentos já realizados". Mas podem também os sócios deliberar que a perda a favor da sociedade ficará limitada "à parte da quota correspondente à prestação não efetuada". E aí teremos um outro caso de divisão da quota.

Raul Ventura[16] equipara ao caso de divisão referido no art. 204º, 2, aqueles que encontramos mencionados no art. 205º, 2. Parece, porém, que nestes *não existe verdadeiramente autonomização relativamente à transmissão parcelada*. A quota já foi antes perdida a favor da sociedade e o que temos agora é uma deliberação de venda a favor dos restantes sócios ou de algum ou alguns deles. Pelo contrário, no art. 204º, 2, a quota cuja perda parcial é deliberada pertencia ao sócio.

2. A forma escrita

Na sua redação inicial, o nº 2 exigia a escritura pública para os atos que importassem divisão de quota. Com o DL 237/2001, de 30/08, tal preceito foi alterado, tendo sido dispensada a escritura pública em caso de partilha ou divisão entre contitulares: nesses casos, bastaria o documento particular. A atual redação, dada pelo DL 76-A/2006, basta-se com o simples "escrito" para todos os atos que importem divisão da quota[17].

O nº 2 não impede, porém, que a divisão decorra de sentença judicial, como pode suceder em ação de divisão de coisa comum[18] ou em processo de inventário[19].

3. O contrato de sociedade pode excluir ou dificultar a divisão

O contrato de sociedade pode pura e simplesmente *proibir a divisão* das quotas[20]. Essa proibição pode dizer respeito a todas as quotas ou a algumas delas. O contrato de sociedade pode proibir a divisão durante um certo período de

---

[16] RAÚL VENTURA (1993), p. 477.
[17] Cfr. tb. o art. 4º-A.
[18] Cfr. o Ac. RC de 30/10/2002, *CJ*, 2002, IV, p. 31. Vejam-se, tb., os arts. 925º e ss. do CPC.
[19] Cfr. o Regime Jurídico do Processo de Inventário na Lei 23/2013, de 5/3, e, em especial quanto à decisão homologatória da partilha, o art. 66º.
[20] Também o corpo do art. 8º da LSQ permitia que a "escritura social" proibisse "absolutamente" a divisão.

tempo apenas, contado a partir de um momento definido pelo próprio contrato, como pode proibir a divisão perante a verificação ou não verificação de certos pressupostos, objetivos ou subjetivos. Por exemplo, pode ser proibida a divisão das quotas originárias mas já não das que resultem de unificação; pode ser proibida a divisão mediante transmissão entre vivos ou mediante transmissão para quem não seja sócio[21].

O nº 3 torna desde logo claro que o contrato de sociedade *pode proibir a própria partilha ou divisão* entre contitulares. É o que se retira, *a contrario*, do facto de a lei afastar a licitude de uma cláusula que tenha como consequência um "impedimento à partilha ou divisão entre contitulares por período superior a cinco anos", numa aproximação ao que encontramos previsto para a compropriedade no art. 1412º, 2, CCiv.[22]. Conclui-se, também, que não é admissível uma cláusula que proíba essa partilha ou divisão por período superior a cinco anos.

Se o contrato de sociedade proíbe a divisão mas esta ainda assim tem lugar, qual é a consequência? Para Raúl Ventura[23], o acto de divisão seria *nulo*. Não parece que assim seja se apenas é violado o contrato de sociedade. Melhor seria aplicar por analogia a sanção prevista para a falta de consentimento: *ineficácia* relativamente à sociedade.

Ainda no que diz respeito à partilha ou divisão entre contitulares, perguntar-se-á se, para além de cláusulas de proibição da divisão, podem ser incluídas no contrato de sociedade cláusulas que a *dificultem*. Parece que sim. Se a lei permite o mais (a proibição), também permite o menos[24]. Além do mais, o nº 7 não faz distinção quanto às alterações do contrato de sociedade que dificultem a divisão. Mas quando as cláusulas que dificultam a divisão ou partilha se tornam, na prática, cláusulas que proíbem, devem ficar sujeitas ao mesmo regime que estas.

Ao permitir que o contrato de sociedade dificulte a divisão, a lei abre a porta a muitas alternativas. Uma das formas de dificultar a divisão é a que consiste em estabelecer um número máximo de quotas, um número máximo de sócios, um valor nominal mais elevado para as quotas do que o legalmente estabelecido ou

---

[21] Exemplos recolhidos em GIAN CARLO RIVOLTA (1982), p. 264-265.
[22] Chamando a atenção para a eventual não coincidência de prazos, RAÚL VENTURA (1993), p. 469, PEDRO DE ALBUQUERQUE (2011), p. 646, nt. 13.
[23] RAÚL VENTURA (1993), p. 487.
[24] Parece ser esse o argumento que leva RAÚL VENTURA (1993), p. 471, a aceitar as cláusulas de consentimento para a divisão ou partilha entre contitulares.

um valor nominal idêntico para todas as quotas[25]. Também será possível dificultar a divisão através da sujeição ao consentimento da sociedade de todas as divisões que ocorram mediante transmissões a favor de outros sócios, cônjuge, ascendentes ou descendentes. A divisão será igualmente dificultada se for elevado o quórum deliberativo necessário para que o consentimento se considere prestado.

De acordo com o art. 221º, 7, uma alteração do contrato de sociedade pela qual a divisão de quotas seja excluída ou dificultada carece do *consentimento de todos os sócios* afetados pela alteração para ser eficaz.

São várias as hipóteses que ficam sujeitas a este regime. Assim será nos casos em que o contrato de sociedade *nada dispunha* até aí quanto à divisão de quotas e a alteração *introduz a proibição* ou *dificulta a divisão* relativamente ao que já resulta da lei. Mas também se aplicará o nº 7 se a alteração em causa consistir em *proibir ainda mais* do que já era proibido ou em *agravar as dificuldades* para a divisão. A título de exemplo: a proibição passa a abranger mais casos; a exigência de consentimento passa a abranger mais casos (designadamente, porque até aí não era pura e simplesmente exigido); o quórum deliberativo exigido para a prestação do consentimento torna-se mais elevado; o consentimento passa a ter que ser recusado perante certas circunstâncias.

Para que a alteração abrangida pelo nº 7 seja eficaz, será necessário o consentimento de todos os sócios afetados. Isto é, exige-se o consentimento dos sócios que são abrangidos pela proibição ou pela dificuldade criada ou agravada e que não são necessariamente todos os sócios da sociedade. Isto sem prejuízo da necessidade de deliberar a alteração do contrato de sociedade de acordo com o regime previsto na lei e naquele contrato.

Sendo o referido consentimento um requisito de eficácia, a falta de consentimento torna a deliberação ineficaz. Porém, de que ineficácia se trata? Julgamos que a melhor solução é a que considera aplicável neste caso o art. 55º CSC. Como a lei exige o consentimento dos sócios afetados pela alteração do contrato de sociedade, a deliberação de alteração do contrato de sociedade será ineficaz "para todos enquanto o interessado não der o seu acordo, expressa ou tacitamente"[26].

---

[25] Sobre estas alternativas, GIAN CARLO RIVOLTA (1982), p. 265-266, RAÚL VENTURA (1993), p. 469-470.
[26] Vejam-se os comentários ao art. 55º.

4. A necessidade de consentimento da sociedade para a divisão mediante transmissão parcelada ou parcial

A divisão mediante transmissão parcelada ou parcial da quota[27] está em princípio dependente do consentimento da sociedade[28].

Não haverá dificuldades em aceitar que a exigência de consentimento abrangerá a divisão mediante transmissão parcelada ou parcial através de *cessão* (parcelada ou parcial) de quota.

Mas pode considerar-se abrangida pela exigência de consentimento da sociedade a divisão resultante de transmissão parcelada (ou parcial, para quem a admita) por morte? Um legado de toda a quota dividida por vários legatários fica sujeito a esse consentimento?

Não vemos razões de monta para afastar essa leitura. Mesmo que a sociedade recuse o consentimento, sempre se pode invocar a aplicabilidade, por maioria de razão, do disposto no art. 225º, 2. Se este último regime é aplicável aos casos em que uma disposição contratual impede a transmissão da quota, por maioria de razão será de aplicar aos outros casos em que a limitação à transmissibilidade por morte resulta de uma exigência legal de consentimento da sociedade para a divisão. Sobretudo porque a transmissão de que se está a falar é a que assenta em testamento, não na lei.

Foi dito acima que "em princípio" a divisão mediante transmissão parcelada ou parcial da quota está dependente de consentimento da sociedade. "Em princípio", porque o nº 4 admite "disposição diversa" do contrato de sociedade. Essa diversidade pode ir ao ponto de afastar a necessidade de consentimento, para todas ou algumas transmissões[29].

Além do mais, o nº 5 manda aplicar à divisão o art. 228º, 2. Significa isto que a exigência de consentimento para a divisão contida no nº 4 não abrange, desde

---

[27] Não é claro se estão abrangidas também as transmissões por morte. Aparentemente, sim.
[28] Exigindo também a comunicação, cfr. MENEZES CORDEIRO (2007), p. 343; na jurisprudência, nem sempre a questão aparece suficientemente autonomizada relativamente à comunicação exigida para a cessão de quotas. Aparentemente no sentido da necessidade de comunicação, Ac. RL de 13/10/1995, *CJ*, IV, p. 112, e Ac. RC de 04/02/2003, *CJ*, 2003, I, p. 31. Já o Ac. STJ de 16/03/1999, *CJ/STJ*, 1999, I, p.. 158 ss., parece ter em conta apenas o facto de na hipótese dos autos surgir uma cessão parcial da quota, com a aplicação do art. 228º, 3, e o Ac. RC de 30/10/2002, *CJ*, 2002, IV, p. 31, limita-se, sobre a questão, a citar os referidos Ac. STJ e Ac. RL de 13/10/1995. Sendo a divisão conseguida através da transmissão parcelada ou parcial, a comunicação necessária para estas (art. 228º, 3) também é necessária para aquela.
[29] O art. 8º, § 2º, da LSQ, tinha a seguinte redação: "O contrato social pode dispensar a autorização especial da sociedade para a cessão de parte de uma quota a favor de um associado, e para a divisão de quotas por herdeiros dos sócios". Redação semelhante tinha o já revogado § 17, Abs. (3), da *GmbHG*.

logo, a "cessão parcial [...] entre cônjuges, entre ascendentes e descendentes e entre sócios"[30]. Mas fica a dúvida: poderemos considerar que, através da remissão para o art. 228º, 2, ficam dispensadas de consentimento todas as transmissões parceladas ou parciais que tenham como adquirente um cônjuge do transmitente, ascendentes, descendentes ou outros sócios da sociedade? Estamos a pensar: na cessão parcelada da quota a dois ou mais sócios; no legado da quota em várias partes a favor de descendentes, ascendentes ou sócios. Parece que a resposta à pergunta colocada deve ser afirmativa.

Não consideramos igualmente exigível o consentimento da sociedade nos casos em que a transmissão parcelada ou parcial tem como *transmitente aquele que era até aí sócio único* da sociedade por quotas[31]. Justifica-se, pensamos nós, uma restrição teleológica do art. 221º, 4.

O consentimento da sociedade, nos casos em que é exigido, surge como requisito de *eficácia da divisão* perante a sociedade. Trata-se de um regime idêntico ao que encontramos no art. 228º, 2, quanto à cessão de quotas.

O consentimento *para a divisão* não se confunde com o consentimento *para a cessão*. Isso, aliás, é tornado claro na parte final do nº 4. Aí se diz que no caso de cessão parcial (cessão de parte) de quota "o consentimento reporta-se simultaneamente à cessão e à divisão". Está, assim, *pressuposta a distinção* entre um consentimento e outro, embora a lei considere que, no caso de cessão parcial, o consentimento prestado pela sociedade abrange as duas coisas: a divisão e a cessão.

Infelizmente, a lei não indica como deve ser efetuado o *pedido de consentimento* para a divisão de quotas por transmissão parcelada ou parcial. Trata-se de algo que poderia ser devidamente acautelado no contrato de sociedade[32] e que o legislador poderia regular através de um regime semelhante ao que encontramos no art. 230º.

O consentimento da sociedade, como se lê no art. 221º, 6, "deve" ser prestado por deliberação dos sócios[33]. Os termos usados na norma legal referida permitem assim duvidar da possibilidade de fazer constar do contrato de

---

[30] RAÚL VENTURA (1993), p. 481.
[31] PENTZ (2002), p. 597 (perante o revogado § 17 *GmbHG*).
[32] Para os casos em que o consentimento apenas diz respeito à divisão e não à transmissão, RAÚL VENTURA (1993), p. 482, defende que o pedido de consentimento pode ser verbal, deve indicar os elementos essenciais e ser remetido ao "órgão competente".
[33] No art. 8º, § 1, da LSQ, era exigido o consentimento da sociedade para a divisão "por meio de escrito autêntico ou atenticado".

sociedade uma *cláusula contendo antecipadamente o consentimento* para uma divisão em concreto[34]. Não só a *letra da lei* parece afastar essa solução, como também parece adequado que a eventual divisão seja *apreciada em face das circunstâncias envolventes*: nomeadamente, quanto ao *momento* em que ocorre.

A deliberação dos sócios que dá o consentimento para a divisão pode, *em regra*, ser tomada por qualquer uma das formas legalmente admitidas para as sociedades por quotas. Isto, pelo menos, se entendermos que transmitente e transmissário não estão em princípio impedidos de votar[35]. Com efeito, há que ressalvar que o art. 247º, 8, não permite que as deliberações dos sócios das sociedades por quotas sejam tomadas por voto escrito "quando algum sócio esteja impedido de votar, em geral ou no caso de espécie".

No entanto, Raúl Ventura e Pedro de Albuquerque[36] chamam lucidamente a atenção para o disposto no art. 251º, 1, *c*): existe conflito de interesses quando a deliberação recaia sobre "perda pelo sócio de parte da sua quota, na hipótese prevista no artigo 204º, nº 2". E, como vimos, o art. 221º, 8, permite a divisão de quota "mediante deliberação da sociedade, tomada nos termos do artigo 204º, nº 2". Como é óbvio, a deliberação a prestar o consentimento exigida pelo art. 221º, 4, diz antes respeito ao "caso de divisão mediante transmissão parcelada ou parcial".

A deliberação dos sócios que presta o consentimento deve ser tomada de acordo com a regra contida no art. 250º, 3: "Salvo disposição diversa da lei ou do contrato, as deliberações consideram-se tomadas se obtiverem a maioria dos votos emitidos, não se considerando como tal as abstenções"[37]. A simples divisão de quotas não parece sujeita às regras aplicáveis à alteração do contrato

---

[34] Admitindo essa solução para os casos em que o contrato de sociedade contenha a "especificação dos montantes das novas quotas e nomes dos seus titulares", RAÚL VENTURA (1993), p. 472; aceitando as cláusulas referidas quando o contrato de sociedade "indique todos os elementos individualizadores", PEREIRA DE ALMEIDA (2013), p. 383. Para Raúl Ventura, as cláusulas sem a especificação que refere "valerão como cláusulas de dispensa de consentimento", solução que só poderá ser aceite, achamos nós, se a interpretação do contrato de sociedade a isso conduzir.

[35] No sentido de que o sócio interessado pode votar "uma vez que não se trata de nenhuma das situações previstas no art. 251º, nº 1, nem análoga a elas, nem de conflito entre o interesse do sócio da [sic] sociedade", PEREIRA DE ALMEIDA (2013), p. 382.

[36] RAÚL VENTURA (1993), p. 483, e PEDRO DE ALBUQUERQUE (2011), p. 646, nt. 6.

[37] Nesse sentido também, RAÚL VENTURA (1993), p. 483, MENEZES CORDEIRO (2007), p. 343; na jurisprudência, cfr. o Ac. STJ de 1/02/1995, *CJ/STJ*, 1995, I, p. 57, e o Ac. RL de 10/03/1994, *BMJ*, 435º, p. 889.

de sociedade[38]. E, assim, não faria sentido que o consentimento para a divisão necessitasse do quórum deliberativo previsto no art. 265º.

Não está excluída a possibilidade de o consentimento ser *tácito*. E não vemos razões para afastar uma deliberação tácita de consentimento da divisão. Pelo menos no que diz respeito à cessão parcial parece justificar-se a aplicação do disposto no art. 230º, 5 e 6. Isto porque na cessão parcial "o consentimento reporta-se simultaneamente à cessão e à divisão"[39].

O consentimento da sociedade para a divisão de quota pode ser prestado *antes ou depois de ocorrer a divisão*. Neste último caso, a divisão será ineficaz em relação à sociedade até que seja prestado o consentimento[40]. A justificação para a admissibilidade do consentimento posterior está na própria lei. O art. 221º, 4, ao estabelecer que "a divisão de quotas não produz efeitos para com a sociedade enquanto esta não prestar o seu consentimento", dá claramente a entender que é possível ter havido já uma divisão que não será eficaz enquanto a sociedade não der o consentimento e que o será depois de ser dado o consentimento[41].

No art. 221º não é dito se o consentimento da sociedade pode ou não ser *condicionado*. Diferente foi a solução que ficou a constar do art. 230º, 3. Mas parece adequado *aceitar* agora aquele condicionamento: se a lei proíbe esse condicionamento a propósito de um consentimento e não o proíbe a propósito de outro, é porque o aceitou aqui[42].

Recusado o consentimento para a divisão, esta não é possível. Para a recusa do consentimento relativamente à divisão não estão previstas as soluções que encontramos no art. 231º quanto à recusa do consentimento para a cessão de quotas. No caso da cessão parcial da quota, o consentimento reporta-se "simultaneamente à cessão e à divisão" (nº 4), mas isso já não pode ser dito quanto à recusa desse consentimento[43].

A divisão de quotas está sujeita a registo, como se lê no art. 3º, 1, *c*), do CRCom.. Registo esse que é obrigatório, agora de acordo com o disposto no art. 15º, 1, CRCom.. Por sua vez, o art. 242º-A CSC determina que "os factos

---

[38] Defendendo que a divisão de quotas não é legalmente considerada uma alteração do contrato de sociedade, JOÃO LABAREDA (1998), p. 251.
[39] Vendo um consentimento "tácito ou implícito" no caso do "consentimento dado para a cessão de parte de uma quota", PEREIRA DE ALMEIDA (2013), p. 383.
[40] PEREIRA DE ALMEIDA (2013), p. 383.
[41] Parece ser também isto que diz RAÚL VENTURA (1993), p. 484.
[42] Nesse sentido, RAÚL VENTURA (1993), p. 483.
[43] Cfr. RAÚL VENTURA (1993), p. 486.

relativos a quotas são ineficazes perante a sociedade enquanto não for solicitada, quando necessária, a promoção do respetivo registo". Mas o registo não é condição de eficácia perante a sociedade, como resulta do art. 14º CRCom. e do art. 168º CSC[44].

---

[44] Com outra solução, cfr. o Ac. RC de 04/02/2003, *CJ*, 2003, I, p. 31.

SECÇÃO II
CONTITULARIDADE DA QUOTA

ARTIGO 222º
Direitos e obrigações inerentes a quota indivisa

1. Os contitulares de quota devem exercer os direitos a ela inerentes através de representante comum.

2. As comunicações e declarações da sociedade que interessem aos contitulares devem ser dirigidas ao representante comum e, na falta deste, a um dos contitulares.

3. Os contitulares respondem solidariamente pelas obrigações legais ou contratuais inerentes à quota.

4. Nos impedimentos do representante comum ou se este puder ser nomeado pelo tribunal, nos termos do artigo 223º, nº 3, mas ainda o não tiver sido, quando se apresenta mais de um titular para exercer o direito de voto e não haja acordo entre eles sobre o sentido de voto, prevalecerá a opinião da maioria dos contitulares presentes, desde que representem, pelo menos, metade do valor total da quota e para o caso não seja necessário o consentimento de todos os contitulares, nos termos do nº 1 do artigo 224º.

Índice

1. A contitularidade: comunhão e compropriedade
2. O exercício dos direitos inerentes à quota através de representante comum
3. O exercício dos direitos pelos contitulares em conjunto
4. O cabeça-de-casal representante comum e os poderes de gerência da sociedade
5. As comunicações e declarações da sociedade que interessem aos contitulares
6. A responsabilidade solidária dos contitulares
7. Os impedimentos do representante comum e a falta de nomeação pelo tribunal

Bibliografia

a) Citada:
ABREU, COUTINHO DE – *Curso de direito comercial*, vol. II, 5ª ed., Almedina, Coimbra, 2015; ALBUQUERQUE, PEDRO DE – "Artigo 222º", *Código das Sociedades Comerciais anotado* (coord. de A. Menezes Cordeiro), 2ª ed., Almedina, Coimbra, 2011; ALMEIDA, PEREIRA DE – *Sociedades comerciais, valores mobiliários, instrumentos financeiros e mercados*, 7ª ed., Coimbra Editora, Coimbra, 2013; ANDRADE, MANUEL DE – *Teoria geral da relação jurídica*, I, Almedina, Coimbra, 1983; ASCENSÃO, JOSÉ DE OLIVEIRA – *Direito Civil – Sucessões*, 5ª ed., Coimbra Editora, Coimbra, 2000; BEZZENBERGER, TILMAN – "§69", in SCHMIDT,

KARSTEN/LUTTER, MARCUS (her.), *Aktiengesetz. Kommentar*, Otto Schmidt, Köln, 2008, p. 795-798; CARVALHO, ORLANDO DE – *Direito das Coisas (Do Direito das Coisas em geral)*, Centelha, Coimbra, 1977; COELHO, FRANCISCO MANUEL PEREIRA – *Direito das Sucessões. Lições ao curso de 1973-1974*, policopiado, Coimbra, 1974; COELHO, PINTO – *Da compropriedade no direito português*, Lisboa, 1939; CORDEIRO, MENEZES – *Manual de Direito das Sociedades. II. Das sociedades em especial*, 2ª ed., Almedina, Coimbra, 2007; CORREIA, FERRER/XAVIER, V.G. LOBO/COELHO, MARIA ÂNGELA/CAEIRO, ANTÓNIO – "Sociedades por quotas de responsabilidade limitada. Anteprojecto de Lei – 2ª redacção e exposição de motivos", *RDE*, 1977, p. 153-224, 349-423, 1979, p. 111-200; DUARTE, RUI PINTO, *Curso de Direitos Reais*, 2ª ed., Principia, Lisboa, 2007; HUECK, ALFRED/FASTRICH, LORENZ – "§ 18", in BAUMBACH, ADOLF/HUECK, ALFRED – *GmbHG*, 19. Aufl., Beck, München, 2010; HÜFFER, UWE – *Aktiengesetz*, Beck, München, 2002; JUSTO, SANTOS – *Direitos Reais*, 2ª ed., Coimbra Editora, Coimbra, 2010; LEITÃO, ADELAIDE MENEZES/BRITO, JOSÉ ALVES DE – "Artigo 8º", in MENEZES CORDEIRO (coord.), *Código das Sociedades Comerciais Anotado*, cit., p. 97 e ss.; LIMA, PIRES DE/VARELA, ANTUNES – *Código Civil anotado*, vol. VI, Coimbra, Coimbra Editora, 1998; LOHR, MARTIN – "§ 69", in THOMAS HEIDEL (Hersg.), *Aktienrecht und Kapitalmarktrecht*, 2. Aufl., Nomos, Baden-Baden, 2007; MARQUES, REMÉDIO, "Artigo 8º", in *Código das Sociedades Comerciais em Comentário*, vol. I, (coord. de J. M. Coutinho de Abreu), Almedina, Coimbra, 2010; MARTINS, ALEXANDRE DE SOVERAL – "Capacidade e representação das sociedades comerciais", in AAVV., *Problemas do direito das sociedades*, Almedina/Idet, Coimbra, 2002, *Cláusulas do contrato de sociedade que limitam a transmissibilidade das acções*, Almedina, Coimbra, 2006; MESQUITA, HENRIQUE – *Direitos Reais. Sumários das Lições ao Curso de 1966-67*, ed. policopiada; NETO, ABÍLIO – *Sociedades por quotas*, 3ª ed., Petrony, Lisboa, 1980; PINTO, CARLOS MOTA – *Direitos Reais*, Coimbra, 1971; RIVOLTA, GIAN CARLO M. – *La società a responsabilità limitata*, Giuffrè, Milano, 1982; RODRIGUES, MANUEL – "A compropriedade no direito civil português", *RLJ*, 58º, 1925; SOUSA, RABINDRANATH CAPELO DE – *Lições de direito das sucessões*, vol. I, 3ª ed., Coimbra Editora, Coimbra, 1990; VENTURA, RAÚL – "Compropriedade da quota", *SI*, 79º-80º, 1966, p. 283-305, *Sociedades por quotas*, I, Almedina, Coimbra, 1993; XAVIER, RITA LOBO – *Reflexões sobre a posição do cônjuge meeiro em sociedades por quotas*, Coimbra, BFD (Suplemento), 1993.

b) Outra:

ALMEIDA, PEREIRA DE – *La société a responsabilité limitée en droit portugais et sa réforme*, AAFDL, Lisboa, 1980/81; CAEIRO, ANTÓNIO – *As sociedades de pessoas no Código das Sociedades Comerciais*, Separata do número especial do *BFD* – Estudos em Homenagem ao Prof. Doutor Eduardo Correia – 1984, Coimbra, 1988; CORREIA, FERRER – "A sociedade por quotas de responsabilidade limitada segundo o CSC", *Temas de Direito Comercial*, Almedina, Coimbra, 1989; SERRA, VAZ – "Acórdão de 16 de Janeiro de 1969. Anotação", *RLJ*, 104º, 1971, p. 24-32, 36-43, " Acórdão de 7 de Janeiro de 1975. Anotação", *RLJ*, 109º, 1976, p. 73-79, 85-86.

1. A contitularidade: comunhão e compropriedade

Nos arts. 222º a 224º encontramos normas relativas à contitularidade de quotas. Um regime de significativo relevo prático como este carece de algumas considerações introdutórias de modo a que se perceba em que consiste a contitularidade.

Para identificarmos os casos abrangidos pelo regime da contitularidade temos primeiro que falar do *objeto* da própria contitularidade. Estamos a pensar numa contitularidade de *direitos e obrigações* apenas, ou estamos a falar de uma contitularidade que incide sobre uma *coisa* (a quota)? Pela nossa parte, julgamos correto dizer que a quota é uma coisa[1].

Essa opção não terá tanto interesse no que diz respeito à constituição de comunhão de quotas, em especial a hereditária e a conjugal. Mas já será mais importante para a constituição de compropriedade[2].

A distinção entre *comunhão* e *compropriedade* é conhecida. Na comunhão, encontramos *um direito* encabeçado por uma *pluralidade de titulares*. Na compropriedade, *cada* comproprietário é titular de *uma quota-parte* ideal da coisa[3].

A compropriedade de quotas não é aceite por Raúl Ventura[4]. Mas já o é por Coutinho de Abreu[5]. Aliás, a compropriedade de quota era expressamente admitida no art. 9º da LSQ de 1901. Mesmo Raúl Ventura afirmava[6] que o legis-

---

[1] Cfr., para uma reunião de argumentos nesse sentido (e em sentido contrário também), com amplas referências bibliográficas, ALEXANDRE DE SOVERAL MARTINS (2006), p. 81, s..
[2] Nem todos os autores entendem que a contitularidade pode designar a compropriedade e a comunhão. Assim, MENEZES CORDEIRO (2007), p. 345, considera que "poderíamos falar numa comunhão, no tocante aos direitos subjectivos envolvidos e numa coadstrição, quanto às obrigações"; já PEDRO DE ALBUQUERQUE (2011), p. 649, considera suficiente a comunhão.
[3] MANUEL RODRIGUES (1925), p. 20; CARLOS MOTA PINTO (1971), p. 256, s.; ORLANDO DE CARVALHO (1977), p. 226, nt. 8; MANUEL DE ANDRADE (1983), p. 225. Mas vejam-se, para outras leituras, por exemplo, PINTO COELHO (1939), p. 120, s.; HENRIQUE MESQUITA (1967), p. 246; RUI PINTO DUARTE (2007), p. 60; MENEZES CORDEIRO (2007), p. 345; SANTOS JUSTO (2010), p. 309.
[4] RAÚL VENTURA (1993), p. 498, mas o autor não aceita que a quota seja coisa nem que sobre ela possa recair um direito real de propriedade.
[5] COUTINHO DE ABREU (2009), p. 349, quanto às participações sociais em geral.
[6] RAÚL VENTURA (1993), p. 499.

lador de 1986 "se inspirou na compropriedade de direitos reais" e que o intérprete deve recorrer ao regime da compropriedade para "suprir lacunas", o que de alguma forma *esbate as diferenças* entre as teses em presença.

A *compropriedade* sobre participações sociais pode resultar de um *negócio entre vivos*, mas também de um *legado* efectuado em testamento. De acordo com o ensino oral de REMÉDIO MARQUES[7], pode ainda derivar da celebração de um *contrato sucessório*, nos casos em que a lei o admite[8], e de uma *partilha em vida* com a intervenção do doador, titular da participação social, e dos seus *herdeiros legitimários*[9]. Pode ser *originária* – pense-se no caso de a quota ser adquirida, na constituição da sociedade[10], em regime de compropriedade – ou pode ser *derivada*.

A *contitularidade* não se verifica apenas em casos de compropriedade, pois também pode existir porque há uma situação de *comunhão, hereditária* ou *conjugal*. Contudo, tratando-se do caso especial da comunhão conjugal gerada por força do *regime matrimonial*, deve ser tido em conta que essa comunhão conhece

---

[7] A quem aproveitamos para agradecer os muito úteis esclarecimentos.

[8] Cfr., especialmente, os arts. 2028º, nº 2, e 946º, 1, ambos do CCiv., e bem assim, do mesmo Código, os arts. 1700º, 1701º e 1755º do mesmo Código. REMÉDIO MARQUES, no seu ensino oral, dá os seguintes exemplos quanto ao possível nascimento de situações de compropriedade de participações sociais: (1) a instituição contratual de legatário de participação social feita por terceiro (interveniente no contrato sucessório) conjuntamente a favor dos dois esposados; e (2) a instituição contratual de legatário de participação social feita por um esposado, conjuntamente, em favor de terceiro e do outro esposado e vice-versa, (3) instituição contratual de legatário de participação social efectuada *simultaneamente*, por ambos os esposados em favor de terceiro, nos termos da qual essa participação ficará em regime de compropriedade entre um esposado e o terceiro: a disposição de um esposado é feita, por causa da disposição do outro, sendo por isso *correspetiva*, nos termos do art. 1706º do CCiv. (mas *não é recíproca*, uma vez que a disposição da participação social não é efectuada por um dos esposados a favor do outro, mas por ambos a favor de terceiro). Verifica-se também, segundo o ensino oral de REMÉDIO MARQUES, a possibilidade de a instituição da compropriedade de participação social, por via de contrato sucessório, incluir *cláusulas de reversão* e *fideicomissárias* (art. 1700º, nº 2, do CCiv.): p. ex., um terceiro doador instituiu os esposados comproprietários de participação social por morte deste doador, com o encargo de estes a conservarem para que ela reverta, por sua morte, a favor de outrem (neste caso, falece a regra da irrevogabilidade: tais clausulas são revogáveis a todo o tempo – art. 1707º do CCiv.).

[9] Cfr. o art. 2029º do CCiv.. REMÉDIO MARQUES, ainda no seu ensino oral, dá como exemplo o caso do sócio que doa a dois filhos a sua quota em SQ, bem como outros bens, com o consentimento do(s) outro(s) filho(s) e cônjuge, recebendo os não donatários *tornas*, em dinheiro, em função do valor que for apurado e fixado. A *partilha em vida*, para REMÉDIO MARQUES, já será um *pacto sucessório*, envolvendo a produção de efeitos *mortis causa*, se implicar a participação de todos os herdeiros legitimários, pois entende que o consentimento é moldado pelos efeitos sucessórios futuros, visto que se está a regular em vida uma sucessão futura e os seus efeitos ficam dependentes da morte do doador; mas esta é matéria discutida – no mesmo sentido, p. ex., GALVÃO TELLES (1991), p. 116-117; OLIVEIRA ASCENSÃO (1989), p. 99 e 542; com outra leitura, PEREIRA COELHO (1974), p. 32, CAPELO DE SOUSA (1990), p. 51, s., PIRES DE LIMA/ANTUNES VARELA (1998), p. 21.

[10] Cfr. o art. 7º, 3.

um enquadramento próprio que resulta do art. 8º do CSC. Desse regime não vamos aqui falar[11].

Claro que, se os cônjuges intervêm ambos na constituição da sociedade e adquirem uma só quota, ou se adquirem ambos uma quota através de cessão sendo casados no regime de separação de bens, já teremos de considerar novamente o regime geral da contitularidade de quotas[12].

Não se pode falar em contitularidade se foi constituído um *usufruto* sobre a quota ou ação. O nú-proprietário e o usufrutuário não são contitulares da quota. Mas não repugna aplicar o regime de contitularidade, por analogia, se existe uma *contitularidade do direito de usufruto* sobre a quota ou a ação. Falamos disto porque nos arts. 23º, 222º, 223º ou 224º não encontramos uma norma como a que existe no art. 126 da LSC espanhola: "En caso de copropriedad sobre una o varias participaciones o acciones, los copropietarios habrán de designar una sola persona para el ejercicio de los derechos de socio, y responderán solidariamente frente a la sociedad de cuantas obligaciones se deriven de esta condición. La misma regla se aplicará a los demás supuestos de cotitularidad de derechos sobre participaciones o acciones"[13].

Poderemos ainda perguntar se os contitulares da quota são todos sócios[14]. A resposta merece que se faça uma distinção entre os casos de compropriedade da quota e os de comunhão, conjugal ou hereditária. Quanto aos primeiros, inclinamo-nos para considerar que todos os comproprietários são sócios. No que diz respeito aos segundos, remetemos para os comentários aos arts. 8º e 235º.

---

[11] Cfr., sobre o mesmo, REMÉDIO MARQUES (2010), e, bem assim, RITA LOBO XAVIER (1993); ADELAIDE MENEZES LEITÃO/JOSÉ ALVES DE BRITO (2011), p. 101 e ss..
[12] No mesmo sentido, RAÚL VENTURA (1993), p. 518-519. Salvo melhor opinião, nos casos em que a comunhão conjugal é abrangida pelo regime da contitularidade contido no CSC, as regras deste (lei especial) prevalecem sobre o que no CCiv. encontramos acerca dos poderes de administração dos bens do casal. Também RITA LOBO XAVIER (1993), p. 23, nt. 6 (cfr. tb. p. 77), afirmava, relativamente aos casos em que ambos os cônjuges intervêm no ato pelo qual a participação ingressa na comunhão conjugal, que "parece que já não haverá conflito entre o direito das sociedades e o regime matrimonial de bens [...]. No caso de a entrada dos cônjuges ser preenchida com bens próprios de cada um deles, tal participação social não ingressará no património comum, mas pertencerá a ambos em compropriedade. De qualquer maneira ficará sujeita ao regime de *contitularidade* previsto nos artigos 222º e ss. [...]"
[13] Em 3 de julho de 2010 foi publicado em Espanha o Real Decreto Legislativo 1/2010, que aprovou a *Ley de Sociedades de Capital* (LSC) pela qual foram reunidos num único texto legal as leis que continham o regime das sociedades anónimas e das de responsabilidade limitada.
[14] Afirmativamente, OLIVEIRA ASCENSÃO (2000), p. 270; considerando que os herdeiros não são sócios mas já o serão os contitulares em "indivisão simples", MENEZES CORDEIRO (2007), p. 350. Falando de "contitulares-sócios", COUTINHO DE ABREU (2009), p. 350.

2. O exercício dos direitos inerentes à quota através de representante comum

As situações de contitularidade não são geralmente desejáveis. As decisões tendem a tornar-se mais lentas e isso pode implicar dificuldades para os contitulares e para a sociedade. Contudo, nem sempre é fácil pôr um fim à contitularidade. As quotas, sendo divisíveis, conhecem *limites* a essa mesma divisão, embora hoje as dificuldades sejam menores atendendo ao atual valor nominal mínimo das quotas. Mesmo sem a divisão das quotas pode não ser possível uma partilha ou divisão.

Contribuindo para diminuir as desvantagens da contitularidade, estabelece o nº 1 do art. 222º que os contitulares de quota devem exercer os direitos inerentes à quota através de representante comum[15].

Trata-se de solução que já encontrávamos, por exemplo, no § 69 da *AktG* alemã[16] (obviamente para as sociedades anónimas) e no *Codice Civile* italiano, arts. 2347 e 2482 (e que passou entretanto para o art. 2468, V[17]).

E é uma solução que visa, acima de tudo, proteger os *interesses da sociedade*. Evitam-se *atuações contraditórias* por parte dos contitulares, torna-se *claro o sentido do exercício* dos direitos[18].

No entanto, o regime previsto no CSC para a contitularidade de quotas deixa a desejar quando a quota está em contitularidade por integrar uma herança indivisa. Não é clara, desde logo, a posição do cabeça-de-casal, tendo em conta o que no CSC surge disposto a propósito do representante comum. A isso voltaremos ao longo dos comentários que se seguem. Por agora, fica o alerta.

A lei *não obriga* à designação do representante comum. Mas se os contitulares pretendem exercer os direitos inerentes às quotas têm de o fazer através desse

---

[15] Tenham-se especialmente em conta, porém, os casos em que ocorre a suspensão dos direitos e obrigações inerentes à quota, nos termos do art. 227º, 2, desde já se remetendo o leitor para os correspondentes comentários, da autoria de REMÉDIO MARQUES.

[16] "(1) Steht eine Aktie mehrere Berechtigten zu, so können sie die Rechte aus der Aktie nur durch einen gemeinschaftlichen Vertreter ausüben" (www.gesetje-im-internet.de – último acesso em 23/06/2015). O art. 690 do Código das Obrigações suíço também diz claramente que em caso de contitularidade os direitos dos accionistas só podem ser exercidos através de representante comum (www.gesetze.ch – ultimo acesso em 04/09/2011). Diferente é a redação do § 18 da *GmbHG*, que aliás inspirou o art. 9º da LSQ. Este último preceito estabelecia que "devem exercer em comum os direitos respectivos os comproprietários de quota indivisa", entendendo-se que no "exercício em comum" estava abrangido "o exercício conjunto pelos contitulares" e o "exercício por meio de representante comum": cfr. RAÚL VENTURA (1993), p. 501.

[17] www.altalex.com – último acesso em 04/09/2011.

[18] A propósito da contitularidade de ações, cfr. TILMAN BEZZENBERGER (2008), p. 795 e o nosso comentário ao art. 303º.

representante comum[19]. O exercício dos direitos inerentes à quota que está em causa é aquele que tem lugar perante a sociedade. O representante comum dos contitulares da quota não irá, enquanto tal, atuar como representante dos contitulares perante terceiros[20].

Visto que a lei determina que os direitos devem ser exercidos pelo representante comum, torna-se necessário perguntar se tal solução pode ser *afastada pelo contrato de sociedade*. Isto é: pode o contrato de sociedade estipular, por exemplo, que os direitos podem ser exercidos por *qualquer um* dos contitulares ou *apenas por todos* os contitulares, *afastando* o representante comum?

Embora com dúvidas, julgamos que não. A norma parece ser, nessa medida, imperativa, dizendo respeito a questões de *funcionamento da sociedade* que a lei considera indisponíveis. Lembre-se, também, que o art. 303º, 1, tem redação semelhante à do art. 222º, 1[21].

O elemento histórico da interpretação pode ser aqui invocado para sustentar a leitura que consideramos preferível. O art. 46º, 1, do Anteprojeto de Lei sobre sociedade por quotas de responsabilidade limitada de Ferrer Correia, V. G. Lobo Xavier, Maria Ângela Coelho e António Caeiro[22], tinha teor idêntico ao do atual 222º, 1. E sobre aquele art. 46º, 1, diziam os autores do Anteprojeto o seguinte: "prevê como *único* meio de dar execução a este princípio a nomeação de um representante comum. Afasta-se, assim, a possibilidade de aqueles direitos serem exercidos pessoal e efectivamente por todos os contitulares, o que poderia dar lugar a dificuldades e embaraçar o funcionamento da sociedade" (itálico nosso). Acrescentava-se que era a orientação seguida pelos "mais modernos diplomas estrangeiros", dando como exemplo (dessa orientação) o § 69 da *AktG*. Este último, no seu Abs. (1), como vimos, estabelece que os direitos inerentes às ações só podem ("können [...] nur") ser exercidos pelo repre-

---

[19] No mesmo sentido, para a Alemanha e quanto ao § 69, Abs. (2), da *AktG*, TILMAN BEZZENBERGER (2008), p. 797. A lei luxemburguesa sobre sociedades comerciais (Lei de 10 de agosto de 1915, com diversas alterações), no seu art. 38, confere à sociedade anónima, no caso de contitularidade de acções, o direito de suspender o exercício dos direitos inerentes às ações em contitularidade enquanto não tiver lugar a designação da pessoa que atuará perante ela como se fosse proprietário. É o seguinte o teor do referido preceito : "S'il y a plusieurs propriétaires d'une action ou coupure d'action, la société a le droit de suspendre l'exercice des droits y afférents, jusqu'à, ce qu'une seule personne soit désignée comme étant, à son égard, propriétaire de l'action ou de la coupure" (www.legilux.public.lu – último acesso em 23/06/2015). Lembre-se, também, o teor do art. 168º, § 2, do CCom..
[20] RAÚL VENTURA (1993), p. 523-524.
[21] Considerando o art. 222º, 1, preceito imperativo, cfr. o Ac. RP de 19/05/2014 (Relator: Soares de Oliveira), Proc. nº 502/10.0TBVFR.P1, in www.dgsi.pt.
[22] CORREIA, FERRER/XAVIER, V.G. LOBO/COELHO, MARIA ÂNGELA/CAEIRO, ANTÓNIO (1977), p. 202.

sentante comum. E parece que não são admissíveis disposições estatutárias em sentido diverso[23]. Embora o art. 222º, 1, não tenha redação exatamente idêntica ("devem" é diferente de "só podem"), as palavras dos autores do referido Anteprojeto levam-nos a concluir que se pretendeu seguir o caminho adoptado na Alemanha para as sociedades por ações.

É certo que se poderá dizer que, estando em causa o interesse da sociedade, por isso mesmo é que a norma não pode ser vista como imperativa. Só que tal significaria que o interesse da sociedade poderia sempre ser posto em causa pela vontade dos sócios relativamente à redação do contrato de sociedade. E é isso que neste caso a lei pretende evitar.

Mas já não repugna aceitar uma solução como aquela que alguma doutrina alemã acolhe[24]: a de permitir que a sociedade, *em casos individuais*, renuncie à proteção. Por exemplo, com o pagamento de lucros diretamente aos contitulares que aparecem todos na sociedade a solicitar esse mesmo pagamento.

O representante comum é necessário para o exercício dos direitos inerentes à quota. São, pois, os direitos que integram a quota enquanto participação social que devem ser exercidos pelo representante comum. E apenas esses é que devem ser exercidos através do representante comum. Os direitos inerentes à quota não se confundem, por exemplo, com os direitos sobre a quota.

Os direitos que devem ser exercidos pelo representante comum são de muito variada ordem. Ao representante comum caberá, por exemplo, o exercício do direito de voto, do direito de informação, do direito aos lucros[25].

Não está excluída, porém, a existência de direitos que só individualmente possam ser exercidos. Quando assim seja, deve entender-se que podem continuar a ser exercidos individualmente pelos contitulares[26].

---

[23] Cfr. MARTIN LOHR (2007), p. 349, sendo certo que na Alemanha é necessário ter em conta o teor do § 23 da *AktG*.
[24] A propósito da contitularidade de ações, UWE HÜFFER (2002), p. 327 e o nosso comentário ao art. 303º.
[25] Parte considerável da doutrina considera-o mandatário. É o que diz, desde logo, REMÉDIO MARQUES, em comentário ao art. 225º. Considerando o representante comum um "mandatário comum, dotado de poderes de representação", MENEZES CORDEIRO (2007), p. 352; cfr. tb., referindo a existência de mandato com poderes de representação, PEDRO DE ALBUQUERQUE (2011), p. 651. É qualificação que merece aprofundamento, tendo em conta os diversos modos de designação, o facto de existir no CCom. um regime para o mandatário mercantil e de poder haver representante comum que é contitular – sobre este, RAÚL VENTURA (1966), p. 297.
[26] RAÚL VENTURA (1993), p. 503, PEDRO DE ALBUQUERQUE (2011), p. 648.

3. O exercício dos direitos pelos contitulares em conjunto

Quando há representante comum dos contitulares, importa saber se, *apesar* da existência desse representante e a par ou ao lado deste, os contitulares podem *em conjunto* exercer os direitos inerentes à quota.

No Ac. do STJ de 4/10/1994[27] foi defendido, com apoio em palavras de Raúl Ventura, que os contitulares *poderiam* exercer em conjunto os direitos societários. O argumento usado foi o de que o regime legal teria subjacente, quanto à atuação do representante comum, o *interesse das pessoas representadas*.

É tudo menos clara essa fundamentação. Com efeito, a razão de ser da exigência de representante comum para o exercício dos direitos inerentes à quota reside no *interesse da própria sociedade* em ver garantida uma unidade de atuação perante ela. E aquela necessidade de representante comum para o exercício dos direitos é, pelo que nos parece, imperativa. Havendo representante comum, a sociedade poderá exigir a atuação desse representante comum[28].

A impugnação de deliberações *nulas*, essa, tem de ser vista a uma luz diferente. É que a nulidade das deliberações dos sócios pode ser invocada por qualquer interessado. Ora, aí dificilmente se pode retirar a qualidade de *interessado* a um contitular da quota[29].

4. O cabeça-de-casal representante comum e os poderes de gerência da sociedade

Falámos já dos casos em que o sócio da sociedade por quotas morre. Por vezes o sócio que faleceu é também gerente. E, frequentemente, é gerente único. Com a morte desse sócio a sociedade fica, assim, *sem gerência*.

O nº 1 do art. 253º do CSC determina que, em caso de *falta definitiva de todos os gerentes*, são os sócios (todos os sócios) que assumem por força da lei os poderes de gerência até que sejam designados os gerentes.

Já se vê a dificuldade que daqui emerge. A quota transmitida por morte aos herdeiros e que ainda integra a comunhão hereditária, por um lado; por outro, todos os sócios assumindo os poderes de gerência.

Perguntar-se-á então: no que diz respeito à quota que integra a comunhão hereditária *todos os contitulares* vão exercer os poderes de gerência? Ou é o *repre-*

---

[27] *BMJ*, 440º, p. 504.
[28] Mas pode suceder que no conjunto dos contitulares que atuam surja também o representante comum.
[29] Considerando que o herdeiro de quota, ainda que desacompanhado dos restantes contitulares, é parte legítima para pedir a declaração de unidade de deliberação social, cfr. o Ac. RC de 19/02/2013 (Relator: Fernando Monteiro), Proc. nº 994/11.OT2AVR.C1, in www.dgsi.pt.

sentante comum que os vai exercer? Penso que os contitulares terão que exercer os poderes de gerência *através do representante comum*.

Esse representante comum, no entanto, *pode não ter poderes só por si para representar a sociedade* quando a gerência seja *plural*. Tudo depende do que conste ou não do contrato de sociedade.

Caso o contrato de sociedade nada disponha sobre a representação, os sócios que assumem os poderes de gerência têm que respeitar a regra constante do art. 261º, 1, do CSC: será necessária a maioria[30], para a qual há que contar com o representante comum dos contitulares.

No Ac. do STJ de 26/10/1999 o problema foi discutido. Uma sociedade por quotas tinha proposto uma ação. Entretanto, ficou sem gerentes e um dos quatro sócios faleceu. Os herdeiros deste sócio, baseando-se no disposto no art. 253º, 1, do CSC, revogaram a procuração inicial passada a um advogado e passaram procuração a outro advogado, com poderes para desistir.

Sublinhe-se: quem revogou a procuração inicial e passou a nova procuração em nome da sociedade foram os herdeiros: não foi sequer o representante comum.

E o novo advogado efetivamente desistiu da instância. Na nova procuração foi efetuado reconhecimento notarial das assinaturas. Nesse reconhecimento ficou a constar que os herdeiros eram "gerentes com poderes para o acto nos termos do art. 253º e art. 261º, 1, ambos do CSC".

O STJ entendeu (e bem) que o disposto no art. 253º, 1, do CSC devia ser lido em conjunto com o art. 261º, 1. Entendeu também que, no caso de contitularidade, o *assumir dos poderes de gerência* nos termos do art. 253º deve ter lugar *através de representante comum*.

E por isso considerou que a revogação da procuração inicial e a segunda procuração, bem como a desistência da instância, eram ineficazes em relação à sociedade por quotas.

Isto não é de menor importância. É que o Tribunal *a quo*, baseando-se no que dizia o reconhecimento notarial das assinaturas, afirmara precisamente o contrário.

O problema que estamos a analisar não deve ser confundido com o da pretensa *sucessão por morte na qualidade de gerente*.

A qualidade de gerente é intransmissível por morte. Isso resulta, inequivocamente, do art. 252º, 4, do CSC. Mesmo nos casos em que exista um *direito especial à gerên-*

---

[30] Sobre o sentido deste preceito, veja-se ALEXANDRE DE SOVERAL MARTINS (2002), p. 483 e ss..

cia o nº 3 do art. 24º permite concluir que tal direito *não se transmite com a quota*. Com a quota só são transmissíveis os *direitos especiais de natureza patrimonial*.

Vejamos um outro problema. Vamos supor que entre os herdeiros do sócio falecido encontramos filhos menores e o cônjuge sobrevivo

O cabeça-de-casal será em princípio o *cônjuge*. E este ficará a ser o *representante comum*. Mas este representante comum é simultaneamente o *representante legal* dos seus filhos menores. Estamos a pressupor, obviamente, que os filhos menores são filhos do falecido e do cônjuge sobrevivo.

Ora, na atuação como representante comum dos contitulares o cabeça-de-casal deve ter em conta que é igualmente representante legal dos filhos menores e que nessa qualidade *nem sempre poderá decidir sozinho* no que diz respeito aos interesses destes últimos. Assim é, em regra, quanto à alienação ou oneração de bens e quanto ao exercício do direito de voto em deliberações que importem a dissolução da sociedade. Nesses casos, o cônjuge sobrevivo deverá ter em atenção a autorização exigida pelo art. 1889º do CCiv..

5. As comunicações e declarações da sociedade que interessem aos contitulares

Qualquer comunicação ou declaração que a sociedade pretenda enviar aos contitulares deve ser dirigida ao representante comum. Não havendo representante comum, as comunicações ou declarações devem ser enviadas a um dos contitulares. Justifica-se a mesma solução, por analogia, em caso de impedimento do representante comum.

Mas, se a sociedade enviou a comunicação ou declaração ao representante comum (havendo um, obviamente), tal não significa que não possa fazer também o envio aos contitulares. O que acontece é que a sociedade fica desonerada (e só fica desonerada) do seu dever se efetuar a comunicação ou declaração ao representante comum.

O mesmo se pode afirmar, com as devidas adaptações, se a sociedade, na ausência de representante comum, envia uma comunicação ou declaração a um dos contitulares: a qualquer um dos contitulares.

O regime previsto no nº 2 visa claramente proteger os interesses da sociedade. Em situações de contitularidade, pode ser muito difícil conseguir encontrar forma de contactar com alguma rapidez todos os contitulares. A tarefa fica bastante facilitada se existe um representante comum ou se basta que a sociedade se dirija a um contitular.

As comunicações e declarações da sociedade que estão em causa são de muito variada ordem. Cabem aqui, parece, as convocatórias, as interpelações, os avisos, e atos semelhantes[31].

6. A responsabilidade solidária dos contitulares

As obrigações legais ou contratuais inerentes à quota em regime de contitularidade responsabilizam solidariamente todos os contitulares[32]. Estamos perante um regime que tutela de forma considerável os interesses da sociedade. Esta não tem que se preocupar em saber se a obrigação é divisível ou não e qual a proporção que cabe a cada contitular.

Por outro lado, a solução que está contida no nº 3 não deixa de constituir um estímulo para que cesse essa mesma situação de contitularidade. E é mais uma razão para que se diga que a contitularidade não é considerada desejável pela lei.

A redação da lei é bastante abrangente. Está em causa uma responsabilidade que diz respeito a obrigações legais ou contratuais inerentes à quota. Aí se incluem a obrigação de entrada, a responsabilidade pela realização das entradas dos outros sócios, as obrigações de prestações suplementares[33] e algumas obrigações de prestações acessórias[34]. E, tanto quanto julgamos perceber, trata-se de um regime imperativo[35].

7. Os impedimentos do representante comum e a falta de nomeação pelo tribunal

O nº 4 do art. 222º obriga a algum esforço por parte do intérprete que pretenda atingir as hipóteses abrangidas pelo preceito. Vejamos.

Em primeiro lugar, aquela norma é aplicável se: a) o representante comum existente estiver impedido; ou, b) não existindo representante comum, estiverem preenchidos os pressupostos que permitem a nomeação de representante comum pelo tribunal, nos termos do art. 223º, 3, sem que tal nomeação tenha ocorrido.

---

[31] Mas v., considerando que devem ser convocados todos os herdeiros para a assembleia em que se irá votar sobre a extinção da quota, Ac. RC de 19/02/2013 (Relator Fernando Monteiro), Proc. nº 994/11.OT2AVR.C1, in www.dgsi.pt

[32] Com redação semelhante, cfr. o § 18, (2), *GmbHG*. Considerando que estamos perante um afloramento da "ideia de solidariedade que domina no campo comercial (artigo 100º do Código Veiga Beirão)", MENEZES CORDEIRO (2007), p. 351.

[33] Assim, para a Alemanha, ALFRED HUECK/LORENZ FASTRICH (2010), p. 360; entre nós, RAÚL VENTURA (1993), p. 509, que exclui do regime de responsabilidade solidária "os deveres de natureza individual dos sócios".

[34] Mas, como é óbvio, há deveres que são individuais: RAÚL VENTURA (1993), p. 507, PEDRO DE ALBUQUERQUE (2011), p. 648.

[35] RAÚL VENTURA (1993), p. 509.

Em segundo lugar, é necessário que se esteja perante um caso de exercício do direito de voto inerente à quota em regime de contitularidade.

Em terceiro lugar, deveremos estar perante uma situação em que dois ou mais contitulares surgem para exercer o direito de voto[36].

Por último, é preciso que não exista acordo entre esses contitulares sobre o sentido de voto. Exige-se aqui o acordo sobre o sentido de voto entre todos os contitulares que surgiram para exercer esse direito.

Verificados os pressupostos definidos, os votos inerentes à quota em regime de contitularidade devem considerar-se exercidos no sentido manifestado pela maioria dos contitulares presentes, "desde que representem, pelo menos, metade do valor da quota e para o caso não seja necessário o consentimento de todos os contitulares, nos termos do nº 1 do artigo 224º".

A redação do segmento normativo acabado de reproduzir não é totalmente clara. A maioria dos contitulares presentes com uma certa "opinião" é que deve representar pelo menos metade do valor da quota? Ou são todos os contitulares presentes (e apenas esses) que devem representar pelo menos metade do valor da quota?

Julgamos que o preceito deve ser entendido com o primeiro sentido indicado[37]. Por um lado, porque assim se torna mais expressiva essa maioria. Por outro, porque tal é também o sentido que é atribuído ao disposto no art. 1407º, 1, CCiv., referido nos arts. 223º, 1, e 224º, 1: para que haja "a maioria dos consortes exigida por lei, é necessário que eles [os consortes da maioria, acrescentamos nós] representem, pelo menos, metade do valor total das quotas".

Segundo o nº 4, o critério ali definido para apurar o sentido de voto não valerá quando "para o caso é necessário o consentimento de todos os contitulares, nos termos do nº 1 do artigo 224º". É fácil de compreender que assim seja, pois o art. 222º, 4, preocupa-se com os casos em que "não há acordo entre eles sobre o sentido de voto". Não havendo acordo entre os contitulares, não é possível obter o consentimento de todos eles.

Tratando-se de exercício do direito de voto sobre "extinção, alienação ou oneração da quota, aumento de obrigações, renúncia ou redução dos direitos dos sócios", o que deverá suceder? Será que os contitulares não podem então exercer o direito de voto? Pensamos que os votos inerentes à quota serão conta-

---

[36] Por isso, parece que tem razão RAÚL VENTURA (1993), p. 504, quando afirma que o momento relevante é aquele em que o direito de voto deve ser exercido.
[37] Seguimos assim a lição de RAÚL VENTURA (1993), p. 506.

dos se todos os contitulares se apresentam para votar e todos votam no mesmo sentido. Mas poderão alguns dos contitulares, que não se apresentam para votar, dar previamente o consentimento para o voto num certo sentido? Parece que sim, mas a lei não é clara.

Estando o representante comum impedido ou não tendo o tribunal ainda nomeado esse representante, podendo fazê-lo, justifica-se colocar o problema da aplicabilidade, também aqui, do disposto no art. 985º, 5, CCiv., com as devidas adaptações. O problema é problema porque o art. 222º, 4, não contém remissão para o art. 1407º, 1, CCiv., que por sua vez remete para aquele art. 985º.

Mais uma vez, Raúl Ventura aborda essa questão[38], dizendo que é lícito a qualquer dos contitulares "exercer o direito de voto inerente à quota, a fim de evitar a todos os contitulares um dano eminente". Quer dizer: se estiver em causa exercer o direito de voto para *evitar um dano eminente para todos os contitulares*, já não seria necessário fazer cumprir o disposto no art. 222º, 4, do CSC.

Julgamos que a solução é admissível. Se a quota está em regime de compropriedade, nenhum problema existirá em recorrer ao dito art. 985º, 5, que o art. 1407º, 1, CCiv. manda aplicar "aos comproprietários, com as necessárias adaptações". Se a quota está em regime de comunhão a que se apliquem as regras da contitularidade, há que ter também em conta o art. 1404º do CCiv.: "As regras da compropriedade são aplicáveis, com as necessárias adaptações, à comunhão de quaisquer outros direitos, sem prejuízo do disposto especialmente para cada um deles". E particularmente no que diz respeito à comunhão hereditária não parece que exista alguma disposição especial sobre esta matéria.

A possibilidade aberta pela parte final do nº 4 diz respeito ao exercício do direito de voto. Comparando o nº 4 com o anteprojeto que foi alvo da primeira revisão ministerial (e no qual constava a menção a "direitos referentes à quota"), Raúl Ventura conclui que "é bem nítida a intenção de restringir a excepção ao direito de voto"[39].

De qualquer modo, os contitulares que se apresentaram a exercer o direito de voto devem poder estar presentes na assembleia e aí discutir os assuntos da ordem do dia, bem como exercer o direito de informação em assembleia[40].

---

[38] RAÚL VENTURA (1993), p. 506. No mesmo sentido, PEDRO DE ALBUQUERQUE (2011), p. 648.
[39] RAÚL VENTURA (1993), p. 504. Já MENEZES CORDEIRO (2007), p. 349, parece defender que, em caso de impedimento do representante comum ou de falta de nomeação judicial quando a mesma possa ter lugar, "qualquer dos titulares poderá exercer os inerentes direitos", dando assim a entender que se trata de todos os direitos inerentes à quota e não apenas do direito de voto.
[40] Assim, RAÚL VENTURA (1993), p. 505.

Quanto ao direito a estar presente, isso decorre até da própria necessidade de controlo do sentido do direito de voto inerente à quota. A possibilidade de discutir os assuntos da ordem do dia deve também ser reconhecida a todos os contitulares que apareceram porque essa discussão é necessária para que possam ficar esclarecidos acerca do sentido de voto a adotar, o mesmo valendo para o exercício do direito de informação em assembleia.

ARTIGO 223º
Representante comum

1. O representante comum, quando não for designado por lei ou disposição testamentária, é nomeado e pode ser destituído pelos contitulares. A respetiva deliberação é tomada por maioria, nos termos do artigo 1407º, nº 1, do Código Civil, salvo se outra regra se convencionar e for comunicada à sociedade.

2. Os contitulares podem designar um de entre eles ou o cônjuge de um deles como representante comum; a designação só pode recair sobre um estranho se o contrato de sociedade o autorizar expressamente ou permitir que os sócios se façam representar por estranho nas deliberações sociais.

3. Não podendo obter-se, em conformidade com o disposto nos números anteriores, a nomeação do representante comum, é lícito a qualquer dos contitulares pedi-la ao tribunal da comarca da sede da sociedade; ao mesmo tribunal pode qualquer contitular pedir a destituição, com fundamento em justa causa, do representante comum que não seja diretamente designado pela lei.

4. A nomeação e a destituição devem ser comunicados por escrito à sociedade, a qual pode, mesmo tacitamente, dispensar a comunicação.

5. O representante comum pode exercer perante a sociedade todos os poderes inerentes à quota indivisa, salvo o disposto no número seguinte; qualquer redução desses poderes só é oponível à sociedade se lhe for comunicada por escrito.

6. Exceto quando a lei, o testamento, todos os contitulares ou o tribunal atribuírem ao representante comum poderes de disposição, não lhe é lícito praticar atos que importem extinção, alienação ou oneração da quota, aumento de obrigações e renúncia ou redução dos direitos dos sócios. A atribuição de tais poderes pelos contitulares deve ser comunicada por escrito à sociedade.

Índice

1. Designação: por lei, por disposição testamentária, pelos contitulares e pelo tribunal
2. A deliberação de designação pelos contitulares
3. Quem pode ser representante comum designado pelos contitulares
4. A designação pelos herdeiros de um representante comum que não é cabeça-de-casal
5. Designação do representante comum pelo tribunal
6. A destituição do representante comum
7. A comunicação da nomeação e da destituição à sociedade
8. O exercício dos poderes inerentes à quota pelo representante comum

8.1. Atos que importem extinção, alienação ou oneração da quota, aumento de obrigações e renúncia ou redução dos direitos dos sócios

8.2. A nomeação de representante especial e a atuação conjunta de contitulares para atos que importem extinção, alienação ou oneração da quota, aumento de obrigações e renúncia ou redução dos direitos dos sócios

8.3. O cabeça-de-casal e os atos que importem extinção, alienação ou oneração da quota, aumento de obrigações e renúncia ou redução dos direitos dos sócios

8.4. Os restantes poderes inerentes à quota indivisa

9. O exercício pelo cabeça-de-casal do direito de impugnar deliberações

Bibliografia

a) Citada:

ABREU, COUTINHO DE – *Curso de direito comercial*, vol. II, 5ª ed., Almedina, Coimbra, 2015; ALBUQUERQUE, PEDRO DE – "Artigo 223º", *Código das Sociedades Comerciais anotado* (coord. de A. Menezes Cordeiro), 2ª ed., Almedina, Coimbra, 2011; ALMEIDA, MOUTINHO DE – *Anulação e suspensão de deliberações sociais*, 2ª ed., Coimbra Editora, Coimbra, 1990; ALMEIDA, PEREIRA DE – *Sociedades comerciais, valores mobiliários, instrumentos financeiros e mercados*, 7ª ed., Coimbra Editora, Coimbra, 2013; CORDEIRO, MENEZES – *Manual de Direito das Sociedades. II. Das sociedades em especial*, 2ª ed., Almedina, Coimbra, 2007; CORREIA, BRITO – *Direito comercial*, 2º vol., AAFDL, Lisboa, 1989; FURTADO, PINTO – *Deliberações de sociedades comerciais*, Almedina, Coimbra, 2005; LABAREDA, JOÃO – *Das acções das sociedades anónimas*, AAFDL, Lisboa, 1988; LIMA, PIRES DE/VARELA, ANTUNES – *Código Civil anotado*, VI, Coimbra Editora, Coimbra, 1998; NETO, ABÍLIO – *Sociedades por quotas*, 3ª ed., Petrony, Lisboa, 1980, *Código das Sociedades Comerciais*, 4ª ed., Ediforum, Lisboa, 2007; SOUSA, CAPELO DE – *Lições de direito das sucessões*, II, 2ª ed., Coimbra Editora, Coimbra, 1986; VENTURA, RAÚL – *Sociedades por quotas*, I, Almedina, Coimbra, 1993; XAVIER, RITA LOBO – *Reflexões sobre a posição do cônjuge meeiro em sociedades por quotas*, Coimbra, BFD (Suplemento), 1993.

b) Outra:

ALMEIDA, PEREIRA DE – *La société a responsabilité limitée en droit portugais et sa réforme*, AAFDL, Lisboa, 1980/81; CAEIRO, ANTÓNIO – *As sociedades de pessoas no Código das Sociedades Comerciais*, Separata do número especial do *BFD* – Estudos em Homenagem ao Prof. Doutor Eduardo Correia – 1984, Coimbra, 1988; CORREIA, FERRER – "A sociedade por quotas de responsabilidade limitada segundo o CSC", *Temas de direito comercial*, Almedina, Coimbra, 1989; SERRA, VAZ – "Acórdão de 16 de Janeiro de 1969. Anotação", *RLJ*, 104º, p. 24-32, 36-43, " Acórdão de 7 de Janeiro de 1975. Anotação", *RLJ*, 109º, p. 73-79, 85-86; SOUTO, AZEVEDO – *Lei das sociedades por quotas*, 7ª ed., revista e atualizada por Dias da Fonseca, Coimbra Editora, Coimbra, 1973; VENTURA, RAÚL – "Compropriedade da quota", *SI*, 79º-80º, p. 283-305.

1. Designação: por lei, por disposição testamentária, pelos contitulares e pelo tribunal

A *designação* de representante comum pode ter lugar, antes de mais, por *lei*. Será esse o caso do cabeça-de-casal quando a quota faz parte da comunhão hereditária[1] (pelo menos para a herança aceite), indicando o art. 2080º do CCiv. a quem cabe o cargo de cabeça-de-casal (cfr. tb. os arts. 2081º e 2082º)[2].

A designação de representante comum pode ainda ter lugar por *disposição testamentária*[3], pelos *contitulares* ("quando não for designado por lei ou disposição testamentária") e pelo *tribunal* (quando não for possível obtê-la de acordo com o disposto nos nºs 1 e 2).

O representante comum é nomeado relativamente a uma certa quota, o que significa, julgamos nós, que os mesmos sujeitos, se forem contitulares de duas ou mais quotas, podem ter um representante comum por quota[4]. Mas, relativa-

---

[1] Assim se entendeu, por exemplo, no Ac. STJ de 4/10/1994, *BMJ*, 440º, p. 504 e, mais recentemente, nos Acs. STJ de 22/01/2009 e de 6/10/2009. Assim o entenderam RAÚL VENTURA (1993), p. 517, PINTO FURTADO (2005), p. 733, e COUTINHO DE ABREU (2015), p. 318. Considerando que também há designação por lei no caso de contitulares menores, BRITO CORREIA (1989), p. 358, mas sem fazer a distinção entre o representante legal de cada contitular menor e o representante comum dos contitulares. Relativamente ao cabeça-de-casal, pode discutir-se a partir de que momento é que o mesmo tem a administração dos bens da herança. Considerando que o cabeça-de-casal tem a administração dos bens se estiver a correr inventário para a partilha dos bens do sócio, cfr. o comentário ao art. 226º, da autoria de REMÉDIO MARQUES (até esse momento, o autor admite, coerentemente, a possibilidade de designação de representante comum). Por sua vez, CAPELO DE SOUSA (1986), p. 52-54, defende que "o mecanismo administrativo previsto nos arts. 2079º e segs." está operacional com a abertura da sucessão e que isso é assim não apenas para a herança indivisa, mas também para a jacente.

[2] Contudo, o art. 2084º do CCiv. admite *acordo de todos os interessados* para a entrega da administração da herança e do exercício das demais funções de cabeça-de-casal "a qualquer outra pessoa". Se o cabeça-de-casal foi designado por acordo, ainda poderemos falar de um representante comum designado por lei? O art. 2079º do CCiv. estabelece que "a administração da herança, até à sua liquidação e partilha, pertence ao cabeça-de-casal". Isso vale também, obviamente, para o cabeça-de-casal nomeado por acordo. Mas não parece que só por isso o cabeça-de-casal possa ser considerado um representante comum designado por lei. Será, isso sim, um representante comum nomeado pelos contitulares mas por uma via diversa da estabelecida no art. 223º.

[3] E tanto pode ser o testamenteiro como alguém nomeado para ser representante comum da quota: RAÚL VENTURA (1993), p. 518.

[4] RAÚL VENTURA (1993), p. 514-515, que também rejeita a possibilidade de ser nomeado mais de um representante por quota. Sobre a nomeação de representante especial para "praticar actos que importem extinção, alienação ou oneração da quota, aumento de obrigações, renúncia ou redução dos direitos dos sócios", veja-se o que escrevemos adiante, no comentário a este art. 223º.

mente a cada quota, tudo parece indicar que só possa existir um representante: a letra da lei vai nesse sentido e essa é a solução que melhor serve o interesse da sociedade subjacente ao regime do representante comum dos contitulares.

2. A deliberação de designação pelos contitulares

No que diz respeito à designação pelos *contitulares*, mais frequente nos casos de compropriedade, dispõe a lei que, em princípio, a deliberação respetiva "é tomada por maioria, nos termos do artigo 1407º, nº 1, do Código Civil". Contudo, é admissível que seja convencionada outra regra, que deve ser comunicada à sociedade. O mesmo regime vale para a destituição do representante comum designado pelos contitulares.

Uma outra regra para a nomeação e destituição do representante comum pode ser convencionada. A lei não é clara quanto aos termos que devem ser seguidos para essa convenção. Raúl Ventura[5] não aceita que o contrato de sociedade regule as relações entre contitulares. Mas talvez se possa admitir essa possibilidade se apenas se trata de uma convenção entre os contitulares nessa qualidade e que só a eles vincula.

Para além disso, levanta-se o problema de saber se é ou não necessário que a convenção seja celebrada entre todos os contitulares[6]. Essa é, sem dúvida, a via mais cautelosa e tem sentido. Pela convenção os contitulares abdicam de um regime para a nomeação e destituição do representante comum. Tal como uma deliberação dos contitulares sobre o exercício de direitos que tenha por objeto, por exemplo, a renúncia ou redução dos direitos dos sócios exige consentimento de todos os contitulares (art. 224º, 1), também aquela convenção deve ser celebrada por todos eles.

A remissão para o art. 1407º, 1, do CCiv. não é feita da forma mais acessível para o intérprete. É que nessa norma encontramos outra remissão, agora para o art. 985º do CCiv., dispondo este último sobre a administração das sociedades civis. Contudo, a própria remissão para o art 1407º, 1, do CCiv. diz apenas respeito aos termos da tomada de deliberação por maioria, como se lê no art. 223º, 1. Logo, a remissão para o art. 995º do CCiv. também só pode estar relacionada com os termos da deliberação por maioria[7].

---

[5] RAÚL VENTURA (1993), p. 500 e 529.
[6] Afirmando que a faculdade de convencionar a regra em causa deve ser usada por unanimidade, RAÚL VENTURA (1993), p. 518.
[7] Com a mesma conclusão, RAÚL VENTURA (1993), p. 519.

O regime, na nossa opinião, é o seguinte: a deliberação em causa é, em regra, tomada por maioria dos contitulares, cabendo a cada contitular um voto por força da remissão feita no art. 1407º, 1, CCiv. para o respetivo art. 985º[8]. Para que essa maioria se considere formada é igualmente necessário que ela (maioria) represente pelo menos metade do valor total da quota[9].

3. Quem pode ser representante comum designado pelos contitulares

É fácil de entender que os contitulares *não sejam totalmente livres* de escolher quem será o representante comum quando se trata de uma quota.

O representante comum vai também representar os contitulares no que diz respeito ao exercício do direito de *participar nas deliberações* de sócios.

Não teria sentido que o representante comum escolhido pelos contitulares fosse alguém que não pudesse representar os sócios no exercício do direito de participar nas deliberações de sócios de uma sociedade por quotas. Por isso estabelece o nº 2 do art. 223º que o representante comum a designar pelos contitulares pode ser *um deles ou o cônjuge* de um deles. Cada contitular, quer se entenda que é sócio[10], quer se entenda de modo diferente.

O nº 2 não indica como possíveis representantes comuns os *outros sócios*, os *ascendentes* ou os *descendentes* dos contitulares.

Mas, se virmos bem as coisas, a lei não proíbe que também os *outros sócios* sejam representantes comuns. O nº 2 do art. 223º apenas coloca de um lado os *contitulares e cônjuge de um deles* e, do outro lado, os *estranhos*. Um outro sócio, que não seja contitular, *não é estranho*[11]. Pelo menos quanto a esses outros sócios, parece de admitir que sejam também designados representantes comuns. Tanto mais que podem igualmente representar os sócios em deliberação destes, de acordo com o nº 5 do art. 249º.

Quanto aos *descendentes* e *ascendentes* de contitulares que não sejam sócios, pergunta-se: para efeitos do nº 2 do art. 223º, devem ser considerados estranhos?

---

[8] Segundo o art. 985º, 4, CCiv., "salvo estipulação noutro sentido, considera-se tomada por maioria a deliberação que reúna os sufrágios de mais de metade dos administradores". Como diz PEREIRA DE ALMEIDA (2013), p. 194, "os contitulares têm igual poder de voto nessa nomeação, independentemente do quinhão que lhes pertencer na quota indivisa [...]".

[9] Trata-se daquilo a que se pode chamar uma "dupla maioria": PEREIRA DE ALMEIDA (2013), p. 194. RAÚL VENTURA (1993), p. 519, prefere falar em "valor total das partes dos contitulares". Parecendo ter apenas em conta o art. 1407º, 1, C.Civ., cfr. o Ac. RP de 19/02/2014 (Relator: Soares de Oliveira), Proc. nº 502/10.OTBVFR.P1, in www.dgsi.pt.

[10] Assim o afirma COUTINHO DE ABREU (2015), p. 464.

[11] No nº 2 os estranhos não serão apenas estranhos à contitularidade.

Julgamos que se justifica uma interpretação restritiva da segunda parte do nº 2 do art. 223º. Atendendo a que, por força do nº 5 do art. 249º, os ascendentes ou descendentes podem representar os sócios de sociedades por quotas em deliberações dos sócios, pensamos que nos estranhos que são visados pelo nº 2 do art. 223º *não se integram os ascendentes e descendentes de contitulares*. Utilizando a ótica da lei, os ascendentes e descendentes de contitulares não representarão, em princípio, um *perigo acrescido* para a sociedade. Por isso mesmo é que também podem ser representantes em deliberação dos sócios[12].

Perguntar-se-á: pode o *contrato de sociedade* de uma sociedade por quotas conferir à sociedade o direito de se *opor à designação* de um certo representante comum dos contitulares? A hipótese é colocada por João Labareda[13], embora lidando com normas que tinham diferente redação da que têm actualmente.

Há que ter em conta, antes de mais, o nº 2 do art. 223º. Se os contitulares designaram quem podiam designar, o contrato de sociedade não pode impedir que esse representante comum exerça todos os poderes inerentes à quota: é o que resulta do nº 5 do art. 223º[14]. As limitações que no art. 223º surgem quanto ao exercício desses poderes são de duas ordens: ou estamos perante atos referidos no nº 6, para a prática dos quais o representante comum não tem em princípio poderes; ou os contitulares deliberam reduzir os poderes inerentes à quota que o representante comum pode exercer e comunicam essa redução à sociedade. A redação do nº 5 só parece admitir essas duas alternativas, como dá a entender a expressão "salvo o disposto". É esta uma solução que se justifica pela necessidade de dar certeza e segurança às relações entre a sociedade e os contitulares. Conferir à sociedade a possibilidade de se opor à designação do representante comum seria o mesmo que estar a dizer que o representante designado não poderia exercer os poderes inerentes à quota quando a sociedade se opusesse à designação.

---

[12] JOÃO LABAREDA (1988), p. 72, defendia coisa semelhante para as sociedades anónimas. Dizia o autor: "nas sociedades anónimas é sempre possível a representação dos accionistas nas assembleias gerais por alguma das outras entidades previstas no nº 1 do art. 380º e independentemente de quaisquer cláusulas contratuais em contrário. Parece, assim, também possível, na economia do art. 223º, 2, escolher qualquer dessas pessoas como representante comum". Mas a redação do art. 380º era diferente da atual.

[13] JOÃO LABAREDA (1988), p. 72, nt. 1.

[14] Manifestando-se contra a admissibilidade de cláusula do contrato de sociedade que confira à sociedade um direito de veto relativamente a representantes comuns que o podiam ser, cfr. ABÍLIO NETO (2007), p. 494; com opinião diferente, defendendo que "essa faculdade da sociedade só pode operar nos casos em que aos contitulares seja legítimo escolher um estranho para representante, e a escolha recaia realmente nele", JOÃO LABAREDA (1988), p. 73.

4. A designação pelos herdeiros de um representante comum que não é cabeça-de-casal

Podem os contitulares herdeiros designar um outro representante comum que *não seja o cabeça-de-casal* quando este exista?

Julgamos ser essa opinião de Pedro de Albuquerque[15], que invoca nesse sentido o Ac. RL de 1/2/2007[16].

Temos dúvidas. Decorre do CSC e do CCiv. que no caso de sucessão por morte o cabeça-de-casal é, por designação da lei, o representante comum. O n.º 1 do art. 223.º aponta o caminho: *primeiro*, há que ver se a *lei* ou o *testamento* designam representante comum. Só quando tal não suceda é que os contitulares podem *nomear* o representante comum. Não estaremos, assim, perante um regime dispositivo. A segurança e a certeza no relacionamento entre a sociedade e os contitulares determinaram esse regime. Para já não falar nos interesses relacionados com a própria administração da herança. Por isso, *havendo cabeça-de-casal*, a ele compete atuar como representante comum. Tudo isto, naturalmente, sem prejuízo da possibilidade de os herdeiros designarem por acordo o cabeça-de-casal nos termos do art. 2084.º CCiv. e do que adiante se dirá acerca da possibilidade de destituição judicial deste.

Se não houver cabeça-de-casal, poderão os herdeiros nomear um representante comum para o exercício dos poderes inerentes à quota? Ou só lhes resta optar pela designação de cabeça-de-casal, seja por acordo de todos os interessados, seja requerendo a nomeação ao tribunal (art. 2083.º CCiv.)?

Achamos que, na falta de cabeça-de-casal, os direitos relativos à *herança* podem ser exercidos *conjuntamente por todos os herdeiros*. Veja-se que o art. 2091.º CCiv., de onde essa possibilidade resulta, é aplicável "fora dos casos declarados nos artigos anteriores". Não custa aceitar que um dos direitos relativos à herança seja o de designar um representante comum quando não há cabeça-de-casal[17].

Interessa também saber se o cabeça-de-casal pode ou não ser *representado* enquanto representante comum: se pode ou não *nomear um representante voluntário* para o efeito. Com Capelo de Sousa, pensamos que o cabeça-de-casal "pode passar procuração para o exercício de certos e determinados actos, ou para núcleos de atos determináveis, que nos termos da lei material ou proces-

---

[15] PEDRO DE ALBUQUERQUE (2011), p. 648.
[16] Consultado em www.dgsi.pt
[17] MENEZES CORDEIRO (2007), p. 350, aceita que os herdeiros nomeiem um representante comum, mas não especifica em que casos.

sual não devam ser considerados de prática pessoal pelo cabeça-de-casal, desde que não passe a procuração sem reserva"[18].

Aqueles certos e determinados atos, bem como aqueles núcleos de atos determináveis, podem integrar-se nos que formam os poderes do representante comum, que o cabeça-de-casal é.

Mas, na nossa opinião, não será possível ao cabeça-de-casal arranjar um representante *para o exercício de todos e quaisquer poderes* que o representante comum pode exercer. Isto é, não pode arranjar alguém que o substitua em tudo[19].

5. Designação do representante comum pelo tribunal

A nomeação judicial de representante comum pode ter lugar quando não foi possível obter esse representante comum tendo em conta as normas legais, o testamento ou a vontade dos contitulares, nos termos do art. 223º, 1 e 2.

Qualquer dos contitulares poderá, então, requerer ao tribunal da comarca da sede da sociedade a nomeação do representante comum, que neste caso não tem que ser contitular ou cônjuge de contitular[20].

6. A destituição do representante comum

Os contitulares podem destituir o representante comum por eles nomeado através de deliberação tomada de acordo com o disposto no art. 223º, 1: a destituição deve ser deliberada por maioria, nos termos do artigo 1407º, 1, do CCiv., embora possa ser convencionada regra diferente (que deve ser comunicada à sociedade). Aquela destituição pode ter lugar com ou sem justa causa.

A destituição judicial do representante comum que não seja directamente designado por lei pode ter lugar mesmo que se possa obter a destituição do mesmo de acordo com o disposto no art. 223º, 1 e 2. Não existe agora a limitação que encontramos no art. 223º, 3, para a nomeação judicial[21].

Se foi convencionada regra diferente para a deliberação de designação do representante comum, tal regra aplicar-se-á igualmente à deliberação de des-

---

[18] CAPELO DE SOUSA (1986), p. 67, nota 647. Defendendo a possibilidade de o cabeça-de-casal "delegar em mandatário o exercício de algumas tarefas a seu cargo [...] e ser até substituído no exercício de todas as suas funções, pelo seu representante legal", PIRES DE LIMA/ANTUNES VARELA (1998), p. 136.
[19] Parece ter opinião diferente MENEZES CORDEIRO (2007), p. 350, pois aí defende que o cabeça-de-casal pode pedir a suspensão de deliberações sociais se "não tiver atribuído a outro o papel de representante". O autor também cita o Ac. STJ de 20/5/1997, in www.dgsi.pt.
[20] RAÚL VENTURA (1993), p. 521.
[21] Salienta também este aspeto RAÚL VENTURA (1993), p. 522.

tituição desse representante? Raúl Ventura[22] entende que sim, por considerar que "é de presumir que [...] os interessados tenham a vontade mais geral de proceder do mesmo modo quando se trata de destituir o representante nomeado". Mas não podemos concordar com essa presunção. É que desde logo isso significaria que a deliberação de destituição com justa causa poderia tornar-se muito mais difícil.

Os representantes comuns que sejam nomeados pelo tribunal, por disposição testamentária ou pelos contitulares podem, havendo justa causa, ser destituídos pelo tribunal da comarca da sede da sociedade, a requerimento de qualquer contitular.

Isso já não sucede relativamente ao representante comum diretamente designado pela lei. A ressalva é importante, pois no que diz respeito ao cabeça-de-casal o CCiv. contém regras próprias relativamente à sua remoção.

Porém, surge ainda assim uma dificuldade. Se entendermos que a designação direta pela lei ocorre quando "a lei é bastante, sem concorrência de qualquer manifestação de vontade da parte de contitulares da quota ou de outras entidades"[23], não haverá grandes dúvidas em aceitar que é abrangido pela parte final do nº 3 aquele que é cabeça-de-casal *por força do disposto em regras legais que indicam quem deve exercer o cargo* (p. ex., o art. 2080º CCiv.).

Mas que dizer se o cabeça-de-casal foi designado por acordo de todos os interessados, como o permite o art. 2084º CCiv.? Poderá qualquer contitular pedir a destituição desse representante comum, com fundamento em justa causa?

Dir-se-ia: não, porque há regras específicas sobre a remoção de cabeça-de-casal (art. 2086º CCiv.). Mas na verdade estamos apenas a tratar da *destituição do representante comum*: não da remoção do cabeça-de-casal. E, então, talvez se possa defender que num caso destes o cabeça-de-casal seja judicialmente destituído de representante comum dos contitulares, mantendo-se embora cabeça-de-casal para a administração do resto da herança. Seria então necessário que os herdeiros designassem um outro representante comum para o exercício dos poderes inerentes à quota[24] ou procurassem obter a remoção do cabeça-de-casal.

Dir-se-ia também: a *designação direta pela lei* resulta do art. 2079º CCiv.. Como a administração da herança até à liquidação e partilha pertence ao cabeça-de-

---

[22] RAÚL VENTURA (1993), p. 522.
[23] RAÚL VENTURA (1993), p. 522.
[24] PEDRO DE ALBUQUERQUE (2011), p. 651, parece ter opinião diferente, na medida em que afirma que "a destituição do representante que seja cabeça-de-casal obedece ao 2086º do CC".

-casal, isso basta para que se considere que o representante comum foi diretamente designado pela lei. Seria, por isso, irrelevante que o cabeça-de-casal fosse ou não designado por acordo de todos os interessados.

Este último argumento, sendo poderoso, não convence e parece bizantino. Se a designação do cabeça-de-casal teve lugar por acordo de todos os interessados, *não teve lugar diretamente pela lei*.

Voltemos ao cabeça-de-casal diretamente designado pela lei. Se lermos com atenção o n.º 3, podemos sustentar que apenas está ali afastada a possibilidade de "qualquer contitular" pedir a destituição judicial com fundamento em justa causa do representante comum diretamente designado por lei. A lei quer permitir que qualquer dos contitulares, desacompanhado dos restantes, peça a destituição judicial. Mas essa atuação isolada não é permitida quando esteja em causa a destituição do representante comum diretamente designado por lei.

Que dizer, porém, da possibilidade de *todos os herdeiros, conjuntamente* (art. 2091.º CCiv.), pedirem a destituição judicial do representante comum que é cabeça-de-casal? Poderia este cabeça-de-casal manter esta qualidade e ser destituído judicialmente da qualidade de representante comum dos contitulares da quota? Parece ser isso que se retira da lei[25].

7. A comunicação da nomeação e da destituição à sociedade

A nomeação e a destituição do representante comum devem ser comunicadas[26] à sociedade, por escrito. Desta forma, garante-se que a sociedade fica a saber se deve ou não aceitar o exercício dos direitos inerentes à quota por parte do sujeito que foi nomeado representante comum.

Lê-se ainda no art. 223.º, 4, que a sociedade pode dispensar a comunicação. Essa dispensa de comunicação pode ser expressa ou tácita. Compreende-se que assim seja, pois a sociedade pode ter obtido o conhecimento dos factos por outra via.

---

[25] MENEZES CORDEIRO (2007), p. 349, sem se pronunciar expressamente acerca da posição do cabeça-de-casal, considera que "é óbvio que o representante 'directamente designado pela lei' não poderá deixar de ser destituível 'com justa causa'. Quando muito, esta teria de assumir contornos mais exigentes". Admitindo também a destituição judicial com fundamento em justa causa relativamente ao representante legal cuja nomeação decorre da lei, PEDRO DE ALBUQUERQUE (2011), p. 651.
[26] Na lei está "comunicados".

8. O exercício dos poderes inerentes à quota pelo representante comum
8.1. Atos que importem extinção, alienação ou oneração da quota, aumento de obrigações e renúncia ou redução dos direitos dos sócios

Perante a sociedade, o representante comum não pode em princípio ("não lhe é lícito") "praticar atos que importem extinção, alienação ou oneração da quota, aumento de obrigações e renúncia ou redução dos direitos dos sócios"[27]. A sociedade deverá controlar se o representante comum tem ou não esses poderes.

Mas tais poderes podem ser atribuídos ao representante comum, em função das situações, por lei, pelo testamento, pelo tribunal ou por todos os contitulares. Tanto quanto nos é dado a perceber, a atribuição dos poderes em causa pode ter lugar especificando os mesmos ou através da atribuição de "poderes de disposição" relativamente aos poderes inerentes à quota[28]. A atribuição daqueles poderes pelos contitulares deve ser comunicada por escrito à sociedade[29].

---

[27] PEREIRA DE ALMEIDA (2013), p. 192, considera que o nº 6 "aponta manifestamente para actos de natureza real ou patrimonial sobre a quota e não para o exercício de direitos sociais". Contudo, há deliberações da sociedade que podem estar relacionadas com os assuntos em causa. E o aumento das obrigações e a renúncia ou redução dos direitos dos sócios dirá pelo menos respeito ao conteúdo da participação. O que interessa é que os atos "importem" as consequências referidas no nº 6. Isso não significa, julgamos nós, que só estejam a ser considerados atos que produzam diretamente aqueles efeitos. Aliás, era nesse sentido que seguiam o Anteprojeto de Vaz Serra (art. 61º, 4) e o Raúl Ventura (art. 31º, 4). E também RAÚL VENTURA (1993), p. 524, afirma que "como aumento de obrigações, a renúncia ou redução dos direitos dos sócios previstas neste artigo devem ser entendidas as *deliberações sociais* que tenham algum desses efeitos e, portanto, o representante comum está impedido de votar nessas deliberações". Veja-se que o nº 5 trata dos "poderes inerentes à quota indivisa", o que serve de argumento para dizer que no nº 6 a lei tem em vista os "poderes de disposição inerentes à quota indivisa". PEREIRA DE ALMEIDA (2013), p. 193, apresenta como exemplos de actos de disposição "a renúncia ao direito aos dividendos deliberado", "a alienação do direito preferencial de subscrição", "a comunicação do consentimento para amortização da quota", "a prestação do consentimento para aquisição da respectiva quota". Para além das deliberações que tenham por objeto um dos identificados no nº 6, RAÚL VENTURA (1993), p. 526, considera que o representante comum que não tem "poderes especiais" também "não pode participar nas deliberações que necessariamente completam o efeito a ele vedado". Quanto à participação em deliberação de dissolução da sociedade (nos casos em que não houve consentimento unânime exigido por lei), RAÚL VENTURA (1993), p. 526, e PEDRO DE ALBUQUERQUE (2011), p. 650, nt. 4, defendem diferentes posições. Raúl Ventura considera que o representante comum não pode sequer votar nas deliberações sobre algum dos assuntos mencionados no nº 6, dando o exemplo da deliberação de dissolução; Pedro de Albuquerque entende que o representante comum só não pode votar nesta deliberação se for para votar no sentido da dissolução. Tendemos para esta última solução, pois não se vê como é que o voto contrário à dissolução é um ato que importe "extinção, alienação ou oneração da quota, aumento de obrigações e renúncia ou redução dos direitos dos sócios".

[28] Nesse sentido, RAÚL VENTURA (1993), p. 525.

[29] A lei apenas menciona a necessidade de comunicar por escrito a atribuição dos poderes mencionados quando forem os contitulares a atribuí-los.

A atribuição de poderes para a prática dos atos mencionados no n.º 6 ao representante comum nomeado pelos contitulares não é regulada de forma cristalina na lei. Com efeito, como devem os contitulares deliberar essa atribuição? No art. 224.º, 1, diz a lei que carece do consentimento de todos os contitulares a deliberação destes que tenha "por objeto a extinção, alienação ou oneração da quota, aumento de obrigações, renúncia ou redução dos direitos dos sócios". A deliberação que *atribui poderes* ao representante comum para a prática de atos no n.º 6 ainda é uma deliberação que *tenha um daqueles objetos?* Parece que sim, pelo que tal deliberação necessita do consentimento de todos os contitulares[30].

O n.º 6 torna claro que o *testamento* ou o *tribunal* podem atribuir ao representante comum "poderes de disposição". Embora a lei não o diga, consideramos razoável que isso só possa acontecer quando o representante comum foi *nomeado, respetivamente, pelo testamento ou pelo tribunal*[31]. Se o representante comum recebe esses "poderes de disposição", pode praticar os atos identificados no preceito. Nada parece obstar a que o testamento ou o tribunal *especifiquem quais* os "poderes de disposição" que atribuem ao representante comum.

8.2. A nomeação de representante especial e a atuação conjunta de contitulares para atos que importem extinção, alienação ou oneração da quota, aumento de obrigações e renúncia ou redução dos direitos dos sócios

Raúl Ventura[32] admite a nomeação de *representante especial* para "praticar actos que importem extinção, alienação ou oneração da quota, aumento de obrigações, renúncia ou redução dos direitos dos sócios". Argumenta que "seria absurdo que a própria lei forçasse os interessados à concessão de poderes especiais *à mesma pessoa* a quem inicialmente eles não foram concedidos".

Não nos parece que assim seja. A verdade é que a lei *não força* os interessados nesse sentido, pois podem sempre tratar da *destituição* do representante comum que nomearam (art. 223.º, 1) e da *nomeação de outro*, agora sim com aqueles poderes especiais. Se os contitulares não conferem os poderes especiais em

---

[30] Defendendo a necessidade de "unanimidade dos contitulares, quando deles provenha o alargamento", RAÚL VENTURA (1993), p. 525, sem fundamentar.

[31] Assim também, para o alargamento pelo tribunal, RAÚL VENTURA (1993), p. 526.

[32] RAÚL VENTURA (1993), p. 516. No mesmo sentido, PEDRO DE ALBUQUERQUE (2011), p. 651. Por sua vez, REMÉDIO MARQUES, em comentário ao art. 226.º, a propósito dos poderes do cabeça-de-casal quanto aos atos mencionados no art. 223.º, 6, entende que os herdeiros podem designar um representante especial, para além de poderem conferir ao cabeça-de-casal poderes especiais ou de poderem todos (enquanto contitulares) participar nas deliberações.

causa ao representante comum, *optam por não exercer* tais poderes. O exercício conjunto por todos os contitulares fica em princípio excluído pelo disposto no art. 222º, 1: "os contitulares de quota devem exercer os direitos a ela inerentes através de representante comum".

Raúl Ventura defendeu também a licitude da *atuação conjunta* dos contitulares relativamente ao exercício dos poderes mencionados no nº 6[33], dizendo que nada na lei o exclui. Mas julgamos que as considerações feitas acerca do representante especial valem igualmente aqui. Isto, naturalmente, sem prejuízo do disposto no art. 222º, 4. O dever de exercício dos direitos inerentes à quota através de representante comum, que se encontra previsto no nº 1 do art. 222º, não desaparece aqui. O que a lei pretende é que, naquelas matérias consideradas mais importantes, o representante comum não possa exercer os direitos inerentes à quota quando não lhe tiverem sido atribuídos poderes de disposição.

8.3. O cabeça-de-casal e os atos que importem extinção, alienação ou oneração da quota, aumento de obrigações e renúncia ou redução dos direitos dos sócios

O regime exposto deixa-nos ainda com mais uma pergunta. Sendo o representante comum o cabeça-de-casal, como articular o regime do CSC com o que encontramos no CCiv.? Haverá sempre total harmonia? Haverá espaços de conflito?

Se o exercício dos poderes inerentes à quota indivisa se manifesta apenas em atos de *administração*, não surgirão problemas de maior. O art. 2087º, 1, CCiv. estatui precisamente que "o cabeça-de-casal administra os bens próprios do falecido e, tendo este sido casado em regime de comunhão, os bens comuns do casal". O cabeça-de-casal tem ainda outros poderes referidos nos arts. 2088º a 2090º do CCiv..

Por sua vez, o art. 2091º do CCiv. acrescenta que, fora desses casos, "e sem prejuízo do disposto no artigo 2078º, os direitos relativos à herança só podem ser exercidos conjuntamente por todos os herdeiros ou contra todos os herdeiros".

Este art. 2091º reveste-se de especial interesse tendo em conta agora o art. 223º, 6, do CSC. O representante comum não tem em regra poderes para "praticar atos que importem extinção, alienação ou oneração da quota, aumento

---

[33] Com igual conclusão, RITA LOBO XAVIER (1993), p. 132, PEDRO DE ALBUQUERQUE (2011), p. 651. O mesmo surge defendido no Ac. STJ de 8/6/1995, *BMJ*, 448º, p. 396.

de obrigações e renúncia ou redução dos direitos dos sócios". Estes casos são entendidos como atos de disposição.

Mas, se assim é, como fazer? A decisão quanto aos atos em causa cabe aos herdeiros. Devem eles atuar conjuntamente, nos termos do art. 2091º CCiv., perante a sociedade? Ou devem deliberar qual deve ser o sentido da atuação, sendo exigido o consentimento de todos os contitulares como manda o art. 224º, 1, CSC?.

Pela nossa parte, achamos que a solução que melhor harmoniza os preceitos em presença é a seguinte: quando se esteja perante "atos que importem extinção, alienação ou oneração da quota, aumento de obrigações e renúncia ou redução dos direitos dos sócios", cabe naturalmente aos herdeiros, enquanto contitulares, deliberar por unanimidade sobre a atuação em causa. Tomada essa deliberação, já teremos o exercício conjunto dos direitos relativos à herança com que se preocupa o art. 2091º CCiv.. Perante a sociedade, caberá agora ao cabeça-de-casal, enquanto representante comum, dar cumprimento ao que foi deliberado. O exercício conjunto por todos os herdeiros terá lugar através do representante comum, que é o cabeça-de-casal.

8.4. Os restantes poderes inerentes à quota indivisa

Também perante a sociedade o representante comum pode, em princípio, exercer todos os restantes poderes inerentes à quota indivisa e "qualquer redução desses poderes só é oponível à sociedade se lhe for comunicada por escrito"[34].

O regime de redução desses restantes poderes não contém qualquer distinção entre as várias *modalidades de designação* do representante comum. Mas parece correto afirmar que o nº 5 não permite só por si a redução dos poderes do representante comum. Essa redução será ou não possível *consoante a modalidade da respetiva designação*[35], que também será determinante para a identificação dos termos a que deve obedecer a redução[36].

No que diz respeito à situação do representante comum perante as deliberações dos contitulares da quota, remetemos desde já para o comentário ao art.

---

[34] Agora, a lei já não exige a comunicação por escrito *apenas* para a redução de poderes decidida pelos contitulares. Uma das dificuldades que podemos identificar a propósito da oponibilidade de reduções de poderes é a que se relaciona com os efeitos de deliberações dos contitulares perante a sociedade, tendo em conta o art. 224º, 2. Vejam-se, a propósito, os comentários a este preceito.

[35] Com discurso diferente, RAÚL VENTURA (1993), p. 523.

[36] Pense-se, por exemplo e mais uma vez, no cabeça-de-casal e na sua posição perante tentativas de redução dos seus poderes de administração.

224º. Mas sempre se dirá que a prática de atos ilícitos por parte do representante comum pode decorrer de outras causas que não apenas a violação de uma deliberação dos contitulares. E também aí se pode perguntar pela responsabilidade desse representante por danos aos contitulares e pela existência de justa causa de destituição.

9. O exercício pelo cabeça-de-casal do direito de impugnar deliberações

Se existe *contitularidade por morte* de sócio que deixa vários herdeiros, o exercício dos direitos de sócio deve ter lugar através de representante comum. E se houver cabeça-de-casal, será este o representante comum designado por lei. Foi esse o entendimento do STJ no Ac. de 4/10/1994[37] e, mais recentemente, no Ac. de 6/10/2009[38].

Quanto a este último Acórdão é interessante realçar que, na primeira instância, foi entendido que o cabeça-de-casal era *parte ilegítima* por estar *desacompanhado dos restantes herdeiros*. No Ac. RP recorrido, também se considerou que o cabeça-de-casal não poderia intentar a ação de anulação em causa.

Mas, segundo o que foi decidido pelo STJ, o cabeça-de-casal pode, pelo menos em regra, intentar *sozinho* ação de *anulação* de deliberações sociais como representante comum dos contitulares. O STJ sustentou que a proposição da ação de anulação era *ato de mera administração* (coisa que aliás já tinha sido dita no Ac. STJ de 20/5/1997)[39].

Pode suceder que a deliberação cuja *anulação* se pretende importe *extinção, alienação ou oneração* da quota ou ação, *aumento de obrigações, renúncia ou redução dos direitos* dos sócios. E na verdade o representante comum, de acordo com o disposto no art. 223º, nº 6, não pode praticar atos que importem precisamente a extinção, alienação, oneração da quota, aumento de obrigações e renúncia ou redução dos direitos dos sócios. Só os pode praticar se a lei, o testamento, todos os contitulares ou o tribunal lhe atribuírem tais poderes.

Porém, há que separar, por um lado, os *atos que têm aquelas consequências* e, por outro, a *anulação de deliberações* que impliquem essas mesmas consequências. É fácil de ver que, pedindo a anulação de uma dessas deliberações, o represen-

---

[37] *BMJ*, 440º, p. 504.
[38] Consultado em www.dgsi.pt.
[39] As deliberações que estavam em causa eram as seguintes: aprovação do relatório de gestão e das contas do exercício, aprovação da proposta de aplicação dos resultados, aprovação da proposta de remuneração dos órgãos sociais.

tante comum pode estar a tentar *evitar* a extinção, alienação, oneração da quota, ou a procurar *impedir* o aumento de obrigações ou a redução dos direitos.

Se a deliberação tomada é susceptível de conduzir a um desses resultados, pensamos que o cabeça-de-casal ainda pode, *sozinho, pedir a anulação* da deliberação: ainda estará, então, a praticar um ato de *administração*, que visa a *conservação* da quota ou do seu conteúdo.

O que foi afirmado até aqui parece permitir dizer que *um único contitular* que não é representante comum *não* poderá propor ação de anulação de deliberações sociais[40]. Pelo menos se entendermos que o direito de arguir a anulabilidade (art. 59º, 1) ainda é um direito inerente à quota que deve ser exercido através do representante comum.

Mas, perguntar-se-á a seguir, e *se não houver representante comum*? Será que a acção de anulação de deliberações sociais pode ser *proposta por todos os contitulares*? Essa solução foi admitida pelo Ac. STJ de 4/10/1994[41].

Manifestamos aqui algumas dúvidas quanto à correção desta via. O nº 1 do art. 222º parece não deixar grandes alternativas. Os direitos inerentes à quota devem ser exercidos através do representante comum.

Tem inclusivamente caráter excepcional a solução contida no nº 4 do mesmo art. 222º: aí se admite que o exercício do direito de voto tenha lugar através de contitulares. Nos outros casos, se há representante comum, os contitulares devem providenciar no sentido de que este atue. Se não atua, devem substituí-lo, nos termos legais. Se não há representante comum, devem tratar de o arranjar[42].

---

[40] Cfr. Ac. RP de 28/01/2013 (Relator: José Eusébio Almeida), Proc. nº 3618/12.STBSTS-A.P1, in www.dgsi.pt
[41] *BMJ*, 440º, 1994, p. 498 e ss.. Também foi aceite no Ac. STJ de 8/6/1995, *BMJ*, 448º, 1995, p. 390 e ss., que todos os contitulares instaurassem uma ação de dissolução por falta de amortização ou aquisição de quota de sócio discordante em caso de transformação de sociedade por quotas em anónima.
[42] Sempre se poderá perguntar, no entanto, se também aqui será de aplicar o disposto no art. 985º, 5, do CCiv.

ARTIGO 224º *
Deliberação dos contitulares

1. *A deliberação dos contitulares sobre o exercício dos seus direitos pode ser tomada por maioria, nos termos do artigo 1407º, nº 1, do Código Civil, salvo se tiver por objeto a extinção, alienação ou oneração da quota, aumento de obrigações, renúncia ou redução dos direitos dos sócios; nestes casos, é exigido o consentimento de todos os contitulares.*

2. *A deliberação prevista na primeira parte do número anterior não produz efeitos em relação à sociedade, apenas vinculando os contitulares entre si e, para com estes, o representante comum.*

* A redação do nº 1 foi retificada pelo DL 280/87, de 8 de julho.

Índice
1. As deliberações dos contitulares sobre o exercício dos seus direitos
2. A (in)eficácia das deliberações dos contitulares em relação à sociedade

Bibliografia
a) Citada:
ABREU, COUTINHO DE – *Curso de direito comercial*, vol. II, 5ª ed., Almedina, Coimbra, 2015; ALBUQUERQUE, PEDRO DE – "Artigo 224º", *Código das Sociedades Comerciais anotado* (coord. de A. Menezes Cordeiro), 2ª ed., Almedina, Coimbra, 2011; VASCONCELOS, PEDRO PAIS DE – *A participação social nas sociedades comerciais*, 2ª ed., Almedina, Coimbra, 2006; VENTURA, RAÚL – *Sociedades por quotas*, I, Almedina, Coimbra, 1993.

b) Outra:
ALMEIDA, PEREIRA DE – *La société a responsabilité limitée en droit portugais et sa réforme*, AAFDL, Lisboa, 1980/81; CAEIRO, ANTÓNIO – *As sociedades de pessoas no Código das Sociedades Comerciais*, Separata do número especial do *BFD* – Estudos em Homenagem ao Prof. Doutor Eduardo Correia – 1984, Coimbra, 1988; CORREIA, FERRER – "A sociedade por quotas de responsabilidade limitada segundo o CSC", *Temas de direito comercial*, Almedina, Coimbra, 1989; SOUTO, AZEVEDO – *Lei das sociedades por quotas*, 7ª ed., revista e atualizada por Dias da Fonseca, Coimbra Editora, Coimbra, 1973.

1. As deliberações dos contitulares sobre o exercício dos seus direitos

Os contitulares podem tomar deliberações sobre o exercício dos seus direitos. Essas deliberações são relativas aos seus direitos enquanto contitulares da quota. Estão certamente abrangidos os direitos inerentes à quota, pois o art. 224º, 1, não faz distinção ("seus direitos").

No art. 223º, 1, a propósito da maioria necessária para a nomeação e destituição do representante comum pelos contitulares, é admitida convenção que estabeleça uma regra diferente da que resulta da lei.

A mesma coisa já não é dita no art. 224º, 1, primeira parte. Mas justifica-se a aplicação por analogia do disposto no art. 223º, 1 quanto à admissibilidade de tal convenção[1] relativamente às deliberações previstas no artigo agora comentado.

Não assim, porém, quanto à necessidade de consentimento de todos os contitulares para a deliberação que tenha por objeto "a extinção, alienação ou oneração da quota, aumento de obrigações, renúncia ou redução dos direitos dos sócios". Nesses casos, a parte final do nº 1 parece não deixar lugar a dúvidas: "é exigido o consentimento de todos os contitulares". Atendendo à gravidade dos assuntos abrangidos, bem se compreende a solução.

O regime do art. 224º, 1, não trata de forma expressa o problema da sua articulação com o disposto no CCiv. quanto aos poderes do cabeça-de-casal. É que, nos termos do art. 2091º, 1, CCiv., e fora dos casos previstos nos artigos anteriores, "os direitos relativos à herança só podem ser exercidos conjuntamente por todos os herdeiros ou contra todos os herdeiros". Ao cabeça-de-casal cabe a administração dos bens próprios do falecido e dos bens comuns do casal, se aquele foi casado em regime de comunhão (art. 2087º, 1, CCiv.). Sobre isto, remetemos para o que já escrevemos em comentário ao art. 223º.

2. A (in)eficácia das deliberações dos contitulares em relação à sociedade

Em princípio, os contitulares podem tomar deliberações sobre o exercício dos seus direitos. Já o sabemos.

Quando a deliberação dos contitulares diga respeito ao exercício dos seus direitos e não tenha por objeto uma das matérias indicadas na 2ª parte do art. 224º, 1, não produz em regra efeitos em relação à sociedade[2]. Mas já vincula os contitulares (apesar de tomada pela maioria necessária) e bem assim o representante comum para com aqueles. Se a referida deliberação não produz efeitos em relação à sociedade, isso significa que, em princípio, a sociedade não

---

[1] Aceitando igual solução mas sem dizer se recorre à analogia, RAÚL VENTURA (1993), p. 529.
[2] Quanto ao princípio geral, COUTINHO DE ABREU (2015), p. 318; PEDRO PAIS DE VASCONCELOS (2006), p. 378. Sobre os casos em que "a sociedade conheceu de facto a deliberação" ou tinha "tudo para a conhecer" mas a "ignorou negligentemente", PEDRO DE ALBUQUERQUE (2011), p. 652.

tem que se preocupar com ela. E a atuação do representante comum perante a sociedade não pode ser posta em causa com base naquela deliberação[3].

A deliberação que tenha por objeto "a extinção, alienação ou oneração da quota, aumento de obrigações, renúncia ou redução dos direitos dos sócios" não está prevista na primeira parte do art. 224º, 1, mas sim na segunda parte. Quer isto dizer que tal deliberação produz sempre efeitos em relação à sociedade? Pelo menos num caso esses efeitos produzem-se: estamos a pensar naquele em que os contitulares atribuem ao representante comum os poderes mencionados no art. 223º, 6, e tal atribuição é comunicada por escrito à sociedade. Embora esta última norma não esclareça quais são as consequências da comunicação, parece que deve ser a prevista na parte final do nº 5: a oponibilidade à sociedade.

Nesse nº 5 a lei prevê precisamente um outro caso em que a deliberação dos contitulares é oponível à sociedade. Trata-se da deliberação pela qual são reduzidos os poderes inerentes à quota indivisa que o representante comum pode exercer e que é comunicada por escrito à sociedade[4].

---

[3] RAÚL VENTURA (1993), p. 530, salientando que a atuação do representante comum que não respeita a deliberação dos contitulares pode constituir justa causa de destituição e permitir a exigência de uma indemnização.

[4] Considerando que não são abrangidas pelo art. 224º, 2, as deliberações dos contitulares sobre a extensão dos poderes do representante comum, RAÚL VENTURA (1993), p. 530.

SECÇÃO III
TRANSMISSÃO DA QUOTA

ARTIGO 225º *
Transmissão por morte

1. O contrato de sociedade pode estabelecer que, falecendo um sócio, a respetiva quota não se transmitirá aos sucessores do falecido, bem como pode condicionar a transmissão a certos requisitos, mas sempre com observância do disposto nos números seguintes.
2. Quando, por força de disposições contratuais, a quota não for transmitida para os sucessores do sócio falecido, deve a sociedade amortizá-la, adquiri-la ou fazê-la adquirir por sócio ou terceiro; se nenhuma destas medidas for efetivada nos 90 dias subsequentes ao conhecimento da morte do sócio por algum dos gerentes, a quota considera-se transmitida.
3. No caso de se optar por fazer adquirir a quota por sócio ou terceiro, o respetivo contrato é outorgado pelo representante da sociedade e pelo adquirente.
4. Salvo estipulação do contrato de sociedade em sentido diferente, à determinação e ao pagamento da contrapartida devida pelo adquirente aplicam-se as correspondentes disposições legais e contratuais relativas à amortização, mas os efeitos da alienação da quota ficam suspensos enquanto aquela contrapartida não for paga.
5. Na falta de pagamento tempestivo da contrapartida os interessados poderão escolher entre a efetivação do seu crédito e a ineficácia da alienação, considerando-se neste último caso transmitida a quota para os sucessores do sócio falecido a quem tenha cabido o direito àquela contrapartida.

*O artigo tem a redação dada pelo DL nº 76-A/2006, de 29 de março, o qual apenas modificou a redação do nº 3, não apenas no que respeita à supressão da exigência de escritura pública, mas também quanto às pessoas a quem a lei indica como intervenientes no contrato de alienação.

Índice

1. Nótula histórica
2. Princípio-regra: transmissibilidade da quota; desvios
3. Titularidade da quota *post mortem* do sócio e posição dos sucessores do sócio
4. Necessidade de deliberação
5. A aquisição da quota pela sociedade
6. A amortização da quota
7. A aquisição da quota por sócio supérstite ou por terceiro

8. Cessação do impedimento à transmissão da quota e a ineficácia da alienação
9. Pactos sucessórios e cláusulas de intransmissibilidade e delimitação da transmissão de quotas

Bibliografia

a) Citada:

ABREU, JORGE MANUEL COUTINHO DE, *Curso de Direito Comercial*, Vol. II, *Sociedades Comerciais*, 3ª edição, 2009, Coimbra, Almedina; ALBUQUERQUE, PEDRO DE – "Artigo 225º", in: MENEZES CORDEIRO, ANTÓNIO (coord.), *Código das Sociedades Comerciais Anotado*, Coimbra, Almedina, 2009, pp. 584-587; COELHO, MARIA ÂNGELA, "A transmissão *mortis causa* de quotas no anteprojecto de lei das sociedades por quotas", in: *RDE*, ano 2º (1976), p. 3 ss.; CORREIA, ANTÓNIO DE ARRUDA FERRER, "A sociedade por quotas de responsabilidade limitada segundo o Código das Sociedades Comerciais", in: *Temas de Direito Comercial e Direito Internacional Privado*, Coimbra, Almedina, 1989; CORREIA, ANTÓNIO DE ARRUDA FERRER/XAVIER, VASCO LOBO, "A amortização de cotas e o regime da prescrição", in: *RDES* (1965), pp. 94-95; MORAIS, DANIEL SILVA, *A Autodeterminação Sucessória por Testamento ou por Contrato*, Dissertação de Doutoramento, Lisboa, Faculdade de Direito da Universidade de Lisboa, 2014 (existente no fundo bibliográfico da Faculdade de Direito da Universidade de Lisboa); NETO, ABÍLIO, *Código das Sociedades Comerciais*, 7ª edição, Lisboa, Ediforum, 2007, p. 497 ss.; NUNES, ANTÓNIO AVELÃS, *O Direito de Exclusão de Sócios nas Sociedades Comerciais*, Coimbra, Almedina, 1968 = reimpressão, 2002; PINHEIRO, JORGE DUARTE, *O Direito das Sucessões Contemporâneo*, Lisboa, Associação Académica da Faculdade de Direito de Lisboa, 2011; TRIUNFANTE, ARMANDO, *Código das Sociedades Comerciais Anotado*, Coimbra, Coimbra Editora, 2007; VENTURA, RAÚL, *Comentário ao Código das Sociedades Comerciais, Sociedades Por Quotas*, 2ª reimpressão da 2ª edição de 1989, Coimbra, Almedina, 1999; XAVIER, RITA LOBO, *Reflexões sobre a Posição do Cônjuge Meeiro em Sociedades por Quotas*, BFD (Suplemento XXXVIII), Coimbra, 1994.

b) Outra:

CARNEIRO, J. G. SÁ, "Cláusulas de conservação e sociedades unipessoais", in: *Revista dos Tribunais*, ano 65º (1947), p. 162 ss., p. 178 ss., pp. 180-181, p. 194 ss., p. 210 ss., p. 226 ss., p. 258 ss., p. 274 ss.; MAIA, PEDRO, "Cessão de quotas", in: FERRER CORREIA (org.), *Colóquio: Os quinze anos de vigência do Código das Sociedades Comerciais*, Coimbra, Almedina, 2003, p. 125 ss.; MATOS, ALBINO DE, *Constituição de Sociedades, Teoria e Prática*, 5ª edição, Coimbra, Almedina, 2001, pp. 199-200; VENTURA, RAÚL, "Sociedades por quotas de responsabilidade limitada/Anteprojecto – primeira redacção", in: *BMJ*, nº 160 (1966),

p. 92 ss.; "Sociedades por quotas de responsabilidade limitada/Anteprojecto – segunda redacção", in: *BMJ*, nº 182 (1969), p. 218 ss.

1. Nótula histórica

No domínio do CCiv de 1867, a morte do sócio constituía causa de dissolução da sociedade. Isto, embora o seu art. 1277º permitisse que as partes estipulassem a continuação da sociedade com os seus herdeiros ou com sócios supérstites. Já o CCom, no seu art. 120º, §§ 1 e 2, era mais comedido, pois apenas fulminava com a dissolução emergente da morte de sócio as sociedades em nome colectivo e as sociedades em comandita (se, nesta hipótese, falecesse um dos sócios de responsabilidade ilimitada). A regra era, pois, a dissolução da sociedade; a excepção era constituída pelas denominadas "clausulas de continuação"[1].

A LSQ, de 1901, inovou à época ao determinar, como regra, a continuação da sociedade após a morte de um sócio, o que implicava a possibilidade de transmissão *mortis causa* da quota de *de cuius*. O atual CCiv, de 1966 (relativamente às sociedades civis), acompanhou, tardiamente, esta evolução, ao preceituar, no seu art. 1001º, que a morte de um sócio deixasse de ser causa de dissolução da sociedade: a sociedade continua, embora deva liquidar a quota em benefício dos herdeiros do sócio falecido, sem prejuízo de o contrato de sociedade estipular regime diverso.

2. Princípio-regra: transmissibilidade da quota; desvios

O CSC consagra o *regime-regra* da livre transmissibilidade *mortis causa* de quotas, de acordo com as regras e vicissitudes próprias do fenómeno sucessório[2].

Todavia, o contrato de sociedade pode prever a exclusão da transmissão por morte do sócio.

---

[1] Sobre isto, veja-se RAÚL VENTURA (1999), pp. 536-537; ÂNGELA COELHO (1976), p. 3 ss.

[2] Nas cooperativas, os títulos de capital só são transmissíveis, conforme os casos, mediante autorização do órgão de administração, na condição de o adquirente ou sucessor ser já cooperador ou, reunindo as condições exigidas, solicite a sua admissão. A transmissão *mortis causa* destes títulos efetua-se por meio de exibição do documento comprovativo da qualidade de herdeiro ou legatário. Se essa transmissão *mortis causa* não puder ser realizada, o sucessor tem direito ao reembolso dos títulos de capital, segundo o valor nominal, no prazo estabelecido pelos estatutos ou, supletivamente, no prazo máximo de um ano, acrescido dos juros a que o cooperador tiver direito, relativamente ao último exercício social, e da quota-parte dos excedentes e reservas não obrigatórias repartíveis, sendo deduzido, se for o caso, das perdas que lhe sejam imputáveis reveladas no balanço do exercício no decurso do qual surgiu o direito ao reembolso (arts. 86º, 4, 89º do CCoop).

Em alternativa, pode este contrato admitir a transmissão por morte, mas *condicionar* ou *subordinar* essa transmissão *mortis causa* a determinados requisitos, quer no *interesse da sociedade* (*v.g.*, que a transmissão fique dependente do consentimento da sociedade; que as quotas somente sejam transmitidas para os *herdeiros legitimários* da 1ª classe[3], com exclusão dos descendentes destes de filhos[4]; ou para certo ou certos *legatários* que possam vir a ser instituídos pelos sócios[5]), quer no *interesse dos sucessores do sócio falecido* (*v.g.*, que a transmissão fique dependente de consentimento dos sucessores, de alguns deles ou de alguma categoria, etc.), ou, simultânea, cruzada e reciprocamente, *no interesse da sociedade e daqueles sucessores* (*v.g.*, cláusulas que atribuem à sociedade o direito de amortizar a quota; cláusulas que conferem aos sucessores o direito de exigir essa amortização[6]). Em suma, o contrato de sociedade pode excluir a transmissão por morte ou subordiná-la a determinados requisitos (*v.g.*, a verificação de certas qualidades na pessoa do sucessor do *de cuius*; o consentimento da sociedade). De igual modo, afastando-se do regime supletivo, o contrato pode regular, como veremos, o pagamento da contrapartida de uma forma diversa.

---

[3] Cônjuge e descendentes: art. 2133º/1, alínea *a*), do CCiv.

[4] Admite-se, portanto, a (in)transmissibilidade da quota se, pelas regras da sucessão e dos títulos de vocação sucessória (legal, testamentária ou contratual) a quota puder ser deferida e adquirida por certa(s) pessoa(s).
Mas a cláusula de (in)transmisibilidade deve ser suficientemente *densa* e *concreta* para permitir a *determinação segura* dos requisitos (objetivos e/ou subjetivos) a que a transmissão *mortis causa* da quota fica sujeito, independentemente de ser redigida de um modo positivo (*v.g.*, a quota só se transmitirá se ..., ou nas seguintes condições ...) ou de um modo negativo (*v.g.*, a quota não será transmitida se ..., ou se ocorrer ...).

[5] Nestes casos em que, de harmonia com o pacto social, a quota deve ser transmitida para certa pessoa, com exclusão de outras, não haverá lugar a licitação no processo de inventário que correr por óbito do sócio – Ac. RL, de 26/05/2009, proc. n.º 0824206, in http://www.dgsi.pt. Trata-se, ao que se julga, de um *legado legal* (art. 225º, 1, CSC) *integrado por um contrato*, qual seja o pacto social ou os estatutos da sociedade onde se dispõe que, por morte de um sócio, a sua quota se transmitirá para uma outra pessoa —p. ex., herdeiro que já era, por si, sócio (*scilicet*, cura-se de um direito, uma posição contratual, com exclusão de qualquer outro bem ou direito). Obviamente que o designado transmissário da quota pode, obviamente, *repudiar* o ingresso nessa *posição contratual*, decorrendo então o regime normal do direito sucessório, com as limitações previstas nos arts. 225º a 227º do CSC.
Se ocorrer a inversa, se o autor da sucessão for sócio de uma sociedade e no pacto constar uma cláusula de continuação da sociedade com os herdeiros prioritários dele (p. ex., cônjuge e descendentes), não é lícito a um só herdeiro privar os outros da aquisição da quota, por meio de licitação, já que tal importaria a alteração (unilateral) do pacto social. A quota será adjudicada em *compropriedade* aos herdeiros partilhantes, contanto que, obviamente, não seja amortizada ou adquirida por outrem nos termos especialmente previstos nos arts. 225º e segs. do CSC.

[6] Nesta hipótese ocorre a possibilidade de a quota ser amortizada pela sociedade, a despeito de os sucessores do sócio falecido preferirem a transmissão, e vice-versa – RAÚL VENTURA (1999), p. 560.

Outrossim, como veremos, no art. 226º, pode fazer depender-se a transmissão da quota da vontade dos sucessores do sócio falecido.

Haverá, porém, situações em que as cláusulas de intransmissibilidade são *nulas* por *contrariedade à lei* (art. 294º CCiv), nomeadamente, estipular-se no contrato que os sucessores de sócio falecido apenas têm direito a um crédito correspondente ao valor da quota do falecido[7], jamais podendo adquiri-la[8], visto que – independentemente desta *cláusula de estabilização* – os sucessores do sócio são-no sempre, *segundo as regras próprias do direito das sucessões*, aí onde apenas se pode prever que a sociedade impeça ou condicione essa transmissão ou que os sucessores afastem, eles próprios, essa transmissão *mortis causa*.

A morte do sócio nunca pode produzir, *por si só*, a *extinção da quota*. É sempre necessária a manifestação de vontade dos sócios supérstites, mediante deliberação social, ou dos sucessores do sócio falecido.

3. Titularidade da quota *post mortem* do sócio e a posição dos sucessores do sócio

Já se afirmou que, após a morte do sócio, os seus herdeiros (ou legatários) aceitantes da vocação sucessória – lá onde se integra a posição contratual do sócio – *não são sócios*. Esta afirmação faz-se eco da tese segundo a qual os sucessores do sócio falecido *não adquirem a quota logo após a morte do sócio*[9]. Isto com base no teor gramatical das proposições legislativas: "o contrato de sociedade pode estabelecer que "a quota *não se transmitirá aos sucessores* do falecido" (nº 1 do artigo em anotação); que "por força de disposições contratuais, a quota *não for transmitida*" (nº 2 do artigo em anotação) e que "... a quota *considera-se transmitida*" (nº 2, *idem*) – os itálicos são nossos. De facto, para esta tese, uma vez falecido o sócio, os herdeiros *apenas adquirem o valor patrimonial representativo da quota*[10], ficando em suspenso a aquisição da qualidade de sócios.

Não vemos, todavia, como evitar o subingresso dos sucessores nessa posição contratual do sócio falecido[11]. Como veremos, já a seguir, são nulas as "cláusulas de estabilização" que imponham, irremissivelmente, a amortização automática

---

[7] Ou uma cláusula pela qual se estabeleça que por morte do sócio *X* a sua quota é *amortizada automaticamente*, sem necessidade de qualquer deliberação social.
[8] Ac. STJ, de 23/01/2001, proc. nº 00A3654, in http://www.dgsi.pt. Nestes casos, talvez seja possível, em concreto, proceder à conversão desta cláusula numa cláusula de amortização.
[9] FERRER CORREIA (1989), p. 161; RITA LOBO XAVIER (1994), p. 117 ss.
[10] FERRER CORREIA/LOBO XAVIER (1965), p. 91 ss.
[11] Neste sentido, já COUTINHO DE ABREU (2009), pp. 362-363; já VAZ SERRA, in: *RLJ*, ano 107º, p. 62 ss, p. 64; Ac. STJ, de 11/02/1966, in: *BMJ*, nº 154, p. 353; Ac. STJ, de 11/10/1968, in: *BMJ*, nº 209, p. 172; Ac. STJ, de 16/02/1973, in: *BMJ*, nº 224, p. 195; Ac. STJ, de 26/05/1987, in: *BMJ*, nº 367, p. 527.

da quota ou a impossibilidade de transmissão da quota para os sucessores, pois que se faz necessário sempre deliberar sobre a amortização ou a aquisição da quota (pela sociedade, por sócio supérstite ou por terceiro)[12].

Se assim não fosse, não vemos por que motivo essencial é que os n°s 2 e 3 do art. 227º do CSC, determinam a suspensão dos direitos e obrigações inerentes à quota, ressalvados os necessários à tutela da sua posição jurídica. Posto que os sucessores do sócio falecido são (con)titulares da quota, o legislador determina, naturalmente, a suspensão dos direitos e obrigações inerentes a essa quota enquanto não for fixado o destino final da mesma.

Os sucessores do sócio falecido, mesmo após a divisão hereditária (ou a aceitação do *legado* plasmado na quota deixada pelo *de cuius*), são titulares *ad tempus*, sujeitos à verificação da *condição resolutiva* pela qual a quota, ou bem que é amortizada, ou bem que é adquirida pela sociedade, por sócio supérstite ou, enfim, por terceiro.

Não existe, neste caso, um *direito sem sujeito* ou um *estado de vinculação* de bens ou direitos à espera de um titular. A quota integrará, desde logo e após a aceitação, expressa ou tácita (art. 2056º, 1 e 2, CCiv), dos sucessíveis chamados (art. 2050º CCiv), a *herança indivisa*[13]. E pode, inclusivamente, a quota ser adjudicada na partilha[14] a algum ou alguns dos herdeiros do sócio falecido[15]. Mas é claro que o *status* associado à qualidade de sócio fica *parcialmente paralisado*[16] até ser deliberada a amortização da quota, a aquisição pela própria sociedade a aquisição por terceiro ou o decurso do prazo que *consolida* essa aquisição hereditária (ou a título de legado).

Aos sucessores (pelo menos, ao *representante comum* ou ao *cabeça-de-casal*, se já estiver pendente ação de inventário por óbito) deve, contudo, ser-lhes facul-

---

[12] COUTINHO DE ABREU (2009), p. 363.
[13] Reconhecendo, já, esta realidade, MARIA ÂNGELA COELHO (1976), p. 67.
[14] O que pressupõe se diga que a transmissão *mortis causa* de quotas sociais é efetuada através de *partilha em processo de inventário*, caso não exista acordo entre os herdeiros, e não mediante uma ação de divisão de coisa comum, sob pena de erro na forma de processo insuscetível de permitir o aproveitamento dos atos eventualmente praticados no processo – tb. Ac. RC, de 12/10/2004, proc. nº 2055/04, in http://www.dgsi.pt.
[15] Mesmo após a partilha hereditária por morte do sócio, a quota pode ser adjudicada em compropriedade a vários herdeiros, mantendo-se a situação de contitularidade, embora deixe de o ser durante a fase do fenómeno sucessório denominada *herança indivisa*.
[16] No que tange aos *direitos que não são necessários à tutela da posição jurídica dos sucessores*, designadamente participar em assembleia e votar em deliberações sobre a alteração do contrato (*v.g.*, aumento de capital, fusão) ou dissolução da sociedade. Cfr. a anotação ao art. 227º, *maxime*, o que se diz a propósito do disposto no seu nº 3.

tado o acesso, a presença e participação (sem direito de voto, salvo no que respeita aos direitos referidos no nº 3 do art. 227º) em assembleia geral, já que, na medida em que a quota se encontra numa situação de *contitularidade*, o exercício das faculdades jurídicas inerentes à qualidade de sócio deve ser efectuado por um deles.

Os contitulares exercem, afinal, os seus direitos inerentes à quota através de um representante comum, cujo estatuto se encontra previsto no nº 5 do art. 222º CSC. Este *representante comum* representa os restantes contitulares perante a sociedade (até à partilha ou depois, desta, se a quota for adjudicada em compropriedade); é seu *mandatário* para o exercício de direitos inerentes à quota[17]. E aos sócios não pode ser privado o direito de participar em assembleia (art. 248º, 5, CSC), ainda que estejam impedidos de exercer o direito de votar[18], como sucede nesta situação[19]. Para o que devem ser convocados, a fim lograr esse efeito. Não deixam, pois, de ser sócios durante este período de *pendência* ou de quiescência *parciais* desta situação jurídica *in fieri*. Surpreende-se, pois, um *regime próprio* fora do direito das sucessões, para o exercício dos direitos sociais. A cláusula do contrato de social desempenha, como referi, uma função integradora do regime previsto no Direito das Sucessões, revelando-se aqui uma nítida "porosidade sucessória" do Direito das Sociedades[20].

4. Necessidade de deliberação

Se a sociedade – apoiada em cláusula contratual – pretender obstar que a quota do sócio falecido seja transmitida para os seus sucessores, deverá ela *amortizar* tal quota, *adquiri-la* ou *fazê-la adquirir por sócio ou terceiro*.

Em qualquer destas situações faz-se mister provocar uma *deliberação social*, de acordo com o estatuído no pacto, não sendo suficiente para gerar a intransmissibilidade a manifestação de vontade, isolada ou conjunta, de sócios supérs-

---

[17] Neste sentido, veja-se o Ac. RL, de 7/10/2008, proc. nº 6727/2008-1, in http://www.dgsi.pt.
[18] Contra, embora no domínio da LSQ de 1901, o Ac. RL, de 2/12/1981, proc. nº 0014903, decidindo que o sucessor do sócio podia votar na própria deliberação de amortização da quota deixada pelo *de cuius*.
[19] Contra, COUTINHO DE ABREU (2009), p. 359; mitigadamente, RAÚL VENTURA (1999), pp. 570-571, ao dizer que "dos direitos que compõem a quota, parece que só podem ser necessários o direito de informação, o direito de impugnar deliberações sociais e o direito de voto. Assim, em cada caso haverá que verificar se a atuação dos sucessores de um sócio falecido é legítima por dois círculos secantes: a finalidade da tutela da sua posição jurídica e a espécie do direito adequado ao conseguimento dessa tutela"; no sentido do texto, PEDRO DE ALBUQUERQUE (2009), p. 590; entre outros, ac. STJ, de 23/01/2001, proc. nº 00A3654, in http://www.dgsit.pt. Cfr., *infra*, anotação ao art. 227º, nº 2.
[20] DANIEL SILVA MORAIS (2014), pp. 786-787.

tites ou sua oposição à transmissão expressamente dirigida aos sucessores do sócio[21]. Regime, este, que permite uma reconsideração ou reponderação, pelos sócios supérstites, dos seus próprios interesses[22] – reponderação que é assim *actualizada* à data da morte do sócio.

Todavia, se a sociedade não tomar a deliberação a que alude o nº 2 do artigo em anotação (não amortização da quota, aquisição para si, para sócio ou terceiro) no prazo de 90 dias após o conhecimento da morte do sócio por algum dos gerentes, os sucessores podem adquirir a quota que ao falecido pertencia, não estando tal direito dependente de prévia deliberação social autorizativa[23].

Note-se, ainda, que os sucessores podem ser os próprios sócios supérstites, ou algum deles. E, neste caso, a transmissão opera para estes, sem necessidade do assentimento da sociedade.

Se, por outro lado, o pacto social reservar aos sócios ou a algum deles o direito de adquirir a quota, em caso de morte, a comunicação deste(s) sócio(s) no sentido de não autorizar(em) que a quota seja transmitida aos sucessores do falecido constitui uma declaração potestativa, que também dispensa uma deliberação social concordante. Não se esqueça que o escopo subjacente ao art. 225º é o de tutelar os interesses dos sócios supérstites.

5. A aquisição da quota pela sociedade

A quota pode não ser transmitida para os sucessores, *mas sim para a própria SQ*, tanto nos casos em (1) houver um impedimento à transmissão constante de uma cláusula de intransmissibilidade prevista no pacto, mas também nas eventualidades em que (2) sobrevier um impedimento a essa transmissão decorrente de, no caso concreto, ter sido atuada uma cláusula de condicionamento dessa transmissibilidade (*v.g.*, previra-se que a quota seria transmitida ao cônjuge do sócio e dos filhos nascidos dentro do casamento, mas este faleceu no estado de divorciado e sem filhos).

Essencial é que não ocorra qualquer condicionamento legal à *aquisição de quotas pela própria sociedade* e que, não pretendendo a sociedade designar um terceiro para adquirir a quota (ou porque não encontrou quem quisesse adquirir a quota nas condições oferecidas), nos 90 dias subsequentes ao conhecimento

---

[21] Exigindo uma prévia deliberação social, entre outros, Ac. STJ, de 19-09-2006, proc. nº 06ª2395, in http://www.dgsi.pt; na doutrina, COUTINHO DE ABREU (2009), p. 357; PEDRO DE ALBUQUERQUE (2009), p. 585, nt. 11.
[22] RAÚL VENTURA (1999, p. 541).
[23] Ac. RP, de 13/02/2006, proc. nº 0556628, in http://www.dgsi.pt.

do óbito do sócio, a sociedade proceda à válida[24] aquisição da quota[25], sob pena de a quota ser havida como transmitida ao ou aos sucessores (art. 225º, 2, 2ª parte, CSC).

Está em causa a tutela do interesse dos sócios supérstites em ver logrado o seu propósito de a quota não ser transmitida segundo as regras gerais do fenómeno sucessório e não tanto a tutela do falecido em que a quota não seja transmitida para os seus sucessores ou para terceiros[26].

Se a sociedade deliberar adquirir a quota, esta terá que designar um *representante*. Este representante no *contrato de compra e venda* de um direito (*scilicet*, uma *posição contratual* que incorpora direitos e obrigações) – direito que se encontra, na grande maioria dos casos, no património indiviso do *de cuius* – atua, *simultaneamente*, em nome e por conta da sociedade *e* dos sucessores: neste último caso, ele atua ao abrigo de um *poder de disposição de direito alheio*, pois os sucessores são afastados deste negócio.

De facto, a *sociedade adquire a quota aos sucessores* – como o sócio ou o terceiro a adquirem a esses sucessores, se assim for deliberado. A quota não ficou sem titular, após a morte do sócio; tão pouco a sociedade a adquiriu ao falecido ou aos sucessores do falecido. Decisivo parece ser o argumento extraído do nº 3 do art. 227º, segundo o qual, entre o momento do óbito (desde a abertura da herança: inicialmente, a herança jacente até a aceitação, expressa ou tácita, de algum dos sucessíveis chamados) e o momento da aquisição da quota (pela sociedade, por sócio ou por terceiro), os sucessores podem exercer todos os "*direitos necessários à tutela da sua posição jurídica*" durante o período em que se encontram suspensos os direitos e obrigações inerentes à quota[27].

Cura-se de um esquema do *negócio consigo mesmo*, o qual é lícito nestas eventualidades, a despeito da proibição genérica do art. 261º CCiv, visto que, na espécie, *não existe conflito de interesses em razão de o preço da quota ser calculado à luz*

---

[24] Isto porque a sociedade não pode adquirir *quotas próprias* não integralmente liberadas, exceto no caso de perda a favor da sociedade sempre que o sócio não efetuar a realização da entrada (arts. 220º, 1, e 204º, 1 e 2, ambos do CSC) e, fora da hipótese que estamos a comentar, essa aquisição terá que ser gratuita (exceto se a aquisição for efetuada na venda execução em execução movida contra o respetivo sócio ou se a sociedade dispuser de reservas livres em montante não inferior ao dobro do contravalor a prestar ao adquirente ou ao credor: art. 220º, 2, CSC).
[25] Aquisição, esta, que deverá ser obviamente precedida de válida deliberação social nesse sentido.
[26] RAÚL VENTURA (1999), p. 545.
[27] Já assim, RAÚL VENTURA (1999), p. 548.

de critérios objetivos constantes, ou bem do contrato social, ou bem do art. 235º CSC, *ex vi* do nº 4 deste art. 225º[28].

6. A amortização da quota

A sociedade pode decidir (e deliberar), no mesmo prazo, amortizar a quota deixada pelo *de cuius*.

Neste caso, o *regime supletivo* é o seguinte: a contrapartida consiste no valor da liquidação dessa quota, determinado nos termos do art. 1021º CCiv, com referência à data da deliberação; valor que é apurado por um *revisor oficial de contas* (ou sociedade de revisores oficiais de contas) designado por mútuo acordo ou, na falta deste, pelo *tribunal*. Neste caso, cumpre lançar mão do processo especial previsto no art. 1069º do novo CPC (antigo art. 1499º do CPC de 1961), cujo trâmite se encontra no art. 1068º do mesmo Código (antigo art. 1498º do CPC de 1961). O pagamento da contrapartida pela extinção da quota do *de cuius* é fracionado em duas prestações, a efetuar no prazo de seis meses e um ano, respetivamente, a contar da fixação definitiva da contrapartida.

O pacto social não raras vezes contém *estipulações* destinadas a regular o modo de determinação do montante em que deve cifrar-se a quota de sócio falecido, a tempestividade e a forma de pagamento aos sucessores (herdeiros ou legatários). Pode convencionar-se (entre a sociedade e os sucessores) um valor inferior ao estipulado supletivamente no art. 235º, 1, CSC. Mas também pode constar do pacto um *valor ostensivamente exíguo relativamente ao valor real apurado* (ou fixado pelo tribunal), o que pode constituir *abuso de direito* dos sócios supérstites por ocasião da faculdade jurídica, que lhes assiste, de amortizarem a quota do sócio falecido[29].

---

[28] Em sentido próximo, ARMANDO TRIUNFANTE (2007), p. 220, nt. 236; tb. PEDRO DE ALBUQUERQUE (2009), p. 586, nt. 18.

[29] É verdade que os casos de amortização de quotas são muito variados e até pode ser justo fazer corresponder certa contrapartida a um desses casos, e não a outros (*v.g.*, atribuir menos, como critério convencionado no pacto, para os casos de faltas cometidas por sócios que conduzam à sua exclusão – AVELÃS NUNES (1968), p. 333; Ac. STJ, de 15/11/2007, proc. nº 07B3566, in http://www.dgsi.pt, não tendo o tribunal julgado "imoral" ou "injusto" a fixação da contrapartida da amortização da quota à luz do seu valor nominal. Os casos em análise são diferentes, não se reconduzindo à atribuição de uma contrapartida por ilícitos cometidos por sócios.

Por exemplo, já foi julgado que existe *abuso de direito* na hipóteses de a sociedade prender pagar 10.000$00 (aproximadamente, € 50,00), ou seja o seu *valor nominal*, por uma quota cujo *valor real* era superior a 3.000.000$00 (aproximadamente, € 15 000,00) – Ac. STJ, de 5/12/1991, in http://www.dgsi.pt. (a autora, recorrente, *inter alia*, alegou que a cláusula em questão consubstanciava um negócio misto com doação; que através dessa cláusula foi realizada indiretamente uma doação *mortis causa*,

7. Aquisição da quota por sócio supérstite ou por terceiro

A lei também prevê a aquisição da quota por sócio ou terceiro. Para os sucessores do sócio, interessa, sobretudo, o recebimento da contrapartida, pois eles não desconhecem (antes suspeitam ou têm a certeza) que o pacto permite que os sócios supérstites se oponham à transmissão da quota para a sua esfera jurídica.

Se a quota puder ser adquirida por sócios, deve a todos eles ser reconhecida a oportunidade de adquirir a quota, em condições de igualdade, ainda que essa aquisição seja feita em contitularidade[30]. Para o efeito, e na falta de estipulação específica inserta no pacto, pode ser deliberado que a aquisição seja efetuada através de um processo de licitação ou, em alternativa, de apresentação de propostas em carta fechada, cujo procedimento de abertura e adjudicação serão regulados por deliberação dos sócios supérstites.

O preço é devido à *herança indivisa*, sendo recebido pelo cabeça-de-casal, ou por algum (ou alguns) dos herdeiros a quem, neste *medio tempore*, a quota já tenha sido adjudicada *em partilhas*[31].

Já se tem discutido se, nestas eventualidades, após a *constituição do sócio ou do terceiro em mora* relativamente ao pagamento tempestiva do pagamento do preço da contrapartida aos sucessores do sócio falecido[32], perdura a *suspensão dos efeitos da alienação da quota até ao cumprimento efetivo*. Faz sentido que, nestes

---

violando-se assim o disposto nos arts. 1452º e 1753º do CCiv. de 1867 e os arts. 946º, 1, 2 do atual CCiv.; e que tal cláusula seria nula. O STJ entendeu que o recorrido não foi movido por um espírito de liberalidade e que não quis fazer ao filho qualquer doação mortis causa, embora tenha observado que nada impede "que se aproveite a estrutura de um contrato de sociedade, que é um contrato onerosos, para se realizar indiretamente uma doação, cumulando-se com a sua específica função societária uma outra função, que lhe é lateral e puramente gratuita"); Ac. RE, de 16/11/2000, in: *CJ* (2000), T. 5, p. 260 (esta Relação apreciou a cláusula de um pacto, segundo a qual o valor da quota para efeitos de amortização seria o que se revelasse mais elevado de entre o valor nominal e o do último balanço aprovado, tendo o tribunal decidido que o valor do último balanço há-de reportar-se ao ano económico imediatamente anterior e que é possível, mesmo em sede providência cautelar, ser apreciado o instituto do abuso de direito em relação a uma deliberação social que permita que o valor de uma quota seja calculado em momento posterior ao afastamento dos herdeiros do sócio falecido, restringindo-lhes qualquer controlo sobre as contas aprovadas); veja-se, tb., o Ac. RP, de 25/10/2005, proc. nº 0422142, in http://www.dgsi.pt, onde, com abundantes referências, foi decidido que tanto no processo especial de liquidação de participação social, como no de exclusão do sócio, o que está em causa é o *valor real* da quota do sócio, e não o *valor contabilístico*.

[30] No mesmo sentido, RAÚL VENTURA (1999), p. 547.

[31] Ou ao *legatário* da quota (legado sob *condição resolutiva*), se a condição se verificar com a intransmissibilidade dessa quota.

[32] Note-se que este pagamento é fracionado e diferido no tempo, por força do art. 235º, 1, alínea b), CSC.

casos, se mantenha a suspensão até ao pagamento integral da contrapartida fixada, a fim de não ser beneficiado quem está em mora e levá-lo, *uno actu*, a cumprir tempestivamente ou sujeitar-se à execução[33]. Se a contrapartida não for prestada, parece que os sucessores podem, *ainda*, optar por desencadear a *ineficácia* da alienação[34].

8. Cessação do impedimento à transmissão da quota e a ineficácia da alienação

O decurso do prazo de 90 dias previsto no nº 2 do artigo em anotação preclude a possibilidade de a sociedade amortizar a quota – cuja decorrência provoca a *caducidade* do referido direito[35]. Desaparece, portanto, neste caso, o impedimento gerador da condição resolutiva respeitante à transmissibilidade da quota.

Parece-nos, na verdade, que, com a morte do sócio, a quota passou a integrar a massa da herança e, tendo havido partilha, ela também se transmitiu para o sucessor do sócio a quem tenha sido adjudicada[36]. Decorridos os 90 dias, a quota *consolida-se* na herança indivisa ou no património do herdeiro (caso já tenha havido partilha) ou do legatário[37].

Na falta de pagamento tempestivo da contrapartida aos sucessores do falecido, tudo se passa como se a transmissão não se tivesse verificado (para sócio, para a sociedade ou para o terceiro), considerando-se, na sequência da ineficácia decretada pelo legislador, a quota transmitida para os sucessores do *de cuius* deste a morte deste.

De notar que esta *ineficácia da transmissão* não é o regime normalmente seguido para a hipótese de *falta de pagamento do preço nos contratos de compra e venda* civis – de facto, uma vez transmitida a propriedade da coisa por mero efeito do contrato (art. 874º CCiv), a falta de pagamento do preço não outorga ao adqui-

---

[33] Neste sentido, PEDRO DE ALBUQUERQUE (2009), p. 587, nt. 24; contra, RAÚL VENTURA (1999), p. 553, para quem o prolongamento da situação é devido a uma escolha efetuada pelos sucessores do sócio (opção pela ineficácia da alienação ou efetivação do direito de crédito).

[34] PEDRO DE ALBUQUERQUE, (2009), p. 587, nota. 24.

[35] Isto porque quando um direito deva ser exercido dentro de certo prazo, por força da lei ou por vontade das partes, aplicam-se as regras da *caducidade*, excepto se a lei se referir expressamente à *prescrição* (art. 298º, 2, do CCiv), o que não é o caso.

[36] Se a quota tiver sido objeto de *legado* (legado condicional, bem entendido: condição resolutiva), ela não é objeto de partilha, cabendo logo ao legatário instituído, se este aceitar o legado.

[37] Não cremos que ocorre uma transmissão da quota para os sucessores seguida de uma transmissão destes para o adquirente e, mais tarde, na falta do pagamento da contrapartida, uma nova transmissão do adquirente da quota para os sucessores do sócio falecido – já, no sentido do texto, RAÚL VENTURA (1999), p. 556.

rente a faculdade de resolver o contrato, salvo estipulação em contrário (art. 886º do CCiv). Já nas *compras e vendas comerciais* – de que as *compras e vendas de partes ou de ações de sociedades comerciais* é um exemplo (art. 463º, § 5, do CCom) –, a falta de cumprimento do adquirente (de "cousa móvel") atribui ao vendedor a faculdade de depositar a "cousa" por conta do comprador[38] ou fazê-la revender (art. 474º do mesmo Código[39]).

A falta de pagamento da contrapartida geradora da ineficácia não tem efeitos retroativos, mas apenas efeitos *ex nunc*. Uma vez que os sucessores do sócio falecido sempre ficaram salvos de participar e votar em assembleia geral os direitos necessários à tutela da sua posição (art. 227º, 3, CSC), esta ineficácia não afeta, *por ela própria*, a validade de quaisquer deliberações que pudessem ter sido tomadas contra essa posição jurídica.

A possibilidade de a quota ser adquirida pela sociedade ou por um terceiro traduz um desvio do regime do Direito das Sucessões e visa proteger os interesses dos sócios supérstites. Não ocorre o afastamento das regras da sucessão *mortis causa* (em direitos e posições jurídicas subjetivas), mas apenas a sujeição dessa transmissão a *normas específicas* constantes do direito societário. Pois cabe à sociedade definir (e deliberar) definitivamente quem adquirirá a quota a título oneroso, mesmo que a quota já tenha sido adjudicada a um dos sucessores legais[40].

Se, porém, a sociedade optar por adquirir ou fazer adquirir a quota por um sócio ou terceiro temos um *legado legal*[41].

---

[38] Expediente a que, após a reforma processual civil, de 1995/1996 (DL nº 329-A/95, de 12 de dezembro, e DL nº 180/96, de 25 de setembro), hoje se aplicava o disposto no art. 1031º e 1032º do CPC de 1961, no quadro do processo especial de consignação em depósito. Atualmente regem os arts. 916º a 924º do novo CPC.

[39] Atualmente, essa *revenda* há de ser feita (não em hasta pública, mas sim) mediante propostas em carta fechada, em estabelecimento de leilão, venda em leilão eletrónico, venda em depósito público ou mediante negociação particular (art. 886º do CPC de 1961, na redação do DL nº 226/2008, de 20 de novembro; hoje, art. 811º), salvo se as partes sociais estiverem cotadas em bolsa, pois, nesse caso, a venda far-se-á em bolsa de capitais (art. 830º do novo CPC).

[40] Não se esqueça que a sociedade passa a deter, *por via desta norma*, de um poder de dispor de coisa alheia, *in casu*, a quota existente, ou bem na herança jacente, ou bem que na herança indivisa ou, enfim, na esfera jurídica de algum dos herdeiros a quem tenha, em partilha, sido adjudicada.

[41] Nuno Silva Morais (2014), p. 790. Figura que tem sido, igualmente, admitida, no quadro das situações de sucessão *anómala* ou *especial*, designadamente, a transmissão por morte do direito ao arrendamento para habitação; a transmissão da indemnização por danos não patrimoniais sofridos pela vítima antes do seu falecimento devido ao facto que virá a privá-la da vida; as atribuições preferenciais do cônjuge sobrevivo, previstas nos arts. 2103º-A a 2103º-C do CCiv. – Duarte Pinheiro (2011), pp. 39-40.

9. Pactos sucessórios e cláusulas de intransmissibilidade e de limitação da transmissão de quotas

As denominadas *cláusulas de sucessão limitada* (de *continuação* ou de *estabilização*, como, neste último caso, eram denominadas por Raúl Ventura) por morte de algum sócio colocam problemas de licitude face à proibição genérica dos *pactos sucessórios* prevista no art. 2028º do CCiv. Pois, as cláusulas do pacto social que prevejam a atribuição da parte social (*maxime*, nas SQ) a *determinadas pessoas que não integram o círculo dos chamados no momento da morte do sócio*, de acordo com as regras do Direito das Sucessões, devem, em princípio, ser *nulas p*or ofensa à proibição dos pactos sucessórios. E somente poderão ser admitidas cláusulas com tal finalidade se e quando estiverem expressamente previstas na lei, designadamente no CSC, por constituírem *excepções* legais à referida proibição.

Deve, desde já, observar-se o seguinte: *se por via do pacto societário*, for possível determinar o destino *mortis causa* da parte social como podendo ser transmitida a uma *pessoa específica* e *determinada* no momento da celebração do contrato de sociedade (tudo dependendo, evidentemente, da aceitação ou repúdio do ingresso do instituído nessa posição contratual), parece que estaremos face a um *pacto sucessório institutivo*, o qual é *nulo* por não se achar previsto expressamente na lei – quer no CSC, quer no CCiv., em particular no art. 1701º deste Código. Coisa diversa é, como veremos adiante, o *direito potestativo* de um dos sócios supérestites adquirir a título oneroso a quota do sócio falecido, nos estritos limites e condicionalismos do nº 2 do art. 225º CSC, já que nestes casos o sócio (antes da sua morte) conserva a faculdade de transmissão *inter vivos* dessa mesma quota, nos termos das regras imperativas do art. 228º CSC.

Por sua vez, as *cláusulas de (in)transmissibilidade de quota societária* (art. 225º CSC) terão que ser integradas pelo *regime específico* do direito sucessório. Vale dizer, não parece que tais cláusulas, *só por si*, constituam título bastante para a aquisição sucessória da quota por *determinada pessoa* com exclusão de outra(s). O sócio que pretenda garantir que, após a sua morte, a quota seja atribuída a certa pessoa terá que prever essa eventualidade em negócio testamentário; mas o testamento também deverá ser integrado pelo pacto social. A cláusula do contrato de sociedade desfruta de uma *função integradora* do regime sucessório[42] – legal ou voluntário, *in casu*, testamentário[43].

---

[42] daniel silva morais (2014), pp. 785-787.
[43] Nada parece impedir que esse sócio disponha, por *contrato sucessório*, em *convenção antenupcial*, sobre o destino dessa quota a favor da pessoa (ou pessoas) indicadas no pacto social.

Vale dizer: o fenómeno sucessório envolvido na aquisição de uma quota societária, pelos seus sucessores (herdeiros ou legatários), *enquanto posição contratual contida no acervo patrimonial do falecido*, está submetido a *regras próprias* que, não raras vezes, se processam à margem das regras (ou de algumas regras) do Direito das Sucessões. A eventual aquisição dessa quota pelos sucessores do sócio falecido acha-se assim sujeita a um regime sucessório *sui generis*, contanto que a transmissão da quota ocorra à margem de algumas regras do Direito das Sucessões [44]. Mas, por outro lado, se os sucessores (que os sejam à luz das regras do Direito das Sucessões) declararem que pretendem que a quota não se transmita para eles, não ocorre qualquer repúdio da herança ou legado; verifica-se apenas a intransmissibilidade singular de uma posição contratual por vontade dos sucessores do sócio. Donde, a *cláusula de continuação facultativa* não deva ser subsumida a qualquer tipo de *pacto sucessório*.

Se o pacto social previr a *intransmissibilidade da quota* (o que é autorizado pelo art. 225º, 1, CSC), embora a quota já se tenha transmitido para os sucessíveis (aceitantes) do sócio falecido, a sociedade fica com o direito de, no prazo de 90 dias, dispor de um bem alheio já transmitido por via sucessória: pode amortizar a quota ou fazê-la adquirir por outro sócio ou terceiro. Eis, então, mais um caso de *sucessão anómala* ou *sucessão especial* fundada na *natureza pessoal* dos direitos e deveres inerentes ao *estatuto* de sócio de SQ.

Se, por outro lado, o pacto social previr a possibilidade de atribuir a um dos sócios o direito potestativo de adquirir a título oneroso a quota do sócio falecido (sem necessidade de deliberação da sociedade nesse sentido) – cuja permanência na herança indivisa e futura transmissão para os sucessores legais não será assim *consolidada* –, também não creio estarmos perante um *pacto sucessório institutivo* fulminado pela *proibição* dos pactos sucessórios – é, no entanto, um *pacto institutivo*. Pelo contrário – ocorrendo a transmissão da quota com base num *contrato plurilateral*, como é o de sociedade –, vislumbrar-se-á nesta hipótese uma outra *exceção* a essa proibição predeterminada no interesse da sociedade ou dos sócios sobrevivos[45]. Ao subscreverem cláusulas societárias deste tipo, os sócios renunciam à faculdade jurídica de disporem das suas quotas por ulterior testamento ou contrato sucessório efetuado em convenção antenupcial[46] (mas podem dispor delas por acto *inter vivos*, nos termos do art.

---

[44] Tb. agora Daniel Silva Morais (2014), p. 788.
[45] Daniel Silva Morais (2014), pp. 792-794.
[46] Em sentido semelhante, Maria Ângela Coelho (1976), p. 12.

228º CSC), apenas podendo dispor do valor correspondente à liquidação dessa quota[47]. E a posição do sócio supérstite, para quem a quota se transmite, é *análoga* – agora no quadro do Direito das Sucessões – à do legatário beneficiário (e aceitante) de um *legado de opção*.

Last, but not the least, as cláusulas de liquidação de participações sociais efetuadas ao abrigo do artigo 225º, 4, CSC também não constituem doações *mortis causa*, ainda quando do exercício de tais cláusulas possa resultar um benefício para os restantes sócios supérstites – exceto se ficar provada uma intenção de liberalidade.

---

[47] DANIEL SILVA MORAIS (2014), p. 794, salientando (p. 795) que esta situação não difere muito do mandato *post mortem*, aí onde o mandatário desfruta de poderes jurídicos para realizar a alienação de bens da herança, se necessário contra a vontade dos herdeiros.

ARTIGO 226º *
Transmissão dependente da vontade dos sucessores

1. Quando o contrato atribuir aos sucessores do sócio falecido o direito de exigir a amortização da quota ou por algum modo condicionar a transmissão da quota à vontade dos sucessores e estes não aceitem a transmissão, devem declará-lo por escrito à sociedade, nos 90 dias seguintes ao conhecimento do óbito.
2. Recebida a declaração prevista no número anterior, a sociedade deve, no prazo de 30 dias, amortizar a quota, adquiri-la ou fazê-la adquirir por sócio ou terceiro, sob pena de o sucessor do sócio falecido requerer a dissolução da sociedade por via administrativa.
3. É aplicável o disposto no n.º 4 do artigo anterior e nos n.ºs 6 e 7 do artigo 240º.

* A redação actual foi dada pelo DL 76-A/2006, de 29 de março, que alterou os n.ºs 2 e 3.

Índice
1. O fenómeno sucessório, transmissão *mortis causa* de quota de SQ e o impedimento à transmissão por vontade dos sucessores
2. Deveres dos sucessores e da sociedade
3. Cálculo e pagamento da contrapartida e regime sancionatório

Bibliografia
a) Citada:
ABREU, JORGE MANUEL COUTINHO DE – *Da Empresarialidade (As empresas no direito)*, Almedina, Coimbra, 1996; ALBUQUERQUE, PEDRO DE – "Artigo 225º", em MENEZES CORDEIRO, ANTÓNIO (coord.), *Código das Sociedades Comerciais anotado*, Almedina, Coimbra, 2009, p. 584-587, "Artigo 226º", p. 587-589; ASCENSÃO, JOSÉ DE OLIVEIRA – *Direito Civil, Sucessões*, 4ª ed., Coimbra Editora, Coimbra, 1989; CORDEIRO, ANTÓNIO MENEZES – "Eficácia externa dos créditos e abuso do direito", OD, ano 141º, 2009, p. 29-108; CUNHA, PAULO OLAVO – *Direito das sociedades comerciais*, 3ª ed., Almedina, Coimbra, 2009; MARTINS, ALEXANDRE SOVERAL – *Cláusulas do contrato de sociedade que limitam a transmissibilidade de acções*, Almedina, Coimbra, 2007; MARTINS, ALEXANDRE SOVERAL/RAMOS, MARIA ELISABETE – "As participações sociais", em COUTINHO DE ABREU, JORGE (coord.), *Estudos de direito das sociedades*, 12ª ed., Almedina, Coimbra, 2015, p. 113-150; OLIVEIRA, GUILHERME FREIRE FALCÃO DE – *O testamento, apontamentos*, Coimbra, Reproset, sem data (mas de 1994); TELLES, INOCÊNCIO GALVÃO – *Direito das sucessões, noções fundamentais*, 6ª ed., Coimbra, Coimbra Editora, 1991; TRIUNFANTE, ARMANDO – *Código das Sociedades Comerciais anotado*,

Coimbra Editora, Coimbra, 2007; VENTURA, RAÚL – *Comentário ao Código das Sociedades Comerciais, sociedades por quotas*, vol. I, 2ª reimp. da 2ª ed. de 1989, Almedina, Coimbra, 1999.

b) Outra:
MATOS, ALBINO – *Constituição de Sociedades, Teoria e Prática*, 5ª ed., Almedina, Coimbra, 2001.

1. O fenómeno sucessório, transmissão *mortis causa* de quota de SQ e o impedimento à transmissão por vontade dos sucessores

Dado que a transmissão de quota do sócio falecido pode ser afastada no contrato de sociedade, o artigo em anotação regula as eventualidades em que esse contrato prevê que os sucessores do *de cuius* não queiram que a quota do falecido seja para eles transmitida, outorgando-lhes o *poder de provocar a amortização dessa quota*[1].

Já sabemos que, no contrato social, pode ser estabelecida a intransmissibilidade da quota, ou condicioná-la a certos requisitos (*v.g.*, para certas categorias de herdeiros[2], com exclusão de outros). Mas os sucessores *mortis causa* do sócio também podem ter "na mão" a possibilidade de recusarem a aquisição da quota e o subingresso no feixe de direitos e deveres do *de cuius* enquanto sócio.

A sociedade pode assim – é um poder dependente de deliberação (na qual não votam os sucessores) – amortizar a quota ou adquirir, ela própria, a quota, ou fazê-la adquirir por sócio ou terceiro. Não pode, pelo contrário, *impor* essa transmissão à pessoa dos sucessores do sócio falecido (ou impô-la a alguns deles).

Assim se vê que esta participação social/*direito subjetivo e status* (dotado, igualmente, de um conteúdo patrimonial) decorrente da *posição contratual do sócio* na sociedade e do *conjunto unitário de direito e obrigações do sócio*[3] integra, após a

---

[1] Pese embora a Lei das SQ, de 1911, não previsse expressamente este regime, a prática anterior ao CSC autorizava que os sucessores de um sócio falecido exigissem a amortização da quota – RAÚL VENTURA (1999), p. 360.

[2] COUTINHO DE ABREU (2009), p. 356.

[3] COUTINHO DE ABREU (1996), p. 343, nt. 889; COUTINHO DE ABREU (2009), p. 207; sobre a natureza jurídica das participações sociais, cfr. SOVERAL MARTINS (2006), p. 75 s. tb. SOVERAL MARTINS/ELISABETE RAMOS (2015), p. 113-114, nt. 1.

morte deste, a sua *herança jacente*; se esta for aceita, passa a integrar a *herança indivisa*; todavia, o desenvolvimento integral do fenómeno sucessório quanto à "sucessão" na quota está dependente de várias vicissitudes e da manifestação (ou omissão) de várias vontades, tanto da sociedade, quanto dos sucessíveis chamados e aceitantes da herança.

Cabe, no entanto, observar-se que a quota pode ser objeto de sucessão, pois traduz um *direito subjetivo* e um *status* (e, igualmente, *posição contratual*) que não se extingue, *ipso iure*, por morte do sócio, pois *não é um direito pessoal* que esteja estritamente dependente da *personalidade* do sócio.

Posto que a participação social inclui, maioritariamente, *situações jurídicas patrimoniais*, a quota pode naturalmente ser objeto de sucessão *mortis causa*. Todavia, há direitos e posições jurídicas complexas – de que a quota é um exemplo – em que a *sucessão* segue, por vezes, *regras próprias*.

A quota é transmissível em caso de morte do sócio; mas a ela inerem *faculdades jurídicas pessoais*, pois que se destacam no âmbito das relações duradouras que marcam a posição de sócio; outrossim, estão em causa os *interesses da sociedade*, já que a sucessão também implica a transmissão, não só de *direitos*, mas também de *deveres*.

Tal como, por vezes, na denominada "sucessão em direitos pessoais" – categoria muito controversa, mesmo entre nós[4] –, a sucessão numa quota societária, nem se integra naquelas situações que são inseparáveis da pessoa do *de cuius*, nem se contém nas situações que a lei declara que não podem subsistir para além da morte, nem, tão pouco, se inclui nas situações cuja extinção por morte foi determinada pelo próprio *de cuius* (art. 2025º do CCiv.). Daí que o fenómeno sucessório envolvido na aquisição de uma quota societária, pelos seus sucessores (herdeiros ou legatários), enquanto *posição contratual contida no acervo patrimonial do falecido*, esteja submetido a *regras próprias* que, não raras vezes, se processam *à margem* das regras (ou de algumas regras) do direito das sucessões.

Isto significa que, podendo o contrato de sociedade condicionar a transmissão da quota à vontade dos sucessores *mortis causa*, quedamo-nos perante um bem jurídico (a quota) integrado numa herança indivisa, mas cuja transmissão para os sucessores (ou algum deles) se sujeita a um *iter* e pressupostos diferentes do normal fenómeno sucessório.

---

[4] OLIVEIRA ASCENSÃO (1989), p. 43-47 (negando-a); GALVÃO TELLES (1991), p. 67-72 (admitindo-a).

Se os sucessores – notificados segundo as regras e as preferências do direito das sucessões e das classes de sucessíveis (art. 2133º 1, a, do CCiv.: p. ex., o cônjuge e os descendentes) – declararem que pretendem que a quota não se transmita para eles, não existe *repúdio de herança* (art. 2062º do CCiv.), mas apenas a *intransmissibilidade singular de uma posição contratual* por vontade dos sucessores (herdeiros ou legatários[5]) do sócio. Tão pouco deve dizer-se que o exercício negativo do direito à aquisição derivada translativa da quota (por mor do decesso do sócio) constitui o repúdio de um *legado*.

2. Deveres dos sucessores e da sociedade

Estando, neste caso, na esfera de disponibilidade dos sucessores, parece que a aquisição da quota do *de cuius* na SQ segue as regras próprias (e especiais) do CSC: os sucessores dispõem de 90 para comunicarem[6], por escrito, à sociedade a vontade de que a quota se não transmita para eles.

Se não efetuarem esta comunicação no referido prazo[7], verificar-se-á a *transmissão da quota*, a qual integrará, nesse interim, até à partilha, a *herança indivisa*. E a quota, até a definição do seu destino final, ficará numa situação de *contitularidade* (art. 222º, 1, do CSC).

Se já estiver a correr o inventário para a partilha dos bens do sócio, a administração dos bens (e a defesa da posição jurídica dos sucessores, a fim de ser conservada a identidade da quota cujo destino ainda não está determinado)

---

[5] P. ex., o *de cuius* realiza um testamento e distribui toda a sua herança em *legados* (mesmo que tenha herdeiros legitimários) e institui uma ou mais pessoas como legatárias da quota de que ele é titular numa SQ. A aceitação deste *legado* ficará subordinada a uma *condição suspensiva*: o direito legado, ou seja, a quota, fica integrado na herança até à verificação da condição (*scilicet*, o consentimento da sociedade). Nas restantes situações, o conflito respeitante à administração desse legado sob condição suspensiva, será resolvido, nesse interim, a favor do cabeça-de-casal (art. 2241º do CCiv.), sem prejuízo de ser exigida a prestação de caução requerida pelo legatário da quota (art. 2236º, 1 e 2, do CCiv., a menos que o *de cuius* testador o tenha dispensado) – em geral, sobre esta temática, GUILHERME DE OLIVEIRA (1994), p. 84-86. Tudo isto porque, durante o período de tempo entre a abertura da sucessão e a eventual transmissão da quota, os *direitos e obrigações inerentes à quota ficam suspensos* enquanto não se verificar a amortização ou a aquisição da quota, ou enquanto não decorrerem os prazos previstos. Ora, os sucessores do *de cuius* podem exercer todos os direitos necessários à tutela da sua posição jurídica, *maxime*, contra o enfraquecimento da consistência ou do valor da quota ou contra fusões, cisões ou transformações da SQ – COUTINHO DE ABREU (2009), p. 359-361, para o qual também terá que ser nomeado um *representante comum* (dos sucessores do *de cuius*) no exercício de tais direitos sociais, que, no caso da *herança*, será o cabeça-de-casal.

[6] Essa comunicação deverá ser feita pelo *cabeça-de-casal*, se já estiver a correr o processo de inventário; se não, será feita pelo *representante comum*, nos termos do art. 222º, 1, do CSC (cuja escolha é deliberada por maioria: art. 1407º, 1, do CCiv.).

[7] Ou se emitirem a declaração de aceitação da transmissão – RAÚL VENTURA (1999), p. 561.

caberá ao cabeça-de-casal; se não, deverá ser designado um *representante comum* dos sucessores do sócio falecido para defesa da posição jurídica representada por essa quota situada no "limbo" relativamente às quotas dos sócios supéstites[8]. Eis, também, um *regime extra societário* a que as quotas ficam submetidas, o que equivale a uma interferência das regras do direito sucessório[9].

Enquanto os sucessores não se pronunciarem, ocorre o ingresso dos direitos e obrigações inerentes à quota na *herança indivisa*[10] sujeito a *condição resolutiva*, cujos efeitos, uma vez verificada, retroagem à data do óbito (art. 227º, 1, do CSC[11]).

Se os sucessores não aceitarem a transmissão da quota e o declararem (por escrito) no referido prazo, faz-se mister que a sociedade, *a seu bel talante*[12], e mediante deliberação[13] (1) amortize a quota, ou (2) adquira, ela própria, essa quota (a título gratuito (art. 220º, 2, do CSC), ou (3) faça adquirir a quota por sócio ou terceiro.

A SQ está impedida de nada fazer, bem como os sucessores estão impedidos de a obrigar a amortizar a quota (e a pagar-lhes o montante apurado na liquidação) ou a fazê-la adquirir por terceiro mediante indicação dos sucessores, ou, por exemplo, por pessoa a nomear (por estes sucessores ou por algum deles).

Os sucessores do sócio falecido *não devem poder votar* na deliberação destinada a tomar algumas destas providências – pois, *para este efeito*, os direitos e obrigações inerentes à quota ficam *suspensos* enquanto não se efetivar a amor-

---

[8] O cabeça-de-casal da herança do sócio falecido ou o representante comum estão impedidos de praticar actos que importem a extinção, a alienação ou a oneração da quota, o aumento das obrigações, a renúncia ou a redução dos direitos dos sócios. Apenas podem praticar *atos conservatórios* (art. 273º do CCiv.). Para este efeito, ou bem que os herdeiros do sócio falecido devem muni-lo de poderes especiais, ou bem que designam um representante especial, ou bem que se exige que todos os contitulares participem nas deliberações (juntamente com os sócios sobrevivos).

[9] Como, aliás, vimos suceder nas situações reguladas no art. 8º do CSC (cfr., *supra*, vol. I, as respectivas anotações).

[10] Sendo, provavelmente, menos correto aludir-se a uma transmissão precária com efeitos elimináveis retroativamente (art. 227º do CSC) – como faz PEDRO DE ALBUQUERQUE (2009), p. 568.

[11] Analogamente ao que se determina no art. 276º do CCiv., quando a condição assenta num *negócio jurídico*.

[12] RAÚL VENTURA (1999), p. 561; PEDRO DE ALBUQUERQUE (2009), p. 588.

[13] COUTINHO DE ABREU (2009), p. 363; RAÚL VENTURA (1999), p. 561; PEDRO DE ALBUQUERQUE (2009), p. 588.

tização (art. 227º, 2, do CSC) –, embora possam assistir e participar nessa assembleia[14]-[15].

A sociedade dispõe de um prazo de 30 dias, a contar da receção da declaração dos sucessores do sócio, a fim de aquela SQ proceder à amortização da quota ou à sua aquisição, sob pena de os sucessores do sócio falecido poderem requerer a *dissolução administrativa* da sociedade. É, ainda assim, um prazo curto, por certo, já que o exercício destas faculdades depende de deliberação da assembleia geral[16]. Era, no passado, um prazo manifestamente curto, pois, não somente havia que curar do trâmite de convocação e realização da assembleia, como também a validade formal da transmissão da quota dependia da realização de *escritura pública*, aí onde os atrasos na marcação e realização do negócio jurídico por parte de um notariado exclusivamente público ainda mais acentuavam as críticas a tal regime jurídico.

Embora a sociedade fique constituída, por força da lei – na sequência de um ato jurídico negocial dos sucessores –, numa *prestação de facto infungível alternativa*, a sanção prevista na lei para a sua falta de cumprimento não se traduz na possibilidade de os sucessores instaurarem uma *ação executiva para prestação de facto* (art. 868º e s. do CPC[17]), mas sim na possibilidade de estes sucessores provocarem a *dissolução da sociedade* junto da Conservatória[18].

---

[14] RAÚL VENTURA (1999), p. 561; COUTINHO DE ABREU (2009), p. 362, nt. 338; contra, PEDRO DE ALBUQUERQUE (2009), p. 368.

[15] Duvidoso é saber se, mesmo não podendo votar, a falta da sua convocação (*id est*, do representante comum ou do cabeça-de-casal, consoante o caso) gera a *nulidade* da deliberação que decidir o destino da quota – no sentido de que a falta de convocação conduz à nulidade, cfr. Ac. STJ, de 23/09/1997, BMJ, nº 469, 1997, p. 586.

[16] Entre outros, PEREIRA DE ALMEIDA (2010), p. 260.

[17] Dado que o facto é infungível. É que, se fosse esse o regime jurídico, a falta da sua prestação geraria a condenação da sociedade, inclusivamente na própria ação executiva, numa *sanção pecuniária compulsória* (art. 868º, 1, do CPC) e numa *indemnização compensatória*, convertendo-se a execução para prestação de facto numa execução para pagamento de quantia certa, logo iniciada com a quantificação dessa indemnização (art. 867º e 869º, ambos do CPC). Ora, tais resultados foram reputados como inadmissíveis pelo legislador do CSC. A previsível demora da resolução do litígio e da efetivação da execução, aliada à suspensão dos inerentes à quota desaconselhariam semelhante regime jurídico.

[18] À semelhança da solução consignada no art. 240º, 3, *in fine*, do CSC, para os casos de exoneração de sócio.

Mas, tendo a lei previsto um prazo muito curto[19] para a SQ proceder à amortização da quota ou à sua aquisição (por si mesma ou por terceiro)[20], o legislador não prevê o *dies ad quem* para que os sucessores do sócio[21] possam desencadear este mecanismo de extinção da sociedade, circunstância que poderá convocar a figura do *abuso de direito*, na vertente da *supressio*: o *não exercício prolongado* da faculdade de dissolução administrativa da sociedade geradora de uma *situação de confiança justificada* para os restantes sócios supérstites, e na qual estes *investiram*, ao ser imputável[22] aos sucessores do sócio falecido, impede-os de desencadear e obter a dissolução da SQ.

3. Cálculo e pagamento da contrapartida e regime sancionatório

Quanto ao cálculo e ao pagamento da contrapartida devida pelo adquirente da quota (a própria SQ ou um terceiro por esta indicado), são aplicáveis as regras previstas nos arts. 225º, 4, e 240º, 5, ambos CSC (*ex vi* do nº 4 do art. 225º do mesmo Código) – que remetem para o art. 235º, 1, do referido Código[23] –, mas enquanto essa contrapartida não for paga ficam *suspensos* os efeitos da transmissão da quota (art. 227º do CSC). Todavia, a sociedade parece poder estar salva de acordar com o adquirente *condições melhores* do que as resultantes do art. 235º, 1, do CSC. O que lhe está vedado é, isso sim, acordar (com o terceiro proposto adquirente da quota) *condições menos favoráveis* do que as estabelecidas no art. 235º, 1, do citado Código[24].

Se a contrapartida não for paga em virtude das limitações previstas no art. 236º, 1, do CSC – isto é, se a SQ ficar, após a amortização, com uma situação líquida inferior à soma do capital social e da reserva legal, salvo se a amortização for acompanhada de uma deliberação de redução desse capital social –, e se os sucessores do sócio não quiserem esperar por "melhor fortuna" desta SQ

---

[19] Prazo de 30 dias, este, que pode, obviamente, ser prorrogado por acordo dos sucessores, uma vez que se trata de um direito por estes *disponível* e, logo, *renunciável*.
[20] É dentro deste prazo curto que devem ser praticados todos os actos necessários para lograr a finalidade pretendida – RAÚL VENTURA (1999), p. 562 –, que não, apenas, por exemplo, a deliberação de amortização.
[21] Seja através do representante comum, seja através do cabeça-de-casal, conforme os casos.
[22] Cfr., para estes requisitos, MENEZES CORDEIRO (2009), p. 84-86.
[23] O *critério supletivo* aponta, assim, para que a contrapartida seja apurada em função do valor da liquidação da quota, determinado nos termos do art. 105º, 2, do CSC, e o seu pagamento é fraccionado em duas prestações, a efectuar dentro de seis meses e um ano, respectivamente.
[24] RAÚL VENTURA (1999), p. 551-552; PEDRO DE ALBUQUERQUE (2009), p. 586, nt. 23.

(aguardando pacientemente o pagamento), fica-lhes também salva a possibilidade de requererem a *dissolução administrativa* da sociedade.

Por fim, a *dissolução administrativa* da SQ pode ainda ser requerida quando ocorrer o não pagamento tempestivo aos sucessores do sócio falecido, por parte do adquirente da quota; mas a sociedade, para evitar a sua dissolução, pode substituir-se ao adquirente e pagar àqueles sucessores, desde que, mais uma vez, respeite as limitações colocadas no nº 1 do art. 236º do CSC (*ex vi* do art. 240º, 7, do mesmo Código).

ARTIGO 227º
Pendência da amortização ou aquisição

1. A amortização ou a aquisição da quota do sócio falecido efectuada de acordo com prescrito nos artigos anteriores retrotrai os seus efeitos à data do óbito.

2. Os direitos e obrigações inerentes à quota ficam suspensos enquanto não se efetivar a amortização ou aquisição dela nos termos previstos nos artigos anteriores ou enquanto não decorrerem os prazos ali estabelecidos.

3. Durante a suspensão, os sucessores poderão, contudo, exercer todos os direitos necessários à tutela da sua posição jurídica, nomeadamente votar em deliberações sobre alteração do contrato ou dissolução da sociedade.

Índice

1. Âmbito do regime
2. Suspensão do exercício dos direitos inerentes à quota
3. Direitos e deveres atingidos
4. Direitos não atingidos
5. A titularidade da quota entre a morte e a sua aquisição ou extinção
6. A retroactividade mitigada da amortização ou aquisição da quota

Bibliografia

a) Citada:

ABREU, JORGE MANUEL COUTINHO DE – *Curso de direito comercial*, vol. II, *Das sociedades*, 5ª ed., Almedina, Coimbra, 2015; ABREU, JORGE MANUEL COUTINHO DE – "Artigo 54º", em COUTINHO DE ABREU (coord.), *Código das Sociedades Comerciais em comentário*, vol. I, Almedina, Coimbra, 2010, p. 642-647; ALBUQUERQUE, PEDRO DE – "Artigo 227º", em MENEZES CORDEIRO (coord.), *Código das Sociedades Comerciais anotado*, Almedina, Coimbra, 2009, p. 589-591; ANDRADE, MARGARIDA COSTA – "Artigo 21º", em COUTINHO DE ABREU, JORGE MANUEL (coord.), *Código das Sociedades Comerciais em comentário*, vol. I, Almedina, Coimbra, 2010, p. 352-363; ASCENSÃO, JOSÉ DE OLIVEIRA – *Direito civil, sucessões*, 4ª ed., Coimbra, Coimbra Editora, 1989; COELHO, FRANCISCO MANUEL PEREIRA – *Direito das sucessões*, Lições ao curso de 1973-1974, actualizadas em face de legislação posterior, policopiado, Coimbra, 1992; CORDEIRO, ANTÓNIO MENEZES – *Manual de direito das sociedades*, vol. II, *Das sociedades em especial*, 2ª ed., Almedina, Coimbra, 2007; CORREIA, ANTÓNIO DE ARRUDA FERRER – "A sociedade por quotas de responsabilidade limitada segundo o Código das Sociedades Comerciais", em *Temas de direito comercial e direito internacional privado*, Almedina, Coimbra, 1989; CORREIA, ANTÓNIO DE ARRUDA FERRER/XAVIER, VASCO

DA GAMA LOBO – "A amortização de quotas e o regime da prescrição", RDES, 1965, nº 4, p. 13-102; MARTINS, ALEXANDRE SOVERAL/RAMOS, MARIA ELISABETE – "As participações sociais", em COUTINHO DE ABREU, JORGE (coord.), Estudos de direito das sociedades, 10ª ed., Almedina, Coimbra, 2015, p. 113-150; SERRA, ADRIANO VAZ – "Anotação ao acórdão do STJ, de 11/10/1968", RLJ, ano 107º (1974-1975), p. 61-64; SOUSA, RABINDRANATH CAPELO DE – *Lições de direito das sucessões*, Vol. II, 3ª ed., Coimbra Editora, Coimbra, 2002; VENTURA, RAÚL – *Comentário ao Código das Sociedades Comerciais, sociedades por quotas*, Vol. I, 2ª reimp. da 2ª ed. de 1989, Almedina, Coimbra, 1999.

b) Outra:

CORREIA, ANTÓNIO DE ARRUDA FERRER – "A sociedade por quotas de responsabilidade limitada segundo o Código das Sociedades Comerciais", ROA, 1987, p. 659-700; LOPES, LUÍS – "Reflexões sobre a natureza ou efeitos da partilha", RN, 1981, I, nº 4, p. 5-15; MATOS, ALBINO – *Constituição de sociedades, teoria e prática*, 5ª ed., Almedina, Coimbra, 2001; XAVIER, RITA LOBO – *Reflexões sobre a posição do cônjuge meeiro em sociedades por quotas*, separata do BFD (Suplemento XXXVIII), Coimbra, 1993.

1. Âmbito do regime

A norma em anotação cura do regime jurídico a que a quota fica submetida *medio tempore*: entre a data da morte (ou seja, entre a data da abertura da sucessão do sócio da SQ) e a deliberação da sociedade sobre as providências de que esta pode lançar mão ou que lhe podem ser impostas pelos sucessores do sócio – pelo *representante comum* da quota[1] ou pelo *cabeça-de-casal* (que será o herdeiro mais velho), caso já esteja a correr o processo de inventário[2].

---

[1] MARIA ÂNGELA COELHO (1976), p. 29 ss.; MENEZES CORDEIRO (2007), p. 366, nt. 986; COUTINHO DE ABREU (2015), pp. 323-324, p. 327; RITA LOBO XAVIER (1994), p. 117, s.

[2] Parece, no entanto, que o representante comum ou o cabeça-de-casal estão impedidos de praticar atos que importem a extinção, alienação ou oneração da quota, aumento de obrigações e renúncia, ou redução dos direitos dos sócios, salvo se a lei, o testamento, o tribunal ou os restantes contitulares lhe atribuírem tais poderes (art. 223º, 6 e 224º, 1, *in fine*, ambos do CSC) – cfr., *supra*, os comentários de SOVERAL MARTINS a estas normas. Por exemplo, o exercício do direito de voto em deliberação sobre a dissolução da sociedade e, logo, a extinção da quota (questão que, neste período temporal situado entre a morte do sócio e a aquisição da quota ou a sua amortização, está, como veremos adiante, imune à "suspensão" dos direitos e obrigações decretada no nº 2 do art. em anotação) constitui matéria que não pode ser votada pelo representante comum ou pelo cabeça-de-casal. Far-se-á mister que sejam conferidos poderes especiais a esse representante, que seja nomeado um representante especial, ou que tais poderes sejam exercidos pelo representante comum, em nome de todos os contitulares (ainda que com base em procuração, a fim de evitar a presença de todos os contitulares ou sucessores

2. Suspensão do exercício dos direitos inerentes à quota

O legislador determina, no nº 2 do artigo em anotação, que, enquanto não se efetivar a amortização ou a aquisição da quota, ou enquanto não decorrerem os prazos previstos nos artigos 225º e 226º, *"os direitos e obrigações inerentes à quota ficam suspensos"*.

Pretende evitar-se que os sucessores do sócio falecido se intrometam na vida da sociedade, numa altura em que é *desconhecido* ou incerto o seu subingresso na posição jurídica contratual (e no *status*) do sócio falecido.

A precariedade da situação em presença e a possibilidade de os sócios supérstites deliberarem a amortização da quota ou a sua aquisição pela sociedade ou por terceira pessoa (p. ex., uma outra sociedade do grupo) sempre aconselharia o seu afastamento da vida e dos negócios da sociedade, no que tange ao poder jurídico de influenciarem, *através do exercício do direito de voto*, o sentido de tais deliberações.

Enquanto se desenrolar o processo destinado a decidir a extinção da quota ou a sua transmissão para outrem (para os sucessores, para a sociedade ou para terceira pessoa), os ditames impostos pelo *princípio da imparcialidade* perante os interesses da sociedade e a prevenção do risco da ocorrência de conflitos de interesses entre os negócios particulares dos sucessores do sócio falecido e os interesses sociais aconselham esta solução[3].

Tanto vale dizer que o destino da quota – e dos direitos que a ela inerem, que, como veremos, se encontram numa situação de *pendência* mitigada – deverá apenas ser determinado pelos sócios supérstites[4].

3. Direitos e deveres atingidos

A previsão da suspensão do exercício dos direitos e da sujeição aos deveres sociais atinge vários aspectos. Tanto são atingidos *direitos societários patrimoniais* (*v.g.*, atribuição de lucros), *obrigações patrimoniais societárias* (*v.g.*, participação nas perdas da sociedade, realização de prestações acessórias, suprimentos,

---

na assembleia). De resto, à parte as situações previstas nos arts. 2078º, 2087º, 2088º, 2089º e 2090º, todos do CCiv., os direitos relativos à herança (onde a quota se integra) *devem ser exercidos por todos os herdeiros*, nos termos do art. 2091º do mesmo Código. Caso contrário, as deliberações assim tomadas (onde devam tomar parte e votar os sucessores do sócio) são *anuláveis*, com base no disposto no art. 58º, 1, *b)*, do CSC.

[3] O próprio CSC reconhece a existência destes conflitos de interesses nas várias situações enumeradas no art. 251º, 1, que dão causa ao *impedimento de voto de sócio*.

[4] FERRER CORREIA/LOBO XAVIER (1965), p. 94-95; COUTINHO DE ABREU (2015), p. 325.

etc.), como *direitos societários não patrimoniais* (*v.g.*, direito a ser nomeado para cargos sociais, direito de impugnar deliberações anuláveis).

O exercício do *direito de voto quanto ao próprio destino da quota* – agora, precária e provisoriamente, integrada no património hereditário do sócio falecido – está seguramente afastado[5]. Todavia, como se refere adiante, a supressão do direito de voto dos sucessores deve ser, neste particular, desligada da possibilidade de *participar na assembleia geral*, ainda quando ela tenha como única finalidade deliberar sobre a amortização da quota do sócio falecido, por mor do arrimo argumentativo fornecido pelo n.º 5 do art. 248º e pela alínea *b)* do n.º 1 do art. 21º, ambos do CSC.

Mas isto não afasta a possibilidade de os sucessores serem admitidos a impugnar a deliberação de amortização, após o período da "suspensão", ou de requererem segunda avaliação da quota (art. 105º, 2, do CSC), no que tange à determinação da contrapartida apurada segundo o regime legal supletivo[6].

4. Direitos não atingidos

O artigo 227º, 3, preceitua, porém, que, durante a suspensão, os sucessores podem "*exercer todos os direitos necessários à tutela da sua posição jurídica, nomeadamente, votar em deliberações sobre a alteração do contrato ou dissolução da sociedade*"[7].

Esta norma vem, afinal, salvar o exercício dos direitos sociais necessários à conservação da *identidade* e da *consistência*, qualitativa e quantitativa, da quota do sócio falecido, *maxime*, o seu valor[8]. É indesmentível que os sucessores do falecido devem poder assegurar eficazmente a posição contratual em que, temporária e precariamente, se encontram investidos relativamente a deliberações que a pretendam retirar (p. ex., alegar-se que as pessoas que se apresentam

---

[5] No domínio da LSQ, a doutrina e a jurisprudência eram maioritariamente favoráveis à possibilidade de os herdeiros do sócio falecido poderem votar na própria deliberação sobre a amortização da quota do *de cuius*: VAZ SERRA (1974-1975), p. 62 s., p. 71; Ac. STJ, de 26/05/1987, BMJ, nº 367, p. 527, apoiando-se no Assento do STJ, de 26/05/1961, BMJ, nº 107, p. 352, segundo o qual "nos termos do § 3 do art. 39º da Lei de 11/04/1901, o sócio só está impedido de votar sobre assuntos em que tenha um interesse imediatamente pessoal, individual, oposto ao da sociedade", tb. Ac. STJ, de 4/02/1984, BMJ, nº 334, p. 497.

[6] COUTINHO DE ABREU (2015), pp. 326-327.

[7] Já se pretendeu fazer uma leitura ab-rogante desta norma, no sentido da sua eliminação, como se não tivera sido escrita – assim, FERRER CORREIA (1989), p. 160-161. Não se concorda com esta solução pelas razões adiante expostas.

[8] Já, em sentido próximo, COUTINHO DE ABREU (2015), pp. 326-327.

como sucessoras do sócio falecido não o são[9]), minar, diminuir o seu conteúdo[10] ou fragilizá-lo[11].

Os restantes sócios podem ser tentados a introduzir *alterações no contrato social* suscetíveis de se revelarem perniciosas para os sucessores do sócio falecido, ou, inclusivamente, deliberar a *fusão*, a *cisão*, a *transformação* da sociedade ou o *aumento do capital*[12], que reduza a influência dos poderes jurídicos inerentes à quota – agora integrada, precária e provisoriamente (*ad tempus* ou sob condição resolutiva), no património indiviso do *de cuius*[13] –, caso a sociedade não delibere a amortização.

Nestas hipóteses, os sucessores devem, não só ser *convocados* para as assembleias gerais, como, sobretudo, deve ser-lhes admitido o exercício do *direito de voto* (por escrito), sob pena de *nulidade das deliberações* que nelas foram tomadas (art. 56º, 1, *a*) e *b*), do CSC)[14]. Naturalmente fica-lhes também salvo o exercício do *direito à informação*.

Assim, a suspensão determinada no nº 3 do artigo em anotação só deverá abranger os *direitos que respeitam à própria situação jurídica dos sucessores nessa posição contratual* (e no estatuto que dela decorre) ou aos *limites e consequências da precariedade dessa posição*[15].

Estes sucessores devem, apesar de tudo, ter o direito de ser convocados e participar em assembleia geral, *in fieri*, durante o período temporal em que ocorre a definição do destino da quota[16], designadamente se estiver em causa a deli-

---

[9] Porque, designadamente, são *indignos* para lhe suceder (art. 2034º do CCiv.), foram *deserdados* pelo sócio falecido (art. 2166º do mesmo Código), ou são afastados por outros sucessores inseridos numa classe de sucessores legais prioritária (art. 2034º do mesmo Código: alegar-se que a mãe do sócio falecido não pode ser transmissária da quota, uma vez que lhe sobreviveu um filho, perfilhado por ele pouco antes de falecer, ou que já havia transitado em julgado acção de investigação de paternidade instaurada contra o sócio, já que, nestes casos, os descendentes do *de cuius* afastam ou preferem aos ascendentes, nos termos dos arts. 2133º, 1, *a*) e *b*), e 2134º, ambos do CCiv.).
[10] Por ex., atribuir uma contrapartida pela *amortização da quota* diferente da estabelecida na lei.
[11] Por ex., deliberação de aumento de capital incomportável financeiramente para os sucessores.
[12] A favor da participação plena dos sucessores (através de representante comum) nas deliberações respeitantes à alteração do estatuto, de dissolução da sociedade, de fusão, cisão e transformação, cfr. COUTINHO DE ABREU (2015), p. 327; tb. RAÚL VENTURA (1999), p. 570; PEDRO DE ALBUQUERQUE (2009), p. 590-591 (discordando apenas da distinção entre deliberação que diga respeito à própria situação como tal e deliberação respeitante à sua *modificação*).
[13] Excepto se ao sócio apenas suceder um único herdeiro, aí onde não haverá lugar a partilha, mas apenas, e se for caso disso, a um inventário-arrolamento.
[14] COUTINHO DE ABREU (2015), p. 327, nt. 787.
[15] RAÚL VENTURA (1999), p. 570.
[16] Contra, COUTINHO DE ABREU (2015), pp. 325-326, sustentando que os sucessores dos sócio falecido não têm o direito de estar presentes nas respetivas assembleias ou a serem consultados sobre a tomada

beração de amortização da quota do sócio falecido; mas não, como se disse, o *direito de votar* as deliberações.

da deliberação por voto escrito (tb., no mesmo sentido, Ac. STJ., de 23/01/2001, proc. nº 00A3654, in http://www.dgsi.pt). Parece, todavia, que, não podendo qualquer sócio ser privado de participar em assembleia geral, mesmo que esteja impedido do direito de voto (art. 248º, 5, do CSC), por argumento *a pari* (descontado, tão só, o aspeto de os direitos inerentes à qualidade de sócio se encontrarem situacional e parcialmente *suspensos*: cfr. os n°s 2 e 3 da norma em anotação) a posição dos sucessores do sócio falecido é idêntica: são *(con)titulares de uma posição contratual* (temporária ou resolúvel) encontrada no espólio do falecido – *sclilicet*, a participação social –, cujo destino ainda não se acha definido no momento em que ocorrer essa assembleia. Isto mesmo quando se encontram *parcialmente suspensos* os direitos e obrigações inerentes à quota. Por outro lado, não podendo deixar de se considerar que os *sucessores* do falecido são *sócios*, numa *interpretação enunciativa* a fórmula verbal consagrada no n.º 5 daquele art. 248º ("*ainda que* esteja impedido de exercer o direito de voto" – o itálico é nosso) parece inculcar – com o citado exemplo da privação desta faculdade jurídica plasmada no direito de votar deliberações, integradora do estatuto de sócio (porventura, a faculdade jurídica ou o poder jurídico mais importante de entre os denominados "direitos administrativos" dos sócios) – o afloramento de um regime geral segundo o qual, *mesmo quando o exercício do direito de voto estiver impedido* por motivo de os direitos (e obrigações) inerentes à quota se encontrarem parcialmente *suspensos*, o sócio (e, como referimos, os sucessores, herdeiros ou legatários, são sócios, embora numa posição jurídica precária) deve poder *estar presente* e *discutir* as matérias sobre as quais se deliberará (a *maiori ad minus*), incluindo a amortização da quota titulada pelo falecido. E isto independentemente da autorização do presidente da mesa da assembleia geral (art. 379º, 6, do CSC). Tratar-se-á de um *direito de participação condicionada* destes sucessores – assim, em geral, sobre estes condicionamentos, COUTINHO DE ABREU (2015), p. 195, s.. O direito de participar na assembleia (*et, pour cause*, o direito de ser *convocado* para o efeito e, eventualmente, de lhe ser facultado o *direito de discutir* o conteúdo e o sentido das propostas de deliberação) *autonomiza-se*, neste caso especial, do *direito de votar* – sobre o direito de participação nas deliberações dos sócios, cfr. MARGARIDA COSTA ANDRADE (2010), p. 356-357. Embora o nº 5 do art. 248º do CSC respeite apenas à *privação do direito de voto*, sendo certo que a lei determina que os direitos e obrigações inerentes à quota ficam *suspensos* enquanto não se efetivar a amortização (nº 2 do art. em comentário), o princípio da precaução também aconselha a necessidade de convocação e presença dos sucessores do sócio supérstite na assembleia onde esteja em pauta a eventual amortização da quota, *embora sem direito de voto*. Tal constituirá uma forma de *prevenir*, na prática, a tomada de deliberações que, sob diversas formas, possam afetar a *identidade* ou a *consistência* da quota. E, outrossim, a tomada de *deliberações inexistentes* por mor da não realização da assembleia, que se diz ter sido realizada. Na verdade, a experiência forense revela que, não raras vezes, os sócios supérstites afirmam ter realizado assembleias gerais que, afinal e na prática, se não realizaram, aí onde alegadamente se amortiza a quota do falecido (fazendo-se, então, necessário, peticionar a declaração da inexistência da deliberação de amortização da quota); ou tais assembleias visam, *uno actu*, deliberar sobre a amortização da quota e, para o caso de esta não ser amortizada, proceder a aumentos de capital, transformação, fusão da sociedade, etc., atos, estes, que podem colocar em risco a posição jurídica dos sucessores do falecido, no que tange à *conservação* ou à *identidade* da quota (se a quota for amortizada, os sucessores deixam de ser sócios e, tão pouco, podem participar, *na mesma assembleia*, nas deliberações respeitantes às demais matérias; isto porque a amortização torna-se *eficaz* mediante a comunicação dirigida aos sucessores por ela afectados, ato que é, *uno actu*, realizado: art. 234º, nº 1, CSC). Apenas no art. 251º do CSC se prevê a possibilidade de existir um impedimento de voto – sobre o direito de participar em assembleias, SOVERAL MARTINS/MARIA ELISABETE RAMOS (2015), p. 123-124, nt. 27. No sentido do texto, PEDRO DE ALBUQUERQUE (2009), p. 588, p. 390; tb., na jurisprudência, Ac. RL, de 15/12/1987, BMJ, nº 372, p. 465;

Todas estas dificuldades podem ser evitadas (ou, pelo menos, atenuadas) se os sócios supérstites definirem, quanto antes, a situação dos sucessores do sócio falecido, amortizando a quota, adquirindo-a ou fazendo-a adquirir por terceiro. E só depois promoverem as deliberações de aumento de capital, transformação, dissolução, fusão, etc. Mas, como se disse, embora os sucessores não tenham o direito de convocar ou de requerer a convocação de assembleia, nem o direito de iniciar o procedimento de deliberação, eles devem ser convocados para tais assembleias neste período de *pendência mitigada* da quota[17].

5. A titularidade da quota entre a morte e a sua aquisição ou extinção
No período que medeia o óbito do sócio e a aquisição da quota (pela sociedade, por sócio, pelos sucessores do falecido ou por terceiro) ou a sua extinção, cremos que a quota não é da sociedade. Embora seja o *adquirente* e o *representante da sociedade* que outorgarão o contrato, este último fá-lo ao abrigo de um *poder de disposição de coisa alheia*[18]. Tal quota está, isso sim, integrada, ainda que precária e provisoriamente, na herança indivisa.

6. A retroactividade mitigada da amortização ou aquisição da quota
A solução plasmada no nº 1 do artigo em anotação corresponde à regra geral do direito das sucessões, tanto na vocação sucessória (e nas aquisições) a título de

---

Ac. RP, de 17/06/1996, CJ, 1996, T. III, p. 222; Ac. RP, de 27/06/2002, CJ, 2002, T. III, p. 195; Ac. RL, de 21-09-2004, CJ, 2004, T. IV, p. 87; Ac. STJ, de 23/01/2001, proc. nº 00A3654, in http://www.dgsi.pt. Cfr., *supra*, comentário nº 3 ao art. 225º. E não se objete dizendo que o prazo (eventualmente curto) de 90 dias, previsto no nº 1 do art. 225º do CSC, dificulta ou impede a identificação e localização dos sucessores do falecido, implicando, na prática e com o decurso do referido prazo, a transmissão da quota para tais sucessores. Far-se-á apenas mister convocar o cabeça-de-casal, facilmente identificável, nos termos do art. 2080º do CCiv., o qual será o *representante comum* dos restantes sucessores do sócio falecido. Pois, se o representante comum não for designado por lei ou por disposição testamentária, a nomeação pelos restantes contitulares (tomada, por maioria, nos termos do art. 1407º, 1, do CCiv.) deve ser comunicada por escrito à sociedade (art. 223º, 4, do CSC) – cfr., sobre esta designação (e destituição), os comentários de SOVERAL MARTINS ao art. 223º.

[17] Uma outra via poderá passar pela realização de *assembleia geral universal* (art. 54.º do CSC) – aí onde, a despeito da inobservância de formalidades prévias das assembleias regularmente convocadas, ela pode deliberar sobre os assuntos consentidos por todos: COUTINHO DE ABREU (2010), p. 647 –, mas aí também terá que estar presente (embora não possa votar, consoante os casos) o *representante comum* dos sucessores ou o cabeça-de-casal (caso esteja pendente inventário), ou único herdeiro (ou legatário da quota), já que, para este efeito, os sucessores são (ainda que temporária e precariamente) os transmissários da quota, embora sob condição resolutiva.

[18] Tb. RAÚL VENTURA (1999), p. 537, s., p. 548, s.; ARMANDO TRIUNFANTE (2007), p. 220; PEDRO DE ALBUQUERQUE (2009), p. 586.

herança (art. 2050º, 2, do CCiv.[19]), quanto no chamamento (e nas aquisições) a título de *legado* (art. 2249º do CCiv.), mesmo após a partilha dos bens: a aquisição da quota (tanto pela sociedade, por sócio supérstite, por algum dos sucessores, por um legatário do *de cuius*, ou por terceiro) *é feita do sócio falecido* (ou seja, do autor da sucessão) *para o adquirente*, e não para outros compartilhantes e contitulares da quota, *medio tempore*, durante o período de pendência mitigada dessa mesma quota.

Tudo se passa como se a quota tivesse sido sempre sua, assim se evitando quaisquer hiatos na titularidade das situações jurídicas (neste caso, mais complexas) que foram objecto da sucessão por óbito do sócio da SQ.

Esta solução também entronca no art. 2242º, 1, do CCiv., relativa aos *legados sob condição resolutiva*. E segue, mitigadamente, a regra geral do art. 276º do CCiv., embora deva observar-se que aqui não estamos perante um *negócio jurídico*, mas sim perante um *facto natural*, *scilicet*, a *morte do sócio*.

No caso de a quota ser objeto de extinção (amortização), tudo se passa como se esta posição jurídica contratual e o feixe de direitos e deveres que a caracterizam, tivera sido extinta na data da morte do sócio. Será assim essa extinção tratada como uma situação jurídica que, por força da lei *e* da sua natureza, se devesse extinguir por morte do respectivo titular (art. 2024º, 1, do CCiv.).

Raúl Ventura[20] coloca a questão da *(in)validade das deliberações sociais* – para as quais o (posterior) adquirente da quota não foi oportunamente convocado e nelas não participou – tomadas nesse período intermédio pelos sócios supérstites, ainda que com a intervenção e o voto dos sucessores do falecido (naquelas matérias em que essa participação e esse voto eram, como vimos atrás, indispensáveis), referindo que a sociedade pode evitar tais problemas não tomando, entrementes, quaisquer deliberações (pois, se tiver deliberado "não pode estranhar que, se apesar de tudo, as tomou, elas sejam afectadas pela aquisição da quota que veio a deliberar"[21]).

Não cremos que possa dizer-se que o novo adquirente da quota – *maxime*, um terceiro ou um herdeiro do sócio falecido – deveria ter tomado parte nas

---

[19] Sendo que a ulterior partilha desfruta apenas de *eficácia declarativa* – art. 2119º do CCiv.: "Feita a partilha, cada um dos herdeiros é considerado, desde a abertura da herança, sucessor único dos bens que lhe foram atribuídos, sem prejuízo do disposto quanto a frutos" (estando, há muito, afastada a ideia da *eficácia constitutiva* da partilha), concretizando em bens ou direitos concretos os quinhões dos herdeiros. Por todos, PEREIRA COELHO (1992), p. 284-285; CAPELO DE SOUSA (2002), p. 238-242.
[20] RAÚL VENTURA (1999), p. 572-573.
[21] RAÚL VENTURA (1999), p. 572.

deliberações e nelas votado meses[22] antes de a sociedade ter deliberado fazer adquirir essa quota por sócio ou terceiro[23]. Na verdade, os actos de administração da SQ (incluindo os de disposição de bens ou valores) *validamente praticados* nesse *período intermédio* – abstraindo da consideração que o adquirente sempre fora, afinal, sócio, desde a morte do anterior sócio – realizados pelos sócios supérstites já ocorridos ou com efeitos duradouros não poderão ser atingidos por uma eventual pretensão de invalidade deduzida pelo novo sócio adquirente da quota.

Quanto aos *dividendos*, não vemos como possa refazer-se a sua atribuição pretérita. Aliás, quando essa deliberação social de atribuição de dividendos foi decidida entre os sócios supérstites, deve entender-se que estes sócios estão de *boa fé*, não sendo obrigados a restituir uma parte desses dividendos ao novo adquirente (art. 1270º, 1, do CCiv.). Esta é uma solução que estabelece um compromisso entre a *retroatividade plena* e a eficácia *ex nunc* da verificação da condição.

De *iure condendo*, talvez tivesse sido preferível afastar a retroatividade, ao menos nestas hipóteses de *condição resolutiva* pela qual a quota é adquirida por sócio (que não seja sucessor), pela sociedade ou por um terceiro por esta designado. Se assim fosse, o(s) sucessor(es) da quota sob condição resolutiva manteria(m) a sua qualidade até à verificação da condição; e o novo beneficiário tomaria essa qualidade só a partir desse momento. Deste modo ficariam protegidos todos os atos praticados pelo(s) sucessor(es) entre a aceitação da herança e a verificação da condição.

Teríamos, em suma, um regime jurídico semelhante ao do *fideicomisso*[24]: haveria um verdadeiro sucessor (ou sucessores) da quota até ao momento da produção da condição, mas verificada esta a quota seria transmitida para outro sujeito.

---

[22] O prazo (de 90 dias) para o exercício do direito de adquirir a quota dependente da vontade dos sucessores conta-se a partir do conhecimento do óbito (art. 226º, 1, do CSC). O prazo (90 dias) de cujo decurso a quota se considera transmitida para os sucessores do sócio falecido, caso não seja adquirida por sócio ou feita adquirir por terceiro, conta-se a partir do conhecimento do óbito do sócio por algum dos gerentes (art. 225º, 2, do CSC).
[23] Gerando essa "ausência" a nulidade das deliberações, por força das alíneas *a)* ou *b)* do nº 1 do art. 56º do CSC.
[24] OLIVEIRA ASCENSÃO (1989), p. 327, a propósito dos legados sob condição resolutiva.

ARTIGO 228º *
Transmissão entre vivos e cessão de quotas

1. A transmissão de quotas entre vivos deve ser reduzida a escrito.

2. A cessão de quotas não produz efeitos para com a sociedade enquanto não for consentida por esta, a não ser que se trate de cessão entre cônjuges, entre ascendentes e descendentes ou entre sócios.

3. A transmissão de quota entre vivos torna-se eficaz para com a sociedade logo que lhe for comunicada por escrito ou por ela reconhecida, expressa ou tacitamente.

* A redação do nº 1 foi dada pelo DL 76-A/2006, de 29 de março.

Índice

1. Transmissão de quotas e cessão de quotas. A cessão de quotas como transmissão da participação social voluntária entre vivos
2. A forma: documento escrito
3. A exigência de consentimento para a cessão de quotas e os tipos de sociedades comerciais
4. O consentimento da sociedade como requisito de eficácia da cessão de quotas para com a sociedade
5. A cessão de quotas entre cônjuges: doação e compra e venda
6. A cessão de quotas e a venda de pais a filhos ou de avós a netos
7. Comunicação da transmissão entre vivos à sociedade

Bibliografia

a) Citada:

ABREU, COUTINHO DE – *Da empresarialidade. (As empresas no direito)*, Almedina, Coimbra, 1996, *Curso de direito comercial*, vol. II, 5ª ed., Almedina, Coimbra, 2015; ALBUQUERQUE, PEDRO DE – "Artigo 228º", *Código das Sociedades Comerciais anotado* (coord. de A. Menezes Cordeiro), 2ª ed., Almedina, Coimbra, 2011; ALMEIDA, PEREIRA DE – *La société a responsabilité limitée en droit portugais et sa réforme*, AAFDL, Lisboa, 1980/81, *Sociedades Comerciais, valores mobiliários, instrumentos financeiros e mercados*, vol. 1, 7ª ed., Coimbra Editora, Coimbra, 2013; ALTMEPPEN, HOLGER/ROTH, GÜNTER – *Gesetz betreffend die Gesellschaften mit beschränkter Haftung (GmbHG)*, Beck, München, 2009; ANDRADE, MARGARIDA DA COSTA – "A cessão de quotas no direito comparado (Solução para novos problemas?)", *Cessão de quotas. "Desformalização e registo por depósito*, IDET//Almedina, Coimbra, 2009, p. 51-105; CAEIRO, ANTÓNIO – "A exclusão estatutária do direito de voto nas sociedades por quotas", *Temas de Direito das Sociedades*, Almedina, Coimbra, 1984, *As sociedades de pessoas no Código das Sociedades* Comerciais, Separata do número especial do *BFD* – Estudos em Homenagem ao Prof. Doutor Eduardo Correia – 1984, Coimbra, 1988; BAUMBACH, ADOLF/HUECK, ALFRED – *GmbHG*, 19. Aufl., Beck, München, 2010; CORDEIRO, MENEZES – *Código das Sociedades Comerciais Anotado*, (coord.), 2ª ed., Almedina, Coimbra, 2011; CORREIA, BRITO, *Direito comercial*, 2º vol., AAFDL, Lisboa, 1989; CORREIA, FERRER – "A sociedade por quotas de responsabilidade limitada segundo o CSC", *Temas de Direito Comercial*, Almedina, Coimbra, 1989; FIGUEIREDO, LOPES DE – *Código do Notariado*, Almedina, Coimbra, 1991; LIMA, PIRES DE/VARELA, ANTUNES – *Código Civil Anotado*, IV, 2ª ed., Coimbra Editora, Coimbra, 1992; MAIA, PEDRO – "Registo e cessão de quotas", *Reformas do Código das Sociedades*, IDET/Almedina, Coimbra, 2007, p. 165-176, "Tipos de sociedades comerciais", *Estudos de direito das sociedades*, (coord. de Coutinho de Abreu), 12ª ed., Almedina, Coimbra, 2015, p. 13-39; MARTINS, ALEXANDRE DE SOVERAL – "Algumas notas sobre o regime da publicidade dos actos sociais no Código das Sociedades Comerciais", *Estudos de direito do consumidor*, nº 1, 1999, p. 341-351, "Sobre o consentimento da sociedade para a cessão de quotas", *BFD*, Boletim Comemorativo, 2003, p. 673-688, *Cláusulas do contrato de sociedade que limitam a transmissibilidade das acções*, Almedina, Coimbra, 2006, *Cessão de quotas. Alguns problemas*, Almedina, Coimbra, 2007; NETO, ABÍLIO – *Sociedades por quotas*, 3ª ed., Petrony, Lisboa, 1980; PINTO, MOTA – *Cessão da posição contratual*, Almedina, Coimbra, 1982; RIVOLTA, GIAN CARLO M. – *La società a responsabilità limitata*, Giuffrè, Milano, 1982; SOUTO, AZEVEDO – *Lei das sociedades por quotas*, 7ª ed., revista e atualizada por Dias da Fonseca, Coimbra Editora, Coimbra, 1973; SPADA, PAOLO – *La tipicità delle società*, Cedam, Padova, 1974; TAVARES, JOSÉ – *Sociedades e empresas comerciais*, 2ª ed., Coimbra Editora, Coimbra, 1924; TRIUNFANTE, ARMANDO – *Código das sociedades comerciais anotado*, Coimbra Editora, Coimbra, 2007; VENTURA, RAÚL – *Sociedades por quotas*, I, Almedina, Coimbra, 1993, p. 577; WESTERMANN, HARM PETER – *Vertragsfreiheit und Typengesetzlichkeit im Recht der Personengesellschaften*, Springer, Berlin-Heidelberg-New York, 1970; XAVIER, RITA LOBO – *Reflexões sobre a posição do cônjuge meeiro em sociedades por quotas*, Coimbra, separata do vol. XXXVIII do *BFD* (Suplemento), 1993, *Limites à autonomia privada na disciplina das relações patrimoniais entre os cônjuges*, Almedina, Coimbra, 2000.

b) Outra:
CORDEIRO, MENEZES – "Do registo de quotas: as reformas de 2006, de 2007 e de 2008", *RDS*, 2009, 2, p. 293-326; CORREIA, JOÃO ANACORETA – "O registo por depósito da cessão de quotas – A perspectiva de um advogado", *Cessão de quotas. Desformalização e registo por depósito*, IDET/Almedina, Coimbra, 2009, p. 121-137; CORREIA, BRITO – "A desfor-

malização da cessão de quotas – perspectiva de um advogado", *Cessão de quotas. Desformalização e registo por depósito*, IDET/Almedina, Coimbra, 2009, p. 37-49; GUERREIRO, MOUTEIRA – "O registo por depósito da cessão de quotas – o antes, o depois... e agora?", *Cessão de quotas. Desformalização e registo por depósito*, IDET/Almedina, Coimbra, 2009, p. 109-120; LOPES, J. BARATA – "A desformalização da cessão de quotas – perspectiva do notário", *Cessão de quotas. Desformalização e registo por depósito*, IDET/Almedina, Coimbra, 2009, p. 25-36; MARTINS, JOSÉ MANUEL, "A desformalização da cessão de quotas. O antes, o depois...e agora? (algumas reflexões em torno da transmissão de quotas de sociedades comerciais)", *Cessão de quotas. Desformalização e registo por depósito*, IDET/Almedina, Coimbra, 2009, p. 13-24.

1. Transmissão de quotas e cessão de quotas. A cessão de quotas como transmissão da participação social voluntária entre vivos

Nas sociedades por quotas, as participações sociais dos sócios são, como sabemos, designadas quotas. O nº 1 do art. 197º do CSC também dispõe que naquelas sociedades "o capital está dividido em quotas", pelo que a quota parece surgir igualmente como "fração" do capital social. Trata-se, porém, de terminologia que merece alguma reserva, pois em rigor a fração do capital social apenas nos dá o *valor nominal* da quota.

É, no entanto, a quota como participação social que nos vai interessar. A participação social será aqui entendida como o "complexo dos direitos e obrigações actuais e potenciais do sócio (enquanto tal)"[1]. A essa participação social dá o legislador o nome de quota para as sociedades por quotas.

A cessão de quota é, pois, uma cessão da participação social[2]. E é a transmissão voluntária de quotas entre vivos, gratuita ou onerosa, que constitui uma cessão de quotas[3]. Essa cessão de quotas pode resultar de negócios muito variados: compra e venda, doação, troca, etc..

---

[1] COUTINHO DE ABREU (1996), p. 342.
[2] As quotas não podem ser representadas em títulos (cfr. o nº 7 do art. 219º). O valor nominal das quotas pode ser diverso mas não pode ser inferior a um euro (nº 3 do art. 219º).
[3] Que a cessão de quotas não engloba a transmissão por morte resulta claramente da lei. Quanto à distinção entre cessão e transmissão entre vivos, o critério usado parece ter sido o do caráter voluntário ou não da transmissão. Sobre isto, diz RAÚL VENTURA (1993), p. 577: "a cessão da quota é uma sub-espécie da espécie «transmissão entre vivos» e a sua característica diferencial reside na voluntariedade do facto transmissivo". No mesmo sentido, COUTINHO DE ABREU (2015), p. 330; PEREIRA DE ALMEIDA (2013), p. 371. A cessão de quota não conduz, só por si, à transmissão para o adquirente dos créditos

Um sócio pode ser titular de mais do que uma quota numa sociedade. Isso resulta de vários preceitos do CSC: cfr. os nºs 2 e 4 do art. 219º do CSC [4]. Porém, e nos termos do disposto no nº 1 do mesmo artigo, no momento da *constituição* da sociedade a cada sócio apenas pode ficar a caber uma quota.

O sócio que seja titular de duas ou mais quotas pode ceder uma ou mais delas, mantendo-se titular de outra ou outras. E mesmo o sócio que for titular de uma única quota também pode ceder uma quota permanecendo sócio, para isso sendo necessário que haja, obviamente, divisão da quota única de que era titular[5].

A participação social é por muitos autores vista como uma posição contratual quando a sociedade se funda num contrato[6]. E por isso a cessão de quotas é encarada por aqueles como cessão da posição contratual[7].

Não parece, contudo, que a quota deva ser vista como posição contratual. A participação social concebe-se no plano de uma relação entre o titular dessa participação e a sociedade, sendo sobretudo um "complexo" de direitos e obrigações perante aquela.

2. A forma: documento escrito

A transmissão de quotas entre vivos (e portanto também a cessão de quotas) deverá constar de documento escrito, como estabelece o nº 1 do art. 228º do CSC[8]. Foi com a reforma do CSC de 2006 que se tornou desnecessária a escri-

---

por suprimentos: cfr. o Ac. RP de 22/03/2012 (Relator: Leonel Serôdio), Proc. nº 2207/08.3TBPNF.P1, in www.dgsi.pt. Quanto aos direitos especiais, cfr. o art. 24º, 3.

[4] Aquele que é titular de duas ou mais quotas da sociedade não se torna tantas vezes sócio quantas as quotas de que seja titular: cfr., nesse sentido, RIVOLTA (1982), p. 161 e ss.

[5] O nº 1 do art. 221º do CSC torna claro que pode ter lugar a transmissão parcial de uma quota, "devendo cada uma das quotas resultantes da divisão ter um valor nominal de harmonia com o disposto no artigo 219º, nº 3". Por sua vez, o nº 4 do mesmo preceito acrescenta que em caso de divisão por transmissão parcial de quotas (e "salvo disposição diversa do contrato de sociedade") a divisão "não produz efeitos para com a sociedade enquanto esta não prestar o seu consentimento; no caso de cessão de parte de quota, o consentimento reporta-se simultaneamente à cessão e à divisão".

[6] Cfr. COUTINHO DE ABREU (1996), p. 343, em texto e nota 889. Os autores que entendem que a quota é uma posição contratual quando a sociedade se funda num contrato nem sempre consideram que o regime da cessão da posição contratual seja aplicável à cessão de quotas: cfr., para a Itália, RIVOLTA (1982), p. 201 e ss. e p. 209. Para uma referência às diferentes posições sobre a natureza jurídica das participações sociais, cfr., por exemplo, BRITO CORREIA (1989), p. 289 e ss., e ainda RIVOLTA (1982), p. 186.

[7] Cfr., nesse sentido, MOTA PINTO (1982), p. 82; RAÚL VENTURA (1993), p. 582; COUTINHO DE ABREU (1996), p. 344, em nota.

[8] Mas, como lembra PEDRO DE ALBUQUERQUE (2011), p. 662, há que ter em conta o art. 4º-A. Para uma análise desenvolvida das soluções encontradas noutros países, MARGARIDA COSTA ANDRADE (2009), p. 51-105.

tura pública também para estes atos relativos às sociedades por quotas. Não sendo obrigatório o controlo de legalidade por parte do notário, esse mesmo controlo no âmbito do registo comercial ganharia importância[9].

Contudo, lendo o art. 47º do CRCom., na redação dada pelo DL 76-A/2006, verificamos que o princípio da legalidade apenas vale hoje para os pedidos de registo a efectuar por *transcrição*[10]: "A viabilidade do pedido de registo a efectuar por transcrição deve ser apreciada em face das disposições legais aplicáveis, dos documentos apresentados e dos registos anteriores, verificando-se especialmente a legitimidade dos interessados, a regularidade formal dos títulos e a validade dos atos neles contidos"[11].

De fora desse controlo fica, assim, todo um vasto leque de factos de muito considerável importância: entre eles, encontramos precisamente a transmissão de quotas de sociedades por quotas (art. 53º-A, 5, al. *a*), do CRCom.), que fica sujeita apenas a registo por depósito.

Como o *registo por depósito* "consiste no mero arquivamento dos documentos que titulam factos sujeitos a registo" (arts. 3º, 1, *c*), e 53º-A, 3, CRCom.) e apenas o *registo por transcrição definitivo* "constitui presunção de que existe a situação jurídica, nos precisos termos em que é definida" (art. 11º CRCom.), é fácil de ver que a segurança jurídica não sai beneficiada com o atual regime[12]. Isso tem sido realçado repetidas vezes[13].

Também se conclui que o texto legal foi muito além do que se achava previsto no Preâmbulo do DL 76-A/2006[14], pois deste retirava-se que estava em causa "a simplificação dos controlos de natureza administrativa, eliminando-se actos e práticas registrais e notariais que não importam um valor acrescentado e dificultam a vida do cidadão e da empresa (como sucede com a sistemática duplicação de controlos notariais e registrais)". Se certos factos deixaram de estar sujeitos a escritura pública e são registados por depósito, nenhum controlo (público) de legalidade ocorre. E sempre se poderia perguntar se seria mais

---

[9] Cfr. FERREIRA DE ALMEIDA (2007), p. 280.
[10] Criticando a terminologia, MOUTEIRA GUERREIRO (2010), p. 128.
[11] Sobre o que deve entender-se por "disposições legais aplicáveis", "documentos apresentados", "registos anteriores", "legitimidade dos interessados", regularidade formal dos títulos", e "validade dos actos neles contidos", cfr. ISABEL PEREIRA MENDES (1987), p. 70-71.
[12] MOUTEIRA GUERREIRO (2010), p. 123, considera mesmo que o registo por depósito não é "um *registo* no sentido próprio e jurídico do conceito".
[13] Sobre isto, remetemos em especial para as anotações aos arts. 188º-A e 242º-A a 242º-F.
[14] Chama a atenção para este aspeto PEDRO MAIA (2007), p. 171.

vantajoso eliminar o controlo no momento da formalização ou no momento do registo[15].

3. A exigência de consentimento para a cessão de quotas e os tipos de sociedades comerciais

O regime da transmissão entre vivos de participações sociais é com frequência analisado a propósito da caracterização dos tipos de sociedades comerciais[16]. Aquele regime, claro está, será mais facilmente compreendido se forem tidos em conta outros aspetos da regulamentação prevista na lei para cada tipo.

Assim, nas sociedades em nome coletivo, a transmissão entre vivos de participações sociais está dependente de expresso consentimento dos restantes sócios (n.º 1 do art. 182º), o que se compreende tendo em conta desde logo que cada sócio responde pela sua entrada e também pelas obrigações sociais subsidiariamente em relação à sociedade e *solidariamente* com os outros sócios (n.º 1 do art. 175º), que qualquer dos sócios tem um direito à informação amplo (art. 181º), que a cada sócio pertence em princípio um voto (n.º 1 do art. 190º), que todos os sócios são, também em princípio, gerentes da sociedade, mesmo que tenham adquirido aquela qualidade posteriormente (n.º 1 do art. 191º), e que todos os gerentes têm, em regra, poderes iguais e independentes para administrar e representar a sociedade (n.º 1 do art. 193º). Estas são razões que tornam a sociedade em nome coletivo um instrumento sobretudo utilizável para reunir pessoas que vão decidir se participam ou não em certo projeto atendendo à identidade dos restantes sócios.

Nas sociedades anónimas, a regra é a da livre transmissibilidade das ações. O contrato de sociedade, diz o n.º 1 do art. 328º, não pode excluir a transmissibilidade das acções nem limitá-la além do que a lei permitir. Também isto se torna mais facilmente compreensível se tivermos em conta que cada sócio apenas responde pelo valor das ações que subscreveu (art. 271º), que o direito à informação nas sociedades anónimas conhece algumas limitações desconhecidas nas sociedades em nome coletivo (cfr. por exemplo o n.º 1 do art. 288º), que a cada ação corresponde um voto (n.º 1 do art. 384º), que nenhuma norma estabelece como regra que os acionistas sejam administradores e que o conselho de administração das sociedades anónimas delibera por maioria (n.º 7 do art. 410º, aplicável ao conselho de administração executivo por força da remis-

---

[15] ALBINO MATOS (2007), p. 133, pronuncia-se precisamente no sentido de ser preferível o controlo de legalidade apenas pelo notário.
[16] Cfr. COUTINHO DE ABREU (2015), p. 63 e ss.; PEDRO MAIA (2015), p. 20 e ss.. Para a Alemanha, sobre o tema, WESTERMANN (1970), p. 12 e s. e 116 e ss.. Para a Itália, SPADA (1974), p. 297 e ss..

são contida no nº 1 do art. 433º) e a sociedade fica vinculada pelos negócios jurídicos concluídos pela maioria dos administradores ou por número menor destes fixado no contrato de sociedade (nº 1 do art. 408º, que o nº 3 do art. 431º manda aplicar ao conselho de administração executivo). Daí que a sociedade anónima seja particularmente apta a servir de meio para reunir sócios que nem sequer se conhecem e para juntar os "capitais" necessários ao desenvolvimento de projetos mais arriscados ou onerosos.

No que às sociedades por quotas diz respeito, a cessão de quotas está em regra dependente de consentimento da sociedade[17], sendo esta uma das razões que têm levado os autores a considerar que "o modelo, *em abstracto*, seguido pelo legislador foi o da sociedade por quotas *personalística*"[18].

Seguiu-se aqui a solução oposta à que resultava do art. 6º da Lei das Sociedades por Quotas de 11 de Abril de 1901 (LSQ), uma vez que aquele preceito consagrava antes a regra da livre transmissibilidade das quotas[19]. Daí que então se afirmasse que a LSQ tinha subjacente, como modelo de sociedade por quotas, o de uma sociedade de capitais[20].

Contudo, e por influência do § 15 da *GmbHG*[21], o § 3º daquele art. 6º acrescentava: "A escritura social pode fazer depender a cessão de quotas do consentimento da sociedade ou doutros requisitos". Se a escritura social contivesse um desses requisitos, a cessão de quotas ficaria dependente do mesmo.

Embora a regra legal fosse a da livre transmissibilidade das quotas, a prática acabou por adotar solução contrária através da frequente introdução nos contratos de sociedade de cláusulas que sujeitavam a cessão de quotas a consentimento da sociedade[22]. A solução consagrada no nº 2 do art. 228º do CSC veio tomar em conta essa realidade.

---

[17] Nº 2 do art. 228º do CSC.
[18] PEDRO MAIA (2015), p. 38. Por sua vez, FERRER CORREIA (1989), p. 162, dizia que a sociedade por quotas é "animada de um espírito xenófobo". Para a distinção entre sociedades de pessoas e sociedades de capitais, cfr., entre nós, ANTÓNIO CAEIRO (1984), p. 24; RAÚL VENTURA (1993), p. 29 e ss.; BRITO CORREIA (1989), p. 94 e ss.; RITA LOBO XAVIER (1993), p. 20 e ss.; COUTINHO DE ABREU (2015), p. 70 e ss.; PEDRO MAIA (2015), p. 37 e ss..
[19] Cfr. PEREIRA DE ALMEIDA (1980/81), p. 156; ABÍLIO NETO (1980), p. 82.
[20] FERRER CORREIA (1989), p. 162.
[21] AZEVEDO SOUTO (1973), p. 95. O Abs. 5 do § 15 da *GmbHG* já dispunha: "Durch den Gesellschaftsvertrag kann die Abtretung der Geschäftsanteile an weitere Voraussetzungen geknüpft, insbesondere von der Genehmigung der Gesellschaft abhängig gemacht werden". Por aí se vê que esses outros pressupostos ou requisitos careciam de previsão estatutária.
[22] Dando conta dessa prática, cfr. JOSÉ TAVARES (1924), p. 332; ABÍLIO NETO (1980), p. 81.

4. O consentimento da sociedade como requisito de eficácia da cessão de quotas para com a sociedade

O nº 2 do art. 228º exige que a cessão de quotas, nos casos ali previstos, só tenha lugar com consentimento da sociedade, sob pena de ineficácia da cessão para com esta. Não será necessário obter o consentimento da sociedade se a cessão tiver lugar entre cônjuges, entre ascendentes e descendentes ou entre sócios[23].

A exigência de consentimento de que estamos a tratar vale para a cessão de quotas: a transmissão voluntária de quotas entre vivos, gratuita ou onerosa. Não estará abrangida, portanto, a celebração de um contrato-promessa de cessão de quota.

Mas, tendo sido celebrado um contrato-promessa de cessão de quota, pode suceder que essa cessão prometida dependa de consentimento da sociedade. Nesse caso, a eventual execução específica do contrato-promessa só pode ter lugar após ser prestado o consentimento[24] ou após ter decorrido o prazo para a sociedade se pronunciar[25]. Se assim não fosse, o tribunal estaria a contribuir para a violação da exigência de consentimento.

---

[23] Deve ter-se em conta que os contitulares de uma quota são, em princípio, todos sócios. Essa contitularidade pode ser derivada, a qual "pode resultar de qualquer facto lícito – cessão da quota simultaneamente a várias pessoas; cessão de parte indivisa de uma quota, formando-se contitularidade entre o anterior titular e o adquirente dessa parte indivisa; caída da quota em comunhão matrimonial; herança ou legado": cfr. RAÚL VENTURA (1993), p. 490. Contudo, se a quota é um bem comum do casal, só será considerado como sócio, *nas relações com a sociedade*, "aquele que tenha celebrado o contrato de sociedade ou, no caso de aquisição posterior ao contrato, aquele por quem a participação tenha vindo ao casal" (nº 2 do art. 8º do CSC). Se a quota é um bem comum, mesmo que apenas um dos cônjuges seja considerado sócio, a partilha entre vivos que se faça da quota em causa, na sequência de divórcio, separação de pessoas e bens ou só de bens, não será sequer uma cessão de quotas, pelo que o consentimento da sociedade, mesmo quando necessário para a cessão entre cônjuges, não será ali de exigir – no mesmo sentido, cfr. o Ac. da RL de 13/10/1995, *CJ*, 1995, IV, p. 114, e o Ac. do STJ de 16/03/1999, *CJ*, I, p. 158 e ss., neste último se podendo ler que a partilha "não demandava o dito consentimento, pois não se trata de cessão, em sentido técnico, nem se trata, em boa verdade, de simples transmissão entre vivos (...). A partilha configura, na verdade, um negócio de natureza simplesmente declarativa, certificativa, com efeitos modificativos no objecto do direito"; na doutrina, cfr. COUTINHO DE ABREU (2015), p. 331. Também não parece necessitar de consentimento da sociedade a cessão de quotas a realizar pelo sócio único da sociedade: sobre o tema, para a Alemanha, ALTMEPPEN/ROTH (2009) p. 369. No que diz respeito à constituição de usufruto e penhor sobre quotas, cfr. os nºs 1 e 3 do art. 23º do CSC. Pronunciando-se sobre o problema em caso de constituição de usufruto, cfr. o Ac. da RL de 22/09/2005, www.dgsi.pt.

[24] Nesse sentido, exigindo que tenha decorrido o prazo para se intentar a ação de anulação da deliberação, cfr. o Ac. da RG de 12/05/2003, *CJ*, 2003, T. III, p. 281 e ss..

[25] Nesse sentido, mas acerca da transmissão de ações nominativas cuja transmissão esteja sujeita a uma cláusula estatutária de consentimento, ALEXANDRE DE SOVERAL MARTINS (2006), p. 408.

O consentimento exigido no nº 2 do art. 228º é o da sociedade e não dos sócios como tal[26]. O consentimento expresso deverá ser dado através de deliberação dos sócios, que em regra se considerará tomada se obtiver a maioria dos votos emitidos, não se considerando como tal as abstenções[27].

Não havendo consentimento da sociedade, a cessão é ineficaz para com ela[28]. Essa ineficácia mantém-se enquanto o consentimento não tiver sido dado, expressa ou tacitamente, e desde que a cessão não se torne livre. Aquela ineficácia mantém-se também se o consentimento for recusado.

A redação do nº 2 do art. 228º parece dar a entender que o consentimento tanto pode ser anterior à cessão, como contemporâneo ou posterior[29].

Mas mesmo que tenha havido consentimento prévio, o nº 3 do art. 228º ainda exige a comunicação por escrito da cessão à sociedade ou o seu reco-

---

[26] Não é possível sequer estabelecer no contrato de sociedade que os efeitos da cessão ficarão dependentes do consentimento de todos, algum ou alguns dos sócios. A cessão de quotas não está nem pode estar sujeita ao consentimento dos restantes sócios. Isso resulta do disposto no nº 5 do art. 229º do CSC, de acordo com o qual "o contrato de sociedade não pode subordinar os efeitos da cessão a requisito diferente do consentimento da sociedade". Acrescenta a al. *a*) do mesmo nº 5 que a cessão não pode ficar dependente da "vontade individual de um ou mais sócios (...)". Mas é possível um acordo parassocial entre os sócios: cfr. ANTÓNIO CAEIRO (1988), p. 53; RAÚL VENTURA (1993), p. 623.

[27] Nº 3 do art. 250º.

[28] Incompreensivelmente, lê-se no sumário do Ac. da RL de 20/03/2003, www.dgsi.pt, que o cessionário deve ser convocado para a assembleia geral da sociedade por quotas ainda quando não tenha sido dado o necessário consentimento para a cessão. No que diz respeito à eficácia da cessão para com terceiros, é preciso ter em conta que a mesma terá lugar nos termos do disposto no art. 14º do CRCom. e no art. 168º do CSC. Veja-se, no entanto, que este último preceito só regula os termos em que os terceiros podem prevalecer-se (não apenas perante a sociedade) de atos cujo registo e publicação não tenham sido efetuados (nº 1) e os termos em que a sociedade pode opor atos a terceiros (nºs 2, 3 e 4; o nº 5 trata de outros problemas). Sobre o art. 168º do CSC, veja-se ALEXANDRE DE SOVERAL MARTINS (1999), p. 341 e ss. e bem assim o comentário do autor ao referido preceito. Antes das alterações introduzidas pelo DL 76-A/2006, foi entendido que, se a cessão não consentida era ineficaz para com a sociedade, o registo da cessão deveria ser feito como provisório por natureza, nos termos do disposto na al. *i*) do nº 1 do art. 64º do CRCom.: cfr., nesse sentido, LOPES DE FIGUEIREDO (1991), p. 523. A norma em causa apenas alude aos negócios ineficazes por falta de consentimento, não se dizendo ali se são abrangidos os casos de ineficácia relativa. Contudo, a cessão de quotas é agora registada por depósito. Tal registo consiste no mero arquivamento dos documentos que titulam factos sujeitos a registo (nº 3 do art. 53º-A do CRCom.) e o registo por depósito "abrange os documentos arquivados e a respectiva menção na ficha de registo" (nº 2 do art. 55º do CRCom.). De inscrições se fala a propósito do registo por transcrição (nº 1 do art. 55º do CRCom.). Mas veja-se, também, para o registo por depósito de factos relativos a participações sociais e respetivos titulares, o nº 3 do art. 55º do CRCom., que prevê a possibilidade de aquele registo ser efetuado em modo diverso, nos termos a definir por portaria.

[29] RAÚL VENTURA (1993), p. 623. Aceitando o consentimento posterior à cessão, cfr. o Ac. RL de 20/03/2003, www.dgsi.pt, e o Ac. RC de 18/01/2005, www.dgsi.pt. Para a Alemanha, admitindo o consentimento antes, durante e depois da cessão, BAUMBACH/HUECK (2010) p. 327.

nhecimento por esta[30]. Claro está que, se o consentimento é pedido após a cessão, e se no pedido de consentimento isso é revelado, deve considerar-se comunicada a cessão.

Também estabelece a lei, como vimos, que são ineficazes relativamente à sociedade os factos relativos a quotas "enquanto não for solicitada, quando necessária, a promoção do respetivo registo"[31]. Ora, se na solicitação da promoção do registo dirigida à sociedade está contida a referência à cessão efetuada, parece que não há que exigir comunicação autónoma[32].

Pelo exposto se vê que a eficácia da cessão de quotas perante a sociedade não depende apenas do consentimento, mas também da comunicação da cessão e da solicitação da promoção do registo. E a eficácia da cessão perante a sociedade depende da comunicação da cessão e da solicitação da promoção do registo ainda que a cessão não dependa de consentimento da sociedade.

Nos casos em que a sociedade não deu o consentimento exigido para a cessão de quotas, justifica-se perguntar se a sociedade deve promover o registo da cessão não consentida. A resposta a dar a tal pergunta assume particular importância porque o n.º 1 do art. 242º-F do CSC responsabiliza as sociedades por quotas "pelos danos causados aos titulares de direitos sobre as quotas ou a terceiros, em consequência de omissão, irregularidade, erro, insuficiência ou demora na promoção dos registos, salvo se provarem que houve culpa dos lesados".

Também dispõe o n.º 1 do art. 242º-E que "a sociedade não deve promover o registo se o pedido não for viável, em face das disposições legais aplicáveis, dos documentos apresentados e dos registos anteriores, devendo verificar especialmente a legitimidade dos interessados, a regularidade formal dos títulos e a validade dos atos neles contidos". À primeira vista, a falta de consentimento da sociedade não implicará a inviabilidade do registo.

Ainda assim, é nossa opinião que a sociedade não tem de promover o registo da cessão de quotas para que não deu o consentimento[33]. Se a falta do consen-

---

[30] Também RAÚL VENTURA (1993), p. 586, considerava que o n.º 3 do art. 228º se aplicava à cessão de quotas. O mesmo autor admitia igualmente que a comunicação fosse feita pelo cedente ou pelo cessionário (*op. cit.*, p. 587).
[31] Art. 242º-A do CSC.
[32] PEDRO MAIA (2015), p. 22, nota 19, pronuncia-se pertinentemente sobre a hipótese de ter sido feita a comunicação da cessão à sociedade, sem haver expressa solicitação para a promoção do registo, considerando que aquela comunicação "deverá valer, ao menos implicitamente, como *solicitação para a promoção do registo*".
[33] Com igual leitura, ARMANDO TRIUNFANTE (2007), p. 245.

timento necessário tem como consequência a ineficácia da cessão para com a sociedade, tal ineficácia tem de se repercutir também no plano da promoção do registo da cessão.

5. A cessão de quotas entre cônjuges: doação e compra e venda

Como se viu acima, a cessão de quotas produz efeitos em relação à sociedade independentemente de consentimento desta se a cessão se realizar entre cônjuges. Porém, há que ter em conta que a lei estabelece algumas especialidades no que diz respeito à doação e à compra e venda, quando realizadas entre cônjuges.

Relativamente à doação entre cônjuges, há em primeiro lugar que chamar a atenção para o disposto no art. 1762º do CCiv., pois este preceito sanciona com a nulidade a doação entre casados quando vigore imperativamente entre os cônjuges o regime da separação de bens[34].

Além disso, só podem ser doados bens próprios do doador e os bens doados não se comunicam. É o que se pode ler nos nºs 1 e 2 do art. 1764º do CCiv.. Merece ainda referência a possibilidade, conferida pelo nº 1 do art. 1765º do mesmo Código, de revogação da doação, a todo o tempo, pelo doador, e a consagração, no nº 1 do seu art. 1766º, de causas de caducidade da doação.

A compra e venda de quotas entre cônjuges tem, por sua vez, que ser apreciada tendo presente que o nº 2 do art. 1714º do CCiv. estabelece que os contratos de compra e venda são abrangidos pela proibição de alteração, depois do casamento, das convenções antenupciais e do regime de bens resultante da lei. Poderia pensar-se que o CSC veio derrogar nesta matéria a referida proibição[35].

Julgamos, no entanto, preferível a opinião de quem considera que o nº 2 do art. 228º do CSC "apenas dispensa o consentimento da sociedade para a cessão de quotas entre cônjuges que, nos termos da lei civil, for de considerar *válida*"[36].

6. A cessão de quotas e a venda de pais a filhos ou de avós a netos

O nº 2 do art. 228º do CSC também não sujeita ao consentimento da sociedade a cessão de quotas entre ascendentes e descendentes. Mas isso não significa que essa cessão seja sempre lícita.

---

[34] Sobre o tema, RITA LOBO XAVIER (1994), p. 150, s.; COUTINHO DE ABREU (2015), p. 331.
[35] Assim, PIRES DE LIMA/ANTUNES VARELA (1992), p. 400.
[36] RITA LOBO XAVIER (2000), p. 222, nt. 206. Em sentido próximo, COUTINHO DE ABREU (2015), p. 330 e s..

Com efeito, não há razão para crer que foi afastado o disposto no nº 1 do art. 877º do CCiv.: "Os pais e avós não podem vender a filhos ou netos, se os outros filhos ou netos não consentirem na venda (...)", sendo esse consentimento suscetível de suprimento judicial.

E a venda que seja realizada sem cumprir com tais exigências é anulável, a pedido dos filhos ou netos que não deram o consentimento, "dentro do prazo de um ano a contar do conhecimento da celebração do contrato, ou do termo da incapacidade, se forem incapazes"[37].

7. Comunicação da transmissão entre vivos à sociedade

Por força do disposto no nº 3 do art. 228º, a transmissão entre vivos da quota deverá ser comunicada por escrito à sociedade ou por ela reconhecida, expressa ou tacitamente[38].

A exigência legal de comunicação parece valer ainda quando o consentimento para a cessão é pedido depois de ter sido realizada a cessão. Julgamos, porém, ser admissível que no pedido de consentimento vá já contida a referida comunicação. E julgamos que o mesmo deve ser afirmado relativamente à solicitação da promoção do registo da cessão de quota[39].

---

[37] Nº 2 do art. 877º do CCiv..
[38] Nos termos do art. 170º do CSC, "a eficácia para com a sociedade de atos que, nos termos da lei, devam ser-lhe notificados ou comunicados não depende de registo ou de publicação". Veja-se também o Ac. RP de 25/01/1990, *CJ*, 1990, I, p. 228, no qual se pode ler que "reconhecer é totalmente diferente de conhecer. Reconhecer implica uma atitude positiva de aceitação do facto, ou seja, de aceitação da validade da cessão".
[39] Problema diferente é o de saber se a solicitação da promoção do registo vale como comunicação da cessão: em sentido afirmativo, COUTINHO DE ABREU (2015), p. 332.

ARTIGO 229º
Cláusulas contratuais

1. *São válidas as cláusulas que proíbam a cessão de quotas, mas os sócios terão, nesse caso, direito à exoneração, uma vez decorridos 10 anos sobre o seu ingresso na sociedade.*
2. *O contrato de sociedade pode dispensar o consentimento desta, quer em geral, quer para determinadas situações.*
3. *O contrato de sociedade pode exigir o consentimento desta para todas ou algumas das cessões referidas no artigo 228º, nº 2, parte final.*
4. *A eficácia da deliberação de alteração do contrato de sociedade que proíba ou dificulte a cessão de quotas depende do consentimento de todos os sócios por ela afetados.*
5. *O contrato de sociedade não pode subordinar os efeitos da cessão a requisito diferente do consentimento da sociedade, mas pode condicionar esse consentimento a requisitos específicos, contanto que a cessão não fique dependente:*
a) Da vontade individual de um ou mais sócios ou de pessoa estranha, salvo tratando-se de credor e para cumprimento de cláusula de contrato onde lhe seja assegurada a permanência de certos sócios;
b) De quaisquer prestações a efetuar pelo cedente ou pelo cessionário em proveito da sociedade ou de sócios;
c) Da assunção pelo cessionário de obrigações não previstas para a generalidade dos sócios.
6. *O contrato de sociedade pode cominar penalidades para o caso de a cessão ser efetuada sem prévio consentimento da sociedade.*

Índice

1. As cláusulas que proíbem a cessão de quotas
2. As cláusulas que dispensam o consentimento da sociedade
3. As cláusulas que exigem o consentimento da sociedade para todas ou algumas das cessões previstas no art. 228º, 2, parte final
4. A alteração do contrato de sociedade para introdução de cláusula que proíbe ou dificulta a cessão de quotas
5. O contrato de sociedade pode condicionar o consentimento da sociedade a requisitos específicos
6. O contrato de sociedade pode conter a previsão de penalidades a aplicar em caso de cessão efetuada sem consentimento da sociedade
7. As cláusulas de preferência
   7.1. Na vigência da LSQ
   7.2. No CSC

7.3. Cessões a título gratuito
7.4. Cláusulas de preferência contidas em contratos de sociedade anteriores ao início de vigência do CSC
7.5. A natureza social das cláusulas de preferência contidas no contrato de sociedade
7.6. Eficácia real da cláusula de preferência?
7.7. A subordinação do consentimento ao respeito pelo direito de preferência?

Bibliografia
Citada:
ABREU, COUTINHO DE – *Curso de direito comercial*, II, 5ª ed., Almedina, Coimbra, 2015; ALBUQUERQUE, PEDRO DE – "Artigo 229º", *Código das Sociedades Comerciais anotado* (coord. de A. Menezes Cordeiro), Almedina, Coimbra, 2011; ALMEIDA, PEREIRA DE – *La société a responsabilité limitée en droit portugais et sa réforme*, AAFDL, Lisboa, 1980/81, *Sociedades comerciais, valores mobiliários, instrumentos financeiros e mercados*, 7ª ed., Coimbra Editora, Coimbra, 2013; CAEIRO, ANTÓNIO/COELHO, MARIA ÂNGELA –"Proibição de cessão de quotas sem consentimento da sociedade e constituição de usufruto sobre a quota", *RDE*, 1982, p. 71 e ss.; CANOTILHO, GOMES/MOREIRA, VITAL – *Constituição da República Portuguesa anotada*, I, Coimbra Editora, Coimbra 2007; CARNEIRO, J. G. SÁ – "Direito de preferência na cessão de quotas", *RT*, 1954, p. 34 e ss.; CORDEIRO, MENEZES – *Manual de Direito das Sociedades. I. Das sociedades em geral*, 2ª ed., Almedina, Coimbra, 2007; CORREIA, FERRER – "A sociedade por quotas de responsabilidade limitada segundo o CSC", *Temas de Direito Comercial*, Almedina, Coimbra, 1989; CUNHA, PAULO OLAVO – *Direito das sociedades comerciais*, 5ª ed., Almedina, Coimbra, 2012; HENRIQUES, PAULO – *A desvinculação unilateral ad nutum nos contratos civis de sociedade e de mandato*, Coimbra Editora/BFD, Coimbra, 2001; MATOS, ALBINO – *Constituição de sociedades*, 5ª ed., Almedina, Coimbra, 2001; MESQUITA, HENRIQUE – *Obrigações reais e ónus reais*, Almedina, Coimbra, 1990; NETO, ABÍLIO – *Notas práticas ao Código das Sociedades Comerciais*, Petrony, Lisboa, 1989; RIBEIRO, SOUSA –"Constitucionalização do direito civil", *BFD*, LXXIV, 1998, p. 729-755; ROWEDDER, HEINZ/BERGMANN, ALFRED – "§ 15", em ROWEDDER, *Gesetz betreffend die Gesellschaften mit beschränkter Haftung (GmbHG)*, Franz Vahlen, München, 2002; SERRA, VAZ – "Obrigação de preferência", *BMJ*, 76º, 1958, p. 131-289; VENTURA, RAÚL – "Cessão de quotas", *RFDUL*, 1967, p. 127-252, *Sociedades por quotas*, I, Almedina, Coimbra, 1993, p. 577; WINTER, HEINZ – "§ 15", in *Scholz Kommentar zum GmbH-Gesetz*, § 15; ZUTT, JÜRGEN – "§ 15", em HACHENBURG, *Gesellschaften mit beschränkter Haftung (GmbHG). GroBkommentar*, Erster Band, 8. Aufl., De Gruyter, Berlin/New York, 1992.

1. As cláusulas que proíbem a cessão de quotas

Diversamente do que resulta para as sociedades anónimas do art. 328º, 1, do CSC, a lei permite que o contrato de sociedade *proíba* a cessão de quotas[1]. Com efeito, pode ler-se no art. 229º, 1, do CSC que "são válidas as cláusulas que proíbam a cessão de quotas, mas os sócios terão, nesse caso, direito à exoneração, uma vez decorridos dez anos sobre o seu ingresso na sociedade".

Uma cláusula que proíba a cessão de quotas impede assim que o titular da quota transmita voluntariamente a sua quota mas não impede que o sócio deixe de o ser, visto que, decorridos dez anos sobre o seu ingresso na sociedade, adquire o direito à exoneração.

A cláusula do contrato de sociedade pode proibir a cessão de quotas *pura e simplesmente*.

Mas também pode proibir essa cessão apenas durante um certo *período após a constituição* da sociedade. Decorrido esse período, a proibição cessa.

A proibição pode ainda dizer respeito apenas às cessões de quotas que o titular pretendesse realizar durante um certo *período após a aquisição da quota*. Ou pode antes visar cessões que preencham certos *requisitos*, positivos ou negativos, objetivos ou subjetivos.

A lei já não diz, porém, se a cessão que não respeita a proibição é ou não *ineficaz*. E muito menos diz se é ou não apenas ineficaz *perante a sociedade*.

Contudo, tendo em conta o teor do art. 228º, 2 e 3, parece adequado considerar que a analogia se impõe e que também *a cessão que não respeita a proibição constante do contrato de sociedade é ineficaz em relação à sociedade*.

Como vimos, se o contrato de sociedade proíbe a cessão de quotas, os sócios terão direito à *exoneração* uma vez decorridos dez anos sobre o seu ingresso na sociedade[2]. Essa exoneração fica sujeita ao regime do art. 240º do CSC.

2. As cláusulas que dispensam o consentimento da sociedade

Vimos que, por força do disposto no art. 228º, 2, do CSC, a cessão de quotas está sujeita a consentimento da sociedade quando o adquirente não se integre numa das categorias que a lei indica naquele preceito.

---

[1] Cfr., sobre essas cláusulas, ANTÓNIO CAEIRO/MARIA ÂNGELA COELHO (1982), p. 71 e ss..
[2] O prazo de dez anos é imperativo enquanto prazo máximo: cfr. RAÚL VENTURA (1993), p. 602. Não pode, por isso, o contrato de sociedade alargar esse prazo. Trata-se de garantir que, decorrido esse tempo, o sócio possa abandonar a sociedade. Não nos parece, porém, que o prazo estabelecido impeça a fixação no contrato de sociedade de prazo inferior: no mesmo sentido, RAÚL VENTURA (1993), p. cit.; em sentido oposto, PAULO HENRIQUES (2001), p. 58.

Porém, é possível incluir no contrato de sociedade uma cláusula que *dispense a necessidade do consentimento* exigido pela própria lei. É o que se lê agora no art. 229º, 2, do CSC: "o contrato de sociedade pode dispensar o consentimento desta, quer em geral, quer para determinadas situações".

Isto é, são admissíveis cláusulas que pura e simplesmente estabeleçam que a cessão de quotas, em qualquer caso, pode ser realizada sem necessidade do consentimento da sociedade. Mas também é possível dispensar esse consentimento apenas quando a cessão de quotas obedeça a determinados requisitos.

3. As cláusulas que exigem o consentimento da sociedade para todas ou algumas das cessões previstas no art. 228º, 2, parte final

Como foi dito, a lei não exige o consentimento da sociedade para as cessões de quotas *entre cônjuges, entre ascendentes e descendentes ou entre sócios*.

Contudo, o art. 229º, 3, do CSC permite que o contrato de sociedade exija o consentimento da sociedade *para todas ou para algumas daquelas cessões*.

E não só o contrato de sociedade pode exigir o consentimento da sociedade, como, de acordo agora com o art. 229º, 5, do CSC, pode também *condicionar esse consentimento a requisitos específicos*.

4. A alteração do contrato de sociedade para introdução de cláusula que proíbe ou dificulta a cessão de quotas

No art. 229º, 4, do CSC lê-se o seguinte: "A eficácia da deliberação de alteração do contrato de sociedade que proíba ou dificulte a cessão de quotas depende do consentimento de todos os sócios por ela afetados".

A deliberação em causa deve ser tomada pela maioria necessária para alterar o contrato de sociedade. Isto é, deverá ser tomada "por maioria de três quartos dos votos correspondentes ao capital social ou por número ainda mais elevado de votos exigido pelo contrato de sociedade"[3].

A eficácia da deliberação, porém, necessita do *consentimento de todos os sócios afetados* pela mesma. Sem esse consentimento, a deliberação é ineficaz em relação a todos os sócios.

O regime referido abrange tanto os casos em que a alteração proíbe pura e simplesmente a cessão, como aqueles em que a proibição só vale se estiverem verificados certos requisitos.

---

[3] Art. 265º, 1, do CSC.

Além disso, a exigência de consentimento dos sócios afetados também diz respeito às deliberações que dificultam a cessão de quotas: por exemplo, porque reduz os casos em que é dispensado o consentimento, porque vem exigir o consentimento para mais casos, porque subordina a concessão de consentimento a requisitos que até aí não existiam ou porque aumenta as exigências quanto ao quórum necessário para o consentimento se considerar dado.

Tratando-se, porém, de deliberação que *suprime a exigência de consentimento*, a mesma está apenas sujeita ao que a lei estabeleça quanto às alterações do ato constitutivo. Justifica-se aplicar aqui, por analogia, a solução consagrada no art. 328º, 3. A mesma solução deve valer, parece-nos, para os casos em que se *torna mais fácil* a transmissão, ainda que *não se elimine* a cláusula de consentimento.

5. O contrato de sociedade pode condicionar o consentimento da sociedade a requisitos específicos

No art. 229º, 5, do CSC pode ler-se que "o contrato de sociedade não pode subordinar os efeitos da cessão a requisito diferente do consentimento da sociedade". Mas, dentro de alguns limites, "pode condicionar esse consentimento a requisitos específicos". E isso tanto para os casos em que a exigência de consentimento resulta da *lei*, como para aqueles em que tal exigência foi introduzida pelo *contrato de sociedade*.

Assim, se o único requisito a que podem ficar subordinados os efeitos da cessão é o consentimento *da sociedade*, então o contrato de sociedade *não pode* subordinar a cessão ao consentimento de *um ou mais sócios* individualmente considerados, ao consentimento da *gerência* ou de *terceiro*.

Mas já é possível condicionar o consentimento da sociedade através de requisitos específicos. Ou seja, o contrato de sociedade pode estabelecer que o consentimento é possível se se verificar um requisito naquele especificado.

E também é possível redigir a cláusula de forma a prever que o consentimento pode ser recusado *se não se verificar* esse requisito.

No contrato de sociedade só se pode estabelecer que o consentimento da sociedade fica condicionado a requisitos *específicos*. Não podem ser requisitos *vagos*, *indeterminados*, ao estilo de um *albergue espanhol*. Para serem específicos, devem estar concretizados, determinados.

Essa concretização ou determinação deve ser efetuada no contrato de sociedade. Por isso, o contrato de sociedade não pode, por exemplo, remeter a especificação para posterior deliberação dos sócios ou da gerência.

Os requisitos que podem ser estabelecidos como condições do consentimento podem ser *subjetivos* ou *objetivos*.

Os requisitos serão *subjetivos* se dizem respeito ao cedente ou ao cessionário. Pode exigir-se, por exemplo, que o adquirente pertença a certo grupo de pessoas ou, pelo contrário, que não se inclua nesse grupo.

É natural que os sócios pretendam introduzir requisitos deste género no contrato de sociedade. Basta pensar na utilidade que pode haver em exigir no contrato de sociedade que os adquirentes *não sejam sociedades* ou *não sejam sociedades de certo tipo*. Com efeito, a aquisição de quotas por sociedades por quotas, anónimas ou em comandita por acções pode acabar por permitir a aquisição tendente ao domínio total prevista no art. 490º do CSC. E antes disso pode surgir uma relação de simples participação, de participações recíprocas ou até de domínio, com as consequências legais.

Também pode haver interesse em estabelecer no contrato de sociedade que o adquirente *não poderá ser uma sociedade com igual objeto social* ou que, tratando-se de pessoa singular, esta *não desenvolva idêntica actividade*. O que nesses casos se pretende é evitar que um concorrente venha a acompanhar por dentro a atividade da sociedade, com os prejuízos daí decorrentes.

Poderão ainda os sócios querer introduzir requisitos que dizem respeito a *outras qualidades* dos adquirentes: serem antigos trabalhadores, sócios ou antigos sócios, clientes ou antigos clientes.

Em primeiro lugar, parece de aceitar que "a cada um, pelo simples facto de ser pessoa, é devida igual consideração e respeito. Isso implica que a ordem jurídica, incluindo a ordem jurídico-negocial, não possa acolher como lícitas e válidas discriminações que traduzem menosprezo por certos traços individualizadores da pessoa, pela sua identidade física e cultural, pela sua posição social, pelas opções de vida que realizou"[4].

Naturalmente que o controlo das cláusulas do contrato de sociedade terá que ser realizado também através do recurso a cláusulas gerais e conceitos indeterminados que condicionam a atividade negocial, v.g. procurando averiguar se as limitações são ou não contrárias aos bons costumes ou à ordem pública, numa leitura de tais conceitos que tome em devida consideração as normas constitucionais, e em particular o princípio da igualdade[5].

---

[4] SOUSA RIBEIRO (1998), p. 752.
[5] Sobre o princípio da igualdade, parecendo aceitar a sua eficácia em relação a particulares, GOMES CANOTILHO/VITAL MOREIRA (2007), p. 346 e ss..

Assim, julgamos que *não serão admissíveis* requisitos que só permitam o consentimento na transmissão a favor de quem *pertença a certo sexo*. Da mesma forma serão *ilícitas* cláusulas que proíbam o consentimento na transmissão a favor de pessoas identificáveis por aquela característica. Seria ainda de considerar *ilícita* uma cláusula que estabelecesse como requisito *professar a ideologia nazi* ou *defender o extermínio de pessoas que seguissem os preceitos de determinada religião*. Nas hipóteses identificadas, haverá certamente nulidade da cláusula, ao menos por contrariedade aos bons costumes.

No que diz respeito a requisitos que discriminem por motivos baseados na *raça, cor, nacionalidade ou origem étnica*, importa ter em conta a Lei nº 134/99, de 28 de agosto, que veio, nomeadamente, "prevenir e proibir a discriminação racial sob todas as suas formas".

Continuando a pensar nos requisitos que digam respeito à *nacionalidade*, há que ter em conta, pelo menos relativamente aos nacionais de países membros da União Europeia, o disposto no art. 18º do TFUE, que proíbe toda e qualquer discriminação em razão da nacionalidade relativamente àqueles nacionais. Contudo, não é totalmente líquido que tal disposição possa ser invocada nas relações entre particulares.

Nalguns outros casos, os requisitos *subjetivos* poderão ser admissíveis quando não são "considerados em si mesmos e tomados directamente como tais"[6]. O que interessa então é que não se esteja perante discriminações arbitrárias[7].

Falemos agora dos requisitos *objetivos*: são, designadamente, os que estão relacionados com a própria *quota a ceder*, com a *quota com que se fica* depois de uma cessão parcial ou com a *quota com que se pode ficar depois de adquirida* a quota cedida.

Estaremos perante um requisito *objetivo* quando se quer que o consentimento só seja dado se a quota a ceder representar *menos do que uma certa parcela* do capital social. Também estaremos perante um requisito *objetivo* quando o consentimento fica subordinado a que o *adquirente não fique com uma quota ou quotas que representem uma certa parcela* do capital social.

Estaremos, ainda, perante um requisito *objetivo* se a cláusula condicionar o consentimento dispondo que o consentimento pode ser dado ou recusado se a cessão tiver lugar através, por exemplo, de *negócios gratuitos*, de *doações*, etc..

---

[6] SOUSA RIBEIRO (1998), p. 753.
[7] Cfr. o Ac. TC nº 39/88, Ac. TC, 1988, p. 233 e ss..

Pensamos que ainda será um requisito *objetivo* (embora não relacionado com a quota a ceder) aquele que se traduz na exigência da *prática de certos atos anteriores à cessão*: exige-se, por exemplo, que o adquirente aliene participações sociais noutras sociedades ou em sociedades concorrentes. Claro que, neste caso, estaremos, pelo menos indiretamente, também perante um requisito *subjetivo*: trata-se de deixar de ser sócio da outra sociedade.

Poderá incluir-se também nos requisitos *objetivos* aquele que consista em sujeitar a cessão ao consentimento da sociedade *se e enquanto esta tiver lucros de exercício*[8].

Contudo, os requisitos que condicionam o consentimento *não podem* tornar a cessão dependente: "*a*) Da vontade individual de um ou mais sócios ou de pessoa estranha, salvo tratando-se de credor e para cumprimento de cláusula de contrato onde lhe seja assegurada a permanência de certos sócios; *b*) De quaisquer prestações a efetuar pelo cedente ou pelo cessionário em proveito da sociedade ou de sócios; *c*) Da assunção pelo cessionário de obrigações não previstas para a generalidade dos sócios".

No caso da al. *a*) (requisito que condiciona o consentimento de tal forma que torna a cessão dependente da vontade de um ou mais sócios ou de pessoa estranha à sociedade), pretende-se evitar que uma ou mais vontades individuais se sobreponham ao que podia ser a vontade coletiva, expressa através de deliberação dos sócios[9]. Mas já é possível tornar a cessão dependente da vontade de credor "para cumprimento de cláusula de contrato onde lhe seja assegurada a permanência de certos sócios". Foi tido em conta que haverá credores para quem só fará sentido conceder crédito à sociedade (ou concedê-lo sob determinadas condições) se certo sócio ou certos sócios continuarem na sociedade. No caso previsto na al. *b*) está em causa evitar uma espécie de "venda do consentimento": o consentimento ficaria dependente de uma prestação a realizar pelo cedente ou cessionário. Por fim, a proibição da al. *c*) impede que em troco do consentimento o cessionário seja obrigado a ficar numa situação desfavorável em relação aos outros sócios e que poderia ser levado a aceitar devido a uma verdadeira chantagem conduzida pelos restantes sócios.

---

[8] JÜRG ZUTT (1992), p. 659, menciona o caso de uma cláusula que dispensava o consentimento quando a sociedade tivesse perdas.
[9] Nesse sentido, RAÚL VENTURA (1993), p. 609.

6. O contrato de sociedade pode conter a previsão de penalidades a aplicar em caso de cessão efetuada sem consentimento da sociedade

Resulta do art. 229º, 6, do CSC que "o contrato de sociedade pode cominar penalidades para o caso de a cessão ser efetuada sem prévio consentimento da sociedade".

O contrato de sociedade pode, por exemplo, prever que a cessão não consentida obriga ao pagamento de uma quantia em dinheiro a favor da sociedade.

Pode, até, constar do contrato de sociedade que a realização da referida cessão constitui causa de amortização da quota[10] ou de exclusão de sócio[11].

7. As cláusulas de preferência
7.1. Na vigência da LSQ

O § 3.º do art. 6.º da LSQ permitia que a "escritura social" fizesse depender a cessão de quotas "do consentimento da sociedade ou doutros requisitos".

E nesses outros requisitos cabiam, certamente, as cláusulas de preferência, a favor de sócios ou da sociedade[12]. São, aliás, apenas essas que irão ser por nós apreciadas.

O STJ, no seu Ac. de 31/07/1953[13], aceitou inclusivamente a eficácia real de uma cláusula de um contrato de sociedade que estabelecia o seguinte: "No caso de cessão de quotas, a sociedade terá o direito de preferência, e este direito, não querendo ou não podendo ela legalmente exercê-lo, pertencerá aos sócios individualmente, e, querendo-o mais de um, a quota será dividida pelos que a quiserem conforme for legalmente possível". E naquele Acórdão lê-se: "As sociedades podem assim fazer cumprir judicialmente tais cláusulas, quando desrespeitadas".

Mais tarde, a Revista dos Tribunais, em anotação ao Ac. STJ de 23/07/1971[14], deu atenção a uma cláusula de um contrato de sociedade por quotas com a seguinte redação: "No caso de cessão de quotas quer entre sócios, quer a estranhos, a sociedade em primeiro lugar e os sócios, com primazia daquele que

---

[10] Cfr. o art. 232º, 1, e o art. 233º, 1 e 2, todos do CSC.
[11] Cfr. o art. 241º, 1, do CSC. Admitindo a previsão da exclusão, MENEZES CORDEIRO (2007), p. 373, e PEDRO DE ALBUQUERQUE (2011), p. 666.
[12] Aceitando a validade das cláusulas de preferência, RAÚL VENTURA (1967), p. 193; PEREIRA DE ALMEIDA (1980/81), p. 159. Dando conta de que tais cláusulas eram frequentes na vigência da LSQ, RAÚL VENTURA (1993), p. 613; ALBINO MATOS (2001), p. 201; ALMEIDA COSTA/EVARISTO MENDES (2011), p. 4.
[13] *BMJ*, 38º, 1953, p. 294 e ss.
[14] *RT*, 90º, p. 20 e ss..

tiver maior quota, têm o direito de preferência. O sócio que pretender alienar a sua quota fica obrigado a comunicá-lo à sociedade e aos sócios por carta registada com a antecedência de 15 dias pelo menos para que declarem se querem ou não optar". Sobre esta cláusula, lia-se, naquela prestigiada Revista: "Pelo art. 6º-§ 3º LSPQ, a escritura social pode fazer depender a cessão de quotas do consentimento da sociedade ou de outros requisitos. Se do pacto constava só o art. 5.º, ele apenas estabelecera o direito de preferência – em primeiro lugar para a sociedade e, depois, para os sócios, por ordem de grandeza das quotas. A falta de comunicação do intuito de o sócio ceder a quota por carta registada com antecedência de 15 dias não invalidava a cessão e apenas sujeitava o adquirente à acção de preferência, cujo prazo se contava do conhecimento que os sócios tivessem da escritura de cessão".

7.2. No CSC

Relativamente às sociedades por quotas, no art. 229º, 5, do CSC pode ler-se que "o contrato de sociedade não pode subordinar os efeitos da cessão a requisito diferente do consentimento da sociedade", embora possa condicionar o consentimento a requisitos específicos, dentro de certos limites.

Trata-se de uma solução um pouco estranha, na medida em que para as sociedades anónimas se permitiu um leque aparentemente mais variado de limitações quanto à transmissão de ações nominativas[15].

As cláusulas de preferência a favor de sócios ou da sociedade[16] não violarão o art. 229º, 5, do CSC se, por interpretação do contrato de sociedade, se concluir que a eficácia da cessão não fica subordinada a essas cláusulas[17]. O preferente

---

[15] Na Alemanha, o Abs. 5 do § 15 da *GmbHG* dá outra liberdade na redação do contrato de sociedade. Este pode tornar a cessão de quotas dependente de "outros requisitos" ("weitere Voraussetzungen"), entre os quais o consentimento da sociedade. Admitem alguns autores que o contrato de sociedade exija o consentimento dos sócios ou permita que a assembleia nomeie uma comissão para decidir sobre o pedido de consentimento: cfr. HEINZ ROWEDDER/ALFRED BERGMANN (2002), p. 573.

[16] Para uma análise de um conjunto significativo de casos retirados de contratos de sociedades, ALMEIDA COSTA/EVARISTO MENDES (2011), p. 10-11.

[17] No entanto, FERRER CORREIA (1989), p. 162, nota 37, escrevia assim: "constitui problema o saber se continuará a ser lícita a concessão à sociedade e/ou sócios de um direito de preferência". E não fazia quaisquer distinções relativamente a esses direitos de preferência. Por sua vez, ABÍLIO NETO (1989), p. 329, aceitava a validade das cláusulas de preferência. Para um exemplo de cláusula de preferência bastante completa, PAULO OLAVO CUNHA (2012), p. 455 e s.. Parecendo aceitar a validade de uma cláusula de preferência contida em contrato de sociedade por quotas com existência anterior ao CSC mas perante constituição de usufruto ocorrida em 1993, cfr. o Ac. RL de 22/09/2005, www.dgsi.pt

poderá impedir que a cessão de quota ocorra nos termos pretendidos pelo alienante exercendo o direito de preferência.

Mas, se a cláusula de preferência estabelece que a violação da mesma torna a cessão da quota ineficaz em relação à sociedade ou contém formulação semelhante, subordina os efeitos da cessão de quotas à observância do direito de preferência. E, por isso, viola claramente o art. 229º, 5, do CSC. A consequência só pode ser a da nulidade de uma tal cláusula[18]: "se pela cláusula de preferência a eficácia da cessão para com a sociedade, ficar subordinada ao cumprimento da obrigação de preferência pelo sócio cedente, a regra do art. 229º, nº 5, é violada e a cláusula é nula"[19].

7.3. Cessões a título gratuito

Nada dizendo o CSC acerca das cláusulas de preferência contidas no contrato de sociedade de sociedades por quotas, também se torna difícil apurar se são ou não admitidas tais cláusulas de preferência quando as mesmas digam respeito a cessões a título gratuito[20].

No que diz respeito às ações de sociedades anónimas, a questão é mais fácil de resolver. Isto porque resulta do art. 328º do CSC que a regra deve ser a da livre transmissibilidade das ações. Essa regra deve iluminar a interpretação que se faça dos preceitos que admitem certas limitações relativamente à transmissão de ações nominativas. Entre dois sentidos possíveis, devemos optar por aquele que seja mais coerente com a regra estabelecida. Devemos, por isso, optar em princípio pelo sentido que mais favoreça a transmissibilidade das ações. E, assim sendo, o direito de preferência que pode ser estabelecido no contrato de sociedade ao abrigo do art. 328º, 2, c), do CSC só pode ser aquele que permite o exercício "tanto por tanto"[21].

Nas sociedades por quotas não contamos com uma regra como a que ficou a constar do art. 328º, 1, CSC. Pelo menos quando fiquem definidos os termos em que deverá ser exercido o direito de preferência, deve admitir-se que tam-

---

[18] Na nossa opinião, por violação de norma legal de carácter imperativo: cfr. o art. 294.º do CCiv..
[19] RAÚL VENTURA (1993), p. 613. No mesmo sentido, cfr. o Ac. STJ de 30/05/2006, www.dgsi.pt. Sobre a possibilidade de redução ou conversão, ALMEIDA COSTA/EVARISTO MENDES (2011), p. 36. A subordinação dos efeitos da cessão ao cumprimento da obrigação de preferência até pode estar prevista em cláusula autónoma e ser apenas esta que é afetada pela nulidade. Sobre a matéria, v. tb. COUTINHO DE ABREU (2015), p. 235 e s..
[20] Sobre o problema de saber se os pactos de preferência podem também abranger negócios gratuitos, cfr. ALEXANDRE DE SOVERAL MARTINS (2006), p. 358 e s., nts. 16, 17, 18.
[21] Para mais desenvolvimentos, ALEXANDRE DE SOVERAL MARTINS (2006), p. 357 e ss..

bém as cessões a título gratuito sejam abrangidas pela cláusula de preferência[22]. Mas se tais critérios não constarem do contrato de sociedade, ainda assim não será desajustado aplicar, por analogia, o critério do valor real da quota previsto no art. 231º, 2, d).

7.4. Cláusulas de preferência contidas em contratos de sociedade anteriores ao início de vigência do CSC

No que diz respeito às sociedades por quotas cujos contratos de sociedade foram celebrados antes da entrada em vigor do CSC, importa ter presente o disposto no art. 530º, 1, daquele Código, designadamente quando resulte da leitura do contrato que os efeitos da cessão ficavam subordinados ao respeito por uma cláusula de preferência. É que, se assim for, a cláusula do contrato de sociedade não é permitida pelo CSC e tal cláusula considera-se automaticamente substituída pelas disposições de carácter imperativo do CSC, "sendo lícito recorrer à aplicação das disposições de carácter supletivo que ao caso convierem".

No já citado Ac. STJ de 30/05/2006 pode inclusivamente ler-se, relativamente a uma cláusula de preferência contida num contrato de sociedade por quotas celebrado em 1976, que a mesma seria "nula atento o disposto no nº 5 do art. 229º – 'o contrato de sociedade não pode subordinar os efeitos da cessão a requisito diferente do consentimento da sociedade' – em conjugação com o disposto no art. 530º, nº 1"[23]. Tratar-se-ia então, para o STJ, de uma nulidade superveniente.

Ora, o art. 229º, 5, do CSC, na parte em que dispõe que "o contrato de sociedade não pode subordinar os efeitos da cessão a requisito diferente do consentimento da sociedade", tem natureza imperativa: nesse sentido, cfr. o Ac. STJ de 30/05/2006. Natureza imperativa essa que é logo revelada pela sua letra ("não pode"). E se assim é, uma coisa parece certa: a cláusula de preferência que seja proibida pelo art. 229º, 5, referido não poderá ser invocada na medida daquela proibição. Mas ir ao ponto de considerar que teremos então perante nós uma invalidade superveniente já parece desaconselhável. A aplicação das disposi-

---

[22] Quanto ao controlo que deve ser efetuado relativamente aos critérios para a fixação do valor a pagar pelo preferente, ALMEIDA COSTA/EVARISTO MENDES (2011), p. 38.
[23] Contudo, o STJ não chegou a analisar com profundidade a questão de saber se verdadeiramente a cláusula apreciada era ou não requisito de eficácia da cessão. COUTINHO DE ABREU (2015), p. 336, parece defender que a aplicação da nova lei (o CSC) a cláusulas de contratos de sociedades anteriores pode conduzir à nulidade, que no entanto "limitar-se-á normalmente (v. o art. 292º do CCiv.) à parte que contraria o preceito imperativo do art. 229º, 5 –mantém-se o direito de preferência mas não como requisito de eficácia da cessão para com a sociedade".

ções de carácter imperativo exigida pelo art. 530º, 1, basta-se com a impossibilidade de invocar a cláusula de preferência tornada ilícita e na medida dessa ilicitude: isto é, enquanto subordina os efeitos da cessão a essa preferência. Clarificamos, assim, o que defendemos na 1ª edição.

7.5. A natureza social das cláusulas de preferência contidas no contrato de sociedade

As cláusulas de preferência a favor de sócios ou da sociedade contidas no contrato de sociedade de uma sociedade por quotas não têm apenas a natureza de um mero pacto de preferência entre os contratantes. Aquelas cláusulas "constituem conteúdo próprio do contrato de sociedade e não um pacto de preferência ligado apenas materialmente ao contrato de sociedade"[24].

Essa natureza social das cláusulas de preferência pode ser afirmada com base em várias razões.

Em primeiro lugar, há que referir que a cláusula de preferência é apta a satisfazer interesses da própria sociedade. A entrada de novos sócios ou a alteração das relações de poder dentro da sociedade podem ser desaconselhadas tendo em conta o interesse social e a cláusula pode permitir acautelar esse interesse.

Além disso, se a cláusula de preferência constituísse um mero pacto de preferência, a supressão do direito de preferência careceria do consentimento de todos os que foram partes no pacto. E não é isso que se verifica relativamente à cláusula de preferência, uma vez que ela pode ser eliminada nos termos gerais previstos para as alterações dos contratos de sociedade[25].

Acrescente-se que o sócio que adquire uma quota após a introdução da cláusula de preferência no contrato de sociedade também ficará vinculado pela referida cláusula, se não resultar o contrário do contrato de sociedade.

Por todas as razões expostas, parece justificado atribuir em regra à cláusula de preferência constante do contrato de sociedade de uma sociedade por quotas verdadeira natureza social. Isto, naturalmente, sem esquecer que não se pode excluir sem mais a possibilidade de encontrar cláusulas parassociais no contrato de sociedade[26].

---

[24] RAÚL VENTURA (1993), p. 613. Também ALMEIDA COSTA/EVARISTO MENDES (2011), p. 6, negam às cláusulas estatutárias de preferência a mera natureza de pactos de preferência.

[25] Não repugna aplicar aqui por analogia o disposto no n.º 3 do art. 328.º do CSC, como vimos também a propósito das cláusulas de consentimento. Afirmando que "uma cláusula de preferência estatutária geral, tendo como beneficiários os sócios", pode ser suprimida ou modificada para redução de conteúdo nos termos das regras relativas à alteração do pacto social, ALMEIDA COSTA/EVARISTO MENDES (2011), p. 18.

[26] Sobre o tema, para as sociedades anónimas, ALEXANDRE DE SOVERAL MARTINS (2006), p. 346 e ss..

7.6. Eficácia real da cláusula de preferência?

O que foi dito até aqui levanta o problema de saber se pode ser atribuída eficácia real à cláusula de preferência[27]. Perante o regime contido no CSC, as dúvidas são legítimas. Nada se prevê ali quanto a essa eficácia real e, na verdade, o art. 423.º do CCiv. diz respeito aos pactos de preferência. As cláusulas de preferência que nos preocupam agora não são meros pactos de preferência e para os direitos reais vigora o princípio da taxatividade.

Pela nossa parte, tendemos a aceitar a admissibilidade de cláusulas de preferência com eficácia real contidas no contrato de sociedade por quotas quanto à cessão de quotas, pelo menos, quando fica clausulada expressamente essa eficácia real no próprio contrato de sociedade, que será registado[28]. A quota é um bem móvel e o contrato de sociedade de uma sociedade por quotas deve ser registado, como registada deve ser a cessão de quotas. Com aquela eficácia real, o titular do direito de preferência poderá, perante a violação do seu direito mediante transmissão a outrem, intentar a correspondente ação de preferência[29].

Dir-se-á que a exigência de expressa atribuição de eficácia real justifica-se porque estamos precisamente a falar de eficácia real. Aquela exigência teria como

---

[27] Na al. *d*) do n.º 1 do art. 3.º do CRCom., pode ler-se que estão sujeitos a registo os pactos de preferência relativos a quotas "se tiver sido convencionado atribuir-lhes eficácia real". O direito de preferência de que estamos a tratar no texto é aquele que é mais do que um mero pacto de preferência, tendo verdadeira natureza social. Contudo, se a lei reconhece a possibilidade de atribuir eficácia real a um pacto de preferência que tenha por objeto uma quota, como recusar essa possibilidade a um direito de preferência de natureza social? Aceitam a eficácia real dos direitos de preferência relativos à cessão de quotas contidos em cláusulas estatutárias de sociedades por quotas COUTINHO DE ABREU (2015), p. 342; PEREIRA DE ALMEIDA (2013), p. 379. Na vigência da LSQ, cfr. J. G. SÁ CARNEIRO (1954), p. 34, s., 66, s., 98, s..

[28] Nesse sentido, cfr. o Ac. STJ de 24/03/1994, www.dgsi.pt. Exigindo também declaração expressa, cfr. o Ac. STJ de 12/09/2013 (Relator: Sérgio Poças), Proc. nº 388/04.4TYLSB.L1.S1, in www.dgsi.pt. Como vimos, o § 3.º do art. 6º da LSQ dispunha que a "escritura social pode fazer depender a cessão de quotas do consentimento da sociedade ou doutros requisitos". E nesses outros requisitos cabiam as cláusulas de preferência, a favor dos sócios ou da sociedade. Ao ser incluído no contrato de sociedade um direito de preferência, a cessão de quotas ficaria dependente desse direito de preferência: era isso que o § 3º do art. 6º da LSQ expressamente permitia. O que poderia significar que os sócios e a LSQ atribuiriam eficácia real àquele requisito: só assim se pode verdadeiramente dizer que a cessão ficaria dependente do direito de preferência da sociedade. No entanto, o ponto é discutível. Com efeito, na vigência do Código de Seabra parecia ser dominante a doutrina que considerava ter o pacto de preferência eficácia "somente obrigacional, não real": cfr., nesse sentido, VAZ SERRA (1958), p. 138, com mais referências. O problema interessa sobretudo às sociedades por quotas anteriores à entrada em vigor do atual CCiv..

[29] Contra, ALMEIDA COSTA/EVARISTO MENDES (2011), p. 31.

fundamento a necessidade de alertar as partes para a especial natureza da cláusula em questão. Ao fim e ao cabo, trata-se de um direito real de aquisição. No entanto, o próprio art. 421º, 1, do CCiv. não exige "convenção expressa". Daí que consideremos, hoje mais abertamente, que bastará uma convenção tácita a atribuir a eficácia real ao direito de preferência quanto à cessão de quotas.

No que diz respeito à *forma do contrato de sociedade* que contém a cláusula de preferência a que foi atribuída eficácia real, surge uma outra dificuldade. De acordo com o art. 421º, 1, do CCiv., para ter eficácia real o direito de preferência fundado em pacto deve observar "os requisitos de forma e de publicidade exigidos no art. 413.º". E o art. 413º, 2, do mesmo Código dispõe que "salvo o disposto em lei especial, deve constar de escritura pública ou de documento particular autenticado a promessa a que as partes atribuam eficácia real; porém, quando a lei não exija essa forma para o contrato prometido, é bastante documento particular com reconhecimento da assinatura da parte que se vincula ou de ambas, consoante se trate de contrato-promessa unilateral ou bilateral".

Se o pacto de preferência diz respeito a negócio que não está sujeito à exigência de escritura pública ou documento particular autenticado, então aquele pacto também não tem de ser celebrado por forma tão solene.

Ora, a cessão de quotas que seja abrangida pela cláusula de preferência não tem hoje de constar de escritura pública, como vimos já.

Mas, por outro lado, o art. 7º, 1, do CSC veio exigir a celebração por escrito do contrato de sociedade, com as assinaturas de todos os subscritores reconhecidas presencialmente, salvo se forma mais solene for exigida para a transmissão dos bens que constituam entradas dos sócios. Neste último caso, será essa a forma também necessária para a celebração do contrato de sociedade. Parece, assim, que as exigências de forma que valem para os pactos de preferência sempre estariam cumpridas, caso se entenda que devem ser respeitadas quanto às cláusulas de preferência contidas no contrato de sociedade por quotas.

Relativamente às exigências de publicidade mencionadas no art. 421º, 1, do CCiv., as mesmas consistem no registo, como resulta do art. 413º, 1. Mas o contrato de sociedade está também sujeito a registo e não se vê razão para exigir algo mais do que esse registo[30].

É certo que o art. 229º, 5, do CSC proíbe que o contrato de sociedade subordine os efeitos da cessão de quotas a requisito diferente do consentimento

---

[30] Nesse sentido, COUTINHO DE ABREU (2015), p. 342.

da sociedade. Será que a atribuição de eficácia real tem como consequência a subordinação que a lei proíbe?

Julgamos que não. Com aquela eficácia real do direito de preferência os efeitos da cessão de quotas não ficarão subordinados à observância do direito referido: o facto de o direito de preferência ter eficácia real não retira eficácia à cessão de quotas que viola aquele direito de preferência.

Quando exista aquela eficácia real, se o obrigado à preferência viola a obrigação de celebrar o negócio com o preferente e aliena a coisa a terceiro, foi dito já que o preferente tem "o direito potestativo de, por via judicial – através de uma ação de preferência –, se substituir ou subrogar ao adquirente da coisa, no contrato por este celebrado com o obrigado à prelação"[31]. E se aceitarmos que assim é, então não há como dizer que a cessão de quotas tem a eficácia subordinada à cláusula de preferência. A cessão de quotas que violou a cláusula de preferência continuará a produzir os seus efeitos, mesmo que o direito de preferência tenha eficácia real e o titular do direito de preferência intente, com sucesso, a ação de preferência. A procedência dessa ação levará a que o preferente se faça substituir ao adquirente da coisa no contrato celebrado, e, portanto, este contrato produzirá os seus efeitos. Só que, agora, com o preferente.

Do que não há dúvida é que a cláusula de preferência contida no contrato de sociedade de uma sociedade por quotas é oponível a terceiros, nos mesmos termos em que o são as restantes cláusulas do contrato de sociedade. Cumpridas as exigências legais em matéria de publicidade do contrato de sociedade, as cláusulas de preferência são oponíveis a terceiros, incluindo adquirentes, de boa ou má fé[32].

7.7. A subordinação do consentimento ao respeito pelo direito de preferência?

Como já foi salientado, no art. 229º, 5, do CSC pode ler-se que "o contrato de sociedade não pode subordinar os efeitos da cessão a requisito diferente do consentimento da sociedade", mas, dentro de alguns limites, "pode condicionar esse consentimento a requisitos específicos".

Daí que se justifique perguntar se o consentimento pode ficar condicionado ao respeito por uma cláusula de preferência estabelecida no contrato de sociedade. Essa cláusula de preferência não constituiria requisito dos efeitos da ces-

---

[31] HENRIQUE MESQUITA (1990), p. 227.
[32] Cfr. os nºs 2 e 3 do art. 168.º do CSC.

são, mas o respeito pela mesma condicionaria a concessão de consentimento pela sociedade [33].

A dificuldade que surge aqui é esta: os requisitos a que se condiciona o consentimento não podem tornar a cessão dependente da "vontade individual de um ou mais sócios ou de pessoa estranha, salvo tratando-se de credor e para cumprimento de cláusula de contrato onde lhe seja assegurada a permanência de certos sócios".

É certo que se poderia afirmar que na hipótese sobre a qual nos estamos a debruçar também a cessão ficaria dependente da vontade individual de um ou mais sócios ou de pessoa estranha: o titular do direito de preferência, ao exercer esse direito, estaria com a sua vontade a impedir a cessão.

Contudo, não nos parece que seja para esses casos que está pensada a proibição legal. Julgamos que a lei vem proibir os casos em que se quer prever no contrato de sociedade que uma manifestação de vontade desfavorável à cessão por parte de um ou mais sócios ou por parte de uma pessoa estranha conduza à recusa do consentimento.

Mas a cláusula pela qual o consentimento fica condicionado ao respeito por uma cláusula de preferência torna a cessão dependente da vontade do próprio cedente: este tem de respeitar a cláusula de preferência, ainda que os preferentes pura e simplesmente não se manifestem. E pelo menos quando assim seja concebida a cláusula, tendemos a aceitar a sua validade.

---

[33] Admitindo que o respeito de um direito de preferência possa surgir como requisito do consentimento, JÜRG ZUTT (1992), p. 668; HEINZ WINTER (1993), p. 675.

ARTIGO 230º*
Pedido e prestação do consentimento

1. O consentimento da sociedade é pedido por escrito, com indicação do cessionário e de todas as condições da cessão.
2. O consentimento expresso é dado por deliberação dos sócios.
3. O consentimento não pode ser subordinado a condições, sendo irrelevantes as que se estipularem.
4. Se a sociedade não tomar a deliberação sobre o pedido de consentimento nos 60 dias seguintes à sua receção, a eficácia de cessão deixa de depender dele.
5. O consentimento dado a uma cessão posterior a outra não consentida torna esta eficaz, na medida necessária para assegurar a legitimidade do cedente.
6. Considera-se prestado o consentimento da sociedade quando o cessionário tenha participado em deliberação dos sócios e nenhum deles a impugnar com esse fundamento, provando-se o consentimento tácito, para efeitos de registo da cessão, pela ata da deliberação.

* A redação do nº 6 foi dada pelo DL 76-A/2006, de 29 de março.

Índice
1. O procedimento para a obtenção do consentimento. O pedido
2. A deliberação dos sócios
3. A deliberação dos sócios posterior à cessão
4. Consentimento dado pelo gerente e comunicação pelo gerente de um consentimento que não existiu
5. Consentimento "tácito"

Bibliografia
Citada:
ABREU, COUTINHO DE – *Curso de direito comercial*, II, 5ª ed., Almedina, Coimbra, 2015; ALMEIDA, PEREIRA DE – *Sociedades comerciais, valores mobiliários, instrumentos financeiros e mercados*, Coimbra Editora, Coimbra, 2013; ALTMEPPEN, HOLGER/ROTH, GÜNTER – *Gesetz betreffend die Gesellschaften mit beschränkter Haftung (GmbHG)*, 6. Aufl. Beck, München, 2009; ANTUNES, JOSÉ ENGRÁCIA – *Direito das sociedades*, 4ª ed., ed. do A., 2013; CAEIRO, ANTÓNIO – "A exclusão estatutária do direito de voto nas sociedades por quotas", *Temas de Direito das Sociedades*, Almedina, Coimbra, 1984, *As sociedades de pessoas no Código das Sociedades* Comerciais, Separata do número especial do *BFD* – Estudos em Homenagem ao Prof. Doutor Eduardo Correia – 1984, Coimbra, 1988; HUECK, GÖTZ/FASTRICH, LORENZ, "§ 15", in BAUMBACH, ADOLF/ HUECK, ALFRED – *GmbH-Gesetz*, 19. Aufl., Beck, München, 2010; CORDEIRO, MENEZES – *Manual de Direito das Sociedades. I. Das sociedades em*

geral, 2ª ed., Almedina, Coimbra, 2007, *Código das Sociedades Comerciais Anotado*, (coord.), Almedina, Coimbra, 2009; CORREIA, BRITO – *Direito comercial*, 2º vol., AAFDL, Lisboa, 1989; CORREIA, FERRER – "A sociedade por quotas de responsabilidade limitada segundo o CSC", *Temas de Direito Comercial*, Almedina, Coimbra, 1989; CORREIA, FERRER/XAVIER, V.G. LOBO/COELHO, MARIA ÂNGELA/CAEIRO, ANTÓNIO – "Sociedades por quotas de responsabilidade limitada. Anteprojecto de Lei – 2ª redacção e exposição de motivos", *RDE*, 1977, p. 153-224, 349-423, 1979, p. 111-200; LABAREDA, JOÃO – "Posição do sócio alienante na deliberação sobre o pedido de consentimento para a cessão de quotas", *Estudos em Homenagem ao Prof. Doutor Raúl Ventura*, II, Coimbra Editora/FDUL, 2003, p. 467-494; MAIA, PEDRO – "Cessão de quotas", *Os quinze anos de vigência do Código das Sociedades Comerciais*, Bissaya Barreto, Coimbra, 2003, p. 125-149, "Tipos de sociedades comerciais", *Estudos de direito das sociedades*, (coord. de Coutinho de Abreu), 12ª ed., Almedina, Coimbra, 2015, p. 13-39; MARTINS, ALEXANDRE DE SOVERAL – *Cláusulas do contrato de sociedade que limitam a transmissibilidade das acções*, Almedina, Coimbra, 2010; MEYER-LANDRUT, JOACHIM – "§ 15", in JOACHIM MEYER-LANDRUT/GEORG MILLER/ /RUDOLF NIEHUS – *Gesetz bettrefend die Gesellschaften mit beschränkter Haftung (GmbHG)*, De Gruyter, Berlin/New York, 1987; ROWEDDER, HEINZ/BERGMANN, ALFRED – "§ 15", em ROWEDDER, *Gesetz betreffend die Gesellschaften mit beschränkter Haftung (GmbHG)*, 4. Aufl., Franz Vahlen, München, 2002; SANTOS, CASSIANO DOS – *Estrutura associativa e participação societária capitalística*, Coimbra Editora, Coimbra, 2006; TRIUNFANTE, ARMANDO – *Código das sociedades comerciais anotado*, Coimbra Editora, Coimbra, 2007; VENTURA, RAÚL – *Sociedades por quotas*, III, Almedina, Coimbra, 1991, *Sociedades por quotas*, I, Almedina, Coimbra, 1993, *Alterações do contrato de sociedade*, Almedina, Coimbra, 1996; WINTER, HEINZ – "15", in SCHOLZ *Kommentar zum GmbH – Gesetz*, 9. Aufl., Otto Schmidt, Köln, 2000; ZUTT, JÜRGEN – "§ 15", em HACHENBURG, *Gesellschaften mit beschränkter Haftung (GmbHG). GroBkommentar*, Erster Band, 8. Aufl., De Gruyter, Berlin/New York, 1992.

1. O procedimento para a obtenção do consentimento. O pedido

O consentimento da sociedade deve ser pedido a esta[1]. Esse pedido tem de ser formulado por escrito[2] e nele devem constar todas as condições da cessão. Não basta, por isso, que se indiquem apenas os elementos essenciais.

---

[1] RAÚL VENTURA (1993), p. 625, admitia que o consentimento fosse pedido pelo cedente ou pelo cessionário; no mesmo sentido, COUTINHO DE ABREU (2015), p. 333. Se a primeira alternativa não suscita dúvidas, já a segunda merece algumas cautelas. É que parece estranho que seja o cessionário a pedir o consentimento e a desencadear toda a eventual subsequente atividade da sociedade. Sobretudo nos casos em que o cessionário não é ainda sequer sócio: para com esse cessionário, não se vê por que razão é que a sociedade deveria ficar obrigada a pronunciar-se. Além disso, o art. 231º, 1, do CSC dis-

O pedido de consentimento deve ser dirigido à sociedade através de quem tem poderes para a representar passivamente. E embora o art. 261º, 3, apenas trate dos poderes para representar a sociedade quanto a notificações ou declarações de *terceiros*, estabelecendo que estas podem ser dirigidas a qualquer dos gerentes, não se vê por que razão é que a mesma solução não deva valer, pelo menos por analogia, para os casos de que estamos a tratar.

2. A deliberação dos sócios

Uma vez recebido o pedido de consentimento, os sócios deverão deliberar sobre ele no prazo de 60 dias[3]. Se não tomarem essa deliberação, a eficácia da cessão de quotas deixa de depender do consentimento da sociedade.

Para a tomada da deliberação de sócios em causa, qualquer uma das formas admitidas por lei quanto às sociedades por quotas parece ser possível. Assim, poderemos ter aqui uma deliberação unânime por escrito, em assembleia geral regularmente convocada, em assembleia universal ou, na nossa opinião, por voto escrito.

Quanto às deliberações *por voto escrito*, chamamos a atenção para o disposto no art. 247º, 8, do CSC: "Não pode ser tomada deliberação por voto escrito quando algum sócio esteja impedido de votar, em geral ou no caso de espécie". Este preceito assume aqui particular importância para quem entenda que o cedente e o cessionário estão impedidos de votar quanto ao pedido de consentimento para a cessão de quotas. Caso se entenda que não se verifica esse impedimento, como julgamos preferível, então até aquela forma de tomada de deliberações é admissível para a prestação ou recusa do consentimento.

Com efeito, o sócio que pretende ceder a sua quota e o interessado em adquirir que seja já sócio não estão, só por isso, impedidos de votar na deliberação sobre a concessão ou recusa do consentimento da sociedade. Não parece que se verifique aí, sem mais, uma situação relevante de conflito de interesses com a sociedade[4]. É que a lei considera que o sócio não pode votar quando o conflito

---

põe que a comunicação da recusa do consentimento deve ser efetuada ao sócio, que será o cedente, e conterá proposta de amortização ou de aquisição de quota (com a inerente atuação da sociedade para encontrar um valor a atribuir à quota). E esta comunicação ao sócio teria menos sentido se o pedido de consentimento tivesse sido apresentado pelo cessionário. A menos, claro está, que este atue na qualidade de representante do cedente.
[2] Cfr., porém, o art. 4º-A do CSC.
[3] Cfr. o art. 230º, 4, do CSC. E o gerente deverá proceder de modo a que essa deliberação se torne possível nesse prazo.
[4] Sobre a cláusula de consentimento nas sociedades por quotas, dizia ANTÓNIO CAEIRO (1984), p. 144: "nós entendemos que o sócio só está impedido de votar quando houver um conflito de interesses entre

de interesses se verifica *relativamente à matéria* da deliberação. E é isso que não se pode dizer quando a matéria é a da deliberação sobre o pedido de consentimento quanto à cessão de quotas[5].

Para que o consentimento seja dado por deliberação tomada em assembleia geral regularmente convocada, os gerentes, depois de recebido o pedido de consentimento, deverão proceder à referida convocação para que os sócios apreciem o pedido de consentimento apresentado. Qualquer dos gerentes pode, aliás, convocar a assembleia, conforme o disposto no art. 248º, 3. Em alternativa, poderão os gerentes levar a cabo os atos necessários e possíveis para que o consentimento seja deliberado por outra forma de tomada de deliberações pelos sócios de sociedades por quotas.

A deliberação considera-se tomada, em regra, se obtiver a maioria dos votos emitidos, não se considerando como tal as abstenções[6]. Contudo, é admissível

---

ele e a sociedade. Manifestamente não é esse o caso em hipóteses como esta, em que o conflito pode existir entre os sócios, mas não entre o cedente e a sociedade". RAÚL VENTURA (1993), p. 627, também entendia que o cedente "pode votar na deliberação de consentimento, pois não existe impedimento de voto imposto pelo art. 254º, não há conflito de interesses, não há proibição legal expressa e o objecto da deliberação não se enquadra em nenhuma das alíneas do nº 1 do mesmo artigo". No mesmo sentido, PEREIRA DE ALMEIDA (2013), p. 376 e s.. Na jurisprudência, cfr. o Ac. RC de 18/01/2005, www.dgsi. pt. Com opinião contrária, JOÃO LABAREDA (2003), p. 493; PEDRO MAIA (2013), p. 22, nota 20. Para a Alemanha, admitindo, perante o teor do § 47, Abs. 4, da *GmbHG*, que o cedente vote se é exigido o consentimento através de deliberação dos sócios, ROWEDDER (2002), p. 575; admitindo o voto de cedente e cessionário, MEYER-LANDRUT (1987), p. 210; e WINTER (2000), p. 803.

[5] Pensamos que também conduz à mesma solução a leitura de CASSIANO DOS SANTOS (2006), p. 441: "O sócio não pode votar, contribuindo para definir a vontade social, quando é titular de uma relação jurídica estabelecida com a sociedade, em consequência da qual actua com um interesse próprio contraposto a um interesse formado ou em formação na esfera da sociedade, interesse esse integrado nas suas esferas individual ou extrassocial". Não é "em consequência" de uma relação "estabelecida com a sociedade" que o sócio "actua com um interesse próprio contraposto" ao da sociedade ao votar sobre o pedido de consentimento.

[6] Cfr. o art. 250º, 3. A cessão de quotas não implica uma alteração do contrato de sociedade: cfr. RAÚL VENTURA (1996), p. 18. E a deliberação em que se dá o consentimento não tem de ser aprovada com a maioria exigida pelo art. 265º, 1, do CSC (nesse sentido, cfr. o Ac. STJ de 1/02/1995, *CJ*, 1995, I, p. 57). O art. 250º, 3, começa, no entanto, por dizer que a regra nele estabelecida vale "salvo disposição diversa da lei ou do contrato". Pode suceder que o contrato de sociedade exija que o consentimento para a cessão de quotas seja dado por deliberação tomada com maioria superior à que o art. 265º do CSC prevê para a alteração do contrato de sociedade. Nesse caso, seria conveniente que o próprio contrato de sociedade exigisse uma maioria para essa alteração que fosse pelo menos idêntica à exigida para o consentimento. Como o contrato de sociedade deve mencionar "o montante de cada quota de capital e a identificação do respetivo titular", a cessão de quotas costuma ser seguida de alteração do contrato de sociedade quanto à referida cláusula.

disposição diversa do contrato de sociedade, que poderá exigir um outro *quorum* deliberativo[7].

O consentimento dado pela sociedade deve ser incondicional. É o que resulta do art. 230º, 3, do CSC: "O consentimento não pode ser subordinado a condições, sendo irrelevantes as que se estipularem".

Uma vez que, como vimos, o consentimento expresso deve ser dado por deliberação dos sócios, pode suceder que a cessão de quotas tenha sido realizada depois de concedido o consentimento através de uma deliberação inválida. Se a quota foi adquirida por terceiro, coloca-se o problema da tutela deste em face da invalidade referida. Como o consentimento da sociedade é apenas condição de eficácia da cessão de quotas, a declaração da nulidade ou a anulação da deliberação social não afetará a validade da cessão.

3. A deliberação dos sócios posterior à cessão

A redação do art. 228º, 2, parece dar a entender que o consentimento expresso tanto pode ser anterior à cessão, como contemporâneo ou posterior[8]. Com efeito, o que ali se lê é que a cessão "não produz efeitos para com a sociedade enquanto não for consentida por esta [...]".

Um argumento no sentido da admissibilidade de consentimento expresso posterior à cessão retira-se também do facto de o próprio consentimento dito "tácito" de que trata o art. 230º, 6, ser necessariamente posterior à cessão. E, se o consentimento "tácito" pode ser posterior à cessão, por maioria de razão o pode ser o consentimento expresso.

4. Consentimento dado pelo gerente e comunicação pelo gerente de um consentimento que não existiu

Embora o consentimento para a cessão de quotas deva ser dado por deliberação dos sócios, pode suceder que o gerente ou os gerentes em número suficiente para vincular a sociedade comuniquem a quem pediu o consentimento que deram eles próprios o consentimento referido.

---

[7] Para a Alemanha, aceitando que o contrato de sociedade exija 90% dos votos ou até a unanimidade, ROWEDDER/BERGMANN (2002), p. 574; ALTMEPPEN/ROTH (2009), p. 301.

[8] RAÚL VENTURA (1993), p. 623. Aceitando o consentimento posterior à cessão, cfr. o Ac. RL de 20/03/2003, www.dgsi.pt, o Ac. RC de 18/01/2005, www.dgsi.pt. Para a Alemanha, admitindo o consentimento antes, durante e depois da cessão, ZUTT (1992), p. 661; WINTER, (2000), p. 683; HUECK/FASTRICH (2010), p. 327.

Num caso como esse há que ter em conta que, por um lado, o consentimento expresso é dado por deliberação dos sócios. Por outro, a al. *b*) do art. 246º, 1, do CSC estabelece que *depende de deliberação dos sócios* o consentimento para a cessão de quotas. Aquele que pediu o consentimento não pode, obviamente, invocar o desconhecimento destes preceitos legais.

Mas uma coisa é a questão da competência para decidir dar ou não o consentimento, e outra é a da comunicação, feita a quem pediu o consentimento, de que esse consentimento foi dado. Se os gerentes comunicaram que deram aquele consentimento[9], esta comunicação será ineficaz em relação à sociedade porque se deve entender que os gerentes atuaram como representantes sem poderes, uma vez que não houve prévia deliberação dos sócios[10]-[11].

---

[9] Se os gerentes "deliberaram" dar o consentimento, poderá dizer-se que essa "deliberação" será nula por violar uma norma imperativa que, atribuindo a competência aos sócios, limita também a competência dos gerentes? Essa nulidade resultaria da aplicação, por analogia, do disposto na al. *b*) do nº 1 do art. 411º. É certo que RAÚL VENTURA, (1991), p. 189 e ss., defende que a maioria de que trata o art. 261º, 1, se formará por emissões separadas das vontades dos gerentes, sem reunião da gerência. O método de atuação conjunta por maioria seria o consagrado no referido preceito legal, afastando-se assim o método colegial. No entanto, é possível tentar conciliar as expressões "exercidos conjuntamente", "deliberações" e "voto". Basta que se considere que a lei, ao referir-se ao exercício conjunto, apenas quis dizer que todos os gerentes participarão no exercício colegial dos poderes (ou, então, que a lei, salvo cláusula do contrato de sociedade que disponha diversamente, adotou ambos os métodos: o método de atuação conjunta e o método de atuação colegial).

[10] Na verdade, é preciso atentar em que na lei se estabelece, em primeiro lugar, que é *o consentimento* que está dependente de deliberação dos sócios e, em segundo lugar, que esse consentimento *depende* da deliberação referida. Isto poderia fazer pensar que o consentimento não seria dado pela deliberação, antes estando apenas dependente dessa deliberação. Mas no art. 230º, 2, lê-se que o consentimento expresso para a cessão é dado por deliberação dos sócios. Como salienta RAÚL VENTURA (1991), p. 145 e s., no art. 246º, 1, podem distinguir-se, de um lado, aqueles casos "que *consistem* em deliberações dos sócios, cabendo apenas aos gerentes uma actuação notificativa", e, de outro, os atos "em que a deliberação dos sócios tem de ser seguida por uma actuação dos gerentes verdadeiramente representativa da sociedade perante um terceiro". E acrescenta: "no entanto, quer num caso quer no outro, esses actos «dependem da deliberação»; se os primeiros não produzem quaisquer efeitos para a sociedade, sem a deliberação, o mesmo deve suceder com os segundos".

[11] Para RAÚL VENTURA (1993), p. 626 e s., a comunicação em causa *nenhum efeito produz*, fundamentando a sua posição no facto de o poder para dar o consentimento não ser conferido por lei ao gerente. Contudo, a verdade é que estamos a falar da comunicação de que houve consentimento dado pela gerência, e não do consentimento propriamente dito. Para se sustentar que a comunicação não produz efeitos será necessário dizer algo mais, pois poderá entender-se que o desrespeito de limites legais aos poderes de representação dos gerentes conduzirá à ineficácia do acto *em relação à sociedade* por ter sido praticado por representante sem poderes. Para a Alemanha, considerando que os gerentes que concedem o consentimento sem a necessária deliberação dos sócios vinculam a sociedade, ROWEDDER (2002), p. 574; ALTMEPPEN/ROTH (2009), p. 300 e s.. Com diferente opinião, MEYER-LANDRUT (1987), p. 210; JÜRGEN ZUTT (1992), p. 663 e s. (nos casos em que o contrato de sociedade exige consentimento

Pode também suceder que o gerente ou os gerentes em número suficiente para vincular a sociedade comuniquem ao que pediu o consentimento que este foi dado por deliberação dos sócios, quando isso na verdade não ocorreu. Aqui, concordamos com Raúl Ventura na medida em que este Professor afirma que a comunicação não pode "valer como consentimento, que só uma deliberação dos sócios poderia conceder"[12]. Mais uma vez, a sociedade não ficará vinculada pela comunicação do gerente ou gerentes, pois faltarão poderes de representação[13].

5. Consentimento "tácito"

No art. 230º, 6, do CSC permite-se que o consentimento para a cessão seja dado de forma "tácita"[14]. Considera a lei que teve lugar o consentimento se, tendo-se verificado a cessão, o cessionário vier a participar em deliberação dos sócios e nenhum dos restantes sócios a impugnar com esse fundamento[15].

Basta assim que um dos sócios impugne a deliberação devido à participação de um cessionário que adquiriu, sem consentimento, uma quota, para que não se possa invocar a norma em causa. Mas deve entender-se que existirá consentimento "tácito" se algum dos sócios impugnar a deliberação com outro fundamento que não aquele. Para o registo da cessão, o consentimento "tácito" prova-se pela ata da deliberação.

---

prestado através de deliberação dos sócios); WINTER (2000) p. 800-801 (também quanto aos casos em que o estatuto exige consentimento da assembleia ou dos sócios).

[12] (1991), p. 144. Raúl Ventura considera ainda que os gerentes que comunicam a sócios o consentimento ou recusa do consentimento da sociedade para a cessão de quota atuam como representantes da sociedade, *"para esse limitado efeito"*.

[13] A deliberação legalmente necessária será um limite aos poderes de representação dos gerentes. Veja-se que o art. 260º, 1, do CSC preceitua que "os atos praticados pelos gerentes, em nome da sociedade e dentro dos poderes que a lei *lhes confere*, vinculam-na para com terceiros (...)" (itálico nosso, obviamente).

[14] Na verdade, não estamos perante uma deliberação tácita que se extraia do conteúdo de uma deliberação expressa: cfr., sobre isto, PEDRO MAIA (2003), p. 138. Pensamos que não se trata de uma ficção legal: a lei não parte de uma situação que dá por inexistente para a considerar como existente. Por outro lado, não é de excluir que o legislador tenha aceitado como consentimento "tácito" o que resulta de *outros factos concludentes* distintos dos revelados por deliberação expressa: se assim é, o consentimento expresso será dado por deliberação dos sócios (art. 230º, 2); o consentimento tácito poderá ser extraído de uma outra deliberação expressa ou de outros factos concludentes (o consentimento tácito não se resume aos casos de deliberação tácita de consentimento). Parecia ser essa a leitura de CORREIA, FERRER/ XAVIER, V.G. LOBO/COELHO, MARIA ÂNGELA/CAEIRO, ANTÓNIO (1977), p. 213, ao afirmarem, para situações idênticas, que se estaria perante "casos em que a cessão é consentida de modo tácito pelos sócios, isto é, independentemente de uma deliberação que manifeste directamente o consentimento da sociedade".

[15] No art. 228º, 3, pode ler-se que a eficácia para com a sociedade da transmissão entre vivos da quota depende ainda de comunicação por escrito feita à sociedade ou de reconhecimento por esta da transmissão, reconhecimento esse que pode ser tácito.

O art. 230º, 5, também regula uma outra hipótese em que se fala de consentimento "tácito". Se tem lugar uma cessão não consentida e depois uma outra consentida, o consentimento dado a esta segunda cessão torna também eficaz a cessão anterior não consentida "na medida necessária para assegurar a legitimidade do cedente".

Ou seja, ao dar o consentimento para a cessão posterior, a sociedade está "tacitamente" a dar o seu consentimento para a cessão, embora na medida limitada referida no preceito[16].

Na opinião de Raúl Ventura, o consentimento "tácito" só será admissível "nas hipóteses excepcionais previstas nos nºs 5 e 6" do art. 230º do CSC[17]. Não nos parece, contudo, que essa conclusão se possa retirar daquele art. 230º. Nada na letra do preceito indica esse caminho. Se o consentimento expresso é dado por deliberação dos sócios, não se vê obstáculo para que se considere que o consentimento tácito também possa resultar de outra deliberação dos sócios. A verdade é que o art. 230º, 2, não diz que só o consentimento expresso pode ser dado por deliberação dos sócios[18].

Por outro lado, se o cessionário pode retirar da conduta da sociedade a conclusão de que esta deu o consentimento para a cessão, a sua confiança merece ser protegida e a recusa posterior de consentimento até pode ser vista como um *venire contra factum proprium*.

---

[16] Cfr., sobre isto, RAÚL VENTURA (1993), p. 629, PEDRO MAIA (2003), p. 136, e COUTINHO DE ABREU (2015), p. 333 e s..
[17] (1993) p. 629.
[18] No sumário do Ac. STJ de 22/11/1995, *BMJ*, 451º, p. 460, pode ler-se: "II – O Código das Sociedades Comerciais admite, como forma de deliberação dos sócios, a declaração tácita. III – Configura deliberação tácita dos sócios a decisão tomada pelos gerentes de uma sociedade por quotas que são os seus únicos sócios". No caso em análise no dito Acórdão, entendeu-se que a intervenção de todos os sócios, como gerentes, num contrato de constituição de penhor de estabelecimento da sociedade "importa uma deliberação dos sócios implícita no sentido de onerar o estabelecimento comercial da recorrente (...). A outorga daquele contrato de penhor pela totalidade dos sócios da recorrente é facto que, com toda a segurança, revela a vontade desses mesmos sócios no sentido de a sociedade celebrar o contrato em causa, de onerar o estabelecimento comercial da recorrente". Aceitando-se esta orientação, a mesma seria a solução se todos os sócios interviessem como cedentes ou cessionários na escritura de cessão de quotas para que fosse de exigir o consentimento da sociedade.

ARTIGO 231º *
Recusa do consentimento

1. Se a sociedade recusar o consentimento, a respetiva comunicação dirigida ao sócio incluirá uma proposta de amortização ou de aquisição da quota; se o cedente não aceitar a proposta no prazo de 15 dias, fica esta sem efeito, mantendo-se a recusa do consentimento.
2. A cessão para a qual o consentimento foi pedido torna-se livre:
a) Se for omitida a proposta referida no número anterior;
b) Se a proposta e a aceitação não respeitarem a forma escrita e o negócio não for celebrado por escrito nos 60 dias seguintes à aceitação, por causa imputável à sociedade;
c) Se a proposta não abranger todas as quotas para cuja cessão o sócio tenha simultaneamente pedido o consentimento da sociedade;
d) Se a proposta não oferecer uma contrapartida em dinheiro igual ao valor resultante do negócio encarado pelo cedente, salvo se a cessão for gratuita ou a sociedade provar ter havido simulação de valor, caso em que deverá propor o valor real da quota, calculado nos termos previstos no artigo 1021º do Código Civil, com referência ao momento da deliberação;
e) Se a proposta comportar diferimento do pagamento e não for no mesmo ato oferecida garantia adequada.
3. O disposto nos números anteriores só é aplicável se a quota estiver há mais de três anos na titularidade do cedente, do seu cônjuge ou de pessoa a quem tenham, um ou outro, sucedido por morte.
4. Se a sociedade deliberar a aquisição da quota, o direito a adquiri-la é atribuído aos sócios que declarem pretendê-la no momento da respetiva deliberação, proporcionalmente às quotas que então possuírem; se os sócios não exercerem esse direito, pertencerá ele à sociedade.

* A redação da al. b) do nº 1 foi dada pelo DL 76-A/2006, de 29 de março.

Índice
1. A deliberação de recusa do consentimento
2. A comunicação da recusa
3. A proposta de aquisição ou de amortização
4. A proposta de aquisição ou amortização no caso de cessão já realizada
5. A contrapartida em dinheiro oferecida com a proposta de aquisição ou amortização
6. O adquirente proposto

Bibliografia
Citada:
ABREU, COUTINHO DE – *Curso de direito comercial*, II, 5ª ed., Almedina, Coimbra, 2015;
BUONOCORE, VINCENZO – *Manuale di diritto commerciale*, Giappichelli, Torino, 2005;

CORREIA, FERRER – "Sociedades por quotas de responsabilidade limitada. Anteprojecto de Lei – 2.ª redacção e exposição de motivos", *RDE* 3, 1977, p. 153-224, 349-423, 1979, p. 111-200; CUNHA, CAROLINA – "A exclusão de sócios (em particular, nas sociedades por quotas)", *Problemas de direito das sociedades*, Almedina, Coimbra, 2002, p. 201-233; GONÇALVES, CUNHA – *Tratado de direito civil*, VII, Coimbra Editora, Coimbra, 1933; LABAREDA, JOÃO – *Das acções das sociedades anónimas*, AAFDL, Lisboa, 1988; MAIA, PEDRO, "Registo e cessão de quotas", *Reformas do Código das Sociedades*, IDET/Almedina, Coimbra, 2007, p. 165-176, "Tipos de sociedades comerciais", *Estudos de direito das sociedades*, (coord. de Coutinho de Abreu), 12.ª ed., Almedina, Coimbra, 2015, p. 13-39; MARTINS, ALEXANDRE DE SOVERAL – *Cláusulas do contrato de sociedade que limitam a transmissibilidade das acções*, Almedina, Coimbra, 2006; NUNES, AVELÃS – *O direito de exclusão de sócios nas sociedades comerciais*, Almedina, Coimbra, 1968; ROWEDDER, HEINZ/BERGMANN, ALFRED – "§ 15", in ROWEDDER, *Gesetz betreffend die Gesellschaften mit beschränkter Haftung (GmbHG)*, Franz Vahlen, München, 2002; VENTURA, RAÚL – *Sociedades por quotas*, I, Almedina, Coimbra, 1993; ZAGANELLI, CORRADO – "Articolo 2469", in SANDULLI/SANTORO, *La riforma delle società*, 3, Giappichelli, Torino, 2003, p. 62-67; ZUTT, JÜRGEN – "§ 15", in HACHENBURG, *Gesellschaften mit beschränkter Haftung (GmbHG). GroBkommentar*, Erster Band, 8. Aufl., De Gruyter, Berlin/New York, 1992.

1. A deliberação de recusa do consentimento

Recebido o pedido de consentimento, o mesmo deve ser submetido a deliberação dos sócios. Dizemos que deve porque, se a sociedade não tomar a deliberação sobre o pedido de consentimento nos 60 dias seguintes à receção do mesmo, *a eficácia da cessão deixa de depender de consentimento* da sociedade. É o que resulta do art. 230º, 4.

A recusa de consentimento será deliberada, em regra, por maioria dos votos emitidos. Isto, naturalmente, "salvo disposição diversa da lei ou do contrato", como se lê no art. 250º, 3.

Pode suceder que o contrato de sociedade contenha requisitos que condicionam o consentimento. E esses requisitos podem condicionar o consentimento de tal forma que esse consentimento deva ser dado em face de certas circunstâncias.

Ora, verificadas essas circunstâncias que deviam conduzir à concessão de consentimento, a deliberação de recusa de consentimento viola o contrato de sociedade. Isso torna a deliberação de recusa do consentimento anulável, por força do disposto no art. 58º, 1, *a*), do CSC.

2. A comunicação da recusa

Se a sociedade recusa o consentimento para a cessão, deverá comunicar a recusa ao sócio cedente ("comunicação dirigida ao sócio"). Essa comunicação deverá ser feita pelos gerentes, enquanto membros do órgão de representação da sociedade.

Quanto ao conteúdo da comunicação, há que distinguir.

De um lado, temos os casos em que a quota está *há mais de três anos* na titularidade do cedente, do seu cônjuge ou de pessoa a quem qualquer um deles tenha sucedido por morte[1].

Do outro, aqueles casos em que isso não se verifica.

Relativamente a estes últimos, a recusa do consentimento pela sociedade a nada mais obriga do que a *efetuar a comunicação* disso mesmo. A cessão que seja realizada apesar de ter sido recusado o necessário consentimento será ineficaz relativamente à sociedade. Nos casos em que apenas é exigido o consentimento da sociedade, o CSC não parece exigir que a recusa do consentimento seja fundamentada[2]. Mas como aqui não se prevê qualquer medida para atenuar os efeitos da recusa, a deliberação será impugnável pelo menos quando se verifiquem as circunstâncias previstas no art. 58º, 1, *b*), do CSC[3].

Se o cedente é titular da quota *há mais de três anos* (ou se a quota esteve mais de três anos na titularidade do cônjuge do cedente ou de pessoa a quem qualquer um deles tenha sucedido por morte), a sua posição é substancialmente diferente.

Com efeito, para este caso encontramos no art. 231º, 1, a exigência de que a comunicação da recusa do consentimento se faça acompanhar de uma proposta de amortização ou aquisição da quota. Essa proposta poderá ser comunicada ao cedente depois de a sociedade deliberar se vai amortizar a quota ou se a quota deve ser adquirida, como está implícito no art. 231º, 4.

---

[1] Cfr. o n.º 3 do art. 231.º do CSC.
[2] Com solução diferente, cfr. o art. 329º, 2, do CSC. Sobre este último regime, cfr. ALEXANDRE DE SOVERAL MARTINS (2006), p. 438 e ss.. Trata-se, porém, e na nossa opinião, de uma norma cuja aplicação por analogia às sociedades por quotas não se justifica. Na verdade, o ponto de partida é totalmente diferente nas sociedades anónimas: a regra é a da livre transmissibilidade das ações (art. 328º, 1). Nos casos, porém, em que o consentimento está subordinado a requisitos específicos, a recusa do consentimento deve ser acompanhada do fundamento. Para a Itália, quanto às sociedades de responsabilidade limitada, ZAGANELLI (2003), p. 64, defendia a possibilidade de os estatutos conterem cláusulas de "gradimento, ache *ad nutum*", e BUONOCORE (2005), admitia também cláusulas que subordinem a transmissão a uma decisão não motivada de órgãos sociais, de terceiros ou de sócios.
[3] Para a Alemanha, considerando que o consentimento não pode ser recusado de forma arbitrária, nem pode a recusa violar a *Treu und Glauben* ou o princípio da igualdade de tratamento, ZUTT (1992), p. 665; ROWEDDER/BERGMANN (2002), p. 575.

Se a comunicação da recusa de consentimento não for acompanhada daquela proposta, a cessão torna-se livre[4]. A cessão também se torna livre se a proposta apresentada pela sociedade não respeitar uma série de requisitos que a lei enuncia.

Assim, a proposta, antes de mais:

a) deve abranger *todas as quotas* para cuja cessão foi pedido simultaneamente o consentimento[5];

b) deve também *oferecer uma contrapartida em dinheiro* igual ao valor resultante do negócio encarado pelo cedente[6];

c) nos casos em que a proposta da sociedade apresente um *diferimento do pagamento*, deverá constar da mesma qual a *garantia adequada* oferecida[7].

Em face da proposta de amortização ou aquisição da quota, o cedente fará uma de três coisas:

a) ou *recusa a proposta*, mantendo-se a recusa do consentimento por parte da sociedade;

b) ou *nada diz* no prazo de quinze dias após a receção da proposta, ficando a proposta sem efeito e mantendo-se a recusa do consentimento;

c) ou *aceita a proposta* dentro daquele prazo de quinze dias.

3. A proposta de aquisição ou de amortização

Se a quota está *há mais de três anos* na titularidade do cedente, do seu cônjuge ou de pessoa a quem qualquer um deles tenha sucedido por morte, a sociedade que recusa o consentimento tem que apresentar ao sócio uma proposta de aquisição ou de amortização da quota.

Vamos supor que o cedente *aceita a proposta*. Se assim for, o art. 231º, 2, *b*), dispõe agora que a cessão dependente de consentimento se torna livre "se a proposta e a aceitação não respeitarem a forma escrita e o negócio não for celebrado por escrito nos 60 dias seguintes à aceitação, por causa imputável à sociedade"[8].

---

[4] Art. 231º, 2, *a*), do CSC.
[5] Art. 231º, 2, *c*), do CSC.
[6] Salvo se a cessão for gratuita ou a sociedade provar ter havido simulação de valor. Nestes casos, deverá a sociedade propor o valor real da quota, calculado nos termos do art. 1021.º do CCiv., com referência ao momento da deliberação: cfr. a parte final do 231º, 2, *d*), do CSC.
[7] Art. 231º, 2, *e*), do CSC.
[8] Na redação anterior ao DL 76-A/2006, resultava daquela alínea que a cessão se tornava livre "se o negócio proposto não for efetivado dentro dos 60 dias seguintes à aceitação".

A primeira pergunta que deve ser formulada é a seguinte: as exigências que resultam do preceito são sempre cumulativas?

A resposta deve ser encontrada tendo em conta que o preceito parece aplicar-se às propostas de aquisição e de amortização[9]. Para quem assim entenda, então devem consequentemente ser afastadas soluções que conduzam a resultados absurdos.

Com esse horizonte, parece-nos adequado sustentar que mesmo quando a proposta e a aceitação têm a forma escrita, *continua a ser necessário, em regra, que o negócio seja celebrado por escrito* nos 60 dias seguintes à aceitação[10]. Se a proposta apresentada foi a de amortização, pode ter sucedido que essa amortização já tenha sido deliberada e, então, já não será necessária nova deliberação[11].

Mas se *a proposta e a aceitação não respeitaram a forma escrita*, a cessão torna-se livre mesmo que depois houvesse a possibilidade de celebrar o negócio por escrito.

Basta, aliás, que *a proposta não tenha respeitado a exigência de forma escrita* para que a cessão se torne livre, atendendo aos interesses do sócio que a exigência de forma escrita visa acautelar aqui.

Se *apenas a aceitação não respeitou a forma escrita*, deve entender-se que se mantém a recusa do consentimento[12].

Mas, se é apresentada uma proposta de aquisição da quota por quem a pretende adquirir (nos termos do art. 231º, 4), julgamos hoje que *fica realizada a cessão* quando *a proposta escrita é verdadeira proposta negocial de aquisição e a aceitação*

---

[9] Em sentido diverso, COUTINHO DE ABREU (2015), p. 334.
[10] O mesmo se deve dizer, por analogia, se o prazo não é cumprido por causa imputável ao sócio que pretendia adquirir a quota, nos termos do art. 231º, 4. Mas se o prazo não é cumprido por causa imputável ao cedente, já se deve entender que se mantém a recusa do consentimento. Se houve proposta de aquisição e aceitação, mas o negócio não se realizou no prazo devido por causa imputável ao cedente, RAÚL VENTURA (1993), p. 650, defendia, em certos casos, a existência de mora por parte daquele quanto à obrigação que assumiu. E essa mora pode gerar responsabilidade pelos danos causados. A análise da proposta e da aceitação pode até levar à conclusão de que foi celebrado um contrato.
[11] Admitindo a deliberação de amortização anterior ou posterior à proposta, RAÚL VENTURA (1993), p. 645. Mesmo quando a deliberação de amortização só tem lugar depois de enviada a proposta de amortização, esta já tem de conter, por exemplo, a contrapartida indicada no art. 231º, 2, *d*).
[12] Com efeito, é difícil de aceitar que, havendo proposta escrita mas aceitação não escrita, também a cessão se torne livre. PEDRO MAIA (2007), p. 165, defendeu uma "interpretação ab-rogante do art. 231.º, nº 2, *b*), no que toca à ausência de aceitação por escrito", na medida em que sustentou que "apenas a ausência de *forma da proposta* da sociedade implicará a liberdade para a cessão; a ausência de aceitação (ou de forma desta) implicará, nos termos do n.º 1, a persistência da recusa de consentimento". Parece que a ausência de forma da aceitação não pode ter como consequência a liberdade de cessão porque, de outro modo, o cedente tinha nas suas mãos a possibilidade de tornar a cessão livre.

também respeita a forma escrita. Nesse caso, não seria necessário realizar seguidamente por escrito outro negócio no prazo de 60 dias após a aceitação porque a troca de proposta e aceitação levaria, no caso em análise, à conclusão do contrato.

Já não parece possível dizer que realização do negócio por escrito no prazo de 60 dias só seria de exigir *se a proposta e a aceitação não tivessem respeitado a forma escrita*. Isto é, a falta de forma escrita para a proposta e aceitação não tornaria a cessão livre, mas apenas obrigaria a celebrar o negócio por escrito nos 60 dias seguintes à aceitação.

Com efeito, a exigência de forma escrita para a proposta e para a aceitação terá surgido por razões relacionadas com a necessidade de garantir certeza e segurança aos intervenientes, não se dispensando a celebração posterior do negócio quando não seja possível dizer que o mesmo já foi celebrado.

Atendendo às dúvidas que se colocam ao intérprete, a redação do art. 231º, 2, *b)* do CSC é, de facto, infeliz.

4. A proposta de aquisição ou amortização no caso de cessão já realizada

O regime previsto na lei para os casos de recusa de consentimento, obrigando a sociedade a apresentar ao sócio proposta de amortização ou de aquisição da quota, fazem surgir dúvidas acerca da sua aplicabilidade quando a cessão para que se pediu o consentimento já teve lugar.

Todo aquele regime é dificilmente conjugável com a existência de prévia cessão não consentida. Embora essa cessão seja ineficaz em relação à sociedade, é eficaz entre as partes. E, então, como é que a proposta vai ser apresentada ao sócio? E como é que o sócio pode aceitar a proposta, se já cedeu a quota?

Se o pedido de consentimento e a proposta de aquisição forem apresentados depois de já ter ocorrido a cessão, há que determinar quem deverá intervir como transmitente: o anterior cedente ou o cessionário?

No Ac. RC de 23/04/1991[13], entendeu-se que a anterior cessão não consentida era válida e apenas ineficaz perante a sociedade, pelo que o cessionário passou a ser o titular das quotas. Este último é que deveria intervir como transmitente se a sociedade propusesse a aquisição da quota: "quando a lei – art. 231.º do C.S.C. – se refere a cedente, está a referir-se à hipótese mais provável de não ter havido ainda uma cessão anterior, pois, havendo-a, quem foi cessionário na anterior passa à posição de cedente na posterior".

---

[13] *CJ*, 1991, II, p. 97 e ss..

Parece-nos ser esta, com efeito, a melhor solução[14]. E, se o cessionário não transmite a quota, mantém-se a recusa do consentimento e a ineficácia da anterior cessão perante a sociedade.

5. A contrapartida em dinheiro oferecida com a proposta de aquisição ou amortização

As cessões de quotas sujeitas ao disposto no art. 231º, 1 e 2, do CSC tornam-se livres, como vimos, se a proposta mencionada naquele nº 1 "não oferecer uma contrapartida em dinheiro igual ao valor resultante do negócio encarado pelo cedente, salvo se a cessão for gratuita ou a sociedade provar ter havido simulação de valor, caso em que deverá propor o valor real da quota, calculado nos termos previstos no artigo 1021.º do Código Civil, com referência ao momento da deliberação".

Como logo se conclui, deve ser feita a separação entre os casos em que a cessão é onerosa e aqueles em que é gratuita ou, sendo onerosa, a sociedade prova que houve simulação de valor.

Comecemos pelos primeiros. A cessão onerosa compreende a compra e venda de quotas, mas também abrange muitos outros negócios. Lembramos apenas a troca ou a entrada em sociedade.

Se o que se pretende realizar é uma compra e venda, o montante da contrapartida em dinheiro a oferecer na proposta está logo determinado.

Tudo se complica se a cessão projetada resulta, por exemplo, de uma troca ou de uma entrada em sociedade. Como encontrar então "uma contrapartida em dinheiro igual ao valor resultante do negócio encarado pelo cedente"?

Nem sempre isso será tarefa fácil. O que importa antes de mais realçar é que o valor a encontrar é o valor que se reconhece à contraprestação que iria ser recebida pelo cedente[15]. Mas, ainda assim, tal pode ser difícil de determinar. Como encontrar, por exemplo, o valor em dinheiro do estabelecimento comercial que se queria trocar pela quota? Para além disso, a determinação desse valor em dinheiro implica custos. Quem os suporta?

---

[14] Com diferente opinião, RAÚL VENTURA (1993), p. 653.
[15] Sobre o art. 231º, 2, *d*), do CSC, dizia RAÚL VENTURA (1993), p. 648: "A quantia em dinheiro será igual ao preço, se o contrato de transmissão da quota for uma compra e venda, mas como pode a quota ser cedida, embora a título oneroso, em muitas outras circunstâncias, a lei, para abranger todas estas, mede a quantia devida pelo valor do negócio encarado pelo cedente – valor da obrigação extinta, no caso de dação em cumprimento; valor da participação tomada, no caso de entrada para capital duma sociedade; valor das coisas recebidas, tratando-se de troca, etc.".

Se a cessão é gratuita ou a sociedade prova que houve simulação de valor, deverá ser proposto "o valor real da quota, calculado nos termos previstos no artigo 1021.º do Código Civil".

O critério fixado no art. 1021º do CCiv. é assim considerado o critério do *valor real*. Esse valor deverá resultar de avaliação realizada "com base no estado da sociedade" e, "se houver negócios em curso", serão considerados os lucros e perdas daí resultantes. Ou seja, se houver negócios em curso, "parece que terá de fazer-se uma liquidação provisória que só se converte em definitiva depois que esses negócios cheguem ao seu termo"[16].

Havendo simulação de valor, a lei não distingue entre aquelas situações em que o valor indicado no pedido de consentimento é superior ao real e aquelas em que é inferior. A simulação de valor que se verificará mais frequentemente será aquela em que é apresentado um valor superior ao que foi efetivamente acordado, para com isso tentar afastar o interesse de um eventual adquirente. Mesmo então, não se justificará que o sócio receba menos do que o valor real da quota (se este é inferior ao valor dissimulado, como valor efetivamente acordado). Pretende-se conseguir que o cedente que aliena ao adquirente indicado pela sociedade não fique em pior situação do que ficará esse mesmo adquirente.

Já não deve ser assim quando o valor real da quota é superior ao valor dissimulado. E se o valor simulado e o dissimulado são ambos inferiores ao valor real da quota, também não se justificará a tutela conferida pela lei. Nestes dois casos, a aquisição deverá ser feita pelo valor dissimulado, que foi o valor efetivamente querido[17]. Isto porque, se assim não fosse, a aplicação do regime legal levaria a conceder uma vantagem injustificada ao sócio que quis enganar a sociedade. Este iria receber mais do que o valor que efetivamente quis receber pela cessão pretendida.

---

[16] AVELÃS NUNES (1968), p. 329. Na remissão para o art. 1021º do CCiv. parece estar subjacente a ideia de que o valor real será o "valor de liquidação" (da quota). Assim era entendido, quanto ao art. 63º, 1, *a)*, do Anteprojeto de lei de sociedade por quotas de responsabilidade limitada, o valor resultante da aplicação do art. 1021º do CCiv.: cfr. A. FERRER CORREIA/V. G. LOBO XAVIER/MARIA ÂNGELA COELHO BENTO SOARES/ANTÓNIO CAEIRO (1977), p. 218. Vendo o referido valor de liquidação como valor contabilístico, CAROLINA CUNHA (2002), p. 228. A origem do art. 1021º do CCiv. foi o § único do art. 1277º do CCiv. de 1867. A propósito deste último preceito, no sentido de que na determinação daquele valor real devem ser tomadas em conta as reservas, CUNHA GONÇALVES (1933), p. 322. Quanto ao valor de *avviamento*, parecendo aceitar que o mesmo seja tido em conta, AVELÃS NUNES (1968), p. 331.

[17] Cfr., para o art. 329º, 3, *c)*, JOÃO LABAREDA (1988), p. 293. No que diz respeito à hipótese de o valor declarado ser superior ao valor acordado, para as sociedades por quotas, RAÚL VENTURA (1993), p. 638 e s.; COUTINHO DE ABREU (2015), p. 334, nt. 807.

6. O adquirente proposto

Se a sociedade delibera propor a aquisição da quota, importa saber se pode também escolher quem será o adquirente. Poderá a sociedade indicar como adquirente a própria sociedade, sócios ou terceiros, pela ordem que bem entender?[18] Nenhuma restrição parece, à primeira vista, resultar do art. 231º, 1[19].

Contudo, o art. 231º, 4, dispõe que, nos casos em que a sociedade delibera a aquisição da quota, "o direito a adquiri-la é atribuído aos sócios que declarem pretendê-la no momento da respectiva deliberação, proporcionalmente às quotas que então possuírem; se os sócios não exercerem esse direito, pertencerá ele à sociedade"[20]. E a sociedade, ao deliberar a aquisição da quota, não pode fugir a este regime. Se os sócios e a sociedade não adquirem, o negócio não é realizado no prazo devido e, assim sendo, a cessão torna-se livre[21].

A proposta de aquisição a incluir na comunicação da recusa do consentimento[22] deve indicar quais os sócios que têm direito a adquirir a quota por terem declarado pretender adquiri-la no momento da deliberação de aquisição ou, se esse direito não foi exercido, que a sociedade pretende adquirir a quota. O facto de se estabelecer que o direito de adquirir a quota é atribuído à sociedade se não houver sócios interessados não dispensa, na nossa opinião, uma deliberação de aquisição da quota própria e o respeito pelos requisitos a que a lei sujeita essa aquisição. O art. 234º, 4, apenas atribui o direito, não obriga a sociedade a exercê-lo e pressupõe a tomada de decisão de o exercer. Se a sociedade pode exercer o direito de adquirir a quota (porque os sócios o não exerceram), ainda assim terá que deliberar sobre esse mesmo exercício. Estaremos então perante uma eventual aquisição de quota própria, cuja licitude deve ser verificada.

Diga-se ainda que os sócios e a sociedade não têm aqui verdadeiramente um direito de preferência. A proposta de aquisição apresentada ao sócio pode não ser aceite por este, mantendo-se nesse caso a recusa do consentimento.

Com efeito, embora o art. 231º, 4, do CSC aluda a um "direito" de adquirir a quota "atribuído" aos sócios ou que "pertencerá" à sociedade, a verdade é que o nº 1 é claro ao dispor que a não aceitação da proposta de aquisição no prazo de 15 dias tem como consequência que a proposta fica sem efeito.

---

[18] Que sim, RAÚL VENTURA (1993), p. 644 (mas veja-se o que escreve também a p. 651, s.).
[19] Tem redação diferente o art. 329º, 3, c), do CSC.
[20] Trata-se de regime consideravelmente diferente daquele que encontramos no art. 329º, 3, c), do CSC.
[21] RAÚL VENTURA (1993), p. 651, parece não concordar com a existência deste benefício para o cedente.
[22] Art. 231º, 1, do CSC.

SECÇÃO IV
AMORTIZAÇÃO DA QUOTA

ARTIGO 232º
Amortização da quota

1. A amortização de quotas, quando permitida pela lei ou pelo contrato de sociedade, pode ser efetuada nos termos previstos nesta secção.
2. A amortização tem por efeito a extinção da quota, sem prejuízo, porém, dos direitos já adquiridos e das obrigações já vencidas.
3. Salvo no caso de redução do capital, a sociedade não pode amortizar quotas que não estejam totalmente liberadas.
4. Se o contrato de sociedade atribuir ao sócio o direito à amortização da quota, aplica-se o disposto sobre exoneração de sócios.
5. Se a sociedade tiver o direito de amortizar a quota pode, em vez disso, adquiri-la ou fazê-la adquirir por sócio ou terceiro.
6. No caso de se optar pela aquisição, aplica-se o disposto nos n°s 3 e 4 e na primeira parte do nº 5 do artigo 225º

Índice

1. Conceito de amortização de quota
2. Pressupostos gerais da amortização
3. Espécies de amortização
4. Direito do sócio à amortização da quota
5. Direito da sociedade à amortização de quota

Bibliografia

ABREU, COUTINHO DE – *Curso de direito comercial*, II, 5ª ed., Almedina, Coimbra, 2015; CORREIA, ANTÓNIO FERRER – "A sociedade por quotas de responsabilidade limitada segundo o CSC", *Temas de direito comercial e direito internacional privado*, Almedina, Coimbra, 1989; CORREIA, LUÍS BRITO – *Direito comercial*, 2º vol., "Sociedades Comerciais", AAFDL, Lisboa, 1989; COSTA, M. J. ALMEIDA – *Direito das obrigações*, 9ª ed., Almedina, Coimbra, 2001; FONSECA, J. TAVEIRA – "Amortização de quotas", *Revista do Conselho Distrital do Porto da Ordem dos Advogados*, nºs 22/23 (Dez/02-Jun/03), p. 97-113; LABAREDA, JOÃO – "Sobre a deliberação de amortização de quotas", in *Direito societário português – algumas questões*, Quid Juris, Lisboa, 1998, p. 231-268; MENDES, EVARISTO – "Deliberações que fixam o valor das participações sociais. Impugnação – I", *III Congresso Direito das Sociedades em Revista*, coord. Rui Pinto Duarte/ Pedro Pais De Vasconcelos/J. Coutinho de Abreu, Almedina, Coimbra, 2014, p. 67-108; SOARES, ANTÓNIO – *O novo regime da amortização de quotas*, AAFL, Lisboa, 1988; VENTURA, RAÚL – *Comentário ao Código das Sociedades Comerciais – Sociedades por quotas*, vol. I, "Artigos 197º a 239º", Almedina, Coimbra, 4ª reimp. da 2ª ed. de 1989; *Amortização de quotas. Aquisição de quotas próprias*, Cadernos de Ciência e Técnica Fiscal, Lisboa, 1966.

1. Conceito de amortização de quota

A amortização de quota é consensualmente definida como a *extinção de quota por meio de deliberação dos sócios*[1], sendo ainda possível distinguir a amortização enquanto *facto* (o ato da sociedade que extingue a quota – art. 234º, 1) da amortização enquanto *efeito* (a própria extinção da quota – art. 232º, 2)[2].

As *consequências* imediatas desta extinção de uma quota são reguladas pelo art. 237º, em alternativa: a redução do capital social; o aumento proporcional das quotas dos outros sócios; a figuração da quota no balanço como quota amortizada, com vista a permitir que venham a ser criadas uma ou várias quotas em seu lugar[3].

A extinção da quota não prejudica, porém, *direitos já adquiridos* pelo sócio e as sua *obrigações já vencidas* – art. 232º, 2, *in fine*. A extinção da relação jurídica complexa instituída pela participação social não afeta, portanto, a subsistência de certas vinculações dela emergentes[4] que, à data dessa extinção, houvessem já adquirido uma certa autonomia em termos de exercício. O sócio mantém, portanto, os direitos que, ao tempo da amortização, já se tinham constituído na sua esfera jurídica e lhe permitiam *exigir da sociedade uma prestação concreta – v.g.*, o direito a um certo dividendo; o direito à restituição de uma certa prestação suplementar; ou o direito ao reembolso de um certo suprimento[5]. Quanto às *obrigações*, servem de exemplo as obrigações de efetuar uma prestação acessória ou suplementar já exigível; de efetuar a restituição de bens recebidos da

---

[1] COUTINHO DE ABREU (2015), p. 372; FERRER CORREIA, (1989), p. 163 RAÚL VENTURA (1989), p. 660; ANTÓNIO SOARES (1988), p. 13, ss.; JOÃO LABAREDA (1998), p. 232.
[2] Assim RAÚL VENTURA (1966), p. 33; e também TAVEIRA FONSECA (2002-2003), p. 100.
[3] Note-se que, ainda aqui, há extinção da quota – assim ANTÓNIO SOARES (1988), p. 149-150; COUTINHO DE ABREU (2015), p. 376.
[4] ANTÓNIO SOARES (1988), p. 152, compara, aliás, com fenómenos análogos relativos a contratos diferentes do de sociedade.
[5] Exemplos colhidos em RAÚL VENTURA (1989), p. 666-667; e ANTÓNIO SOARES (1988), p. 151-152.

sociedade; ou de responder pela liberação das quotas de outros sócios, conquanto essa responsabilidade já se tenha concretizado (cfr. art. 237º, 1)[6].

2. Pressupostos gerais da amortização

A amortização de quota, *em qualquer das suas modalidades*, exige, como pressuposto basilar de licitude, uma *previsão legal ou contratual* – art. 232º, 1[7].

Estas previsões da lei ou do contrato *tanto* podem dizer respeito ao direito de a sociedade proceder à amortização de uma quota (art. 232º, 5), *como* ao direito de o sócio exigir da sociedade a amortização da sua quota (art. 232º, 4). E mesmo a chamada amortização *por acordo entre o sócio e a sociedade* (art. 233º, 1 e 3) exige que o contrato contenha uma cláusula genericamente permissiva da amortização[8] (ainda que essa autorização genérica possa ser deduzida da mera presença de uma cláusula específica de amortização[9]); de outro modo, *nem com* consentimento do sócio pode a sociedade amortizar a quota (salvo, obviamente, a existência de fundamento legal). Em suma, a amortização não pode ser discricionária e livremente imposta pela sociedade ao sócio ou por este à sociedade[10]

O outro pressuposto geral da amortização acautela o *princípio da exata formação do capital social*[11], determinando que a sociedade não pode amortizar quotas que não estejam *totalmente liberadas* – art. 232º, 3. Caso contrário, a extinção da quota acarretaria o perdão da dívida de entrada, afetando os eventuais direitos dos credores sociais[12] – "o capital social ficaria, assim, por realizar"[13].

A norma ressalva, como bem se compreende, os casos em que, na sequência da amortização, os sócios optem pela *redução do capital social* (art. 237º, 1), hipótese em que a defesa dos credores se fará em conformidade com as normas reguladoras do processo de redução do capital[14]

---

[6] RAÚL VENTURA (1989), p. 666-667; ANTÓNIO SOARES (1988), p. 151-152.
[7] Cfr. RAÚL VENTURA (1989), p. 660.
[8] Que, note-se, não vale como fundamento ou facto permissivo da amortização, mas apenas como alicerce de uma eventual amortização com consentimento do sócio.
[9] Assim RAÚL VENTURA (1989), p. 661-662: a autorização específica engloba a autorização genérica, não sendo imprescindível uma cláusula com o conteúdo literal de "permitir a amortização de quotas".
[10] RAÚL VENTURA (1989), p. 657-658.
[11] COUTINHO DE ABREU (2015), p. 373.
[12] BRITO CORREIA (1989), p. 422; RAÚL VENTURA (1989), p. 674.
[13] FERRER CORREIA (1989), p. 167.
[14] RAÚL VENTURA (1989), p. 674.

3. Espécies de amortização

A doutrina tem vindo a distinguir, com base no regime legal, diversas espécies ou modalidades de amortização[15]. Os critérios utilizados conduzem a uma sistematização dicotómica, que (embora nem sempre) facilita a navegação na trama algo complexa dos enunciados legais.

Quanto à necessidade ou desnecessidade de *o sócio prestar o seu consentimento* para uma amortização de iniciativa da sociedade, distingue-se entre *amortização forçada* (imposta ao sócio independentemente da sua vontade e por força de específica previsão legal ou estatutária) e *amortização voluntária ou por acordo* (efetuada pela sociedade ao abrigo de genérica autorização do pacto e mediante anuência actual do sócio afectado).

Consoante exista ou não um *direito do sócio a exigir da sociedade a amortização da sua quota*, assim se distingue entre *amortização obrigatória* (imperiosa para a sociedade, que, se não a levar a cabo, sofrerá consequências jurídicas que podem ir até a sua própria dissolução) e a *amortização facultativa* (aquela que corresponde a um direito da sociedade, que, como qualquer titular direito subjetivo, tem a liberdade de optar entre o respectivo exercício e a inércia ou renúncia)[16].

Conforme o objeto da amortização seja constituído pela quota integral ou por parte de uma quota (art. 233º, 5), assim se distingue entre *amortização total* e *amortização parcial*.

---

[15] RAÚL VENTURA (1966), p. 46, ss.; ANTÓNIO SOARES (1988), p. 19, ss.; BRITO CORREIA (1989), p. 417, ss. Para uma interessante sistematização das *funções sócio-económicas típicas* ou *causas* da amortização, EVARISTO MENDES (2014), p. 76, nt. 14.

[16] A clareza desta dicotomia fica turvada quando se pretende caracterizar a amortização obrigatória como correspondendo a *situações em que a sociedade tem um dever de amortizar*, como faz, entre muitos, RAÚL VENTURA (1989), p. 677 e 678. O primeiro exemplo por este Autor referido (transmissão de quota dependente da vontade dos sucessores – art. 226º) analisa-se na atribuição pelo contrato de sociedade de um *direito à amortização aos sucessores do sócio*, logo ainda é reconduzível, *mutatis mutandis*, à categoria do *direito do sócio* a exigir a amortização.
O segundo exemplo apontado (exoneração de sócio, art. 240º) *não cria para a sociedade uma obrigação de amortizar* a quota, *mas sim o dever de adotar um de três comportamentos* (amortização, aquisição ou alienação da quota) aptos a satisfazer o interesse do sócio em se desvincular da sociedade, embolsando a contrapartida correspondente ao valor da sua participação social. Trata-se, parece-nos, de uma *obrigação alternativa* (art. 543º, 1 CCiv.) com escolha da prestação pelo devedor. Caso a sociedade *eleja* a via da amortização, estará antes de mais a *exercer uma faculdade que a lei lhe confere*. Ora, nos verdadeiros casos de amortização obrigatória, *o sócio pode exigir diretamente da sociedade a amortização da quota*, ainda que a sociedade se possa exonerar mediante a realização de uma outra prestação, nos termos do art. 232º, 4 (aquisição ou alienação da quota), sem necessidade do consentimento do sócio credor. Estamos, aqui, já perante a figura das *obrigações com faculdade alternativa*, cujo objeto é constituído por uma só prestação – a única que o credor-sócio tem o direito de exigir. Sobre estas modalidades de obrigações, cfr. ALMEIDA COSTA (2001), p. 673-676.

Havendo contrapartida, estaremos em presença de uma *amortização onerosa*; no caso contrário, tratar-se-á de uma *amortização gratuita*.

4. Direito do sócio à amortização da quota

A amortização tanto pode corresponder a um direito de a sociedade extinguir a quota de um dos seus membros como ao *direito de um dos sócios de exigir que a sociedade proceda à extinção da sua quota*. O direito do sócio à amortização tem tipicamente fonte nos *estatutos*[17]; quando a lei pretende tutelar o interesse do sócio em se desvincular, o instrumento jurídico elegido é a atribuição de um direito à exoneração. Em consonância com esta proximidade funcional, manda o art. 232º, 4 *aplicar o disposto sobre exoneração* de sócios sempre que o contrato de sociedade atribua a um sócio o direito à amortização.

Assim, o sócio titular de um *direito à amortização* da sua quota (cuja atribuição estatutária pode ter visado finalidades diversas, mas essencialmente polarizadas no interesse do sócio em abandonar a sociedade e/ou realizar uma contrapartida em dinheiro correspondente à sua participação social[18]) deve comunicar à sociedade, nos 90 dias seguintes à ao conhecimento do facto que lhe atribui esse direito, a sua intenção de o exercer (art. 240º, 3, aplicado *mutatis mutandis*). A partir desta comunicação, tem a sociedade 30 dias para adotar uma de três decisões: amortizar a quota, adquiri-la ela própria ou fazê-la adquirir por sócio ou por terceiro, sob pena de o titular do direito à amortização poder requerer a dissolução da sociedade por via administrativa (art. 240º, 4).

Constatamos, assim, que o exercício pelo sócio do seu direito à amortização *pode nem sempre conduzir à efetiva amortização da quota que detinha*, ou seja, à sua extinção. Ao manter a *opção* pela conservação da quota nas mãos da sociedade o legislador não só *não está a prejudicar* qualquer dos interesses do sócio tutelados pela atribuição contratual do direito à amortização (conseguirá, na mesma, desligar-se da sociedade e obter uma contrapartida em dinheiro correspondente ao valor da sua participação social), como logra a *desejável harmonia* com a disciplina do direito à amortização pela sociedade, prevista no nº 5 do art. 232º, que contempla, igualmente, aquelas três alternativas.

---

[17] O art. 225º, 2 não chega a atribuir aos sucessores do sócio falecido um direito à amortização, embora a amortização seja um dos comportamentos que a sociedade terá de adotar, em benefício deles (e em alternativa à aquisição ou alienação da quota), para evitar que a quota se considere transmitida.
[18] RAÚL VENTURA (1989), p. 658 e 668.

5. Direito da sociedade à amortização de quota

Já o *direito da sociedade a amortizar a quota de um sócio* tanto pode ter fonte legal como contratual. Os pressupostos da aquisição e exercício desse direito pela sociedade encontram-se disciplinados no art. 233º.

São muitas as razões que podem justificar o interesse da sociedade na amortização de uma quota[19], com destaque para o afastamento de um sócio atual ou impedimento de entrada de novo sócio e de razões ligadas ao financiamento e eventual redução do capital social.

O art. 232º, 5 estende o *leque das opções* da sociedade de modo a que possa, se assim julgar conveniente (e dada a indiferença da opção para os interesses do sócio[20]), *evitar* a extinção da quota, permitindo, assim, que a sociedade a *adquira ou que a faça adquirir por sócio ou por terceiro*, em lugar de proceder à sua amortização. A remissão interligada do nº 6 do art. 232º para o disposto nos nºˢ 3 e 4 e na primeira parte do nº 5 do artigo 225º significa que outorgará na transmissão da quota a sociedade (em vez do sócio titular); que os efeitos da alienação da quota ficam suspensos enquanto a contrapartida não for paga; e que na falta de pagamento tempestivo da contrapartida o sócio ex-titular poderá escolher entre a efetivação do seu crédito sobre o comprador ou a ineficácia da alienação.

---

[19] RAÚL VENTURA (1989), p. 658 e 668-669.
[20] Assim RAÚL VENTURA (1989), p. 677.

ARTIGO 233º
Pressupostos da amortização

1. Sem prejuízo de disposição legal em contrário, a sociedade só pode amortizar uma quota sem o consentimento do respetivo titular quanto tenha ocorrido um facto que o contrato social considere fundamento de amortização compulsiva.

2. A amortização de uma quota só é permitida se o facto permissivo já figurava no contrato de sociedade ao tempo da aquisição dessa quota pelo seu atual titular ou pela pessoa a quem este sucedeu por morte ou se a introdução desse facto no contrato foi unanimemente deliberada pelos sócios.

3. A amortização pode ser consentida pelo sócio ou na própria deliberação ou por documento anterior ou posterior a esta.

4. Se sobre a quota amortizada incidir direito de usufruto ou de penhor, o consentimento deve também ser dado pelo titular desse direito.

5. Só com consentimento do sócio pode uma quota ser parcialmente amortizada, salvo nos casos previstos na lei.

Índice
1. Âmbito de aplicação da norma: amortização por iniciativa da sociedade
2. Amortização compulsiva com fundamento na lei
3. Amortização compulsiva com fundamento no contrato
    3.1. Características dos factos permissivos
    3.2. Tutela dos interesses do titular da quota a amortizar: a inserção superveniente de cláusulas no pacto
4. Amortização com consentimento do sócio
    4.1. Necessidade de previsão contratual
    4.2. Tempo e forma do consentimento do sócio
    4.3. Consentimento do usufrutuário ou de credor pignoratício
5. Possibilidade de amortização parcial da quota

Bibliografia
ABREU, COUTINHO DE – *Curso de direito comercial*, II, 5ª ed., Almedina, Coimbra, 2015; CORREIA, ANTÓNIO FERRER – "A sociedade por quotas de responsabilidade limitada segundo o CSC", *Temas de direito comercial e direito internacional privado*, Almedina, Coimbra, 1989; CORREIA, LUÍS BRITO – *Direito comercial*, 2º vol., "Sociedades Comerciais", AAFDL, Lisboa, 1989; CUNHA, CAROLINA – "A exclusão de sócios (em particular, nas sociedades por quotas)", *Problemas do direito das sociedades*, IDET, Almedina, Coimbra,

2002, p. 201-233; FONSECA, J. TAVEIRA – "Amortização de quotas", *Revista do Conselho Distrital do Porto da Ordem dos Advogados*, n.ºˢ 22/23 (Dez/02-Jun/03), p. 97-113; LEITÃO, LUÍS MENEZES – *Pressupostos da exclusão de sócio nas sociedades comerciais*, Lisboa, 1988; NUNES, ANTÓNIO J. AVELÃS – *O direito de exclusão de sócios nas sociedades comerciais*, Coimbra, 1968; SOARES, ANTÓNIO – *O novo regime da amortização de quotas*, AAFL, Lisboa, 1988; VENTURA, RAÚL – *Comentário ao Código das Sociedades Comerciais – Sociedades por quotas*, vol. I, "Artigos 197º a 239º", Almedina, Coimbra, 4ª reimp. da 2ª ed. de 1989.

1. Âmbito de aplicação da norma: amortização por iniciativa da sociedade

Apesar da formulação abrangente da sua epígrafe, advirta-se que o art. 233º apenas se aplica às hipóteses (porventura, maioritárias) em que *a iniciativa da amortização parte da sociedade*, no exercício de um direito ou faculdade de que é titular.

Por outro lado, a redacção da norma também não é a mais conseguida[1], mas do art. 233º, 1 resulta que a sociedade pode proceder a *amortização compulsiva* (ou seja, independente do consentimento do sócio[2]) desde que se verifique um *fundamento legal ou contratual* e que pode proceder à amortização sem específico fundamento legal ou contratual desde que obtenha o *consentimento do sócio afetado* (a também chamada *amortização por acordo*[3]).

2. Amortização compulsiva com fundamento na lei

Elipticamente mencionada pela parte inicial do art. 233º, 1[4], a possibilidade de a sociedade tomar a iniciativa de amortizar a quota de um sócio pode resultar da *existência de norma legal* nesse sentido.

Habilitam a sociedade a amortizar a quota (por vezes no contexto alargado de outras opções, como a aquisição da quota ou a sua alienação a outros sócios ou a terceiros) o art. 225º, 2 (existência de cláusula contratual que impeça a transmissão da quota aos sucessores do sócio falecido); o art. 231º, 1 (recusa de consentimento para a cessão de quota); o art. 240º, 3 (opção ao dispor da sociedade em consequência do exercício do direito do sócio à exoneração); ou o art. 242º, 3 (opção ao dispor da sociedade na sequência da exclusão do sócio)[5].

---

[1] Vejam-se as criticas de RAÚL VENTURA (1989), p. 681-682.
[2] Cfr. *supra*, comentário n.º 3 ao art. 232º.
[3] Cfr., novamente, comentário n.º 3 ao art. 232º.
[4] Cfr. também RAÚL VENTURA (1989), p. 686.
[5] Com maior detalhe, TAVEIRA FONSECA (2002-2003), p. 102, ss..

Note-se que, em casos destes, a faculdade de amortização não está dependente da existência de qualquer cláusula do pacto autorizando genericamente a amortização de quotas pela sociedade[6].

3. Amortização compulsiva com fundamento no contrato

O contrato de sociedade pode incluir *cláusulas de amortização*, isto é, estipulações que atribuam à sociedade o direito de amortizar uma quota verificado que esteja determinado facto.

3.1. Características dos factos permissivos

Antes de mais, para constituir fundamento válido de amortização deve o facto em apreço revestir suficiente *seriedade*, não podendo mascarar uma situação de puro arbítrio a exercer pela maioria[7].

Deve, igualmente, possuir um grau suficiente de *precisão* na delimitação do que valerá como facto justificativo de amortização; se da interpretação da cláusula estatutária resultar uma *simples previsão genérica*, não é apta a conferir à sociedade o direito de amortizar a quota sem consentimento do sócio (embora possa ser aproveitada como autorização estatutária de base para efeitos amortização com consentimento do sócio[8]).

Como *exemplos* de factos permissivos de amortização compulsiva previstos no pacto, aponta a doutrina[9]: a morte do sócio; a respetiva declaração de interdição ou de insolvência; incidentes que venham a afetar a quota (arresto, penhora, venda judicial, aquisição da quota pela sociedade); comportamentos diversos do sócio. Têm vindo a ser igualmente admitidas as chamadas cláusulas de amortização por sorteio, em face da superveniência de certos eventos que afetem a sociedade como um todo[10].

No confronto com as cláusulas estatutárias que alicerçam o direito da sociedade a excluir um sócio (art. 241º, 2), revelam, portanto, as cláusulas de amortização compulsiva *uma maior plasticidade*[11].

---

[6] ANTÓNIO SOARES (1988), p. 42.
[7] Cfr. FERRER CORREIA (1989), p. 166; RAÚL VENTURA (1966), p. 92, s.; ANTÓNIO SOARES (1988), p. 48.
[8] Cfr. *infra*, nº 4.1.
[9] RAÚL VENTURA (1989), p. 687-688; ANTÓNIO SOARES (1988), p. 44-45.
[10] AVELÃS NUNES (1968), p. 222, nt. 141; RAÚL VENTURA (1966), p. 95.
[11] Sobre o ponto, cfr. CAROLINA CUNHA (2002), p. 222, s. Note-se, desde logo, que só podem ser inseridos nos estatutos como causas de exclusão de factos relativos ao *comportamento ou situação pessoal* dos sócios (art. 241º, nº 1), não colocando a lei, todavia, qualquer restrição do mesmo calibre no que toca aos

3.2. Tutela dos interesses do titular da quota a amortizar: a inserção superveniente de cláusulas no pacto

Inversamente, os limites formais da faculdade de introduzir no estatutos causas de amortização compulsiva são mais rígidos dos que os limites de idêntica faculdade reportada às causas de exclusão de sócio. Com efeito, para inserir supervenientemente no estatuto uma cláusula de amortização compulsiva exige o art. 233º, 2, uma *deliberação unânime* dos sócios. O que bem se compreende em face da amplitude do elenco de factos susceptíveis de constituir objecto de semelhante cláusula. A plasticidade dos fundamentos da amortização compulsiva, que permite a este instituto jurídico ser instrumento de atuação, no plano societário, de uma panóplia de legítimos interesses dos sócios ou da sociedade[12] exige, como compensação ou reverso da medalha, uma redobrada cautela quanto ao modo como são inseridos no pacto os factos que a permitem. A regra da unanimidade assegura, assim, aquando de uma alteração ao contrato de sociedade, a tutela dos sócios potencialmente afetados pela prevalência do interesse contemplado pela cláusula de amortização – dado que *volenti non fit injuria*, pelo menos quando não estão em jogo valores superiores. Não há, portanto, o risco de uma maioria, anda que qualificada, impor a (possibilidade de) amortização de quotas a sócios dela discordantes[13].

Por outro lado, e concomitantemente, *exige* a lei que o facto permissivo da amortização já esteja inserido no contrato *ao tempo da aquisição da quota pelo titular afetado* (art. 233º, 2). Portanto, se a cláusula de amortização já constava do pacto social aquando do ingresso na sociedade do sócio cuja quota agora se pretende amortizar, parece que deixa de ser exigida, para a eficácia da cláusula

---

factos permissivos da amortização (art. 233º, nº 1 e 2). A doutrina tende, por vezes, a considerar que o *mesmo tipo de eventos* pode, *indistintamente*, constituir objecto de cláusula de exclusão ou de amortização compulsiva – assim, por ex., BRITO CORREIA (1989), p. 420, 464 e 476, no que respeita à interdição, inabilitação, adjudicação, venda judicial e similares – o que resulta, a nosso ver, de sobrepor, também indistintamente, os institutos da amortização compulsiva e da exclusão de sócio. Em nossa opinião, tais situações poderão, claramente, ser objeto de cláusula estatutárias de amortização compulsiva, mas mais dificilmente, numa sociedade por quotas, poderão configurar causas estatutárias de exclusão. Concordamos inteiramente com RAÚL VENTURA (198-), vol. II, p. 52, quando afirma que "muito do que não possa ser pactuado como exclusão poderá servir de fundamento à amortização". É o que sucede, a nosso ver, com muitas das hipóteses avançadas por MENEZES LEITÃO (1988), p. 110, ss., em esp. p. 113-114, na esteira das teses de Auletta sobre a distinção entre interesse social colectivo, interesse social individual e interesses extra-sociais dos sócios.

[12] Sobre os interesses que a sociedade e os (outros) sócios podem ter na amortização da participação social de um deles, RAÚL VENTURA (1989), p. 658-659; BRITO CORREIA (1989), p. 414.
[13] RAÚL VENTURA (1989), p. 695-696; ANTÓNIO SOARES (1988), p. 61.

perante esse novo sócio, que a sua inserção haja resultado de deliberação unânime dos sócios[14]. A solução compreende-se do ponto de vista dos interesses que se pretendem tutelar – se a cláusula já constava do estatuto no momento em que o sócio ingressou na sociedade, *podia e devia contar com as consequências* que dela derivam em sede de amortização. Todavia, pode gerar uma indesejável *discrepância* entre os fundamentos de amortização compulsiva eficazes perante todos aqueles que, num dado momento, possuem a qualidade de sócios numa sociedade por quotas.

4. Amortização com consentimento do sócio

Prevista no n.º 1 e disciplinada nos n.ºs 3 e 4 do art. 233º, é igualmente possível a sociedade proceder à *amortização da quota com consentimento atual*[15] *do sócio afetado*.

4.1. Necessidade de previsão contratual

Mas esta via só estará ao dispor da sociedade *se existir no estatuto uma sua previsão, expressa ou tácita*. Se do contrato de sociedade não constar *nem* uma autorização genérica de a sociedade amortizar quotas mediante consentimento, *nem* uma qualquer cláusula (embora específica) de amortização da qual se possa *extrair, por via oblíqua ou indireta*, a autorização para a sociedade amortizar quotas, o art. 232º, 1 veda a possibilidade de amortização *mesmo com* o consentimento do sócio, já que a amortização não é permitida, nesse caso, *nem pela lei, nem pelo contrato*[16]: a *quota não é amortizável*[17].

---

[14] Assim conclui RAÚL VENTURA (1989), p. 694. O que coloca uma questão interessante quanto ao *valor jurídico* das deliberações que introduzam no contrato cláusulas de amortização; a unanimidade não será requisito da validade, mas sim, da sua eficácia perante os atuais sócios – tudo isto sem embargo, obviamente, do respeito pelas regras gerais de alteração do contrato e da maioria qualificada (75%) que nas sociedades por quotas se impõem. Sobre o problema da atribuição de efeito amortizador a um *facto anterior à introdução* no contrato da respetiva cláusula de amortização, cfr. RAÚL VENTURA (1989), p. 695, remetendo para a disciplina do art. 86º em sede de atribuição de efeito retroativo à alteração do contrato.

[15] Não está obviamente em causa o consentimento prestado pelos sócios para a introdução (originária ou superveniente) de uma cláusula contendo um facto permissivo da amortização – como frisa RAÚL VENTURA (1989), p. 682.

[16] Cfr. *supra*, o n.º 1 do comentário ao art. 232º.

[17] Assim RAÚL VENTURA (1989), p. 663; e também ANTÓNIO SOARES (1988), p. 25 ("o silêncio do pacto nesta matéria determina a impossibilidade de se proceder à amortização de quotas, mesmo com o acordo do sócio visado e isto porque o art. 233º, 1 visa proteger não apenas os direitos do sócio cuja quota é amortizada, mas igualmente acautelar certos direitos dos restantes sócios"). Tudo isto não impede, obviamente, a amortização com base na lei, que é independente de qualquer previsão estatutária.

4.2. Tempo e forma do consentimento do sócio

Permite o art. 233º, 3, que o consentimento do sócio seja prestado *na própria deliberação*, através da emissão de voto favorável à proposta de amortização[18].

Mas é igualmente possível, e até avisado, que a sociedade que se prepara para amortizar uma quota ao abrigo de permissão contratual genérica se muna, *previamente*, de documento no qual o sócio tenha exarado o seu consentimento – possibilidade que o art. 233º, 3, também contempla.

Se o sócio não prestar o seu consentimento por documento anterior, nem por voto favorável na deliberação de amortização, pode, ainda assim, fazê-lo *a posteriori*, *expressa ou tacitamente* (*v.g.*, assinando e entregando à sociedade o recibo da contrapartida que recebeu)[19].

Note-se que o consentimento que não é prestado na própria deliberação deve, em qualquer caso, revestir a *forma escrita* e, em consonância com a sua qualidade de declaração receptícia, ser *comunicado aos gerentes* da sociedade[20].

Apesar da vulgarmente utilizada designação de "amortização por acordo", a deliberação da sociedade e o consentimento do sócio não se ajustam num "mútuo consenso" produtor do efeito jurídico "amortização". O acto que opera a amortização da quota é a deliberação da sociedade, funcionando, neste caso, o consentimento do sócio afetado como (simples mas imprescindível) *condição de eficácia dessa deliberação*; o que explica, aliás, que, quando seja prestado *a posteriori*, os efeitos da amortização se contem a partir desse instante (e não do momento em que a deliberação é tomada)[21].

4.3. Consentimento do usufrutuário ou de credor pignoratício

Prevê o nº 4 do art. 233º que, no caso de sobre a quota amortizada incidir direito de usufruto ou de penhor, o consentimento deva *também* ser dado pelo titular desse direito.

Compreende-se esta exigência legal, uma vez que, amortizada a quota, os direitos reais de usufruto e penhor *ficarão extintos por desaparecimento do seu objeto* (a participação social – cfr. 232º, 2).

---

[18] RAÚL VENTURA (1989), p. 683.
[19] Exemplo colhido em RAÚL VENTURA (1989), p. 684. Recorde-se que o próprio art. 55º que prevê, como regra geral, que o consentimento dos sócio interessado possa ser prestado expressa ou tacitamente – cfr. COUTINHO DE ABREU (2015), p. 445.
[20] RAÚL VENTURA (1989), p. 684.
[21] Cfr. FERRER CORREIA, (1989), p. 163; RAÚL VENTURA (1989), p. 683 e 684.

Esta justificada tutela dos interesses do usufrutuário ou do credor pignoratício pode, não obstante, criar um *conflito suscetível de impedir a amortização* da quota já consentida pelo sócio titular[22].

5. Possibilidade de amortização parcial da quota

O n.º 5 do art. 233º determina que só com consentimento do sócio pode uma quota ser *parcialmente amortizada*, salvo nos casos previstos na lei. A norma aplica-se, portanto, quer às hipóteses de *amortização forçada*, quer às hipóteses de *amortização consentida* (nestes casos, o consentimento do sócio cobrirá tanto a amortização em si mesma como o respectivo carácter parcial[23]). Das razões que justificam a regra de um consentimento *atual* decorre a ilicitude da cláusula estatutária que permita, *ab initio*, uma amortização parcial da quota[24].

A razão de ser desta necessidade de consentimento prende-se, segundo a melhor doutrina, com a circunstância de a imposição pela sociedade ao sócio de uma amortização *apenas parcial* da sua quota *dificilmente corresponder* ao interesse da sociedade protegido pela lei ou cláusula contratual que fundamenta a amortização (não logra a saída do sócio da sociedade, nem evita o ingresso de novo sócio), além de ser presumível que o sócio que vê a sua quota atingida por uma amortização forçada não conserve interesse em manter-se na sociedade, nem deva ser obrigado a nela permanecer com uma participação social doravante reduzida[25]. O consentimento atual do sócio ao carácter parcial da amortização é, portanto, o *mecanismo de alinhamento concreto dos interesses* do sócio e da sociedade – a funcionar, como vimos, quer nos casos de amortização forçada, quer nos casos de amortização por acordo.

Sobre a amortização de quota em *contitularidade*, que pode conduzir a uma divisão da quota e, em sentido amplo, a uma "amortização parcial", veja-se o disposto no art. 238º[26].

---

[22] Como salienta RAÚL VENTURA (1989), p. 685.
[23] Assim RAÚL VENTURA (1989), p. 697.
[24] RAÚL VENTURA (1989), p. 697.
[25] RAÚL VENTURA (1989), p. 696.
[26] Detalhadamente, BRITO CORREIA (1989), p. 421.

ARTIGO 234º
Forma e prazo de amortização

1. A amortização efetua-se por deliberação dos sócios, baseada na verificação dos respectivos pressupostos legais e contratuais, e torna-se eficaz mediante comunicação dirigida ao sócio por ela afetado.
2. A deliberação deve ser tomada no prazo de 90 dias contados do conhecimento por algum gerente da sociedade do facto que permite a amortização.

Índice

1. A deliberação social de amortização de quota
   1.1. Imprescindibilidade e conteúdo
   1.2. Patologias específicas que a podem atingir
2. Quórum deliberativo
3. Impedimento de voto do titular da quota a amortizar?
4. Prazo para a amortização
5. Comunicação ao sócio afetado
6. Breve referência à responsabilidade penal dos gerentes em sede de amortização

Bibliografia

ABREU, COUTINHO DE – *Curso de direito comercial*, II, 5ª ed., Almedina, Coimbra, 2015; CORREIA, ANTÓNIO FERRER, "A sociedade por quotas de responsabilidade limitada segundo o CSC", *Temas de direito comercial e direito internacional privado*, Almedina, Coimbra, 1989; CORREIA, LUÍS BRITO, *Direito Comercial*, 2º vol., "Sociedades Comerciais", AAFDL, Lisboa, 1989; FONSECA, J. TAVEIRA – "Amortização de quotas", *Revista do Conselho Distrital do Porto da Ordem dos Advogados*, nºs 22/23 (Dez/02-Jun/03), p. 97-113; LABAREDA, JOÃO – "Sobre a deliberação de amortização de quotas", in *Direito societário português – algumas questões*, Quid Juris, Lisboa, 1998, p. 231-268; MENDES, EVARISTO – "Deliberações que fixam o valor das participações sociais. Impugnação – I", *III Congresso Direito das Sociedades em Revista*, coord. Rui Pinto Duarte/Pedro Pais de Vasconcelos//J. Coutinho de Abreu, Almedina, Coimbra, 2014, p. 67-108; SOARES, ANTÓNIO – *O novo regime da amortização de quotas*, AAFL, Lisboa, 1988; VENTURA, RAÚL – *Comentário ao Código das Sociedades Comerciais – Sociedades por quotas*, vol. I, "Artigos 197º a 239º", Almedina, Coimbra, 4ª reimp. da 2ª ed. de 1989, *Amortização de quotas. Aquisição de quotas próprias*, Cadernos de Ciência e Técnica Fiscal, Lisboa, 1966.

1. A deliberação social de amortização de quota
1.1. Imprescindibilidade e conteúdo

Seja qual for a modalidade e verificados que estejam os respectivos pressupostos, a amortização da quota tem lugar através de *deliberação dos sócios* – art. 234º, 1[1]. A amortização de quota é um ato da sociedade, que a lei inclui nas *competências do órgão deliberativo-interno* pela via do art. 246º, 1, b).

Não é permitida entre nós a figura da *amortização automática* (extinção da quota operada diretamente por força da lei ou da verificação de uma ocorrência prevista no pacto)[2].

E mesmo no caso de a amortização da quota corresponder a um direito estatutariamente reconhecido ao sócio, a amortização não dispensa a tomada de uma deliberação nesse sentido[3]. Os *interesses do sócio* credor dessa prestação de facto infungível ficam suficientemente acautelados pela arma que o art. 240º, 4, *in fine* (aplicável pela remissão feita pelo art. 232º, 4), coloca nas suas mãos: a possibilidade de requerer a *dissolução da sociedade* por via administrativa, caso esta, no prazo de 30 dias a contar da declaração de exercício do direito pelo sócio, não delibere amortizar a quota ou, em alternativa, adquiri-la ou fazê-la adquirir[4]. Idêntica possibilidade é atribuída aos sucessores do sócio falecido pelo art. 226º, 2, nos casos em que o contrato lhes atribua o direito de exigir da sociedade a amortização da quota do *de cujus*.

Também não é possível, pese embora uma estipulação contratual nesse sentido (inválida, desde logo pela violação dos art. 246º, 1, b) e 234º, 1), atribuir a um sócio o *direito de amortizar a quota de outro*[5]. O que pode acontecer, nas sociedades bipessoais, é que a deliberação de amortizar venha a ser tomada apenas com os votos favoráveis de um dos dois sócios, desde que perfaçam a maioria

---

[1] Cfr., entre tantos, desenvolvidamente, JOÃO LABAREDA (1998), p. 23: a exigência de deliberação constitui, de resto, um imperativo legal subtraído à disponibilidade dos sócios, "por razões que se prendem com a necessidade de acautelar os seus próprios interesses, os da sociedade como entidade autónoma, e mesmo o dos credores sociais". Mesmo quando o contrato social define com rigor as situações susceptíveis de conduzir à amortização, uma vez verificado o facto "é necessário ponderar se isso realmente traz vantagem a sociedade ou aos sócios, bem como se ela está em condições de exercer eficazmente a prerrogativa que lhe cabe".

[2] RAÚL VENTURA (1989), p. 702, ss.; JOÃO LABAREDA (1988), p. 234.

[3] ANTÓNIO SOARES (1988), p. 74-75.

[4] Com vantagens sobre a solução proposta por RAÚL VENTURA (1966), p. 109-110, que apenas permitia ao sócio atuar judicialmente contra a sociedade nos limites do processo de execução.

[5] RAÚL VENTURA (1989), p. 709.

exigida para o efeito – podendo, inclusive, o titular da quota a amortizar estar impedido de votar[6].

Quanto ao conteúdo, além da *declaração de vontade* de amortizar a quota, a deliberação deve, naturalmente, *identificá-la* (indicando, conforme seja necessário, o titular, o valor nominal e a data de aquisição) e efectuar a *menção* exigida pelo art. 236º, 2 quanto à situação líquida da sociedade (embora não seja imprescindível a menção da contrapartida, mesmo na amortização compulsiva, já que podem aplicar-se preceitos legais e/ou contratuais na sua determinação)[7].

Se se tratar de uma amortização baseada em *facto permissivo*, legal ou contratual, a deliberação deve igualmente fazer-lhe *referência*, sob pena de apenas poder ser feita valer mediante obtenção de consentimento do sócio afectado[8] – *i.e.*, não pode valer como amortização *compulsiva* mas apenas (e se o consentimento vier a ser prestado) como amortização *por acordo*.

1.2. Patologias específicas que a podem atingir

Sistematizando as principais patologias susceptíveis de atingir a deliberação de amortização *qua tale*[9], a mais grave será a tentativa de amortização de uma quota *sem existir permissão legal ou contratual genérica*. A deliberação será nula (art. 56º, 1, d), já que o seu conteúdo viola a norma legal imperativa do art. 233º, 1[10].

Nulas serão, igualmente, as deliberação que amortizem quotas não integralmente liberadas (art. 232º, 3) ou sem ressalva do capital e reserva legal (art. 236º, 1)[11].

Existindo permissão contratual genérica para amortizar quotas[12], a deliberação que, *sem* o prévio ou contemporâneo consentimento do sócio titular, amortize uma quota *sem também invocar facto permissivo* estabelecido por lei ou no contrato não é, contra o que *prima facie* poderia parecer, inválida. Se aparentemente viola o disposto no art. 233º, 1, o que nos poderia fazer supor que é nula nos termos do art. 56º, 1, d), a verdade é que o nº 3 do mesmo art. 233º prevê que o consentimento do sócio possa ser dado *posteriormente*. Parece, pois, preferível

---

[6] JOÃO LABAREDA (1998), p. 235. Sobre a questão do impedimento de voto, cfr. *infra*, nº 3.
[7] RAÚL VENTURA (1989), p. 714; BRITO CORREIA (1989), p. 425-426.
[8] RAÚL VENTURA (1989), p. 714.
[9] Seguimos o quadro proposto por RAÚL VENTURA (1989), p. 697-699
[10] Acrescenta RAÚL VENTURA (1989), p. 698, que a deliberação tem, ainda, um *objecto legalmente impossível* pois, faltado aquela permissão, a quota não é sequer amortizável, incorrendo-se em violação do art. 280º, 1 do CCiv..
[11] COUTINHO DE ABREU (2015), p. 375.
[12] Cfr. *supra*, nº 4.1 do comentário ao art. 233º.

subsumir tal deliberação ao art. 55º: será *ineficaz* (ineficácia absoluta e total[13]) enquanto o interessado não der o seu consentimento[14].

O mesmo regime será de aplicar às situações em que a deliberação invoque um facto permissivo que na realidade *não se verificou* ou que *não se encontra previsto* na lei ou no contrato[15]. Aqui, todavia, o consentimento do sócio, para o ser verdadeiramente e assim relevar como factor de eficácia da deliberação, implica o *conhecimento* da irregularidade cometida, "pois doutra forma ele limita-se a aceitar as consequências de uma deliberação que erradamente supõe regular"[16].

2. Quórum deliberativo

Não esclarecendo o art. 234º qual o quórum deliberativo necessário para considerar aprovada a deliberação de amortização, *duas hipóteses* se perfilam como candidatas: *ou* vale a regra geral da maioria simples dos votos emitidos (art. 250º, 3), *ou* o regime especial da maioria qualificada de três quartos dos votos emissíveis aplicável aos casos de alteração de contrato (art. 265º, 1).

É inegável que, *formalmente*, a amortização de quotas opera uma *alteração do contrato*, já que extingue uma das participações sociais nele obrigatoriamente identificadas – art. 9º, 1, g). Mas é relativamente consensual que *nem todas* as alterações do contrato devem ficar *sujeitas ao regime* dos arts. 85º e (nas sociedades por quotas) 265º; de fora permanecerão as modificações de cláusulas que *derivam ou são consequência* de deliberações *visando diretamente outros efeitos* que não essa modificação[17] – como sucede nas hipóteses de amortização, em que o objetivo diretamente visado é a extinção da quota, não a alteração da cláusula contratual que a prevê.

O busílis da questão parece residir na *determinação da (in)cindibilidade* entre *a* deliberação de amortização de quota (art. 234º) e *a* deliberação que elege as concretas consequências da extinção da quota amortizada (art. 237º – redução do capital social *ou* aumento proporcional das quotas dos outros sócios;

---

[13] COUTINHO DE ABREU (2015), p. 376 e 444.
[14] RAÚL VENTURA (1989), p. 698.
[15] Ou, ainda, facto permissivo que foi introduzido nos estatutos sem unanimidade depois da aquisição da quota pelo actual titular ou pela pessoa a quem ele sucedeu por morte – COUTINHO DE ABREU (2015), p. 375-376.
[16] RAÚL VENTURA (1989), p. 699.
[17] Assim COUTINHO DE ABREU (2015), p. 377.

quanto à figuração da quota no balanço como quota amortizada, opera por força do disposto no pacto, sem necessidade de deliberação nesse sentido[18]).

Quem considere que é *possível e necessária* a "integração dos dois objectos [amortização e respectivas consequências] na mesma deliberação", e que tanto a redução do capital social como o aumento das quotas dos outros sócios configuram verdadeiras alterações contratuais sujeitas ao regime do art. 265º, concluirá que a deliberação prevista no art. 234º, 1 exige a *maioria de três quartos* dos votos emissíveis[19].

Quem considere que a deliberação de amortização é *autónoma ou autonomizável* face à deliberação sobre as concretas consequências da extinção da quota[20] – ainda que ambas possam ser tomadas na mesma assembleia –, bastar-se-á com a *regra da maioria simples para a primeira*[21], aplicando *à segunda o regime que lhe for próprio*[22]. Assim, em caso de *redução de capital*, vale o regime que decorre dos arts. 85º e 94º, ss., incluindo a regra da maioria qualificada prevista no art. 265º, 1. Já quanto à fixação do *novo valor nominal* das quotas dos restantes sócios, na medida em que se traduz numa mera operação aritmética (trata-se de levar a cabo o seu aumento proporcional), concordamos que será exagerado exigir mais do que a maioria simples[23].

3. Impedimento de voto do titular da quota a amortizar?

A lei também não resolve expressamente a questão de saber se o titular da quota a amortizar está ou não *impedido de votar* na deliberação de amortização. *Nenhuma* das alíneas do art. 251º, 1 contempla a amortização de quotas, pelo que a questão terá de passar pela interpretação e aplicação da cláusula geral

---

[18] COUTINHO DE ABREU (2015), p. 378.
[19] Assim RAÚL VENTURA (1989), p. 712, ss., e 752, ss. (acrescentando o argumento material de que "uma deliberação que extingue uma quota não é comparável às normais deliberações tomadas por maioria simples; além desse efeito extintivo, já por si decisivo, obriga a sociedade (salvo o caso excepcional de amortização gratuita) ou a reduzir o capital ou a dispor, para um único sócio, de parte das reservas da sociedade"). Em sentido concordante BRITO CORREIA (1989), p. 424-425; ANTÓNIO SOARES (1988), p. 106-108 e 109, ss. Já TAVEIRA FONSECA (2002-2003), p. 109, ss., considera que só a amortização com redução do capital social está sujeita a uma maioria qualificada.
[20] Explicitamente, FERRER CORREIA (1989), p. 168.
[21] COUTINHO DE ABREU (2015), p. 377-378; FERRER CORREIA (1989) 164-165 e 168; JOÃO LABAREDA (1998), p. 240, ss., em esp. 255, ss. e 261.
[22] Mas veja-se o argumento em contrário de TAVEIRA FONSECA (2002-2003), p. 110: "seria ilógico que se fosse exigir uma maioria simples para a deliberaçao de amortização, sabendo de antemão que a mesma não poderia ser executada ou tornada perfeita, caso não fosse possível reunir o quórum exigido para a deliberação de redução do capital social".
[23] É a posição de COUTINHO DE ABREU (2015), p. 378.

do corpo da norma: existirá, em tais casos, um *conflito de interesses* entre o sócio e a sociedade que justifique, através do impedimento, "neutralizar o perigo da tomada de deliberações contrárias ao interesse social por influência do voto de sócio portador de interesse divergente"[24]? A questão terá de ser resolvida caso a caso, dada a manifesta pluralidade de composições possíveis[25].

Tem-se considerado que o sócio estará *impedido* de votar quanto a amortização da quota resulte da sua prévia exclusão (arts. 241º, 2; 242º, 3, 251º, 1, d)[26]; e bem assim nos casos de amortização (compulsiva) de quota penhorada (art. 239º, 2, 251º, 1)[27].

Mas, como regra, parece avisada a posição de que a amortização não implica, de *per si*, uma situação em que ao sócio interesse "uma deliberação orientada em determinado sentido e à sociedade uma deliberação orientada em sentido diverso"[28]; a conjuntura concreta pode até apontar para uma clara *convergência de interesses* – pense-se, *v.g.*, numa deliberação de amortização que obteve o prévio consentimento do sócio (art. 233º, 3); ou mesmo num caso de amortização compulsiva com um fundamento que exprima, igualmente, o interesse do sócio em abandonar a sociedade (por exemplo, uma doença incapacitante). Em suma, cada situação-tipo, *pode ser ou não do interesse* da sociedade e do sócio a amortização da quota deste[29].

---

[24] COUTINHO DE ABREU (2015), p. 226.
[25] Parece ser a opinião generalizada – cfr. RAÚL VENTURA (1989), p. 711; ANTÓNIO SOARES (1988), p. 120; BRITO CORREIA (1989), p. 424; JOÃO LABAREDA (1998), p. 263.
[26] Assim COUTINHO DE ABREU (2015), p. 378-379; RAÚL VENTURA (1989), p. 711. Temos algumas dúvidas que a questão, sequer, se coloque: a deliberação de exclusão é autónoma e prévia à amortização da quota do sócio excluído, logo, a partir do momento em que produza efeitos, o ex-sócio deixa de ser titular do direito de voto, integrante da participação social cuja titularidade perdeu com a exclusão e cujo destino concreto (amortização ou aquisição pela sociedade, sócio ou terceiro – art. 232º, 5, aplicável pelas remissões dos arts. 241º, 2 e 242º, 3) cabe à sociedade *da qual ele já não faz parte* decidir.
[27] COUTINHO DE ABREU (2015), p. 378-379, onde acrescenta a hipótese da amortização por morte do sócio, embora neste último caso, a impossibilidade de voto seja uma consequência da suspensão de direitos sociais determinada pelo art. 227º, 2 – posição análoga à de JOÃO LABAREDA (1998), p. 266. Este último Autor acrescenta ao rol de situações em que o sócio não deve votar na deliberação relativa à amortização da sua quota os casos em que esta resulta do exercício de um seu direito, nos termos do art. 232º, 4, não pela existência de um conflito de interesses mas pela "inexistência de função social do respectivo direito".
[28] Na conseguida formulaçao de COUTINHO DE ABREU (2015), p. 226.
[29] Como bem ilustram RAÚL VENTURA (1989), p. 658-659; e ANTÓNIO SOARES (1988), p. 79. Para um quadro das *finalidades* que a amortização pode visar, RAÚL VENTURA (1966), p. 45-46.

4. Prazo para a amortização

Fixa o art. 234º, 2 um prazo de *noventa dias* para a tomada da deliberação de amortização, contados do conhecimento, por algum gerente (qualquer gerente; basta um só[30]), do facto que permite a amortização. Idêntico é o prazo estabelecido pelo art. 225º, 2, na hipótese de intransmissibilidade da quota aos sucessores do sócio falecido (noventa dias contados do conhecimento da morte do sócio); na hipótese de recusa de consentimento para cessão de quotas, fixa a lei para a (eventual) amortização o prazo de *sessenta dias* contados da sua aceitação pelo sócio (art. 231º, 2, b); na hipótese de direito dos sucessores à amortização, o prazo é de *trinta dias* a contar da receção da declaração dos sucessores (art. 226º, 2); idêntico é o prazo para amortizar a quota do sócio judicialmente excluído (242º, 3), embora contado do trânsito em julgado da sentença; nos casos de exercício de direito do sócio à amortização ou exoneração, o prazo é também de trinta dias contados da receção da declaração do sócio de que pretende exercer o direito (art. 240º, 4, aplicável diretamente ou por remissão do 232º, 4)[31].

A função destes prazos é a de *não deixar protelar situações de incerteza*, embora as consequências da sua inobservância variem[32]. Em geral, nos casos de amortização compulsiva, esta inobservância faz *caducar* o direito da sociedade de amortizar aquela quota; mas *também pode* atribuir ao sócio ou ao sucessor o direito a requerer a liquidação administrativa da sociedade (arts. 240º, 4, e 226º, 2); tornar livre a cessão de quotas não consentida (art. 231º, 2); ou operar a transmissão da quota aos sucessores (art. 225º, 2).

Note-se que idêntico problema de incerteza agravada pelo decurso do tempo se pode colocar nas situações em que *o sócio consente antecipadamente na concreta amortização* da sua quota. Concordamos, pois, com a aplicação analógica (uma vez que o consentimento não é facto permissivo na acepção suposta pela norma) do art. 234º, 2 a estes casos, dado que "não parece razoável que um sócio deva estar eternamente em estado de sujeição, após ter prestado o consentimento para a amortização, podendo esta vir a ocorrer num momento

---

[30] Caso o gerente não convoque atempadamente a assembleia, estaremos em presença de uma grave violação dos seus deveres, geradora de responsabilidade e fundamento de destituição – JOÃO LABAREDA (1998), p. 239.
[31] Cfr. ANTÓNIO SOARES (1988), p. 87-89. Detalhadamente, TAVEIRA FONSECA (2002-2003), p. 106, ss.
[32] RAÚL VENTURA (1989), p. 716.

muito posterior em que as razões que levaram o sócio a prestar o seu consentimento já tenham desaparecido"[33].

5. Comunicação ao sócio afetado

Ainda que o sócio tenha participado na assembleia ou na própria deliberação[34] (que pode ser tomada por qualquer das formas legalmente admissíveis, embora a verificação de um impedimento de voto do sócio excluído implique restrições – cfr. art. 247º, 8), a deliberação de amortização deve ser-lhe *comunicada* para que possa, nos termos do art. 234º, 1, produzir efeitos[35].

Isto naturalmente, não impede que *permaneça ineficaz* nos casos em que, por exemplo, está em falta o consentimento do sócio, nem que os sócios, na própria deliberação, *difiram a eficácia* da amortização que acabam de decidir – *v.g.*, adiando a extinção da quota para o fim do exercício social ou para o momento em que o sócio receba a contrapartida[36].

6. Breve referência à responsabilidade penal dos gerentes em sede de amortização

Os arts. 511º a 513º impõem *responsabilidade penal aos gerentes* que, em violação da lei, *amortizem* ou *façam amortizar* quotas não liberadas, sem consentimento do usufrutuário ou do credor pignoratício, ou com desrespeito por regras relativas à tutela do capital social.

Já se criticou ao legislador a convicção, em que parece estar, "de que é o gerente da sociedade que amortiza quotas, quando o art. 234º, 1 determina que a amortização efectua-se por deliberação dos sócios"; daqui se retira a conclusão de que "como o pressuposto é falso, *o crime é legalmente impossível*"[37].

---

[33] ANTÓNIO SOARES (1988), p. 85.
[34] Neste sentido ANTÓNIO SOARES (1988), p. 122.
[35] Considera ANTÓNIO SOARES (1988), p. 122, que ao abrigo do art. 219º do CCiv. a comunicação não está sujeita a forma, mas a verdade é que razões de prova sempre aconselharão a utilização de um suporte escrito.
[36] Assim RAÚL VENTURA (1989), p. 715, contanto que dessa forma não se *viole* o direito do sócio à amortização nem se encubra uma amortização *preventiva* (que, por exemplo, deixe o momento da amortização dependente da verificaçao futura de um dos factos permissivos).
[37] RAÚL VENTURA (1989), p. 675, sublinhados nossos. O Autor critica, inclusive, o uso da expressão "fazer amortizar", cujo significado considera "um mistério indecifrável", e observa que "propor à assembleia a amortização não é 'fazer amortizar', pois a assembleia mantém a sua independência para deliberar contra ou a favor da proposta". Para ulteriores considerações, vejam-se as anotações de SUSANA AIRES DE SOUSA aos artigos 511º a 513º, no vol. VII deste Comentário.

Na tentativa de justificar esta responsabilidade penal dos gerentes por um ato que não é deles, observam outros[38] que a amortização de quotas *coenvolve*, para lá da deliberação de amortização propriamente dita, toda uma *pluralidade de atos* que já são da competência dos gerentes: a convocação da assembleia geral onde a deliberação será tomada (art. 248º, 3); a comunicação ao sócio de que foi deliberado amortizar-lhe a quota (art. 234º, 1), a qual funciona como requisito de eficácia deliberação adotada; o próprio pagamento da contrapartida ao sócio (252º, 1). É ainda aos gerentes que compete proceder à avaliação da situação patrimonial da sociedade e comunicá-la aos sócios para que eles possam saber se a amortização respeita ou não o principio da intangibilidade do capital social (236º, 1 e 2)[39].

---

[38] ANTÓNIO SOARES (1988), p. 82-83. Em abono da sua interpretação, o Autor recorda, igualmente, os poderes que o art. 57º, 4, confere aos gerentes em matéria de fiscalização da conformidade das deliberações com a lei – poderes que dependem, é certo, da ausência de órgão de ficalização, mas é o que "certamente ocorrerá na grande maioria das sociedades por quotas".
[39] Sobre as implicações do princípio da intangibilidade em sede de amortização, cfr. EVARISTO MENDES (2014), p. 88, nt. 40, p. 94, ss., p. 95, ss. e *passim*.

ARTIGO 235º
Contrapartida da amortização
1. *Salvo estipulação contrária do contrato de sociedade ou acordo das partes, valem as disposições seguintes:*
a) A contrapartida da amortização é o valor de liquidação da quota, determinado nos termos do artigo 105º, nº 2, com referência ao momento da deliberação;
b) O pagamento da contrapartida é fracionado em duas prestações, a efetuar dentro de seis meses e um ano, respetivamente, após a fixação definitiva da contrapartida.
2. *Se a amortização recair sobre quotas arroladas, arrestadas, penhoradas ou incluídas em massa falida ou insolvente, a determinação e o pagamento da contrapartida obedecerão aos termos previstos nas alíneas a) e b) do número anterior, salvo se os estipulados no contrato forem menos favoráveis para a sociedade.*
3. *Na falta de pagamento tempestivo da contrapartida e fora da hipótese prevista no nº 1 do artigo 236º, pode o interessado escolher entre a efetivação do seu crédito e a aplicação da regra estabelecida na primeira parte do nº 4 do mesmo artigo.*

Índice
1. A contrapartida como elemento não essencial da amortização
2. A fixação do valor da contrapartida
    2.1. A fixação por via contratual
    2.2. A fixação por acordo
    2.3. A fixação nos termos legais
3. Prazo e modo de pagamento da contrapartida
4. Falta de pagamento da contrapartida

Bibliografia
a) Citada:
ABREU, J. M. COUTINHO DE – *Curso de direito comercial*, vol. II., *Das sociedades*, 5ª ed., Almedina, Coimbra, 2015; ALMEIDA, A. PEREIRA DE – *Sociedades comerciais – Valores mobiliários, instrumentos financeiros e mercados*, vol. I, Coimbra Editora, Coimbra, 2008; CORDEIRO, A. MENEZES – *Manual de direito das sociedades*, II, *Das sociedades em especial*, Almedina, Coimbra, 2007; CORREIA, A. FERRER/XAVIER, V. G. LOBO – "Sobre a contrapartida da amortização da quota", RDES XVIII (1971), p. 279-316; CORREIA, LUÍS BRITO – *Direito comercial*, 2º vol., *Sociedades comerciais*, AAFDL, Lisboa, 1989; CUNHA, CAROLINA – "A exclusão de sócios", Problema de direito das sociedades, IDET, Almedina, Coimbra, 2002, p. 201--233; FONSECA, J. TAVEIRA – "Amortização de quotas", *Revista do Conselho Distrital do Porto*

da Ordem dos Advogados, n°s 22/23 (Dez/02-Jun/03), p. 97-113; FONSECA, TIAGO SOARES DA – "Artigo 235º", em *Código das Sociedades Comerciais anotado*, Almedina, Coimbra, 2011, p. 685-688; MAIA, PEDRO – "Deliberações dos sócios", em AAVV. (coord. de Coutinho de Abreu), *Estudos de direito das sociedades*, 12ª ed., Almedina, Coimbra, 2015, p. 223-254; SOARES, ANTÓNIO – *O novo regime de amortização de quotas*, AAFL, Lisboa, 1988; VENTURA, RAÚL – *Sociedade por quotas*, vol. 1, Almedina, Coimbra, 1989.

b) Outra:

LABAREDA, JOÃO – "Sobre a deliberação de amortização de quotas", em *Direito societário português – algumas questões*, Quid Juris, Lisboa, 1998, p. 231-268; NUNES, J. AVELÃS – *O direito de exclusão de sócios nas sociedades comerciais*, Almedina, Coimbra, 2002.

1. A contrapartida como elemento não essencial da amortização

A contrapartida não é um elemento essencial da amortização, uma vez que ela apenas tem de existir quando a amortização tenha carácter oneroso[1]. Ora, é inquestionável que a amortização deve ser necessariamente onerosa nos casos em que a lei imperativamente o estatui[2]; mas, por outro lado, não pode deixar de ser gratuita a amortização de quotas próprias (a sociedade não pode pagar a contrapartida a si própria)[3], podendo também esta solução resultar do acordo entre a sociedade e o sócio dissidente[4], conquanto não estejam envolvidos interesses de terceiros credores do sócio, nos termos previstos no art. 235º, 2. Já constitui, porém, uma verdadeira *vexata quaestio* saber se uma amortização gratuita – portanto, sem contrapartida – pode ser convencionada no pacto social[5], havendo quem se pronuncie a favor da sua admissibilidade[6] e quem defenda a solução oposta[7]. De todo o modo, podendo a amortização ser one-

---

[1] Cfr. RAÚL VENTURA (1989), p. 721.
[2] São os casos previstos no art. 235º, 2 (amortização de quotas em que estão em causa interesses de terceiros credores) e 240º, 5 e 8 (exoneração do quotista). Assim, COUTINHO DE ABREU (2015), p. 374, s..
[3] Cfr. BRITO CORREIA (1989), p. 430.
[4] Assim também, ANTÓNIO SOARES (1988), p. 127, A. que lembra a tutela que, nestes casos, é dispensada aos credores do sócio pelo instituto da impugnação pauliana.
[5] Vide *infra* nº 2.
[6] Assim, RAÚL VENTURA (1989), p. 724, s., e COUTINHO DE ABREU (2015), p. 374. No mesmo sentido, no direito pregresso, vide FERRER CORREIA/LOBO XAVIER (1971), p. 301.
[7] Pugnando, com fundamentação bem estribada, pela inadmissibilidade de estipulação contratual de uma amortização compulsiva gratuita, vide CAROLINA CUNHA (2002), p. 228, s., e ANTÓNIO SOARES (1988), p. 129, s.. Em sentido idêntico, PEREIRA DE ALMEIDA (2013), p. 344, e, se bem compreendemos as suas posições, também MENEZES CORDEIRO (2007), p. 389 e TIAGO SOARES DA FONSECA (2011), p. 686-

rosa ou gratuita, daqui decorre que a contrapartida não é um elemento essencial do instituto da amortização, porquanto, na última hipótese indicada, ela não tem lugar.

O art. 235º, aqui em análise, apenas se aplica, no entanto, à amortização onerosa, porquanto vem regular a contrapartida devida ao sócio (ou ex-sócio), no caso de a sua quota ter sido objeto de amortização.

2. A fixação do valor da contrapartida

A fixação do valor da contrapartida pode – nos termos do art. 235º, 1 – resultar do pacto social, do acordo entre o sócio e a sociedade ou ainda, supletivamente[8], do regime legalmente previsto na alínea a) desta norma.

2.1. A fixação por via contratual

Os sócios podem fixar, no pacto social, o valor ou critério para a determinação do valor da contrapartida devida pela amortização da quota, bem como as demais condições (de pagamento, etc.) relativas à mesma. O valor não precisa – vale aqui o princípio da liberdade contratual[9] –, e nisso há um consenso alargado[10], de corresponder ao valor real da participação social.

Sendo fixado no pacto, o regime aplicável à amortização da quota deverá ser o contratualmente previsto[11], salvo se estiver em causa uma das situações em que a lei imperativamente determine coisa diversa[12] ou quando a aplicação daquele regime possa consubstanciar uma situação de abuso de direito[13].

Finalmente, se for efetuada uma alteração da cláusula contratual que fixa o valor da contrapartida, no sentido de se consagrar um regime mais gravoso

---

-687, que consideram que as cláusulas estatutárias que fixam a contrapartida têm de "ser minimamente compensatórias, sob pena de estarmos perante actos gratuitos, sujeitos ao disposto nos 809º e 941º, 1 [sic: trata-se de uma gralha; os AA. querem referir-se ao art. 942º, 1], ambos do CC".

[8] Afora os casos em que a lei estabelece imperativamente o critério para a determinação do valor da contrapartida: cfr. arts. 235º, 2 e 240º, 5 e 8.

[9] Vide FERRER CORREIA/LOBO XAVIER (1971), p. 302, s. que referem que o valor da contrapartida "pode cingir-se ao valor nominal ou ser até inferior a este". Em sentido contrário, cfr. PEREIRA DE ALMEIDA (2013), p. 344, s..

[10] Cfr. RAÚL VENTURA (1989), p. 724, s., e COUTINHO DE ABREU (2015), p. 374, ANTÓNIO SOARES (1988), p. 137, s., e TIAGO SOARES DA FONSECA (2011), p. 686, s.. Onde as divergências são fundas é, como se referiu na anotação anterior, quanto à questão de saber se se pode clausular a gratuitidade numa amortização compulsiva (i.é, numa amortização de quota que é levada a cabo contra a vontade do sócio).

[11] Sobre a impossibilidade de as Partes – sócio e sociedade –, por acordo, afastarem o regime contratualmente previsto, vide o que de seguida se refere em texto.

[12] Vide supra nt. 8.

[13] Assim também, ANTÓNIO SOARES (1988), p. 140, e TIAGO SOARES DA FONSECA (2011), p. 687.

para o sócio, deve entender-se que tal alteração apenas produzirá efeitos se for aprovada por unanimidade[14]. É a solução prevista no art. 233º, 2 para a introdução no pacto de uma nova causa de amortização da quota, que se deve considerar aqui aplicável por analogia ou interpretação extensiva[15].

2.2. A fixação por acordo

O valor da contrapartida pode, por outro lado, resultar do acordo entre o sócio e a sociedade. Também este acordo não pode postergar o regime legal, quando "recair sobre quotas arroladas, arrestadas, penhoradas ou incluídas em massa falida ou insolvente" (art. 235º, 2), devendo ainda entender-se que o mesmo não pode afastar o regime contratualmente fixado para a determinação do valor da contrapartida[16]. A deliberação que fixe uma contrapartida diferente daquela que resulta do pacto, porque se trata da violação de uma cláusula contratual, será, no entanto, meramente anulável – cfr. art. 58º, 1.

2.3. A fixação nos termos legais

Na ausência de cláusula contratual ou de acordo entre as Partes, será aplicável supletivamente ao valor da contrapartida o regime do art. 235, 1, a)[17], donde resulta que o sócio tem direito ao recebimento do valor real da participação social[18]. Com efeito, esta norma determina que a avaliação da parte social seja efetuada nos termos do art. 105º, 2[19], pelo que a mesma deverá ser realizada por um ROC – designado por mútuo acordo ou, na falta deste, por um ROC independente designado pela respetiva Ordem –, tendo em conta a situação patrimonial da sociedade. O momento relevante para a determinação do valor

---

[14] Assim, TAVEIRA DA FONSECA (2002/03), p. 111. Defendendo a aplicação do regime da ineficácia na hipótese do art. 233º, 2, vide PEDRO MAIA (2015), p. 236, s.. Diferentemente, Coutinho de Abreu entende que uma deliberação de amortização tomada em violação do disposto no art. 233º, 2 será nula. Cfr. COUTINHO DE ABREU (2015), p. 375.

[15] Cfr. ANTÓNIO SOARES (1988), p. 142 e TIAGO SOARES DA FONSECA (2011), p. 686.

[16] Cfr. ANTÓNIO SOARES (1988), p. 143 e TIAGO SOARES DA FONSECA (2011), p. 687 e nt. 14. Diferentemente, Raúl Ventura defende, a este propósito, que haverá que apurar casuisticamente se com a cláusula se pretendeu acautelar o interesse de todos os sócios ou apenas o do sócio cuja quota é amortizada e, nesta última hipótese, com o acordo das Partes, será possível afastar o regime estatutariamente fixado. Cfr. RAÚL VENTURA (1989), p. 722, s..

[17] A alínea b) desta norma fixa, também supletivamente, o prazo de pagamento da contrapartida.

[18] Sobre o modo de cálculo deste valor real da quota, vide TAVEIRA DA FONSECA (2002/03), p. 112, s..

[19] Norma que determina a aplicação do regime do art. 1021º CCiv., que, por sua vez, remete para o art. 1118º, 1 a 3 CCiv..

da quota é, di-lo expressamente a lei (cfr. art. 235º, 1, a), *in fine*), o da data da deliberação respetiva.

Note-se, porém, que este regime legal deixa de ter carácter supletivo, se a amortização da quota envolver interesses de credores do sócio, nos termos do art. 235º, 2. Neste caso, o convencionado nos estatutos só prevalecerá sobre o regime legal se for mais desfavorável para a sociedade e, portanto, mais vantajoso para o sócio e, reflexamente, para os seus credores. Ou seja, nesta hipótese, o sócio não poderá receber pela sua quota um valor inferior ao valor real da mesma.

3. Prazo e modo de pagamento da contrapartida

O art. 235º, 1, b), fixa, também aqui de forma supletiva, o modo como deve ser realizado o pagamento da contrapartida devida ao sócio, o qual deverá ser efetuado de forma fracionada em duas prestações, com vencimento respetivamente no prazo de seis meses e um ano, após a fixação definitiva do seu montante.

Tal como sucede com o disposto na alínea a) da norma referida, o prazo legal para pagamento prevalecerá, no entanto, sobre o disposto no pacto – a menos que este seja mais favorável para o sócio –, quando estejam envolvidos interesses de terceiros credores do sócio, nos termos previstos no art. 235º, 2[20].

A lei nada estabelece quanto ao modo de pagamento da contrapartida[21]. E muito embora o modo normal seja o pagamento em dinheiro, nada impedirá[22] – e pode até ser conveniente e interessar à sociedade, por não dispor, p. ex., de liquidez para o efeito – que o respetivo pagamento seja feito através da atribuição de bens em espécie ao sócio. A utilização deste modo de pagamento tem, no entanto, de contar necessariamente com a anuência do sócio,

---

[20] Note-se que, quando estiverem em causa interesses de terceiros credores do sócio, haverá que analisar e comparar pontualmente o regime legal e o do pacto (p. ex., quanto ao valor da contrapartida, quanto ao prazo de pagamento, etc.), podendo daí resultar a aplicação de um regime "misto de contrato e lei". Cfr. RAÚL VENTURA (1989), p. 729.

[21] Excepto no caso da contrapartida devida em caso de amortização de quota, por recusa de consentimento para uma pretendida cessão, uma vez que, nesse caso, a lei expressamente estabelece que a contrapartida deve ser em dinheiro (cfr. art. 231º, 2, d)).

[22] António Soares admite apenas que o pagamento possa ser efetuado com outro bem fungível. Cfr. ANTÓNIO SOARES (1988), p. 132.

desde logo porque ele terá de aceitar que o valor do bem que lhe é dado em pagamento corresponde ao valor do seu dividendo[23].

4. Falta de pagamento da contrapartida

Na "falta de pagamento tempestivo da contrapartida" (art. 235º, 3) – ou seja, em caso de mora no pagamento –, e independentemente do prazo para pagamento resultar do acordo das Partes, do pacto social ou da lei, o ex-sócio poderá[24]:

a) exigir o pagamento do valor da contrapartida; ou

b) optar pela amortização parcial da quota, na proporção do que já recebeu[25] (cfr. art. 236º, 4, parte inicial *ex vi* art. 235º, 3, *in fine*).

O regime carece de algumas explicitações.

Assim, apesar de o art. 235º remeter apenas para o art. 236º, 4 e este se referir exclusivamente à amortização parcial da quota, deve entender-se, por um argumento de identidade de razão ou até de maioria de razão, que – se não tiver sido pago qualquer valor por conta da contrapartida – o sócio possa optar por dar sem efeito a amortização (total) da quota.

Por outro lado, a amortização parcial da quota[26] resulta de uma escolha que depende da vontade do sócio. Por isso, esta vontade tem de ser manifestada e comunicada à sociedade, devendo – por aplicação analógica do prazo referido no art. 236º, 5 – ser efetuada no prazo de 30 dias a contar do início da mora[27].

---

[23] Sobre o caso paralelo de o pagamento dos dividendos não ser liquidado em dinheiro, vide TARSO DOMINGUES (2009), p. 312, s..

[24] No caso de pagamento fracionado, para acionar o regime do art. 235º, 3, bastará também que se verifique a mora relativamente a qualquer uma das prestações.

[25] A amortização parcial da quota tem, contudo, que permitir ao sócio passar a ser titular de uma quota com o valor mínimo. Com a alteração da redação do art. 219º, levada a cabo pelo DL 33/2011, de 7 de março, o valor mínimo da quota passou a ser de 1€. Por isso, hoje, é este o valor mínimo que, tendo sido pago ao sócio, lhe permitirá optar pela amortização parcial da quota.

[26] Ou amortização de toda a quota, quando se optar por tal solução, por nenhum pagamento haver sido efetuado.

[27] RAÚL VENTURA (1989), p.729, defende que, na hipótese em análise, a remissão para o art. 236º, 4 acarreta também a aplicação do disposto no art. 236º, 5, e, por isso, considera que o prazo de 30 dias começa a correr a partir da notificação, por parte da sociedade ao ex-sócio, da impossibilidade de proceder ao pagamento da contrapartida. A verdade é que o art. 236º, 5 está pensado para a hipótese em que a sociedade está impossibilitada de proceder ao pagamento por o mesmo pôr em causa o princípio da intangibilidade do capital social. Não é essa a situação ora em análise: aqui a sociedade não tem tal constrangimento, pelo que, tendo o pagamento da contrapartida prazo certo, justifica-se que o prazo para que o sócio manifeste a sua opção pela amortização parcial comece a contar a partir da data do vencimento da obrigação. Neste sentido, vide também TIAGO SOARES DA FONSECA (2011), p. 688.

Se tal comunicação não for feita no prazo indicado, o ex-sócio passará a poder exigir apenas o pagamento do valor da contrapartida.

Optando o sócio por dar sem efeito – parcial ou totalmente – a amortização da quota, este facto opera retroativamente, o que significa que os atos posteriores à amortização da quota e com ela relacionados (*v.g.*, o aumento proporcional das quotas dos outros sócios, passar a quota amortizada a figurar no balanço como tal, ou a criação de uma ou mais quotas e a sua consequente alienação a sócios ou terceiros[28] – cfr. art. 237º) ficarão, em princípio, igualmente sem efeito[29].

Finalmente, o art. 235º, 3 expressamente ressalva do regime previsto para o não pagamento tempestivo da contrapartida a hipótese em que se verifique a situação do art. 236º, 1. A primeira observação que, a este propósito, importa fazer é a de que, respeitando a norma do art. 235º, 3 ao momento do pagamento da contrapartida (e já não ao momento em que a amortização é deliberada), deve ela ser objeto de uma interpretação corretiva, considerando-se a remissão feita para o art. 236º, 3[30]. Com o regime do art. 236º tem-se em vista prevenir que a amortização da quota possa – em qualquer momento – pôr em causa o princípio da intangibilidade do capital social, estatuindo-se que, se tal situação se verificar, a amortização ficará, em princípio, sem efeito. I.é, nesta hipótese, e pelo menos enquanto aquela situação se mantiver, a sociedade não terá de pagar a contrapartida da amortização. Trata-se do regime que será abordado na anotação ao artigo seguinte.

---

[28] Parece-nos, porém, que aqui e nesta última hipótese – de se terem criado uma ou mais quotas destinadas a serem alienadas a sócios ou terceiros – se deve considerar aplicável, por via analógica, o disposto no art. 61º, 2.

[29] Cfr. RAÚL VENTURA (1989), p. 738 e 742, e ANTÓNIO SOARES (1988), p. 145.

[30] Assim, COUTINHO DE ABREU (2015), p. 375, nt. 916. É esta a norma que, de facto, visa obstar a que, no momento do vencimento da obrigação, o pagamento da contrapartida possa pôr em causa o princípio da intangibilidade do capital social.

ARTIGO 236º
Ressalva do capital

1. *A sociedade só pode amortizar quotas quando, à data da deliberação, a sua situação líquida, depois de satisfeita a contrapartida da amortização, não ficar inferior à soma do capital e da reserva legal, a não ser que simultaneamente delibere a redução do seu capital.*
2. *A deliberação de amortização deve mencionar expressamente a verificação do requisito exigido pelo número anterior.*
3. *Se ao tempo do vencimento da obrigação de pagar a contrapartida da amortização se verificar que, depois de feito este pagamento, a situação líquida da sociedade passaria a ser inferior à soma do capital e da reserva legal, a amortização fica sem efeito e o interessado deve restituir à sociedade as quantias porventura já recebidas.*
4. *No caso previsto no número anterior, o interessado pode, todavia, optar pela amortização parcial da quota, em proporção do que já recebeu, e sem prejuízo do montante legal mínimo da quota. Pode também optar pela espera do pagamento até que se verifiquem as condições requeridas pelo número anterior, mantendo-se nesta hipótese a amortização.*
5. *A opção a que se refere o número precedente tem de ser declarada por escrito à sociedade, nos 30 dias seguintes àquele em que ao sócio seja comunicada a impossibilidade do pagamento pelo referido motivo.*

Índice

1. Requisito da amortização: salvaguarda do princípio da intangibilidade do capital social
2. Momento de verificação do requisito
3. Falta do requisito no momento da deliberação. A redução do capital social
4. Falta do requisito no momento do pagamento. O regime opcional conferido ao interessado
    4.1. Amortização sem efeito
    4.2. Amortização parcial da quota
    4.3. Dilação do pagamento
5. Pagamento da contrapartida em violação do princípio da intangibilidade: a responsabilidade dos gerentes

Bibliografia

a) Citada:
ABREU, J. M. COUTINHO DE – *Curso de direito comercial*, vol. II., *Das sociedades*, 5ª ed., Almedina, Coimbra, 2015; ALMEIDA, A. PEREIRA DE – *Sociedades comerciais – Valores mobiliários*,

instrumentos financeiros e mercado, vol. I, Coimbra Editora, Coimbra, 2013; CORDEIRO, A. MENEZES – *Manual de direito das sociedades*, II, *Das sociedades em especial*, Almedina, Coimbra, 2007; CORREIA, LUÍS BRITO – *Direito comercial*, 2º vol., *Sociedades comerciais*, AAFDL, Lisboa, 1989; CORREIA, FERRER – "A sociedade por quotas de responsabilidade limitada segundo o Código das Sociedades Comerciais", ROA, ano 47 (1987), vol. III, p. 659-700; CUNHA, PAULO OLAVO – *Direito das sociedades comerciais*, 5ª ed., Almedina, Coimbra, 2012; DOMINGUES, PAULO DE TARSO – "Do capital social – Noção, princípios e funções", BFDUC, Studia Iuridica, 33, 2ª ed., Coimbra Editora, Coimbra, 2004; FONSECA, J. TAVEIRA – "Amortização de quotas", *Revista do Conselho Distrital do Porto da Ordem dos Advogados*, nºˢ 22/23 (Dez/02-Jun/03), p. 97-113; FONSECA, TIAGO SOARES DA – "Artigo 236º", em *Código das Sociedades Comerciais anotado*, Almedina, Coimbra, 2011, p. 689-691; LABAREDA, JOÃO – "Sobre a deliberação de amortização de quotas", em *Direito societário português – algumas questões*, Quid Juris, Lisboa, 1998, p. 231-268; SOARES, ANTÓNIO – *O novo regime de amortização de quotas*, AAFL, Lisboa, 1988; VENTURA, RAÚL – *Sociedade por quotas*, vol. 1, Almedina, Coimbra, 1989.

b) Outra:

CORREIA, A. FERRER/XAVIER, V. G. LOBO – "Sobre a contrapartida da amortização da quota", RDES XVIII (1971), p. 279-316; CUNHA, CAROLINA – "A exclusão de sócios", *Problemas de direito das sociedades*, IDET, Almedina, Coimbra, 2002, p. 201-233; NUNES, J. AVELÃS – *O direito de exclusão de sócios nas sociedades comerciais*, Almedina, Coimbra, 2002.

1. Requisito da amortização: salvaguarda do princípio da intangibilidade do capital social

O regime do art. 236º constitui um corolário do princípio da intangibilidade do capital social[1], com o qual se visa obstar a que o património líquido da sociedade desça – por virtude da atribuição de bens aos sócios – abaixo do capital social (a que a nossa lei, neste caso, faz acrescer o valor da reserva legal – cfr. art. 236º, 1)[2].

Esta norma estabelece, de facto, como requisito necessário[3] para a admissibilidade da amortização de quotas que a operação não ponha em causa a inte-

---

[1] O capital social, diz-se, é intangível, querendo com isso significar-se que os sócios "não podem tocar" no capital social (o capital social é, pois, *hoc sensu*, intocável, intangível); i.é, aos sócios não poderão ser atribuídos bens nem valores que sejam necessários à cobertura do capital social. Veja-se a consagração deste princípio, com carácter geral, no art. 32º.

[2] Sobre este princípio, entre nós, pode ver-se TARSO DOMINGUES (2004), p. 132, s..

[3] A par de outros estabelecidos no regime legal da amortização: cfr. arts. 232º, 233º e 234º. Cfr. TAVEIRA DA FONSECA (2002/03), p. 106.

gridade do capital social, permitindo apenas a sua realização quando "a sua situação líquida (...) não ficar inferior à soma do capital e da reserva legal"[4]. Isto significa que a norma do art. 236º é aplicável apenas às amortizações onerosas de quotas – onde o pagamento da contrapartida pode pôr em causa este princípio –, mas já não às amortizações gratuitas[5], onde tal risco não se verifica[6].

Por outro lado, para aferir da eventual violação do princípio da intangibilidade, a lei não exige que – em momento algum – seja elaborado um balanço especial para o efeito. Em todo o caso, os gerentes – a quem incumbe executar a deliberação de amortização e proceder ao pagamento da respetiva contrapartida – devem ter o cuidado de se assegurar, sob pena de responsabilidade[7], que tal pagamento não põe em causa a integridade do capital social[8].

2. Momento de verificação do requisito

O art. 236º, 1 determina expressamente que o momento para a verificação da conformidade da operação de amortização com o princípio da integridade do capital social deve ser o da "data da deliberação".

Porém, o nº 3 da mesma norma logo acrescenta que tal verificação deve igualmente ocorrer no momento do vencimento da liquidação da contrapartida. De resto, deste art. 236º resulta que a lei visa prevenir que o pagamento da contrapartida – independentemente o momento em que o mesmo ocorra[9] – possa pôr em causa o princípio da intangibilidade do capital social[10]. Por isso, os gerentes deverão recusar aquele pagamento quando, "depois de feito este

---

[4] Obviamente, *il va sans dire*, que a mesma proibição vale para a hipótese em que – antes ainda da operação – a situação patrimonial líquida da sociedade é já inferior ao capital social acrescido da reserva legal e em que, portanto, a situação de desequilíbrio patrimonial é já antecedente e não consequente da amortização da quota (esta viria apenas agravar tal situação). Cfr. RAÚL VENTURA (1989), p. 735.
[5] Note-se que há situações em que a lei expressamente obriga ao pagamento de contrapartida para a amortização. É o caso do art. 235º, 2 (amortização de quota arrolada, arrestada, penhorada ou incluída em massa insolvente) e também do art. 240º, 5 e 8 (amortização de quota, na hipótese de exoneração de sócio). Vide COUTINHO DE ABREU (2015), p. 374, s..
[6] Cfr. RAÚL VENTURA (1989), p. 734.
[7] Vide *infra* anotação 5 a este artigo.
[8] Cfr. RAÚL VENTURA (1989), p. 736.
[9] Ainda que o respectivo pagamento seja antecipado ou venha ser efectuado encontrando-se a sociedade numa situação de mora. Assim, também TIAGO SOARES DA FONSECA (2011), p. 690, nt. 6.
[10] Este princípio, pelas razões que lhe subjazem, deve effectivamente ser acautelado em qualquer momento da vida societária.

pagamento, a situação líquida da sociedade passaria a ser inferior à soma do capital e da reserva legal" (art. 236º, 3).

Ou seja, a situação de integridade do capital social deve verificar-se não só na data na deliberação, mas também na data do vencimento da obrigação de pagamento, e ainda na data em que o pagamento venha a ser efetivamente realizado.

3. Falta do requisito no momento da deliberação. A redução do capital social

No momento da aprovação da deliberação devem, pois, os sócios certificar-se de que a amortização da quota não põe em causa o princípio da intangibilidade do capital social (art. 236º, 1). Se tal ocorrer, a violação desta regra, porque tem carácter injuntivo, determinará a nulidade da respetiva deliberação social[11]. Parece-nos que esta solução – de exigir que no momento da deliberação a sociedade disponha de meios para proceder ao pagamento da contrapartida sem que tal "belisque" o capital social – é a mais avisada[12]. De facto, por uma questão de certeza jurídica, não faria sentido que se permitisse a amortização fundada na mera expectativa de que a sociedade pudesse vir a melhorar a sua situação patrimonial até à data do pagamento da contrapartida[13].

O artigo 236º, 2 exige, ainda, que a deliberação mencione expressamente que o princípio da intangibilidade do capital social não é posto em causa com a operação. A falta desta menção, porém, porque consubstancia um vício de procedimento, já determinará apenas a mera anulabilidade da deliberação (cfr. art. 58º, 1, a))[14].

De todo o modo, para contornar este obstáculo (de a sociedade não possuir meios disponíveis para proceder ao pagamento da contrapartida), poderão os sócios deliberar, contemporaneamente com a amortização, uma redução do capital social, por forma a que – após a redução – o valor da situação líquida, na parte que exceda o capital social e a reserva legal, seja pelo menos idêntico ao

---

[11] Cfr. artigo 56º, 1, d). Assim, também RAÚL VENTURA (1989), p. 736, COUTINHO DE ABREU (2015), p. 375, TAVEIRA DA FONSECA (2002/03), p. 111, e TIAGO SOARES DA FONSECA (2011), p. 690.

[12] Assim, também RAÚL VENTURA (1989), p. 735. Em sentido contrário, considerando que esta exigência de controlo da conformidade da deliberação de amortização com o princípio da intangibilidade do capital social é "inaceitável" e "excessiva", vide FERRER CORREIA (1987), p. 699.

[13] Até porque o prazo para pagamento da contrapartida não é normalmente muito longo. Vide RAÚL VENTURA (1989), p. 736.

[14] Cfr. TARSO DOMINGUES (2009), p. 527, nota 2150. Diferentemente, Raúl Ventura considera que aquela omissão determina a nulidade da deliberação – vide RAÚL VENTURA (1989), p. 736.

montante da contrapartida devida ao sócio cuja quota é amortizada[15]. Note-se que com esta operação não se visa adequar a cifra do capital social em conformidade com o valor nominal da quota que é extinta por força da amortização[16]; a finalidade desta redução é a de libertar os meios necessários para, sem violação do princípio da intangibilidade, proceder à liquidação da contrapartida devida ao sócio.

A esta operação de redução, efetuada para permitir a realização da amortização de quota, deve entender-se aplicável, até pela latitude e abrangência dadas à norma pelo DL 8/2007, que o regime atualmente previsto no art. 96º – que atribui aos credores o direito de requerer ao Tribunal que, durante um determinado período, a sociedade seja proibida ou limitada de distribuir lucros ou reservas aos sócios – lhe é igualmente aplicável[17] [18].

Refira-se ainda, a este propósito, que sendo embora uma questão controvertida, deve entender-se que a amortização de quotas não implica uma alteração estatutária[19], pelo que esta operação poderá ser aprovada pela maioria dos votos emitidos (cfr. art. 250º, 3). Porém, se a amortização da quota co-envolver

---

[15] Pense-se numa sociedade – desconsideramos aqui, por facilidade de exposição, a reserva legal – com um capital social de 10.000 e uma situação líquida de 12.000. Se se pretender amortizar a quota de um sócio e a respectiva contrapartida for de 3.000, a sociedade, sem uma redução de capital, não poderá proceder a tal operação. Com efeito, o pagamento dos 3.000 faria com que a sociedade passasse a ter uma situação líquida de 9.000, inferior, portanto, à cifra do capital social. Contudo, se simultaneamente reduzir o capital social para 9.000, já poderá realizar a operação de amortização, uma vez que, nesta hipótese, o pagamento da contrapartida não ofenderá a integridade do capital social.
[16] Essa é, quanto aos efeitos da amortização, uma das soluções previstas no art. 237º.
[17] Trata-se de uma solução e de um regime que podem dificultar a realização desta operação de amortização – quando ela implica necessariamente a redução do capital –, uma vez que, neste caso, fica sujeita ao regime referido em texto. Refira-se, no entanto, que, no direito pretérito, a redução do capital social, no âmbito de uma operação de amortização, ficava sujeita a autorização judicial (assim, ANTÓNIO SOARES (1988), p. 109). Note-se, por outro lado, que a inaplicabilidade, *in casu*, do regime do art. 96º não pode conformar-se na sua não aplicação à amortização de acções (vide art. 347º, 7), uma vez que se trata de situações sujeitas a regimes distintos. Com efeito, ao contrário do que sucede na amortização de quotas, a lei obriga, no caso da amortização de acções, à constituição de uma reserva indisponível equivalente ao valor nominal das acções amortizadas (cfr. o referido art. 347º, 7, b)).
[18] Já se apresenta menos evidente se o disposto no art. 95º, 1, que impede a redução quando a situação líquida da sociedade não fique a exceder, em pelo menos 20%, o novo capital social reduzido, será também aplicável *in casu*. Atento regime do art. 236º, 1 que prevê que, em caso de amortização, a situação líquida não pode ficar inferior ao valor do capital social e da reserva legal (devendo esta corresponder, no mínimo, a 20º do capital social – cfr. art. 295º, 1) parece-nos, no entanto que aquela solução legal será igualmente aqui aplicável.
[19] Neste sentido, vide COUTINHO DE ABREU (2015), p. 376, s.; FERRER CORREIA (1987), p. 695, s.; ANTÓNIO SOARES (1988), p. 164, s.; LABAREDA (1998), p. 245, s.; P. OLAVO CUNHA (2012), p. 438 e nt. 575. Com posição contrária, vejam-se RAÚL VENTURA (1989), p. 671 e 753, e BRITO CORREIA (1989), p. 424, s..

uma redução do capital social, esta última operação – que, ainda que aprovada na mesma assembleia, resulta de uma deliberação autónoma e independente da deliberação de amortização e se traduz inquestionavelmente numa alteração do pacto – já deverá necessariamente ser aprovada pela maioria qualificada exigida para este efeito (cfr. art. 265º)[20].

Finalmente, ainda que a deliberação de amortização tenha sido validamente aprovada nos termos do art. 236º, 1, pode acontecer que a deterioração da situação patrimonial da sociedade impeça, por força do art. 236º, 3, na data do vencimento, a liquidação da contrapartida. Nesta circunstância, nada impedirá, contudo, que os sócios possam proceder a uma redução do capital social, que habilite a gerência a proceder ao pagamento da contrapartida devida ao ex-sócio.

4. Falta do requisito no momento do pagamento. O regime opcional conferido ao interessado

Ainda que, aquando da aprovação da deliberação, a sociedade disponha de uma situação patrimonial que lhe permita realizar a amortização sem que a integridade do capital social seja posta em causa, pode suceder que, no momento do pagamento da contrapartida tal já não ocorra.

Nessa hipótese, são três as soluções previstas na lei: ficar a amortização sem efeito, ser parcialmente amortizada a quota, ou diferir-se o pagamento da contrapartida.

4.1. Amortização sem efeito

Nos termos do art. 236º, 3, verificando-se na data de vencimento a impossibilidade de pagamento[21], por parte da sociedade, da contrapartida devida ao ex-sócio, a amortização ficará, em princípio, sem efeito[22]. A destruição dos efeitos da amortização opera *ex tunc*, retroativamente, como ressalta do facto de a

---

[20] Assim, COUTINHO DE ABREU (2015), p. 378. Taveira da Fonseca defende que o quórum deliberativo para a aprovação da operação de amortização variará em função dos respectivos efeitos. Assim, quando a amortização implique uma redução do capital social – ainda que se entenda que se trata de duas deliberações distintas – a deliberação de amortização deverá ser aprovada pela maioria exigida para a alteração contratual, uma vez que "seria ilógico que se fosse exigir uma maioria simples para a deliberação de amortização, sabendo de antemão que a mesma não poderia ser executada ou tornada perfeita, caso não fosse possível reunir o quórum exigido para a deliberação de redução do capital social" (cfr. TAVEIRA DA FONSECA (2002/03), p. 109, s.).

[21] Deve admitir-se ao interessado a faculdade de demonstrar que a sociedade não está impedida legalmente de efectuar o pagamento da contrapartida. Assim, RAÚL VENTURA (1989), p. 737.

[22] Está-se aqui perante uma condição resolutiva que resulta da lei. Assim, ANTÓNIO SOARES (1988), p. 34, PEREIRA DE ALMEIDA (2013), p. 344, e MENEZES CORDEIRO (2007), p. 384.

lei impor ao ex-sócio – ainda que esteja de boa fé[23] – a obrigação de devolver à sociedade todas as quantias já recebidas por conta da quota amortizada[24]. Por isso, o ex-sócio retoma a titularidade da quota e a qualidade de sócio com efeitos retroativos à data da deliberação de amortização[25].

Para que a amortização fique sem efeito é, contudo, necessário – nos termos do art. 236º, 5 – que a sociedade notifique o ex-sócio da impossibilidade de pagamento da contrapartida[26] e que este não comunique, no prazo de 30 dias a contar daquela notificação, a sua opção por alguma das duas alternativas prevista no art. 236º, 4[27]. Daqui decorre que a amortização só ficará sem efeito, se o interessado assim o pretender, deixando esgotar o referido prazo de 30 dias, sem comunicar à sociedade que pretende optar por uma das alternativas legalmente previstas. E, porque assim é – porque é necessário esperar pelo decurso deste prazo para saber qual o destino a dar à quota amortizada – deve entender-se que só no final desse prazo, e com a inércia do interessado, é que a amortização fica sem efeito[28].

4.2. Amortização parcial da quota

A primeira alternativa prevista no art. 236º, 4 é a da amortização parcial da quota. O interessado pode, em vez de dar sem efeito a amortização quota – em que recupera a qualidade de sócio que tinha, mas em que tem de devolver todas as quantias recebidas –, pretender optar por uma amortização parcial da quota, em função do valor que lhe foi pago. A vantagem desta solução para o sócio prende-se com o facto de ele recuperar a qualidade de sócio, em medida

---

[23] Cfr. RAÚL VENTURA (1989), p. 738.
[24] Assim, RAÚL VENTURA (1989), p. 738, e ANTÓNIO SOARES (1988), p. 35.
[25] Trata-se de um regime que poderá originar dificuldades, relativamente a actos societários – nomeadamente deliberações dos sócios – que tenham sido aprovados neste interim. Tenha-se, porém, presente a válvula de escape que, para terceiros, representa o art. 61º, 2.
[26] Note-se que a lei, estabelecendo prazo para a resposta do sócio, não fixa qualquer prazo – a contar, p. ex., do vencimento da obrigação – para a sociedade comunicar ao sócio a impossibilidade legal de pagamento.
[27] Raúl Ventura entende que se o sócio, após o vencimento da obrigação de pagar a contrapartida, propuser acção para obtenção do pagamento do seu crédito, perderá o direito de escolha previsto no art. 236º, 4 (cfr. RAÚL VENTURA (1989), p. 741). Não encontramos justificação para esta solução. O interessado não deve ser penalizado pelo facto de a sociedade lhe não ter comunicado a impossibilidade legal de pagamento da contrapartida. Por isso, ainda que ele tenha instaurado a acção para obtenção de pagamento do seu crédito, se na pendência desta acção for notificado da impossibilidade pagamento por parte da sociedade, deve poder exercer o direito de escolha previsto no art. 236º, 4.
[28] Assim também, RAÚL VENTURA (1989), p. 741, s..

proporcional ao valor da contrapartida que não lhe foi pago[29], e de não ter que devolver os montantes que entretanto recebeu.

Relativamente à parte da quota cuja amortização fica sem efeito, deve entender-se que este resultado opera também aqui retroativamente; i.é, o sócio recupera – com efeitos retroativos à data da deliberação de amortização – a qualidade de sócio, enquanto titular da (parte da) quota cuja amortização ficou sem efeito.

4.3. Dilação do pagamento

A segunda alternativa concedida pelo art. 236º, 4 ao sócio cuja quota foi amortizada é a de esperar pelo pagamento do valor em dívida, até que a sociedade tenha condições patrimoniais que lhe permitam legalmente saldar tal montante.

Nesta hipótese, o ex-sócio não terá também que devolver as quantias entretanto já recebidas. Trata-se, porém, de uma solução que, em regra, não lhe será atrativa[30], porquanto, nesta hipótese, dá-se uma modificação no vencimento da obrigação, que apenas ocorrerá se e quando sociedade vier a ter meios que lhe permitam – legalmente, com ressalva da integridade do capital social – proceder a tal pagamento

5. Pagamento da contrapartida em violação do princípio da intangibilidade: a responsabilidade dos gerentes

Cabe aos gerentes executar a deliberação de amortização e pagar a contrapartida devida ao interessado, com respeito pelo regime legal aplicável. Por isso, se o gerente, apesar da deliberação aprovada pelos sócios, proceder ao pagamento da contrapartida em violação do princípio da intangibilidade do capital social, poderá ser civilmente responsabilizado (cfr. arts. 72º, 78º e 79º) e ficar sujeito a reações penais (cfr. art. 513º)[31].

---

[29] Pense-se, p. ex., na amortização de uma quota com o valor nominal de 1.000€, cuja contrapartida foi calculada em 10.000€. Se ao interessado tiver sido pago apenas 2.500€ (1/4 do valor da contrapartida), ele poderá optar por lhe ser amortizada parcialmente a sua participação social (*in casu*, também em 1/4), retomando a qualidade de sócio com uma quota no valor nominal de 750€ (correspondente a 3/4 da sua anterior quota, parte cuja amortização fica sem efeito).

[30] Raúl Ventura defende que, nesta hipótese, porque a alteração do prazo de vencimento resulta do consentimento do interessado, não há sequer lugar ao pagamento de juros moratórios. Cfr. RAÚL VENTURA (1989), p. 740.

[31] Cfr. ANTÓNIO SOARES (1988), p. 36.

ARTIGO 237º *
Efeitos internos e externos quanto ao capital

1. Se a amortização de uma quota não for acompanhada da correspondente redução de capital, as quotas dos outros sócios serão proporcionalmente aumentadas.

2. Os sócios devem fixar por deliberação o novo valor nominal das quotas.

3. O contrato de sociedade pode, porém, estipular que a quota figure no balanço como quota amortizada e bem assim permitir que, posteriormente e por deliberação dos sócios, em vez da quota amortizada, sejam criadas uma ou várias quotas, destinadas a serem alienadas a um ou a alguns sócios ou a terceiros.

* A atual redação da norma do nº 2 foi dada pelo art. 2º do DL 76-A/2006, de 29 de Março.

Índice

1. Efeitos da amortização: A) o aumento correspondente do capital social
2. B) a redução do capital social correspondente ao valor nominal da quota amortizada
3. C) a inscrição no balanço da quota amortizada
4. D) a criação de uma ou mais quotas destinadas a serem alienadas

Bibliografia

a) Citada:

ABREU, J. M. COUTINHO DE – *Curso de direito comercial*, vol. II., *Das sociedades*, 5ª ed., Almedina, Coimbra, 2015; ALMEIDA, A. PEREIRA DE – *Sociedades comerciais – Valores mobiliários, instrumentos financeiros e mercados*, vol. I, Coimbra Editora, Coimbra, 2013; CORREIA, FERRER – "A sociedade por quotas de responsabilidade limitada segundo o Código das Sociedades Comerciais", ROA, ano 47 (1987), vol. III, p. 659-700; CORREIA, LUÍS BRITO – *Direito comercial*, 2º vol., *Sociedades comerciais*, AAFDL, Lisboa, 1989; CUNHA, PAULO OLAVO – *Direito das sociedades comerciais*, 5ª ed., Almedina, Coimbra, 2012; DOMINGUES, PAULO DE TARSO – "Do capital social – Noção, princípios e funções", BFDUC, *Studia Iuridica*, 33, 2ª ed., Coimbra Editora, Coimbra, 2004, "Artigo 85º", em *Código das Sociedades Comerciais em comentário* (coord. de J. M. Coutinho de Abreu), vol. II, Almedina, Coimbra, 2011, p. 13-25; FONSECA, J. TAVEIRA – "Amortização de quotas", *Revista do Conselho Distrital do Porto da Ordem dos Advogados*, nos 22/23 (Dez/02-Jun/03), p. 97-113; FONSECA, TIAGO SOARES DA – "Artigo 237º", em *Código das Sociedades Comerciais anotado*, Almedina, Coimbra, 2011, p. 691-693; LABAREDA, JOÃO – "Sobre a deliberação de amortização de quotas", em *Direito societário português – algumas questões*, Quid Juris, Lisboa, 1998, p. 231-268; SOARES, ANTÓNIO – *O novo regime de amortização de quotas*, AAFL, Lisboa, 1988; VENTURA, RAÚL – *Sociedade por quotas*, vol. 1, Almedina, Coimbra, 1989.

b) Outra:

CORREIA, A. FERRER/XAVIER, V. G. LOBO – "Sobre a contrapartida da amortização da quota", RDES XVIII (1971), p. 279-316; CUNHA, CAROLINA – "A exclusão de sócios", *Problemas de direito das sociedades*, IDET, Almedina, Coimbra, 2002, p. 201-233; NUNES, J. AVELÃS – *O direito de exclusão de sócios nas sociedades comerciais*, Almedina, Coimbra, 2002.

1. Efeitos da amortização: A) o aumento correspondente do capital social

A amortização da quota implica necessariamente a extinção da quota (cfr. art. 232º, 2). Ora, sendo o capital social a cifra representativa da soma do valor nominal das quotas, poderia pensar-se que a amortização suporia necessariamente uma redução do capital correspondente ao valor da quota amortizada. Não é, no entanto, assim. Na verdade, a lei prevê quatro efeitos ou consequências que podem resultar da amortização da quota.

Assim, se nenhuma das outras alternativas legalmente admissíveis for adotada pelos sócios, a lei determina que à amortização corresponda um aumento proporcional das quotas dos outros sócios (cfr. art. 237º, 1). I.é, se os sócios nada convencionarem no pacto ou nada deliberarem quanto ao destino a dar à quota amortizada, deverá o respetivo valor nominal ser proporcionalmente distribuído pelas restantes quotas. Daqui decorre que apesar da extinção da quota amortizada, o capital social mantém-se inalterado, em resultado do correspondente aumento do valor nominal das quotas dos outros sócios.

Não obstante o aumento do valor nominal das restantes quotas resultar de um simples cálculo aritmético, o CSC[1] veio exigir, por uma questão de certeza jurídica[2], que os sócios, mediante deliberação, fixem os valores nominais das novas quotas (cfr. art. 237º, 2). Sublinhe-se, por outro lado, que apesar de esta deliberação ser autónoma da deliberação de amortização[3], deve entender-se que ela – porque consubstancia um efeito direto da amortização que resulta da própria lei – não necessita de ser aprovada pela maioria (qualificada) exigível

---

[1] Não era essa a solução do Projecto. Cfr. RAÚL VENTURA (1989), p. 751, que critica a opção do texto definitivo da lei.
[2] Vide FERRER CORREIA (1987), p. 699, s..
[3] Neste sentido, COUTINHO DE ABREU (2015), p. 377, s., e LABAREDA (1998), p. 267. Note-se, no entanto, que se esta deliberação, que determina os novos valores nominais, não for aprovada no prazo de 90 dias previsto no art. 234º, 2, e uma vez que ela é condição de eficácia da deliberação de amortização, esta ficará sem efeito. Assim, LABAREDA (1998), p. 268. Em sentido diferente, vide PEREIRA DE ALMEIDA (2013), p. 345, e RAÚL VENTURA (1989), p. 753, A. que entende que a deliberação que fixa o novo valor nominal das quotas deve ser aprovada simultaneamente e fazer parte integrante da deliberação de amortização.

para a alteração contratual (cfr. art. 265º), podendo ser aprovada por uma simples deliberação maioritária (cfr. art. 250º, 3). Com efeito, seria incompreensível que a deliberação de amortização pudesse ser aprovada desta forma e aquela deliberação – que se limita a determinar um mero efeito aritmético que resulta da lei: a fixação dos novos valores nominais das quotas – tivesse que ser aprovada por uma maioria mais exigente[4].

2. B) a redução do capital social correspondente ao valor nominal da quota amortizada

Deliberada a amortização de uma quota, os sócios podem optar por proceder a uma redução do capital social correspondente ao valor nominal da quota extinta (cfr. art. 237º, 1)[5].

Neste caso, quando a amortização da quota envolver uma redução do capital social[6], esta última operação – que, ainda que aprovada na mesma assembleia, resulta de uma deliberação autónoma e independente da deliberação de amortização e se traduz inquestionavelmente numa alteração do pacto – já deverá necessariamente ser aprovada pela maioria qualificada exigida para este efeito (cfr. art. 265º)[7].

3. C) a inscrição no balanço da quota amortizada

O CSC expressamente permite, ainda, que a quota amortizada – quando tal esteja contratualmente previsto – figure no balanço como tal (cfr. art. 237º, 3). Porque se trata de uma solução que resulta diretamente do pacto social, bastará a deliberação de amortização para que este efeito ocorra; i.é, não será necessária uma expressa deliberação dos sócios nesse sentido[8]. Note-se, em

---

[4] Vide COUTINHO DE ABREU (2015), p. 378, s.; FERRER CORREIA (1987), p. 695, s.; ANTÓNIO SOARES (1988), p. 164, s.; LABAREDA (1998), p. 245, s.; P. OLAVO CUNHA (2012), p. 438 e nt. 575; e TAVEIRA DA FONSECA (2002/03), p. 110. Com posição contrária, vejam-se RAÚL VENTURA (1989), p. 671 e 753, e BRITO CORREIA (1989), p. 424, s..
[5] O carácter facultativo da operação de redução deixa no entanto de existir, tendo os sócios que obrigatoriamente proceder a uma redução do capital social, quando o pagamento da contrapartida fizer com que a situação líquida da sociedade desça abaixo do valor do capital social acrescido da reserva legal (cfr. art. 236º, 1).
[6] Note-se que esta operação de redução não se confunde com a idêntica operação prevista no art. 236º. Nesta norma, a redução tem em vista a libertação de meios que permitam o pagamento da contrapartida devida ao ex-sócio. Aqui, no art. 237º, com a operação o que se visa é adequar a cifra do capital social em conformidade com a extinção (do valor nominal) da quota amortizada.
[7] Assim, COUTINHO DE ABREU (2015), p. 378. A esta operação de redução – com a finalidade assinalada no art. 237º, 1 – é igualmente aplicável o regime previsto para a operação idêntica indicada no art. 236º. Vide, a propósito, a anotação 3 ao art. 236º neste Comentário.
[8] Assim também, TIAGO SOARES DA FONSECA (2011), p. 692.

todo o caso, que aqui se mantêm inalterados quer o valor do capital social quer o valor nominal das quotas, pelo que manifestamente não se verifica *in casu* uma alteração contratual[9].

A finalidade desta solução é a de permitir – como resulta do nº 3 deste art. 237º – que a posteriormente a quota amortizada possa ser substituída por novas quotas destinadas a serem alienadas a sócios ou a terceiros[10].

Note-se, contudo, que também neste caso se deve considerar que a quota amortizada, que consta do balanço, foi extinta[11]. É essa, de resto, a solução que resulta do art. 237º, 3, quando prevê que o contrato de sociedade possa autorizar *a criação de novas quotas* em substituição da quota amortizada[12].

4. D) a criação de uma ou mais quotas destinadas a serem alienadas

Finalmente, o art. 237º, 3 vem permitir a criação de uma ou mais quotas em substituição da quota amortizada que conste do balanço. Para que tal seja possível é necessário, antes de mais, que o contrato autorize a inscrição no balanço da quota amortizada[13] e que, por outro lado, permita ainda a possibilidade de os sócios, posteriormente e por meio de deliberação, criarem uma ou mais quotas novas "em vez" da quota amortizada[14].

Note-se que esta deliberação de criação da(s) nova(s) quota(s) não implica uma alteração do contrato, pelo que poderá ser validamente aprovada pela maioria dos votos emitidos (cfr. art. 250º, 3)[15].

---

[9] Há apenas uma alteração subjetiva – relativamente à titularidade da quota – que não fica abrangida pelo regime de alteração do contrato. Vide TARSO DOMINGUES (2011), anotação 2 ao art. 85º no 2º vol. deste Comentário, p. 16, s..

[10] O que já não seria possível se o respectivo valor tivesse sido proporcionalmente acrescido aos valores das restantes quotas (cfr. art. 237º, 1). A não redução da cifra do capital social tem ainda a vantagem, para credores, de o valor do património social com vínculo de indisponibilidade em benefício dos sócios se manter inalterado. Cfr. RAÚL VENTURA (1989), p. 755. Sobre a questão do capital social constituir uma cifra de retenção, vide TARSO DOMINGUES (2004), p. 70, s..

[11] O CSC não prevê, de facto – ao contrário do que se verifica nas SA (cfr. art. 346º) – as chamadas quotas de fruição.

[12] No mesmo sentido, RAÚL VENTURA (1989), p. 755. I.é, não se verifica aqui um "despertar da quota adormecida" (cfr. ANTÓNIO SOARES (1988), p. 150): a quota amortizada foi extinta, podendo depois ser substituída por novas quotas.

[13] Solução que, nesse caso e como se disse na anotação anterior, resultará de forma automática da deliberação que aprova a amortização da quota.

[14] Vide o que ficou dito *supra* na nota 12.

[15] Assim também, ANTÓNIO SOARES (1988), p. 170, s.. Em sentido contrário, considerando que a criação da(s) nova(s) implica uma alteração contratual e necessita, por isso, de ser aprovada pela maioria qualificada exigida legalmente para efeito, vide RAÚL VENTURA (1989), p. 757.

Por outro lado, como decorre do texto da norma do art. 237º, 3, a(s) nova(s) quota(s) destina(m)-se a ser alienadas a favor de sócios ou terceiros. Isto significa que, no momento da deliberação, deve haver já uma pessoa concreta e definida (sócio ou terceiro) para quem a sociedade – que é a titular originária da nova quota – deve de seguida alienar aquela nova quota[16].

---

[16] Assim, ANTÓNIO SOARES (1988), p. 172, s., e RAÚL VENTURA (1989), p. 757, s, sustentado este A. que será inválida a deliberação de criação de uma nova quota com a finalidade de "no futuro ser alienada a algum sócio ou terceiro" e que não seja justificada por uma alienação concreta.

ARTIGO 238º *
Contitularidade e amortização

1. Verificando-se, relativamente a um dos contitulares da quota, facto que constitua fundamento de amortização pela sociedade, podem os sócios deliberar que a quota seja dividida, em conformidade com o título donde tenha resultado a contitularidade, sem prejuízo do disposto no nº 3 do artigo 219º.

2. Dividida a quota, a amortização recairá sobre a quota do contitular relativamente ao qual o fundamento da amortização tenha ocorrido; na falta de divisão, não pode ser amortizada toda a quota.

* A redação do nº 1 foi dada pelo DL 33/2011, de 7 de março.

Índice
1. A deliberação relativa à divisão da quota
2. A amortização

Bibliografia
Citada:

NETO, ABÍLIO – *Código das Sociedades Comerciais*, Ediforum, Lisboa, 2007; SOARES, ANTÓNIO – *O novo regime da amortização de quotas*, AAFDL, Lisboa, 1988; VENTURA, RAÚL – *Sociedades por quotas*, I, Almedina, Coimbra, 1993.

1. A deliberação relativa à divisão da quota

Se a quota pertence a dois ou mais contitulares, pode ocorrer relativamente a um deles um facto que constitua fundamento de amortização pela sociedade. Porém, aquele contitular não é, por natureza, titular de toda a quota. O contitular comproprietário tem uma quota-parte ideal na quota da sociedade. A quota em regime de comunhão conjugal (não abrangida pelo disposto no art. 8º, 2 e 3), ou em regime de comunhão hereditária também não pertence por inteiro a cada contitular. Não seria por isso justo que, por causa de factos relativos a apenas um dos contitulares, os restantes fossem obrigados a suportar a amortização da quota na sua totalidade[1].

---

[1] Defendendo a aplicação do art. 238º à exclusão de sócios "quando, encontrando-se a quota em contitularidade, o fundamento da exclusão se verfique apenas em relação a algum ou alguns dos contitulares", ABÍLIO NETO (2007), p. 537.

Mas, por outro lado, há que pensar no interesse da própria sociedade e dos sócios titulares das restantes quotas, tendo em conta os fundamentos que conduzem à amortização[2]. Daí que o nº 1 permita que os sócios deliberem que a quota seja dividida "em conformidade com o título donde tenha resultado a contitularidade". Isto quer dizer, parece-nos, que a divisão que pode ser deliberada pelos sócios é a que conduz à divisão de toda a quota entre todos os contitulares. Não se trata somente de cindir uma quota para amortização[3].

A deliberação de divisão poderá ser tomada pelos sócios mesmo contra a vontade dos contitulares. Trata-se de algo que merece ser destacado, por comparação com as restantes hipóteses previstas no art. 221º, 1: transmissão parcelada ou parcial, partilha ou divisão entre contitulares.

A divisão que é regida pelo nº 1 surge referida no art. 221º, 1: divisão por amortização parcial da quota, esclarecendo o art. 234º, 1, que a amortização é efetuada por deliberação dos sócios. Claro está que a amortização deve respeitar os requisitos legal e contratualmente previstos: v.g., prazos, forma, etc..

O nº 1 apenas faz menção aos casos em que o fundamento da amortização se verifica relativamente a um dos contitulares da quota. Mas pode obviamente suceder que o fundamento de amortização se verifique relativamente a dois ou mais contitulares, embora não a todos. O preceito deve aplicar-se também aí, por identidade de razão.

Não vem mencionada no art. 238º a possibilidade de a divisão ser realizada por iniciativa dos sócios. Mas o art. 221º, 1, mostra que essa divisão é possível[4]. Seguir-se-ia a amortização da quota que ficasse para o contitular em relação ao qual se verificaram os fundamentos para tal.

A atual redação do nº 1, ao remeter para o disposto no art. 219º, 3, veio facilitar a divisão da quota. A redação anterior exigia que o valor nominal das quotas depois da divisão não fosse inferior a 50 euros, quantia que, ainda assim, já ficava abaixo dos 100 euros que o art. 219º, 3, então fixava como valor nominal mínimo da quota. E a divisão tornou-se mais fácil porque o art. 219º, 3, com a redação que lhe foi dada pelo DL 33/2011, de 7 de março, fixou o valor nominal mínimo de cada quota em 1 euro.

---

[2] ANTÓNIO SOARES (1988), p. 63, invoca ainda o princípio da igualdade de tratamento dos sócios: "os outros associados que não tivessem as respectivas quotas em situação de contitularidade poderiam, exactamente pela prática do mesmo facto, ver as suas quotas compulsivamente amortizadas". O argumento parece-nos inviável, pois o princípio da igualdade só obriga a tratar igualmente o que é igual.
[3] Assim também, RAÚL VENTURA (1993), p. 762.
[4] Nesse sentido, RAÚL VENTURA (1993), p. 762.

2. A amortização

A divisão da quota tem lugar para que seja amortizada a quota que ficou a caber ao contitular relativamente ao qual o fundamento de amortização ocorreu. Trata-se de um caso em que não tem lugar a aplicação do disposto no art. 233º, 5, que exige o consentimento do sócio para que tenha lugar a amortização parcial da quota. Isto na medida em que a divisão terá lugar sem necessidade de consentimento do contitular em causa.

O nº 2 parece dar a entender que a divisão ocorre antes da amortização. "Dividida a quota, a amortização recairá sobre a quota do contitular relativamente ao qual o fundamento da amortização tenha ocorrido". Como harmonizar essa redação com o disposto no art. 221º, 1? A divisão ocorre por deliberação de divisão ou por amortização? A lei não é clara.

O art. 238º, 1, dispõe que "os sócios podem deliberar que a quota seja dividida" e o nº 2 acrescenta que "dividida a quota, a amortização recairá sobre a quota do contitular [...]". Apesar disso, Raúl Ventura[5] afirma que, "efectuando-se a amortização, parcial ou total, por deliberação dos sócios, é esta deliberação o acto que tem por efeito a divisão da quota". "Esta" deliberação é a deliberação de amortização. E então teríamos mais um caso de divisão por deliberação dos sócios: neste caso, uma deliberação de amortização.

Opinião diferente tem António Soares[6]. Para este autor, "em bom rigor dos termos, não se está aqui perante um caso de amortização parcial da quota, dado que quando a amortização ocorre a quota primitiva já estava dividida e ela vai incidir sobre a totalidade da nova quota que ficou a pertencer àquele anterior contitular [...]. Trata-se antes de uma amortização total, pois extingue toda uma quota, não importando para o efeito que ela tenha resultado da divisão anterior".

Curiosamente, no nº 1 não ficou dito que os sócios podem "deliberar a divisão da quota". O que ali lemos é que os sócios podem deliberar "que a quota seja dividida". Pensamos que essa divisão só produzirá os seus efeitos com a amortização da quota do contitular em relação ao qual se verificam os fundamentos de amortização. Mas, sem essa amortização, a divisão não se produz. Vamos supor que foi deliberado que a quota fosse dividida para ter lugar a amortização de que se trata no nº 2. Porém, não chega a ser deliberada a amor-

---

[5] RAÚL VENTURA (1993), p. 473.
[6] ANTÓNIO SOARES (1988), p. 21-22.

tização referida. A quota fica dividida? Parece que não. Como também afirmava Raúl Ventura[7], a divisão de quota não subsiste sem a amortização.

Sem divisão, não pode ter lugar a amortização de toda a quota. Isto, como é óbvio, porque o fundamento de amortização não se verificava em relação a todos os contitulares[8]. E não pode também ser amortizada a quota-parte ou quinhão indivisos do contitular relativamente ao qual se verificavam os fundamentos de amortização, pois a amortização é de quota social[9].

---

[7] RAÚL VENTURA (1993), p. 467.
[8] O problema ganha contornos interessantes nos casos em que a quota é bem comum do casal. E pode ser um bem comum apesar de ter ingressado nos bens comuns através de um só dos cônjuges. Poderá suceder isso quando só um deles celebrou o contrato de sociedade ou quando, após essa celebração, a participação foi adquirida posteriormente por um dos cônjuges. Para esses casos, dita o art. 8º, 2, que "será considerado como sócio, nas relações com a sociedade, aquele que tenha celebrado o contrato de sociedade ou, no caso de aquisição posterior ao contrato, aquele por quem a participação tenha vindo ao casal". Se o fundamento da amortização é um facto relacionado com o sócio, quem o é, também para este efeito, é "aquele que tenha celebrado o contrato de sociedade ou, no caso de aquisição posterior ao contrato, aquele por quem a participação tenha vindo ao casal". Mas será que, como diz ANTÓNIO SOARES (1988), p. 65, verificado esse fundamento, toda a quota será amortizada? É conclusão pouco convincente, tendo em conta a própria redação do art. 8º, 2 e 3.
[9] RAÚL VENTURA (1993), p. 761.

SECÇÃO V
EXECUÇÃO DA QUOTA

ARTIGO 239º
Execução da quota

1. A penhora de uma quota abrange os direitos patrimoniais a ela inerentes, com ressalva do direito a lucros já atribuído por deliberação dos sócios à data da penhora e sem prejuízo da penhora deste crédito; o direito de voto continua a ser exercido pelo titular da quota penhorada.
2. A transmissão de quota em processo executivo ou de liquidação de patrimónios não pode ser proibida ou limitada pelo contrato de sociedade nem está dependente do consentimento desta. Todavia, o contrato pode atribuir à sociedade o direito de amortizar quotas em caso de penhora.
3. A sociedade ou o sócio que satisfaça o exequente fica sub-rogado no crédito, nos termos do artigo 593º do Código Civil.
4. A decisão judicial que determine a venda da quota em processo de execução, falência ou insolvência do sócio deve ser oficiosamente notificada à sociedade.
5. Na venda ou adjudicação judicial terão preferência em primeiro lugar os sócios e, depois, a sociedade ou uma pessoa por esta designada.

Índice

1. Nótula histórica
2. Atualização da nomenclatura
3. Objeto da penhora
4. Âmbito da penhora da quota; trâmite da penhora; depositário
5. A transmissão da quota penhorada ou apreendida para a massa da insolvência ou objecto de processo de inventário
6. A amortização da quota penhorada e a satisfação do credor pela sociedade ou pelos outros sócios
7. A notificação à sociedade e o exercício do direito de preferência

Bibliografia

a) Citada:

ABREU, JORGE MANUEL COUTINHO DE – *Curso de Direito Comercial*, Vol. II, *Das Sociedades Comerciais*, 5ª ed., Almedina, Coimbra, 2015; FONSECA, TIAGO SOARES DA – "Artigo 239º", em MENEZES CORDEIRO, ANTÓNIO (coord.), *Código das Sociedades Comerciais Anotado*, Almedina, Coimbra, 2009, p. 625-627; FRANÇA, OLÍVIO – "Inadmissibilidade da penhora sobre cotas das sociedades em casos especiais", ROA, ano 3, I e II trimestres, 1943, p. 211-216; FREITAS, JOSÉ LEBRE DE – *A acção executiva –À Luz do Código de Processo Civil de 2013*, 6ª ed., Coimbra, Editora, Coimbra, 2014; FREITAS, JOSÉ LEBRE DE/ /MENDES, ARMINDO RIBEIRO – *Código de Processo Civil anotado*, vol. 3º, Coimbra Editora, Coimbra, 2003; GOMES, MANUEL JANUÁRIO DA COSTA – "Penhora de direitos de crédito. Breves notas", *Themis, Revista da Faculdade de Direito da Universidade Nova de Lisboa*, Ano IV, nº 7, 2003, *A reforma da acção executiva*, p. 105-132; LOPES-CARDOSO, EURICO – *Manual da acção executiva*, 3ª ed., reimp., Almedina, Coimbra, 1992; MARQUES, J. P. REMÉDIO – *Curso de processo executivo comum à face do código revisto*, Almedina, Coimbra, 2000, *A penhora e a reforma do processo civil – Em especial a penhora de depósitos bancários e do estabelecimento*, Lex, Lisboa, 2000ª, "A penhora de créditos na reforma de 2003, referência à penhora de depósitos bancários", *Themis, Revista da Faculdade de Direito da Universidade Nova de Lisboa*, ano V, 2004, nº 9, p. 137-205; MARTINS, ALEXANDRE SOVERAL MARTINS/ /RAMOS, MARIA ELISABETE RAMOS – "As participações sociais", em COUTINHO DE ABREU, JORGE MANUEL (coord.), *Estudos de Direito das Sociedades*, 12ª ed., Almedina, Coimbra, 2015, p. 113-150; MOREIRA, GUILHERME ALVES, *Instituições de direito civil português*, vol. II, *Das obrigações*, 2ª ed., Coimbra Editora, Coimbra, 1925 (a 1ª ed. é de 1911); NUNES, ANTÓNIO AVELÃS – *O direito de exclusão de sócios nas sociedades comerciais*, Coimbra, 1968, reimp., Almedina, Coimbra, 2002; PINTO, RUI – "Penhora e alienação de outros direitos – Execução especializada sobre créditos e execução sobre direitos não creditícios na reforma da acção executiva", *Themis, Revista da Faculdade de Direito da Universidade Nova de Lisboa*, ano IV, 2003, nº 7, *A reforma da acção executiva*, p. 133-164; REIS, JOSÉ ALBERTO DOS – *Processo de execução*, vol. I, Coimbra Editora, Coimbra, 1943, *Processo de execução*, vol. II, Coimbra Editora, Coimbra, 1954; *Processo de execução*, vol. I, 3ª ed., Coimbra Editora, Coimbra, 1985; VENTURA, RAÚL – *Amortização de quotas, aquisição de quotas próprias*, separata dos Cadernos de Ciência e Técnica Fiscal, nºs 88, 89 e 90, Lisboa, 1966, *Comentário ao Código das Sociedades Comerciais, sociedades por quotas*, vol. I, 2ª reimp. da 2ª ed. de 1989, Almedina, Coimbra, 1999.

b) Outra:
FONSECA, JOSÉ MARTINS DA – "A amortização de quotas penhoradas", RMP, 1988, ano 9º, nºs 33 e 24, p. 109-119; MATOS, ALBINO – *Constituição de sociedades, teoria e prática*, 5ª ed., Almedina, Coimbra, 2001.

1. Nótula histórica

O artigo 1274º do CCiv. de 1867 consentia, expressamente, a penhora de parte social de cada sócio, contanto que a execução fosse movida contra ele, por dívidas por si contraídas – portanto, por credor particular deste sócio[1]. Guilherme Moreira defendia, inclusivamente, que nas sociedades comerciais em que os sócios tivessem responsabilidade solidária e ilimitada – como já era o caso das SENC –, os credores sociais podiam penhorar e executar a parte que nos bens sociais pertencesse a esse sócio[2]. Logo, a parte de um sócio de sociedade em nome colectivo era penhorável independentemente do consentimento dos outros sócios[3].

No domínio de vigência do CPC de 1939 era controversa a penhorabilidade de quotas se não houvesse o consentimento da sociedade[4]. Isto apesar de o art. 42º, § 3, da LSQ dispor que os sócios não executados gozavam de direito de preferência na venda ou adjudicação executiva dessas quotas.

O actual CPC de 1961 pôs termo à polémica, com a redacção (primitiva) do nº 2 do art. 826º[5].

2. Atualização da nomenclatura

O artigo em comentário mantém e a redacção inicial de 1986, embora o regime de alguns preceitos da norma (os nºˢ 4 e 5) se mostrem desactualizados em fun-

---

[1] Para mais desenvolvimentos, LOPES-CARDOSO (1992), p. 312-313.
[2] GUILHERME MOREIRA (1925), p. 539; no mesmo sentido navegou o Ac. STJ, de 8/07/1947, BMJ, nº 2, p. 207.
[3] Ac. STJ, de 8/07/1947, BMJ, nº 2, p. 207.
[4] ALBERTO DOS REIS (1943), p. 345; ALBERTO DOS REIS (1985), p. 346-348; OLÍVIO FRANÇA (1943), p. 211-212; AVELÃS NUNES (1968), p. 121-122. Por um lado, afirmava-se, por parte dos partidários da penhorabilidade (e transmissão forçada) das quotas, que, por força do art. 42º, §§ 2 e 3, da LSQ, o legislador manteve, nestas SQ, o disposto no art. 1274º CCiv. de 1867 (expressamente aplicável às sociedades civis), o qual, com referimos, determinava que os credores da sociedade preferiam aos credores particulares de cada um dos sócios relativamente à execução dos bens da sociedade, podendo "*os credores particulares de cada sócio penhorar, e fazer execução, na parte social do devedor*". Por outro, dizia-se que o art. 6º, § 3, da referida LSQ não se deveria aplicar às transmissões forçadas de quotas, pois, doutro modo, imporia a revogação do art. 164º do então Código do Notariado. FERRER CORREIA, SANTOS LOURENÇO, ADOLFO BRAVO, RUI GOMES DE CARVALHO e OLÍVIO FRANÇA defendiam a penhorabilidade das quotas em execução movida por credor particular de sócio; ALBERTO DOS REIS, PAULO CUNHA, DOMINGOS VECCHI PINTO COELHO e SÁ CARNEIRO sustentavam opinião contrária.
[5] O legislador (*Observação Ministerial* publicada no BMJ, nº 124, p. 765) justificava esta solução com base na ideia de que se tratava da "solução que, apesar de contrariar a vontade dos sócios, é a mais justa, por ser a que melhor salvaguarda os legítimos interesses do credor lesado", acrescentando que "a simples penhorabilidade dos lucros pertencentes ao sócio e dos valores que lhe competem na hipótese de dissolução da sociedade não constitui uma tutela suficiente do crédito do exequente e pode, por outro lado, dar origem a graves dificuldades para o credor". Como se vê, eis aqui a prova da ocorrência de uma mudança de paradigma no tráfego jurídico-económico saído da 2ª Guerra Mundial em favor do reforço da tutela dos interesses dos credores.

ção de desenvolvimentos ocorridos no domínio da *acção executiva* e do *processo de insolvência*.

De facto, já não é o *juiz*, como veremos adiante (mas antes o *agente de execução*[6]), que autoriza e determina a *venda executiva* dos bens penhorados (exceptuada a situação prevista no art. 814º venda antecipada de bens penhorados, em casos de necessidade de *decisão imediata*, em atenção à *urgência* da realização da venda).

Por outro lado, a referência legal aos *processos de falência* deve ser entendida como sendo feita aos *processos de insolvência*, a partir da entrada em vigor do *Código da Insolvência e da Recuperação de Empresa* (CIRE), aprovado pelo DL 53/2004, de 18 de Março, o qual eliminou a distinção entre *insolvência de sujeitos comerciantes* (*falência*) e de *sujeitos não comerciantes* (insolvência *stricto sensu*). A situação de *falência* apenas se continuou a aplicar aos processos instaurados na pendência do então (2004) revogado *Código de Processos Especiais de Recuperação de Empresa e de Falência* (CPEREF), nos termos do art. 12º do citado DL 53/2004, de 18 de Março, que se encontravam pendentes na data da entrada em vigor do citado CIRE.

3. Objeto da penhora

É sempre bom lembrar que, por *dívidas da SQ*, só responde o património da sociedade (art. 197º, 3, do CSC), excepto se for estipulado que um ou mais sócios respondem, também, perante os credores sociais até um certo montante (art. 198º, 1, do CSC).

Embora o capital social de uma SQ se encontre dividido em quotas, é pelo seu capital social que se afere a medida dos direitos e obrigações de cada um dos sócios. O património da sociedade não se confunde com o capital social correspondente às entradas dos sócios.

Por dívidas da sociedade, o património da SQ é que se revela susceptível de penhora. Apesar de o seu capital social ser intangível, isso não significa que possa ocorrer a penhora das quotas sociais da SQ *por uma dívida desta SQ*. Isto porque, não só a SQ é uma individualidade jurídica distinta dos sócios, como também estes sócios (e o seu património, aí onde se surpreendem as quotas que subscreveram na SQ) não respondem perante os credores sociais. Portanto, o artigo agora em comentário diz apenas respeito às execuções, insolvências ou

---

[6] Designado como *solicitador de execução* até ao início e vigência do DL 226/2008, de 30 de Novembro, ou seja, até Abril de 2009.

inventários litigiosos dirigidos contra sócios de SQ (ou contra sociedades titulares de quotas de uma SQ)[7].

Em *execução instaurada contra o sócio de uma SQ*, as quotas desta SQ, tituladas pelo sócio executado, constituem bens penhoráveis, já que podem ser objecto de transmissão[8], sendo, por conseguinte, bens alienáveis (art. 225º s. do CSC, art. 735º do CPC). O art. 743º, 2, do CPC confirma esta ideia, já que prevê a penhora de quinhão sobre bem indiviso, tornando *inoponíveis* (ao tribunal, ao exequente e aos eventuais credores reclamantes que tenham garantia real sobre essa quota) as cláusulas contratuais que prevejam o consentimento (da sociedade ou dos restantes sócios) para a transmissão (forçada) da quota penhorada.

Outrossim, são *inoponíveis* as deliberações que decidam alterar o contrato de sociedade – ou a introdução de cláusula que permita *após* essa penhora[9], a amortização dessa quota[10], no uso da faculdade prevista na parte final do nº 2 do artigo em anotação[11].

4. Âmbito da penhora da quota; trâmite da penhora; depositário

A penhora da quota atinge os *direitos patrimoniais* que lhe são inerentes.

Embora, de harmonia com o art. 758º, 1, do CPC, a penhora abranja as *partes integrantes* (se se curar de um bem *imóvel*: art. 204º, 3, do CC), os *frutos naturais*

---

[7] Cfr., tb., o Ac. RP, de 3/11/2005, proc. nº 0535673, in http://www.dgsi.pt, onde é negada a penhora de quotas subscritas pelos sócios de uma SQ em execução movida contra esta. O tribunal afirma que, se fosse admissível a penhora de todas as quotas subscritas pelos sócios na execução contra a SQ, esta entraria imediatamente em situação de insolvência, visto que tal implicaria reconhecer a não existência de quaisquer valores patrimoniais na esfera jurídica patrimonial da sociedade executada.
[8] Por todos, COUTINHO DE ABREU (2015), p. 330 s.
[9] Note-se que a penhora de quota societária consiste na *notificação* feita à própria sociedade de que o direito do executado fica à ordem do tribunal (art. 781º, nºs 1 e 6, do CPC), na pessoa do agente de execução, desde a data da primeira notificação realizada, seguida (ou antecedida) do registo na Conservatória, evitando-se, a partir desse momento, que os direitos inerentes à quota sejam subtraídos à acção do exequente. Como veremos adiante, a *notificação* à sociedade (na pessoa do gerente) e o *registo* são actos constitutivos da penhora da quota *relativamente a terceiros*. Cremos que a *notificação à sociedade* é condição de oponibilidade ao tribunal (e ao exequente) de quaisquer actos de alienação, oneração, *et, pour cause*, de extinção da quota através de alteração *superveniente do contrato de sociedade*. Em relação *a terceiros*, a oponibilidade da penhora da quota produz-se a partir do *registo da penhora* junto da Conservatória, realizado por via electrónica, retroagindo a *eficácia desta penhora à data do pedido de registo* (o qual vale como apresentação: art. 755º, 1, *ex vi* do nº 6 do art. 781º, ambos do CPC).
[10] Já, assim, no domínio da LSQ, AVELÃS NUNES (1968), p. 123-124, nt. 40.
[11] No domínio da LSQ era admitida a validade da amortização de quota penhorada, mesmo após a penhora, contanto que fundada no pacto e o consentimento do sócio executado não fosse obtido após a penhora e a extinção dessa quota não fosse gratuita, pois, caso contrário, subtrair-se-ia uma parte dos bens do sócio devedor à acção do credor exequente, cfr. RAÚL VENTURA (1966), p. 101-103.

e os *frutos civis* (art. 212º, 2, do mesmo Código) – autorizando-se que, no acto da penhora, o agente de execução exclua expressamente tais *frutos* (e as partes integrantes) –, é certo que a *penhora de uma quota* não atinge os *lucros já atribuídos* (*frutos civis*), por deliberação dos sócios, à data dessa penhora.

Estes *lucros*, enquanto *frutos civis*, são *autonomizáveis* como objecto de uma *penhora separada*, exactamente a penhora destes *lucros*[12], por isso que se acham submetidos ao regime da *penhora de direitos de crédito*, aí onde a SQ é atingida pela execução movida contra o seu sócio[13].

Uma vez penhorados, igualmente, os lucros já atribuídos à data da penhora da quota, a SQ é tratada como *terceiro* atingido pela penhora, a quem a lei comina alguns *ónus* e *preclusões* (obrigações de *facere*[14] e de *dare*[15]), se e na medida em que esta SQ não depositar as quantias correspondentes aos lucros atribuídos ao *sócio executado* na conta bancária aberta, em instituição de crédito, pelo *agente de execução* (art. 777º, 1, *a)* e *b)*, e nº 3, CPC).

Já os *direitos não patrimoniais* ou *direitos administrativos* (*Verwaltungsrecht*) inerentes ao *estatuto de sócio*, embora sejam atingidos pela penhora[16], continuam a ser exercitados pelo sócio executado: o *direito de voto* em assembleia continua a ser exercido pelo sócio executado, titular da quota penhorada; outrossim, p. ex., o direito de requerer *inquérito judicial*, em caso de violação do *direito à informação*, nos termos que já foram, atrás, analisados[17], ou o *direito de ser designado para os órgãos sociais*.

---

[12] Tais lucros podem ser penhorados como *créditos futuros*, se ainda não tiverem sido atribuídos ao executado por deliberação dos sócios, à data da penhora. A licitude desta penhora de lucros futuros (determinados ou determináveis) decorre da circunstância de já se achar constituída a relação jurídica que serve de matriz ao crédito penhorável, *in casu*, já se encontrar constituída a situação jurídica de sócio de uma SQ. Se o crédito disser respeito a tais créditos futuros entretanto atribuídos na pendência de uma execução contra o sócio da SQ, o exequente pode cumular na execução pendente os lucros no entretanto atribuídos ao sócio executado – REMÉDIO MARQUES (2004), p. 143.
[13] Sobre a penhora de direitos de crédito, cfr. REMÉDIO MARQUES (2004), p. 137 s.
[14] De informação dirigidas ao agente de execução: art. 775º, 1, do CPC.
[15] De depositar os montantes penhorados em instituição de crédito, à ordem do agente de execução: art. 777º, 1, do CPC.
[16] Isto porque a quota é vendida ou adjudicada com todos os direitos que nela se integram (patrimoniais ou não patrimoniais), o que inculca a ideia de que o *objecto da penhora* é a quota, com todos esses direitos – já, neste sentido, RAÚL VENTURA (1999), p. 769; tb. TIAGO SOARES DA FONSECA (2009), p. 626.
[17] De modo diverso, nas sociedades civis (e nas SENC), objecto da penhora é somente o *direito aos lucros* e à *quota de liquidação* (art. 999º do CCiv.; art. 183º, 1, do CSC), no sentido em que os ulteriores actos executivos (*venda judicial*, *remição* ou *adjudicação*) apenas incidem sobre tais direitos isoladamente considerados.

A penhora da quota é efetuada através da *notificação à SQ* – na pessoa do(s) gerente(s) – e do *registo*, precedido de apresentação, pelo agente de execução à conservatória de registo[18]. Assim, o *registo* desta penhora é ato *constitutivo*[19] e, sobretudo, *condição de oponibilidade a terceiros* que constituam ou adquiram direitos total ou parcialmente incompatíveis sobre a quota societária.

Embora já tivesse sido defendido que a penhora de créditos – incluindo a de direitos em bens indivisos – não implica a existência de um *depositário*[20], cremos que nas eventualidades em que o bem careça de ser administrado (art. 760º, 1, do CPC), como sucede com as quotas de sociedades comerciais, far-se-á mister existir um *depositário* da quota penhorada. Esse depositário será, à luz do regime-regra, o *agente de execução* (art. 772º e 783º, ambos do CPC).

Todavia, a *administração* da quota penhorada não permite que, por exemplo, caiba ao agente de execução o exercício do direito de voto, do direito à informação, ou do direito de impugnar deliberações sociais[21]. Tais direitos ainda cabem ao executado até ao momento da transmissão da quota, após a venda executiva ou a adjudicação deste bem.

Ressalve-se, no entanto, que o sócio executado, embora possa continuar a exercer o direito de voto, está impedido de votar em deliberação (embora possa assistir e participar na assembleia: art. 248º, 5, do CSC) que importe a disposição ou a *oneração* da quota, a *diminuição* do seu valor ou a *alteração do pacto social*, atento o disposto no artigo 819º do CCiv.[22].

Do art. 773º, 6, do CPC retira-se a ideia de harmonia com a qual o exequente, o executado e os credores reclamantes podem requerer ao *agente de execução* a prática ou a autorização para a prática de actos que se mostrem indispensáveis à conservação da quota penhorada.

Curar-se-á, essencialmente, do recurso aos *meios de conservação da garantia patrimonial* previstos nos arts. 605º s. do CCiv. Ora, se a quota já penhorada for, por exemplo, objecto de cessão por parte do sócio executado[23], cremos que não fará sentido tais sujeitos processuais, ou alguns deles, deduzirem *acção pau-*

---

[18] Uma vez que é aplicável o regime do art. 755º, 1, do CPC.
[19] RUI PINTO (2003), p. 156, que defende que este *registo* da penhora *conjuntamente* com a *notificação* são actos constitutivos da penhora da quota.
[20] ALBERTO DOS REIS (1954), p. 223.
[21] Neste sentido, tb., Ac. RP, de 13/03/2000, CJ, 2000, T. II, p. 198.
[22] Tb. LEBRE DE FREITAS (2014), p. 293, nt. 28.
[23] Estamos a pensar, naturalmente, naquelas hipóteses em que a *data do registo da cessão da quota* é posterior à data da *notificação* da penhora da quota (à SQ) e do respectivo *registo* de penhora – REMÉDIO MARQUES (2000), p. 281, nt. 785.

liana contra a cessão de créditos, uma vez que essa cessão é *inoponível* em relação à execução[24].

5. A transmissão da quota penhorada ou apreendida para a massa da insolvência ou objecto de processo de inventário

A transmissão de quotas (*et, pour cause*, a sua penhorabilidade) não está sujeita a um regime de *indisponibilidade subjectiva* predisposto em favor da sociedade ou dos restantes sócios. Isto, apesar de a *alienabilidade voluntária da quota* só produzir efeitos para com a sociedade quando for por esta consentida (art. 228º, 2, do CSC). Daí que não existem normas que *eliminam* totalmente os poderes de disposição do sócio sobre a quota de uma SQ ou que *condicionem* inexoravelmente esse poder dispositivo a uma autorização ou consentimento alheio.

Dado que a SQ não é, em essência e para o efeito visado por este artigo, uma *sociedade de pessoas*, daí decorre que, por cada obrigação social contraída, não permanece a responsabilidade pessoal do sócio. A identidade deste sócio é, em princípio, indiferente. Logo, a *transmissão forçada* dessa posição social e estatutária implica a assunção pelo adquirente da quota do *estatuto de sócio*. Isto apesar de, como vimos, o CSC condicionar a *transmissibilidade voluntária* da quota ao consentimento da sociedade.

Tanto vale dizer: a despeito de a *inalienabilidade voluntária da quota* ser a *regra* (art. 228º, 2, do CSC), a lei prevê expressamente a *excepção* a tal regra quando permite a *penhora dessa mesma quota* (e a subsequente venda executiva, adjudicação ou remição da quota penhorada). Pode, hoje – sem dúvidas no domínio do CSC –, assim ser sempre penhorada a quota de uma SQ, ainda quando a *lei* exija o consentimento da própria sociedade ou o pacto social subordine essa transmissão *voluntária* à autorização da sociedade, nos casos de cessão ao cônjuge, aos descendentes ou aos ascendentes (art. 228º, 2, *in fine*, do CSC).

Pode assim dizer-se que a quota de uma SQ (*rectius*, os direitos patrimoniais a ela inerentes) pode ser objeto de *penhora*, ainda que a transferência *voluntária* dessa mesma quota estivesse sujeita à vontade da sociedade, ou seja, mesmo que a transmissão *voluntária* de tal quota fique subordinada ao consentimento de quem não é sujeito da responsabilidade executiva.

Não existe, deste modo, uma coincidência entre a *indisponibilidade subjectiva da quota* (art. 228º, 2, do CSC) e a *impenhorabilidade dessa quota*: a quota *pode* ser penhorada e *transmitida coercivamente* (art. 239º, 2, do CSC), independen-

---

[24] Tb. JANUÁRIO GOMES (2003), p. 118.

temente da consideração ou da atendibilidade das condições exigidas para a *transmissão negocial* (e *voluntária*) dessa mesma quota[25-26].

A quota *penhorada* (em processo de execução), *apreendida para a massa* (em processo de insolvência) ou *relacionada* (em processo de inventário litigioso) pode ser objecto de transmissão, independentemente das proibições contratuais de transmissão ou da necessidade de prestação de consentimento, para tal, da sociedade, sob pena de *nulidade* de tais cláusulas[27].

Mas, tão logo que seja penhorada (apreendida para a massa da insolvência ou relacionada em processo litigioso de liquidação de património), apesar da manutenção do exercício de algumas faculdades de natureza não patrimonial na pessoa do sócio executado, o certo é que, uma vez verificada a *venda executiva* ou a *adjudicação* da quota penhorada, esta quota é – no processo executivo ou em outros processos de liquidação de patrimónios – transmitida *coercivamente* (enquanto transmissão derivada translativa, por acto de *direito público*, praticado pelo agente de execução ou pelo administrador da massa da insolvência) com todo o feixe de direitos que nela se integram.

Até à transmissão forçada, os *direitos de natureza não patrimonial* (de que o direito de voto é um mero afloramento) são, *ainda*, exercidos pelo sócio executado[28].

Nada obsta, entretanto, a que, na falta de cláusula de amortização, a quota penhorada seja adquirida, na venda executiva, pela própria SQ[29].

6. A amortização da quota penhorada e a satisfação do credor pela sociedade ou pelos outros sócios

Dado que é legítimo que a sociedade e os sócios possam impedir que a execução (singular: acção executiva; ou universal: processo de insolvência) provoque, contra a sua vontade, o ingresso de novos sócios na SQ, permite-se que esta sociedade, mediante deliberação dos sócios não devedores, proceda à *amortiza-*

---

[25] Sobre a *interferência de terceiros*, em matéria de *indisponibilidade subjectiva* de bens penhoráveis, nos casos em que o titular dos bens ou direitos penhoráveis necessita do consentimento ou de uma autorização de terceiro, aí onde se coloca a questão da ponderação concreta do interesse do credor na admissão da venda executiva do bem ou direito penhorado e a tutela do interesse da pessoa a quem concede o poder de autorizar ou consentir uma alienação voluntária, cfr. LEBRE DE FREITAS (2014), p. 237-239; REMÉDIO MARQUES (2000ª), p. 92-94, nt. 170, p. 97.

[26] Esta ideia, segundo a qual a penhorabilidade de uma parte social somente seria admissível desde que houvesse *consentimento da sociedade*, fez escola no domínio do CPC de 1939 – ALBERTO DOS REIS (1943), p. 345.

[27] Tb., neste ponto, TIAGO SOARES DA FONSECA (2009), p. 626.

[28] Tb., neste ponto, RAÚL VENTURA (1999), p. 769.

[29] Após o que a SQ poderá amortizá-la, nos termos legais.

ção *da quota penhorada*, provocando a *extinção* da quota com todos os seus direitos e obrigações e a saída do sócio executado (art. 232º, 2, do CSC).

A *contrapartida da amortização* (o valor da liquidação determinado nos termos do nº 2 do art. 105º do CSC, *ex vi* do art. 235º, 1, *a)* e *b)*, e 2, do mesmo Código, com referência ao momento da deliberação) será entregue (pelo agente de execução ou administrador da massa da insolvência) ao credor exequente[30]. Isto, porque a amortização, neste caso, não pode ser gratuita[31], pois equivaleria a um *confisco* sofrido pelo exequente[32].

Todavia, o valor dessa amortização não pode ser *unilateralmente* imposto ao exequente (ou a eventuais credores reclamantes, que tenham garantia real sobre essa quota), no sentido em que, havendo estipulação no pacto social, estes não têm que anuir necessariamente ou *sujeitar-se* ao balanço ou ao valor atribuído à quota em assembleia geral[33], quando os critérios de determinação do valor da quota forem diferentes dos previstos no art. 235.º do CSC. Isto, porque a lei preceitua que o montante apurado à luz do (*critério supletivo*) previsto no artigo 105º, 2, do CSC (*ex vi* do art. 235º, 2, do mesmo Código) prevalecerá sobre o disposto no contrato, salvo se os termos estipulados forem *menos favoráveis para a sociedade*. Ou seja, admite-se que, nesta amortização, seja mobilizado um regime diverso do supletivo, se, em concreto, ele for mais *favorável para o sócio executado* (indirectamente, *mais favorável para o credor exequente do sócio*) e *menos favorável para a sociedade*[34]. O exequente tem, pelo menos, o direito de ser ouvido no conflito de interesses que o opõe à sociedade e ao titular da quota penhorada.

Uma outra alternativa permite que a sociedade ou os sócios satisfaçam a obrigação do sócio devedor. Não se esqueça que a prestação pode ser efectuada tanto pelo devedor como por um terceiro, ainda que não interessado no cumprimento desse sócio devedor (art. 767º do CCiv.). O exequente do sócio nada

---

[30] Pode conceber-se, inclusivamente, que esta contrapartida da amortização poderá ser, por sua vez, penhorada enquanto *expectativa de aquisição* (art. 778º-A, 1, do CPC), devendo *notificar-se a sociedade*. Consumada a determinação da contrapartida da amortização, a penhora passa a incidir sobre essa contrapartida. Cremos, porém, que, normalmente, esta contrapartida, posto que constitui um *direito de crédito* do sócio executado para com a sociedade, deverá seguir o regime da *penhora de créditos* (art. 856º e s. do CPC).
[31] Diferentemente da aquisição de *quotas próprias* pela própria sociedade (art. 220º, 2, do CSC), num esquema diverso do da acção executiva.
[32] AVELÃS NUNES (1968), p. 124, nt. 40.
[33] Ac. STJ, de 22/11/1990, proc. nº 080948, in http://www.dgsi.pt.
[34] Analogamente, COUTINHO DE ABREU (2015), pp. 374-375.

poderá opor, visto que os seus interesses patrimoniais são integralmente satisfeitos; nem, tão pouco, o sócio executado poderá invocar qualquer interesse seu para impedir este pagamento; sem prejuízo de poder requerer a exoneração, caso este motivo esteja previsto no contrato de sociedade (art. 240º, 1, do CSC).

Satisfeita a dívida do sócio ao credor deste – em momento anterior às diligências destinadas à venda ou à adjudicação da quota apreendida[35], mas, em princípio, posterior à instauração da execução (ou processo de insolvência)[36] –, a sociedade ou os outros sócios não devedores *sub-rogam-se no crédito* (art. 592º, 1, do CCiv.; para não deixar dúvidas veja-se o nº 3 do art. 239º do CSC)[37].

Todavia, esta *sub-rogação* da sociedade ou dos sócios não importa que a quota penhorada venha a ser adquirida por quem pagou ao credor do sócio. A penhora da quota poderá ser mantida, se não for pedida e deferida a *substituição do direito penhorado por outro bem ou direito* (art. 751º, 4, *a*), do CPC). Caso contrário, se a sociedade ou os sócios não devedores quiserem evitar a entrada de estranhos na sociedade, apenas lhes restará exercer o *direito de preferência* na venda executiva (ou na adjudicação), de acordo com a ordem prevista no nº 5 do art. 239º do CSC[38].

7. A notificação à sociedade e o exercício do direito de preferência

A *decisão* que determina a venda da quota – que, nas acções executivas, a partir de Setembro de 2003 deixou de ser, na maioria dos casos, uma *decisão judicial*,

---

[35] RAÚL VENTURA (1999), p. 772, referindo-se ao limite temporal *ad quem* marcado pelos actos do processo executivo donde resulte a alienação da quota.

[36] Note-se, na verdade, que o *dies a quo* da possibilidade de actuar esta satisfação da sociedade ou dos sócios não devedores ao credor do sócio não tem que ser posterior à penhora da quota. A sub-rogação pode naturalmente ser possível fora do esquema de uma acção executiva ou de um processo de insolvência: sê-lo-á nos termos gerais – tb. TIAGO SOARES DA FONSECA (2009), p. 626, nt. 4.

[37] Se a satisfação do credor do sócio (*v.g.*, exequente) não for completa (*sub-rogação parcial*), o credor do sócio continua a manter essa qualidade, sendo que a SQ, bem como os restantes sócios, podem ser atingidos pela entrada de um novo sócio adquirente na venda executiva (ou na adjudicação) da quota (art. 811º do CPC), restando-lhes apenas deliberar a amortização da quota, se esta vicissitude estiver prevista no contrato de sociedade.

[38] Uma outra possibilidade aberta aos restantes sócios (e à sociedade), embora muito remota, consistirá na satisfação das quantias em dívida ao credor do sócio e, na sequência da sub-rogação, na reclamação tempestiva dos créditos na mesma execução, contanto que desfrutem de uma garantia real (*v.g.*, penhor dessa quota, penhora subsequente) sobre a quota penhorada (ou sobre outro bem do sócio executado) e de título executivo contra este (art. 788º, 1 e 2, do CPC)

passando, isso sim, a constituir uma *decisão do agente de execução*[39], o qual também decide sobre o valor base dos bens a vender, bem como sobre a eventual formação de lotes[40] (art. 812º, 2, *b*) e *c*), 3, *b*), 4 e 5, do CPC[41-42]) – na acção executiva ou de insolvência[43] deve ser oficiosamente notificada à SQ.

Um pouco ao arrepio da maioria da doutrina[44], cremos que essa notificação se destina, por um lado, a permitir o *exercício do direito de preferência legal* previsto no nº 5 do artigo em anotação na venda executiva da quota penhorada, quanto, por outro, a permitir a *adjudicação dessa quota* cuja venda já esteja anunciada (art. 779º, 4 e 801º, 3, ambos do CPC).

---

[39] Os nºˢ 4 e 5 do artigo em anotação continuam a manter as expressões "decisão judicial" "venda ou adjudicação judicial", bem como alguma doutrina segue o mesmo caminho – TIAGO SOARES DA FONSECA (2009), p. 627.

[40] O mesmo sucede no *processo de insolvência*: transitada em julgado a sentença declaratória da insolvência e realizada a assembleia de apreciação do relatório, o *administrador da insolvência* procede imediatamente ("com prontidão", diz o legislador) à venda de todos os bens apreendidos para a massa insolvente (art. 158º, 1, do CIRE). E é também o *administrador da insolvência* que escolhe e decide a modalidade de alienação dos bens apreendidos (art. 164º, 1, do mesmo Código). Apenas a *venda antecipada dos bens* e na falta de concordância da comissão de credores, é que é autorizada pelo juiz (art. 158º, 2, do referido Código). Outrossim, no *processo de inventário* litigioso, nos casos em que o processo instaurado num cartório notarial (art. 2º da L 23/2013, de 5 de março): o notário desempenha as funções de *agente de execução*, designadamente a *apreensão de bens* para efeitos da sua relacionação (art. 27º, 3, 4 e 5 da L 23/2013), *nomeação de perito* para a avaliação dos bens cujo valor tenha sido impugnado pelos interessados (art. 33º, 2, da citada Lei), *venda de bens* para pagamento das dívidas aprovadas (art. 41º, 2, *idem*), *adjudicação de bens* por negociação particular relativamene àqueles não adjudicados por meio de propostas em carta fechada (art. 51º, *ibidem*), *venda dos bens adjudicados* ao interessado devedor de tornas (art. 62º, 3, *ibidem*), o mesmo se aplicando nos inventários em consequência de separação de pessoas e bens, divórcio, declaração de nulidade ou anulação de casamento (art. 79º, *ibidem*) e nos demais casos especiais de simples separação de bens, por motivo da *penhora de bens comuns* em *processo executivo* ou separação de bens apreendidos para a massa insolvente, no caso de *declaração de insolvência* de um dos cônjuges (art. 81º, *ibidem*).

[41] Apenas na *venda por propostas em carta fechada* as propostas são entregues na secretaria do tribunal e abertas na presença do *juiz*, devendo assistir à abertura o *agente de execução*.

[42] Quando a lei processual não determina a modalidade da venda, nem consagra expressamente uma possibilidade de opção, esta venda é determinada pelo agente de execução quando a penhora incidir sobre *bens móveis* (e os *direitos* são, para este efeito tratados como *móveis*: art. 205º, 1 e 2, do CCiv.); nos restantes casos omissos, a venda é determinada pelo *juiz do processo* – tb., neste sentido, LEBRE DE FREITAS/RIBEIRO MENDES (2003), p. 560-562; LEBRE DE FREITAS (2014), p. 377.

[43] Ou, ainda, a decisão do notário ou do conservador – a quem passou, prima *facie*, a caber a competência para proceder à liquidação e divisão de heranças e patrimónios indivisos, na sequência de divórcios e separações de pessoas e bens sem o consentimento – que, num processo de inventário, determinem, normalmente com o acordo dos interessados, proceder à venda de bens do património indiviso.

[44] MENEZES CORDEIRO (2007), p. 394; RAÚL VENTURA (1999), p. 772; TIAGO SOARES DA FONSECA (2009), p. 627.

Uma vez que sociedade já foi notificada da penhora da quota, esta ou os sócios já poderiam ter satisfeito a obrigação exequenda, sub-rogando-se nos direitos do credor. A notificação da decisão do *agente de execução* que determine a venda da quota e a respectiva modalidade não coloca, como se vê, a sociedade ou os sócios não devedores, pela primeira vez, na situação de poderem satisfazer o exequente.

Já, pelo contrário, o exercício, pela sociedade, da faculdade de *amortização da quota* (faculdade apenas exercitável pela SQ) deverá ocorrer *após a notificação da penhora*[45] dessa mesma quota e até à d*ecisão sobre a indicação da modalidade de venda da quota penhora* (ou apreendida para a massa da insolvência)[46], ou até à *decisão do juiz sobre reclamação relativa à determinação da modalidade de venda* determinada pelo agente de execução, se a houver (art. 812º, 6 e 7, do CPC)[47].

De facto, após a notificação da SQ, pela qual esta é informada que a quota do sócio foi penhorada, os seus representantes (*id est*, a gerência) podem, como referimos em nota, efectuar as declarações que entenderem quanto à realização do direito do sócio executado. E é a partir deste momento que caberá à SQ deliberar sobre a eventual amortização da quota penhorada, e não a contar da decisão que determine a venda da quota em processo executivo, de insolvência ou de liquidação de outros patrimónios indivisos.

Aliás, a decisão sobre a modalidade da venda executiva é notificada pelo agente de execução apenas ao sócio executado e aos credores reclamantes (art. 812º, 6, do CPC).

---

[45] Como se sabe, a penhora de quota de SQ é efectuada mediante a *notificação da sociedade, comunicação à conservatória* com o valor de *apresentação registal* (art. 755º, 1, do CPC, respeitante à penhora de imóveis, mas aplicável, igualmente, à penhora de quotas de sociedades; tb., o art. 3.º, *f*, do CRCom.), seguida do *registo* dessa penhora na conservatória e da notificação da sociedade de que a quota do sócio se acha penhorada (art. 781º, 6, do CPC). Após a notificação da penhora da quota à sociedade, os representantes desta podem fazer as declarações que lhes aprouver quanto à forma de realização do direito penhorado, *maxime*, a declaração de que a sociedade pretende *amortizar a quota* penhora, uma vez que haja deliberação social permissiva dessa vicissitude.

[46] Como é sabido, na acção executiva, uma vez terminado o prazo para as reclamações de créditos, a execução prossegue (art. 796º, 1, do CPC) com o início das diligências destinadas à *venda* do bem penhorado, sendo natural que sobre a quota penhorada não incidam direitos reais de garantia (*v.g.*, penhor).

[47] A quota penhorada pode ser vendida através de uma qualquer das modalidades admitidas na acção executiva, excepto mediante *venda por propostas em carta fechada*. Todavia, se for requerida a *adjudicação* da quota (pelo exequente ou por credor reclamante, que tenha sobre ela uma garantia real), esta também poderá ser transmitida mediante a modalidade da venda por propostas em carta fechada (art. 800º, 3, do CPC).

Os *preferentes legais* – *in casu*, os sócios, a SQ[48] ou uma pessoa que esta indicar – também são notificados do dia, hora e do local aprazado da venda (art. 819º, 1, do CPC). Todavia, são-no precisamente para exercer, querendo, o direito de preferência, *no próprio ato da venda*, se alguma proposta for aceita.

Não parece, pois, razoável que, *após a notificação à sociedade* da decisão que determine a venda, esta ainda possa diligenciar a *amortização* da quota.

---

[48] Se os sócios não exercerem o *direito de preferência*, a sociedade pode exercê-lo e adquirir a quota, tornando-se titular de uma quota própria, faculdade que é autorizada pelo nº 2 do art. 220º do CSC – sobre isto, SOVERAL MARTINS/ELISABETE RAMOS (2015), p. 147-148, nt. 109.

SECÇÃO VI
EXONERAÇÃO E EXCLUSÃO DE SÓCIOS

ARTIGO 240º
Exoneração de sócio

1. Um sócio pode exonerar-se da sociedade nos casos previstos na lei e no contrato e ainda quando, contra o voto expresso daquele:

a) A sociedade deliberar um aumento de capital a subscrever total ou parcialmente por terceiros, a mudança do objeto social, a prorrogação da sociedade, a transferência da sede para o estrangeiro, o regresso à atividade da sociedade dissolvida;

b) Havendo justa causa de exclusão de um sócio, a sociedade não deliberar excluí-lo ou não promover a sua exclusão judicial.

2. A exoneração só pode ter lugar se estiverem inteiramente liberadas todas as quotas do sócio.

3. O sócio que queira usar da faculdade atribuída pelo nº 1 deve, nos 90 dias seguintes ao conhecimento do facto que lhe atribua tal faculdade, declarar por escrito à sociedade a intenção de se exonerar.

4. Recebida a declaração do sócio referida no número anterior, a sociedade deve, no prazo de 30 dias, amortizar a quota, adquiri-la ou fazê-la adquirir por sócio ou terceiro, sob pena de o sócio poder requerer a dissolução da sociedade por via administrativa.

5. A contrapartida a pagar ao sócio é calculada nos termos do artigo 105º, nº 2, com referência à data em que o sócio declare à sociedade a intenção de se exonerar; ao pagamento da contrapartida é aplicável o disposto no artigo 235º, nº 1, alínea b).

6. Se a contrapartida não puder ser paga em virtude do disposto no nº 1 do artigo 236º e o sócio não optar pela espera do pagamento, tem direito a requerer a dissolução da sociedade por via administrativa.

7. O sócio pode ainda requerer a dissolução da sociedade por via administrativa no caso de o adquirente da quota não pagar tempestivamente a contrapartida, sem prejuízo de a sociedade se substituir, nos termos do nº 1 do artigo 236º.

8. O contrato de sociedade não pode, diretamente ou pelo estabelecimento de algum critério, fixar valor inferior ao resultante do nº 5 para os casos de exoneração previstos na lei nem admitir a exoneração pela vontade arbitrária do sócio.

Índice
1. Caracterização geral e fundamento do instituto da exoneração de sócio
2. Casos gerais previstos na lei

3. Casos especiais previstos para as sociedades por quotas
4. Casos previstos no contrato de sociedade
5. Processo de exoneração
    5.1. Condição *sine qua non*
    5.2 Declaração de vontade do sócio
    5.3. Alternativas da sociedade
    5.4. Momento em que a exoneração se efetiva
    5.5. Cálculo da contrapartida a pagar ao sócio
6. Tutela da posição jurídica do sócio
    6.1. Face à inércia da sociedade
    6.2. No que respeita ao pagamento da contrapartida

Bibliografia

ABREU, J. M. COUTINHO DE – *Curso de direito comercial*, vol. II, "Das sociedades", 5ª ed., 2015, Almedina, Coimbra, 2009; CORDEIRO, MENEZES – *Manual de direito das sociedades*, vol. II, "Das sociedades em especial", 2ª ed., Almedina, Coimbra, 2007; CORREIA, LUÍS BRITO, *Direito Comercial*, 2º vol., "Sociedades Comerciais", AAFDL, Lisboa, 1989; CUNHA, CAROLINA – "A exclusão de sócios (em particular, nas sociedades por quotas)", *Problemas do direito das sociedades*, IDET, Almedina, Coimbra, 2002, p. 201-233; FONSECA, TIAGO SOARES DA – *O direito de exoneração do sócio no Código das Sociedades Comerciais*, Almedina, Coimbra, 2008; FRANÇA, MARIA AUGUSTA – "Direito à exoneração", *Novas perspectivas do direito comercial*, Almedina, Coimbra, 1988, p. 205-227; HENRIQUES, PAULO – *A desvinculação unilateral* ad nutum *nos contratos civis de sociedade e de mandato*, Coimbra Editora, Coimbra, 2001; MARIANO, JOÃO CURA – *O direito de exoneração dos sócios nas sociedades por quotas*, Almedina, Coimbra, 2005; PINTO, CARLOS A. MOTA – *Teoria geral do direito civil*, 4ª ed. por A. PINTO MONTEIRO/PAULO MOTA PINTO – Coimbra Editora, Coimbra, 2005; VENTURA, RAÚL – *Comentário ao Código das Sociedades Comerciais - Sociedades por quotas*, vol. II, "Artigos 240º a 251º", Almedina, Coimbra, 1989.

1. Caracterização geral e fundamento e do instituto da exoneração de sócio

A exoneração de sócio é a *saída ou desvinculação* deste da sociedade, mediante *exercício de direito atribuído pela lei ou pelo contrato*, recebendo uma *contrapartida* pelo valor da sua participação social[1].

---

[1] COUTINHO DE ABREU (2015), p. 381; MARIA AUGUSTA FRANÇA (1988), p. 207; RAÚL VENTURA (1989), p. 10; BRITO CORREIA (1989), p. 453.

Discute-se na doutrina se o direito atribuído ao sócio *se configura como potestativo*[2] ou *subjetivo em sentido estrito*[3]. Apesar das semelhanças funcionais com o comum direito de um sujeito se desvincular unilateralmente de um contrato (e seja através de denúncia, seja através de resolução[4]), a verdade é que, *nas sociedades por quotas*[5], não só a simples declaração de vontade do sócio em se exonerar da sociedade é insuficiente para produzir o efeito pretendido (saída do sócio da sociedade), como a sociedade não está propriamente numa situação de sujeição jurídica, caracterizada pela inelutabilidade da modificação jurídica (*in casu*, extinção do vínculo sociedade-sócio) imposta. Pelo contrário, *a satisfação do direito do sócio exige uma prestação da sociedade*, a concretizar nos termos do art. 240º, 4 e suscetível de não cumprimento, aliás sancionado pela parte final do preceito[6].

A *ratio* do reconhecimento deste poder radica numa ideia de *inexigibilidade* da manutenção do *status* de sócio, devido à superveniência de *circunstâncias* assim valoradas pela lei ou pelo contrato[7]. Todavia, e também diferentemente do que sucede com os poderes de auto-desvinculação no comum dos contratos, no quadro de uma sociedade comercial (cujo acto constitutivo nem sequer é, necessariamente, um contrato[8]) a saída de um sócio *deixa intocada a pessoa coletiva*, permanecendo as vinculações dos outros sócios[9].

As *circunstâncias que fundam a referida inexigibilidade* agrupam-se em vários *polos*[10].

Começando pelas *valorações legais*, a atribuição de um direito à exoneração pode radicar no *decurso de um período de tempo considerado razoável* para o sócio recuperar o pleno exercício da sua *liberdade de iniciativa económica*, que havia

---

[2] RAÚL VENTURA (1989), p. 10; PAULO HENRIQUES (2001), p. 33-34.
[3] Para uma caracterização destas figuras, ver, por todos, MOTA PINTO/PINTO MONTEIRO/PAULO MOTA PINTO (2005), p. 178, s..
[4] Sobre o ponto, cfr. CAROLINA CUNHA (2002), p. 215-216.
[5] Para as sociedades em nome colectivo cfr. *supra*, comentário ao art. 185º.
[6] Concordamos, pois, com CURA MARIANO (2005), p. 141-142. Parece-nos demasiado rebuscada a tese de TIAGO DA FONSECA (2008), p. 29, que, para manter a qualidade de direito potestativo do direito à exoneração, sustenta que "a declaração de exoneração altera unilateralmente a ordem jurídica ao promover o aparecimento de um direito à extinção da relação societária, apesar de não produzir automaticamente a perda da qualidade de sócio".
[7] MENEZES CORDEIRO (2007), p. 322; COUTINHO DE ABREU (2015), p. 381.
[8] Cfr. COUTINHO DE ABREU (2009), p. 94, s..
[9] MARIA AUGUSTA FRANÇA (1988), p. 207.
[10] MARIA AUGUSTA FRANÇA (1988), p. 225; COUTINHO DE ABREU (2015), p. 389; MENEZES CORDEIRO (2007), p. 323.

auto-limitado ao pactuar nos estatutos a intransmissibilidade da quota, assim se evitando vinculações tendencialmente perpétuas[11]. Em outros casos, é a superveniência de uma *alteração significativa das condições* em que a sociedade até então assentava que confere ao sócio o direito a abandoná-la[12]. Em outros casos, ainda, o evento determinante da inexigibilidade de permanência é a *ausência de reação da sociedade* a comportamentos suscetíveis de conduzir à exclusão de outros sócios[13]. Hipótese muito peculiar parece ser o do art. 45º, 1[14], em que a exoneração não diz respeito a um evento superveniente mas *contemporâneo* da formação do contrato e parece ter sido importada enquanto *mecanismo preferível* de desvinculação do sócio cuja vontade esteve viciada por erro, dolo, coação ou usura, face às desvantagens do reconhecimento de um direito à anulação[15].

As *valorações estatutárias*, vertidas nas cláusulas do contrato que prevêm factos justificativos de exoneração, *alargam* o leque das apreciações legais (as quais constituem como que um *reduto de imperativa intolerabilidade* de permanência do sócio na sociedade, o que conduz à invalidade de qualquer tentativa contratual no sentido da sua limitação ou afastamento[16]). Saber, para lá da fronteira marcada pelas normas legais imperativas, onde traçar os limites da autonomia privada nesta sede é questão delicada, que versaremos adiante[17].

2. Casos gerais previstos na lei

O direito à exoneração é atribuído por algumas normas da parte geral, aplicáveis às sociedades por quotas.

Logo no art. 3º, 5, 2ª parte encontramos a previsão de um direito à exoneração para o sócio *que não haja votado a favor da deliberação de transferência de sede social efetiva para o estrangeiro*. Esta norma, todavia, *não* parece ser aplicável às sociedades por quotas, para as quais existe uma previsão especial no art. 240º, 1, a) no que toca à atribuição de um direito à exoneração em caso de mudança da sede para o estrangeiro[18].

---

[11] Cfr. o art. art. 229º, 1. Nas sociedades em nome coletivo, veja-se a precipitação de idêntico fundamento em termos ligeiramente diversos nos arts. 182º, 1, e 185º, 1, a).
[12] Vejam-se os arts. 3º, 5, *in fine*; 161º, 5; e 240º, 1, a); em certa medida, também o art. 207º, 2.
[13] Cfr. o art. 204º, 1, b).
[14] Vejam-se as críticas de MARIA AUGUSTA FRANÇA (1988), p. 218-219.
[15] Cfr. as nossas observações ao art. 45º no vol. I deste Comentário.
[16] RAÚL VENTURA (1989), p. 19.
[17] Ver *infra*, nº 4.
[18] Cfr. *infra*, nº 3.

Temos, depois, a atribuição de um direito à exoneração pelo art. 45º, 1, aos *sócios cuja declaração negocial constitutiva do contrato de sociedade (já registado) haja sido viciada por erro, dolo, coação ou usura*. O direito à exoneração surge como sucedâneo do vulgar direito à anulação (de cujos pressupostos gerais, aliás, o preceito faz depender o seu reconhecimento e exercício), solução reputada preferível pela maior garantia que oferece quanto à subsistência do contrato de sociedade[19].

O art. 105º, 1, e 137º, 1, respectivamente aplicáveis aos casos de *fusão* (e *cisão*, pela remissão ordenada pelo art. 120º) e de *transformação* de sociedade (adoção de um tipo societário diverso), não atribuem, verdadeiramente, um direito à exoneração: apenas prevêem e, em certa medida, regulam, a eventual atribuição desse direito por uma disposição estatutária ou por outra norma legal ao *sócio que tenha votado contra o projecto de fusão (ou cisão) ou contra a deliberação de transformação da sociedade*[20].

Sempre que os sócios deliberem o regresso à atividade de uma sociedade que entrou em *liquidação* já depois de a fase da *partilha se ter iniciado*, o art. 161º, 5 atribui um direito à exoneração ao sócio cuja *participação social fique relevantemente reduzida* em relação à que, no conjunto, anteriormente detinha[21].

Por último, tem alguma doutrina *equiparado* à atribuição de um direito à exoneração as hipóteses contempladas nos arts. 490º, 5 e 6, e 499º, 1 e 2, que, no contexto de *relações de grupo*, reconhecem ao *sócio livre*, respectivamente, o direito de exigir da sociedade dominante a aquisição das suas quotas ou ações e o direito de optar pela alienação das suas quotas ou ações à sociedade diretora[22].

3. Casos especiais previstos para as sociedades por quotas

Na disciplina especial das sociedades por quotas, há a assinalar, antes de mais, a atribuição de um direito à exoneração pelo art. 229º, sempre que o contrato de sociedade *proíba a cessão de quotas* e decorridos que estejam *dez anos* sobre o ingresso do sócio na sociedade.

---

[19] Cfr. as nossas observações ao art. 45º no vol. I deste Comentário.
[20] COUTINHO DE ABREU (2015), p. 383 (notando a alteração introduzida em 2006 ao art. 137º, 1, que na redacção anterior atribuía directamente um direito à exoneração); MARIA AUGUSTA FRANÇA (1988), p. 209.
[21] Sobre este preceito, cfr. as observações que fizemos no vol. II deste Comentário. Sobre o seu não afastamento pelo art. 240º, 1, a), cfr. *infra*, nº 3 deste comentário.
[22] Assim MARIA AUGUSTA FRANÇA (1988), p. 209; RAÚL VENTURA (1989), p. 17; MENEZES CORDEIRO (2007), p. 325.

Embora não o diga explicitamente (utiliza a expressão "pôr a quota à disposição da sociedade"), também o art. 207º, 2 parece prever um direito à exoneração do *antigo sócio* que, em hipótese de *aumento de capital*, não pretender ficar responsável pelo pagamento das entradas dos novos sócios[23].

O art. 240º prevê, no seu nº 1, diversos fundamentos de exoneração, todos comungando de um requisito: que o sócio haja *votado expressamente contra a deliberação que produziu o resultado* que torna inexigível a permanência do sócio na sociedade – o que afasta a aquisição do direito à exoneração pelo sócio que simplesmente se absteve ou que não participou na deliberação[24].

Na al. a) contempla-se, em primeiro lugar, a deliberação de *aumento de capital a subscrever total ou parcialmente por terceiros*. Em causa parece estar a inexigibilidade de suportar o ingresso de terceiros na sociedade, bem como a concomitante diluição do poder relativo do sócio em questão[25].

Segue-se a previsão da *mudança do objeto social*, que determina a inexigibilidade de permanecer numa sociedade que, doravante, se dedicará exercer atividade diversa da inicialmente pactuada. A alteração pode implicar supressão de parte do objeto social, aditamento ao núcleo existente ou substituição de todo ou parte do objeto. Segundo Raúl Ventura, não há que aquilatar o *relevo ou importância da modificação concretamente* operada como pressuposto do reconhecimento de um direito à exoneração – "se a mudança do objecto social não tem nenhuma relevância, o remédio não consiste em recusar o direito à exoneração do sócio, mas sim em a sociedade evitar fazê-la"[26]. Supomos que nem sempre será bem assim – pense-se na conveniência que pode haver em suprimir do objeto a referência a uma atividade (inicialmente mencionada) que a sociedade nunca exerceu concretamente nem se prevê que venha a exercer: em casos como este, poderá ser excessivo atribuir ao sócio discordante um direito à exoneração.

---

[23] Assim RAÚL VENTURA (1989), p. 17. Sobre a *ratio* desta faculdade de desvinculação, cfr. *supra*, o nosso comentário ao art. 207º.
[24] RAÚL VENTURA (1989), p. 20.
[25] Segundo RAÚL VENTURA (1989), p. 21-22, a constituição do direito à exoneração na esfera do sócio depende de este não ter "legalmente possibilidade de evitar a entrada de terceiro", isto de, de o seu direito de preferência em aumento de capital haver sito suprimido ou limitado (arts. 266º, 1 e 4); caso contrário, o sócio poderia "ter evitado a, para si, indesejada intromissão de sócios, embora incorrendo nalgum dispêndio". O Autor advoga, portanto, uma *restrição* da ideia-base de inexigibilidade às situações em que *não estava de todo ao alcance do sócio evitar* a entrada de terceiros na sociedade.
[26] RAÚL VENTURA (1989), p. 22.

A *prorrogação da duração da sociedade* torna igualmente inexigível ao sócio que nela continue, já que sua expectativa inicial não compreendia semelhante prorrogação.

Os derradeiros fundamentos do art. 240º, 1, a), levantam problemas de compatibilização com normas da parte geral. Começando pela *transferência da sede para o estrangeiro*, tem-se considerado afastado o regime geral do art. 3º, 5, pela *norma especial* do art. 240º, 1, a): nas sociedades por quotas, *apenas* o sócio que votou contra – e *não também* o que se absteve ou não participou na deliberação – tem a prerrogativa de se exonerar, supondo este regime, além da normal possibilidade de participação em deliberações (e da forte ligação típica do sócio à sociedade por quotas, justificando – em confronto, por exemplo, com as sociedades anónimas – uma *menor necessidade de proteger os sócios ausentes*), um *dever (ou, pelo menos, um ónus) de se pronunciar* sobre uma matéria tão grave para a sociedade[27].

Quanto à *deliberação de regresso à atividade da sociedade dissolvida*, julgamos acertada a posição que reputa estarmos em presença de um regime que *não afasta* o previsto no art. 161º, 5[28], já que cada norma tem o seu próprio campo de aplicação[29]. Assim, se a deliberação de regresso à atividade da sociedade em liquidação é adotada *antes* de iniciada a partilha ou *depois* de iniciada a partilha mas *sem que* a sua quota fique relevantemente reduzida, aplica-se o art. 240º, 1, a): o sócio apenas se poderá exonerar *se* tiver votado expressamente contra o regresso à atividade social. Pode exonerar-se ao abrigo do art. 161º, 5 *mesmo que* não tenha votado contra o regresso à atividade se este for deliberado *após o início da partilha e desde que a sua quota fique relevantemente reduzida* em relação à que, no conjunto, anteriormente detinha[30].

Na al. b) do nº 1 do art. 240º prevê-se o direito à exoneração do sócio que haja *votado a favor* da deliberação – que acabou por vir a ser *negativa* – de *exclusão* (art. 241º, 1) ou de promoção da exclusão judicial (art. 242º, 1 e 2) de outro

---

[27] Neste sentido, MARIA AUGUSTA FRANÇA (1988), p. 124-125; RAÚL VENTURA (1989), p. 20-21; COUTINHO DE ABREU (2015), p. 387.

[28] Sustentada por RAÚL VENTURA (1989), p. 21; COUTINHO DE ABREU (2009), p. 424.

[29] Contra, MARIA AUGUSTA FRANÇA (1988), p. 214-215: o art. 161º, 5 não é aplicável às sociedades por quotas porque a norma especial do art. 240º, 1, a) o afasta.

[30] Pode perguntar-se: ainda que tenha votado a favor da deliberação de regresso à atividade? Responde negativamente RAÚL VENTURA (1989), p. 423: apenas os que se tenham abstido ou não hajam participado. Na verdade, parece-nos que a exoneração do sócio que votou favoravelmente colidiria com a proibição geral de *venire contra factum proprium*: podia e devia ter previsto, com a partilha já em marcha, as consequências negativas do regresso à atividade para sua própria participação social.

sócio com base em *justa causa* (ou seja, com apoio em *qualquer fundamento legal ou contratual* de exclusão). Assim se deve interpretar a exigência de "voto contra expresso" num caso como este – contra o sentido que acabou por fazer vencimento, que foi o da recusa da exclusão do sócio. O fundamento deixa de fora as hipóteses em que a *sociedade não chega a tomar qualquer decisão* quanto ao sócio atingido por uma justa causa de exclusão – a relutância ou negligência na convocação da assembleia donde resulte deliberação sobre o assunto pode ser vencida pelo interessado utilizando os arts. 248º, 1 e 2, e 375º, 2[31]. Duvidosa é a sua extensão aos casos em que a sociedade *efetivamente delibera excluir o sócio*, mas depois não consegue levar por diante essa exclusão devido a *insuficiência patrimonial* (art. 242º, 4 e 236º, 3 *ex vi* da remissão do art. 241º, 2). Se considerarmos que a *ratio* do preceito consiste na inexigibilidade de o sócio em questão suportar a presença na sociedade de um outro que dela poderia ser excluído, *mas não o foi porque* os restantes sócios manifestaram, através do voto, outra opinião[32], ou seja, "a protecção do sócio contra as decisões de não actuar da sociedade", então a *circunstância de a deliberação ter sido positiva* (*i.e.*, haver prevalecido a posição favorável à exclusão) impede o direito à exoneração. Se se entender que o objetivo da lei foi o de *proteger o sócio contra violações graves cometidas por outros*, admitir-se-á, nestes casos, um direito à exoneração[33]

4. Casos previstos no contrato de sociedade

O direito de exoneração pode ter como fonte imediata o contrato de sociedade – veja-se a previsão geral do art. 240º, 1, e as previsões específicas dos arts. 105º, 1, 137º, e 226º[34]. A lei impõe como limite à faculdade de modelação de cláusulas de exoneração estatutárias a proibição de que traduzam uma *vontade arbitrária do sócio*.

---

[31] Assim RAÚL VENTURA (1989), p. 23. Cfr., todavia, *infra*, "Anotação ao art. 242º", nº 2, as dificuldades e delongas com que tal processo se pode deparar.
[32] RAÚL VENTURA (1989), p. 23.
[33] Neste sentido, embora com dúvidas, MARIA AUGUSTA FRANÇA (1988), p. 216-217. Como nota a Autora, *o reconhecimento de um direito à exoneração* nestas circunstâncias conduzirá, muito provavelmente, à *dissolução da sociedade*: se não houve fundos patrimoniais para proceder à exclusão, não os haverá para pagar a contrapartida do sócio que se exonere, o qual fica com a possibilidade de requerer a dissolução da sociedade (art. 240º, 6).
[34] Inclui a previsão contratual de manifestação, pelos sucessores do quotista falecido, de vontade contrária à transmissão da quota como caso de direito contratual à exoneração COUTINHO DE ABREU (2015), p. 386.

Afastada fica, portanto, a estipulação da *pura vontade* do sócio com fundamento de exoneração – não se permitem desvinculações *ad libitum*. Mas parece-nos que a proibição se aplica, igualmente, a cláusulas que prevejam fundamentos *manifestamente fúteis*, que sequer muito remotamente se possam filiar na ideia de inexigibilidade de permanência na sociedade que alicerça a exoneração de sócio enquanto instituto jurídico[35].

A partir daqui, porém, já é permitido aos *sócio dar expressão contratual a situações* que, na óptica da lei, não foram reputadas como suficientemente graves para justificar a previsão de um direito à exoneração – *v.g.*, quando o sócio mudar de residência, ou atingir certa idade, ou assumir cargos públicos[36]. Não pode porém, naturalmente, o estatuto afastar ou modificar o regime legal imperativo da exoneração de sócio[37].

Discutida é a questão de saber se é válida a previsão estatutária de uma *ampla cláusula geral de exoneração* – "justa causa", motivo grave", acrescida ou não de hipóteses exemplificativas. Coutinho de Abreu inclina-se para a sua *validade*: "a indeterminação da cláusula geral não impedirá (quando haja litígio entre a sociedade e o sócio que pretenda exonerar-se) que o juiz, atendendo ao caso concreto e interpretando o estatuto segundo as orientações legais aplicáveis à interpretação dos negócios jurídicos em geral, decida justamente"[38]. Muito crítico desta hipótese se mostra Raúl Ventura, que considera *imprescindível que o contrato preveja casos concretos*, que descreva factos com precisão suficiente, e relembra que (apenas) nas sociedades em nome coletivo a lei contempla como fundamento de exoneração de sócio a ocorrência de uma "justa causa", pelo que só neste tipo societário – e não já nas sociedades por quotas – poderia o contrato seguir-lhe as pisadas[39]. Em nossa opinião, é certo que os sócios de uma sociedade por quotas *podem*, em geral, pela via dos estatutos, *aproximar* a disciplina das relações internas do modelo (doutrinal) da *sociedade de pessoas*, e para o efeito concorreria a referida cláusula geral, sendo recurso à via judicial suficiente para prevenir eventuais abusos.

---

[35] Tais alegados "fundamentos contratuais" limitar-se-ão a mascarar a pura vontade do sócio que os invoca – traçamos aqui um paralelo com o *critério da arbitrariedade* aplicado às *condições potestativas* por MOTA PINTO/PINTO MONTEIRO/PAULO MOTA PINTO (2005), p. 565.

[36] Exemplos colhidos em RAÚL VENTURA (1989), p. 17-19, que alerta também para a irrelevância concreta do *nomem* que os sócios atribuam a tal faculdade estatutária de desvinculação.

[37] Assim também RAÚL VENTURA (1989), p. 19.

[38] COUTINHO DE ABREU (2015), p. 386, com exemplos (nt.942) colhidos na doutrina e jurisprudência alemã.

[39] RAÚL VENTURA (1989), p. 18.

5. Processo de exoneração

Nas *sociedades por quotas*, a exoneração de sócio corresponde a um *processo*, não dependendo apenas de um único acto ou declaração do sócio que pretenda exercer o direito que a lei ou os estatutos lhe atribuem[40], antes requerendo a colaboração da sociedade e, eventualmente, a intervenção de outros sócios ou de terceiros (que venham a adquirir a quota).

5.1. Condição *sine qua non*

Seja qual for a causa (legal ou contratual) que fundamenta a aquisição do direito à exoneração, o seu exercício depende em absoluto da verificação do pressuposto enunciado pelo n.º 2 do art. 240º: estarem *inteiramente liberadas* todas as quotas do sócio. De outro modo, estar-se-ia a facultar ao sócio um meio de *deixar de cumprir a obrigação de entrada* que sobre ele ainda impende, e, pelo menos nos casos em que o destino concreto da quota fosse a amortização ou aquisição pela sociedade, ficaria "eternamente *parte do capital por realizar*" – sem esquecer que o art. 232º, 3 também proíbe a amortização de quotas não integralmente liberadas[41].

5.2 Declaração de vontade do sócio

Verificado o pressuposto do n.º 2, o processo de exoneração tem início com a declaração do sócio à sociedade (aos gerentes[42]), manifestando *por escrito* a sua intenção de se exonerar – art. 240º, 3. Raúl Ventura considera não ser lícita a *declaração tácita de exoneração*, mas cremos que o art. 217º, 2 do CCiv. permite que isso aconteça, desde que *os factos concludentes revistam a forma escrita*[43-44]. A declaração deve *indicar o concreto fundamento* atributivo do direito à exoneração, já que este é elemento constitutivo do direito que através dela o sócio pretende exercer[45].

---

[40] Ao contrário do que sucede nas sociedades em nome coletivo – cfr. *supra*, comentário ao art. 185º.
[41] RAÚL VENTURA (1989), p. 25 (sublinhados nossos), acrescentando que a exigência se estende a *todas* as quotas porque a exoneração faz cessar a titularidade do sócio quanto a *todas* elas e que se as quotas não estiverem liberadas, a sociedade não é forçada a tomar qualquer deliberação, nos termos do n.º 4 do art. 240º, mesmo que o sócio emita a declaração prevista no n.º 3.
[42] COUTINHO DE ABREU (2015), p. 387.
[43] O que não sucede, justamente, na hipótese apresentada pelo ilustre Professor – o prolongado absentismo do sócio não pode valer como declaração tácita de exoneração – RAÚL VENTURA (1989), p. 27.
[44] No mesmo sentido, CURA MARIANO (2005), p. 99-100.
[45] RAÚL VENTURA (1989), p. 28-29.

O sócio dispõe de um *prazo de noventa dias* para exercer o seu direito, contados do *conhecimento do facto* que alicerça a causa legal ou contratual de exoneração; esgotado esse prazo, o direito *caduca*[46]-[47].

5.3. Alternativas da sociedade

A contar da receção da declaração do sócio referida no nº 3 do art. 240º, dispõe a sociedade de *trinta dias para tomar uma decisão quanto ao modo concreto de executar a exoneração do sócio*, implicando, do mesmo modo, uma escolha quanto ao destino a dar à respectiva participação social: *amortização* da quota; *aquisição* da quota pela *sociedade*, por *sócio* ou por *terceiro* – art. 240º, 4.

A opção *não é inteiramente livre*[48]: a amortização depende da verificação, em concreto, dos requisitos do art. 236º, 1 e a aquisição pela sociedade dos requisitos previstos nos art. 220º, 2, logo a eleição de uma destas vias fica condicionada pela situação patrimonial da sociedade.

O sócio que declarou a sua intenção de se exonerar mantém essa qualidade no momento da tomada da deliberação social prevista no art. 240º, 4, pelo que *pode participar na discussão* e, inclusive, exercer o seu *direito de voto*, não se verificando, em princípio, qualquer conflito de interesses justificativo de um impedimento de voto ao abrigo da cláusula geral do art. 251º, 1[49].

5.4. Momento em que a exoneração se efetiva

A escolha da sociedade processa-se através de *deliberação*, mas a deliberação só é *bastante* para lograr pôr termo ao processo de exoneração e conseguir o resultado pretendido – a desvinculação do sócio – quando a opção recaia sobre a *amortização*, que opera a extinção da quota[50].

Nos restantes casos, torna-se necessária a *adicional* celebração do *negócio de aquisição da quota* pela sociedade, pelo sócio ou por terceiro: o sócio só se considera exonerado com a efetiva *aquisição* da quota[51].

---

[46] RAÚL VENTURA (1989), p. 27; acrescenta CURA MARIANO (2005), p. 108-109 que a data decisiva para saber se a declaração do sócio ainda é tempestiva é a da sua *expedição* com destino à sociedade e não a da respectiva receção por esta.
[47] Sobre o relevo e possibilidade de vicissitudes supervenientes – *v.g.*, revogação da deliberação que constitui fundamento do direito à exoneração; revogação da declaração do sócio; cessão da quota, cfr. CURA MARIANO (2005), p. 97, ss.; e RAÚL VENTURA (1989), p. 28, ss..
[48] RAÚL VENTURA (1989), p. 30-31.
[49] Neste sentido, RAÚL VENTURA (1989), p. 34.
[50] Assim RAÚL VENTURA (1989), p. 31.
[51] Assim também MARIA AUGUSTA FRANÇA (1988), p. 223; e novamente RAÚL VENTURA (1989), p. 33.

5.5. Cálculo da contrapartida a pagar ao sócio

Por força da remissão operada pelo art. 240º, 5, a contrapartida a pagar ao sócio exonerado – de modo a que, pela sua decisão de se desvincular da sociedade, *não resulte espoliado* do valor patrimonial da sua quota – é calculada nos termos do art. 105º, 2, embora tomando como referência *a data em que o sócio haja declarado* à sociedade a sua intenção de se exonerar. O sócio tem, portanto, direito ao valor que resulta da subsequente remissão para o art. 1021º do CCiv. – o vulgarmente chamado *valor contabilístico* da participação social[52], fixado com base no *estado da sociedade* à data da recepção da declaração da exoneração.

Note-se que o estatuto pode fixar um *valor diferente* do que resulta do art. 240º, 5, para a contrapartida a pagar nas hipóteses de exercício de um direito à exoneração com base no *pacto social*; todavia, por força do art. 240º, 8, nas hipóteses de exoneração com base em *fundamento legal* as previsões estatutárias relativas à contrapartida não podem, directa ou indirectamente, conduzir ao pagamento ao sócio de *valor inferior* à que resulta do art. 240º, 5 (embora nada pareça impedir uma sua eventual majoração)[53].

O pagamento da contrapartida é *feito em duas prestações*, a realizar, a *primeira*, no prazo de seis meses e a *segunda* no prazo de um ano após a fixação definitiva do valor a satisfazer ao sócio (art 235º, 1, b), aplicável pela remissão do art. 240º, 5, *in fine*).

6. Tutela da posição jurídica do sócio

Dependendo o resultado útil do exercício do direito à exoneração de *factores alheios à manifestação de vontade do sócio* no sentido de o exercer, é natural que a lei se preocupe em acautelá-lo face à não-verificação das *condições externas* de que depende a sua desvinculação da sociedade.

6.1. Face à inércia da sociedade

Caso a sociedade não reaja *tempestivamente* à comunicação que lhe foi endereçada pelo sócio declarando a sua intenção de se exonerar, coloca a lei ao seu

---

[52] COUTINHO DE ABREU (2015), p. 210: consoante o estado do património social, assim o valor contabilístico da quota será igual, superior ou inferior ao respectivo valor nominal. Para maiores desenvolvimentos sobre o cálculo do valor da quota, cfr. infra, "Anotação ao art. 241º", nt. 26 e 27.
[53] COUTINHO DE ABREU (2015), p. 388; desenvolvidamente, RAÚL VENTURA (1989), p. 36, ss., considerando que, mesmo no caso de fundamento contratual de exoneração, não pode o pacto privar completamente o sócio de uma contrapartida.

dispor a faculdade de conseguir a desvinculação por uma via mais radical: o requerimento da *dissolução da sociedade por via administrativa* – art. 240º, 4, *in fine*.

Note-se que o que tem que estar concluído no prazo de trinta dias cominado pelo art 240º, 4, e contado da receção da declaração do sócio, *não é a mera tomada da deliberação* através da qual a sociedade elege o meio de concretizar o direito do sócio. Essa deliberação *só é suficiente* no caso de a solução escolhida ser a amortização; nos restantes casos, ainda se torna *imprescindível* que dentro dos trinta dias seja celebrado o negócio de alienação da quota à sociedade, a outro sócio ou a terceiro. Por isso Raúl Ventura advoga – e bem, em nossa opinião – a aplicação analógica do art. 232º, 6, e da remissão que efetua para o art. 225º, 3, de modo a facultar à sociedade todos os meios necessários para, mesmo na falta de colaboração do sócio exonerando, concluir o processo de exoneração e evitar a pesada consequência da sua dissolução[54]. Em alternativa, sempre se poderia sustar a faculdade de o sócio não-cooperante requerer a dissolução da sociedade ao abrigo da cláusula geral de abuso de direito do art. 334º do CCiv., na sua modalidade de *venire contra factum proprium*.

Em resumo: se, no referido prazo de trinta dias, *não for tomada qualquer deliberação de escolha* pela sociedade, ou se a sociedade *escolher, pela via deliberativa, nada fazer*[55], tem o sócio o direito a requerer a respectiva dissolução administrativa[56]; o mesmo acontece se a sociedade adoptar uma deliberação no sentido

---

[54] RAÚL VENTURA (1989), p. 31-32.

[55] O sócio não é forçado a requerer a (prévia) impugnação de tal deliberação: *pode avançar directamente* para a dissolução da sociedade – assim RAÚL VENTURA (1989), p. 33. Se uma deliberação concretamente eletiva de uma das alternativas previstas no art. 240º, 4 vier a ser impugnada por outro sócio, considera o Autor que a *suspensão da respetiva executoriedade* também habilita o exonerando a requerer a dissolução da sociedade. Veja-se, a propósito, o Acórdão da RP de 02-07-2012 (dgsi.pt), em que um sócio deu início à dissolução, por via administrativa, da sociedade que recusou exonerá-lo, e que simultaneamente pediu ao tribunal uma série de providências cautelares contra a sociedade como medida de conservação do respetivo património, movido pelo receio de que, aquando do apuramento do valor da sua quota e posterior amortização, subsequente à sua dissolução, a sociedade não tivesse meios para lhe pagar a quantia devida. O Tribunal, contudo, rejeitou a pretensão do sócio, por entender que o direito a receber a quota parte que lhe poderá assistir no caso de haver saldo líquido positivo *apenas se torna efectivo após a realização da liquidação*, e no caso de existência de património social para tanto, pelo que, em momentos anteriores, *apenas existe uma expectativa*, insuficiente para alicerçar o decretamento de uma providência cautelar.

[56] Veja-se, a este propósito, o Acórdão do STJ de 08-01-2015 (dgsi.pt): o facto de a sociedade nada fazer não confere ao sócio o direito de exigir o valor da sua participação social, sendo-lhe apenas reconhecido o direito potestativo de requerer a dissolução da sociedade; por conseguinte, optando o sócio exonerando por demandar de imediato a sociedade em *processo especial para liquidação da sua participação social*, a sentença que fixa o respetivo valor *não confere ao sócio o direito de exigir o seu pagamento*

de a quota vir a ser adquirida por ela própria, por sócio ou por terceiro e o negócio correspondente *não for celebrado até ao termo do prazo*.

6.2. No que respeita ao pagamento da contrapartida

A tutela legal do sócio estende-se à fase posterior à produção do efeito útil da exoneração, *assegurando o recebimento da contrapartida* devida pela participação social de que se desliga.

Assim, *se*, em caso de amortização[57], *a contrapartida não puder ser paga pela sociedade* porque a sua situação líquida ficaria, por efeito do pagamento, inferior à soma do capital e da reserva legal e se o exonerado *não remitir* a dívida à sociedade nem preferir *optar pela espera* do pagamento, adquire o direito a requerer a *dissolução da sociedade por via administrativa* – art. 240º, 6.

O mesmo direito radical lhe atribui o nº 7 do art. 240º no caso de a sociedade haver *optado por adquirir ou fazer adquirir* a quota por sócio ou por terceiro e o adquirente não proceder ao pagamento tempestivo (cfr. o art. 240º, 5, *in fine*) da contrapartida. Naquelas duas últimas hipóteses, contudo, tem a sociedade a possibilidade de impedir o uso de arma tão radical *sub-rogando-se ao sócio ou ao terceiro inadimplente no pagamento da contrapartida*, desde que por isso não fique com a situação líquida inferior à soma do capital com a reserva legal – art. 240º, 7.

---

pela sociedade, pois não constitui título executivo –não reconhece ao sócio exonerando um direito de crédito sobre a sociedade: apenas procede à avaliação judicial da sua quota.
No mesmo sentido vai o Acórdão do STJ de 20-03-2014 (dgsi.pt), acrescentando que, do exercício da faculdade do sócio de uma sociedade por quotas requerer a sua exoneração e a subsequente avaliação do valor da quota não se segue sequer, automaticamente, que a sociedade tenha que efetivar essa exoneração.

[57] RAÚL VENTURA (1989), p. 35.

ARTIGO 241º
Exclusão de sócio

1. Um sócio pode ser excluído da sociedade nos casos e termos previstos na presente lei, bem como nos casos respeitantes à sua pessoa ou ao seu comportamento fixados no contrato.
2. Quando houver lugar à exclusão por força do contrato, são aplicáveis os preceitos relativos à amortização de quotas.
3. O contrato de sociedade pode fixar, para o caso de exclusão, um valor ou um critério para a determinação do valor da quota diferente do preceituado para os casos de amortização de quotas.

Índice

1. Caracterização do direito de exclusão de sócio
2. Fundamento e natureza jurídica
3. Exclusão prevista na lei
4. Cláusulas estatutárias de exclusão de sócio
    4.1. Limites à sua admissibilidade
    4.2. Sentido da remissão para o regime da amortização de quotas
5. Cláusulas estatutárias de determinação do valor a pagar pela quota
6. Exercício do direito de exclusão pela sociedade
    6.1. Prazo para a tomada de deliberação
    6.2. Necessidade de comunicação ao sócio excluído
    6.3. Suficiência da via deliberativa (mesmo no caso das sociedades por quotas bipessoais)

Bibliografia

ABREU, J. M. COUTINHO DE – *Curso de direito comercial*, vol. II, "Das sociedades", 5ª ed., Almedina, Coimbra, 2015; ABREU, J. M. COUTINHO DE – *Curso de Direito Comercial*, vol. I, "Introdução, Actos de comércio, Empresas, Sinais distintivos", 9ª ed., Almedina, Coimbra, 2013; ASCENSÃO, JOSÉ OLIVEIRA – *Direito comercial*, vol. IV, "Sociedades comerciais – Parte geral", Lisboa, 2000; ALMEIDA, A. PEREIRA DE – *Sociedades comerciais*, 4ª ed., Coimbra Editora, Coimbra, 2006; CORDEIRO, ANTÓNIO MENEZES – *Manual de direito das sociedades*, vol. II, "Das sociedades em especial", 2ª ed., Almedina, Coimbra, 2007; CORREIA, A. FERRER/XAVIER, V. LOBO/COELHO, MARIA ÂNGELA/CAEIRO, ANTÓNIO – *Sociedades por quotas de responsabilidade limitada. Anteprojecto de Lei – 2ª redacção*, Separata da RDE, ano 3 (1977), nºs 1 e 2, ano 5 (1979), nº 1; CORREIA, LUÍS BRITO – *Direito Comercial*, vol. II, "Sociedades Comerciais", AAFDL, Lisboa, 1989; CUNHA, CAROLINA – "A exclusão de sócios (em particular, nas sociedades por quotas)", *Problemas do Direito das Sociedades*,

IDET, Almedina, Coimbra, 2002, p. 201-233; LEITÃO, LUÍS MENEZES – *Pressupostos da exclusão de sócio nas sociedades comerciais*, Lisboa, 1988; MENDES, EVARISTO – "Deliberações que fixam o valor das participações sociais. Impugnação – I", *III Congresso Direito das Sociedades em Revista*, coord. Rui Pinto Duarte/Pedro Pais de Vasconcelos/J. Coutinho de Abreu, Almedina, Coimbra, 2014, p. 67-108; MONTEIRO, ANTÓNIO PINTO – *Cláusula penal e indemnização*, Almedina, Coimbra, 1990; NUNES, ANTÓNIO J. AVELÃS – *O direito de exclusão de sócios nas sociedades comerciais*, Coimbra, 1968; SOARES, ANTÓNIO, *O novo regime da amortização de quotas*, AAFDL, Lisboa, 1988; VENTURA, RAÚL – *Amortização de quotas. Aquisição de quotas próprias*, Lisboa, 1966, *Comentário ao Código das Sociedades Comerciais – Sociedades por quotas*, vol. I, "Artigos 197º a 239º", Almedina, Coimbra, 1989; *Comentário ao Código das Sociedades Comerciais – Sociedades por quotas*, vol. II, "Artigos 240º a 251º" Almedina, Coimbra, 1989ª.

1. Caracterização do direito de exclusão de sócio

Do ponto de vista da estrutura, o direito de exclusão de sócio apresenta-se como um *direito potestativo extintivo* do qual é titular a sociedade. O seu exercício supõe um ato livre de vontade – vontade formada no seio do órgão deliberativo-interno que é a coletividade de sócios e expressa através de uma deliberação (cfr. o art. 246º, 1, c) – que, só de *per si* (art. 241º, 2) ou integrado por uma decisão judicial (art. 242º, 1), produz um efeito jurídico que inelutavelmente se impõe ao sujeito passivo, isto é, ao sócio excluído. O efeito desencadeado traduz-se na perda da qualidade de sócio, ou seja, na extinção daquela relação jurídica que permanentemente liga o sócio à sociedade.

Do ponto de vista funcional, o reconhecimento do direito potestativo de exclusão de sócio constitui o mecanismo a que o legislador recorre para disciplinar um pressuposto *conflito de interesses*, que opõe o interesse do sócio em permanecer na sociedade (ou, pelo menos, em não sair dela sem ou contra a sua vontade) ao interesse da sociedade em afastar o sócio. O reconhecimento do direito exprime a prevalência atribuída pela ordem jurídica ao interesse da segunda em detrimento do interesse do primeiro.

O conflito em apreço pode eclodir por diversas razões e em diferentes momentos. Em muitos casos, não virá a ser dirimido pela atribuição de qualquer direito de exclusão – solução que traduz o predomínio do interesse do sócio em permanecer na sociedade, em prejuízo do interesse contraposto. Mas, sempre que se verifique um fundamento legal ou contratualmente previsto, a sociedade adquire o direito de excluir um sócio.

Uma nota para a rejeição da tese, amplamente difundida, que reconduz a exclusão de sócio ao instituto jurídico da *resolução do contrato*[1]. O instituto da resolução confere a um contraente a faculdade de auto-desvinculação e salvaguarda, quanto possível, o interesse da contraparte em permanecer vinculada. Nada mais distante do que sucede no quadro do direito de exclusão, mediante o qual a sociedade produz a *hetero-desvinculação* de um sócio, sacrificando, em toda a linha, o interesse deste em conservar a respetiva posição jurídica. A estabelecer um paralelo no campo do direito das sociedades, o simétrico do direito de resolução deveria ser, isso sim, o direito de exoneração conferido *aos* sócios, e nunca o direito de exclusão *de* sócio[2].

2. Fundamento e natureza jurídica

Várias são as teses que têm sido propostas para desvendar o fundamento e natureza jurídica do direito de exclusão[3], ou, se quisermos, a justificação material em que se funda a opção pela prevalência do interesse da sociedade no conflito acima descrito.

Como no nosso ordenamento jurídico a exclusão de sócios se apresenta como um instituto de criação legislativa, reputamos metodologicamente adequado alicerçar na lei a procura do fundamento que o informa[4]. Ora, da análise conjunta das normas relevantes[5], é possível extrair um denominador comum às hipóteses que determinam a constituição de um direito de exclusão: em todas elas se dá a *superveniência* de um facto, relativo à *pessoa do sócio* (ao seu comportamento ou à situação em que se encontra), que vem tornar *inexigível* à sociedade que o continue a suportar no seu seio. Porém, se deste vector comungam todos

---

[1] Assim, entre vários, MENEZES LEITÃO (1988), p. 42, ss., AVELÃS NUNES (1968), p. 62, ss. e *passim* (embora de forma matizada).

[2] Para maiores desenvolvimentos, cfr. CAROLINA CUNHA (2002), p. 215-216. Em sentido concordante, MENEZES CORDEIRO (2007), p. 321-322, em especial nt. 832.

[3] Para uma exposição crítica da teoria do poder corporativo disciplinar, da teoria da disciplina taxativa legal e da teoria contratualista, ver AVELÃS NUNES (1968), p. 23, ss., ou MENEZES LEITÃO (1988), p. 16, ss.

[4] Não nos parece o mais adequado, do ponto de vista metodológico, o procedimento dos autores que arrancam de uma determinada *pré-compreensão* do fundamento ou da natureza jurídica do instituto da exclusão de sócio, à luz da qual ensaiam, subsequentemente, a interpretação do regime jurídico-positivo. O fundamento ou a natureza jurídica são, a nosso ver, um *posterius* a atingir após a determinação do alcance da disciplina que, num dado ordenamento jurídico e num certo momento histórico, dá corpo ao instituto em causa (sem negar, evidentemente, que as conclusões assim alcançadas possam, num movimento de retorno, vir a ter influência na solução concreta de alguns problemas levantados pelo regime).

[5] Cfr. *infra* o nº 3 deste comentário.

os casos legalmente previstos, já quanto às espécies de factos relevantes se faz sentir a marca decisiva das características de cada tipo societário. Nas sociedades por quotas, denotando o peso da sua vertente capitalística, decisiva é a avaliação da *prejudicialidade* que o comportamento (e, mais raramente, de factos relativos à concreta situação do sócio) acarreta *para a sociedade*.

3. Exclusão prevista na lei

A disciplina da sociedade por quotas engloba diversos fundamentos legais de exclusão. A espinha dorsal encontra-se, sem dúvida alguma, no art. 242º, 1, norma que contém uma cláusula geral de exclusão[6], mas as ramificações compreendem o art. 204º, que prevê a *exclusão do sócio remisso* e cujo regime também é aplicável, por força do art. 212º, 1, ao *incumprimento da obrigação de efetuar prestações suplementares*; bem como o art. 214º, 6, sobre a exclusão baseada na *utilização indevida de informações*.

O art. 204º prescreve que a falta de cumprimento pontual da obrigação de entrada em dinheiro[7] cujo vencimento haja sido diferido (art. 203º, 1) é susceptível de conduzir à *exclusão do sócio remisso* – isto após haver sido interpelado pela sociedade para efetuar o pagamento e por ela avisado da possibilidade de exclusão e concomitante perda da quota, nos termos dos arts. 203º, 3, e 204º, 1, *in fine*. Não se faz aqui, explicitamente, qualquer alusão ao *carácter prejudicial* do comportamento do sócio, mas parece-nos seguro que semelhante consideração subjaz à autonomização legislativa deste fundamento de exclusão. É concetualmente inegável que o atraso no recebimento de uma quantia em dinheiro provoca ao respectivo credor o prejuízo *atual* da privação do capital e da respectiva taxa de remuneração (privação que determina, tipicamente, o vencimento de juros), além do prejuízo *potencial* consubstanciado no risco de não conseguir a satisfação integral do seu crédito (pese embora os remédios que os arts. 205º e ss. colocam à disposição da sociedade para o efeito)[8].

A prejudicialidade, enquanto nota essencial das *fattispecie* de exclusão de sócios nas sociedades por quotas, é igualmente patente na hipótese contemplada pelo art. 214º, 6. A norma sujeita a exclusão o sócio que utilize informações societárias "de modo a prejudicar injustamente a sociedade" – temos, de novo, além do peculiar desvalor da conduta (traduzido na fórmula "injusta-

---

[6] Cfr. *infra* o comentário ao art. 242º.
[7] Referimo-nos somente às entradas em dinheiro uma vez que as realização de entradas em espécie não admitem diferimento – cfr. os arts. 26º e 202º, 2.
[8] Para mais desenvolvimentos, cfr. *supra* comentário ao art. 204º.

mente"), o requisito de um prejuízo atual ou potencial para a sociedade (vertido no segmento "de modo a prejudicar [...] a sociedade"). A interpretação do preceito, contudo, merece-nos alguns reparos. Desde logo, o elemento gramatical parece sugerir que também a utilização de informações societárias de modo a provocar prejuízos *a outros sócios* constitui fundamento de exclusão. Ora, não cremos que seja este o sentido a atribuir-lhe. A alusão do legislador aos prejuízos causados a outros sócios deve entender-se referida, unicamente, à constituição do prevaricador na *obrigação de reparar os danos causados* ("é responsável, nos termos gerais, pelos prejuízos que lhes causar"), recorrendo ao expediente metodológico da *interpretação restritiva*. Na verdade, a atribuição *à sociedade* do direito potestativo de excluir *um* sócio *porque* a utilização que fez de informações relativas à vida social redundou em prejuízo injusto *de outro sócio* afigura-se-nos totalmente desadequada e desprovida de justificação. Equivaleria a conferir à sociedade o papel de árbitro numa contenda que, de facto, *não lhe diz respeito*. O que está em causa, no que toca à *exclusão de sócio*, não é o uso das informações sociais *em si*, ou o desvalor que eventualmente comporte a sua aplicação fora do contexto teleológico em que são prestadas ou obtidas. O que está em causa é, isso sim, o prejuízo que essa utilização acarreta *para a sociedade* e que faz pender o fiel da balança na direcção da *inexigibilidade* de a pessoa colectiva manter no seu seio o obreiro de tais consequências. Já permanecendo *incólume* a esfera societária, não vemos porque haveria o comportamento do sócio de determinar a atribuição de direitos[9] a um sujeito (a sociedade) *alheio* ao particular conflito de interesses entre o lesante e o lesado apenas porque o «instrumento» da lesão foram informações relativas à vida social[10].

4. Cláusulas estatutárias de exclusão de sócio

O regime das sociedades por quotas cinge o elenco das causas estatutárias de exclusão aos casos respeitantes à *pessoa* ou ao *comportamento* do sócio – art. 241º,

---

[9] Em especial, de um direito potestativo extintivo, que produz inexoravelmente na esfera do sujeitado (o sócio excluído) um efeito jurídico tão grave como a exclusão.

[10] Caso o conflito entre os sócios se repercuta no bom funcionamento da máquina societária, então – mas só então – poderá ocorrer a exclusão do lesante, mas já por força da aplicação da cláusula geral do art. 242º e apenas na medida em que se lhe possa dizer imputável um «comportamento gravemente perturbador do funcionamento da sociedade». Sobre a possibilidade de os *conflitos entre os membros de uma sociedade* conduzirem à exclusão de um deles, veja-se os casos referidos em CAROLINA CUNHA (2002), p. 214, nt. 30.

1, *in fine*[11]. Do confronto entre as causas legais e as causas estatutárias de exclusão de sócio, ressalta a circunstância de as primeiras dizerem exclusivamente respeito a *comportamentos* do sócio, enquanto as segundas compreendem igualmente factos que o atinjam na sua *situação pessoal*.

4.1. Limites à sua admissibilidade

O reconhecimento legal da possibilidade de os estatutos contemplarem específicas causas de exclusão de sócios anda de par com a controvérsia em torno dos seus limites: onde traçar as fronteiras da liberdade de que os sócios dispõem para introduzir causas estatutárias de exclusão?

É hoje em dia pacífico que está vedado ao sócios pactuar um direito absoluto e discricionário de exclusão ou uma disposição que permita a exclusão por simples deliberação maioritária *ad nutum*[12]. Mas, além disso, torna-se essencial recordar que a liberdade de configuração de causas de exclusão no pacto social se deve mover dentro do quadro traçado pelo *sentido e função* do instituto em que se enquadra, sob pena de sair desvirtuado o seu próprio reconhecimento normativo. A primazia (ainda que com base consensual) do interesse da sociedade em afastar o sócio apenas pode ser validamente afirmada quando a situação prevista nos estatutos for de molde a tornar *inexigível* à sociedade suportar a presença daquele sócio – no caso de uma sociedade por quotas, em virtude da *relevância dos prejuízos*, atuais ou potenciais, que a situação ou o comportamento do sócio comporta para a sociedade

Por outro lado, e ainda no âmbito das sociedades por quotas, as causas de exclusão devem estar *suficientemente especificadas* nos estatutos para poderem razoavelmente funcionar como horizonte de previsibilidade para todos os sócios, no que toca à superveniência de eventos com potencial para os afastar da sociedade. Só esta *nota de previsibilidade*, associada a uma prévia densificação no contrato, justifica que o legislador *amplie* o elenco das causas de exclusão estatutárias aos factos respeitantes à *situação pessoal* do sócio, enquanto confina a cláusula geral do art. 242º, 1, a factos relativos ao seu *comportamento*; e que, no que toca ao tipo de condutas relevantes, seja *mais rigoroso* no art. 242º, 1 (circunscrito aos comportamentos desleais ou gravemente perturbadores

---

[11] Previsão concretizada por normas como o art. 209º, 4, que implicitamente prevê a possibilidade de virem a ser pactuadas cláusulas de exclusão por falta de cumprimento de *obrigações de prestações acessórias*.
[12] Cfr. AVELÃS NUNES, (1968), p. 239, ss.; MENEZES LEITÃO (1988), p. 109, ss.; ou BRITO CORREIA (1989), p. 475. Exemplifica COUTINHO DE ABREU (2015), p. 395, com a nulidade da cláusula estatutária que preveja que "a exclusão de sócios pode ser deliberada quando a sociedade entenda ser conveniente".

do funcionamento da sociedade), em contraste com a *abertura* proporcionada pelo art. 241º, 1 (que contempla casos respeitantes ao comportamento do sócio *tout court*).

Ainda a propósito da exigência de as cláusulas estatutárias concretizarem adequadamente as *fattispecies* a que se pretende conferir relevo excludente, relembre-se que, *mesmo* nos os casos de exclusão fundada na lei, sempre que basta uma *simples deliberação dos sócios* para exercer o direito é o próprio legislador quem tem o cuidado de tipificar, com suficiente detalhe, os factos relevantes (vejam-se os arts. 204º, nº 1, e 214º, nº 6). De tudo isto pode retirar-se, em nossa opinião, o *princípio* segundo o qual *a dispensa de prévia intervenção judicial* (que caracteriza o exercício do direito de exclusão fundado no pacto[13]) exige, no quadro das sociedades por quotas, *uma adequada concretização dos factos* susceptíveis de constituir causa de exclusão de sócios[14].

Saliente-se, por último, que maior amplitude das possibilidades deixadas às cláusulas estatutárias de exclusão se manifesta, também, na *dispensa de um certo desvalor associado ao comportamento* cuja (sempre exigida) prejudicialidade desencadeia a exclusão – desvalor todavia presente na norma fundamental do art. 242º, 1, e mesmo nos arts. 204º, 1, ou 214º, 6[15]. *Prescindindo-se da vertente do desvalor* no que toca à configuração das cláusulas estatutárias – pois a lei também permite a tipificação, no pacto, de meros factos que *atinjam* a situação pessoal do sócio, os quais não se vê sequer como possam, por via de regra, comportar o mencionado desvalor – parece-nos avisado *ponderar com especial cautela a prejudicialidade do facto* para a esfera da sociedade, não apenas *em abstrato* (*i.e.*, no

---

[13] Cfr. *infra*, nº 6.
[14] No mesmo sentido se inclina Coutinho de Abreu (2015), p. 395-396. São frequentes, na prática, cláusulas do pacto social que prevêem a exclusão apenas com base em "justa causa", "motivo grave" ou formulações equivalentes. Como bem observa Coutinho de Abreu, tais previsões estatutárias ou são *nulas* – se for de entender, por via hermenêutica, que pretendem atribuir à sociedade o poder de excluir o sócio por via de uma simples deliberação –, ou são *irrelevantes* – se for de entender que se limitam a reproduzir a ou a remeter para a previsão normativa do art. 242º. No mesmo sentido, considerou o Acórdão do STJ de 24-10-2006 que não basta uma referência genérica nos estatutos ao facto de "o comportamento dos sócios poder prejudicar a sociedade no seu bom nome ou no seu património", logo verifica-se a *nulidade da deliberação de exclusão* por força do art. 56, nº 1, al. d) do CSC (violação do arts. 241º, uma vez que não podia ter lugar exclusão por deliberação com base em cláusula estatutária nula; e violação também do art. 242º, norma imperativa impede que a mera deliberação produza a exclusão nas hipóteses do art. 242º: teria de ter sido utilizada a via judicial).
Para exemplos de cláusulas admissíveis, pode ver-se o Acórdão do STJ 15-11-2007 (é válida a cláusula do pacto social que determina a exclusão do sócio no caso de o mesmo se dedicar, por si ou noutra sociedade, "qualquer ramo de negócio igual ao que explora a presente sociedade").
[15] Ver *supra*, nº 3.

momento da inserção da cláusula no estatuto), como, sobretudo, *em concreto* (*i.e.*, aquando da tomada da deliberação sobre a exclusão de um sócio). Como exemplos destes factos, aponta a doutrina as situações de interdição, inabilitação ou insolvência declaradas judicialmente, bem como de alcoolismo, toxicodependência ou de senilidade manifestas[16].

4.2. Sentido da remissão para o regime da amortização de quotas

A distinção conceptual entre a exclusão de sócio e a amortização de quota é simples de traçar: o fenómeno (subjectivo) da *perda de qualidade de sócio* não se confunde com o fenómeno (objectivo) da *extinção da participação social* – atestam-no, aliás, os numerosos exemplos em que ocorre a primeira, mas não a segunda, ou vice-versa[17-18].

Assim, a remissão do art. 241º, nº 2, para o regime da amortização de quotas só se destina a operar *na fase seguinte à tomada da deliberação de exclusão* pela colectividade de sócios. Nesse sentido depõe, claramente, o elemento racional, pois apenas a partir desse instante se evidencia a insuficiência do regime próprio da exclusão estatutária[19]. Ou seja, até aí encontramos normas que disciplinam os *limites da inserção* no pacto de cláusulas de exclusão (art. 241º, 1) e atribuem ao órgão deliberativo-interno *a competência* para tomar a subsequente decisão (art. 246º, 1, c). Ora, a eficácia da deliberação de exclusão tem como consequência a perda da qualidade de sócio, pois ao excluído é retirada a titularidade da participação social, – o que origina a questão de saber qual será o destino da quota[20].

---

[16] Assim, desde logo, COUTINHO DE ABREU (2009), p. 433.
[17] Salientando a diferença cfr., entre vários, OLIVEIRA ASCENSÃO (2000), p. 379 (a amortização não visa, por si a exclusão de um sócio; é apenas um dos meios de regular o destino da participação social de quem sai). Quanto aos exemplos da não-sobreposição entre as duas figuras, ver RAÚL VENTURA (1966), p. 43-44; e BRITO CORREIA (1989), p. 416 e 459. Ver, ainda, COUTINHO DE ABREU (2015), p. 396-397, sobre as cláusulas de "amortização-exclusão".
[18] Apesar de, no tratamento de concretos problemas, doutrina e jurisprudência acabarem, numerosas vezes, por *diluir* totalmente o *instituto* da exclusão de sócio no *regime* da amortização da respectiva quota, sem prestar suficiente atenção aos desvios que a especificidade daquele instituto enxerta neste quadro normativo. Convirá precisar que o procedimento a que nos reportamos tende a ocorrer em presença da exclusão fundada em cláusula estatutária (art. 241º, 1) e que o quadro de absorção é fornecido pelo regime da amortização compulsiva fundada, igualmente, no pacto (art. 233º, 1). Para maiores desenvolvimentos e comparações, cfr. *supra* o comentário ao art. 233º.
[19] Com excepção, porventura, para a determinação do *prazo dentro do qual deve ser exercido o direito* potestativo de exclusão – prazo reclamado pela tutela da posição do sujeitado e que o regime da exclusão não prevê expressamente (cfr. *infra*, nº 6, a solução a dar ao problema).
[20] Note-se que, na generalidade dos casos de exclusão com fundamento na lei, esta disciplina especificamente as consequências da exclusão sobre a quota – assim o art. 242º, 3, ou o art. 205º. Quando

Questão delicada, por duas ordens de razões – por um lado, porque não é obviamente desejável que a participação social permaneça nesta espécie de "limbo" de titularidade, sem um sujeito que plenamente assuma os direitos e obrigações que contém[21]; por outro lado, porque não se justifica que, como regra, se "espolie" o excluído do valor patrimonial da sua participação social[22].

É neste contexto problemático que se compreende e cobra sentido a remissão do art. 241º, 2, para o regime da amortização de quotas. Ela permite, desde logo, resolver a questão do *destino a dar à participação social* do excluído – de acordo com o art. 232º, 5, a sociedade poderá optar entre amortizá-la, adquiri-la ou fazê-la adquirir por sócio ou por terceiro[23]. Mas cabimento terá, de igual modo, o recurso às regras contidas no art. 234º, 1 e 2, quanto à *comunicação da deliberação* ao excluído[24] e quanto ao *prazo* de que a coletividade dos sócios dispõe para adotar a deliberação.

5. Cláusulas estatutárias de determinação do valor a pagar pela quota

Sem embargo da genérica remissão para o regime da amortização de quotas em matéria de consequências da exclusão sobre o destino da quota, prevê claramente o art. 241º, 3º, que o contrato possa fixar, para os casos de exclusão (legal ou contratual), "um *valor* ou um *critério* para a determinação do valor da quota *diferente* do preceituado para os casos de amortização de quotas"[25].

---

tal não aconteça – e veja-se o exemplo do art 214º, 6 –, poder-se-á equacionar seguir a remissão do art. 241º, 2 para o regime da amortização. Defendendo explicitamente a aplicação analógica do art. 241º, 2 a esta situação, COUTINHO DE ABREU (2015), p. 397, nt. 972.

[21] Note-se que numerosa doutrina e jurisprudência chega a recusar que a eficácia da exclusão desencadeie, *ipso facto*, a perda da qualidade de sócio, que entendem só se verificar com a amortização ou aquisição da quota – assim RAÚL VENTURA (1989b), p. 55 (o sócio formalmente excluído pode manter-se ainda algum tempo na sociedade) e 64 (o sócio mantém essa qualidade após o trânsito em julgado da sentença e até à concretização das medidas prevista no art. 242º, 3).

[22] Porque uma coisa é retirar-lhe, com base na verificação de um evento relevante, o *"valor de uso"* da participação social (ou seja, o valor que comporta a utilização do bem jurídico participação social, *maxime* o exercício dos poderes nela contidos) – o que é imprescindível, obviamente, para a produção do efeito útil visado pela atribuição à sociedade de um direito de exclusão, a saber, o afastamento do sócio. Outra coisa, bem diferente, é subtrair ao excluído o *"valor de troca"*, a expressão pecuniária da sua participação social. Alertando para o facto de a exclusão de sócio não poder "dar azo a um confisco", MENEZES CORDEIRO (2007), p. 216.

[23] No mesmo sentido, RAÚL VENTURA (1989ª), p. 54.

[24] Cfr. o que diremos *infra*, nº 6.2.

[25] O que, para OLIVEIRA ASCENSÃO (2000), p. 375, parece demonstrar que "as consequências da amortização não coincidem com as da exclusão" e representa mesmo um «passo perigoso», pois envolve "uma variação objectivamente fundada no facto que originou a exclusão [a saída] do sócio".

Para esclarecer o alcance desta diferença, torna-se necessário partir do regime previsto em sede de amortização pelo art. 235º, 1, a). Por *regra*, a contrapartida a entregar ao sócio corresponde ao valor de liquidação da quota, apurado de acordo com art. 105º, 2 – norma que remete para o art. 1021º do CCiv., em termos que nos permitem afirmar que está em causa o *valor contabilístico*[26] da participação social, ou seja, o valor apurado em função do património líquido da sociedade à data em que se produziu a amortização[27].

---

[26] Assim COUTINHO DE ABREU (2015), p. 399. Já A. FERRER CORREIA/LOBO XAVIER/MARIA ÂNGELA COELHO/ANTÓNIO CAEIRO (1977, 1979) referem o critério do 1021º CCiv. como respeitando ao «valor real da quota». Também BRITO CORREIA (1989), p. 431, considera que está em causa o "valor real da quota do sócio no património social» e não o «mero valor contabilístico".
Note-se que o mero valor contabilístico da participação social, entendido por referência ao valor do *património social líquido* (ou, na terminologia do CSC, do "capital próprio"), pode *não corresponder* ao seu valor real. Na medida em que se parta, para a sua determinação, dos dados do (último) balanço, pode haver situações semelhantes às que justificaram que o legislador, no art. 3º, 3, a) do CIRE, impusesse a consideração, no ativo e no passivo, dos "elementos identificáveis, mesmo que não constantes do balanço, *pelo seu justo valor*". Assim, socorrendo-nos das palavras de COUTINHO DE ABREU (2013), p. 137-138 (a propósito, justamente, da interpretação daquela norma insolvencial), "são consideráveis não só os elementos identificados no balanço mas também os *identificáveis*, designadamente os intangíveis como o direito de arrendamento, marca patente, alvará que por qualquer razão não foram atendidos no balanço". Em todo o caso, o *justo valor* dos elementos tenderá a corresponder "ao *valor de troca ou de mercado*, ao preço que resultaria da sua negociação em comércio livre", porquanto é sabido que, "por mor da prática (ainda que legal) das amortizações, o valor registado no balanço para bens do ativo imobilizado corpóreo (*v.g.*, imóveis, equipamento básico) é inferior ao 'justo valor'", sem esquecer que "a prática frequente (ainda que ilegal) de subvalorizar bens do activo e/ou sobrevalorizar bens do passivo origina *reservas ocultas*", cuja revelação e contabilização são exigidas pela determinação do "justo valor".
AVELÃS NUNES (1968), p. 328, ss. levanta a interessante questão da possibilidade de computar o valor do *avviamento* na contrapartida a pagar ao sócio – na esteira do que se defende em Itália. O problema conserva grande interesse na actualidade, até pelas polémicas que entre nós se têm levantado no que toca a possibilidade (ou não) de conferir expressão contabilística ao *goodwill* da empresa. Sem embargo do aprofundamento ulterior que a questão sem dúvida merece, sempre diremos que o *estrito critério legal* retirável do art. 1021º CCiv., enquanto pilar da determinação do valor da participação social *ex lege*, não nos parece deixar margem para fazer *coincidir* esse valor com o chamado *valor comercial ou de transação* da quota, ou seja, com o preço que por ela estaria disposto a pagar um potencial adquirente (preço sem dúvida também ligado ao património social líquido, mas dependente, igualmente, de circunstâncias tão diversas como o "valor de aviamento ou goodwill da empresa social, importância da participação em causa relativamente ao conjunto das participações, dimensão da oferta e da procura" – COUTINHO DE ABREU (2015), p. 210). A mesma limitação já não vale para os estatutos, que (só eles) *poderão fixar nesses termos* - valor de mercado - o valor a atribuir à participação social em caso de exclusão, exoneração ou amortização.

[27] Como acrescenta EVARISTO MENDES (2014), p. 70, o valor da participação *corresponde* a uma quota-parte do valor da sociedade, que serve, portanto, como *valor de base ou de referência* (art. 1021º, 1, CCiv.); num segundo momento, e para se proceder ao *cálculo* do valor da participação, aplicam-se as regras que se

Sucede que é o próprio art. 235º, 1, a admitir que esta regra seja *derrogada* não apenas pelo contrato de sociedade como, ainda, pelo acordo das partes. Porém, no que toca especificamente à amortização compulsiva, existem, a nosso ver, razões susceptíveis de justificar uma *interpretação restritiva* da margem de liberdade deixada ao contrato[28]. Pelo contrário, em sede de exclusão de sócios, já se justifica *ampliar a liberdade de modelação da contrapartida* pelo pacto social.

Esta liberdade decorre explicitamente do art. 241º, 3, e compreende a determinação de valores ou de critérios de apuramento que redundem no recebimento de *quantias inferiores* às que resultariam do regime-regra do art. 105º, nº 2. Semelhante redução (ou, eventualmente, supressão[29]) apresenta a natureza[30] jurídica de *pena convencional*.

A possibilidade de estipular este tipo de consequências desfavoráveis, que conduzem à supressão, total ou parcial, do valor patrimonial a receber pelo sócio excluído, vai, em nossa opinião, beber a sua justificação à mesma fonte que o reconhecimento do próprio direito de exclusão. Por outras palavras, é o próprio *interesse da sociedade tutelado pelo instituto da exclusão de sócio* que legitima a imposição de semelhantes penas convencionais[31]. O controle de eventuais excessos passará pelo crivo geral do art. 812º do CCiv.[32].

---

utilizariam na partilha do ativo líquido restante, caso a sociedade fosse objeto de liquidação (é o que resulta da remissão do n.º 2 do art. 1021º CCiv. para os nºs 1 a 3 do art. 1081º CCiv.).

Note-se ainda que o art. 105º, 2, CSC determina que se confie a *um ROC a avaliação da participação* – ROC que será designado "por mútuo acordo" ou, na falta deste, "designado pela respectiva Ordem, a solicitação de qualquer dos interessados". É lícito a qualquer das partes (no caso, a sociedade ou o sócio excluído) *requerer judicialmente uma segunda avaliação*, nos termos do CPC – assim dispõe o nº 3 do art. 105º. Será portanto mobilizável o *processo especial de liquidação de participações sociais* previsto nos arts. 1068º e 1069º do CPC, cabendo ao juiz designar um perito para proceder à avaliação da quota em conformidade com o art. 1021º CCiv.; ouvidas as partes sobre o resultado da perícia realizada, o juiz fixa o valor da participação social, e pode, se necessário, fazer preceder a decisão da realização de segunda perícia ou de quaisquer outras diligências.

[28] Cfr. *supra*, comentário ao art. 235º.

[29] Hipótese que parece implicitamente admitida por PEREIRA DE ALMEIDA (2006), p. 331 e 353.

[30] Bastante utilizada parece ser a previsão estatutária de que o sócio excluído "apenas receba o valor nominal da sua quota" – o que, na prática, parece ser prevista como e resultar numa *diminuição* do valor a receber. Admitindo a validade de tal previsão, STJ 15-11-2007 (dgsi.pt).

[31] Que podem, também aqui, ostentar um *escopo compulsório* (visando dissuadir os sócios de adoptar o comportamento conducente à exclusão) ou um *escopo indemnizatório* (visando ressarcir a sociedade dos prejuízos que esse comportamento causou) – sobre a diferenciação das várias cláusulas penais com base no fim visado, PINTO MONTEIRO (1990), p. 601, ss.. Note-se que, na medida em que a imposição de uma pena está geneticamente ligada a uma *conduta*, não nos parece possível a sua estipulação nas hipóteses em que o facto excludente é algo que *atinge* o sócio na sua situação pessoal. Ainda de parti-

6. Exercício do direito de exclusão pela sociedade
6.1. Prazo para a tomada de deliberação

Apoiando-nos na remissão do art. 241º, 2, para o regime da amortização, a aplicação da regra contida no art. 234º, 2 implica que a sociedade disponha de *90 dias* a contar do conhecimento por algum gerente da ocorrência de um facto previsto nos estatutos como causa de exclusão para *decidir a exclusão do sócio*. Não sendo exercido tempestivamente, o direito de exclusão *caducará*[33]. À partida, bastará que a deliberação obtenha a maioria dos votos emitidos (na ausência de previsão estatutária, vale a regra do art. 250º, 3) e o sócio excluindo está impedido de votar pelo art. 251º, 1, d)[34].

Uma vez adoptada a deliberação de excluir um sócio, não nos opomos à aplicação (por analogia ou interpretação extensiva) da regra contida no art. 242º, 3: se a decisão quanto ao concreto destino da participação social do excluído não foi já tomada na própria deliberação de exclusão, terá de o ser no prazo de 30 dias, *sob pena de destruição do efeito* a que aquela deliberação se dirigia.

6.2. Necessidade de comunicação ao sócio excluído

A circunstância de estarmos em face do exercício de um direito potestativo por banda de uma pessoa colectiva de tipo corporativo impõe que examinemos a questão da *comunicação da deliberação de exclusão* ao interessado – o sócio excluído. Valerá aqui a regra geral dos negócio receptícios – a declaração só se torna eficaz quando chega ao poder do destinatário ou é dele conhecida (art. 224º, 1, do CCiv.)? O problema só cobra verdadeiro interesse nos casos em que a exclusão opera *por simples deliberação* dos sócios (porque, sendo necessária decisão judicial, já será a sentença, e não a deliberação, a produzir a perda

---

cular interesse, no âmbito da questão que nos ocupa, é a abordagem (a p. 142, ss.) do problema de saber se estaremos perante uma verdadeira cláusula penal ou, antes, de uma pena associativa (*Vereinstrafe*), problema cuja solução supõe, antes de mais, uma tomada de posição na querela sobre a natureza convergente (ou não) de ambas as figuras.

[32] Quanto ao âmbito de aplicação desta norma, ver PINTO MONTEIRO (1990), p. 730, ss.

[33] Igualmente no sentido de o prazo do art. 234º, 2, ser de caducidade, RAÚL VENTURA, (1989ª), p. 716; ANTÓNIO SOARES (1988), p. 89. Também A. PEREIRA DE ALMEIDA (2006), p. 350, defende que a deliberação de exclusão deve ser tomada dentro do mesmo prazo (90 dias), embora pareça aderir à posição do Acórdão do STJ de 11.11.97, CJ – Acórdãos do Supremo Tribunal de Justiça, 1997, III, p. 126-127, que os conta a partir do conhecimento pelos sócios do facto excludente..

[34] Salienta COUTINHO DE ABREU (2009), p. 436, que, portanto, não poderá a deliberação em causa ser unânime por escrito, nem tomada por voto escrito.

da qualidade de sócio) e *em que o sócio não esteve presente* na assembleia que deliberou a sua exclusão (porque, tendo comparecido, forçosamente se inteirou dos efeitos a produzir na sua esfera jurídica, preenchendo a segunda hipótese do art. 224º, 1, do CCiv: a declaração de exclusão foi dele "conhecida"[35]).

Supondo que a assembleia foi regularmente convocada (o que permite, desde logo, isolar a questão que abordamos dos problemas relativos à tutela dos sócio ausente perante vícios de procedimento) e que o sócio excluendo *não compareceu*: deve a deliberação de exclusão ser-lhe comunicada para que os respectivos efeitos se produzam? Somos de opinião que sim[36]: a seriedade dos efeitos que a deliberação de exclusão se destina a produzir na esfera jurídica do sócio retira sentido a qualquer valoração negativa da sua inércia – uma coisa é o conhecimento de que *pode* vir a ser deliberada a sua exclusão (para o que, de facto, basta a convocatória com indicação do assunto a tratar) e outra, bem diferente, o conhecimento de que *foi* deliberada a sua exclusão (a exigir, esse sim, que a deliberação de exclusão lhe seja comunicada).

Não se esqueça que a exclusão de sócio está sujeita a registo, nos termos do art. 3º, 1, i) do CRC.

6.3. Suficiência da via deliberativa (mesmo no caso das sociedades por quotas bipessoais)

Por via de regra bastará a decisão da sociedade no sentido de exercer o direito, tomada no seio do órgão deliberativo-interno – como claramente resulta do art. 246º, 1, c). A decisão judicial é um *plus*, uma exigência suplementar que a lei *por vezes* adiciona à simples tomada da deliberação, sempre que específicas circunstâncias tornam, aos olhos do legislador, aconselhável a intervenção do tribunal[37].

Ora, é bem diferente o sentido da opção legislativa pela interposição do tribunal no âmbito da exclusão de sócios das sociedades de pessoas (sociedades em nome coletivo e a própria sociedade civil simples) e das sociedades de capitais (no caso, por quotas). *Apenas* no primeiro grupos de casos a necessidade dessa intervenção *depende do número de sócios* e, por conseguinte, exprime a preocupação com a tutela do sócio excluendo contra o potencial arbítrio do

---

[35] No mesmo sentido, AVELÃS NUNES (1968), p. 318. Quanto a RAÚL VENTURA, (1989a), p. 715, considera globalmente aplicável o art. 224º do CCiv. e dá conta da dispensa de comunicação que o sistema alemão prevê sempre que o sócio intervém na deliberação.
[36] Tal como AVELÃS NUNES, (1968), p. 319.
[37] Para as sociedades por quotas, vejam-se as razões aduzidas *infra*, no comentário ao art. 242º.

outro[38]. Melhor se deveria dizer: exprime a opção legislativa pela *imperatividade* desse controlo judicial – porque, na realidade, em todos os outros casos (*i.e.*, mesmo naqueles em que basta uma simples deliberação), o sócio excluído tem *a ineludível faculdade de defender a sua posição pelo recurso à via judicial*, fazendo sindicar a conformidade da deliberação com os pressupostos (legais e/ou contratuais) em que se alicerça.

Por esta razão[39] parece pouco correcta a tese que sustenta que, no seio de uma sociedade por quotas bipessoal, a exclusão de um dos sócios *deve ser sempre decretada pelo tribunal*. Em primeiro lugar, está-se a ser mais exigente do que o próprio legislador societário, o qual, mesmo para as sociedades em nome colectivo, *apenas* se pronunciou nesse sentido no que respeita à exclusão fundada nas alíneas a) ou c) do art. 186º, nº 1. E para poder valer um argumento *a pari* seria imprescindível destrinçar perante *que* situações se justificaria (e *porquê*) o controlo judicial *prévio* da exclusão de sócio. Aqui colhe plenamente a lição do brocardo segundo o qual onde o legislador não distingue, não deve o intérprete fazê-lo – a menos que disponha de uma forte razão. Ora, não nos parece que tal razão esteja minimamente presente: jamais o sócio indevidamente excluído ficará privado de tutela judicial, uma vez que sempre a poderá suscitar *a posteriori*.

O facto de o sócio excluído poder vir a ser vítima da sua própria inércia processual ou de contra si correrem as demoras e inconvenientes da acção judicial (pois estará a impugnar uma deliberação de exclusão já adoptada, enquanto na situação oposta só no termo do processo o efeito se poderia produzir) *não nos parece constituir argumento bastante*: se não reage, *sibi imputet*, e, caso seja manifesta a impropriedade da exclusão, sempre poderá lançar mão de uma *providência cautelar* destinada a suspender a eficácia da deliberação que o excluiu[40].

Situação – e ponderação – diversa é a que faculta *ao sócio não-excluendo o recurso voluntário directo à via judicial* como forma de obter a exclusão do outro sócio

---

[38] Cfr. *supra*, comentário ao art. 186º.
[39] E igualmente pelos motivos aduzidos por COUTINHO DE ABREU, (2015), p. 398-399.
[40] Realçando a forma como as medidas preventivas (também) atenuam os riscos do controlo judicial *a posteriori* (embora sem defender solução análoga à que reputamos preferível), RAÚL VENTURA (1989ª), p. 58.
Na jurisprudência, sustentando que nas hipóteses (legais ou estatutárias) abrangidas pelo art. 241º a exclusão pode processar-se mediante simples deliberação, pois a lei nada mais exige, mesmo que sociedade tenha dois sócios e a exclusão haja sido deliberada com os votos de um apenas, RC 13-04--2010 (com extensa argumentação); RC 24-01-2012 (acrescentando que o ónus da prova dos factos que constituem fundamento da deliberação de exclusão compete à sociedade); STJ 26-10-2010 (considera o Tribunal que está, aliás, vedado o recurso à propositura de uma acção para obter a exclusão).

quando este é maioritário e, por conseguinte, arrogando-se nos termos do art. 248º, 4, CSC, a presidência da assembleia convocada para deliberar sobre a sua própria exclusão (quando não, se for único gerente, tentando impedir, pela inércia, a sua atempada realização), possui o *poder de facto* de (apesar de impedido) contabilizar os seus próprios votos contra e de proclamar a deliberação de exclusão como não aprovada. Em casos como este, não nos repugna *conferir ao sócio minoritário legitimidade processual activa directa* para interpor ação de exclusão do sócio maioritário[41], em alternativa à opção (mais morosa e eventualmente não disponível – basta que não logre obter sequer a convocação da assembleia em tempo útil) de forçar o sócio minoritário a interpor ação de anulação da deliberação negativa de exclusão e recomeçar o "calvário" da convocação de nova assembleia, com idênticos resultados – o que sempre poderá ser mitigado se se admitir a *cumulação* do pedido de anulação (da deliberação negativa, *i.e.* de não-exclusão) com o *pedido de declaração da deliberação positiva, i.e.*, requerendo ao tribunal que declare que *foi aprovada* (com os votos do minoritário, estando o maioritário impedido) a deliberação de exclusão[42].

---

[41] Como faz COUTINHO DE ABREU (2015), p. 399, após descrever situação similar.
[42] Cumulação em geral admitida por COUTINHO DE ABREU (2015), p. 518-519 (com indicações bibliográficas concordantes e discordantes).

ARTIGO 242º
Exclusão judicial de sócio

1. Pode ser excluído por decisão judicial o sócio que, com o seu comportamento desleal ou gravemente perturbador do funcionamento da sociedade, lhe tenha causado ou possa vir a causar-lhe prejuízos relevantes.
2. A proposição da ação de exclusão deve ser deliberada pelos sócios, que poderão nomear representantes especiais para esse efeito.
3. Dentro dos 30 dias posteriores ao trânsito em julgado da sentença de exclusão deve a sociedade amortizar a quota do sócio, adquiri-la ou fazê-la adquirir, sob pena de a exclusão ficar sem efeito.
4. Na falta de cláusula do contrato de sociedade em sentido diverso, o sócio excluído por sentença tem direito ao valor da sua quota, calculado com referência à data da proposição da acção e pago nos termos prescritos para a amortização de quotas.
5. No caso de se optar pela aquisição da quota, aplica-se o disposto nos nºˢ 3 e 4 e na primeira parte do nº 5 do artigo 225º.

Índice
1. A cláusula geral do art. 242º, 1
2. O exercício do direito de exclusão de sócio (com referencia especial às sociedades bipessoais)
3. Destino da participação social do sócio excluído
4. Aplicação analógica do art. 242º às sociedades anónimas

Bibliografia
a) Citada:
ABREU, J. M. COUTINHO DE – *Curso de direito comercial*, vol. II, "Das sociedades", 5ª ed., Almedina, Coimbra, 2015; ALMEIDA, A. PEREIRA DE – *Sociedades comerciais*, 4ª ed., Coimbra Editora, Coimbra, 2006; CORREIA, A. FERRER/XAVIER, V. LOBO/COELHO, MARIA ÂNGELA/CAEIRO, ANTÓNIO – *Sociedades por quotas de responsabilidade limitada. Anteprojecto de Lei – 2ª redacção*, Separata da RDE, ano 3 (1977), nºˢ 1 e 2, ano 5 (1979), nº 1; CORREIA, LUÍS BRITO – *Direito comercial*, vol. II, "Sociedades Comerciais", AAFDL, Lisboa, 1989; CUNHA, CAROLINA – "A exclusão de sócios (em particular, nas sociedades por quotas)", *Problemas do direito das sociedades*, IDET, Almedina, Coimbra, 2002, p. 201-233; JOÃO LABAREDA – *Das acções das sociedades anónimas*, AAFDL, Lisboa, 1988; *Direito societário português – Algumas questões*, Quid Juris, Lisboa, 1998; NUNES, ANTÓNIO J. AVELÃS – *O direito de exclusão de sócios nas sociedades comerciais*, Coimbra, 1968; SASTRE, A.

RODRÍGUEZ, "Exclusión de un accionista de sociedad anónima", RDP, 1975, pp. 473-
-490; SERENS, MANUEL NOGUEIRA – *Notas sobre a sociedade anónima*, 2ª ed., Coimbra Editora, Coimbra, 1997; VENTURA, RAÚL – *Comentário ao Código das Sociedades Comerciais – Sociedades por quotas*, vol. II, "Artigos 240º a 251º", Almedina, Coimbra, 1989.

b) Outra:
LEITÃO, LUÍS MENEZES – *Pressupostos da exclusão de sócio nas sociedades comerciais*, Lisboa, 1988.

1. A cláusula geral do art. 242º, 1

O art. 242º, 1, recorre a uma formulação abrangente para recortar o universo de eventos susceptíveis de conduzir à exclusão do sócio, em vez de proceder a uma tipificação baseada em múltiplas hipóteses normativas. Se procedermos à análise da cláusula geral contida na norma, lograremos isolar as características-
-chave dos factos potencialmente relevantes.

Em primeiro lugar, deverá tratar-se de um *comportamento* do sócio, não atribuindo a lei qualquer eficácia constitutiva a factos que o atinjam na sua *situação*[1]. Será, ainda, necessário que o comportamento adoptado pelo sócio apresente uma de duas características – que seja *desleal* ou que seja *gravemente perturbador* do funcionamento da sociedade[2]. Todavia, isto *não basta* para determinar a exclusão[3]. É imprescindível que esse comportamento do sócio *tenha causado* ou *possa vir a causar* à sociedade *prejuízos relevantes*. Aqui reside, quanto a nós, o fulcro nevrálgico do instituto da exclusão de sócios na sociedade por quotas: a *avaliação da prejudicialidade* para o ente societário da superveniência de um facto relativo à pessoa do sócio[4].

---

[1] Ao contrário do que sucede no âmbito das sociedades em nome coletivo – veja-se o disposto no art. 186º, 1, b) – e do que é facultado, em sede de sociedades por quotas, ao pacto social pelo art. 241º, 1.
[2] Vejam-se os exemplos apontados por COUTINHO DE ABREU (2015), p. 394-395: aproveitamento em benefício próprio de oportunidades de negócio da sociedade; frequente propositura de acções chicaneiras contra a sociedade; difusão de opiniões desabonatórias sobre a sociedade; apropriação ilícita de bens sociais; utilização em proveito próprio do património da sociedade; revelação de segredos da organização empresarial da sociedade; atos de concorrência desleal contra a sociedade; provocação culposa de desavenças graves entre os sócios; assédio sexual a trabalhadores da sociedade.
[3] Ao contrário do que sucede no âmbito das sociedades em nome colectivo – veja-se o disposto no art. 186º, 1, a) e c).
[4] Vejam-se, nomeadamente, RL 13-02-2007 e STJ 15-02-2005 (dgsi.pt) – em ambos os casos, a improcedência das ações de exclusão ficou a dever-se à *ausência de prova* do requisito da prejudicialidade.

Na dinâmica da cláusula geral do art. 242º, 1, os factos relevantes restringem-se a *certas* condutas dos sócios – condutas em si mesmas já passíveis de um *juízo de desvalor*, quer por violarem princípios de lealdade, quer por entravarem o funcionamento da sociedade. Mas somos de opinião que a nota essencial, aquela que, no seio do tipo sociedade por quotas, confere sentido à opção legislativa pela prevalência do interesse da sociedade e que alicerça a concomitante inexigibilidade da permanência do sócio, reside no *prejuízo, atual ou potencial*, que tais condutas provocam. Na ausência de prejuízo, o desvalor contido no comportamentos dos sócios não bastará para fundar a respetiva exclusão.

2. O exercício do direito de exclusão de sócio (com referência especial às sociedades bipessoais)

A delicada tarefa de revelar o universo dos comportamentos dos sócios de uma sociedade por quotas que, em concreto, podem *preencher* ampla cláusula geral do art. 242º, 1 foi acertadamente cometida à *jurisprudência*. Mas, nos termos do nº 2, a proposição da ação judicial destinada a operar a exclusão de um sócio deve, em primeiro lugar, ser *decidida* pelo órgão deliberativo-interno. Os sócios poderão, inclusive, nomear representantes especiais para efeitos de propositura da ação[5]. Decretada a exclusão pelo tribunal, não se olvide que a exclusão de sócio está sujeita a registo, nos termos do art. 3º, 1, i) do CRC.

Quanto ao prazo de que dispõe a sociedade para *exercer o próprio direito de excluir o sócio*, adoptando a deliberação que dá azo à propositura da ação judicial, o art. 242º é omisso. De entre as hipóteses debatidas (sobretudo) na jurisprudência – aplicar o prazo ordinário de prescrição de vinte anos (art. 309º CCiv.); fixar um prazo de noventa dias por aplicação analógica do art. 254º, nº 6 (prazo para a destituição de gerente com justa causa) ou fixar igual prazo de noventa dias por aplicação analógica dos arts. 241º e 234º (regime da exclusão baseada em fundamento legal ou contratualmente delimitado, que remete por sua vez para o prazo da amortização) –, parece-nos preferível a última[6]. Assim, por aplicação analógica do art. 241º e sua remissão para o art. 234º, 2, a sociedade terá noventa dias, a contar do conhecimento dos factos por algum dos gerentes, *para adoptar a deliberação que desencadeia o processo de exclusão*. Deverá a ação judicial

---

[5] O que será particularmente pertinente no caso de o sócio a excluir ser, ele próprio, gerente – assim FERRER CORREIA/LOBO XAVIER/MARIA ÂNGELA COELHO/ANTÓNIO CAEIRO (1977, 1979), p. 115.
[6] Neste sentido, entre outros, RE 18-10-2012; em sentido diverso, STJ 07-10-2003 (prazo geral de vinte anos), ambos em dgsi.pt.

subsequente ser proposta *dentro do mesmo intervalo temporal*, isto é, ainda antes de expirados os noventa dias? Em princípio sim, mas somos sensíveis às dificuldades práticas que se podem levantar, sobretudo na ausência de uma norma legal que claramente o imponha e que funcione como horizonte de previsibilidade para todos os envolvidos.

Tem-se questionado a imprescindibilidade de uma deliberação prévia naqueles casos em que a sociedade é formada por apenas *dois sócios*. Será, nestes casos, a exigência de deliberação uma formalidade inútil e desprovida de sentido, a substituir, mediante adequada interpretação da lei, pelo reconhecimento de legitimidade processual ativa ao outro sócio[7]?

Podem levantar-se algumas dúvidas. A deliberação é o instrumento de expressão da vontade da pessoa coletiva sociedade, titular do direito potestativo cujo exercício requer a subsequente intervenção do tribunal. Poucos contestarão, fora dos casos em que a sociedade é formada por dois sócios, que a ação judicial deva ser precedida de uma deliberação[8]-[9]. As razões apresentadas para rejeitar a mesma solução, na hipótese de os sócios serem apenas dois[10], são, do ponto de vista conceptual, algo frágeis.

Afirma-se, em primeiro lugar, que tal implica a realização de um ato inútil: se se afasta a (simples) deliberação como via de exclusão, não fará sentido "repristiná-la" como pressuposto de uma acção judicial que necessariamente tem de ser proposta. Em primeiro lugar, este argumento prova demais: idêntica lógica deveria, então, conduzir à dispensa de deliberação sempre que os sócios não excluendos (fossem eles em número de dois, de três ou em número superior) optassem pela proposição conjunta de uma acção de exclusão. Por outro lado, não distingue devidamente o papel da deliberação enquanto meio de expressão da vontade social de exercer o direito potestativo em causa (papel que sempre desempenha, em obediência às regras que pautam a organização interna de uma sociedade comercial), e o papel da deliberação enquanto veículo de comunicação e exteriorização da decisão tomada, a permitir a produção dos

---

[7] Como se afirma expressamente no Acórdão da Relação de Coimbra de 14.03.00, CJ, 2000, II, p. 15-16.
[8] Ver, nomeadamente, JOÃO LABAREDA (1998), p. 252 (a deliberação funciona «como um pressuposto da legitimidade da sociedade para litigar contra o sócio infrator»). Voz discordante parece ser a de RAUL VENTURA (1989), p. 58: "afastada a deliberação, como via de exclusão, afastada está ela também como pressuposto da ação judicial de exclusão, pois tão inutil é num caso como noutro".
[9] Deliberação cuja falta não pode ser suprida pela intervenção do tribunal – assim afirma o Acórdão da Relação de Coimbra de 27.06.95, *CJ*, 1995, III, pp. 51-56.
[10] Claramente expostas no citado Acórdão da Relação de Coimbra de 14.03.00 (dgsi.pt).

respectivos efeitos extintivos (papel que claramente já não desempenha nos casos de intervenção obrigatória do tribunal)[11]-[12].

Sustenta-se, também, uma interpretação do regime da exclusão à luz da doutrina consagrada no art. 257º, nº 5, que prescreve que «se a sociedade tiver apenas dois sócios, a destituição da gerência com fundamento em justa causa *só* pelo tribunal pode ser decidida em acção intentada *pelo outro sócio*». Mas não vislumbramos a que título se chama à colação a disciplina da destituição de gerentes com justa causa, já que em tal quadro – e *independentemente* do número de sócios que compõem a sociedade – "pode *qualquer sócio* requerer a suspensão e a destituição do gerente, em acção [por si] intentada contra a sociedade" (art. 257º, nº 4). Estamos perante uma *situação especial de atribuição* de legitimidade processual activa a sócios, atribuição que *não depende do seu número* e que não encontra paralelo no regime da exclusão[13].

Ainda no plano conceptual, pode também sublinhar-se que defender, ao arrepio do expressamente estatuído pelo art. 242º, nº 2 ("a proposição da ação de exclusão *deve ser deliberada* pelos sócios"), a desnecessidade de deliberação nas sociedades constituídas por dois sócios equivale a *confundir dois planos* – o plano da pessoa coletiva, dotada de órgãos próprios, com o *plano do respetivo substrato pessoal*, formado por sujeitos dotados de vontade própria. A dificuldade

---

[11] Também nas pessoas singulares existe um momento de determinação da vontade de exercer o direito, só que, ao contrário do que sucede com as pessoas coletivas, corresponde a um processo volitivo assente em estruturas físico-psíquicas internas, e não à tomada de uma deliberação por um «centro institucionalizado de poderes funcionais».

[12] O que pode levar à situação dirimida pelo Acórdão RL 15-10-2007 (dgsi.pt): a *pendência simultânea* de ação que *visa a exclusão* de sócio e de acção em que é pedida a *anulação da deliberação social de propositura* daquela primeira acção (*in casu*, por ser abusiva – art. 58º, 1, b)). Considerou o Tribunal que havia *mera relação de dependência* (e não litispendência)entre as duas causas que se apresentam distintas quer do ponto de vista dos pedidos, quer das causas de pedir. Mais complexo ainda foi o caso decidido pelo Acórdão do STJ 20-03-2003 (dgsi.pt): a (relativa) autonomia da deliberação renovadora não determina a impossibilidade superveniente da lide ou a absolvição dos pedido de exclusão (não se ocorre qualquer facto extintivo posterior à propositura da acção).

[13] Como realça o Acórdão da RE de 10-05-2007, que considerou verificada a excepção de ilegitimidade do autor (o outro sócio) e, em consequência, absolveu o réu (sócio excluendo) da instância.
A *importância da deliberação* no *processo que conduz à exclusão* no quadro do art. 242º é, *independentemente do número de sócios*, frisada em termos muito particulares pelo Acórdão RE 18-10-2007, que considerou necessário que da deliberação constassem, *de forma especificada, os concretos factos* que alicerçam a exclusão, porquanto eles constituirão a causa de pedir na acção de exclusão *e só eles e não outros* (sobre os quais não houve deliberação) podem servir de fundamento do pedido; esses outros factos, mesmo que se provem em tribunal, não poderão relevar. Nestes termos, o Tribunal reputou *insuficiente* para o sucesso da acção a alegação genérica, como fundamento da deliberação, de "comportamento desleal ou gravemente perturbador do funcionamento da sociedade".

em distinguir estes planos, na hipótese em apreço, assenta na circunstância de a vontade da pessoa colectiva *materialmente tender a coincidir* com a vontade do sócio não excluendo, cujos votos são, afinal, os únicos que contam para a tomada da deliberação. Daí a concluir que a exigência de uma deliberação prévia redunda num "excessivo formalismo"[14] vai um passo.

É certo que o «formalismo» de uma deliberação prévia desempenha, *em geral* uma função útil. O sócio excluendo está impedido de votar, mas não está impedido de *ocupar o seu lugar* na assembleia destinada a deliberar sobre o exercício (ou não) do direito de exclusão. A presença na assembleia[15], a intervenção na discussão, a exposição dos seu ponto de vista são ainda *modos de participar na tomada de deliberações* – direito reconhecido a todos os sócios pelo art. 21º, nº 1, al. b) –, e, por esta via, modos de contribuir para a formação da vontade juridicamente imputável à sociedade. O que é particularmente importante nas sociedades por quotas, onde a participação nas assembleias gerais tem foros de regra imperativa: ainda que esteja impedido de exercer o direito de voto, «nenhum sócio pode ser privado, sequer por disposição do contrato, de participar na assembleia» (art. 248º, nº 5)[16].

Todavia[17], sobretudo nas sociedades por quotas bipessoais, *sempre que um dos sócios seja maioritário*, a harmonia deste quadro conceptual colide com *a possibilidade de exercício (obviamente, abusivo) do poder de facto* que possui o *sócio maioritário* de *entravar a sua própria exclusão*. Se não, vejamos. Se for ele o único gerente, pode *impedir, pela inércia, a convocação* em tempo útil (e não se esqueça que o direito de exclusão tem ser exercido dentro de um prazo curto, sob pena de caducidade) da assembleia destinada a decidir a sua exclusão. É certo que o sócio minoritário pode *requerer, se necessário judicialmente, a convocação de uma assembleia* (arts. 248º, 2, e 375º, 2 a 7), mas a prática revela que se trata de um processo longo e moroso, o que vai ao arrepio da rápida clarificação da situação pressuposta pelo regime da exclusão de sócio[18].

---

[14] A expressão é de Brito Correia (1989), p. 479, nt. 52. Mas o autor não chega a reconhecer legitimidade processual ativa ao sócio não-excluendo, recorrendo antes a uma construção peculiar, de acordo com a qual «o sócio autor da ação defende o interesse social e age verdadeiramente como órgão da sociedade».

[15] Não se esqueça que o art. 247º, 8, torna imperativa a realização de uma assembleia.

[16] Tão importante que conduziu a RG, no seu Acórdão de 14-03-2013, a considerar a sociedade *parte ilegítima* por *inexistência de deliberação social* que a legitime a propor a acção

[17] E aqui afastamo-nos da posição mais rígida que havíamos assumido na 1ª edição deste *Comentário*, bem como em Carolina Cunha (2002).

[18] Parece que não é raro, na *praxis* judiciária, que se demore *dois anos* a conseguir a convocação de uma assembleia geral.

Caso a assembleia se realize, caberá ao sócio maioritário presidir aos trabalhos (art. 248º, 4, CSC), podendo não resitir, ao abrigo das prerrogativas que essa qualidade lhe faculta, à tentação de *desconsiderar o seu próprio impedimento* (art. 251º, 1, d) e de *contabilizar os seus votos contra* a proposta apresentada, proclamando, por conseguinte, a deliberação de exclusão como *não aprovada*.

Em contextos como este[19], não nos repugna conferir ao sócio minoritário *legitimidade processual ativa direta* para interpor ação de exclusão do sócio maioritário (ou inclusive, se for gerente e tiver poderes para tanto, a faculdade de interpor ação de exclusão em nome da sociedade[20]), em alternativa à opção (mais morosa e eventualmente indisponível – basta que não logre sequer obter a convocação da assembleia em tempo útil) de forçar o sócio minoritário a interpor *ação de anulação da deliberação negativa de exclusão* só para *recomeçar o "calvário"* da convocação de nova assembleia, com idênticos resultados[21]. Claro que as inconveniências desta segunda opção sempre poderão ser mitigadas admitindo-se (como também nos parece razoável) a *cumulação do pedido de anulação* (da deliberação negativa, i.e., de não-exclusão) com o *pedido de declaração da deliberação positiva*[22], i.e., , requerendo ao tribunal que *declare que foi aprovada* (com os votos do minoritário, estando o maioritário impedido) *a deliberação de exclusão*.

3. Destino da participação social do sócio excluído

À semelhança do que vimos a propósito das singulares causas de exclusão (legais ou estatutárias) previstas pelo art. 241º, também na sequência de uma decisão judicial de exclusão de sócio se torna necessário providenciar quanto ao destino da participação social cuja titularidade foi retirada ao sócio excluído[23]. O art. 242º, 3 fixa à sociedade um prazo de 30 dias, contados do trânsito em julgado da sentença de exclusão, para escolher uma de três alternativas quanto ao destino da quota – amortização, aquisição pela sociedade ou

---

[19] E como o que vimos *supra*, "Anotação ao art. 241º", nº 6.3.
[20] Como sucedeu no já mencionado Acórdão RG 14-03-2013.
[21] A dispensa de deliberação atua, aqui, como um expediente para evitar «uma situação de todo insolúvel" (CJ, 2000, II, pp.15-16), «como seria o caso de o *prevaricador* ser o sócio maioritário: o sócio minoritário não excluendo, que não possui uma participação social suscetível de determinar a maioria na deliberação de exclusão, ficaria totalmente impedido de reagir, e assim ficaria subjugado à vontade de um sócio desleal que provocasse graves prejuízos à sociedade de que ambos são sócios». No mesmo sentido, RP 02-11-2004 (a deliberação é "inútil e totalmente ineficaz"; o tribunal estende ao caso a aplicação do art. 1005º, 3 CCiv).
[22] Cumulação em geral admitida por COUTINHO DE ABREU (2015), p. 518-519 (com indicações bibliográficas concordantes e discordantes).
[23] Veja-se nº 4.2. do comentário ao art. 241º.

alienação da quota (a sócio ou a terceiro)[24]. Note-se que a legitimidade para proceder à alienação da quota cabe à sociedade (art. 225º, 3, aplicável por força da remissão do art. 242º, 5). Na eventualidade de a sociedade deixar escoar o prazo cominado sem pôr em marcha qualquer destes procedimentos, determina o mesmo art. 242º, 3, na sua parte final, que *a exclusão fica sem efeito*, reingressando o sócio na plenitude da titularidade da participação social que lhe havia sido retirada. Pretende-se, pois, pressionar a sociedade a decidir rapidamente o destino da quota do sócio excluído. Diferente será a hipótese de, em caso de (tempestivamente decidida pela sociedade) alienação da quota do sócio excluído, o respectivo adquirente falhar o pagamento da contrapartida devida – caso a que o art. 242º, 5, manda aplicar a parte inicial do art. 225º, 5.

Quanto ao *valor da quota*, do qual a exclusão por si só não justifica que o sócio seja espoliado, será – em harmonia, aliás, com o que resulta do art. 241º para a exclusão baseada em causa singular (legal ou estatutária) – calculado e pago nos termos prescritos para a amortização de quotas, podendo todavia o pacto social dispor de modo diverso – art. 242º, 4. O sócio excluído terá, em princípio, direito ao valor de liquidação da quota, isto é, *valor contabilístico* da sua participação social, apurado em função do património líquido da sociedade à data da proposição da ação destinada a excluí-lo. A valor coincidente se chegará em caso de alienação da quota do sócio excluído, por aplicação do art. 225º, 4, *ex vi* da remissão operada elo art. 242º, 5. Isto, claro, salvo diferente previsão do contrato de sociedade – tipicamente, a título de *pena convencional*, poderá ser consagrado um valor mais baixo a entregar ao sócio excluído[25].

4. Aplicação analógica do art. 242º às sociedades anónimas

Cabe equacionar, em termos sucintos, o problema da exclusão de sócio nas sociedades anónimas[26], uma vez que respectiva solução advoga uma aplicação analógica do regime deste art. 242º.

---

[24] Cardápio que acaba por coincidir com o disponível em sede de exclusão baseada em causa singular *ex vi* do art 241º. Na verdade, o art. 241º, 2, remete para o regime da amortização de quotas e este regime prevê, no art. 232º, 5, que sempre que a sociedade tenha o direito de amortizar uma quota "pode, em vez disso, adquiri-la ou fazê-la adquirir por sócio ou por terceiro".
Na jurisprudência, cfr. RC 11-07-2012: o sentido do nº 3 do artigo 242º do CSC, não é o de que *todos os atos* relativos à amortização ou aquisição da quota devem ser realizados dentro dos citados 30 dias, mas que o processo de amortização ou o de aquisição *tenha início dentro* do referido prazo.
[25] Para maiores desenvolvimentos, ver *supra*, nº 5 do comentário ao art. 241º, em esp. nts. 26 e 27.
[26] Para maiores desenvolvimentos, pode ver-se o estudo de RODRÍGUEZ SASTRE (1975), pp. 473-490.

Ao contrário do que sucede no âmbito das sociedades em nome coletivo e das sociedades por quotas, a disciplina das sociedades anónimas não faz qualquer *alusão explícita* ao instituto jurídico da exclusão de sócio[27]. Em face disto, a interrogação que se levanta é, naturalmente, a de saber se *também* nas sociedades anónimas é possível que a superveniência de um facto relativo à pessoa do sócio (ao seu comportamento ou à situação em que se encontra) venha tornar inexigível à sociedade que o continue a tolerar no seu seio.

A dificuldade com que se depara uma resposta positiva não advém tanto da aparente omissão legislativa, como das características próprias da sociedade anónima, enquanto paradigma da sociedade de capitais. Se, à partida, a pessoa do sócio, a sua individualidade ou a sua participação na vida social pouco contam[28], como podem os factos que de tal esfera promanem fundar a inexigibilidade a que nos referíamos? E como conseguiria a sociedade tornar exequível a exclusão? Atendendo à flexibilidade do regime da transmissão de ações, rapidamente o excluído poderia reingressar; e, se as ações da sociedade fossem ao portador, seria muito difícil à própria sociedade tomar conhecimento desse reingresso.

A solução do problema talvez decorra, justamente, do alcance de semelhantes considerações. Este é o quadro típico das sociedades anónimas; mas não é o único modelo possível. Há que levar em conta o fenómeno a que acertadamente se chamou "matização personalística do cunho capitalístico"[29] da sociedade anónima, com recurso a expedientes vários – cláusulas estatutárias limitando a transmissão de ações (art. 328º, 2, a) e c); atribuição aos sócios de direitos de preferência em caso de alienação de ações (art. 328º, 2, b)[30] – e fundado nos laços de confiança que unem os accionistas, quer em virtude de ligações familiares ou pessoais, quer por força de acordos parassociais com a marca do *intuitus personae*. Uma vez que nestas *sociedades anónimas fechadas* assume maior protagonismo a pessoa do sócio, facilmente se concebe o potencial relevo excludente de factos relativos à sua situação ou comportamento[31]; por outro

---

[27] Embora contemple casos de transmissão forçada de ações (por exemplo, nos arts. 285º, 4, ou 490º do CSC) e de amortização independente da vontade dos titulares (arts. 346º, 347º). Também JOÃO LABAREDA (1988), p. 269, ss., refere a transmissão forçada ou seja, "transmissão inter vivos de acções à margem da vontade do respectivo titular".
[28] Sobre a distinção sociedades de pessoas/sociedades de capitais, podem ver-se COUTINHO DE ABREU (2009), p. 67-71; NOGUEIRA SERENS (1997), p. 5-6.
[29] NOGUEIRA SERENS (1997), p. 6.
[30] Sobre o ponto, COUTINHO DE ABREU (2015), p. 74.
[31] No mesmo sentido, AVELÃS NUNES (1968), p. 91.

lado, em presença de ações nominativas[32], torna-se possível controlar e conhecer qualquer tentativa de reingresso do excluído.

Estabelecida tanto a *fundamentação dogmática* como a *exequibilidade prática* do instituto da exclusão de sócio nas *sociedades anónimas fechadas*, cabe perguntar em que situações concretas pode um acionista ser excluído. A estrutura imanente do instituto conduz-nos a responder: *sempre que exista um fundamento legal ou convencional de exclusão*. Mas a aplicação desta diretriz não é simples.

No que toca aos fundamentos legais, é manifesto que não nos poderemos socorrer do específico regime das sociedades anónimas. Julgamos, todavia, adequado proceder à *extensão teleológica da cláusula geral do art. 242º, 1*, com base na qual também deve poder ser decretada a exclusão do acionista[33]. A especial vocação desta disciplina para enquadrar normativamente o problema radica na maior proximidade tipológica da sociedade por quotas, predominantemente capitalística.

Quanto à estipulação de *cláusulas estatutárias de exclusão*, razões idênticas conduzem-nos a *aceitar a sua validade*, em sede de sociedade anónima, dentro dos limites que salientámos vigorarem para as sociedades por quotas[34]. Realce-se, a este propósito, que o art. 287º, 4, deixa claramente em aberto a possibilidade de o pacto social de uma sociedade anónima conter disposições que, em caso de falta de cumprimento de obrigações acessórias, afetem "a situação do sócio como tal".

---

[32] E note-se que são nominativas todas as acções cuja transmissibilidade o art. 328º permite restringir.

[33] Defendem, igualmente, a aplicação do art. 242º às sociedades anónimas COUTINHO DE ABREU (2015), p. 401 ("por analogia e com as necessárias adaptações); PEREIRA DE ALMEIDA (2006), p. 115 (por analogia e usando de "menor severidade" na apreciação dos "justos motivos" dado "o menor grau de *affectio societatis* nas sociedades anónimas").
Na jurisprudência, cfr. todavia o Acórdão RP 28-06-2010, onde foi rejeitada a exclusão de accionista por aplicação analógica do art. 242º com o argumento de a sociedade anónima ser uma sociedade de capitais *por excelência* e nela não ser *tipicamente relevante* o relacionamento interpessoal – não obstante *o caso concreto* dizer respeito a uma sociedade anónima com o capital social mínimo, "formada para a gestão da vida profissional dos seus acionistas", que eram apenas cinco e *todos interligados na prestação de serviços clínicos*, tendo o problema sido justamente desencadeado pelo *falecimento* de um dos sócios e pela respetiva sucessão.

[34] Sobre as cláusulas de exclusão de sócio nas sociedades anónimas, ver as referências de. AVELÃS NUNES (1968), p. 90, aos *expropriation cases* ingleses – que prevêem a possibilidade de obrigar alguns acionistas a ceder a outros as suas ações, verificadas certas circunstâncias e mediante o pagamento de um justo preço. Em França, foi alvo de grande atenção um caso de *aquisição forçada* com fundamento nos estatutos de uma sociedade anónima – cfr. CAROLINA CUNHA (2002), p. 233, nt. 84.

SECÇÃO VII *
REGISTO DAS QUOTAS

ARTIGO 242º-A
Eficácia dos factos relativos a quotas
Os factos relativos a quotas são ineficazes perante a sociedade enquanto não for solicitada, quando necessária, a promoção do respectivo registo.

* Secção introduzida pelo DL nº 76-A/2006, de 29 de março.

Índice
1. Factos relativos a quotas e registo por depósito
2. Ineficácia perante a sociedade

Bibliografia
Citada:
ABREU, JORGE MANUEL COUTINHO DE – *Curso de direito comercial*, vol. II – *Das sociedades*, 3ª ed., Almedina, Coimbra, 2009; ALMEIDA, CARLOS FERREIRA – "O registo comercial na reforma do direito das sociedades de 2006", *A reforma do Código das Sociedades Comerciais – Jornadas de Homenagem ao Professor Doutor Raúl Ventura*, Almedina, Coimbra, 2007, p. 279-288; ANDRADE, MARGARIDA COSTA – "A cessão de quotas no direito comparado", *Cessão de quotas – "Desformalização" e registo por depósito*, IDET, Colóquios, nº 4, Almedina, Coimbra, 2009, p. 51-105; CORDEIRO, ANTÓNIO MENEZES – "Do registo de quotas: as reformas de 2006, de 2007 e de 2008", RDS, 2009, nº 2, p. 293-325, "Comentário aos arts. 242º-A a 242º-F", *Código das Sociedades Comerciais Anotado*, coord. A. Menezes Cordeiro, 2.ª ed., Almedina, Coimbra, 2011, p. 707-719; CORREIA, JOÃO ANACORETA – "O registo por depósito da cessão de quotas – A perspectiva de um advogado", *Cessão de quotas – "Desformalização" e registo por depósito* – IDET, Colóquios, nº 4, Almedina, Coimbra, 2009, p. 121-137; CORREIA, JOÃO ANACORETA CORREIA/CUNHA, PEDRO GOMES DA – "O registo de factos relativos a quotas e respectivos titulares", *Actualidad Jurídica Uría Menéndez*, 2007, nº 16, p. 107-114; COSTA, MÁRIO JÚLIO DE ALMEIDA COSTA//EVARISTO MENDES – "Preferências estatutárias na cessão de quotas", RLJ, ano 140, n. 3965, p. 3-38; DUARTE, RUI PINTO – "Publicidade das participações nas sociedades comerciais", DSR, Março 2010, ano 2, vol. 3, p. 65-86; GUERREIRO, JOSÉ MOUTEIRA – "Registo comercial – ainda existe?", 2007, www.fd.uc.pt/cenor; "O registo por depósito da cessão de quotas. O antes, o depois... e agora?", *Cessão de quotas – "Desformalização"*

e registo por depósito, IDET, Colóquios, nº 4, Almedina, Coimbra, 2009, p. 109-120; LOPES, J. DE SEABRA – *Direito dos registos e do notariado*, 5.ª ed., Almedina, Coimbra, 2009; MAIA, PEDRO – "Registo e cessão de quotas", *Reformas do Código das Sociedades Comerciais*, IDET, Colóquios, nº 3, Almedina, Coimbra, 2007, p. 163-176; MARTINS, ALEXANDRE SOVERAL – *Cessão de quotas – Alguns problemas*, Almedina, Coimbra, 2007, "Penhora de quotas e de acções", DSR, Março 2010, ano 2, vol. 3, p. 113-141, "Comentário ao art. 168º", *Código das Sociedades Comerciais em comentário*, vol. II, coord. Jorge Manuel Coutinho de Abreu, Almedina, Coimbra, 2011, p. 710-724; MARTINS, JOSÉ MANUEL – "A desformalização da cessão de quotas: o antes, o depois... e agora? (Algumas reflexões em torno da transmissão de quotas de sociedades comerciais), *Cessão de quotas – "Desformalização" e registo por depósito*, IDET, Colóquios, nº 4, Almedina, Coimbra, 2009, p. 13-24; TEIXEIRA, MADALENA – "O arresto e a penhora de quotas sociais", RDI, nº 68, ano 33, Janeiro-Junho de 2010, p. 207-214; TRIUNFANTE, ARMANDO MANUEL – *Código das Sociedades Comerciais anotado*, Coimbra Editora, Coimbra, 2007.

1. Factos relativos a quotas e registo por depósito

Os arts. 242º-A a 242º-F foram introduzidos no CSC pelo DL 76-A/2006, de 29 de Março, diploma responsável por uma extensa reforma do direito societário português. Reforma esta que, em matéria de registo de factos relativos a quotas, foi também profunda e polémica.[1] Tal como pode ler-se no preâmbulo daquele diploma, foi intenção do legislador eliminar atos notariais (daí, p. ex., a eliminação da obrigatoriedade das escrituras públicas relativas a atos de vida das empresas, como aconteceu com a cessão de quotas – cfr. art. 228º, 1) e registais (e daí ter quase transposto o que se passava nas conservatórias de registo comercial em matéria de factos relativos a quotas para o seio das sociedades), com o objectivo declarado de simplificar e tornar mais céleres os factos relativos a quotas. Contudo, a doutrina tem sido unânime em concluir pela precipitação das medidas tomadas, por negarem aos particulares a certeza e a segurança jurídica dos factos relativos a quotas, quando o sistema anterior, com as suas deficiências, é certo, assegurava a intervenção do conservador enquanto garante da legalidade e do trato sucessivo, num sistema de regras e princípios vocacionados para tutela da circulação de bens. Além de que a celeridade e a

---

[1] Para uma perspectiva histórica e de direito comparado do registo comercial, e, em especial do registo da cessão de quotas, v., por todo, MARGARIDA COSTA ANDRADE (2009), MENEZES CORDEIRO (2011), p. 707, s., (2009), p. 293, s..

simplificação não passam de uma ilusão, pois que as práticas notariais se mantiveram, só que com outras vestes[2], bem como as registais, que deixaram as conservatórias e passaram para as sociedades[3].

Os factos relativos a quotas sujeitos a registo estão arrolados no nº 1 do art. 3º CRCom.[4]: "*c)* a unificação, divisão e transmissão de quotas de sociedades por quotas"; "*d)* a promessa de alienação ou de oneração (...) de quotas de sociedades por quotas, bem como os pactos de preferência, se tiver sido convencionado atribuir-lhes eficácia real, e a obrigação de preferência a que, em disposição de última vontade, o testador tenha atribuído igual eficácia"; "*f)* a constituição e a transmissão de usufruto, o penhor, arresto, arrolamento e penhora de quotas ou direitos sobre elas e ainda quaisquer outros atos ou providências que afetem a sua livre disposição"; "*i)* a amortização de quotas". Também estarão sujeitas a registo a exclusão e a exoneração dos sócios de sociedades por quotas (al. *i)* daquela norma).[5]

Por aplicação do art. 15º CRCom., os factos relativos a quotas elencados no art. 3º CRCom. estão sujeitos a *registo obrigatório*, que deve ser pedido no prazo de 2 meses a contar da data em que tiverem sido titulados (nºs 1 e 2). Não estão sujeitos a registo obrigatório, pois que a desvantagem de não registar onera, apenas, o beneficiário do direito, a promessa de alienação ou de oneração de quota, o pacto de preferência com eficácia real[6], a obrigação de preferên-

---

[2] SOVERAL MARTINS (2007), p. 12-13, nt. 14.
[3] FERREIRA DE ALMEIDA (2007), p. 284.
[4] Não se esqueça que só estão sujeitos a registo os factos que como tal sejam legalmente identificados, por força do princípio da tipicidade.
[5] Há que contar ainda com o art. 9º CRCom., nos termos do qual, e olhando para o que se refere às quotas, estão sujeitas a registo: "*b)* as ações que tenham como fim, principal ou acessório, declarar, fazer reconhecer, constituir, modificar ou extinguir qualquer dos direitos referidos" no art. 3º; "*f)* as ações de reforma, declaração de nulidade ou anulação de um registo ou do seu cancelamento"; "*g)* as providências cautelares não especificadas requeridas com referência às [ações] mencionadas nas alíneas anteriores"; "*h)* as decisões finais, com trânsito em julgado, proferidas nas ações e procedimentos cautelares referidos nas alíneas anteriores".
[6] Estamos, pois, a falar de uma preferência enquanto cláusula acessória de um contrato oneroso sobre quota, não da preferência como cláusula estatutária limitativa da cessão de quota. "Tais preferências são, como a vinculação do consentimento, 'inerentes' às quotas, fazem parte do seu *modo de ser* ou configuração 'genética', que lhes é conferido pela 'lei conformadora' da sociedade e das respectivas participações sociais. Distinguem-se, pois, dos meros vínculos externos, *a latere*, de ordem parassocial ou extra-social, fundados em convenções ou contratos de direito privado comum" – ALMEIDA COSTA/ EVARISTO MENDES (2010), p. 6. Sobre as cláusulas de preferência na cessão de quotas v. SOVERAL MARTINS (2007), p. 69, s..

cia a que, em disposição de última vontade, o testador tenha atribuído igual eficácia.[7]

Ao contrário do que sucedia antes da reforma de 2006, os factos relativos a quotas pertencem ao rol dos factos sujeitos a *registo por depósito* (art. 53º-A, 5, *a*) e *g*) CRCom.) que, nas palavras do legislador, "consiste no mero arquivamento dos documentos que titulam factos sujeitos a registo" – nº 3 do mesmo preceito.[8] O depósito de documentos que titulem factos sujeitos a registo relativos a quotas é mencionado na ficha de registo (art. 14º, 1 RegCRCom.), com indicação dos elementos constantes dos arts. 14º e 15º, 2 RegCRCom., que serão recolhidos do pedido de registo (art. 14º, 2 e 15º, 3 RegCRCom. – e não do documento, que não é verificado pelo conservador). Este registo é realizado pelos oficiais de registo (art. 55º-A, 2, *h*) CRCom.), que lhe atribuem a data do respectivo pedido (art. 55º, 5 CRCom.). Da não intervenção do conservador, enquanto garante da legalidade, decorre um conjunto de consequências para o registo por depósito: não padecerá de nulidade (art. 22º CRCom.) e, coerentemente, nem o pedido nem o registo poderão ser recusados com fundamento

---

[7] Também é *obrigatório* o registo das acções, decisões, procedimentos e providências previstas no art. 9º CRCom. – art. 15º, 4 CRCom.. Segundo o nº 6 do art. 15º CRCom., "o registo do procedimento cautelar não é obrigatório se já se encontrar pedido o registo da providência cautelar requerida e o registo desta não é obrigatório se já se encontrar pedido o registo da acção principal." Nos termos do nº 7 do art. 15º, "o registo das acções e dos procedimentos cautelares de suspensão de deliberações sociais devem ser pedidos no prazo de dois meses a contar da data da sua propositura". E acrescenta o nº 9: "o registo das decisões finais proferidas nas acções e procedimentos referidos no número anterior deve ser pedido no prazo de dois meses a contar do trânsito em julgado".

[8] Na primeira redacção, o legislador indicava que o registo por depósito se fazia pelo mero arquivamento dos documentos que titulassem factos sujeitos a registo, elencando depois, entre os factos sujeitos a registo, os relativos a quotas. Posteriormente, com o DL 8/2007, de 7 de Janeiro, foi acrescentado um nº ao art. 53º-A – o nº 4 –, segundo o qual "salvo no que respeita ao registo de acções e outras providências judiciais, o registo de factos respeitantes a quotas e partes sociais e respectivos titulares consiste apenas na menção do facto na ficha, efectuada com base no pedido." Mais tarde, o art. 53º-A recebe uma terceira versão (DL 247-B/2008, de 30 de Dezembro), sendo revogado aquele nº 4 – ou seja, regressa-se à primeira versão. Pela quarta vez, desta feita pelo DL 122/2009, de 21 de Maio, o preceito vê a al. *a*) alterada e acrescentado o nº 6, sem relevância imediata para o tema em comentário.

na nulidade (arts. 46º e 48º, respectivamente)[9]; é sempre definitivo[10]; e, ainda mais importante, o registo por depósito não oferece a presunção da verdade (art. 11º CRCom.), ficando os seus efeitos reduzidos à oponibilidade perante terceiros (art. 14º CRCom.) e à prioridade (art. 12º CRCom.).

Tudo isto tido em conta, compreende-se que a referência a um registo a propósito deste depósito só possa fazer-se com relutância[11]. Na realidade, tendo em conta o disposto no art. 1º CRCom., o principal fim que o legislador atribui ao registo – a segurança do comércio jurídico – não é certamente cumprido[12], assim se justificando a sugerida solução de retorno, depois de algumas modificações que sempre se reconheceram necessárias[13], à situação legislativa prévia à reforma, em especial ao reempossamento do conservador enquanto garante

---

[9] O pedido de registo só pode ser rejeitado nos casos descritos no art. 46º, 2 CRCom.: quando o requerimento não respeitar o modelo aprovado (se tal for exigível), quando não forem pagas as quantias que se mostrem devidas, quando a entidade objeto de registo não tiver número de identificação de pessoa coletiva atribuído, se o requerente não tiver legitimidade para requerer o registo, quando não se mostre efetuado o primeiro registo da entidade e quando o facto não estiver sujeito a registo. Depois, só para o registo por transcrição se prevê a recusa com fundamento nulidade do facto (art. 48º, 1, *d*) CRCom.). Este é o registo tradicional, em que os factos estão sujeitos à qualificação do conservador, que fiscaliza a validade formal e material dos documentos.

[10] Esta solução implica que possa ser feito como definitivo o registo do arresto e da penhora de bem inscrito em nome de pessoa diversa do requerido e do executado. Antes era feito um registo provisório por natureza (art. 64º, 2, *a*), revogado) e havia lugar a um processo de suprimento (era citado o titular inscrito; se este declarasse que as quotas ou partes sociais lhe não pertenciam ou não fizesse declaração alguma, seria expedida certidão do facto à conservatória para conversão oficiosa do registo). Atualmente será necessário recorrer aos tribunais. Sobre esta matéria, v. MADALENA TEIXEIRA (2010), SOVERAL MARTINS (2010), p. 113-127.

[11] Como afirma SEABRA LOPES (2009), p. 211: "chamar 'registo' ao mero arquivamento de documentos, sem *qualificação* pelo conservador, representa um manifesto abuso da linguagem jurídico-registal."

[12] P. ex., afirma PEDRO MAIA (2007), p. 169, que "o novo regime de registo de quotas afigura-se altamente criticável e, até, em parte inútil: se não resulta de nenhum controlo de legalidade, se não estabelece nenhuma presunção de legalidade, então de que serve o registo? Como mecanismo para publicitar factos, independentemente da sua legalidade e até mesmo da sua existência?" Ou MOUTEIRA GUERREIRO (2009), p. 113, "o que basicamente importa para que um qualquer assento (...) tenha a natureza de um 'registo público' é essencial a sua característica de atestar factos jurídicos *conformes com a lei*, assegurando uma *capacidade probatória* bem como o conhecimento da situação jurídica por terceiro e fazendo *presumir* tal conhecimento. (...) É inquestionável que *não é isto* o que se verifica nos chamados registos por depósito, já que (...) nem sequer é ou pode ser verificada a simples *regularidade formal* da documentação! (...) Tais *depósitos* não se podem considerar 'registos' e serão mesmo *injustificáveis* à luz do nosso sistema jurídico". Ou ainda MENEZES CORDEIRO: "o registo dos factos relativos a quotas deixou de ter fé pública. (...) Não dá quaisquer garantias de correcção ou sequer de seriedade. Não se pode, pois, descobrir nem um efeito presuntivo, nem manifestações de publicidade positiva ou negativa, em torno da transmissão de quotas."

[13] Para uma visão crítica da situação anterior à reforma, v., p. ex., JOSÉ MANUEL MARTINS (2009), p. 13, s., MOUTEIRA GUERREIRO (2009), p. 109, s..

público da legalidade dos factos relativos a quotas.[14] Contudo, também não deixa de haver quem procure soluções que melhorem o sistema por que optou o legislador português, parecendo ser preferida – e à semelhança do que já acontece em outros ordenamentos jurídicos europeus – uma espécie de reprodução na sociedade do que acontecia antes no registo comercial, através da criação de um livro de sócios. Já antes[15] tivemos a oportunidade de sugerir que se impusesse à sociedade a obrigação de manter um livro de sócios, que permitisse ao público em geral um acesso simples e célere à informação concernente à transmissão e oneração das quotas. De facto, tal solução pouco ou nada atentaria contra o sistema atualmente vigente: por um lado, a sociedade já tem de controlar a legalidade (arts. 242º-D e 242º-E), sob pena de responsabilidade civil (art. 242º-F); por outro, tem de arquivar, na sua sede, os documentos que titulam os factos relativos a quotas ou aos seus titulares, facultando o acesso a tais arquivos, nas condições descritas no art. 242º-E. Um dos inconvenientes de tal solução estaria na manutenção de uma situação que tem preocupado a doutrina – precisamente, a privatização do controlo dos factos relativos quotas, sendo de duvidar que a maioria das sociedades por quotas portuguesas esteja em condições de proceder a um controlo semelhante ao que era realizado pelos conservadores do registo comercial.[16] Além de que há que ponderar se não é necessário que o controlo da legalidade da circulação dos bens – como são as participações sociais – esteja reservado para uma instituição *pública*, particularmente depois de se ter optado por uma "desformalização" da cessão ou da oneração das quotas.[17] Por isto mesmo, já sugerimos que, adotando-se a solução do livro de sócios, se assegurasse a veracidade e legalidade destes factos através de um controlo regular por instâncias judiciais ou registais.[18] Pinto

---

[14] Neste sentido, p. ex., MOUTEIRA GUERREIRO (2009), p. 116.
[15] (2009), p. 85.
[16] Tb. assim FERREIRA DE ALMEIDA (2007), p. 287 (embora o autor considere que algumas sociedades pudessem acolher o registo privado, de modo facultativo, "designadamente sociedades integradas em grupos económicos, habilitadas a praticar os actos de 'promoção' do registo, directamente ou por delegação em intermediário financeiro"), COUTINHO DE ABREU (2009), p. 367, nt. 346, PEDRO MAIA (2007), p. 171, ANACORETA CORREIA (2009), p. 135.
[17] Afirma FERREIRA DE ALMEIDA (2007), p. 288: "o Estado não se pode demitir desta função registral. Receio que, sob este aspecto, a reforma não tenha sido pensada pelas melhores razões, que tenha sido ditada pelo objectivo de aliviar as conservatórias de uma parte substancial do seu trabalho actual. (...) A dispensa da intervenção notarial deve ter como compensação o reforço, não a diluição, do controlo registral."
[18] MARGARIDA COSTA ANDRADE (2009), p. 85.

Duarte parte de pressupostos diferentes[19] e, não se opondo à privatização do controlo, sugere que o registo dos factos relativos a quotas e a ações não integradas em sistema centralizado obedeça a orientações comuns: ser organizado pela sociedade, embora de acessibilidade pública, obedecer aos princípios do trato sucessivo e da prioridade, ser condição de oponibilidade (à sociedade e a terceiros), ser completado pelo depósito anual no registo comercial da lista dos sócios e das suas participações e ser objecto de fiscalização por organismo público.[20] Posto isto, sempre pode dizer-se que nada impede que as sociedades optem por manter um livro de sócios – embora ele não tenha, com o actual sistema, a relevância jurídica que se lhe pretende dar, pode, contudo, revelar-se um instrumento auxiliar nas tarefas de controlo do trato sucessivo, da legitimação e da legalidade.

Além da manutenção do livro de sócios, outras soluções aventadas são a aproximação do sistema de circulação das quotas ao das ações, nomeadamente através da titularização das quotas[21] ou o desenvolvimento de um registo público de bens móveis, onde se integrassem as quotas e as partes sociais[22].[23]

2. Ineficácia perante a sociedade

Os factos sujeitos a registo, mesmo que não registados, podem ser invocados entre as próprias partes ou seus herdeiros – art. 13º, 1 CRCom.. O registo não é, pois, condição de validade do facto[24], ainda que seja obrigatório. Não esque-

---

[19] Considera não haver razões que exijam que o registo dos factos relativos a quotas esteja a cargo de uma entidade estatal, particularmente quando a razão que para tal se invoca seja a de que as sociedades por quotas – diferentemente das sociedades anónimas – são, em geral, incapazes (por incompetência ou por ausência de meios) de proceder ao controlo da legalidade dos factos relativos às suas participações sociais. Assim como, acrescenta, não vê razões para que o registo de quotas tenha de ser público, quando o de acções é privado. V. (2010), p. 71, s..

[20] (2010), p. 85-86. Uma outra perspectiva quanto a esta questão da privatização do controlo foi oferecida por ANACORETA CORREIA, (2009), p. 136, que sugere que o controlo que antes pertencia ao conservador fosse entregue a entidades privadas que não a sociedade – p. ex., advogados ou bancos – com papel ativo no controlo da legalidade.

[21] FERREIRA DE ALMEIDA (2007), p. 287, ANACORETA CORREIA (2009), p. 136-137, MARGARIDA COSTA ANDRADE (2009), p. 88, s.. Esta solução, esbarra, porém, contra a atual proibição de titularização das quotas (art. 217º, 5).

[22] MARGARIDA COSTA ANDRADE (2009), p. 85, s..

[23] Outra proposta, desta feita sugerida aos sujeitos privados confrontados com a insegurança e incerteza jurídicas do registo comercial, é a do recurso ao seguro de títulos – v. MARGARIDA COSTA ANDRADE (2009), p. 91, s..

[24] Exceptuam-se, porém, "os actos constitutivos das sociedades e respectivas alterações, a que se aplica o disposto no Código das Sociedades Comerciais e na legislação aplicável às sociedades anónimas europeias" – art. 13º, 2 CRCom..

çamos que vigora em Portugal, como regra, o princípio da consensualidade, nos termos do qual a constituição e transferência dos direitos reais se dá por mero efeito do contrato (art. 408º, 1 CCv.). Todavia, os factos não registados, segundo o art. 14º, 1 CRCom., só produzem efeitos *contra terceiros depois da data do respetivo registo*. Uma das questões por que deve aqui passar-se é a de saber quem são estes terceiros, tendo em conta que no nº 1 do art. 168º se lê que "os terceiros podem prevalecer-se de atos cujo registo e publicação não tenham sido efetuados, salvo se a lei privar esses atos de todos os efeitos ou especificar para que efeitos podem os terceiros prevalecer-se deles". E no nº 3: "os atos sujeitos a registo, mas que não devam ser obrigatoriamente publicados, não podem ser opostos pela sociedade a terceiros enquanto o registo não for efetuado." Haverá que fazer a distinção entre dois tipos de terceiros, em função do facto sujeito a registo? Poder-se-á dizer que, quando se trate de *negócios sobre participação social*, terceiros para efeitos de registo serão aqueles que tenham adquirido direitos incompatíveis de um transmitente comum (conceito de terceiro para efeitos de registo constante no art. 5º, 4 CRPred); dos outros terceiros cuidará a eficácia *erga omnes* dos direitos reais (*em relação à sociedade, haverá regras particulares, como iremos observar*). Nas restantes situações – isto é, quando se não trate da participação social enquanto objeto de direitos –, o conceito de terceiro abrir-se-á a qualquer pessoa.[25]

Com a entrada em vigor do art. 242º-A antecipou-se a eficácia do facto em relação a um terceiro em especial: *a sociedade*. Ou seja, todos os terceiros aguardarão o registo para que o facto lhes seja oponível, mas à sociedade o facto é oponível *uma vez solicitada a promoção do registo*, o que é coerente com caber à sociedade, em primeira linha, a promoção do registo e o controlo da legalidade do facto a registar (cfr. arts. 242º-B e 242º-E). Não teria sentido que a eficácia perante a sociedade aguardasse um registo que vai ser promovido e controlado por ela própria. Ou porque a promoção lhe foi requerida pelos intervenientes, ou porque ela interveio no facto.

Na verdade, no que diz respeito aos factos relativos a quotas em que a sociedade *intervenha* – casos em que tem de promover o registo *oficiosamente* (art. 242º-B, 1) –, a eficácia é imediata. E isto quer a sociedade intervenha como parte (a eficácia imediata decorre logo do art. 13º, 1, CRCom.), quer intervenha "*de alguma forma*" (para usar da expressão do art. 242º-B, 1). Logo porque não

---

[25] Parece ser também esta a opinião de SEABRA LOPES (2009), p. 205-206. Em sentido contrário, SOVERAL MARTINS (2010), p. 719-720.

teria sentido que a sociedade tivesse por imposição legal de solicitar o registo de um facto e, simultaneamente, pudesse dizer que perante si ele não era eficaz. Depois, porque se arriscaria que a sociedade determinasse a promoção do registo em função dos seus interesses, demorando-o para que determinado facto não se lhe opusesse. Lembre-se, ainda, o disposto no art. 170º, nos termos do qual "a eficácia para com a sociedade de atos que, nos termos da lei, devam ser-lhe notificados ou comunicados não depende de registo ou de publicação", que milita no sentido de que os atos de que a sociedade tenha conhecimento são-lhe imediatamente oponíveis. Este art. 242º-A vale, então, apenas para os factos em que a sociedade não tem qualquer intervenção, ficando a aguardar o pedido de promoção do registo para que ele lhe seja oponível. Exceção feita, porém, aos atos em que tenha de haver comunicação ou notificação.

A este propósito, observe-se o que se passa no caso da cessão de quotas. Regra geral, o consentimento da cessão é condição de eficácia perante a sociedade, sendo que ele pode ser anterior ou posterior à transmissão. Por outra parte, o legislador exige ainda a comunicação, por escrito, da cessão, ou o reconhecimento dela (cfr. art. 228º). Assim, quando o pedido de consentimento seja *posterior* à cessão e se, no pedido de consentimento, se revelar que ela já ocorreu, deve considerar-se comunicada e, consequentemente, eficaz perante a sociedade. O art. 242º-A não se aplica, porque a comunicação (com o pedido de consentimento deferido) tornou a cessão eficaz perante a sociedade (art. 170º), além de que se despoletou a obrigação de pedir oficiosamente o registo, porque há participação da sociedade no momento do consentimento. Ou seja: o pedido de consentimento equivale a comunicação e desencadeia a obrigação de a sociedade promover o registo uma vez consentida a cessão. As coisas alteram-se quando o pedido de consentimento é *anterior* à cessão – uma vez realizada, o cedente ou o cessionário[26] têm de comunicar a transmissão à sociedade, momento a partir do qual ela é eficaz perante esta (art. 170º). Além disto, porém, há que solicitar o registo, porque a intervenção da sociedade foi anterior, num momento em que nem sequer se sabia se haveria ou não a cessão. Para os casos em que não é exigido o consentimento (p. ex., transmissão de pai a filho), após a cessão tem de haver comunicação à sociedade para que o cessionário possa ser encarado como o novo sócio. Note-se, por isto, que consideramos que o que devia ler-se no art. 170º para o registo dos factos relativos a quotas era a independência da *solicitação do registo* (e não do registo).

---

[26] SOVERAL MARTINS (2007), p. 35.

Tanto num caso como no outro à comunicação há que juntar a solicitação do registo, porque não houve intervenção da sociedade, embora o ato já seja eficaz perante ela. Resta saber é se a sociedade tem de aguardar uma *expressa solicitação* de registo. Pode entender-se, como faz Menezes Cordeiro, que basta que à sociedade tenha sido comunicado o facto sujeito a registo para daí se retirar a vontade de solicitar a promoção do registo – isto ponderado o dever de lealdade dos gerentes e o princípio da boa fé.[27] Mas, tal comunicação tem de ser acompanhada dos elementos a que se refere o nº 2 do art. 242º-B. De uma outra perspectiva, se na solicitação do registo dirigida à sociedade está contida a referência à cessão efetuada, não haverá que exigir comunicação autónoma.[28]

Outra questão a considerar é esta: se a sociedade não tiver consentido numa cessão, deve, ainda assim, promover o registo, tendo em conta que o art. 242º-F a responsabiliza pelos danos causados aos titulares de direitos sobre quotas e a terceiros em consequência de omissão na promoção do registo? Como observa Soveral Martins, apesar de a falta de consentimento não implicar a inviabilidade do registo (pelo que o art. 242º-E não constituiria obstáculo), a sociedade não tem de o promover, pois que a falta de eficácia da cessão para com a sociedade tem de se repercutir igualmente no plano da promoção do registo da cessão.[29] De facto, não poderia a cessão ser eficaz para onerar a sociedade com a promoção do registo, mas para nenhuns outros efeitos, nomeadamente para o reconhecimento do cessionário como novo sócio. É certo que, se a sociedade promovesse o registo, este seria definitivo, mas instalar-se-ia uma situação bipolar: o acto seria eficaz perante terceiros, mas ineficaz perante a sociedade, por força do art. 228º, 2. Esta situação, na vigência do regime anterior, estava acautelada no art. 64º, 1, *i*), nos termos do qual o registo de tal cessão deveria ser feito provisoriamente por natureza, dando conta a eventuais terceiros de que a cessão ainda não tinha sido consentida pela sociedade. Actualmente, no rigor dos termos, a sociedade pode promover o registo, porque o registo por depósito não pode ser provisório.

---

[27] (2011), p. 712. Também considerando que a comunicação deve ser entendida como um pedido tácito de promoção do registo, embora admita a dificuldade em que tal entendimento vingue tendo em conta que é necessário que o pedido de registo vá acompanhado das quantias e emolumentos devidos, ANACORETA CORREIA/GOMES DA CUNHA (2007), p. 109.

[28] Assim SOVERAL MARTINS (2007), p. 35. No mesmo sentido, COUTINHO DE ABREU (2009), p. 367. E parece-nos que o mesmo valerá para outros actos que tenham de ser comunicados à sociedade, como a unificação (art. 219º, 5).

[29] (2007), p. 36. No mesmo sentido, ANACORETA CORREIA/GOMES DA CUNHA (2007), p. 109.

Também será necessário articular este art. 242º-A com o regime do consentimento tácito, pelo que a cessão será eficaz perante a sociedade nos termos do art. 230º, 5 e 6, ainda que não tenha sido solicitado o registo. De facto, não seria razoável que o ato fosse eficaz perante a sociedade por funcionamento do consentimento tácito, mas já não o fosse porque não tinha sido solicitada a promoção do registo.[30] Os dois meses concedidos pela lei para requerer o registo obrigatório começarão a contar uma vez decorrido o prazo que permite impugnar a deliberação em causa, no caso previsto no nº 6 do art. 230º (do qual ainda decorre que a prova do consentimento tácito se faz pela apresentação da ata da deliberação).

---

[30] PEDRO MAIA (2007), p. 166.

ARTIGO 242º-B *
Promoção do registo

1. A sociedade promove os registos relativos a factos em que, de alguma forma, tenha tido intervenção ou mediante solicitação de quem tenha legitimidade, nos termos do número seguinte.

2. Têm legitimidade para solicitar à sociedade a promoção do registo:

a) O transmissário, o transmitente e o sócio exonerado;

b) O usufrutuário e o credor pignoratício.

3. A solicitação à sociedade da promoção do registo deve ser acompanhada dos documentos que titulem o facto a registar e dos emolumentos, taxas e outras quantias devidas.

* Redação dos n.ºs 2 e 3 dada pelo Decreto-Lei nº 8/2007, de 17 de janeiro.

Índice
1. Legitimidade para a promoção do registo
2. Incumprimento da obrigação de promover o registo
3. Obrigação de entrega de documentação e obrigação de pagamento

Bibliografia
Citada:

ALMEIDA, CARLOS FERREIRA – "O registo comercial na reforma do direito das sociedades de 2006", *A reforma do Código das Sociedades Comerciais – Jornadas de Homenagem ao Professor Doutor Raúl Ventura*, Almedina, Coimbra, 2007, p. 279-288; CORDEIRO, ANTÓNIO MENEZES – "Comentário aos arts. 242º-A a 242º-F", *Código das Sociedades Comerciais Anotado*, coord. A. Menezes Cordeiro, 2ª ed., Almedina, Coimbra, 2011, p. 707-719; TRIUNFANTE, ARMANDO MANUEL – *Código das Sociedades Comerciais Anotado*, Coimbra Editora, Coimbra, 2007.

1. Legitimidade para a promoção do registo

Este preceito, introduzido pelo Decreto-Lei nº 76-A/2006, de 29 de Março, vem, juntamente com o nº 5 do art. 29º CRCom., reconhecer a sociedade como a principal e primeira entidade legitimada para a promoção do registo de factos relativos a quotas, assumindo-se como intermediária entre os sujeitos neles envolvidos e o Registo Comercial. Mais do que isto até, o art. 242º-B coloca na esfera jurídica da sociedade a *obrigação de promover o registo*, dever que surge de uma de duas maneiras: ou porque a sociedade *de alguma forma* interveio no facto a registar, ou porque tanto lhe foi *solicitado* por quem tem legitimidade.

Da leitura da parte final do nº 1 parece que o legislador quis que a sociedade aguardasse, nesta segunda hipótese, uma solicitação dos sujeitos elencados no nº 2 – no caso de uma cessão, aguardaria pedido do cedente ou do cessionário; no caso de uma exoneração, aguardaria pedido do exonerado; nos casos de oneração de quota com um usufruto ou com um penhor, aguardaria o pedido do titular do direito real limitado. Porém, surgem algumas dúvidas que fazem hesitar quando se procura relacionar o nº 2 com a primeira parte do nº 1. Logo à cabeça, podemos perguntar, como faz Ferreira de Almeida[1], porque não têm legitimidade o devedor pignoratício e o nu proprietário da quota onerada, tão sujeitos passivos quanto o transmitente e o sócio exonerado. Depois, parece que com o disposto na primeira parte do nº 1 o legislador quis entregar à sociedade a legitimidade para promover o registo sempre que no facto a registar tivesse algum tipo de intervenção, mas parte dos factos relativos a quotas a que se refere o nº 2 pressupõe a intervenção da sociedade: por regra, a cessão só será eficaz perante a sociedade uma vez obtido o consentimento desta (art. 228º, 3) e a constituição de um usufruto ou de um penhor pressupõe o cumprimento das mesmas regras da cessão (art. 23º, 1), pelo que estará, em princípio, dependente do consentimento da sociedade. Por outra parte, há ainda outros factos relativos a quotas em que a sociedade pode não intervir e a que o nº 2 não se refere, como a unificação, a divisão e a amortização de quota (art. 3º, 1, *c*) e *i*) CRCom., 219º, 3, 5, 232º, 4). Nestes casos, quem deve solicitar a promoção do registo? Não a sociedade, dado que ela, no fundo, não interveio e, dir-se-á, não o sócio, porque não está prevista no nº 2 a sua legitimidade. Cremos, então, que, para que o regime contido no art. 242º-B faça sentido, o nº 2 só pode ser entendido como uma norma exemplificativa face à regra do nº 1 – como, aliás, parece ter entendido a doutrina que se tem pronunciado sobre esta matéria.[2] Pelo que a regra quanto à legitimidade para a promoção do registo será esta: havendo *uma forma* – mais directa ou menos directa – *de intervenção da sociedade*, é a ela que pertence a legitimidade para a promoção do registo. Assim sendo, a segunda parte do nº 1 refere-se aos casos em que a intervenção da sociedade

---

[1] (2007), p. 283, nt. 7.
[2] Assim também ARMANDO MANUEL TRIUNFANTE (2007), p. 241, MENEZES CORDEIRO, (2011), p. 714. Na opinião do primeiro autor, não só não haverá razão para que tais factos não estejam incluídos do regime deste art. 242º-B, como é sugestiva a ampla epígrafe do art. 242º-A ("eficácia dos *factos relativos a quotas*") e o amplo título da secção VII do CSC ("*registo de quotas*").

não aconteceu. Deste modo, se os estatutos da sociedade não impõem o consentimento para a transferência ou oneração de quota em qualquer circunstância, ou se se tratar de uma cessão que não tenha de passar pelo *agrément* social, podem solicitar à sociedade que promova o registo tanto o cedente como o cessionário; no caso de exoneração, o sócio exonerado; havendo um usufruto, a legitimidade pertencerá ao nu proprietário e ao usufrutuário; no caso do penhor, ao credor pignoratício ou ao proprietário onerado; se tiver havido unificação ou divisão de quota, têm legitimidade os sócios envolvidos; havendo uma amortização, o sócio a quem foi atribuído o direito de amortização.

A não interpretar-se este artigo desta forma, teríamos no nº 2 uma norma especial face ao nº 1: a sociedade teria de promover o registo de todos os factos em que de alguma forma interviesse, à exceção da cessão, do usufruto, do penhor e da exoneração (casos em que teria de haver sempre solicitação do registo pelos sujeitos arrolados). Ora, esta conclusão não nos parece a mais acertada. Cremos que há aqui (mais uma) manifestação do modo apressado e irrefletido de legislar em matéria de registo dos factos relativos a quotas. Neste sentido depõem várias considerações. Por uma parte, a opção, que nos parece inegável, de o legislador atribuir, em primeira linha, à sociedade a legitimidade para a promoção do registo dos factos relativos a quotas (o recurso à expressão "de qualquer forma" depõe neste sentido, por ser tão abrangente; assim como o facto de o Decreto-Lei nº 8/2007, de 17 de janeiro ter acrescentado "à sociedade" ao texto do nº 2). Depois, há que considerar a obrigatoriedade do registo: pretendendo o legislador que todos os factos relativos a quotas cheguem ao registo, mais certo será que tal aconteça quando a legitimidade seja reconhecida primariamente a um determinado sujeito – a sociedade –, do que distribuí-la por uma série de sujeitos numa lista relativamente extensa de situações excecionais. E também é certo que o legislador se quis afastar aqui do que sucede no registo por transcrição, em que a legitimidade está aberta a todos os interessados – cfr. art. 28º CRCom.. Recorrendo a um argumento de natureza literal, note-se que nos termos do art. 17º, 3 CRCom. "*as partes* nos actos de unificação, divisão, transmissão e usufruto de quotas que não requeiram no prazo legal o respetivo registo são *solidariamente punidas* com coima com iguais limites". E, finalmente, se as coisas forem como se propõe, temos uma melhor compatibilização entre o art. 242º-B e o art. 242º-A.

Em conclusão, sempre podemos sugerir que, para terminar hipotéticas confusões, e olhando apenas para os dois primeiros números do art. 242º-B, passasse o nº 1 a ter a seguinte redacção: "A sociedade promove os registos relativos a factos em que, de alguma forma, tenha tido intervenção." E no nº 2 ler-se-ia: "Nos restantes casos, o pedido de registo depende de solicitação à sociedade pelos sujeitos ativos ou passivos do facto a registar." Isto para não recorrer ao conceito de interessado, porquanto parece que o legislador a ele quis escapar, não só na norma em comentário, mas também no art. 29º-A CRCom, em que atribui a "qualquer pessoa" a legitimidade para requerer o registo sempre que a sociedade o não faça oficiosamente ou depois da solicitação.

Há ainda outros factos que têm de ser registados e que não passam pela sociedade, como sejam o registo de ações e providências judiciais. Aqui, o requerente do registo deve enviar à sociedade cópia dos documentos que titulem o facto, para que aquela os arquive (art. 29º-B CRCom.).[3]

2. Incumprimento da obrigação de promover o registo

Não cumprindo a sociedade a obrigação de promover o registo, a "qualquer pessoa"[4] é reconhecida a legitimidade para requerer, junto da conservatória, que o faça – nº 1 do art. 29º-A CRCom.. A partir daqui, desenrola-se o procedimento descrito nos nºs 2 a 6 deste mesmo preceito.

Recebido o pedido, o conservador notificará a sociedade, para que esta, em 10 dias, promova, ela própria, o registo, advertindo-a de que, se o não fizer, a conservatória a ele procederá. A sociedade pode, pois, reagir de uma de três formas: promove o registo; não o promove, nem se lhe opõe; opõe-se-lhe (nº 2). Na segunda hipótese, a conservatória regista o facto, arquiva os documentos que tiverem sido entregues e envia uma cópia dos mesmos à sociedade (nº 3). Cabe, porém, saber se a conservatória deve ou não conferir o cumprimento das obrigações fiscais, uma vez que, nos termos do nº 2 do art. 242º-E, esta é uma das obrigações que onera a sociedade quando promove o registo. Pedro Maia propõe uma interpretação restritiva daquela norma, de modo a que a conservatória deva cumprir a obrigação que, na normalidade das circunstâncias, caberia à sociedade. É verdade que a conservatória não tem que verificar

---

[3] Por exemplo, no caso da penhora, quem deve requerer o registo é o agente de execução, por comunicação à conservatória, por via eletrónica ou em papel, que funcionará como título servindo de base ao registo.

[4] Note-se que, ao contrário do que sucede em outros preceitos (cfr., p. ex., arts. 28º, 28º-A ou 34º CRCom.), o legislador não recorre à expressão "interessado", o que nos permitirá dizer que esta legitimidade do art. 29º-A CRCom. é mais alargada. "O legislador foi certamente da opinião de que a ausência de promoção do registo significa que os interessados não têm interesse na respectiva solicitação ou pior que a sociedade não trata convenientemente os seus interesses" – ARMANDO MANUEL TRIUNFANTE (2007), p. 240.

o cumprimento das obrigações fiscais nos atos a registar por depósito (art. 51º, 4 CRCom.), assim como tal tarefa é sem dúvida atribuída à sociedade (arts. 242º-E, 2 e 242º-F, 2). Mas, também é verdade que, se a conservatória não proceder ao controlo neste caso específico (*em que a sociedade não reagiu*), ninguém o fará.[5] Na terceira hipótese, o conservador apreciará a oposição, uma vez ouvidos os interessados. Se o conservador decidir promover o registo – guiando-se pelos mesmos princípios que presidem à promoção do registo pela sociedade (arts. 242º-C, s.)[6] –, esta deve entregar ao requerente as quantias por ele pagas a título de emolumentos e outros encargos. Se o conservador indeferir o pedido, deve então entregar à sociedade as quantias pagas a título de emolumentos e outros encargos. As decisões do conservador são recorríveis nos termos dos arts. 101º, s. CRCom..

Além de o incumprimento da obrigação de registar dar lugar ao procedimento que acabou de descrever-se, há que contar ainda com as sanções e procedimento constantes do art. 17º CRCom.. Assim, as sociedades com capital não superior a €5000 que não requeiram, dentro do prazo legal, o registo dos factos sujeitos a registo obrigatório são punidas com uma coima fixável entre os €100 e os €500 (nº 1). As sociedades com capital superior a €5000 serão puníveis com coima de montante entre os €150 os €750 (nº 2). Relembremos também o nº 3 do art. 17º, do qual consta que "as partes nos actos de unificação, divisão, transmissão e usufruto de quotas que não requeiram no prazo legal o respectivo registo são solidariamente punidas com coima com iguais limites". É competente para conhecer destas contra-ordenações e aplicar as respectivas coimas o conservador do registo comercial onde é apresentado o pedido de registo, ou no caso de omissão desse pedido, da sede da entidade, o Instituto dos Registos e do Notariado e o Registo Nacional de Pessoas Colectivas. Se as entidades responsáveis pela promoção do registo não o fizerem no prazo de 15 dias após a notificação da instauração do procedimento contra-ordenacional, os valores mínimos e máximos das coimas previstas são elevados para o dobro. Mas o incumprimento por negligência da obrigação de registar factos sujeitos a registo obrigatório dentro do prazo legal é punível nos termos deste art. 17º, reduzindo-se o montante máximo da coima aplicável a metade do previsto nos n.os 1 e 2.

---

[5] (2007), p. 172, nt. 11.
[6] PEDRO MAIA (2007), p. 173. Tb. assim, ANACORETA CORREIA (2009), p. 123.

3. Obrigação de entrega de documentação e obrigação de pagamento

Nos casos em que a sociedade não interveio no facto, o interessado a quem caiba solicitar a promoção do registo está ainda onerado com a obrigação de fornecer-lhe os documentos que titulem o facto a registar, bem como, desde o Decreto-Lei nº 8/2007, de 17 de Janeiro, as quantias pecuniárias necessárias para o pagamento dos emolumentos, taxas e outras quantias devidas. Aliás, isto mesmo decorre também do art. 29º-B CRCom.: "nos casos em que o registo de factos relativos a participações sociais e respetivos titulares não deva ser promovido pela sociedade, designadamente no caso de acções e providências judiciais, o requerente do registo deve enviar à sociedade cópia dos documentos que titulem o facto, para que aquela os arquive." Estes documentos constarão do arquivo que a sociedade está agora obrigada a manter (art. 242º-E, 3)[7].

---

[7] Segundo MENEZES CORDEIRO (2011), p. 715, não sendo cumprida a obrigação a que se refere este nº 3 do artigo em comentário, a sociedade, já tendo recebido o pedido, terá, ainda assim, de promover o registo, procurando, depois, cobrar os custos em que incorreu junto dos interessados. Não estamos, contudo, certos de que tal deva impor-se à sociedade, sob pena de se ir longe demais na responsabilização dela – isto significaria que o titular do direito sobre a quota, fundamentalmente, a única coisa que teria de fazer era comunicar o facto à sociedade e deixá-la com o ónus de procurar reunir os documentos, avançar com as despesas e exigir o regresso delas. Se se trata de um facto em que a sociedade não interveio, podemos depreender que o interesse do registo pertence aos sujeitos que nele estão envolvidos – é a eles que beneficiará a oponibilidade e a prioridade.

ARTIGO 242º-C
Prioridade da promoção do registo

1. A promoção dos registos deve respeitar a ordem dos respetivos pedidos.
2. Se for pedido na mesma data o registo de diversos factos relativos à mesma quota, os registos devem ser requeridos pela ordem de antiguidade dos factos.
3. No caso de os factos referidos no número anterior terem sido titulados na mesma data, o registo deve ser promovido pela ordem da respetiva dependência.

Índice
1. Prioridade da promoção de registo solicitado
2. Prioridade da promoção de registo de factos com intervenção da sociedade

Bibliografia
Citada:
ALMEIDA, CARLOS FERREIRA – "O registo comercial na reforma do direito das sociedades de 2006", *A reforma do Código das Sociedades Comerciais – Jornadas de Homenagem ao Professor Doutor Raúl Ventura*, Almedina, Coimbra, 2007, p. 279-288; CORDEIRO, ANTÓNIO MENEZES – "Comentário aos arts. 242º-A a 242º-F", *Código das Sociedades Comerciais Anotado*, coord. A. Menezes Cordeiro, 2ª ed., Almedina, Coimbra, 2011, p. 707-719; CORREIA, JOÃO ANACORETA/CUNHA, PEDRO GOMES DA – "O registo de factos relativos a quotas e respectivos titulares", *Actualidad Jurídica Uría Menéndez*, 2007, nº 16, p. 107-114; TRIUNFANTE, ARMANDO MANUEL – *Código das Sociedades Comerciais Anotado*, Coimbra Editora, Coimbra, 2007.

1. Prioridade da promoção de registo solicitado

Solicitada a promoção do registo, haverá que dar cumprimento às regras dos arts. 242º-C, s.: a sociedade verificará a ordem das solicitações (art. 242º-C), a sucessão dos registos (art. 242º-D) e a viabilidade dos pedidos (art. 242º-E), pelo que a ela se entregou o controlo da prioridade, do trato sucessivo e da legalidade dos factos relativos a quotas sujeitos a registo. Por isto, pode falar--se, com Ferreira de Almeida, na "função conservatória da sociedade"[1].

Do primeiro problema cuida, então, este art. 242º-C. Confrontada que seja com várias solicitações para a promoção de registo, a sociedade deverá com elas

---
[1] FERREIRA DE ALMEIDA (2007), p. 285.

lidar em função da ordem do respetivo pedido. Esta regra dirige-se, portanto, *à sociedade*, no sentido de a obrigar *a respeitar a cronologia dos pedidos* de registo – não dos acontecimentos. Não estamos, pois, no âmbito de aplicação do art. 12º CRCom.[2], onde se encontra uma orientação a actuar *ex post*, e nos termos da qual, em caso de conflito de direitos, prevalecerá o facto que for registado primeiramente.

Podendo, porém, ocorrer que com a mesma data seja apresentada mais que uma solicitação relativa à mesma quota, a sociedade deverá, então, ordenar os factos por *antiguidade*, que se afere pela análise do título[3].

Tendo a titulação dos actos ocorrido na mesma data, então a sociedade terá de aferir da sua dependência. P. ex., se, no mesmo dia, *A* cedeu a sua quota a *B* e este a cedeu a *C*, o registo da segunda transmissão tem de ser promovido depois, porque depende da primeira.

Segundo Menezes Cordeiro, "não havendo dependência, perante pedidos ocorridos na *mesma data*, relativos à mesma quota e quanto a factos de idêntica antiguidade, *vale a ordem dos pedidos*: não vemos outro critério, recorrendo ao artigo 10º/3, do Código Civil."[4] Mas, como a ordem dos pedidos é aferida pela data, não compreendemos bem a sugestão do autor. Encontrar-se-ia uma forma de ordenação dos pedidos, que não a oferecida pela data – p. ex., a hora –, mas que funcionava apenas quando houvesse a mesma data?[5] Talvez não fosse pior solução que à sociedade se impusesse a manutenção de um livro de registo de solicitações (que poderia ser eletrónico, naturalmente), no qual seriam inscritos os pedidos com um número de ordem, à semelhança do que sucede com as apresentações nas conservatórias (agora só para os registos por transcrição – art. 45º CRCom.). Se assim fosse, quando as solicitações para a promoção do registo tivessem sido feitas na mesma data, os factos tivessem a

---

[2] "O facto registado em primeiro lugar prevalece sobre os que se lhe seguirem, relativamente às mesmas quotas ou partes sociais, segundo a ordem do respectivo pedido."

[3] V., p. ex., arts. 23º e 228º, 1, para a cessão e a constituição de penhor e de usufruto; 221º, 2, para a divisão de quota; 234º, 1, para a amortização de quota.

[4] MENEZES CORDEIRO (2011), p. 715, it. nosso.

[5] Se se vai em busca de um critério de desempate para solicitações à sociedade com a mesma data e com igual antiguidade, temos de encontrar uma unidade mais pequena que a data – por isso se coloca a hipótese do recurso à hora. Mas, simultaneamente, pode dizer-se que o problema deixa de existir, uma vez que deixam as solicitações de ter a mesma data, e, por isso, a mesma posição na hierarquia. Ou seja, só recorríamos ao critério da hora quando não funcionasse o da data. Porque não adoptar logo à partida, então, o da hora? Problemas colocados, pois, pela transferência das competências das conservatórias para as sociedades, sem cuidar da mimetização exata dos procedimentos e pela aversão, por vezes injustificada, a rituais que ainda mantêm a sua razão de ser.

mesma antiguidade e fossem independentes, atribuía-se-lhe o mesmo número de ordem (assim se decidiu no art. 63º CRPred., vocacionado que está para a circulação de bens, e cujo texto em mais se assemelha ao que pode ler-se no art. 242º-C do que em qualquer artigo do CRCom.).[6]

Quando a sociedade leva os pedidos à conservatória, estes, segundo o art. 45º, 6 CRCom., *não estão sujeitos a anotação de apresentação*; mas não está prejudicada a aplicação das regras constantes nos n°s 1 a 5 à *ordenação dos pedidos de registo*. O que parece querer dizer que, na conservatória, há uma nova ordenação, segundo a ordem da entrega do pedido, quando este tenha sido feito pessoalmente; os pedidos de registo que tenham chegado à conservatória pelo correio, serão ordenados logo a seguir aos que chegaram pessoalmente; e os que tiverem chegado por via eletrónica pela hora da respectiva receção (os pedidos de registo recebidos após o horário de atendimento ao público do serviço são anotados, automaticamente, no dia seguinte, imediatamente antes da primeira apresentação pessoal) – note-se que esta hora tem por referência a hora do meridiano de Greenwich, assinalada nas certidões de registo pela aposição do acrónimo UTC (*universal time, coordinated*)[7].

Se a sociedade não respeitar a ordem de prioridades constante deste artigo, poderá haver lugar à aplicação do art. 242º-F (responsabilidade civil).[8]

---

[6] Nos termos do nº 1, "se forem apresentados simultaneamente diversos documentos relativos ao mesmo prédio, as apresentações serão anotadas pela ordem de antiguidade dos factos que se pretendam registar"; segundo o nº 2, "quando os factos tiverem a mesma data, a anotação será feita pela ordem da respectiva dependência ou, sendo independentes entre si, sob o mesmo número de ordem." Confrontado com a possibilidade de manipulação das datas pela sociedade. ARMANDO MANUEL TRIUNFANTE (2007), p. 244, propõe que a data do registo não fosse a data do pedido (art. 55º, 5 CRCom.), mas a data da solicitação do registo à sociedade .

[7] Cfr. art. 5º da Portaria nº 1416-A/2006 de 19 de Dezembro.

[8] Na opinião de ARMANDO MANUEL TRIUNFANTE (2007), p. 244, este registo pode ser retificado com base na sua inexatidão. Já ANACORETA CORREIA/GOMES DA CUNHA (2007), p. 111, consideram que também há-de poder recorrer-se à retificação, embora assumam alguma hesitação ao dizer que o que há é um erro da sociedade na promoção do registo e não uma deficiência do registo em si mesmo. Algumas pistas quanto a esta matéria podem ser encontradas no CRPred.. Nos termos do seu art. 18º, 1, "o registo é inexato quando se mostre lavrado em desconformidade com o título que lhe serviu de base ou enferme de deficiências provenientes desse título que não sejam causa de nulidade". É verdade que o art. 81º, 2 CRCom. estende a aplicação da retificação ao registo por depósito. Mas, como resulta do preceito transcrito, a retificação não é o procedimento adequado para reagir contra a hipótese considerada e que não é nem um registo lavrado em desconformidade com o título que lhe serviu de base, nem um registo que enferma de deficiências provenientes do título que não sejam causas de nulidade. Aliás, o conservador nem tem acesso ao título, já que apenas lida com o pedido de registo, do qual retira as menções que hão-de constar da ficha. Poderá a retificação servir para apagar as des-

2. Prioridade da promoção de registo de factos com intervenção da sociedade

Para os factos cujo registo é promovido oficiosamente, a sociedade deverá requerer o registo respeitando a ordem de antiguidade deles[9] (pois que a solicitação do registo deve *seguir-se imediatamente* à intervenção da sociedade no facto).

---

conformidades entre o registo e o pedido? Mesmo que a resposta pudesse ser afirmativa (do que temos dúvidas), não é esse o caso quando a sociedade não respeita as prioridades na promoção do registo.
[9] MENEZES CORDEIRO (2011), p. 716.

ARTIGO 242º-D
Sucessão de registos

Para que a sociedade possa promover o registo de atos modificativos da titularidade de quotas e de direitos sobre elas é necessário que neles tenha intervindo o titular registado.

Índice

1. O controlo do trato sucessivo a cargo da sociedade
2. Consequências do incumprimento da obrigação de controlo
3. Justificação para reatamento do trato sucessivo ou para estabelecimento de novo trato sucessivo

Bibliografia

Citada:

CORREIA, JOÃO ANACORETA – "O registo por depósito da cessão de quotas – A perspectiva de um advogado", *Cessão de quotas – "Desformalização" e registo por depósito*, IDET, Colóquios nº 4, Almedina, Coimbra, 2009, p. 121-137; CORREIA, JOÃO ANACORETA/CUNHA, PEDRO GOMES DA – "O registo de factos relativos a quotas e respectivos titulares", *Actualidad Jurídica Uría Menéndez*, 2007, nº 16, p. 107-114; FERREIRINHA, FERNANDO NETO – "As escrituras de justificação para fins de registo comercial", IDET, Miscelâneas nº 2, Almedina, Coimbra, 2004, p. 161-203; LOPES, J. DE SEABRA – *Direito dos registos e do notariado*, 5ª ed., Almedina, Coimbra, 2009; TRIUNFANTE, ARMANDO MANUEL – *Código das Sociedades Comerciais Anotado*, Coimbra Editora, Coimbra, 2007.

1. O controlo do trato sucessivo a cargo da sociedade

Desde 2006 está a sociedade, por efeito deste artigo, obrigada a controlar o cumprimento do princípio do trato sucessivo na modalidade de inscrição intermédia[1].

O princípio do trato sucessivo, de natureza registal, visa garantir o cumprimento da regra, de matriz substantiva, *nemo plus iuris ad alium transferre potest quam ipse habet*. Na modalidade de inscrição intermédia, existindo sobre o bem um registo de aquisição, não poderá, sem a intervenção do respetivo titular, ser

---

[1] O princípio do trato sucessivo conhece ainda a modalidade da inscrição prévia, que veda o acesso ao registo definitivo dos bens que não estejam registados a favor de quem os transmite ou os onera. A inscrição prévia aqui será substituída pelo registo do contrato de sociedade.

feita nova inscrição definitiva. Estes comandos são tradicionalmente dirigidos ao conservador, na medida em que só registará uma aquisição a favor do novo titular do direito assegurado que esteja que o adquiriu do titular imediatamente antes inscrito no registo. Assim se assegura uma cadeia ininterrupta de transmissões. Mas, agora, o princípio do trato sucessivo orienta a actividade da sociedade, que apenas poderá requerer o registo de uma cessão de quotas ou da constituição/modificação de direitos sobre elas uma vez assegurado que o adquirente do direito o recebeu do anterior titular registal. Ora, para tanto será necessário que a sociedade avalie o título e tenha ao seu dispor uma certidão registal pela qual se comprove a posição de titular registado.

Armando Manuel Triunfante avança com uma *exceção* ao que acabou de descrever-se, isto é, uma situação em que a sociedade está exonerada de exigir a intervenção do titular inscrito, apoiando-se no disposto no nº 5 do art. 230º. De facto, o consentimento dado a uma cessão posterior a outra não consentida torna esta eficaz, na medida necessária para assegurar a legitimidade do cedente. "Deste modo, ao ser solicitada a promoção do registo desta derradeira cessão, é evidente que o titular registado (...) não interveio nesse acto, mas pensamos, ainda assim, que a sociedade deve aceitar a solicitação do registo e promover o mesmo (nem que para tal tenha de proceder, entretanto, ao registo simultâneo das cessões anteriores)."[2] Por nossa parte, acrescentaríamos apenas que, neste caso, deve ser a sociedade a promover o registo, independentemente de solicitação, uma vez que interveio no ato quando o consentiu. Mas também concordamos com a desnecessidade de assegurar a intervenção do titular inscrito, devendo a sociedade promover a inscrição dos direitos dos intermediários (como teria de ter feito caso tivesse havido consentimento) até ao registo do adquirente consentido.[3]

2. Consequências do incumprimento da obrigação de controlo

Uma vez que a vigilância sobre a cadeia de transmissões é tarefa a cargo da sociedade, compreende-se que o registo não possa ser recusado por incum-

---

[2] ARMANDO MANUEL TRIUNFANTE (2007), p. 245.
[3] Antes de continuarmos, não pode deixar de manifestar-se algum espanto com a exigência de um controlo do trato sucessivo, quando não se abdicou da intervenção, no registo, de um guardião público da legalidade (aliás, de um licenciado em Direito) e se aceita que o facto seja registado, mesmo que nulo. Compreende-se que se requeira a intervenção do titular inscrito quando haja a presunção de que ele é o titular do direito – mas, quando essa presunção não exista (como actualmente acontece – art. 11º CRCom.), para que terá ele de intervir?

primento do trato sucessivo – aliás, esta recusa não pode acontecer quer se trate de um registo por depósito, quer de um registo por transcrição, já que, em matéria de registo comercial, a obrigação de controlo do trato sucessivo simplesmente desapareceu, com a revogação do art. 31º CRCom..[4]

Em concreto, tal como neste momento estão as coisas, se *B* comprar de *A* uma quota, terá de provar perante a sociedade que *A* é o titular registal da quota em causa. E o mesmo se *C* constituir um direito de usufruto a favor de *D* – este terá de provar que o proprietário registal é *C*. Mas, se o não fizer, e, ainda assim a sociedade requerer o registo da cessão ou do usufruto, tal registo não é nulo (cfr. art. 22º CRCom.). Assim como não será nulo o registo requerido pelo sociedade a favor de *E*, apesar de ter adquirido de *F*, quando a quota pertencia a *G*. Também será possível – ou seja, também será registada sem vício de nulidade – uma venda de *H* a *I* e de *H* a *J* de uma mesma quota, apesar de surgir um conflito de terceiros para efeitos de registo (adquirentes de um transmitente comum).[5] O que vem conceder bastante importância ao princípio da prioridade registal (art. 12º CRCom.) para determinar qual o direito prevalente.[6] Pois que prevalecerá o facto primeiramente registado, mesmo que seja uma aquisição *a non domino* e, por isso, inválida. Por exemplo, tendo *I* e *J* obtido *o registo por depósito*, prevalecerá o direito de *J* se for o dele a ter sido depositado em primeiro lugar, apesar de o registo posterior a favor de *I* ser igualmente válido e eficaz.[7] Não padecendo o registo em violação do trato sucessivo de nenhuma invalidade, a única consequência prevista para o incumprimento da obrigação constante do art. 242º-D é a responsabilidade civil, nos termos do art. 242º-F (pelo que, no nosso último exemplo, *I*, lesado, poderá requerer indemnização à sociedade, tendo de avocar a intervenção do tribunal).

---

[4] V. tb o disposto no art. 48º CRCom.. Sobre esta opção do legislador, escreve SEABRA LOPES (2009), p. 185: "o legislador parece ter confundido o Código de Registo Comercial com um manual dos procedimentos do conservador: a necessidade de observância do princípio mantém-se, apenas com a diferença de que deixou de pertencer ao conservador essa responsabilidade, transferida que foi apenas para a própria sociedade que (...) passa a julgar em causa própria. Fica também assim sem controlo de legalidade a aplicação do trato sucessivo, com grave dano aliás para a segurança jurídica."

[5] Para mais exemplos, v. JOÃO ANACORETA CORREIA (2009), p. 125, s.

[6] JOÃO ANACORETA CORREIA (2009), p. 124.

[7] Coisa que não aconteceria no registo comercial anteriormente vigente, dado que, tendo *J* obtido o registo por força de negócio com *H*, já não o poderia obter *I*, não havendo assim legítimas expetativas goradas, nem lugar a indemnização *da sociedade*, nem, consequentemente, a intervenção judicial. Esta intervenção será ainda necessária se, p. ex. *K* vender quota sua a *L*, que regista e, depois, *M* vender a mesma quota a *N*, que também conseguirá obter o registo. Aqui nada vale a prioridade, pois que terá o conflito de ser resolvido pela aplicação do direito substantivo.

Pedro Maia, inconformado com a impossibilidade de se atacar o registo por depósito com fundamento na sua ilegalidade, sugere que se recorra ao disposto nos arts. 20º e 29º-A CRCom., para que não seja imperiosa a intervenção judicial. Considera o autor que aquele art. 29º-A se aplica por identidade de razão – *i. e.*, tanto para os casos em que a sociedade deveria ter promovido o registo e não o fez, como para os casos em que promoveu o registo mas não o deveria ter feito –, pelo que, após pedido de qualquer interessado[8], o conservador poderá decidir cancelar o registo de um facto ilegal.[9] Já Anacoreta Correia pondera a possibilidade de aplicar-se o regime da retificação do registo.[10] É verdade que repugna a admissão da entrada de factos no registo que violem o princípio do trato sucessivo. Mas não cremos que o cancelamento seja a reacção adequada, pois que está reservado para os casos de extinção dos direitos, ónus ou encargos neles definidos, em execução de decisão administrativa, nos casos previstos na lei ou de decisão judicial transitada em julgado.[11] Quanto à retificação, a verdade é que no regime anterior se previa como nulo o registo feito em violação do princípio do trato sucessivo (art. 22º, *e*), alterado com o DL 76-A/2006 por causa da revogação do art. 31º CRCom.), podendo depois ser retificado pela feitura do registo em falta (art. 82º, 4, revogado por aquele diploma). E esta revogação não pode ser ignorada, por repugnante que seja. Por isso, mesmo que a sociedade promova o registo sem respeitar o que se impõe aqui no art. 242º-D, o registo será válido. O que é necessário é alterar a lei.

3. Justificação para reatamento do trato sucessivo ou para estabelecimento de novo trato sucessivo

Poderá ocorrer que à sociedade se solicite a promoção do registo de uma modificação na titularidade da quota sem que seja possível apresentar o título em que participou o titular registado. Ou porque o título se perdeu (p. ex., foi destruído num incêndio, extraviou-se) ou porque a nova titularidade se funda numa situação possessória (ocorreu, na cadeia das aquisições intermédias, falta ou insuficiência de títulos que as comprovem, sendo necessário invocar a usu-

---

[8] Seria caso para dizer: à semelhança do que acontece para a hipótese diretamente regulada no art. 29º-A CRCom..
[9] PEDRO MAIA (2007), p. 174-175.
[10] ANACORETA CORREIA (2009), p. 124.
[11] Isto para além do disposto nos arts. 27º, 5, 69º, 4, 82º e 87º, 4 CRCom..

capião enquanto causa de aquisição originária do direito)[12]. Nestes casos será necessário recorrer ao mecanismo da justificação de direitos, previsto art. 94º, 1, de epígrafe "justificação para fins do registo comercial", e no qual pode ler-se que "a justificação, para os efeitos de registo da transmissão da propriedade ou do usufruto de quotas (...) ou da divisão ou unificação de quotas de sociedades comerciais (...) tem por objeto a dedução do trato sucessivo a partir da última inscrição, ou o estabelecimento de novo trato sucessivo, por meio de declarações prestadas pelos respetivos gerentes ou administradores da sociedade ou pelos titulares dos respetivos direitos."[13] Temos, então, que pode recorrer-se à escritura de justificação *para reatamento do trato sucessivo* – "quando a sequência das aquisições derivadas (transmissões intermédias) se não interrompe desde o titular inscrito até ao actual proprietário (justificante), acontecendo, porém, que, relativamente a alguma ou algumas dessas transmissões, não dispõem os interessados do respectivo documento que as permita comprovar"[14] –; ou *para estabelecimento de novo trato sucessivo* – quando "se verifique uma quebra na cadeia das aquisições derivadas por abandono do proprietário (quer o inscrito quer outro subsequente a ele), tornando, por isso, necessário que o justificante invoque a posse conducente à usucapião, enquanto causa originária da aquisição"[15].

---

[12] Sobre a possibilidade de uma participação social ser objecto de posse e sobre a usucapibilidade dela, v. nosso comentário ao art. 23º e NETO FERREIRINHA (2004), p. 180-181.

[13] Como se vê, não pode recorrer-se à escritura de justificação para primeira inscrição da titularidade de participações sociais pois que esta inscrição se obtém com a inscrição do ato constituinte de sociedade.

[14] NETO FERREIRINHA (2004), p. 178.

[15] NETO FERREIRINHA (2004), p. 178. Para as regras a observar na feitura das escrituras de justificação para fins de registo comercial, v. p. 189, s..

ARTIGO 242º-E
Deveres da sociedade

1. A sociedade não deve promover o registo se o pedido não for viável, em face das disposições legais aplicáveis, dos documentos apresentados e dos registos anteriores, devendo verificar especialmente a legitimidade dos interessados, a regularidade formal dos títulos e a validade dos atos neles contidos.

2. A sociedade não deve promover o registo de um ato sujeito a encargos de natureza fiscal sem que estes se mostrem pagos, não estando, todavia, sujeita a sua apreciação a correcção da liquidação de encargos fiscais efetuada pelos serviços da administração tributária.

3. Os documentos que titulam os factos relativos a quotas ou aos seus titulares devem ser arquivados na sede da sociedade até ao encerramento da liquidação, após o qual se deve observar o disposto quanto aos documentos de escrituração da sociedade.

4. A sociedade deve facultar o acesso aos documentos referidos no número anterior a qualquer pessoa que demonstre ter um interesse atendível na sua consulta, no prazo de cinco dias a contar da solicitação, bem como emitir cópia daqueles documentos, a solicitação dos interessados, podendo ser cobrado o pagamento de uma quantia que não pode ser desproporcionada face aos custos de emissão da cópia.

Índice
1. O controlo da legalidade do ato e do cumprimento das obrigações fiscais
2. A obrigação de manter um arquivo de documentos

Bibliografia
Citada:

CORDEIRO, ANTÓNIO MENEZES – "Comentário aos arts. 242º-A a 242º-F", *Código das Sociedades Comerciais Anotado*, coord. A. Menezes Cordeiro, 2ª ed., Almedina, Coimbra, 2011, p. 707-719; CORREIA, JOÃO ANACORETA CORREIA/CUNHA, PEDRO GOMES DA – "O registo de factos relativos a quotas e respectivos titulares", *Actualidad Jurídica Uría Menéndez*, 2007, nº 16, p. 107-114; GUERREIRO, JOSÉ MOUTEIRA – "O registo por depósito da cessão de quotas. O antes, o depois... e agora?", *Cessão de quotas – "Desformalização" e registo por depósito*, IDET, Colóquios, nº 4, Almedina, Coimbra, 2009, p. 109-120; MAIA, PEDRO – "Registo e cessão de quotas", *Reformas do Código das Sociedades Comerciais*, IDET, Colóquios, nº 3, Almedina, Coimbra, 2007, p. 163-176; MARTINS, ALEXANDRE SOVERAL – *Cessão de quotas – Alguns problemas*, Almedina, Coimbra, 2007; TRIUNFANTE, ARMANDO MANUEL – *Código das Sociedades Comerciais Anotado*, Coimbra Editora, Coimbra, 2007.

1. O controlo da legalidade do acto e do cumprimento das obrigações fiscais

Até 30 de Junho de 2006, o sistema de registo comercial, pelo menos no que toca à transmissão de quotas e de partes sociais, tinha por inspiração os princípios e regras do registo predial (padrão do registo de factos relativos à circulação de bens). Assim, era guardado e controlado pelo conservador, que assegurava o cumprimento da legalidade nas suas múltiplas facetas, nomeadamente tipicidade, trato sucessivo e legalidade. Atualmente, tal tarefa foi colocada nas mãos da sociedade, já que é ela quem tem de verificar – também para atos em que intervenha e em que o pedido de registo não dependa de solicitação – a viabilidade do pedido em face da lei, do título e dos registos anteriores, tendo por especial preocupação controlar a legitimidade dos interessados, a regularidade formal dos títulos e a validade dos atos nele contidos (exerce um "poder-dever" de controlo[1]). São-lhe ainda atribuídas as tarefas de assegurar o pagamento dos encargos fiscais e de constituir um arquivo (mais ou menos público) de documentos que titulam os factos relativos a quotas ou aos seus titulares.

Ora, podemos dizer que nenhuma das novas soluções tem suscitado críticas e hesitações doutrinais semelhantes às provocadas pelo regime constante deste art. 242º-E. Aliás, talvez porque ele esteja no cerne de todo o novo sistema, e tenha obrigado o legislador a, por imposição de coerência, fazer do registo de factos relativos a quotas uma instituição oca, com efeitos (oponibilidade e prioridade) que se não compreendem tendo em conta que a legalidade é controlada, precisamente, pela sociedade e não pelo conservador, e quase equivalente à construção de um acervo de documentos.

Uma comparação entre o preceito em estudo e o art. 47º CRCom. (de epígrafe "princípio da legalidade") é inevitável, logo para concluir que a redação dos dois é de uma equivalência exata. O que significa que o legislador equipara o trabalho da sociedade ao do conservador, reservando para este, porém, o registo por transcrição. A mais nobre tarefa do conservador – a qualificação – é desempenhada, então, pelo gerente da sociedade. Com a novidade de que os atos praticados por este entram como definitivos no Registo, sem que a sua validade possa ser questionada se não em sede judicial[2]. Caso para perguntar se a celeridade e simplificação dos atos notariais e registais não tem por des-

---

[1] Expressão de PEDRO MAIA (2007), p. 170.
[2] De facto, como aceitar a oponibilidade e a prioridade de registos que não passam pelas mãos de um controlador da legalidade público e especializado? Atribuir-se o controlo a uma entidade coletiva sem cuidar de saber se a pessoa por detrás dele sequer é um licenciado em Direito.

tino as delongas e as complexidades judiciais.[3] Já antes tivemos a oportunidade de referir que a maioria da doutrina desconfia das capacidades das sociedades por quotas portuguesas para lidar com alguns complicados temas relacionados com a validade dos atos relativos quotas (pense-se, p. ex., em todas as questões relativas à cessão de quotas entre os cônjuges[4]). Temos de reconhecer, por evidente, que as sociedades podem recorrer ao apoio de juristas, mas isso acaba por significar um reconhecimento da incapacidade, por princípio, dos gerentes para controlar a legalidade dos factos. E a verdade é que a solução que mais frequentemente se oferece como alternativa ao sistema atual – a adopção de um livro de sócios – acaba por desaguar na intervenção de uma entidade pública, judicial ou registal, que lhe venha conferir idoneidade e seriedade.[5]

O nº 2 deste art. 242º-E não apresenta dificuldades de maior na sua compreensão: a sociedade está impedida de promover o registo se os encargos de natureza fiscal relativos ao facto a registar não estiverem cumpridos. Este pagamento tem de ser efectuado *antes* de solicitado o registo à sociedade, para que os interessados possam apresentar o comprovativo de liquidação, valendo a mesma obrigação para os atos cujo registo tenha de ser solicitado pela sociedade[6]. Para assegurar que a sociedade não descura esta obrigação, o legislador tornou-a solidariamente responsável pelo cumprimento das obrigações fiscais – art. 242º-F, 2. E assim, como observa Soveral Martins, "arranjou o Estado mais um responsável pelo pagamento de encargos de natureza fiscal"[7]. É verdade que o legislador atenuou a responsabilidade da sociedade ao exonerá-la de apreciar a correção da liquidação (tarefa dos serviços da administração tributária). Porém, tem de decidir se há lugar ou não à intervenção dos serviços fiscais e como – uma simples obrigação de meios, pois que a sociedade tem apenas de usar da diligência razoavelmente exigível em face da situação concreta.[8]

---

[3] "Tendo-se abolido o exame das operações sobre quotas e a fiscalização da sua *legalidade* pelas conservatórias, verifica-se esta espantosa situação: não há, presentemente, *qualquer entidade* que tenha directa incumbência de prestar o serviço público (...) da verificação da legalidade dessas operações" – MOUTEIRA GUERREIRO (2009), p. 115. Com a mesma conclusão, p. ex., PEDRO MAIA (2007), p. 169.
[4] V. comentário ao art. 228º.
[5] V. comentário ao art. 242º-A.
[6] ARMANDO MANUEL TRIUNFANTE (2007), p. 247.
[7] SOVERAL MARTINS (2007), p. 16.
[8] MENEZES CORDEIRO (2011), p. 717-718.

2. A obrigação de manter um arquivo de documentos

Tal como a conservatória tem de manter um arquivo de documentos (art. 53º--A, 3 CRCom.), também a sociedade terá de guardar e organizar os documentos que serviram de base para a realização do registo[9] (nomeadamente, os que titulam os factos relativos a quotas ou aos seus titulares, bem como o pedido de promoção do registo)

Nada neste preceito obriga a que o arquivo seja mantido em papel, pelo que nos parece que pode ser substituído por um arquivo de documentos em suporte electrónico (uma vez mais, à semelhança do que se permite às conservatórias – arts. 1º e 2º RegCRCom.) Seja como for, este arquivo terá de ser mantido até ao encerramento da liquidação (momento em que se extingue a sociedade – art. 160º, 2). Posteriormente, o arquivo será entregue a um depositário escolhido pelos sócios, que deverá conservá-lo pelo prazo mínimo de cinco anos (art. 157º, 4).

Este arquivo não servirá apenas os interesses da sociedade, mas também os de terceiros, ou melhor, os de qualquer pessoa que demonstre ter um *interesse atendível* na sua consulta. À sociedade é concedido o prazo de 5 dias para facultar o acesso a tais documentos e emitir uma cópia deles, se tanto lhe for solicitado.[10] Não está, contudo, obrigada a fazê-lo gratuitamente, pois que o legislador é claro ao permitir que ela cobre o pagamento de uma *quantia não desproporcionada* face aos custos de emissão da cópia (que não é uma certidão; de qualquer forma sempre deveria apor-se-lhe a menção "cópia não certificada", tal como acontece na situação prevista no art. 74º, 2 CRCom.[11]). O recurso a estes conceitos indeterminados, como afirma Soveral Martins[12], colocará dificuldades de aplicação da solução legal e provoca curiosidade quanto à sua aplicação prática. Para já, aguarda-se o que será ditado pelas sociedades nesta matéria. Armando Manuel Triunfante sempre adianta que o preço da cópia não terá de coincidir necessariamente com o custo da emissão, mas também não pode representar uma fonte adicional de rendimento para a sociedade – sugere, por isso, o valor estabelecido pelo Regulamento Emolumentar dos Registos e Notariado.

---

[9] Assim, SOVERAL MARTINS (2007), p. 16.
[10] ARMANDO MANUEL TRIUNFANTE (2007), p. 249, interpreta a norma de modo diferente: considera que o prazo de 5 dias é o tempo máximo em que a consulta deve ser efetuada.
[11] No mesmo sentido, ARMANDO MANUEL TRIUNFANTE (2007), p. 250.
[12] SOVERAL MARTINS (2007), p. 16. Também hesitantes em relação aos bons resultados desta opção legislativa, ANACORETA CORREIA/GOMES DA CUNHA (2007), p. 109.

ARTIGO 242º-F *
Responsabilidade civil

1. As sociedades respondem pelos danos causados aos titulares de direitos sobre as quotas ou a terceiros, em consequência de omissão, irregularidade, erro, insuficiência ou demora na promoção dos registos, salvo se provarem que houve culpa dos lesados.

2. As sociedades são solidariamente responsáveis pelo cumprimento das obrigações fiscais se promoverem um registo em violação do disposto no nº 2 do artigo anterior.

* Redação do nº 2 dada pelo Decreto-Lei nº 8/2007, de 17 de janeiro.

Índice
1. A responsabilidade civil da sociedade
2. A responsabilidade fiscal da sociedade

Bibliografia
Citada:
ABREU, JORGE MANUEL COUTINHO DE – *Responsabilidade civil dos administradores de sociedades*, 2ª ed., Cadernos do IDET, nº 5, 2010; COSTA, RICARDO/DIAS, GABRIELA FIGUEIREDO – "Comentário ao art. 64º", *Código das Sociedades Comerciais em comentário*, vol. I, Almedina, Coimbra, 2010, p. 721-758; CORDEIRO, ANTÓNIO MENEZES – "Comentário aos arts. 242º-A a 242º-F", *Código das Sociedades Comerciais Anotado*, 2ª ed., coord. A. Menezes Cordeiro, Almedina, Coimbra, 2011, p. 707-719; CORREIA, JOÃO ANACORETA – "O registo por depósito da cessão de quotas – A perspectiva de um advogado", *Cessão de quotas – "Desformalização" e registo por depósito*, IDET, Colóquios, nº 4, Almedina, Coimbra, 2009, p. 121-137; CORREIA, JOÃO ANACORETA/CUNHA, PEDRO GOMES DA – "O registo de factos relativos a quotas e respectivos titulares", *Actualidad Jurídica Uría Menéndez*, 2007, nº 16, p. 107-114; TRIUNFANTE, ARMANDO MANUEL – *Código das Sociedades Comerciais Anotado*, Coimbra Editora, Coimbra, 2007.

1. A responsabilidade civil da sociedade

Depois de atribuir à sociedade o "poder-dever" de controlo[1] da legalidade do facto sujeito a registo, o legislador considera-a responsável, perante titulares de direitos sobre quotas ou terceiros, pelos danos decorrentes de qualquer

---
[1] Expressão de PEDRO MAIA (2007), p. 170.

ação ou omissão² violadora das regras do registo cujo cumprimento tenha sido entregue à sociedade. Só de tal responsabilidade será exonerada a sociedade se provar que houve culpa do lesado.

Neste art. 242º-F a sociedade é chamada a responder pelos atos e omissões dos gerentes, que a representam organicamente (quando atuam enquanto administradores, vinculam a sociedade – os atos e omissões são desta e não daqueles).³

Para que a sociedade seja responsável pelos danos terá de ter atuado culposamente.⁴ Havendo culpa apenas do lesado, a sociedade fica exonerada de qualquer responsabilidade.⁵ De facto, avocando o art. 487º, 1, CCiv., "é ao lesado que incumbe provar a culpa do autor da lesão, *salvo havendo presunção legal de culpa*."

Para que a responsabilidade da sociedade se concretize sempre será necessária a intervenção do tribunal, num processo que não pode substituir o registo em termos de celeridade, já que os efeitos deste são imediatos.⁶ Numa outra

---

² Como afirma MENEZES CORDEIRO (2011), p. 718, todas as categorias de factos ilícitos a que se refere o legislador no nº 1 são literárias e não técnico-jurídicas, já que, neste campo, existem apenas ações e omissões.

³ COUTINHO DE ABREU (2010), p. 96. Logo, não há lugar à aplicação do art. 497º CCiv..

⁴ MENEZES CORDEIRO (2011), p. 718. Já para ARMANDO MANUEL TRIUNFANTE (2007), p. 251, esta é "quase uma responsabilidade objectiva, independentemente de culpa", isto partindo do pressuposto de que o legislador se pronunciou da forma adequada. Terá sido o objectivo, acrescenta, a protecção dos interessados no registo, pelo que a sociedade responderá sempre, a não ser que prove a culpa do lesado – ou seja, responderá mesmo que consiga provar que a culpa foi de outrem. Parece-nos que Menezes Cordeiro (2011), p. 718, tem razão quando afirma que "não é credível que o legislador tenha pretendido, no art. 242º-F, subproduto ligeiro de uma impensada reforma, criar um novo sistema de responsabilidade civil, à margem da lei geral do País." "Na verdade, continua o autor na mesma página, uma responsabilização objectiva equivaleria a uma atribuição do risco, fora da esfera do beneficiário da situação. Isso só é admissível em situações sociais sensíveis, com limites máximos, para poder ser acompanhada pelos seguros." Por isto, considerando a unidade do sistema jurídico português em matéria de responsabilidade (nos termos do art. 483º, 2, "só existe obrigação de indemnizar independentemente de culpa nos casos especificados na lei"), as circunstâncias em que a lei foi elaborada e por razões de material justiça, tendemos para considerar que a responsabilidade da sociedade depende de culpa – até porque tal conclusão tem correspondência na letra da lei. Estamos, pois, no âmbito da responsabilidade delitual, já que nenhum contrato liga a sociedade aos terceiros a que se refere este art. 242º-F (todos os que são estranhos à sociedade) ou os terceiros titulares de direitos sobre as quotas (mesmo que um deles seja sócio, ele não é aqui encarado enquanto tal).

⁵ Para MENEZES CORDEIRO (2011), p. 718, a culpa do lesado funciona como causa de justificação. Cremos que, ao contrário do que é opinião deste autor, não está aqui em causa qualquer responsabilidade contratual, razão pela qual não nos parece aplicável o art. 799º, 1 CCiv. ("incumbe ao devedor provar que a falta de cumprimento ou o cumprimento defeituoso da obrigação não procede de culpa sua"), do qual se retira uma presunção de culpa.

⁶ MENEZES CORDEIRO (2011), p. 711-712.

perspetiva, já se descobriu que "a ameaça da responsabilidade foi insuficiente para dissuadir os privados das ilegalidades (...). Teria ainda hoje o Estado a ousadia de transferir para as sociedades por quotas o dever de assegurar o princípio da legalidade e do trato sucessivo?"[7]

Mas, por outro lado, nada impede que a sociedade venha, ao nível das relações internas, exigir dos administradores uma indemnização, que a compensará do que tiver de pagar ao lesado.[8] De facto, nos termos do art. 72º, 1, "os gerentes ou administradores respondem para com a sociedade pelos danos a esta causados por atos ou omissões praticados com preterição dos deveres legais ou contratuais, salvo se provarem que procederam sem culpa." E poderia estar aqui em causa a omissão do dever de cuidado (art. 64º, 1, *a*)), que "consiste na obrigação de os administradores cumprirem com diligência as obrigações derivadas do seu ofício-função, de acordo com o máximo interesse da sociedade e com o cuidado que se espera de uma pessoa medianamente prudente em circunstâncias e situações similares".[9] Tal demanda pressupõe uma ação contra os gerentes (acção social de responsabilidade ou *ut universi*), a intentar nos 6 meses seguintes a uma necessária deliberação dos sócios no sentido da propositura (art. 75º, 1). Se a sociedade nada fizer, há ainda o caminho aberto pelo art. 77º, 1: "independentemente do pedido de indemnização dos danos individuais que lhes tenham causado, podem um ou vários sócios que possuam, pelo menos, 5% do capital social, ou 2% no caso de sociedade emitente de ações admitidas à negociação em mercado regulamentado, propor ação social de responsabilidade contra gerentes ou administradores, com vista à reparação, a favor da sociedade, do prejuízo que esta tenha sofrido, quando a mesma a não haja solicitado." A responsabilidade imposta pelo art. 72º é subjetiva, mas a sociedade sai beneficiada com a presunção de culpa constante da parte final do nº 1. Por outro lado, os gerentes – que forem por facto e culpa próprios responsabilizáveis[10] – são-no solidariamente (art. 73º, 1).

---

[7] ANACORETA CORREIA (2009), p. 133.
[8] COUTINHO DE ABREU (2010), p. 96.
[9] RICARDO COSTA (2011), p. 730.
[10] COUTINHO DE ABREU (2010), p. 54-55.

2. A responsabilidade fiscal da sociedade

Se um registo for promovido sem que os encargos de natureza fiscal se mostrem (mesmo que incorretamente) pagos (nº 2 do art. 242º-E[11]), então a sociedade será integral, mas solidariamente, responsável pela obrigação fiscal. E ainda que o prazo para cumprir o encargo fiscal não esteja esgotado.[12] Ou seja, embora os responsáveis pelo cumprimento da obrigação fiscal sejam os sujeitos envolvidos no ato relativo a quota tributável (à sociedade só competindo controlar o *se* do cumprimento e não a exatidão dele), o legislador, para garantir a entrada nos cofres públicos dos impostos devidos, encontrou um outro responsável: a sociedade. Assim, esta poderá ser chamada a responder pela prestação integral e, pagando, libera o outro devedor (art. 512º, 1 CCiv.), constituindo-se na sua esfera jurídica, porém, um direito de regresso contra o condevedor, na parte que a estes compete (art. 524º CCiv.).

Só haverá, porém, responsabilidade da sociedade se se provar que agiu ilicitamente e com culpa.[13]

A sociedade sofrendo danos por ser chamada ao pagamento solidário da obrigação fiscal, nada impede que atue contra os gerentes, de modo a obter destes uma indemnização, nos termos descritos no número anterior.[14]

---

[11] A remissão que se encontra agora (desde o DL 8/2007, de 17 de Janeiro) no nº 2 do art. 242º-F faz-se para todo o nº 2 do art. 242º-E e já não, como acontecia na versão originária, para a parte final desta norma.

[12] ARMANDO MANUEL TRIUNFANTE (2007), p. 252.

[13] MENEZES CORDEIRO (2011), p. 719.

[14] PEDRO MAIA (2007), p. 172, sugere que esta responsabilidade deveria "impender apenas sobre os gerentes e não sobre a sociedade, porque assim poderão ser os sócios, que nada tenham que ver com a cessão em causa, a arcar, a final, com as consequências da violação das obrigações fiscais". Mas, admitindo-se aquele direito de a sociedade exigir a indemnização dos gerentes pelos danos que sofreu pelo não cumprimento, por estes, dos deveres relativos ao registo comercial, não serão os sócios quem, *a final*, irá suportar o prejuízo.

CAPÍTULO IV
CONTRATO DE SUPRIMENTO

ARTIGO 243º
Contrato de suprimento

1. Considera-se contrato de suprimento o contrato pelo qual o sócio empresta à sociedade dinheiro ou outra coisa fungível, ficando aquela obrigada a restituir outro tanto do mesmo género e qualidade, ou pelo qual o sócio convenciona com a sociedade o diferimento do vencimento de créditos seus sobre ela, desde que, em qualquer dos casos, o crédito fique tendo carácter de permanência.
2. Constitui índice do carácter de permanência a estipulação de um prazo de reembolso superior a um ano, quer tal estipulação seja contemporânea da constituição do crédito quer seja posterior a esta. No caso de diferimento do vencimento de um crédito, computa-se nesse prazo o tempo decorrido desde a constituição do crédito até ao negócio de diferimento.
3. É igualmente índice do carácter de permanência a não utilização da faculdade de exigir o reembolso devido pela sociedade durante um ano, contado da constituição do crédito, quer não tenha sido estipulado prazo, quer tenha sido convencionado prazo inferior; tratando-se de lucros distribuídos e não levantados, o prazo de um ano conta-se da data da deliberação que aprovou a distribuição.
4. Os credores sociais podem provar o carácter de permanência, embora o reembolso tenha sido efetuado antes de decorrido o prazo de um ano referido nos números anteriores. Os sócios interessados podem ilidir a presunção de permanência estabelecida nos números anteriores, demonstrando que o diferimento de créditos corresponde a circunstâncias relativas a negócios celebrados com a sociedade, independentemente da qualidade de sócio.
5. Fica sujeito ao regime de crédito de suprimento o crédito de terceiro contra a sociedade que o sócio adquira por negócio entre vivos, desde que no momento da aquisição se verifique alguma das circunstâncias previstas nos n°s 2 e 3.
6. Não depende de forma especial a validade do contrato de suprimento ou de negócio sobre adiantamento de fundos pelo sócio à sociedade ou de convenção de diferimento de créditos de sócios.

Índice
1. Os suprimentos, entre os meios de financiamento das sociedades
2. O financiamento da sociedade com suprimentos e a proteção dos credores sociais. O problema da subcapitalização das sociedades
3. Sujeitos do contrato de suprimento

3.1. O sócio. Terceiros sujeitos ao regime dos suprimentos
3.2. A sociedade. Suprimentos nas sociedades anónimas?
4. Objeto do contrato de suprimento
   4.1. Objeto mediato: dinheiro ou outras coisas fungíveis
   4.2. A permanência dos créditos na sociedade
   4.3. A prestação: mútuo e diferimento de créditos
5. A forma do contrato de suprimento

Bibliografia

a) Citada:

ABREU, JORGE COUTINHO DE – *Suprimentos, Estudos em Homenagem ao Prof. Doutor Raúl Ventura*, Volume II, Coimbra, 2003; AVEIRO PEREIRA, JOÃO – *O contrato de suprimento*, Coimbra, 2001; CASTRO, CARLOS OSÓRIO DE – *Valores mobiliários – conceito e espécies*, 2ª ed., Porto, 1998; CORDEIRO, ANTÓNIO MENEZES – *Teoria geral do direito civil*, Lisboa, 1987/1988, vol. I; CORREIA, ANTÓNIO DE ARRUDA FERRER – *Lições de direito comercial*, vol. II – *Sociedades comerciais* (com a colab. de VASCO LOBO XAVIER/MANUEL HENRIQUE MESQUITA/SAMPAIO CABRAL/ANTÓNIO CAEIRO), Coimbra, 1968; CORREIA, ANTÓNIO FERRER/XAVIER, VASCO LOBO/COELHO, ÂNGELA/CAEIRO, ANTÓNIO – "Anteprojecto de lei da sociedade por quotas de responsabilidade limitada, 1ª redacção", RDE, nº 2, 1976, "Anteprojecto de lei da sociedade por quotas de responsabilidade limitada, 2ª redacção", in RDE, nºs 1 e 2, 1977, e nº 1, 1979; CORREIA, LUÍS BRITO – *Direito comercial – Sociedades comerciais*, Lisboa, 1989; FURTADO, JORGE PINTO – *Curso de direito das sociedades*, 3ª ed., Coimbra, 2000; GEHDE, BJÖRN – *Eigenkapitalersetzende Gesellschafterleistungen in Deutschland und den USA, Zugleich ein Beitrag zur marktkonformen Schutzkonzeption des Eigenkapitalersatzrechts*, Berlin, 1997; HOMMELHOFF, PETER/GOETTE, WULF – *Eigenkapitalersatzrecht in der Praxis*, Köln, 2001; LUTTER, MARCUS, /HOMMELHOFF, PETER – *Kommentar zum Gesetz betreffend die Gesellschaften mit beschränker Haftung*, 15ª ed., Köln, 2000; MATOS, ALBINO – *Constituição de sociedades, teoria e prática, formulário*, Coimbra, 1992; MONTEIRO, ANTÓNIO PINTO – *Cláusula penal e indemnização*, Coimbra, 1989; PINTO, CARLOS ALBERTO DA MOTA – *Cessão da posição contratual*, Coimbra, 1970, *Teoria geral do direito civil*, 4ª ed., Coimbra, 2005; PINTO, ALEXANDRE MOTA – *Do contrato de suprimento. O financiamento da sociedade entre capital próprio e capital alheio*, Coimbra, 2002; SCHMIDT, KARSTEN – *Gesellschaftsrecht*, 3ª ed., Köln/Berlin/Bonn/München, 1997; VENTURA, RAÚL – "Suprimentos a sociedades por quotas, no direito vigente e nos projectos", in RDES, ano XXV, 1978, nºs 3-4, *Sociedades por quotas*, vol. II, *Comentário ao Código das Sociedades Comerciais*, Coimbra, 1989.

b) Outra:

COELHO, ÂNGELA – "A reforma da sociedade de responsabilidade limitada (GmbH) pela lei alemã de 4 de Julho de 1980 (GmbH-Novelle)", RDE, n.ºs 6/7, 1980/81; DOMINGUES, PAULO TARSO – *Do capital social–noção, princípios e funções*, BFD, Studia Iuridica, 33, Coimbra, 1998; DUARTE, RUI PINTO – "Subcapitalização das sociedades no direito comercial", Fisco, ano VIII, n.º 76/77 (Março/Abril de 1996); VENTURA, RAÚL – "O contrato de suprimento no Código das Sociedades Comerciais", OD, ano 121.º, I, 1989.

1. Os suprimentos, entre os meios de financiamento das sociedades

O contrato de suprimento é uma das formas de financiamento empresarial mais utilizadas, entre nós. Com a simples realização de empréstimos à sociedade, os *sócios* investem na empresa, muitas vezes obtendo um juro remunerador do investimento, sem aumentar a responsabilidade pelo projeto empresarial, uma vez que podem exigir a restituição das quantias mutuadas. Mantendo a responsabilidade pelas dívidas sociais limitada às entradas que se obrigaram a efetuar para o capital social, os sócios, ao efectuar suprimentos, perseguem uma ambição milenar: procurar a fortuna, sem sofrer a incerteza da aventura empresarial.

Os sócios dispõem de um certo espaço de liberdade, ao equipar a sociedade com os meios de que carece para desenvolver a sua atividade, espaço, esse, delimitado, antes de mais, pela seguinte opção fundamental: ou fornecem à sociedade *capital próprio*, ou recorrem a *capital alheio*, ou de crédito. De acordo com as suas características típicas, podemos distinguir o capital próprio do capital alheio: o capital *próprio* é fornecido à sociedade *pelos sócios*; a sua *remuneração* não pode ser certa, dependendo da produção de lucros; *permanece* na sociedade por tempo indeterminado, e, na insolvência ou liquidação da sociedade, só pode ser *restituído* aos sócios, depois de satisfeitos todos os credores sociais, sendo, portanto, o capital responsável pelas dívidas sociais; diversamente, o capital *alheio* é fornecido à sociedade por *terceiros*, de forma *transitória*, e é *remunerado* de forma certa, mesmo que a sociedade não produza lucros.

Porém, na heterogeneidade das formas de financiamento empresarial, as características típicas do capital alheio surgem, muitas vezes, combinadas com as características típicas do capital próprio[1], como sucede quando um sócio rea-

---

[1] Cfr. sobre estas características K. SCHMIDT (1997) p. 514, s. A. MOTA PINTO (2002), p. 27, s. e C. OSÓRIO DE CASTRO (1996) p. 74.

liza um empréstimo ou difere créditos que detém sobre a sociedade, aliando, assim, à sua qualidade de sócio a qualidade de credor social: ao passo que a qualidade do financiador – um membro da coletividade – indicia tratar-se de capital próprio, o veículo jurídico do financiamento (*v.g.* um empréstimo), ao colocar o sócio na posição de credor da sociedade, revela que se trata, antes de capital alheio.

Como veremos, desde a sua consagração legal no Código das Sociedades Comerciais, os suprimentos – isto é, empréstimos dos sócios que desempenham a função de substituição de capital próprio – constituem fundos responsáveis pelas dívidas sociais, só podendo ser restituídos aos sócios depois de satisfeitas todas as dívidas sociais (artigo 245º, 3, a)). O que deixa ver que a perspetiva contabilística (e formal) dos suprimentos, que (impressionada pela sua configuração civilística de mútuos) os inscreve no passivo, não apreende a sua verdadeira natureza, jurídico-material, de *capital próprio* (de capital responsável pelas dívidas sociais) e pode mesmo fornecer aos credores uma imagem distorcida da situação financeira da sociedade.

A este propósito, importa – ultrapassando os termos de uma dicotomia exaustiva entre capital próprio e capital alheio – convocar o conceito, desenvolvido pela doutrina alemã, de *capital quase-próprio* ("*Quasi-Eigenkapital*").

A nota distintiva de tal capital quase-próprio reside no facto de, *formalmente, constituir capital alheio*, mas, ao mesmo tempo, *possuir características do conceito material de capital próprio*[2]. Trata-se de contribuições financeiras que, embora realizadas sob a *forma* de capital alheio, desempenham na vida da sociedade uma *função* semelhante à de capital próprio, e que, como tal, são equiparadas a capital próprio, responsável pelas dívidas sociais[3].

---

[2] Cfr. B. GEHDE (1997) p. 82. O conceito foi cunhado por KARSTEN SCHMIDT em artigo publicado na *Festschrift f. Goerdeler*.

[3] Este conceito de "*capital quase-próprio*" não se esgota, aliás, na figura dos suprimentos, encontrando-se na literatura alemã da especialidade enumerações de outros exemplos de capital quase-próprio. Assim, KARSTEN SCHMIDT (1997) p. 525-534 – ao qual deve ser reconhecida a influência fundamental no desenvolvimento deste conceito – distingue, ao lado dos suprimentos, que seriam uma hipótese de "*equiparação imperativa*", os casos de "*equiparação contratual*" de fundos alheios a capital próprio responsável pelas dívidas sociais, podendo, neste último caso, a equiparação resultar de um contrato celebrado entre um credor e a sociedade ou do próprio contrato de sociedade.

2. O financiamento da sociedade com suprimentos e a proteção dos credores sociais. O problema da subcapitalização das sociedades

Verdadeiro ponto de partida, ou "pressuposto"[4], da realização de suprimentos, é a *liberdade dos sócios no financiamento da sociedade*. Desde que cumprida a obrigação de formação e de conservação do capital social, cabe aos sócios decidir, livremente, *se*, em que *medida*, e, designadamente, *de que modo* financiam a sociedade.

No uso desta liberdade, os sócios optam muitas vezes por financiar a sociedade com suprimentos, para poderem (como simples credores) exigir o reembolso dos seus créditos, sem qualquer limitação, no momento conveniente, ou reclamar o seu pagamento na insolvência ou na liquidação da sociedade. Por outras palavras, com o recurso aos suprimentos os sócios pretendem "ser empresários", mas "evitar o risco empresarial".[5]

Porém, é óbvio que a esta diminuição de riscos dos sócios corresponderá um aumento dos riscos dos credores sociais – pelo menos, nas sociedades de responsabilidade limitada, em que os *credores sociais* só podem satisfazer os seus créditos à custa do património social. Os credores acreditam que poderão ser pagos pelos valores que compõem o património social, não supondo que parte desse património corresponde a dívidas da sociedade aos sócios, como quaisquer outros credores.

Por outro lado, com a realização de suprimentos, os credores sociais sofrem a concorrência de um sócio credor que conhece e, muitas vezes, dirige os negócios sociais. É claro que, se este for admitido a exercer, livremente, a sua pretensão ao reembolso dos suprimentos, durante a atividade, ou na insolvência da sociedade, diminuirá (por vezes, de forma abrupta e substancial) o património social, garantia de satisfação dos credores sociais, e, portanto, as possibilidades de estes verem os seus créditos satisfeitos[6].

A necessidade de evitar estes resultados injustos tornou indispensável a disciplina jurídica do financiamento das sociedades com suprimentos.

Como se sabe, nas sociedades por quotas e nas sociedades anónimas, só o património social responde perante os credores sociais, que não podem satisfazer os seus créditos à custa do património pessoal dos sócios, os quais se res-

---

[4] Cfr. RAÚL VENTURA (1989), p. 83, salientando a liberdade de financiamento do sócio.
[5] Cfr. RAÚL VENTURA (1978), p. 175.
[6] A *sociedade* e os *restantes sócios*, por sua vez, também poderão sofrer sérias contrariedades, se o sócio credor, no uso da sua liberdade de financiamento, exigir a restituição de todas as quantias que emprestou à sociedade.

ponsabilizam, apenas, face à sociedade, pela realização das entradas acordadas no contrato.

Compensando a limitação da responsabilidade dos sócios[7], o capital social confere aos credores da sociedade um mínimo de segurança, assegurando-lhes que, *no momento da constituição*, o capital próprio da sociedade era, pelo menos equivalente à cifra do capital social, e que esse montante de capital próprio *não foi distribuído aos sócios*.

Sucede que o capital social desempenha esta função de garantia dos credores sociais de forma muito limitada, desde logo, por causa do fenómeno de subcapitalização das sociedades portuguesas[8].

A nossa lei, atualmente, não prescreve qualquer montante mínimo para o capital social das sociedades por quotas (cfr. o artigo 202º), e para as sociedades anónimas prevê o montante mínimo de € 50 000 (cfr. o artigo 276º, 3). Admite-se, portanto, de acordo com a liberdade de financiamento dos sócios, o surgimento de sociedades subcapitalizadas que deslocarão, inevitavelmente, maiores riscos para a esfera dos credores sociais.

Vemos esta subcapitalização como o *preço* a pagar pelas vantagens económicas resultantes da *liberdade de iniciativa económica*, e, mais concretamente, da *liberdade de financiamento* das sociedades.

O regime dos suprimentos visa justamente proteger os credores perante situações de subcapitalização formal ou nominal[9].

3. Sujeitos do contrato de suprimento
3.1. O sócio. Terceiros sujeitos ao regime dos suprimentos

O sócio de uma sociedade por quotas que efetue um mútuo ou que difira um crédito que detém sobre a sociedade poderá ser abrangido pelo regime do contrato de suprimento.

---

[7] Considerando, entre nós, o capital social como correlato da responsabilidade limitada dos sócios, já FERRER CORREIA (1968).
[8] V., com dados estatísticos, A. MOTA PINTO (2002), p. 106. Já RAÚL VENTURA (1989), p. 76, se referia à subcapitalização das sociedades portuguesas como *"uma confissão de esperança de crédito"*. Note-se que a subcapitalização não é uma particularidade da sociedade por quotas portuguesa. K. SCHMIDT (1997), p. 522, por exemplo, fala de um *"pecado mortal"* muito difundido no financiamento das empresas.
[9] *Subcapitalização formal* ou *nominal*, porque relativa apenas à cifra do capital social, visto que os sócios suprem as necessidades de capital próprio da sociedade, através de suprimentos. Para os casos de manifesta *subcapitalização material* (em que há uma efetiva insuficiência de fundos, próprios ou alheios), tem-se apontado a possibilidade de os sócios serem responsabilizados, pessoalmente, pelas dívidas sociais. V. o comentário ao art. 5º.

Qualquer sócio, desde que, em termos formais, possua esta qualidade, poderá celebrar um contrato de suprimento, sendo irrelevantes as suas motivações, propósitos, ou interesses (empresariais, ou, simplesmente, de investimento) prosseguidos.

O nosso regime legal não se aplica, pois, apenas aos sócios detentores de mais do que uma determinada *percentagem mínima* do capital social, tanto abrangendo, por exemplo, os créditos herdados por uma viúva com uma pequena participação numa sociedade que mal conhece, como os créditos detidos por uma sociedade que domina, totalmente, a sua devedora[10]. O regime legal do contrato de suprimento abrange ambos, porque se dirige, *formalmente*, aos sócios.

A qualidade de sócio deve existir no momento em que o contrato é celebrado[11], podendo, porém, ser efetuados suprimentos no momento em que o sócio adquire esta qualidade, ou, no extremo temporal oposto, no momento em que decide abandonar a sociedade[12].

Os créditos do sócio não perdem a qualidade de suprimentos se o sócio credor, entretanto, *deixar de ser sócio*[13].

Na hipótese inversa, em que um *terceiro credor* adquire a qualidade de sócio, os seus créditos deverão sujeitar-se também ao regime do contrato de suprimento[14], desde que se verifique a permanência temporal dos créditos na sociedade.

---

[10] Os casos de suprimentos que foram aparecendo nos tribunais mostram bem que o grau de proximidade e de intervenção do sócio credor na sociedade é muito variável. Cfr., por exemplo, o caso decidido pelo Ac. do STJ de 31 de Outubro de 1968 (in BMJ, 180º, 1968, p. 288, s.), em que os suprimentos foram efetuados pela mãe da autora, que, na qualidade de herdeira, veio exigir o reembolso, e o caso decidido pelo Ac. da RL de 10 de Fevereiro de 1999 (in CJ, 1999, I, p. 110, s.), em que os suprimentos foram efetuados por um sócio gerente.

[11] Neste sentido, R. VENTURA (1989) p. 96, e M LUTTER/P. HOMMELHOFF (2000), p. 80.

[12] Temos sérias dúvidas, apenas, nos casos em que o crédito tem a sua causa *na própria saída* da sociedade (v.g. o crédito do sócio a receber a contrapartida da amortização da sua quota, que não deveria sujeitar-se ao regime do contrato de suprimento).

[13] Cfr. neste sentido, RAÚL VENTURA (1989), p. 96, J. AVEIRO PEREIRA (2001), p. 65, P. HOMMELHOFF//W. GOETTE (2001), p. 81.

[14] Cfr. R. VENTURA (1989), p. 96, e M. LUTTER/P. HOMMELHOFF (2000), p. 434. Nesta medida, o regime do contrato de suprimento desincentiva o envolvimento dos credores, nomeadamente de instituições bancárias, na recuperação de empresas em situação económica difícil, visto que se uma instituição bancária – pública ou privada – participar no capital da sua devedora, ainda que com o objectivo de saneamento financeiro, os seus créditos serão qualificados como suprimentos, e na falência só poderão ser pagos depois de satisfeitos os restantes créditos. Por isso, defendemos (*"de iure condendo"*) que os créditos de sócios que só entraram para a sociedade para sanear as finanças da sociedade em crise não deveriam ser abrangidos pelo regime dos suprimentos – v. A. MOTA PINTO (2002), p. 262,s..

Na prática, surgem também muitos casos de *contitularidade* de participações sociais. Nestas hipóteses, dado que todos os contitulares devem ser considerados sócios, pode cada um deles celebrar, individualmente, contratos de suprimento[15].

As prestações de capital alheio efetuadas por certos terceiros (que mantêm uma situação de especial proximidade face à sociedade, ou face ao sócio) à sociedade deverão sujeitar-se ao regime dos suprimentos, quando, em termos económicos, correspondam a um empréstimo realizado por um sócio, ou, simplesmente, quando traduzam tentativas de *contornar* aquele regime legal.

Assim, entendemos que os créditos detidos pelo usufrutuário da participação social (*v.g.* os lucros distribuídos que deixou na sociedade) e pelo titular de raiz se submetem ao regime dos suprimentos.

Já o credor pignoratício de participações sociais – *rectius*, o credor cujo crédito beneficia da garantia de um penhor de participações sociais – não será, normalmente, abrangido pelo regime do contrato de suprimento. No entanto, se com base no artigo 23º, 4, do CSC, lhe for facultado o exercício de certos direitos sociais, como o direito aos lucros, o direito de voto e o direito à informação, parece-nos que os seus créditos se deverão também sujeitar ao regime do contrato de suprimento, desde que o credor pignoratício exerça esses direitos sociais de forma ativa, influenciando a atividade da sociedade[16].

Também se deverão qualificar como suprimentos os empréstimos (ou diferimentos de créditos) realizados por parentes ou afins do sócio, com meios *que efetivamente provêm do sócio*. Assim, deverão ser qualificados como suprimentos os empréstimos (ou diferimentos de créditos) realizados pelo cônjuge do sócio com recurso a bens *comuns*[17]. Em todo o caso, o financiamento da sociedade por *parentes* ou *afins* do sócio com meios que efetivamente provêm do sócio constituirá um meio de contornar o regime do contrato de suprimento, pelo que esse financiamento se submete ao regime dos suprimentos[18].

Devem, igualmente, ser qualificados como suprimentos os negócios efetuados por sociedades coligadas que, em termos económicos, correspondam ao mútuo ou diferimento de créditos efetuados pelo sócio, o que sucederá quando

---

[15] V. R. VENTURA (1989), p. 95, e o Ac. do STJ de 19 de Dezembro de 1975 (in BMJ, nº 252, p. 148).
[16] V. A. MOTA PINTO (2002), p. 275 e o Comentário ao art. 23º, 4.
[17] Não já com recurso a bens próprios do cônjuge do sócio. V. RAÚL VENTURA (1989), p. 94-95 e A. MOTA PINTO (2002), p. 277, s..
[18] V. A. MOTA PINTO (2002), p. 277, s..

a sociedade financiadora detiver, pelo menos, a *maioria* do capital da sócia da sociedade financiada[19].

Se um sócio cede um crédito de suprimentos a um terceiro, o crédito cedido deve *continuar sujeito* ao regime legal dos suprimentos, conforme resulta do regime da cessão de créditos, uma vez que o devedor pode opor ao novo credor os meios de defesa que lhe seria lícito invocar face ao sócio (artigo 585º do Código Civil)[20], sendo certo que diferente solução facilitaria fraudes ao regime dos suprimentos.

3.2. A sociedade. Suprimentos nas sociedades anónimas?

O financiamento da sociedade com suprimentos também ocorre, na prática, nas sociedades anónimas, sobretudo nas pequenas sociedades anónimas (tão frequentes entre nós), por vezes financiadas com recurso a empréstimos de acionistas.

Neste tipo de sociedades, também se verificam os motivos que levaram o legislador a consagrar o contrato de suprimento: nas sociedades anónimas também se deve evitar que os acionistas substituam o financiamento com capital próprio pelo recurso a capital alheio; Também estas sociedades (e os respectivos credores) deverão ser protegidas face a súbitos reembolsos de suprimentos que as coloquem em dificuldades, e, da mesma forma, também nelas será injusta a possibilidade de os acionistas concorrerem com os credores sociais, diminuindo as quotas destes no concurso falimentar.

O regime do contrato de suprimento deve, assim, aplicar-se nas sociedades anónimas[21]. A questão reside apenas na determinação de quais os créditos de acionistas que deverão submeter-se ao regime dos suprimentos.

Tem-se distinguido, nesta sede, entre *acionista investidor* e *acionista empresário*, defendendo-se a aplicação do regime dos suprimentos apenas aos acionistas detentores de uma *participação social mínima*, que seria reveladora da prossecução de interesses empresariais na sociedade.

---

[19] Para mais desenvolvimentos, v. A. MOTA PINTO (2002), p. 279, s..
[20] V. A. MOTA PINTO (2002), p. 286, s.. Neste sentido, o Ac. do STJ de 26/10/10 (www.dgsi.pt-processo 357/1999.P1.S1).
[21] Assim, RAÚL VENTURA (1989), p. 87, L. BRITO CORREIA (1989), p. 491, s., COUTINHO DE ABREU (2003) p. 78, (os três AA. defendem uma *analogia legis*), J. AVEIRO PEREIRA (2001), p. 118, s. (interpretação extensiva do art. 287º do CSC), e A. MOTA PINTO (2002), p. 299 (extensão teleológica dos arts. 243º a 245º do CSC).

Entre nós, o STJ[22] tem seguido, neste sentido, a proposta de Raúl Ventura[23] de extensão do regime dos suprimentos tão-só aos titulares de ações correspondentes a pelo menos *dez por cento* do capital social[24].

Embora aceitando este critério, como ponto de partida, a verdade é que o confronto entre a *ratio legis* do contrato de suprimento e as características típicas da sociedade anónima nos leva a concluir que o montante da participação social do acionista credor não pode ser o único e decisivo critério. De facto, em certas hipóteses, deverão ser qualificados como suprimentos os empréstimos (ou diferimentos de créditos) efetuados por acionistas com participação social inferior a dez por cento do capital social[25]. Vejamos:

Alguns dos motivos que conduziram à consagração do contrato de suprimento verificam-se, tipicamente, nas pequenas sociedades. Assim sucede com as vantagens de informação do sócio credor, que lhe permitirão retirar os suprimentos da sociedade antes de esta falir, ou, mesmo, com um eventual comportamento contraditório dos sócios, financiando a sociedade, e, mais tarde, utilizando o seu poder de influência para obter o reembolso do financiamento.

Contudo, os riscos que resultam *para os credores* da circunstância de negociarem com sociedades que, embora aparentem solidez financeira, na realidade são mantidas, artificialmente, através de empréstimos, afiguram-se independentes do montante de participação social dos sócios credores. Qualquer sócio, ao realizar empréstimos, pode, na verdade, lançar os riscos empresariais para cima dos credores, o que depende, muito mais, do montante *do empréstimo* do que do montante da participação social do mutuante.

Por outro lado, o não tratamento do sócio como um credor comum na insolvência, baseia-se, ainda, no facto de o sócio fruir o investimento do seu crédito na sociedade, através da obtenção de lucros, o que tornaria injusta a sua equiparação a um credor comum. A fruição do investimento de capital alheio na sociedade não depende do montante da participação social, estando ao alcance de qualquer sócio.

---

[22] Acs. do STJ de 14/12/94, CJ, 1994, III, p. 175,s. e de 09/02/99, CJ, 1999, I, p. 100.

[23] RAÚL VENTURA (1989), p. 88.

[24] RAÚL VENTURA (1989), p. 88 formula este critério, apoiando-se na exigência legal da referida participação no capital (10 por cento) para o exercício coletivo de certos direitos de protecção das minorias: o artigo 392º do CSC sobre regras especiais de eleição de administradores, e o artigo 418º, nº 1, do CSC sobre o requerimento de nomeação judicial de membro do conselho fiscal.

[25] Neste sentido, v. J. AVEIRO PEREIRA (2001), p. 124, A. MOTA PINTO (2002), p. 299,s. e COUTINHO DE ABREU (2003), p. 79,s., que nota a arbitrariedade do critério (os 10%) e salienta que qualquer acionista pode efetuar empréstimos "*funcionalizados a suprir insuficiências do capital social*".

Se tivermos em conta o *critério material* de qualificação dos suprimentos, a *função de capital próprio* dos empréstimos dos sócios, verificamos, pois, que lhe é, totalmente, estranho o montante da participação social do sócio. Qualquer sócio, ainda que com uma pequena participação social, pode fornecer à sociedade capital alheio, num momento em que esta carece de capital próprio, e, por este meio, prejudicar os credores sociais.

Por outro lado, reconhecemos que a contradição inerente à dupla qualidade de sócio e credor se encontra *esbatida* nas grandes sociedades anónimas, em que os acionistas se encontram muito distantes da atividade social, limitando-se, muitas vezes, a investir em participações sociais. Uma sujeição de todos os acionistas ao regime dos suprimentos seria, por isso, na nossa perspetiva, excessiva.

Como vemos, o confronto dos motivos determinantes da tutela jurídica dos suprimentos, com as características típicas da sociedade anónima, embora não afaste um critério de qualificação assente no montante da participação social do sócio, impõe, porém, que se relativize, claramente, este critério, uma vez que aqueles motivos exigem a manutenção da tutela jurídica, em muitas hipóteses em que o credor é um pequeno acionista.

Parece-nos, pois, que a qualificação dos suprimentos nas sociedades anónimas deverá basear-se num *conjunto de circunstâncias* que *indiciam* a verificação dos motivos que estão por trás da sua tutela jurídica – uma das quais será o montante da participação social.

O primeiro indício será a já consagrada participação social mínima do acionista credor em dez por cento do capital social, juntando ao fundamento legal avançado por Raul Ventura o especial direito à informação de que um acionista, nestas circunstâncias, dispõe.

O interesse empresarial do acionista que não detém dez por cento do capital social, poderá, porém, ser demonstrado através de *outras circunstâncias*. Assim, o exercício de funções no conselho de administração, no conselho da administração executiva, no conselho geral e de supervisão, ou no conselho fiscal da sociedade, indiciam um claro interesse empresarial do sócio. O mesmo indício resultará, ainda, da prestação de garantias (*v.g.* cartas de conforto) por um acionista ao financiamento da sociedade anónima.

Da mesma forma, parece-nos que será de reconhecer uma participação empresarial na sociedade, ao acionista detentor de menos de dez por cento do capital da sociedade, que, através de acordos de voto com outros acionistas, exerça uma *influência empresarial* na sociedade.

Parece-nos, até, que, em hipóteses de *concessão coordenada de crédito* não será de exigir um acordo de voto entre os mutuantes, revelador do seu interesse empresarial. Se uma sociedade anónima em dificuldades recebe dos seus acionistas, com participações sociais inferiores a dez por cento do capital, empréstimos que lhe permitem manter a sua atividade, esses empréstimos devem ser qualificados como suprimentos. Na verdade, a concessão coordenada de crédito permite afastar o financiamento ordenado da sociedade com um aumento do capital social, revelando bem o interesse empresarial dos acionistas na manutenção da sociedade. Nestas hipóteses, com relevância prática nas pequenas sociedades anónimas, a opção pela concessão de crédito, em vez do aumento do capital social, deverá ser imputada a todos os acionistas mutuantes, cujos empréstimos poderão ser qualificados como suprimentos.

Outras circunstâncias, relacionadas com o próprio empréstimo, ou com a situação financeira da sociedade, devem também ser tidas em conta na qualificação[26]. O próprio *montante do empréstimo* poderá revelar, não só que as verbas mutuadas desempenham a função de capital próprio, mas, também, o próprio interesse empresarial do acionista. Se o montante do empréstimo for elevado, este deverá, pois, ser qualificado como suprimento.

A *situação financeira da sociedade* no momento em que é realizado o empréstimo, também deverá ser tida em conta. Se, no momento do empréstimo, a sociedade não conseguiria obter crédito de terceiros em condições normais de mercado, teremos um forte indício de que o empréstimo vem satisfazer carências *de capital próprio* da sociedade e, como tal, constitui um suprimento. Esta circunstância é, igualmente, reveladora de um interesse empresarial do acionista, dado que só este interesse poderá justificar o risco acrescido a que se sujeita o crédito concedido.

É, pois, o *conjunto* dos elementos acabados de referir que deverá ser tido em conta na qualificação como suprimentos dos créditos de acionistas[27].

---

[26] V J. AVEIRO PEREIRA (2001), p. 124 e A. MOTA PINTO (2002), p. 299, s.
[27] V., com mais desenvolvimentos, A. MOTA PINTO (2002), p. 299,s.. Nesta obra, defendemos que o regime legal dos suprimentos é aplicável às sociedades comerciais de responsabilidade ilimitada (nesse sentido, v. RAÚL VENTURA (1989), p. 89, S., PINTO FURTADO (2000), p. 219, L. BRITO CORREIA (1989), p. 491) e até às sociedades civis, por entendermos que o mesmo constitui expressão de um princípio geral de ordenação do (financiamento com) capital próprio e capital alheio.

4. Objeto do contrato de suprimento
4.1. Objeto mediato: dinheiro ou outras coisas fungíveis

O contrato de suprimento abrange, antes de mais, a possibilidade de os sócios financiarem a sociedade com *dinheiro*. Na realidade, o dinheiro é o objeto típico da realização de suprimentos, e tem constituído, mesmo, o objeto exclusivo nos casos surgidos em tribunal.

A prestação de suprimentos pode, porém, ter *outros objetos*, exigindo a lei, apenas, que se trate de *coisas fungíveis* (v. o artigo 243º, 1, do CSC)[28].

Um sócio pode, assim, financiar a sociedade, cedendo-lhe uma determinada quantidade de matérias-primas (*v.g.* sementes, leite, pasta de papel), ou de meios de produção (*v.g.* combustível), que esta se obriga a devolver.

Também podemos configurar hipóteses, nomeadamente nas sociedades coligadas, em que as próprias ações podem constituir objeto de suprimentos – *v.g.* os sócios emprestam a outra sociedade ações representativas do capital social da sua sociedade.

4.2. A permanência dos créditos na sociedade

Nem todos os créditos do sócio face à sociedade devem ser sujeitos ao regime especial do contrato de suprimento. Apenas o devem ser os créditos que desempenhem na sociedade a *função económica de substituição* do capital próprio, função, esta, que constitui o critério material de identificação dos suprimentos[29].

Contudo, este critério material não se revela apto para a identificação em concreto de contratos de suprimento. De modo que, houve que *"encontrar um elemento facilmente reconhecível, que permita concluir com suficiente segurança que os bens são postos à disposição da sociedade com vista a preencher as finalidades próprias de uma entrada de capital."*[30] Esse elemento ou critério é, na nossa lei, a *permanência dos créditos dos sócios na sociedade*.

A permanência constitui um critério *objetivo* que, assentando no *tempo de duração* dos créditos, indica que os bens não foram postos à disposição da socie-

---

[28] Em A. MOTA PINTO (2002), p. 316, s., defendemos a aplicação do regime dos suprimentos às hipóteses em que o sócio cede a utilização de um bem infungível (um imóvel ou um bem de equipamento) à sociedade, através de um direito pessoal de gozo (*v.g.* locação ou comodato).

[29] V., por exemplo, RAUL VENTURA (1969), p. 133, ADRIANO VAZ SERRA (1976), p. 15, e FERRER CORREIA/V. LOBO XAVIER/ÂNGELA COELHO/ANTÓNIO CAEIRO (1976).

[30] V. FERRER CORREIA/V. LOBO XAVIER/ÂNGELA COELHO/ANTÓNIO CAEIRO (1977), p. 90.

dade de uma forma *transitória*, tendo sido afetados a fins semelhantes aos do capital[31].

Porém, a permanência é também um conceito *vago*, não permitindo, só por si, identificar, *in concreto*, um contrato como sendo um contrato de suprimento. Pelo que o legislador sentiu necessidade de estabelecer vários *índices de permanência*, que constituem presunções *iuris tantum* (e, como tal, ilidíveis) da verificação de contratos de suprimento.

Estes índices baseiam-se em duas circunstâncias: o *prazo estipulado* para o reembolso do crédito ao sócio, e a *duração efetiva* do crédito. Assim, constituirão índices do caráter de permanência do crédito concedido pelo sócio à sociedade – e, como tal, presunções de que é um suprimento – a estipulação (contemporânea ou posterior ao negócio) de um *prazo de reembolso superior a um ano*, ou, no caso de não ter sido estipulado prazo de reembolso, ou de ter sido estipulado um prazo inferior a um ano, "*a não utilização da faculdade de exigir o reembolso devido pela sociedade durante um ano (...)*" (art. 243º, 3, do CSC)[32].

No silêncio das partes[33], a existência de um contrato de suprimento será indiciada, e logo presumida, em três hipóteses:
- se as partes estipularam um *prazo de reembolso superior a um ano*, sendo indiferente que esta estipulação seja contemporânea ou posterior ao contrato;
- se as partes *não estipularam qualquer prazo e o reembolso não foi exigido durante um ano*;
- se as partes *estipularam um prazo inferior a um ano, mas o reembolso não foi exigido durante um ano*.

O artigo 243º, 4, do CSC admite que os credores sociais[34] provem que determinados créditos constituem suprimentos, apesar de não apresentarem os referidos índices de permanência, prevenindo, assim, o disfarce do carácter de permanência através de sucessivos suprimentos, restituídos antes do decurso de um ano, e, de novo, reinvestidos na sociedade.

---

[31] Cfr. RAÚL VENTURA (1969) p. 131.
[32] V. o Ac. da RL de 20/04/10 (www.dgsi.pt – processo nº 79/2002.L2-7).
[33] Note-se que as presunções só actuam no caso de não existirem negócios expressamente qualificados pelas partes como suprimentos (*v.g.* um mútuo escrito com uma cláusula em que se atribui essa denominação ao contrato), porque, nessas hipóteses, as próprias partes já resolveram o problema que o mecanismo de presunções legais visa resolver.
[34] Em A. MOTA PINTO (2002), p. 319, s., defendemos que nos empréstimos ou diferimentos *por tempo indeterminado*, a sociedade também poderá provar o carácter de permanência e, consequentemente, a qualificação como suprimento do crédito.

Quanto às *circunstâncias* que permitirão aos credores sociais provar o carácter de permanência dos créditos (artigo 243º, 4)[35], parece-nos de acolher o critério desenvolvido pelo Supremo Tribunal Federal alemão: um empréstimo ou um diferimento de um crédito será qualificado como suprimento se for realizado num *momento* em que a sociedade não conseguiria obter de terceiros os necessários meios de financiamento, em condições normais de mercado.

Como elemento de prova adicional e subsidiário, os credores poderão apontar a *estrutura de capital da sociedade*, demonstrando que existe uma desproporção entre o seu capital próprio e os suprimentos e/ou o capital alheio (indiciadora de que a sociedade carece de capital próprio, no momento da realização do empréstimo).

O artigo 243º, 4, do CSC admite, por outro lado, que os próprios sócios *ilidam a presunção de permanência* – o que faz em termos muito mais restritos, apenas naqueles casos *"em que o diferimento de créditos corresponde a circunstâncias relativas a negócios celebrados com a sociedade, independentemente da qualidade de sócio."*.

Como vemos, os sócios apenas podem demonstrar que os negócios celebrados com a sociedade não têm qualquer relação com a sua qualidade de sócios.

Ao sócio cabe aqui provar, apenas, circunstâncias *objectivas* que afastem o carácter de suprimento, não relevando directamente a sua intenção ou o não conhecimento de que os créditos iriam substituir o necessário capital próprio. Deverão, antes, ser avançadas circunstâncias objetivas que demonstrem que no diferimento de créditos, não se agiu *uti socius*.

Assim, o sócio credor poderá provar que ao efetuar um empréstimo[36] ou ao convencionar o diferimento de créditos, agiu *como um qualquer terceiro*. Por exemplo, se um sócio fornece à sociedade mercadorias com um prazo de pagamento superior a um ano, ou lhe fornece bens de equipamento liquidáveis em prestações, algumas com um prazo superior a um ano, poderá provar que pratica as *mesmas condições* nos contratos celebrados com terceiros, pelo que não existe qualquer relação entre o financiamento e a qualidade de sócio.

4.3. A prestação: mútuo e diferimento de créditos

Através do contrato de suprimento o *sócio* disponibiliza, durante um certo tempo, dinheiro ou outros bens fungíveis a favor da sociedade.

---

[35] V. COUTINHO DE ABREU (2003), p. 73.
[36] Apesar da letra do art. 243º, 4, os sócios também podem elidir a presunção de permanência, quando efetuam empréstimos. V. A. MOTA PINTO (2002), p. 326, COUTINHO DE ABREU (2003), p. 74.

Pelo mesmo contrato, a sociedade, que recebe a prestação do sócio, fica obrigada a *restituir* a este o dinheiro, ou outros bens fungíveis que lhe foram entregues. A restituição dos bens emprestados constitui, pois, a prestação típica da sociedade, sendo que a obrigação de restituição constitui elemento essencial do contrato de suprimento, permitindo distingui-lo de outras figuras (v.g., de contribuições a fundo perdido, em que o sócio renuncia ao respectivo reembolso, ou de adiantamentos efetuados por conta de um aumento de capital futuro).

Devemos notar que estamos perante um contrato, não podendo, pois, o sócio (ainda que claramente maioritário) ou a sociedade celebrar um *negócio unilateral* de suprimentos.

Por um lado, exige-se, sempre, uma manifestação de vontade por parte do sócio – proposta ou aceitação –, ainda que seja de admitir que esta declaração contratual possa ser expressa através de uma deliberação tomada em assembleia geral.

Por outro lado, é igualmente necessária uma declaração (*v.g.*, a aceitação da proposta de suprimentos) por parte da sociedade, embora por vezes possa parecer – uma vez que o contrato não depende de forma – que o suprimento foi unilateralmente constituído pelo sócio. Muitas vezes, aliás, a sociedade aceitará, tacitamente, o contrato de suprimento, através de factos concludentes que demonstram essa aceitação (v.g., através da inscrição dos suprimentos, na escrita da sociedade, ou através da utilização dos mesmos na actividade social).

A modalidade mais importante do contrato de suprimento, pela sua frequência na prática, é sem dúvida o mútuo – o mútuo-suprimento.

O contrato de suprimento surgiu, entre nós, como figura contratual autónoma, no artigo 243º, 1, do CSC, cuja primeira parte prevê justamente os suprimentos que se baseiam num negócio de mútuo celebrado entre o sócio e a sociedade, e define ou tipifica o contrato de suprimento (com grande semelhança face ao disposto no art. 114º do CCiv.), como o *"contrato pelo qual o sócio empresta à sociedade dinheiro ou outra coisa fungível, ficando aquela obrigada a restituir outro tanto do mesmo género e qualidade ( ) desde que ( ) o crédito fique tendo carácter de permanência"* (cfr. artigo 243º, 1).

O mútuo é, muitas vezes, caracterizado como um negócio real *quoad constitutionem*, o que significa que, para a perfeição do mútuo-suprimento, seria necessário, para lá do acordo entre o sócio e a sociedade, a prática de um ato real ou material de entrega do dinheiro à sociedade.

Em conformidade com a doutrina que, mesmo em geral no direito privado, admite, ao abrigo do princípio da liberdade contratual, a celebração de contratos consensuais de mútuo[37], pensamos, contudo, que também se deve admitir o mútuo-suprimento *consensual*[38], em que a entrega do dinheiro à sociedade não é elemento constitutivo do tipo contratual, mas, antes, verdadeiro ato de cumprimento de um contrato já perfeito (pense-se, por exemplo, nas situações em que os sócios subscrevem um documento, em que se comprometem a efectuar suprimentos).

A segunda modalidade típica de contrato de suprimento é constituída pelo contrato em que "*o sócio convenciona com a sociedade o diferimento do vencimento de créditos seus sobre ela*" (art. 243º, 1).

O diferimento de créditos pode resultar de uma convenção expressa entre sócio e sociedade, mas pode resultar também, tacitamente, do não exercício do direito de crédito por parte do sócio.

A convenção expressa poderá consistir na simples concessão de uma moratória à sociedade para a liquidação do crédito do sócio já vencido (*v.g.* o pagamento de mercadorias) obrigando-se, este, apenas, a não exigir o pagamento do crédito durante um certo prazo – caso de *pactum de non petendo intra certum tempus*.

Poderá, também, a convenção de diferimento de créditos consistir num acordo, em que sócio e sociedade prorrogam o prazo, ou estabelecem novo prazo para o cumprimento, alterando a própria data de vencimento do crédito[39].

Mas um diferimento relevante para o contrato de suprimento pode também resultar do simples não exercício pelo sócio do direito de exigir o cumprimento de um crédito já vencido.

Assim, por exemplo, se um sócio, para enfrentar dificuldades de tesouraria, deixar na sociedade as suas remunerações de gerente, durante um prazo superior a um ano[40], estaremos perante um diferimento do crédito ao pagamento das remunerações, que se presume ser um contrato de suprimento.

---

[37] V. C. MOTA PINTO (1970), p 11, S. ID. (1985), p. 398 s., e A. MENEZES CORDEIRO (1987/1988), vol I, p. 518.
[38] V. A. MOTA PINTO (2002), p. 360, s. e C. ABREU (2003), p. 76.
[39] Nestas convenções expressas de diferimento de créditos, incluem-se, igualmente, os acordos de passagem de créditos de sócios "ao regime de suprimentos", ou, para "a conta de suprimentos".
[40] Note-se que para o cálculo do prazo de um ano, índice do carácter de permanência, não se conta, apenas, o tempo decorrido após o negócio de diferimento, mas, também, o tempo decorrido *desde a constituição do crédito* até ao negócio de diferimento.

Nesta modalidade de suprimentos não releva a origem do crédito, mas, apenas, o facto do seu diferimento. O crédito diferido pode, assim, resultar de um contrato celebrado com a sociedade que não tem a ver com a qualidade de sócio (*v.g.* um contrato de fornecimento), ou de factos não contratuais (*v.g.* o sócio paga as remunerações dos trabalhadores) ou, até, de responsabilidade civil extra-contratual. O que interessa é que, existindo o crédito sobre a sociedade, o sócio credor proceda ao seu diferimento no tempo.

Uma das hipóteses mais frequentes é a do não levantamento dos lucros[41] distribuídos, sendo estes creditados, ao longo dos anos, em contas de suprimentos dos sócios na sociedade. Este direito dos sócios ao dividendo distribuído é um direito extra-corporativo, neste sentido, idêntico ao direito de crédito de um sócio que efectua um mútuo à sociedade.

Não levantando os sócios os lucros deliberados, mantém-se este carácter de direito de crédito face à sociedade, só que, verificando-se a característica da permanência, o seu conteúdo sofrerá uma alteração, deixando de ser um direito de crédito à entrega do dividendo deliberado e passando a ser um direito de crédito à restituição de suprimentos, sujeito, como tal, a um regime próprio. Ponto é que, em cada um dos diferimentos, existam as necessárias manifestações de vontade dos sócios, ainda que tácitas[42].

A par do mútuo e do diferimento de créditos, o legislador, no art. 243º, 5, do CSC estende o regime do contrato de suprimento a uma hipótese com resultados económicos semelhantes: a aquisição por um sócio de um crédito sobre a sociedade *detido por um terceiro*.

A sujeição desta hipótese ao regime do contrato de suprimento compreende-se bem em face da sua semelhança económica com o mútuo e, também, da intenção de evitar fraudes[43] que facilmente surgiriam se o regime tutelar dos suprimentos se aplicasse, apenas, ao mútuo (bastaria um terceiro financiar a sociedade sabendo que o sócio adquiriria o seu crédito).

Dado este objetivo de frustração de eventuais intuitos fraudatórios, a lei não limita o título aquisitivo do crédito, estabelecendo, apenas, que tem de ser um

---

[41] A que o legislador se refere, no art. 243º, 3, do CSC, dispondo que o prazo de um ano se conta *"da data da deliberação que aprovou a distribuição"*.

[42] Se o sócio, num determinado ano, pretender levantar o lucro distribuído, não nos parece que a gerência se possa opor, com base numa alegada convenção tácita de não levantamento de lucros (de celebração de contratos de suprimento), fundada apenas na correspondência ao comportamento verificado nos anos anteriores. Na realidade, a lei exige que a obrigação de celebração de contratos de suprimento resulte do contrato social ou de deliberação social (art. 244º, 1 e 2).

[43] V. COUTINHO DE ABREU (2003), p. 72.

negócio *inter vivos*. Por outro lado, para a imediata equiparação do crédito de terceiro a um crédito de suprimento é, ainda, necessário que, no momento da aquisição do crédito, se verifique o caráter de permanência (cfr. art. 243º, 5)[44].

O contrato de suprimento não abrange os empréstimos concedidos *por terceiros*, com a *garantia de um sócio*.

No entanto, duas hipóteses poderão ocorrer no financiamento com a garantia de um sócio, em que os créditos do sócio, ou do terceiro, ficarão sujeitos ao regime dos suprimentos.

Se o sócio que prestou uma fiança ao crédito de um terceiro vier a satisfazer este crédito, o seu direito de regresso contra a sociedade é abrangido pela hipótese do artigo 245º, 5, de forma que, desde que se verifique o carácter de permanência do crédito, o direito do sócio será tratado como um crédito de suprimento[45].

Poderão, também, surgir hipóteses em que o terceiro, ao financiar a sociedade com a garantia de um sócio, age por conta deste, com o objetivo de evitar o regime dos suprimentos.

Esta hipótese, em termos materiais, não se distingue daqueloutra em que o sócio cede a um terceiro uma quantia de dinheiro, para ser este a financiar a sociedade. Em ambas as hipóteses, há uma mera interposição (embora real, e não fictícia, que corresponderia a uma hipótese de simulação) do terceiro credor entre o sócio e a sociedade, afigurando-se-nos que, agindo aquele por conta do sócio, os seus créditos deverão ficar sujeitos ao regime dos suprimentos.

Caberá, porém, à sociedade, ou ao administrador da insolvência judicial, provar que o terceiro agiu por conta do sócio, e que, como tal, os seus créditos constituem suprimentos.

5. A forma do contrato de suprimento

O artigo 243º, 6, do CSC dispõe que a validade do mútuo-suprimento não depende de forma especial, não lhe sendo aplicável as exigências de forma que o artigo 1143º do CCiv prescreve para o mútuo.

O contrato de mútuo-suprimento é, pois, um contrato *consensual*, podendo ser celebrado por escrito, ou, até, verbalmente.

---

[44] Obviamente, se o elemento temporal da permanência se vier a verificar em momento posterior à aquisição do crédito, este ficará da mesma forma sujeito ao regime dos suprimentos.
[45] Neste sentido, J. AVEIRO PEREIRA (2001), p. 65.

E, para não deixar dúvidas sobre a liberdade de forma do contrato de suprimento, o art. 243º, 6, estende, ainda, o carácter consensual ao negócio sobre adiantamento de fundos pelo sócio à sociedade, e à convenção de diferimento de créditos de sócios.

A liberdade de forma abrange assim qualquer uma das modalidades do contrato de suprimento, bem como negócios que, por falta do elemento temporal da permanência, ainda não podem ser qualificados como contrato de suprimento[46]

---

[46] Neste sentido, AVEIRO PEREIRA (2001), p. 82, e A. MOTA PINTO (2002), p. 371. Esteve mal o Ac. do STJ de 26/05/09 (www.dgsi.pt-processo 178/09.8YFLSB), ao acordar a nulidade de empréstimos com duração inferior a um ano, por aplicação do regime do mútuo civil.

ARTIGO 244º
Obrigação e permissão de suprimentos

1. À obrigação de efectuar suprimentos estipulada no contrato de sociedade aplica-se o disposto no artigo 209º quanto a obrigações acessórias.
2. A referida obrigação pode também ser constituída por deliberação dos sócios votada por aqueles que a assumam.
3. A celebração de contratos de suprimentos não depende de prévia deliberação dos sócios, salvo disposição contratual em contrário.

Índice
1. A obrigação de efetuar suprimentos
   1.1. Estipulada no contrato de sociedade
   1.2. Constituída através de deliberação
2. A permissão de efectuar suprimentos

Bibliografia
Vide a bibliografia indicada para o art. 243º.

1. A obrigação de efetuar suprimentos

Embora um pressuposto fundamental para a existência e realização de suprimentos resida na *liberdade de financiamento* da sociedade que, por este meio, os sócios mantêm e exercem, podem estes prescindir desta liberdade, obrigando-se a efetuar suprimentos à sociedade.

1.1. Estipulada no contrato de sociedade

Os sócios podem estipular logo no contrato de sociedade uma obrigação de efectuar suprimentos.

A este propósito, dispõe o art. 244º, 1, do CSC que à obrigação de prestação de suprimentos se aplica o regime das obrigações de prestações acessórias, previsto no art. 209º (art 287º, para as sociedades anónimas). Esta obrigação de celebração de contratos de suprimento, estipulada nos estatutos sociais, confere à sociedade o direito de exigir a prestação de suprimentos, e impõe aos sócios a correspondente obrigação.

A lei exige, porém, um mínimo de certeza na estipulação contratual de obrigações acessórias – fá-lo, aliás, em coerência com a limitação da responsabilidade dos sócios –, estabelecendo que esta deve fixar "*os elementos essenciais da obrigação*", e especificar *"se as prestações devem ser efectuadas onerosa ou gratuitamente"* (cfr. o art. 209º, 1).

Assim, a cláusula contratual deve permitir aos sócios prever o montante dos suprimentos que os sócios ficam obrigados a realizar. Na verdade, não existe elemento mais essencial da obrigação de prestação de suprimentos, pelo menos, na perspectiva dos sócios, do que o seu montante.

Se o contrato de sociedade estipular, apenas, um *limite máximo geral* de suprimentos, a sociedade, de acordo com o princípio da *igualdade de tratamento*, não poderá realizar discriminações entre os sócios, devendo exigir suprimentos aos sócios, em montante proporcional às respetivas participações sociais.

O texto do art. 209º, 1, não deixa, porém, qualquer dúvida sobre a possibilidade de limitar a obrigação de suprimentos a alguns sócios. O *objeto* também constitui um elemento essencial da obrigação de suprimentos, pelo que a cláusula do contrato de sociedade deverá estabelecer se os sócios ficam obrigados a entregar à sociedade dinheiro ou outra coisa fungível.

Sucede com frequência, as cláusulas contratuais preverem, apenas, a obrigação de prestação de suprimentos. Nestas hipóteses, os sócios podem ser obrigados a celebrar contratos de suprimento, em qualquer das suas modalidades[1].

A cláusula contratual deverá fixar, ainda, o carácter *oneroso* ou *gratuito* dos suprimentos – cfr. o art. 209º, 1. Não nos parece, contudo, que seja obrigatória a fixação logo do montante dos juros, ou de outras condições contratuais, como, por exemplo, o prazo de reembolso.

Se o sócio, depois de interpelado pela sociedade, se *recusar a cumprir* a obrigação de celebração do contrato de suprimento, será responsável, contratualmente, e poderá, por isso, ter de indemnizar a sociedade.

Os sócios poderão fixar, no contrato, uma sanção – v.g. uma cláusula penal ou uma fixação antecipada da indemnização[2] – para o incumprimento da obrigação de suprimentos por um sócio, que poderá mesmo consistir na exclusão da colectividade socia (v. o art. 209º, 4)[3].

1.2. Constituída através de deliberação

A obrigação de prestação de suprimentos pode também ser constituída através de deliberação dos sócios. Nesta hipótese, porém, apenas ficarão vinculados à

---

[1] V. A. MOTA PINTO (2002), p. 349s. Contra, RAÚL VENTURA (1989), p. 130.
[2] V. ANTÓNIO PINTO MONTEIRO (1990) *passim*.
[3] Neste sentido, RAÚL VENTURA (1978), p. 179.

realização de suprimentos os sócios que votarem, favoravelmente, a deliberação[4], de acordo com o princípio geral de que a sociedade não pode aumentar, unilateralmente, as prestações acordadas pelos sócios no contrato de sociedade – expresso no artigo 86º, 2.

A aprovação da deliberação carece, apenas, de maioria simples, e, muitas vezes, estando presentes todos os sócios, poderá ser tomada na assembleia geral anual, decidindo os sócios, logo na deliberação de distribuição de lucros, que estes serão reinvestidos no financiamento da sociedade através de suprimentos.

Note-se, contudo, que esta deliberação não vincula, necessariamente, a sociedade. Na realidade, o financiamento da sociedade com suprimentos não consta da lista de competências da assembleia geral (cfr. o art. 246º), pelo que os gerentes, apesar de aprovada a referida deliberação, podem não exigir a prestação de suprimentos.

Esta obrigação de prestação de suprimentos, constituída através de deliberação, tem um significado bem distinto para a posição do sócio do que a mesma obrigação estipulada no contrato de sociedade. A cláusula contratual, pelo seu carácter tendencialmente definitivo afeta a própria participação social, como um feixe de direitos, mas, também, de obrigações. Já a deliberação tem, apenas, o alcance de uma alteração transitória da posição do acionista, que termina com a realização dos suprimentos deliberados.

2. A permissão de efectuar suprimentos

A competência para celebrar contratos de suprimento pertence à gerência ou administração da sociedade, não sendo necessária qualquer deliberação dos sócios nesse sentido.

Contudo, os sócios podem acordar no contrato de sociedade a necessidade de a realização de suprimentos ser precedida de deliberação (cfr. o art. 244º, 3)[5], podendo, inclusivamente, submeter esta deliberação a requisitos especiais, nomeadamente, de *quorum* deliberativo[6]. A exigência de deliberação prévia dos

---

[4] O artigo 244º nº 2, refere-se à obrigação de efectuar suprimentos *"constituída por deliberação dos sócios votada por aqueles que a assumam."* V. COUTINHO DE ABREU (2003), p. 76, relacionando esta norma e a responsabilidade limitada dos sócios.

[5] Encontram-se, por vezes, em contratos de sociedades por quotas, cláusulas em que os sócios estipulam que podem efetuar suprimentos à sociedade. Estas cláusulas não têm, hoje, qualquer sentido útil, uma vez que nenhum preceito legal exige autorização do contrato de sociedade para a realização de suprimentos.

[6] Assim, RAÚL VENTURA, (1989), p. 131.

sócios, poderá resultar, indiretamente, de cláusulas contratuais restritivas da competência dos gerentes – *v.g.* vedando à gerência a possibilidade de concluir contratos de empréstimo[7].

A previsão da referida deliberação no contrato pode, aliás, ter o sentido de chamar os sócios a pronunciar-se sobre os meios de financiamento da sociedade, ou o de evitar que a sociedade possa celebrar contratos que, pelas suas condições – *v.g.* taxa de juro estipulada –, beneficiem certos sócios em prejuízo de outros[8].

Sendo aprovada uma deliberação de celebração de contratos de suprimento, esta produzirá efeitos imediatos dentro da corporação: nascerá, desde logo, um direito dos sócios à celebração dos referidos contratos e a referida deliberação tem, ao mesmo tempo, o sentido de uma ordem à gerência para a aceitação dos suprimentos.

Se for celebrado um contrato de suprimento *sem antecedência da deliberação*, estatutariamente exigida, a sociedade não fica vinculada, ao contrário do que *prima facie* poderia resultar do artigo 260º, 1. Na verdade, o sócio não pode ser considerado um terceiro, visto que todo o regime do contrato de suprimento se deve à específica qualidade de sócio de um credor da sociedade, que conhece ou, pelo menos, deveria conhecer as limitações constantes do contrato de sociedade.

Por outro lado, os restantes sócios não devem ser obrigados a aceitar o financiamento da sociedade com suprimentos quando o contrato de sociedade impunha uma deliberação da coletividade social.

---

[7] RAÚL VENTURA (1978), p. 199.
[8] Neste sentido, BRITO CORREIA (1989), p. 493.

ARTIGO 245º
Regime do contrato de suprimento

1. Não tendo sido estipulado prazo para o reembolso dos suprimentos, é aplicável o disposto no nº 2 do artigo 777º do Código Civil; na fixação do prazo, o tribunal terá, porém, em conta as consequências que o reembolso acarretará para a sociedade, podendo, designadamente, determinar que o pagamento seja fraccionado em certo número de prestações.

2. Os credores por suprimentos não podem requerer, por esses créditos, a falência da sociedade. Todavia, a concordata concluída no processo de falência produz efeitos a favor dos credores de suprimentos e contra eles.

3. Decretada a falência ou dissolvida por qualquer causa a sociedade:
a) Os suprimentos só podem ser reembolsados aos seus credores depois de inteiramente satisfeitas as dívidas daquela para com terceiros;
b) Não é admissível compensação de créditos da sociedade com créditos de suprimentos.

4. A prioridade de reembolso de créditos de terceiros estabelecida na alínea a) do número anterior pode ser estipulada em concordata concluída no processo de falência da sociedade.

5. O reembolso de suprimentos efectuado no ano anterior à sentença declaratória da falência é resolúvel nos termos dos artigos 1200º, 1203º e 1204º do Código de Processo Civil.

6. São nulas as garantias reais prestadas pela sociedade relativas a obrigações de reembolso de suprimentos e extinguem-se as de outras obrigações, quando estas ficarem sujeitas ao regime de suprimentos.

Índice

1. O reembolso dos suprimentos
    1.1. Presunção de onerosidade do mútuo-suprimento?
2. Os suprimentos na insolvência
    2.1. Proibição de o sócio credor requerer a insolvência
    2.2. Efeitos do plano de insolvência sobre os suprimentos
    2.3. Subordinação dos suprimentos à satisfação dos restantes créditos sociais
    2.4. Resolubilidade dos reembolsos de suprimentos no ano que antecede a insolvência

Bibliografia
Vide a bibliografia indicada para o art. 243º.

1. O reembolso dos suprimentos

Antes da autonomização do contrato de suprimento em relação ao mútuo (com a aprovação do CSC), a sociedade dispunha, apenas, de trinta dias para realizar o reembolso dos suprimentos, após a sua exigência, no mútuo gratuito, ou após a denúncia do contrato, no mútuo oneroso (arts. 777º, 1 e 1148º, 1 e 2 do CCiv.). É óbvio que tal situação causava graves dificuldades às sociedades que, contando com determinadas verbas para o seu giro comercial, de repente se viam obrigadas a realizar a sua restituição.

A nossa jurisprudência, contudo, revelou-se pouco sensível a estas dificuldades das sociedades e, qualificando os suprimentos como simples mútuos, impunha a quase imediata obrigação de reembolso.

Para fazer face a estes problemas, o legislador prescreveu no art. 245º, 1 a possibilidade de a sociedade requerer um prazo ao tribunal para o cumprimento da obrigação de reembolso, nos termos do art. 777º, 2, do Cciv. O sentido desta norma é o de afastar o regime do mútuo, impossibilitando que o sócio credor possa, a todo o tempo, exigir o imediato reembolso dos suprimentos, desta forma acautelando os interesses da sociedade numa certa estabilidade dos seus meios de financiamento.

Como resulta da letra do art. 245º, 1, a faculdade que prescreve apenas se aplica nas hipóteses em que sócio e sociedade não tenham acordado qualquer prazo de reembolso dos suprimentos.

Se o contrato de suprimento foi celebrado sem prazo, os problemas normalmente surgirão, quando o sócio *interpela* a sociedade para efetuar o reembolso. Face a esta interpelação, a sociedade pode cumprir, de imediato, uma vez que o art. 245º, 1, lhe confere uma faculdade de que pode dispor, ou pode acordar com o sócio um prazo de cumprimento. Se a sociedade não puder ou não quiser cumprir, de imediato, nem chegar a acordo com o sócio, poderão ambos requerer ao tribunal[1] a fixação de um prazo.

A fixação judicial de prazo para o reembolso dos suprimentos segue os termos, muito simples, do processo especial previsto nos arts. 1026º e 1027º do CPC, cabendo ao sócio, ou à sociedade (requerentes) requerer um prazo adequado para o cumprimento.

Ainda que o sócio ou sociedade (requeridos) não respondam ao requerimento, caberá ao juiz fixar um prazo que *"considere razoável"* (art. 1027º do CPC). Atento o melindre que o reembolso de suprimentos tantas vezes representa, o legislador foi mais longe, e determinou, expressamente, que na fixação do

---

[1] Com base na relação social que subjaz ao contrato de suprimento (e que o distingue do mútuo), tem-se reconhecido aos tribunais de comércio competência material para as ações de condenação da sociedade no reembolso dos suprimentos – v. o Ac. do STJ de 07/06/11 (www.dgsi.pt – processo nº 612/08.4TVPRT.P1.S1) e o Ac. da RL de 12/03/09 (www.dgsi.pt – processo nº 10562/08-2).

prazo o juiz deverá ter *"em conta as consequências que o reembolso acarretará para a sociedade, podendo, designadamente, determinar que o pagamento seja fraccionado em certo número de prestações"* (artigo 245º, 1).

Analisemos primeiro, sumariamente, os poderes à disposição do juiz para depois aferirmos como se pode relacionar o seu juízo sobre as consequência do reembolso para a sociedade, com a utilização desses poderes.

Não há dúvida de que o juiz não pode deixar de fixar prazo, nem pode fixar esse prazo, condicionando-o, contudo, à verificação de certas circunstâncias económicas ou financeiras da sociedade. Como é óbvio, também não poderá fixar um prazo tão longo que, em termos práticos equivaleria à sua não fixação.

O juiz pode, por um lado, estabelecer um prazo de pagamento que variará *em função da situação financeira* da sociedade. Sendo o suprimento um crédito a longo prazo, o sócio que financiou por esse meio a sociedade poderá, perfeitamente, suportar um prazo superior a um ano. Por outro lado, o juiz poderá utilizar a faculdade que o legislador lhe reconhece, de fracionar o pagamento num certo número de prestações, o que permitirá fixar prazos de pagamento superiores.

Quanto às circunstâncias que o juiz deve ter em conta na fixação deste prazo, refere-se o art. 245º, 1, apenas, às *"consequências que o reembolso acarretará para a sociedade"*.

Convém densificar tal noção, referindo quais são essas circunstâncias.

Parece-nos, antes de mais, que ao fixar o prazo o juiz não pode abstrair da configuração concreta que o suprimento assume enquanto prestação substitutiva de capital. Na realidade, é distinta a situação de uma sociedade que pode obter crédito no mercado, e por esse meio, pagar os suprimentos, da de uma outra sociedade que, face à sua crise financeira e à ausência de meios próprios terá muita dificuldade em efectuar o reembolso.

Ou seja, o tribunal não pode deixar de ter em conta o *critério material de identificação* dos suprimentos, concedendo um prazo mais alongado nas hipóteses em que (face ao balanço da sociedade) é notório que os suprimentos se encontram a *substituir capital*, e um prazo menos alongado quando essa função não seja tão notória.

Por outro lado, e embora o artigo 245º, 1, refira que o juiz deve, apenas, ter em conta as consequências do reembolso para a sociedade, parece-nos que não pode deixar de ter em conta uma visão global sobre a estabilidade da sociedade, incluindo a posição dos seus credores.

Na verdade, a apreciação que o juiz fará sobre as consequências do reembolso para a sociedade, estabelecendo um juízo sobre a estabilidade da sociedade, apesar desse reembolso, não pode deixar de ter em conta tal posição dos credores[2]. Pois, na realidade, a eventual dissolução da sociedade depende da sua capacidade para, a seguir ao reembolso continuar a realizar pagamentos. Caso a sociedade perca esta capacidade, a insolvência será o destino provável e, como tal, não serão só os credores sociais afetados, mas a própria sociedade que acaba por se dissolver.

Assim, antes da fixação de prazo, o juiz deve consultar um balanço, informar-se sobre o *volume do capital alheio* da sociedade (as suas dívidas) e confrontar esse volume com o capital próprio da sociedade.

Deve, mesmo, ao analisar a estabilidade da sociedade, informar-se sobre os prazos de vencimento das respectivas dívidas, para formar um juízo sobre as *necessidades de capital* da sociedade, e até, sobre a eventualidade de com o pedido de reembolso o sócio pretender *antecipar-se ao vencimento* de uma dívida da sociedade face a um terceiro.

Se concluir que, em breve, a sociedade terá de satisfazer créditos de terceiros, deverá fixar um prazo de reembolso que permita à sociedade dispor dos suprimentos para efectuar esses pagamentos. Nas hipóteses em que o juiz tem razões para crer que o fim da sociedade pode estar para breve, e que, através do reembolso, o sócio vai retirar da sociedade verbas necessárias para pagar aos seus credores, poderá estabelecer um prazo mais longo (*v.g.* até três anos), de pagamento em prestações[3].

Note-se que os suprimentos não deixam de ser créditos, que não se submetem à conservação do capital social, devendo ser restituídos ainda que o capital próprio da sociedade seja ou por força da restituição se torne inferior à cifra do capital social[4].

1.1. Presunção de onerosidade do mútuo-suprimento?

Quando o sócio vem a juízo exigir o reembolso dos suprimentos efetuados à sociedade, não se tendo fixado, expressamente, qualquer cláusula de juros, é normal o surgimento de conflitos sobre a onerosidade do mútuo. O sócio credor exige o reembolso do capital alheio entregue à sociedade, acrescido dos respectivos juros, ao que a sociedade contrapõe o carácter gratuito do contrato.

---

[2] Neste sentido, BRITO CORREIA, (1989), p. 496, e A. MOTA PINTO (2002), p. 375-376.
[3] Para mais desenvolvimentos, v. A. MOTA PINTO (2002), p. 375, s..
[4] V. A. MOTA PINTO (2002), p. 377, s..

O problema levanta-se para o mútuo-suprimento, uma vez que o art. 1145º do CCiv estabelece uma *presunção de onerosidade* do mútuo. De acordo com esta norma, o mútuo presume-se retribuído através do pagamento de juros pelo mutuário. Por outro lado, o art. 395º do CCom. parece estabelecer uma presunção inilidível de onerosidade do empréstimo mercantil – mas os sócios das sociedades por quotas, enquanto tais, não são comerciantes, pelo que o artigo 395º não é aqui aplicável.

Temos, assim, de verificar se a presunção de onerosidade estabelecida para o mútuo civil se justifica para o contrato de suprimento na modalidade de mútuo.

A favor da presunção de onerosidade, tem-se invocado o argumento, geralmente, utilizado para explicar a onerosidade do mútuo civil, de que o contrato de suprimento representa para o sócio uma *opção de investimento* ao lado de outras, pelo que, normalmente, o sócio não se privará do capital mutuado sem a obtenção de um rendimento compensador. Os fundos que o sócio coloca à disposição da sociedade podiam ter sido empregues fora da exploração empresarial de uma forma mais remuneratória.

Por outro lado, argumenta-se, ainda que o sócio corre o risco sério, dada a protecção dos credores que o regime do contrato de suprimento opera, de não vir a ser reembolsado, pelo que, normalmente, esperará uma compensação[5].

Porém, parece-nos que os interesses próprios do contrato de suprimento ditam, aqui, uma solução distinta da que vale para o mútuo.

De facto, em relação ao contrato de suprimento, perde razão de ser o argumento baseado na normalidade da obtenção de compensação por parte de quem confere a outrem o uso do dinheiro, porque o sócio obtém, como tal, outras compensações pela realização do suprimento. Na verdade, ao financiar a sociedade com suprimentos, o sócio proporciona as condições para que esta venha a produzir lucros, que, em parte caberão ao sócio. Ao contrário de um mutuante normal, o sócio já obtém, pois, em certa medida uma remuneração pela realização de suprimentos, dado que pode fruir, empresarialmente, o empréstimo realizado à sociedade, através dos lucros futuros.

Por outro lado, já vimos que o contrato de suprimento pressupõe que o sócio, ao financiar a sociedade, age *uti socius*, podendo até o sócio afastar essa qualificação se provar que financiou a sociedade como um qualquer terceiro. Assim sendo, uma vez que existe uma relação especial entre mutuante e mutuária, não nos parece que se verifique a razão em que assenta a presunção de onerosi-

---

[5] Assim, J. AVEIRO PEREIRA (2001), p. 88.

dade do mútuo suprimento. Se o sócio ao exigir o reembolso, exige, ao mesmo tempo, o pagamento de juros, terá de provar que acordou com a sociedade essa remuneração[6].

2. Os suprimentos na insolvência

O financiamento da sociedade com suprimentos só gera problemas aos credores sociais numa situação de crise financeira da sociedade, dado que, se esta dispuser de património suficiente para pagar aos sócios credores e aos credores estranhos, nenhum problema se levantará.

Portanto, o conflito com os restantes credores concretiza-se, sobretudo, no concurso falimentar. Se perspectivássemos os suprimentos, apenas, numa óptica formal, os sócios credores, na insolvência, seriam tratados em igualdade com os restantes credores sociais, reduzindo a quota destes no concurso. Para evitar este resultado, o legislador estabeleceu uma série de limitações ao sócio credor na insolvência, que distinguem a sua posição de um vulgar credor.

2.1. Proibição de o sócio credor requerer a insolvência

A primeira limitação da posição do sócio enquanto credor na insolvência reside no facto de a lei vedar ao sócio credor o requerimento da insolvência (cfr. art. 245º, 2)[7].

Esta regra compreende-se pelo próprio caráter substitutivo de capital do suprimento. Na realidade, se o sócio em vez de realizar o suprimento tivesse efetuado uma entrada de capital, não teria o direito de requerer a insolvência, pelo que não faria sentido que substituindo prestações de capital por suprimentos, o sócio adquirisse um tal direito[8].

Por outro lado, admitir o sócio a requerer a insolvência da sociedade poderia corresponder a admitir um *comportamento contraditório* (um *venire conta factum proprium*), dado que o sócio financia a manutenção da actividade social, eventualmente, criando expectativas nos credores da sociedade, e, posteriormente, valendo-se do modo de financiamento escolhido poderia vir requerer o termo da sociedade.

---

[6] Neste sentido, RAÚL VENTURA (1989), p. 125, A. MOTA PINTO (2002), p. 380 e COUTINHO DE ABREU (2003), p. 75.

[7] A norma refere-se, apenas, a credores por suprimentos, abrangendo, por isso, qualquer sujeito que seja titular de um crédito com essa qualificação, ainda que não seja sócio (*v.g.* um cessionário de um crédito de suprimento).

[8] Assim, RAÚL VENTURA (1978), p. 218.

O art. 245º, 2 é bastante claro, em vedar aos credores de suprimentos o requerimento de insolvência pelos créditos de suprimento, admitindo, por isso, os sócios a requerer a insolvência da sociedade por outros créditos. É notório, contudo, que esta faculdade abre a porta a fraudes, pelo que se deverá ter um cuidado redobrado na qualificação dos créditos do sócio, não atendendo, apenas, ao elemento temporal, mas, também, ao critério material de substituição de capital próprio.

2.2. Efeitos do plano de insolvência sobre os suprimentos

O art. 245º, 2, prevê a hipótese em que os credores sociais através de uma concordata (assim, ainda a letra actual da norma) afastem a hipótese de falência, prescrevendo que esta medida de recuperação da empresa produzirá efeitos a favor dos credores de suprimentos e contra eles[9]. Como é óbvio, com a aprovação do CIRE e a supressão desta medida de recuperação, a referência legal à concordata deve considerar-se substituída por plano de insolvência.

Aliás, conforme dispõe o art. 217º do CIRE, com a sentença de homologação *"produzem-se as alterações dos créditos sobre a insolvência introduzidas pelo plano de insolvência, independentemente de tais créditos terem sido, ou não, reclamados ou verificados"*.

Não faria, de facto, qualquer sentido que, no plano de insolvência, os restantes credores sociais convencionassem um sacrifício patrimonial, através da redução ou modificação de créditos e o credor de suprimentos pudesse manter o seu crédito imune a esta convenção.

Podem, assim, os créditos de suprimentos ser reduzidos ou os respectivos prazos de vencimento prorrogados, por efeito do plano de insolvência.

2.3. Subordinação dos suprimentos à satisfação dos restantes créditos sociais

Regra fundamental do contrato de suprimento na insolvência é a constante do art. 245º, 3, a), que prescreve que os suprimentos só podem ser reembolsados depois de satisfeitas as dívidas dos outros credores sociais.

No mesmo sentido, dispõe agora o artigo 48º, 1, g), do CIRE, que *"os créditos por suprimentos"* são créditos subordinados, *"graduados depois dos restantes créditos sobre a insolvência"*.

---

[9] Note-se que esta norma só tinha sentido útil, à luz do Anteprojeto de Coimbra, que pura e simplesmente impedia os sócios de reclamarem os seus créditos na falência: os sócios credores não eram credores falenciais, não tomavam parte na concordata, pelo que o legislador se via obrigado a estender o acordo concordatário aos sócios...

Estas normas dirigem-se ao administrador da insolvência, impedindo-o de pagar qualquer crédito de suprimento *antes de completamente satisfeitos* os restantes credores sociais. E se, porventura, se violar este comando, além da correspondente responsabilidade pessoal, o ato violador é nulo, nos termos do art. 280º do CCiv.

Depois de pagas as dívidas sociais a terceiros, se sobrar património social serão pagos os suprimentos e, posteriormente, partilha-se o ativo restante. Os créditos de suprimentos, como capital quase próprio, ficam, assim, numa posição intermédia entre os credores sociais (o capital alheio) e o direito dos sócios à restituição do capital próprio investido na sociedade.

Para garantir a eficácia da prioridade dos credores sociais, o art. 245º, 3, b) proíbe, ainda, a compensação de créditos da sociedade com créditos de suprimentos.

Se, ao arrepio da proibição estabelecida neste artigo, após a dissolução da sociedade ou a sentença declaratória de insolvência, for efetuada compensação entre o crédito de suprimento e a dívida do sócio à sociedade, tal compensação será declarada nula (cfr. art. 294º do CCiv), mas subsistirão, quer o crédito de suprimento, quer o crédito da sociedade (cfr. art. 856º do CCiv).

Ainda como meio de assegurar a eficácia da prioridade dos terceiros credores sobre os créditos de suprimento, o art. 245º, 6 prescreve a nulidade das garantias reais prestadas pela sociedade a obrigações de suprimentos.

2.4. Resolubilidade dos reembolsos de suprimentos no ano que antecede a insolvência

Prevenindo a possibilidade de os sócios, perante a iminência da insolvência, realizarem apressados reembolsos de suprimentos, o art. 245º, 5, do CSC prescreve que os reembolsos de suprimentos efetuados no ano anterior à sentença que declarou a insolvência são resolúveis.

Note-se que nos encontramos, aqui, numa área de tutela fundamental dos suprimentos, a situação *pré-falencial* (num "período suspeito") de uma empresa, em que não se pode admitir que os sócios lancem todos os riscos empresariais para a esfera dos credores, retirando os suprimentos da sociedade.

Seguindo propostas doutrinais[10], no art. 121º, 1, i), do CIRE, o legislador corrigiu o *dies a quo* do prazo (não fazia sentido que este se contasse a partir da data da sentença que declara a falência), dispondo que o mesmo se inicia, na *"data do início do processo de insolvência"*, ou seja, na data da entrada da petição no tribunal.

---

[10] Assim, J. AVEIRO PEREIRA (2001), p. 98-99, e A. MOTA PINTO (2002), p. 385-386.

ÍNDICE ANALÍTICO*

* Os ordinais (em negrito) indicam os artigos do CSC; os demais números referem-se aos comentários dos artigos onde os assuntos são tratados.

Abuso de direito: **225º**, 6., **226º**, 2., **211º**, 1.3.

Acção pauliana: **239º**, 3.

Acto constituinte de sociedade
E "empresa na hora": **199º**, 1.4., 2.
E empresa "online": **199º**, 1.4., 2.
Em nome coletivo: **176º**
  Alteração: **194º**, 1., 2.
Menções: **176º**, 1., **199º**, 1., 2.
Por quotas: **199º**

Amortização da quota: **225º**, 3., 6., **226º**, 1., 2., **227º**, 1., **239º**, 3., 5., 6.
Amortização parcial: **233º**, 5., **238º**
Conceito: **232º**, 1.
Contrapartida: **226º**, 3., **235º**, 1., **239º**, 5.
  Falta de pagamento: **235º**, 4.
  Fixação do valor: **235º**, 2.
  Prazo e modo de pagamento: **235º**, 3.
Deliberação de: **234º**, 1., 2.
Efeitos internos e externos: **237º**
Espécies: **232º**, 3., 4., 5., **233º**, 2., 3., 4.
Pressupostos gerais: **232º**, 2.
Salvaguarda do capital social: **236º**

Cabeça-de-casal: **225º**, 3., 7., **226º**, 1., 2., **227º**, 1., 2.

Capital social
A "eliminação" do capital social mínimo nas SQ: **201º**, 1.
Funções: **201º**, 3.
Proibição da contabilização das entradas em indústria: **178º**, 1.

Cláusula de continuação
De sociedade em nome coletivo: **184º**, 3.

Cláusula de estabilização
De sociedade em nome coletivo: **184º**, 3., 4.

Cláusulas de intransmissibilidade: 225º, 2.

Cônjuges
De sócios de SENC: **184º**, 6.

Credor de sócio: 239º, 2.

Credores fracos e credores fortes: 201º, 5.4.2.

Deliberações dos sócios
Atas: **189º**, 3.
Competência deliberativa dos sócios nas SENC: **189º**, 1.
E amortização de quota: **234º**, 1., 2., 3.
E falecimento de sócio: **225º**, 4.
Formas de deliberação nas SENC: **189º**, 2.
Natureza jurídica: **183º**, 5.
Nulas por vício de conteúdo: **227º**, 4.
Relativamente ineficazes/inoponíveis: **183º**, 5., **239º**, 2.

Direito de preferência
Na venda executiva de quota penhorada: **239º**, 6.
Na venda executiva do direito aos lucros e à quota de liquidação: **183º**, 5.

Desconsideração da personalidade jurídica: 201º, 5.4.

Direito dos sócios à informação
E bons costumes: **216º**, 2.
Nas sociedades anónimas: **216º**, 2.
Nas sociedades em nome coletivo: **181º**, **216º**, 2.
Nas sociedades por quotas: **214º**, **215º**, **216º**, 2.

Direito de regresso: 175º, 3.3., **198º**, 4.

Direito de voto
E transmissão de quotas: **226º**, 2., **227º**, 3.
Nas sociedades em nome coletivo: **190º**, 1., 2., 3.

Direitos dos sócios
Suspensão dos: **227º**, 2., 3.

Dissolução de sociedade em nome coletivo
Causas legais e especiais de dissolução voluntária, administrativa ou deliberada: **184º**, 2., **195º**, 1.

Entradas
Cláusulas estatutárias: **199º**, 1.2., 1.3.
Diferimento: **175º**, 2.2., **199º**, 1.3, **202º**, 4.1., **203º**
E liquidação de sociedade em nome coletivo: **195º**, 2.
Em dinheiro: **175º**, 2.2., **199º**, 1.4., **202º**, 4.
    Desnecessidade de depósito bancário nas SQ: **202º**, 4.2.
    Possibilidade de imediata utilização: **202º**, 4.3.
Em espécie: **175º**, 2.1., **199º**, 1.4., **202º**, 3.
    A duplicidade de regimes nas SENC: **179º**, 1., 3.
    Entradas com créditos: **183º**, 3.
Em indústria: **178º**, 1.
    Proibição nas SQ: **202º**, 1.

Erro na forma de processo: **216º**, 5.

Exclusão de sócio
Caracterização geral: **186º**, 1., **241º**, 1., 2.
Casos previstos na lei: **186º**, 2., **204º**, 1., 3., **241º**, 3., **242º**, 1.
Cláusula contratual de: **186º**, 2., **241º**, 4.
Contrapartida da: **186º**, 3., **241º**, 5., **242º**, 3.
Exercício do direito à: **186º**, 3., **241º**, 6., **242º**, 2.

Execução
Direito aos lucros: **183º**, 2.
Quota de liquidação: **183º**, 2., 5.

Exoneração de sócio
Caracterização geral e fundamento: **185º**, 1., **240º**, 1.
Casos previstos na lei: **185º**, 2., **240º**, 2., 3.
Cláusula contratual de: **185º**, 3., **240º**, 4.

Exercício do direito à: **185º**, 4., **240º**, 5.
Tutela da posição do sócio: **185º**, 5., **240º**, 6.

Fideicomisso: 227º, 6.

Firma
Denominação: **200º**, 2.
E apelido do sócio: **177º**, 1.
E nome de sócio: **177º**, 1.
E responsabilidade de não sócio: **177º**, 2.
E sociedade em nome coletivo: **177º**
E sociedade por quotas: **200º**
Estabilidade da firma: **200º**, 3.
Mista: **200º**, 2.
Nome: **200º**, 2.
Princípio da verdade da: **177º**, 2., **200º**, 3.

Gerência das sociedades em nome coletivo
Competência: **192º**
Composição: **191º**, 1., 2., 3.
Destituição de gerentes: **191º**, 5.
Funcionamento: **193º**
Remuneração: **192º**, 5.

Gerente
Destituição de: **216º**, 5.
Responsabilidade civil contratual: **216º**, 7.
Responsabilidade contraordenacional: **216º**, 7.
Responsabilidade criminal: **216º**, 7., **234º**, 6.

Herança
Jacente: **226º**, 1.
Indivisa: **184º**, **225º**, 3., 7., **226º**, 1., 2., **227º**, 5.
    Partilha da herança: **227º**, 6.
Repúdio de: **226º**, 1.

Inquérito judicial: 216º
E cônjuge do sócio: **216º**, 3.

E ónus da prova: **216º**, 4.
E princípio do inquisitório: **216º**, 5.
E sócio gerente: **216º**, 3.
Legitimidade processual: **216º**, 2., 3.

Investidura judicial (processo de): 216º, 3.

Legado
De quota: **226º**, 1.
Sob condição resolutiva: **227º**, 6.

Liquidação de sociedade em nome coletivo
De parte social: **184º**, 2., 3.
Regime especial: **195º**, 2.

Lucros: 217º, 1., **227º**, 6.
De exercício: **217º**
Em quota penhorada: **239º**, 3.
Justificado não pagamento: **217º**, 6.
Pagamento a não sócios: **217º**, 7.
Pagamento antecipado: **217º**, 8.
Vencimento: **217º**, 5.

Negócio consigo mesmo: 225º, 5.

Obrigações dos sócios (v. **Sócios**)

Ónus da prova: 216º, 4.

Parte social
Constituição de direitos reais de gozo: **182º**, 3.
Destino da parte social extinta: **187º**
Liquidação da parte social: **184º**, 2., **188º**
Proibição de representação: **176º**, 2.
Transmissão entre vivos: **184º**, 2., **182º**, 1., 2., 4.
Valor da liquidação: **183º**, 5.

Penhora
De bens inalienáveis: **183º**, 2.
De créditos: **239º**, 5.
  Futuros: **183º**, 5.
De quinhão sobre património indiviso: **183º**, 5.
De quota de sócio em SQ: **183º**, 1., **239º**, 3.
  Âmbito da penhora: **239º**, 3.
  Depositário: **239º**, 3.
  Objecto da: **239º**, 2.
  Notificação da penhora: **239º**, 3.
  Registo da penhora: **239º**, 3.
  Trâmite da penhora de quota: **239º**, 2.
  Transmissão de quota: **239º**, 4.
Direitos aos lucros: **183º**, 2., 5.
Oposição à: **183º**, 3.
Quota de liquidação: **183º**, 2., 5.
Subsidiária: **183º**, 2., 3.
Substituição da penhora: **183º**, 3.

Penhorabilidade subsidiária: 175º, 4.1.

Prestação de contas (acção de): 216º, 5., 6.

Prestações acessórias (obrigações de)
Cláusula no contrato de sociedade: **209º**, 2.
Como capital alheio, próprio ou quase-próprio: **209º**, 5.
Constituídas por deliberação: **209º**, 4.
Contraprestação: **209º**, 2.
Elementos essenciais: **209º**, 2.
Exigibilidade: **209º**, 2.
Incumprimento: **209º**, 2.
Objeto: **209º**, 3.
Onerosidade e gratuitidade: **209º**, 2.
Restituição: **209º**, 5.
Surgimento histórico: **209º**, 1.

Prestações suplementares (obrigações de)
Cláusula permissiva: **210º**, 3.1.
Como capital próprio: **210º**, 2.
Deliberação de: **211º**, 1.
Exigibilidade: **210º**, 3, 211º, 1.
Incumprimento: **212º**, 1.
   Consequências do: **212º**, 2.
Nas sociedades anónimas?: **210º**, 4.
Restituição: **213º**.
   Deliberação de: **213º**, 1.
   Igualdade de tratamento dos sócios: **213º**, 3.
   Limites à restituição: **213º**, 2.
Surgimento histórico: **210º**, 1.

Princípio do inquisitório: 216º, 5.

Providências cautelares: 216º, 3.

Quota(s)
Amortização: **232º**, **233º**
Aquisição de: **225º**, 5.
Cessão: **228º**, **229º**, **230º**, **231º**
Consistência da: **227º**, 4.
Contitularidade: **222º**, **223º**, **224º**, **225º**, 3., **238º**
Direitos da sociedade sobre o produto da venda: **208º**, 1.
Divisão: **204º**, 4, **221º**, **238º**
Indisponibilidade subjetiva da: **239º**, 4.
Integrada na herança indivisa: **227º**, 5.
Liquidação de: **225º**, 1., 6.
Montante: **219º**, 3.
Partilha de: **225º**, 3.
   Entre contitulares: **221º**, 1.4.
Penhora de: **239º**
Proibição de representação: **197º**, 3., **219º**, 7.
Próprias: **225º**, 5.
Representante comum das: **227º**, 1., 2.
Responsabilidade dos anteriores titulares da: **206º**, 2.

Transmissão de: **239º**, 4.
  Parcelada: **221º**, 1.3.
  Parcial: **221º**, 1.3.
  Por morte de: **225º**
Unidade: **219º**
Unificação: **219º**, 5.
Valor nominal: **219º**, 3.
Venda pela sociedade: **205º**, 1., 2., 3.
Transmissão *mortis causa* de: **226º**, 1.

Reserva legal: 218º
Destinação: **218º**, 4.
Finalidades: **218º**, 1.
Limites mínimos. Possibilidade de fixação de valores superiores por via contratual: **218º**, 3.
Regime de constituição e reintegração: **218º**, 2.
Violação do regime da reserva legal: **218º**, 6.

Responsabilidade do sócio de SENC
Por dívidas da sociedade: **183º**, 2.

Sociedade
Consentimento da: **225º**, 2., **239º**, 1., 4.
Dissolução administrativa: **184º**, 6., **226º**, 2., 3.
Dissolução automática: **184º**, 3., **225º**, 1.
Dissolução de SENC: **183º**, 4.
Sem sócios: **220º**, 3.3.
Sub-rogação no crédito: **239º**, 5.

Sociedades de 1€: 201º, 5.1.

Sociedade de capitais: 197º, 4.

Sociedade de pessoas: 175º, 1., **197º**, 4.

Sociedade em nome coletivo
Dissolução: **184º**, 2., 5.

Morte de sócio de: **184º**.
Transmissão de parte de: **184º**, 4.

Sócio(s)
Admissão de novos sócios nas SENC: **194º**, 3.
Cônjuge de: **184º**, 6.
De indústria: **175º**, 2.1., 3.3.
Direito de voto dos: **239º**, 3.
Direitos dos: **227º**, 2.
Exclusão: **186º**, **241º**, **242º**
Exoneração: **185º**, **240º**
Herdeiro de: **225º**, 2.
Morte de: **225º**, 1.
Obrigações: **227º**, 3.
Proibição de concorrência: **180º**, 1., 4., 5.
Proibição de participação noutras sociedades: **180º**, 2., 3., 4., 5.,
Remissos: **204º**, 1., 2.
Representante comum de: **225º**, 3.
Responsabilidade do sócio remisso: **206º**, 1.
Responsabilidade dos anteriores titulares da quota: **206º**, 2.
Responsabilidade por dívidas de entrada de outros sócios: **207º**, 1.
Responsabilidade pela entrada
    Individual: **175º**, 2.1., **195º**, 2.
    Solidária: **197º**, 2.1.
Responsabilidade pelas obrigações sociais
    Âmbito: **175º**, 3.1., **195º**, 2., **197º**, 2.2., **198º**, 3.
    Convenções: **175º**, 3.4.
    Direta na SQ: **198º**, 2.1.
    E desconsideração da personalidade jurídica da sociedade: **197º**, 2.3.
    E insolvência da sociedade: **175º**, 4.2.
    E insolvência do sócio de SENC: **195º**, 2.
    Na fase da liquidação na SENC: **195º**, 2.
    Na fase da liquidação na SQ: **198º**, 2.2.2.
    Solidária: **175º**, 3.3., **195º**, 2., **197º**, 2.3, **198º**, 2.2.1.
    Subsidiária: **175º**, 3.2., 4., **195º**, 2., **198º**, 2.2.2.
Responsabilidade pelas perdas sociais: **175º**, 3.3., **178º**, 2., 3., **197º**, 2.2.
Sucessores de: **184º**, **225º**, 2., 3., **227º**, 2., 3., 4.

Subcapitalização: **201º**, 5.4., **243º**, 2.
  E descapitalização (distinção): **201º**, 5.5.

Sucessores
De sócio de SENC: **184º**, 4., 6.

Suprimentos
E proteção dos credores sociais: **243º**, 2.
E subcapitalização: **243º**, 2.
Entre o capital próprio e o capital alheio: **243º**, 1.
Forma do contrato de: **243º**, 5.
Mútuo e diferimento de créditos: **243º**, 4.3.
Na insolvência: **245º**, 2.
Nas sociedades anónimas: **243º**, 3.2.
Objeto do contrato de: **243º**, 4.1.
Obrigação de efetuar: **244º**, 1.
  No contrato de sociedade: **244º**, 1.1.
  Constituída por deliberação: **244º**, 1.2.
Permanência dos créditos na sociedade: **243º**, 4.2.
Permissão de efectuar: **244º**, 2.
Presunção de onerosidade?: **245º**, 1.1.
Reembolso dos: **245º**, 1.
Sujeitos do contrato de: **243º**, 3.
Sócio credor de: **243º**, 3.1.
Terceiros sujeitos ao regime dos: **243º**, 3.1.

Venda executiva
De quota: **239º**, 6.
Direitos aos lucros: **183º**, 5.
Quota de liquidação: **183º**, 5.

ÍNDICE GERAL

Siglas e Abreviaturas.   7

Título II – **Sociedades em nome coletivo**
Capítulo I – **Características e contrato**.   13

Artigo 175º – Características
Maria Elisabete Ramos.   13

Artigo 176º – Conteúdo do contrato
Maria Elisabete Ramos.   30

Artigo 177º – Firma
J. P. Remédio Marques   36

Artigo 178º – Sócios de indústria
Paulo de Tarso Domingues.   39

Artigo 179º – Responsabilidade pelo valor das entradas
Paulo de Tarso Domingues.   45

Artigo 180º – Proibição de concorrência e de participação noutras sociedades
Alexandre de Soveral Martins.   49

Artigo 181º – Direito dos sócios à informação
Alexandre de Soveral Martins.   59

Artigo 182º – Transmissão entre vivos de parte social
Alexandre de Soveral Martins.   68

Artigo 183º – Execução sobre a parte do sócio
J. P. Remédio Marques   76

Artigo 184º – Falecimento de um sócio
J. P. Remédio Marques   86

Artigo 185º – Exoneração do sócio
Carolina Cunha   95

Artigo 186º – Exclusão do sócio
Carolina Cunha   103

Artigo 187º – Destino da parte social extinta
Paulo de Tarso Domingues.   111

Artigo 188º – Liquidação da parte
Paulo de Tarso Domingues 114

Artigo 188º-A – Registo de partes sociais
Margarida Costa Andrade 118

Capítulo II – **Deliberações dos sócios e gerência** 120

Artigo 189º – Deliberações dos sócios
J. M. Coutinho de Abreu. 120

Artigo 190º – Direito de voto
J. M. Coutinho de Abreu. 125

Artigo 191º – Composição da gerência
Alexandre de Soveral Martins. 127

Artigo 192º – Competência dos gerentes
Alexandre de Soveral Martins. 137

Artigo 193º – Funcionamento da gerência
Alexandre de Soveral Martins. 147

Capítulo III – **Alterações do contrato** 151

Artigo 194º – Alterações do contrato
Paulo de Tarso Domingues 152

Capítulo IV – **Dissolução e liquidação da sociedade** 155

Artigo 195º – Dissolução e liquidação
Ricardo Costa 155

Artigo 196º – Regresso à atividade. Oposição de credores
Ricardo Costa 162

Título III – **Sociedades por quotas**
Capítulo I – **Características e contrato** 165

Artigo 197º – Características da sociedade
Maria Elisabete Ramos. 165

Artigo 198º – Responsabilidade direta dos sócios para com os credores sociais
Maria Elisabete Ramos. 177

Artigo 199º – Conteúdo do contrato
Maria Elisabete Ramos. 190

Artigo 200º – Firma
J. P. Remédio Marques 197

Artigo 201º – Capital social livre
Paulo de Tarso Domingues 201

Capítulo II – **Obrigações e direitos dos sócios**
Secção I – **Obrigação de entrada** 225

Artigo 202º – Entradas
Paulo de Tarso Domingues 225

Artigo 203º – Tempo das entradas
Paulo de Tarso Domingues 235

Artigo 204º – Aviso ao sócio remisso e exclusão deste
Carolina Cunha 241

Artigo 205º – Venda da quota do sócio excluído
Carolina Cunha 248

Artigo 206º – Responsabilidade do sócio e dos anteriores titulares da quota
Carolina Cunha 253

Artigo 207º – Responsabilidade dos outros sócios
Carolina Cunha 257

Artigo 208º – Aplicação das quantias obtidas na venda da quota
Carolina Cunha 262

Secção II – **Obrigações de prestações acessórias** 265

Artigo 209º – Obrigações de prestações acessórias
Alexandre Mota Pinto 266

Secção III – **Prestações suplementares** 276

Artigo 210º – Obrigações de prestações suplementares
Alexandre Mota Pinto 276

Artigo 211º – Exigibilidade da obrigação
Alexandre Mota Pinto 283

Artigo 212º – Regime da obrigação de efetuar prestações suplementares
Alexandre Mota Pinto 287

Artigo 213º – Restituição das prestações suplementares
Alexandre Mota Pinto 294

Secção IV – **Direito à informação** 298

Artigo 214º – Direito dos sócios à informação
Alexandre de Soveral Martins.. 298

Artigo 215º – Impedimento ao exercício do direito do sócio
Alexandre de Soveral Martins.. 310

Artigo 216º – Inquérito judicial
J. P. Remédio Marques 316

Secção V – **Direito aos lucros**.. 331

Artigo 217º – Direito aos lucros de exercício
Paulo de Tarso Domingues 331

Artigo 218º – Reserva legal
Paulo de Tarso Domingues 343

Capítulo III – **Quotas**
Secção I – **Unidade, montante e divisão da quota** 352

Artigo 219º – Unidade e montante da quota
Alexandre de Soveral Martins.. 352

Artigo 220º – Aquisição de quotas próprias
Margarida Costa Andrade 362

Artigo 221º – Divisão de quotas
Alexandre de Soveral Martins.. 378

Secção II – **Contitularidade da quota**... 391

Artigo 222º – Direitos e obrigações inerentes a quota indivisa
Alexandre de Soveral Martins.. 391

Artigo 223º – Representante comum
Alexandre de Soveral Martins.. 406

Artigo 224º – Deliberações dos contitulares
Alexandre de Soveral Martins.. 422

Secção III – **Transmissão da quota** 425

Artigo 225º – Transmissão por morte
J. P. Remédio Marques 425

Artigo 226º – Transmissão dependente da vontade dos sucessores
J. P. Remédio Marques 441

Artigo 227º – Pendência da amortização ou aquisição
J. P. Remédio Marques 449

Artigo 228º – Transmissão entre vivos e cessão de quotas
Alexandre de Soveral Martins... 458

Artigo 229º – Cláusulas contratuais
Alexandre de Soveral Martins... 470

Artigo 230º – Pedido e prestação do consentimento
Alexandre de Soveral Martins... 487

Artigo 231º – Recusa do consentimento
Alexandre de Soveral Martins... 495

Secção IV – **Amortização da quota** 504

Artigo 232º – Amortização da quota
Carolina Cunha.. 504

Artigo 233º – Pressupostos da amortização
Carolina Cunha.. 510

Artigo 234º – Forma e prazo de amortização
Carolina Cunha.. 517

Artigo 235º – Contrapartida da amortização
Paulo de Tarso Domingues... 526

Artigo 236º – Ressalva do capital
Paulo de Tarso Domingues... 533

Artigo 237º – Efeitos internos e externos quanto ao capital
Paulo de Tarso Domingues... 541

Artigo 238º – Contitularidade e amortização
Alexandre de Soveral Martins... 546

Secção V – **Execução da quota**... 550

Artigo 239º – Execução da quota
J. P. Remédio Marques 550

Secção VI – **Exoneração e exclusão de sócios** 564

Artigo 240º – Exoneração de sócio
Carolina Cunha.. 564

Artigo 241º – Exclusão de sócio
Carolina Cunha 578

Artigo 242º – Exclusão judicial de sócio
Carolina Cunha 593

Secção VII – **Registo das quotas**... 603

Artigo 242º-A – Eficácia dos factos relativos a quotas
Margarida Costa Andrade 603

Artigo 242º-B – Promoção do registo
Margarida Costa Andrade 614

Artigo 242º-C – Prioridade da promoção do registo
Margarida Costa Andrade 620

Artigo 242º-D – Sucessão de registos
Margarida Costa Andrade 624

Artigo 242º-E – Deveres da sociedade
Margarida Costa Andrade 629

Artigo 242º-F – Responsabilidade civil
Margarida Costa Andrade 633

Capítulo IV – **Contrato de suprimento** 637

Artigo 243º – Contrato de suprimento
Alexandre Mota Pinto 637

Artigo 244º – Obrigação e permissão de suprimentos
Alexandre Mota Pinto 657

Artigo 245º – Regime do contrato de suprimento
Alexandre Mota Pinto 661

Índice Analítico 669

Índice Geral 679